Historia de la Literatura Griega

This book is part of the Peter Lang Humanities list.
Every volume is peer reviewed and meets
the highest quality standards for content and production.

PETER LANG
New York • Bern • Berlin
Brussels • Vienna • Oxford • Warsaw

Rafael Carrión Arias

Historia de la Literatura Griega

Los orígenes del método genealógico en F. Nietzsche

Prólogo de Diego Sánchez Meca

PETER LANG
New York • Bern • Berlin
Brussels • Vienna • Oxford • Warsaw

Library of Congress Cataloging-in-Publication Data
Names: Carrión Arias, Rafael, author.
Title: Historia de la literatura griega: los orígenes del método
genealógico en F. Nietzsche / Rafael Carrión Arias.
Description: New York: Peter Lang, 2020.
Includes bibliographical references.
Identifiers: LCCN 2017058736 | ISBN 978-1-4331-4067-9 (hardback: alk. paper)
ISBN 978-1-4331-4428-8 (ebook pdf)
ISBN 978-1-4331-4429-5 (epub) | ISBN 978-1-4331-4430-1 (mobi)
Subjects: LCSH: Nietzsche, Friedrich Wilhelm, 1844–1900. |
Greek literature—History and criticism.
Classification: LCC B3318.C56 C37 | DDC 193—dc23
LC record available at https://lccn.loc.gov/2017058736
DOI 10.3726/b13309

Bibliographic information published by Die Deutsche Nationalbibliothek.
Die Deutsche Nationalbibliothek lists this publication in the "Deutsche
Nationalbibliografie"; detailed bibliographic data are available
on the Internet at http://dnb.d-nb.de/.

Cover image: Art Object: Drinking cup (skyphos) depicting chorus scenes (detail).
Greek. Archaic Period. About 520–510 B.C.
Place of Manufacture: Greece, Attica, Athens.
DIMENSIONS: Height: 16 cm (6 5/16 in.); diameter: 22 cm (8 11/16 in.)
ACCESSION NUMBER: 20.18
Photograph © 2020 Museum of Fine Arts, Boston.

Esta obra ha recibido una ayuda a la edición de la Ernst-Reuter-Gesellschaft (Berlín)

29 Broadway, 18th floor, New York, NY 10006
www.peterlang.com

Semejantes investigaciones literarias acerca de escritos perdidos no sirven para nada si no nos enseñan algo.
- Nietzsche, F., NF Otoño de 1867-Primavera de 1868, frg. 57 [27]

Índice

Siglas y abreviaturas

A excepción de los fragmentos póstumos, y de los estudios filológicos nietzscheanos incluidos en la KGW (ver Anexo II), las obras citadas de Nietzsche en este trabajo se citan con las siglas siguientes:

HkP	*Homer und die klassische Philologie* (Homero y la filología clásica)
GMD	*Das griechische Musikdrama* (El drama musical griego)
EkP	*Encyclopädie der klassischen Philologie und Einleitung in das Studium derselben* (Enciclopedia de la filología clásica e introducción al estudio de la misma)
GT	*Die Geburt der Tragödie* (El nacimiento de la tragedia; NT)
BA	*Über die Zukunft unserer Bildungsanstalten* (Sobre el futuro de nuestras instituciones educativas)
DS	*Unzeitgemässe Betrachtungen I, David Strauss der Bekenner, der Schriftsteller* (Consideraciones intempestivas I, Davis Strauss, el confesor y el escritor)
HL	*Unzeitgemässe Betrachtungen II, Vom Nutzen und Nachtheil der Historie für das Leben* (Consideraciones intempestivas II, De las ventajas y desventajas de la historia para la vida)

SE	*Unzeitgemässe Betrachtungen III, Schopenhauer als Erzieher* (Consideraciones intempestivas III, Schopenhauer como educador)
WB	*Unzeitgemässe Betrachtungen IV, Richard Wagner in Bayreuth* (Consideraciones intempestivas IV, Richard Wagner en Bayreuth)
PHG	*Die Philosophie im tragischen Zeitalter der Griechen* (La filosofía en la época trágica de los griegos)
WL	*Über Wahrheit und Lüge im aussermoralischen Sinne* (Sobre verdad y mentira en sentido extramoral)
GGL I/II	*Geschichte der griechischen Literatur I/II* (Historia de la literatura griega I/II; HLG I/II)
GGL III	*Geschichte der griechischen Literatur III* (Historia de la literatura griega III; HLG III)
GDG	*Der Gottesdienst der Griechen* (El culto griego a los dioses)
MAM I	*Menschliches, Allzumenschliches I* (Humano, demasiado humano I; HDH I)
MAM II	*Menschliches, Allzumenschliches II* (Humano, demasiado humano II—Opiniones y sentencias varias; El caminante y su sombra; HDH II)
M	*Morgenröthe* (Aurora)
FW	*Die fröhliche Wissenschaft* (La gaya ciencia)
Za	*Also sprach Zarathustra* (Así habló Zaratustra)
JGB	*Jenseits von Gut und Böse* (Más allá del bien y del mal)
GM	*Zur Genealogia der Moral* (Para la genealogía de la moral)
AC	*Der Antichrist* (El anticristo)
WA	*Der Fall Wagner* (El caso Wagner)
GD	*Götzendämmerung* (El crepúsculo de los ídolos)
EH	*Ecce Homo* (Ecce Homo)

Palabras preliminares

El presente ensayo es el resultado de un largo, rítmico caminar. Procede de años de estudio sobre la historia de la filosofía alemana y el problema de la modernidad. Surge en paralelo a varios años como corrector y traductor dentro del proyecto I+D FFI2008-03686 "Obras completas de Nietzsche: Edición crítica en castellano de los escritos filosóficos y filológicos," en donde tuve la oportunidad de descubrir una serie de textos de gran importancia y actualidad—en muchos casos, como el que aquí nos ocupa, apenas trabajados por la crítica. Ha sido testigo directo, en fin, de una crisis, una revolución, y una guerra que a su manera desearon comprometerlo, en una tendencia de orden global tristemente aceptada ya como norma y que evidencia un fracaso y la necesidad de un cambio sustancial en nuestra Cultura. No hay mayor pérdida que la resignación. Por esta razón, mi mayor pretensión sería contribuir humildemente en una discusión que quizás, con algo de destino, llegue a concretarse algún día en una vida mejor. Si esto es viable de alguna forma, lo dejo a partir de aquí en manos del lector.

Nadie alcanza por sí solo ningún lugar. En todo este viaje, muchos han sido los que me han instruido y me han apoyado, y muchos son los que hoy siguen haciéndolo. Es difícil resumir en pocas líneas todo su favor. Sin embargo, sí me gustaría agradecer en primer lugar el respaldo de la Sociedad Española de Estudios sobre F. Nietzsche, en particular a los profesores Manuel Barrios, Joan B. Llinares y Luis de Santiago Guervós, quienes refrendaron junto al Prof. Alejandro Escudero una primera versión de este trabajo, y sin cuyos comentarios no habría alcanzado la forma que tiene hoy día. También el soporte académico del Prof. Patrick Wotling, gracias al cual las ideas contenidas en él van poco a poco alcanzando soporte internacional. Y sobre todo, al Prof. Diego Sánchez Meca, sin cuya sabiduría y disposición este proyecto no habría visto la luz.

Quiero también agradecer expresamente la generosidad de la Dra. Carlotta Santini, por haberme facilitado el acceso a su investigación doctoral y de donde extraigo muchos materiales para la discusión. Y al Prof. Hans Ulrich Gumbrecht, a la Prof.ª Sultana Wahnón Bensusan, y al Prof. Denis Thouard, por su cálida invitación hacia el apasionante camino de la hermenéutica literaria.

De mi etapa berlinesa, quisiera mostrar mi agradecimiento a la Ernst-Reuter Gesellschaft, por su apoyo financiero en la publicación de este volumen. Al Prof. Volker Gerhardt, toda una autoridad en la exégesis nietzscheana; y al Prof. Frieder Otto Wolf, por su comprometido magisterio en torno al materialismo alemán. Y por último, al Prof. Jan Hoff, por tantos momentos compartidos de erudición y amistad.

Y a todos aquellos que me quieren, que por eso mismo, no hace falta recordarles quiénes son.

Prólogo

Los conocimientos específicos propios de la Filología clásica como disciplina científica han avanzado mucho en el último siglo, con motivo, sobre todo, de importantes descubrimientos arqueológicos, en especial los de Schliemann en Troya (que empezaron ya hacia finales del siglo XIX), el desciframiento de la escritura lineal B en 1953 y la identificación de la escritura del período micénico. Todas estas aportaciones recientes han permitido llevar a cabo la reconstrucción de las tradiciones literarias griegas a partir de puntos de referencia con los que autores anteriores, como Nietzsche, no podían contar. Esto no significa, sin embargo, que por ejemplo los cursos y escritos filológicos de Nietzsche no contengan aportaciones relevantes y, en consecuencia, carezcan de interés. Son, al contrario, muy importantes desde muchos puntos de vista, y en su caso especialmente dicha importancia gira en torno a un cambio significativo en relación al método de estudio y al modo de afrontar el sentido y el objetivo mismo de los estudios clásicos.

Este trabajo de Rafael Carrión Arias, que aquí presentamos, trata de desarrollar esta tesis de fondo al hilo de un comentario minucioso de las diversas cuestiones que Nietzsche discute, o que están implícitas, concretamente en sus cursos sobre *Historia de la literatura griega*, los cuales muestran una gran riqueza de contenidos y desarrollos originales dignos de atención. Así, para hacer ver la importancia, tanto teórica como metodológica, que tienen tales cursos, impartidos entre 1874/76, el autor empieza llevando a cabo el necesario análisis previo sobre la orientación general que por esas fechas habían tomado los trabajos filológicos de Nietzsche. La amistad con Wagner ya se había enfriado y esto había hecho posible que la investigación del joven Nietzsche no obedeciera ya a los motivos ideológicos del programa romántico wagneriano, sino que empezara a dirigirse en la dirección que conducirá finalmente a *Humano, demasiado humano*. Es decir, un interés por el análisis cultural en el marco de una sociología de la literatura.

El trabajo empieza atendiendo a la confrontación del joven Nietzsche con la ciencia filológica de su tiempo, puesta de manifiesto de manera traumática en la polémica que suscitó su obra *El nacimiento de la tragedia*, y las consecuencias que tuvo su propósito de iniciar una original e intempestiva "filología del futuro". En este contexto se atiende también a los escritos en los que Nietzsche va gestando la estructura de esta propuesta de juventud, como por ejemplo la conferencia de 1869 sobre *Homero y la filología clásica*. En ella se vislumbran ya las concomitancias y diferencias con el proyecto de su colega y amigo, el gran historiador Jacob Burkhardt, con quien Nietzsche comparte la idea de una renovación de las ciencias filológicas y de la *Bildung* en el marco de la *Kulturkritik* como misión histórica. Nietzsche propone fundar la filología de manera filosófica, y Carrión pone en conexión con este propósito todo el desarrollo de ideas que Nietzsche despliega en su *Segunda consideración intempestiva* (1874), momento—dice—en el que Nietzsche comienza seriamente a plantearse la importancia de los diferentes modos de relación con la historia.

En concreto, en sus escritos anteriores, Nietzsche venía hablando de una historia crítica de la literatura griega que uniera las perspectivas filológica, histórica, estética y filosófica. Este plan, que es al que Nietzsche se refiere en su famosa conferencia de 1869 *Homero y la filología clásica* y luego en su *Enciclopedia de la filología clásica*, de 1871, presentaba algunos elementos de gran originalidad que lo distinguían, en buena medida, de los modelos en los que se había concretado la historia de la literatura como disciplina independiente a lo largo de la primera mitad del siglo XIX en Alemania por obra concretamente de filólogos tan relevantes como los hermanos Schlegel, Wolf, Welcker, Bernhardy o K. O. Müller. Con ellos se había iniciado la idea de una línea de investigación y enseñanza destinada a la presentación de una visión en dos direcciones: o bien se buscaba una visión orgánica del desarrollo de los géneros literarios griegos, y que, por tanto los describe en sus fases de nacimiento, floración y extinción; o bien se trabajaba en una dirección simplemente compilatoria o enciclopédica. La originalidad de Nietzsche radica en que rechaza comprender la evolución de los géneros literarios como un progreso histórico. En lugar de este enfoque él introduce la idea de un tratamiento *tipológico* como principio, al mismo tiempo metodológico e imaginativo, para unificar la pluralidad de las obras literarias.

Acercándose ya más directamente a los cursos sobre *Historia de la literatura griega*, Carrión los sitúa, ante todo, en el marco de la historia de la historiografía literaria en general, y dentro de la obra de Nietzsche en particular. La exposición que Nietzsche confecciona acerca de la historia de la literatura griega es, según dice, "la meta de todos sus estudios hasta la fecha". En ella, Nietzsche habla a sus alumnos de lo que él había aprendido durante sus años de formación y primer magisterio sobre la literatura griega, funcionando los cursos en este sentido como síntesis de la posición nietzscheana sobre la Antigüedad y como expresión de sus reflexiones sobre la metodología. Ello se pone de manifiesto, en particular, en el modo de ordenación historiográfica de los dialectos, los autores, las obras y los géneros, alternativa a las formas teleológicas de la historiografía.

Son, por último, de gran interés los estudios pormenorizados que el autor hace de los aspectos temáticos y de contenido de los cursos de Nietzsche. Por ejemplo, de la evolución de los géneros literarios griegos en la que Nietzsche reproduce diversas posiciones dominantes en su tiempo, como la idea de que la épica fue lo primero y Homero el padre de la literatura europea, así como otras tesis que hoy ya no son compartidas por los actuales filólogos clásicos.

También el tema del salto de la oralidad a la literatura escrita. Nietzsche insiste una y otra vez en el hecho de que la literatura griega clásica no era esencialmente un texto, como lo es para nosotros los modernos, sino que era una obra de arte lingüística creada para un público aliterario (*unlitterarisch*), es decir, oyente, y espectador. Aliterario (*Unlitterarisch)* no significa analfabeto o ajeno a la escritura, pues la escritura existía ya de forma generalizada y se utilizaba en múltiples ámbitos de la vida social. Aliterario significa que la alfabetización no era, para los griegos, como sí lo es para nosotros, la base de su cultura. Nietzsche se pregunta cómo se pasó de esta situación literaria originaria de un público que escucha versos a otro que lee prosa. Y contesta con esta interesantísima tesis: el desarrollo de la prosa se produce en estrecha conexión con la evolución de la acción jurídica, política y científica. En estos ámbitos, el *agón*, el pugilato da lugar a nuevos usos y artes de la palabra, pero liderados ya por un uso de la racionalidad que deja entrever la disociación de la facultad cognitiva y reflexiva del resto de las fuerzas creativas con las que antes estaba unida, elevándose por encima de ellas.

Por ejemplo, en Esquilo y Sófocles, había unidad de poesía, música y pensamiento. Un siglo después, esta unidad original de la obra de arte trágica se deshace en un conjunto de artes especializadas. El conjunto poético-musical de la lírica coral trágica deja paso a la autonomía de la música y a la independencia del pensamiento abstracto, que rompe a su vez con la antigua asociación presocrática de poesía y sabiduría.

Por último, otra de las cuestiones a examinar es la de cómo llegaron los griegos a producir sus obras clásicas. Es para responder a esta segunda cuestión que Nietzsche introduce esa amplia diversidad de análisis históricos, sociológicos, antropológicos, en consonancia con la misma perspectiva de estudio que adopta también, a partir de este momento, primero, en su curso *El culto griego a los dioses*, que se redacta e imparte en los mismos años que los de *Historia de la literatura griega*, y en un segundo momento en el análisis crítico de la cultura que toma cuerpo en *Humano, demasiado humano* donde se elabora y desarrolla el método genealógico. La posición de Nietzsche en este asunto es audaz y digna de atención. Para él, si se quiere recuperar la unidad de la literatura clásica como instancia superior de armonización y de educación, esa unidad en ningún caso podría ser una unidad extracientífica, sino que debería quedar incluida también dentro de la práctica filológica que, en este sentido y desde esta perspectiva, debería para ello ser guiada por la filosofía. Pues sólo el mundo griego, la intuición de lo característicamente griego, podría ser capaz de dar unidad a ese conglomerado inorgánico de diversas actividades científicas que confluyen en el ámbito de la filología clásica.

En conclusión, este trabajo de Rafael Carrión sobre los cursos nietzscheanos de *Historia de la literatura griega* destaca en ellos el objetivo de llevar a cabo un estudio crítico de la cultura que, como he dicho antes, preludia ya al Nietzsche de *Humano, demasiado humano*. Esto no representa una ruptura o un cambio de dirección radical en el desarrollo intelectual de Nietzsche, sino que, como Carrión defiende, más que un giro radical es la reiteración, aunque transformadas y con significados nuevos, de algunas de las estrategias y motivos de escritos anteriores también muy relevantes como, por ejemplo, el curso sobre *Iniciación a la tragedia de Sófocles*, escrito cuatro años antes.

Que el texto de los cursos de *Historia de la literatura griega* haya permanecido, en buena parte, inédito hasta tiempos muy recientes—pues los responsables de las primeras ediciones lo publicaron de forma bastante reducida y desfigurada—, ha contribuído a que no se le haya prestado la atención que se merece. En mi opinión, hay que apreciar estudios detenidos como éste que desentrañen toda la riqueza y originalidad de pensamiento que en ellos se contiene.

Diego Sánchez Meca (UNED, Madrid)
Presidente de la Sociedad Española de Estudios sobre F. Nietzsche
Editor en castellano de las Obras completas de F. Nietzsche

Introducción

Debajo de todos los fenómenos existe una rica abundancia de elementos, fuerzas e influencias de naturaleza heterogénea. Esto es también aplicable a la obra de un filósofo. Durante largo tiempo, ciertos afanes monumentalistas tomaron por la obra de un escritor exclusivamente su obra publicada; y todos los demás materiales—caso de estar aún disponibles para su lectura—eran considerados prescindibles en el proceso de comprensión de la obra, por no decir incluso que ensuciaban el eterno carácter de su clasicidad. Varias décadas del siglo XX tuvieron que transcurrir hasta que una aproximación histórico-crítica a los documentos del pasado volviera la mirada hacia dichos materiales no destinados para la publicación. Y así, cartas, apuntes privados en cuadernos y hojas sueltas, bocetos y planes para obras proyectadas, trabajos paralelos, e incluso notas de lectura o glosas marginales, todo ello ganaba un apreciado valor para el estudio de la formación de resultados más definitivos. La convicción de la pureza de las imágenes de la Cultura por pura inspiración de la genialidad perdía por fin espacio ante la idea de una genética del ensayo y el error en la gestación de los pensamientos.

En relación a Nietzsche, tuvo que ser Martin Heidegger quien subrayara el valor de su *Nachlass* o apuntes póstumos en su insondable inmensidad.[1] No sería él quien afirmase—como sí por ejemplo la hermana de Nietzsche Elisabeth Förster-Nietzsche—que de una compilación de fragmentos póstumos se podía publicar una obra llamada *La voluntad de poder*, pues esto no sería sino recaer en el vicio monumentalista de creer que sólo es válido lo que está pensado para la publicación.[2] No obstante, Heidegger era perfectamente consciente del valor de todos estos materiales que los amigos del filósofo y la propia vanidad de Förster-Nietzsche habían salvado de su extravío, hasta el punto de señalar que muchas de las teorías del Nietzsche de madurez (Superhombre, Voluntad de Poder, etc ...) encuentran su desarrollo en estos cuadernos de apuntes.[3] La edición crítica de las obras de un filósofo o de un poeta viene desde entonces siendo una constante en la investigación editorial en nuestros días: Hegel, Schelling, Hölderlin, Marx, o el propio Heidegger entre muchos otros, todos gozan a día de hoy de una edición crítica de sus escritos al completo. En el caso de Nietzsche, y después de varios intentos fallidos,[4] desde 1967 disponemos de la *Friedrich Nietzsche Werke. Kritische Gesammtausgabe* (KGW) editada por Colli y Montinari y continuadores—publicada en 1984 en una versión más manejable bajo el título de *Kritische Studienausgabe* (KSA)—la cual ha servido de texto base para la traducción al castellano en los 4 volúmenes de *Obras Completas* y 4 volúmenes de *Fragmentos póstumos* editadas por el profesor Diego Sánchez Meca bajo auspicio de la SEDEN. Todas las ediciones críticas, por decirlo brevemente, recogen y dan testimonio de la necesidad de un estudio riguroso sobre los escritos y apuntes varios. Respecto al *Nachlass* nietzscheano, y como demuestra su recepción desde la conclusión de su edición, este propósito ha sido notoriamente conseguido, y hoy ya nadie concibe la obra de Nietzsche sin todo este cuerpo de materiales.

Pero mientras esto ocurría con el *Nachlass* de modo general, cosa muy distinta sucedía, de manera específica, con los llamados *Philologica* o escritos profesionales de la etapa de Nietzsche en Basilea como profesor de filología. A estos manuscritos hay que sumarle gran parte de sus escritos de juventud dedicados a la investigación filológica sobre la literatura griega y latina. Como señala Sánchez Meca: "Basta una rápida ojeada a los temas de los que se ocupa la bibliografía existente sobre Nietzsche hasta los años setenta del pasado siglo para darse cuenta del escaso interés que, hasta no hace tanto, habían despertado sus trabajos filológicos".[5] En el caso concreto de estos materiales, se ha dado la paradoja de que para los *filósofos*, por un lado, esta etapa de Nietzsche tenía interés, a lo más, como exótico preámbulo en el que encontrar ciertos rasgos de su pensamiento posterior, por no decir incluso como contrapunto referencial de ciertos lugares luego superados y precisamente por ello sin presencia ulterior en su filosofía. Por otro lado, para los *filólogos*, y especialmente tras el anatema al que fue sometido por sus colegas de profesión tras la polémica con Wilamowitz-Möllendorf, Nietzsche era simplemente un extraviado en desvarío que debía ser ignorado por el gremio, pues su falta de rigor flaco favor hacía a la filología como disciplina. De manera que, tanto por un lado como por el otro, durante décadas sólo se hablaría de los trabajos filológicos de Nietzsche como un error de juventud.[6]

Una mirada más aguda hacia a estos escritos, empero, pondrá en evidencia esos argumentos y los prejuicios de los que parten. Pues para empezar, esa supuesta fase de un "Nietzsche filólogo" no es, en realidad, una fase tan breve como se pretende, previa a la vida del auténtico "Nietzsche filósofo": en sentido estricto, este período comienza en la época de sus estudios de bachillerato en Schulpforta para concluir, después de su experiencia en Bonn, Leipzig y Basilea, con el abandono en 1879 de su actividad docente, ocupando por lo tanto casi 25 años de su vida. Sin contar su obra publicada sobre el mundo griego (*El nacimiento de la tragedia*, etc.), los escritos filológicos se extienden desde parte del *Abteilung* I de la KGW hasta todo el *Abteilung* II—cuyos últimos cuatro volúmenes de los cinco que lo componen está dedicados en exclusividad a las lecciones de Basilea. Por otro lado, hay que añadir que, en un sentido más amplio, no se trata ésta de una etapa que termine de forma limpia tras su marcha de la cátedra, sino que, y como los más recientes estudios están ahora demostrando, sus logros y enseñanzas acompañarán a Nietzsche en su filosofar crítico durante el resto de sus días. Hablamos aquí de algo en lo que ya creía firmemente Charles Andler en los años 1920, en un argumento que, en vista de los hechos, fue exitosamente silenciado, pero que abre la pregunta sobre la importancia de los *Philologica* en la obra de Nietzsche.[7] Esta idea, incluso Crusius la había contemplado en el Prólogo de la *Großoktavausgabe* (GA) siguiendo el diseño de Holzer:

> En esta dirección también reside, según la planificada selección de Holzer, el propósito y el objetivo de toda la publicación. ¿Qué significan los estudios de grado [*Fachstudien*] para la personalidad de Nietzsche y para sus escritos independientes? Cualquiera que recorra [sus] lecciones con esta idea, reparará en los detalles y dará con todo un hallazgo.[8]

Aquello que decía Heidegger para el *Nachlass* en general, se puede ahora decir así de modo más específico de los *Philologica*, a saber: que ellos contienen muchas de las claves fundamentales para el pensamiento nietzscheano posterior, desde el influjo de la Antigüedad y su confrontación con la ciencia que la examina, hasta los primeros rasgos de una metodología genealógica.[9] Como alude hoy Christian Benne:

> En la *Nietzscheforschung* … el enfoque filológico de Nietzsche ya no es hoy controvertido. El imperativo filológico en la obra de Nietzsche es tan fuerte … En

> la *Nietzscheforschung*, la filología ... se ha vuelto a convertir en vanguardia ... Posiblemente, si demuestra ciertos progresos, la *Nietzscheforschung* pueda incluso conducir a un renacimiento de la tradición filológica en general.[10]

En este contexto de reanimación, sorprende entonces constatar cómo los estudios acerca de muchos de estos materiales son todavía escasos y algo dispersos. Esto quizás haya podido encontrar hasta ahora su justificación en la historia problemática de su edición. Tras la completa publicación de los *Philologica* por primera vez de manera completa en la KGW, y en los dos primeros volúmenes de las *Obras Completas* en castellano bajo auspicio de la SEDEN, ya no existe sin embargo excusa válida para su desatención.

*

El presente trabajo pretende descubrir esa importancia de la que hablaba Crusius para un texto fundamental en el período de Basilea y en la obra de Nietzsche en general: las *Lecciones sobre historia de la literatura griega* de 1874/76 (Vorlesungen über Geschichte der griechischen Literatur I/II y III—en adelante HLG). Se trata de un escrito dividido en dos partes que Nietzsche leyó en sus clases en la universidad de Basilea entre el semestre de invierno de 1874 y el semestre de invierno de 1876, y que en palabras de Crusius es la "quintaesencia de las clases teóricas (*Sonderkollegien*) y prácticas (*Übungen*) anteriormente impartidas".[11] Este escrito fue editado por primera vez en 1912 en el tomo II de los *Philologica* "Unveröffentlichtes zur Litteraturgeschichte, Rhetorik und Rhythmik,[12] si bien de forma visiblemente mutilada. Un defecto que no se solucionaría hasta su edición íntegra en 1995 en la *Kritische Gesamtausgabe* por Fritz Bornmann y Mario Carpitella.[13] Como señala hoy Carlotta Santini, "se trata de hecho del curso más completo, más largo y más orgánico de su *Nachlass* y en el cual Nietzsche invirtió más esfuerzo en concebir y elaborar".[14] Más que un texto en sí mismo con carácter perfecto y acabado, se trata de un material didáctico en forma de apuntes, concebido en la libertad de cátedra de un profesor cada vez más alejado de la academia y cada vez más cerca de una toma de postura crítica e independiente sobre la disciplina y la Cultura moderna en sí misma. Debido a la idiosincrasia propia de este tipo de materiales, sumado a su aparición en forma íntegra sólo en tiempos recientes, HLG es un texto apenas estudiado por la *Nietzscheforschung*, y menos aún por la historia de la filología clásica en general.[15] Esto ha llevado hoy, irremisiblemente, a una discordancia entre lo que se piensa de él y sus verdaderos contenidos. Y así por ejemplo, filólogos actuales como Gherardo Ugolini no alcanzan a ver una relación entre el modo de exposición de *Historia de la literatura griega* con otros textos de la misma época tales como *El culto griego a los dioses*, al cual además tacha erróneamente de contener un modo de presentación bastante tradicional.[16] Una idea también presente en los trabajos de Carlotta Santini o de Barbara von Reibnitz, los cuales a pesar de brillar por demostrar contenidos altamente originales especialmente en lo que a HLG III refiere, no han conseguido sin embargo comprender la grandeza expositiva de su primera parte o HLG I/II.[17] A mi parecer, su supuesta falta de originalidad es cierta aunque sólo parcialmente. Ya que si bien es verdad que Nietzsche se sirve de manuales de la época para componer HLG, el modo que tiene de exponer sus contenidos es de todo menos habitual, y una mirada atenta podrá ver ahí las formas de una historiografía basada en lo que luego será la Voluntad de Poder, así como una primera aplicación práctica del método genealógico. Sin buscar desmerecer en absoluto los trabajos de Santini o de von Reibnitz, cuyas investigaciones sobre HLG han descubierto por otro lado la existencia de nuevos espacios en Nietzsche desconocidos hasta la fecha, sus pequeñas carencias y/o confusiones demuestran sencillamente la complejidad de un texto como HLG, así como la estricta necesidad de un estudio pormenorizado desde las mismas formas metodológicas que Nietzsche propone para la crítica historiográfica y textual en general.

Un estudio de *Historia de la literatura griega* de 1874/76 en sus dos partes (HLG I/II y HLG III) que se precie requiere, por lo tanto, reconocer estas formas y aplicarlas al texto crítico publicado por la KGW II.5—o en OC II en la traducción realizada por mí junto con el profesor Diego Sánchez Meca, en colaboración con Cristóbal Macías para la traducción de las frases y términos en griego y en latín. El presente trabajo se propone dicha tarea, y para ello se presenta divido en dos partes: una primera parte (I) organizada en torno a la definición del método (filológico) nietzscheano en confrontación con el método (filológico) al uso de las ciencia en aquel momento; y una parte segunda (II) dedicada al texto de HLG en cuestión, como puesta en práctica de los hallazgos desarrollados en la primera parte. En términos generales, se puede afirmar que ambas partes, con su pertinente organización en capítulos, fluyen en un discurso en espiral a partir de un mismo centro presente en Nietzsche de forma continuada desde sus obras de juventud: la crítica Cultural (*Kulturkritik*) y el problema de la formación/educación (*Bildung*). Esa espiral va abriéndose paulatinamente hasta llegado el año 1878, fecha en que publicará la primera parte *Humano, demasiado humano* (su primera obra filosófica *sensu stricto*) para abandonar la cátedra filológica un año después. Todo lo que sucederá a partir de ese año, eso es algo mucho más amplio que requiere sin duda una dedicación aparte. No obstante, sí podemos adelantar una tesis fuerte: que el tratamiento de los trabajos filológicos de Nietzsche desde la perspectiva anti-teleológica de un método histórico-crítico—el cual anticipa y acaba paulatinamente configurándose como método genealógico en las formas definitivas de *Humano, demasiado humano* en adelante—augura una clara *continuidad metodológica* a lo largo de toda la obra del filósofo. Y desdice de este modo la constante instaurada en la *Nietzscheforschung* aún a día de hoy de un supuesto desarrollo del pensamiento y la obra nietzscheanos de acuerdo a un modelo de etapas de ruptura.

**

Atendiendo al contenido de cada parte, observaremos cómo cada una está dividida en capítulos. Su disposición tiene forma simétrica o espejada conforme a un centro de división, de manera que los capítulos que figuran en los extremos hablan en sus propios términos del problema de la *Bildung* y la *Kultur*, los capítulos medios del problema de la constitución de la identidad ontológica, y los más cercanos al centro de metodología y crítica textual.

Si entramos en detalle, el primero de todos ellos (I.1) es una exposición general de la confrontación nietzscheana con la ciencia (filológica) de la época a fin de encontrar las vías por las que habrá de transitar su "filología del futuro". Éste término de "filología del futuro" o *Zukunftsphilologie* que Nietzsche acopiaría para sí es mencionado por primera vez por Nietzsche en una carta de 2 de Junio de 1868 a Paul Deussen,[18] y queda explicado con toda claridad en el desarrollo del capítulo. De momento, tan sólo mencionar que esta expresión no es, en sentido riguroso, propia de Nietzsche, sino que es más bien patrimonio del pensamiento materialista del s. XIX, especialmente a partir de los *Principios de la filosofía del futuro* (Grundsätze der Philosophie der Zukunft, 1843). En sus *Prolegomena ad Homerum* de 1795, Wolf había cuestionado la unidad estética de los poemas homéricos, pues según él estos poemas no son obra de un autor único sino que son creaciones compuestas por distintos *aedos* a lo largo de épocas muy distintas y transmitidas de forma oral, unidas y refundidas en una sola redacción a partir del s. VI a.C. con el canon de Pisístrato. Según Wolf, la aparente unidad de los poemas es sólo una ilusión compositiva, pues en realidad no se puede hablar de un supuesto autor único. Contra el llamado punto de vista *unitario* que sostiene que cada uno de los poemas homéricos tiene una concepción e inspiración creativa global, Wolf deconstruía de manera *analista* los límites de la clasicidad, aplicando a la cuestión una especie de criticismo kantiano según el cual no podemos conocer lo que excede los límites de la experiencia sino tan sólo limitarnos a marcarlos. En su conferencia ante un auditorio especializado, Nietzsche retoma esta cuestión; y le da una vuelta revolucionaria, pues continuando el planteamiento wolfiano de las diferentes etapas de composición, Nietzsche sí afirma sin embargo la existencia de un autor homérico, a saber: el Homero que la historia de la recepción o *Überlieferung* ha instituido como juicio estético. En esos términos, Nietzsche formula la aparente contradicción de que Homero *es* y *no es*, pues *no es* en los términos personales de identidad *originaria* que las teorías clasicistas unitarias gustaban de mantener, pero *es* en tanto que un producto histórico del sujeto que lo juzga y lo ordena. De esa manera, Nietzsche anunciaba ya aquí su programa de renovación del pensamiento ontológico, enervando por supuesto al auditorio. Auditorio en el que también se encontraba Jacob Burkhardt, con quien Nietzsche compartía parecidas inquietudes en cuanto a la posibilidad de una renovación de las ciencias y de la *Bildung* en el marco de la *Kulturkritik* como misión histórica.

Si *Homero y la filología clásica* reclamaba fundar la filología de manera filosófica ("*philosophia facta est quae philologia fuit*"[19]), el tercer capítulo de nuestra primera parte (I.3) recoge esta necesidad en un nuevo programa metodológico ideado por Nietzsche. Este programa toma forma a partir de la *Segunda Intempestiva* (1874), momento en el que Nietzsche comienza seriamente a plantearse la importancia de los diferentes *modos de comercio con la historia*. En HL, Nietzsche divide las diferentes modalidades de enfrentarse al pasado en dos diferentes categorías: un modo positivista o *anticuario*, obsesionado con los detalles pero incapaz de trascender; y un modo idealista o *monumentalista*, que en su afán por trascender olvida la verdadera naturaleza de los hechos. Ambas posiciones contrarias son un síntoma de la modernidad que agrava la brecha entre epistemología y nihilismo, razón por la que hace falta una tercera forma de historiografía capaz de establecer un puente entre pasado, presente y futuro. Nietzsche califica este nuevo modo con el adjetivo "crítico". Recombinando la disciplina ordenadora de la historia anticuaria, así como la enérgica impulsividad del modo monumentalista, Nietzsche arregla una nueva forma de trato con lo realmente-existido (*das Wirklich-Dagewesene*) orientada ahora hacia el aumento práctico (*Steigerung*) de la Vida. Este nuevo *modo crítico* ha de proceder *genealógicamente*, pues sólo ahondando genealógicamente "en toda la larga y difícilmente descifrable escritura jeroglífica del pasado"[20] conseguiremos deconstruir la fe histórica en el origen (*Ursprung*) para devolvernos al espacio histórico-práctico de la procedencia (*Herkunft*). Como ya había manifestado *Homero y la filología clásica,* la historia del fenómeno conocido no es ningún relato unívoco, sino el producto de incontables líneas de influencia que, en un determinado momento, confluyen hacia su emergencia (*Entstehung*). El modo crítico de la historia se revela así como la antesala de un pensamiento genealógico de la diferencia. La filología deviene filosofía, y ésta se presenta como hermenéutica.

Establecido el marco crítico-teórico en el que va a moverse la obra de Nietzsche—filológica tanto como filosófica—entramos de lleno en la segunda parte de nuestro trabajo (II). Esta parte está íntegramente consagrada al texto de 1874/76 *Historia de la literatura griega*. Como hemos mencionado más arriba, no se trata aquí de un texto propiamente concebido para su publicación, sino de apuntes personales para la lectura en clase. Por eso que una parte muy importante del primer capítulo (II.1) esté dedicada al problema de su forma y composición, a través de un análisis comparativo de sus diferentes ediciones (GA, KGW, OC). Por otro lado, este capítulo II.1 intenta dar cuenta del lugar que ocupa HLG dentro de la historia de la historiografía literaria en general, y dentro de la obra de Nietzsche en particular. La exposición que Nietzsche confecciona acerca de la historia de la literatura griega es, según sus propias palabras, la meta de todos sus estudios hasta la fecha.[21] En ella, Nietzsche comparte con el auditorio gran parte de lo que había aprendido aquellos años sobre la literatura griega, funcionando en ese sentido a modo de síntesis de la posición nietzscheana sobre la antigüedad. Además, en HLG Nietzsche pone en práctica todos sus hallazgos en lo que a metodología refiere, pues en ella ejercita un tipo de ordenación historiográfica de los dialectos, los autores, las obras y los géneros, alternativa a las formas teleológicas de historiografía, y conforme a lo que luego será la teoría de la Voluntad de Poder (*Wille zur Macht*). De esa manera, Nietzsche anticipa de manera intuitiva no sólo formas historiográficas propias del s. XX (N. Luhmann en otras) sino también postulados propios de su obra posterior, corroborados y consolidados tras las posteriores lecturas de W. Roux y su *La lucha de las partes en el organismo* (*Der Kampf der Theile im Organismus*) de 1881. HLG presenta por primera vez de forma acabada un desarrollo histórico-epocal basado en el marco teórico biologicista de partes o fuerzas en lucha, a lo que Nietzsche aplica, también por primera vez de forma acabada, un método genealógico con el que dar cuenta de su procedencia de manera apropiada.

Por eso que el segundo capítulo de esta segunda parte (II.2) reproduzca pormenorizadamente el análisis que hace Nietzsche de las partes (*Theile*) que componen la literatura griega como organismo. Siguiendo la metáfora organicista, la literatura es para Nietzsche un cuerpo orgánico formado por partes elementales en relación de confrontación por el prevalecimiento y la asimilación de homólogos contrarios. La comprensión de este hecho, y su perfecto dominio técnico, es lo que llevó a la Cultura griega a los umbrales de la grandeza.[22] Igual que también haría en su texto hermano *El culto griego a los dioses* de 1875, Nietzsche dedica todo HLG I/II a exponer genealógicamente la manera en que, nivel por nivel, las diferentes partes del cuerpo literario griego interactúan con sus homólogas y se organizan en estructuras superiores, hasta que los cambios son tan grandes que las estructuras se reorganizan y se puede por fin hablar de *cambios de época*. Los 12 §§ de HLG I/II son una progresión expositiva, de las unidades más elementales a las más sofisticadas, acerca del nacimiento, desarrollo y degeneración de las partes implicadas de acuerdo con los parámetros de la concepción nietzscheana de la identidad. De hecho, se puede incluso sostener que HLG es la primera consumación completa en la obra nietzscheana de este problema. De la mano de esta exposición, Nietzsche afianza además conocidas posiciones suyas sobre la Antigüedad (especialmente la de la muerte de la tragedia por la pérdida de su naturaleza musical) y en muchos casos también descubre nuevas perspectivas, vinculantes durante todos aquellos años aunque desconocidas para la *Nietzscheforschung* en razón del destino del texto. La discusión con Aristóteles y sus teorías sobre los géneros poéticos juega en todo esto un papel fundamental, hasta el punto de poder afirmarse con rotundidad que es Aristóteles, y no otro autor, su verdadero adversario intelectual en todos estos años. Todas esas apreciaciones están marcadas por un fuerte carácter materialista, por lo que sus genealogías vienen en todos los casos determinadas por factores y acontecimientos socio-políticos. Al hacer esto, Nietzsche se sitúa más cerca de *Humano, demasiado humano* y sus posteriores que de los arrebatos metafísicos de obras puntuales tales como *El nacimiento de la tragedia*, en las que la influencia pasajera de ciertos agentes como Wagner, o todavía Schopenhauer, determina ciertos aspectos de su razonamiento.

El tercer y último capítulo del trabajo (II.3) concluye la reflexión abierta por su obra de juventud antes de dar paso a lo que se podría llamar una etapa crítica. En él intentamos demostrar cómo la consideración del Nietzsche de juventud acerca de la *Bildung* todavía perdura activamente en la exposición genealógica acerca de la literatura griega, fundamentalmente en un frente: ¿cómo podemos hoy escribir clásicamente? Esta pregunta, aparentemente tan inocente, nos introduce en un entramado reflexivo en el que canon, público, oralidad y ritmo se convierten en objeto de estudio. Las posteriores meditaciones nietzscheanas acerca de cómo escribir buena literatura, cómo componer buena música o cómo practicar buena ciencia (con todas sus implicaciones ontológicas y epistemológicas) despegan de las consideraciones vertidas en los años alrededor de HLG acerca de la *Leseliteratur*, la clasicidad y el ritmo, y su compromiso con la educación. En este último capítulo intentaremos demostrar la interrelación de todas estas ideas dentro del pensamiento nietzscheano de aquella época, y sus ascendentes en la filosofía nietzscheana posterior propiamente dicha.

En definitiva, y como intentaremos dejar claro a lo largo de nuestro trabajo, existe en el pensamiento de Nietzsche una continuidad metodológica desde sus primeros escritos hasta sus escritos de madurez basada en una permanente actitud histórico-crítica con los materiales del saber. Esta actitud, además, está continuamente inspirada en el ideal de la regeneración Cultural. Las tesis comúnmente sostenidas en torno a un supuesto desarrollo "ruptural" del pensamiento nietzscheano no son sino, en realidad, producto de una historiografía no-crítica en torno a la obra del filósofo. Y ésta es, a su vez, consecuencia de una falta de observación de los materiales como un todo vivo en continuo desarrollo, en un contexto donde (hasta ahora) faltaban los puntos de conexión. HLG es, en este sentido, un eslabón absolutamente imprescindible en la cadena orgánica del pensamiento nietzscheano, un puente fundamental entre las obras nietzscheanas de juventud y el resto de su producción intelectual. El presente trabajo sobre los orígenes del método genealógico nietzscheano en *Historia de la literatura griega* (1874/76) intentará solucionar esta carencia.

Notas

1. Para una reflexión sobre el valor del *Nachlass*, se puede ver Diego Sánchez Meca, "Introducción general a la edición de los fragmentos póstumos," en *Friedrich Nietzsche. Fragmentos Póstumos*, ed. Diego Sánchez Meca, vol. I (Madrid: Tecnos, 2007), 15–34.
2. En contra de las falsificaciones de Förster-Nietzsche y Peter Gast motivadas por este afán de clasicidad y de éxito editorial, Karl Schlechta defendía la idea de que el último Nietzsche había renunciado a publicar una obra sistemática con todos los apuntes redactados; y así, publicó de nuevo estos materiales, faltos ahora de sistematicidad. Cfr. Friedrich Nietzsche, *Werke in Drei Bänden*, ed. Karl Schlechta (München: Hanser, 1956).
3. Como dice Heidegger: "Lo que el propio Nietzsche publicó en su época creadora ha sido siempre sólo un primer plano. Esto vale también respecto de su primera obra, *El nacimiento de la tragedia*. La auténtica filosofía de Nietzsche está en su obra póstuma." Martin Heidegger, *Nietzsche*, vol. 1 (Pfullingen: Günther Neske Verlag, 1961). Ed. en castellano: Martin Heidegger, *Nietzsche*, trad. Juan Luis Vermal (Barcelona: Destino, 2000), 24.
4. Para una breve relación de estas tentativas se puede ver Diego Sánchez Meca, "Introducción al volumen II: Nietzsche y la filología clásica," en *Friedrich Nietzsche. Obras Completas*, ed. Diego Sánchez Meca, vol. II (Madrid: Tecnos, 2013), 16. Ver también Killian Lavernia, "La recepción de la obra de Nietzsche e historia de sus ediciones," en OC IV, 949–1006.
5. Diego Sánchez Meca, "Introducción Al Volumen II: Nietzsche y la filología clásica," en *Friedrich Nietzsche. Obras Completas*, ed. Diego Sánchez Meca, vol. II

(Madrid: Tecnos, 2013), 15. Se puede ver también por ejemplo Kurt Hildebrandt, *Nietzsches Wettkampf mit Sokrates und Plato* (Dresden, Sybillen, 1922), 75; Ernst, Howald, *Nietzsche und die klassische Philologie* (Gotha, Perthes, 1920), 7; o Ernst Vogt, "Nietzsche und der Wettkampf Homers." *Antike und Abendland* 11 (1962), 103–113.

6. Hermann Diels, en un discurso en la Real Academia Prusiana de las Ciencias en Berlín, diría: "Nietzsche pasó de la ciencia rigurosa, que lo premió demasiado pronto, al campo de los enemigos … Desde joven su alma estaba más preparada para el arte que para la ciencia … Se equivocó en la elección de su profesión. Sus trabajos juveniles son vivaces, escritos brillantemente, pero no están metódicamente elaborados. Son juegos de ingenio, hallazgos seductores, en el mejor de los casos vagos presentimientos de lo justo, pero en ningún caso ciencia rigurosa." Hermann Diels, „Eine Rede über Wissenschaft und Romantik." *Sitzungsberichte der köniģ. preussischen Akademie der Wissenschaften zu Berlin*, 23 (4) (Enero 1902), 31–32. Citado por Sánchez Meca, "Introducción al volumen II: Nietzsche y la filología clásica," 16.
7. "En los *Philologica* se puede seguir el rastro, los movimientos y contramovimientos de este nuevo método que [Nietzsche] está buscando para sí mismo. Ellos simbolizan el movimiento general del pensamiento de Nietzsche […] ¿Cómo podremos fallar en reconocer que Nietzsche está proyectando de esta manera en la historia impersonal de las ideas, la evolución de su propio pensamiento?" Charles Andler, *Nietzsche, sa vie et sa pensée* (Paris, Editións Bossard, 1921), 96.
8. Otto Crusius, *Vorwort* en: GA 18, X.
9. Para la primera hermenéutica filológica nietzscheana y sus métodos pre-genealógicos, se puede ver Johann Figl, "Hermeneutische Voraussetzungen der philologischen Kritik. Zur wissenschaftsphilosophischen Grundproblematik im Denken des jungen Nietzsche." *Nietzsche Studien* 13 (Berlin/New York: Walter de Gruyter, 1984), 111–128.
10. Christian Benne, *Nietzsche und die historische-kritische Philologie* (Berlin/New York: Walter de Gruyter, 2005), 358.
11. GA 18, 323.
12. GA 18, Abt. III.2, 1–128 (GGL I/II) y 129–198 (GGL III).
13. KGW II.5, 1–353.
14. Carlotta Santini, *Nietzsche e la Grecia. La riflessione sul mondo greco nelle lezione di Basilea* (Paris: Università del Salento, 2012), 2.
15. Entre las excepciones, se encuentran la mencionada tesis doctoral de Carlotta Santini, así como el artículo de Barbara v. Reibnitz, "Vom 'Sprachkunstwerk' zur 'Leseliteratur'," en *"Centauren-Geburten". Wissenschaft, Kunst und Philosophie beim jungen Nietzsche*, ed. Tilman Borsche, Federico Gerratana, y Aldo Venturelli (Berlin/New York: Walter de Gruyter, 1994), 47–66.
16. Cfr. Gherardo Ugolini, "Philologica," en *Nietzsche Handbuch, Leben-Werk-Wirkung*, ed. Henning Ottmann (Stuttgart: J. B. Metzler, 2000), 167.

17. Según Santini, por ejemplo, estos materiales son "sólo relativamente originales, ya que en las vastas secciones de carácter compilativo Nietzsche retoma libre o literalmente los resúmenes de los manuales de la época" Santini, *Nietzsche e la Grecia. La riflessione sul mondo greco nelle lezione di Basilea,* 2.
18. Cfr. KSB 2, 283 y ss.
19. KGW II.1, 268.
20. KGW II.1, 254.
21. Carta a Erwin Rohde, 1–3 de Febrero de 1868, KGB I.2, nr. 559, 248.
22. "Los griegos son admirables justamente por su sentido del orden, de la estructura, de la belleza, del κόσμος;... gracias a la cual ponen orden en el cielo, en la tierra, en los dioses y en ellos mismos. Pero incluso este sentido del orden tiene una mesura .... Cualquiera que haya podido ser aquí la dote común, o cualquier cosa que los griegos hayan podido tomar prestado, lo transforman en algo más bello. Es su lado más brillante: la asimilación y superación de lo extranjero." GGD, KGW II.5, 376–77; OC II, 944.

PRIMERA PARTE:

Nietzsche y el método filológico

La búsqueda de la procedencia no funda, al contrario: remueve aquello que se percibía inmóvil, fragmenta lo que se pensaba unido; muestra la heterogeneidad de aquello que se imaginaba conforme a sí mismo.

- Foucault, M, *Nietzsche, la généalogie, l'histoire.*

1

La "filología del futuro". Nietzsche y la filología clásica

"Y cuando yo habitaba entre ellos, habitaba por encima de ellos. Por esto se enojaron conmigo.
No quieren oír nada de que alguien caminó por encima de sus cabezas; y por ello colocaron leños y tierra e inmundicias entre mí y sus cabezas.
Así que amortiguaron el sonido de mis pasos; y a día de hoy, quienes peor me han oído han sido los más doctos de todos."

- Nietzsche, F., *Za. II, Von den Gelehrten.*

1. La polémica por *El nacimiento de la tragedia*: Filología y reacción

El 1 de Junio de 1872, en Berlín, pocos meses después de la publicación de *El nacimiento de la tragedia a partir del espíritu de la música* de Friedrich Nietzsche, un joven filólogo de nombre Ulrich von Wilamowitz-Möllendorf reseñaba la obra con las siguientes palabras:

El señor Nietzsche no puede negar que esto significa la oposición directa al camino de la investigación sobre el que han caminado los héroes de nuestra ciencia y, en definitiva, de toda verdadera ciencia, los cuales no se turban por

> una conjetura infundada sobre el resultado final, y están dispuestos a conceder sólo a la verdad el honor de proceder de conocimiento en conocimiento, a comprender todo fenómeno ocurrido en la historia sólo a partir de las premisas de la época en que se ha desarrollado y a ver la justificación de ello en su necesidad histórica. No puede negar que este método histórico-crítico, que se ha convertido al menos en un principio científico de uso común, sea la oposición directa a un modo de considerar las cosas que, aferrado a los dogmas, está siempre constreñido a encontrar su confirmación. Su solución es injuriar el método histórico-crítico (p. 432) ultrajando toda opinión estética que contraste con la suya (pp. 428–429), difamando (p. 161) la época en que la filología alemana, sobre todo por mérito de Gottfried Hermann y Karl Lachmann, fue llevada a un nivel jamás presagiado, y acusándola de no comprender los estudios sobre la Antigüedad.

Para concluir, finalmente, de la siguiente manera:

> Creo que he probado los graves reproches de ignorancia y de falta de amor a la verdad. Y sin embargo, temo que he sido injusto con el señor Nietzsche. Si él me objeta que no quiere saber nada de "historia y crítica", ni de la llamada "historia universal", lo que él quiere es crear "una obra de arte dionisíaco-apolínea", "un medio de consuelo metafísico", y que sus afirmaciones no tienen la realidad común del día, sino "la realidad sublime de los sueños", entonces, si esto es así, retiro todo lo que he dicho y le ofrezco mis más sentidas disculpas. Me gustaría, entonces, tolerar su evangelio, para que mis armas no lo golpeen. Ciertamente, yo no soy ningún místico, no soy un hombre trágico, y aquel evangelio podrá ser para mí "nada más que un accesorio agradable, un juego de campanillas que echa en falta, con toda razón, la seriedad de la existencia", y también de la ciencia: el sueño de un borracho o la embriaguez de un soñador. Sin embargo, insisto sobre una cosa: mantenga el señor Nietzsche la palabra, blanda el tirso, viaje de la India a Grecia, pero que baje de la cátedra en que la que él tiene que enseñar ciencia. Que reúna tigres y panteras a sus pies, pero no a los jóvenes filólogos de Alemania, los cuales en la ascesis y en la abnegación del trabajo deben aprender a buscar ante todo la verdad, a emancipar su propio juicio con empeño voluntarioso, a fin de que la Antigüedad clásica les permita alcanzar la única cosa imperecedera que el favor de las Musas promete, y que en esta plenitud y pureza sólo la Antigüedad clásica puede dar.[1]

La reseña, efectivamente, llevaba por título "¡Filología del Futuro! Respuesta a *El nacimiento de la tragedia* de F. Nietzsche", y había sido concebida no sólo como respuesta a la obra de Nietzsche, sino también como reacción a la reseña laudatoria de Erwin Rohde sobre la propia obra.[2] Mención aparte de la opinión del círculo de su amigo y compositor Richard Wagner,[3] las primeras reacciones en el mundo académico a *El nacimiento de la tragedia* fueron para Nietzsche un duro golpe, sumidas en el ámbito público en la más absoluta indiferencia (ningún académico aparte de Wilamowitz y Rohde reseñó el libro).[4] En privado, en cambio, las críticas eran explícitas y de la máxima dureza.[5] Y en todo ello, el silencio al respecto por parte de su maestro Ritschl, quien tantas esperanzas había puesto en él desde un principio y sin cuya ayuda no habría podido Nietzsche nunca llegar a ocupar la cátedra en Basilea sin haber alcanzado siquiera el título de Doctor: "Lo que he tenido que oír sobre mi libro es totalmente increíble .... Estoy profundamente abatido por todo lo que llega a mis oídos, porque en estas voces adivino lo que el futuro me tiene reservado. Esta vida será muy dura. En Leipzig debe de reinar de nuevo la exasperación. Nadie me escribe desde allí una palabra, ni siquiera Ritschl."[6] Nada sorprendente, por otro lado, cuando también Ritschl entre tantos otros estaba siendo directamente retratado en aquellas páginas como el "hombre alejandrino"; y éste último como "el crítico sin placer ni fuerza ... que en el fondo es un bibliotecario y un corrector, y que por el polvo de los libros y las erratas de imprenta se queda miserablemente ciego".[7] Ritschl ya había escrito en su diario a 31 de Diciembre de 1871: "Libro de N., Nacimiento de la Tragedia = ingeniosa disipación." Nietzsche intentaría cubrir ahora este silencio enviándole una carta en la que le mostraba su sorpresa e intranquilidad, y en la que indirectamente se pueden ven de forma translúcida las intenciones últimas del joven filólogo con su obra.[8] La reacción de Ritschl a esa carta fue de nuevo de lo más concisa: "Fantasiosa carta de Nietzsche (= delirios de grandeza)."[9]

Es un hecho altamente sintomático, por tanto, que cuando Nietzsche se vio en la posibilidad de mandar ejemplares de *El nacimiento de la tragedia* a sus conocidos, no mandara prácticamente ninguno a ningún filólogo de profesión, ni tampoco a ninguno de sus antiguos profesores en Pforta.[10] De las cinco copias de lujo en papel amarillo, dos las mandó a los Wagner, y otras tres se las quedó presumiblemente para sí. De esa manera tan plástica ("Nietzsche simplemente no buscó una reacción profesional bien informada"),[11] Nietzsche se permitía una clara toma de distancia ante un mundo filológico que le resultaba cada vez más ajeno a sus intereses.[12] Pues *El nacimiento de la tragedia* es, efectivamente, un libro sobre la antigüedad clásica completamente "antifilológico" y "acientífico" en el sentido canónico del término, cargado de interpretaciones e imágenes sugerentes y evocadoras al tiempo que absolutamente desprovisto de un método crítico al uso, siquiera de un aparato de notas que dejen lugar a una discusión científica.[13] Su libro era más bien una "gran cosmodicea", "esa auténtica historia del arte que, en vez de entretenerse como en un juego infantil de nueces vacías con las lánguidas noticias de la crónica y la poética, sabe extraer con devota profundidad de la obra de arte la última solución del enigma"[14] y con la que Nietzsche venía a sintetizar y consagrar, por primera vez ante el público editorial, todo un nuevo programa filológico con el que plantar cara al gremio entero de la filología contemporánea. La filología, para Nietzsche, debía convertirse en una actividad creativa, crítica y desafiante "capaz de iluminar la propia existencia"; y *El nacimiento de la tragedia* es un ejemplo palpable de hasta dónde pueden llegar esas fuerzas en dicho intento, ahí donde el método frío y riguroso es asimilado y controlado por la pasión de un ideal. Entre otras razones, se aduce que ésta fue una de las principales causas para su abandono definitivo de la universidad en 1879.[15]

Ahora bien: ¿Qué razones podrían llevar a un filólogo como Nietzsche, de impoluta formación filológica en la disciplina del *Gymnasium* de Pforta—en palabras de su maestro Ritschl "de un futuro más que prometedor" que "conseguirá todo lo que se proponga"; y en las del sucesor de éste en Bonn, H. Usener, "sobresaliente dentro de la más reciente generación, cuyos trabajos en el *Rheinisches Museum* sorprenden por su frescura juvenil y su visión penetrante"[16]—a romper de esa manera sus vínculos con la filología institucional? Más aún, y desde la ulterior perspectiva de un Nietzsche ya de madurez: ¿por qué su interés por la filología? ¿Cómo nace de un hijo y nieto de pastores protestantes el interés por el mundo griego, y cuál es el papel que él le otorga a ese mundo en la cultura alemana del siglo XIX? Esta pregunta fundamental sólo puede ser respondida si consideramos el corpus de la obra nietzscheana como un todo coherente, desde sus intentos de conciliación entre el mundo germánico y el mundo griego en sus años de adolescencia hasta la posterior crítica a la Cultura (*Kulturkritik*) y a la modernidad. Ya desde muy joven, Nietzsche ve en la Cultura griega un ideal ejemplar desde el que reconstruir la Cultura moderna para su regeneración. Este programa queda manifiesto a partir del ciclo de Conferencias impartidas a principios de 1872 con el título *Sobre el futuro de nuestras instituciones educativas*, donde Nietzsche critica duramente la concepción contemporánea de la *Bildung* (educación o formación); y luego también a partir del año siguiente en la serie de *Consideraciones intempestivas*, especialmente en la primera (*David Strauss, el confesor y el escritor*, 1873) donde ataca al filisteísmo cultural, y en la tercera *Schopenhauer como educador* (1874). Que ambos temas, el helenismo y reforma de la *Bildung* y la *Kultur*, son en Nietzsche dos temas intrínsecamente relacionados, eso queda además demostrado en muchas de las cartas de Nietzsche *inmediatamente posteriores* a la redacción de *El nacimiento de la tragedia*. Así por ejemplo, en una carta a Rohde de 21 de diciembre de 1871, en la que Nietzsche expresa:

> Pienso pasar estas navidades solo en Basilea, y he rehusado las amables invitaciones a Tribschen, esto es, a la villa de los Wagner en las proximidades de Basilea. Necesito tiempo y soledad para reflexionar un poco sobre mis seis conferencias (el futuro de las instituciones educativas) y para concentrarme.[17]

Y el 30 de enero de 1872, en la célebre carta a Ritschl donde le comunicaba su sorpresa por no haber recibido siquiera un comentario de parte suya en torno a *El nacimiento de la tragedia*, Nietzsche mostraba la cuestión a plena luz diciendo: "Crea usted que yo, por lo menos, no rehuiré la aplicación práctica de mis opiniones. Algo de ello le probará a usted el que ya estoy dando aquí, en Basilea, una serie de conferencias sobre el futuro de nuestras instituciones educativas" pues la obra "debería resultar prometedora para nuestra *Altertumswissenschaft*" y "para la esencia alemana", y debería "influir de modo determinante sobre la joven generación de filólogos".[18] Esa dura crítica que dirige en estas conferencias hacia el sistema educativo ha de ser por tanto considerada como una consecuencia práctica de su confrontación con los griegos. Y es, en este sentido, en el que puede afirmarse que "la meta de la filología clásica no es para Nietzsche la ampliación del saber, sino la educación/formación [*Bildung*]".[19]

2. La naturaleza de la filología desde el problema de la *Bildung*

El asunto de la relación en Nietzsche entre la filología y la educación se percibe con toda claridad en otra de las cartas enviadas a Rohde, la del 28 de Enero de 1872:

> En secreto, y rogándote que guardes silencio, te diré que preparo, entre otras cosas, una "Memoria sobre la Universidad de Estrasburgo", destinada a llegar a manos de Bismark, con carácter de interpelación al Consejo Nacional. Quiero demostrar en ella cuán ignominiosamente se ha dejado pasar una magnífica oportunidad para fundar una verdadera institución cultural dedicada a la regeneración del espíritu alemán y a la destrucción de lo que hasta ahora se ha llamado "formación" [*Bildung*]. ¡Hay que luchar con las navajas! ¡O con los cañones!".[20]

Aunque de esa memoria no queda hoy rastro alguno, lo más importante es notar cómo el asunto de la filología y la *Bildung* es en lo esencial un asunto fundamentalmente político. Nietzsche había estudiado el bachillerato en Schulpforta, una escuela fundada en el año 1543 a partir de una abadía cisterciense, a una hora de camino de su casa en Naumburg y en la que Nietzsche había sido admitido el 5 de Octubre de 1858. Schulpforta era fundamentalmente una escuela destinada a la formación de la clase dirigente prusiana. En dura "disciplina uniformadora" como describe el mismo Nietzsche,[21] Pforta era, en palabras de C. P. Janz, "un estado dentro del Estado".[22] De tendencias patrióticas y monárquicas, y con su asistencia obligatoria a la iglesia, oraciones colectivas, con diez horas de latín a la semana, seis horas de griego, dos horas de religión, y algo de matemáticas, física y geografía,[23] allí "no se preparaban oficiales para el ejército sino oficiales para la guía espiritual del pueblo":[24] un 20% de juristas, 13% de filólogos, 13% de teólogos, 11% de oficiales civiles, y un 19% de banqueros y otras profesiones son por ejemplo las cifras del destino de aquellos alumnos entre 1830–1890.[25] Gozando como otros tantos *Gymnasien* de un extraordinario prestigio social,[26] el ideal que allí se comunicaba era el de la unidad alemana de acuerdo a los modelos del humanismo, "los cuales habían sido creados por los clásicos alemanes y elaborados por la filología del s. XIX",[27] y que ahora eran asimilados e incorporados a los ideales elitistas de la burguesía culta o *Bildungsbürgertum*.[28] La filología constituía, por tanto, la referencia central de dicho programa formativo en tanto que instrumento para el conocimiento de la antigüedad como instrumento formal y normativo fundamental para el presente; y lo hacía, además, en el marco de la cuestión de la *Bildung* o formación *para ese* contexto histórico-cultural determinado, o sea "tempestivamente" o en favor de ese presente. Así visto, el destino de la Cultura moderna se demuestra *uno* con el de la ciencia filológica. Es por ello que, para poder comprender de manera radical el porqué y las intenciones últimas de la puesta en escena nietzscheana de la filología, se haga necesario comprender por qué había sido éste y no otro su destino general. Es menester por tanto en esta tarea una breve exposición de la historia de la filología clásica hasta Nietzsche: de cómo ésta deviene un instrumento al servicio del estado prusiano—y de sus posibilidades para sustraerse de él por lo demás.

2.1. El modelo humanista de la Bildung

En el Renacimiento, las ciencias que versaban sobre el mundo clásico empezaron a surgir desde la convicción de que la antigüedad greco-romana podía ser en todo punto un modelo rector para la vida moderna. Redescubriendo aquella época el valor estético de dichas fuentes, fue en dicho período histórico en el que se establecieron por vez primera la *filología* (clásica), la cual se ocupaba de la edición y el comentario de los textos antiguos; la *historia*, cuya tarea era la de describir el desarrollo y devenir de aquellos pueblos; y un resto disciplinario que agrupaba todo lo que no encajaba con las dos subdisciplinas anteriores (las costumbres del día a día, culto y religión, etc.). Fue en ese contexto, además, en el que empezaron a reunirse colecciones de monedas, gemas, y demás obras de arte de la antigüedad. Todo este proceso culmina en torno a finales del siglo XVII en una explosión del saber que se materializa en amplias compilaciones de textos, los *Thesauri*,[29] y la ingente cantidad de comentarios eruditos que los acompañarían.

No obstante, este interés por coleccionar lo antiguo no tardaría en volverse un mero impulso compulsivo por la compilación indiferenciada y sin criterio crítico alguno. En las clases de Cultura antigua, el objetivo último había pasado a convertirse en la sola reproducción por imitación de ciertos modelos literarios y retóricos,[30] que en presencia del impulso nacional por las lenguas autóctonas propio de la época acabaría resultando igualmente otra forma más de coleccionismo arbitrario. Este empeño acumulativo, propio por lo demás de un mundo burgués en nacimiento,[31] conduciría así a un primer punto de crisis donde ya no se sabía a ciencia cierta qué era lo que caía bajo la categoría de "mundo antiguo" y qué debía/podía aportar para el presente.

Habría que esperar hasta el espíritu de la Ilustración a mitad del siglo XVIII para que lo que hoy conocemos como "neohumanismo" diera, con unos criterios mucho más claros y definidos, el golpe y el impulso definitivo para la constitución de una ciencia y una educación inspiradas de forma programática en la antigüedad, y esto a través de un nuevo ímpetu de inspiración "neohelenista": como en la época de Petrarca, las obras maestras de la literatura clásica siguen ocupando una posición de honor; pero a diferencia de ésta última época, ahora la inspiración no se va encontrar tanto en las obras de Virgilio, Cicerón, o la cultura latina en general, sino en Homero, Sófocles, Herodoto o Platón, es decir, en el mundo helénico por antonomasia.[32] Se trataba en este caso de la "noble sencillez y tranquila grandeza" de los griegos como principio.

El impulsor de esta nueva tendencia fue Johann Joachim Winckelmann (1717–1768). Winckelmann, en paralelo al trabajo de J. M. Gesner (1691–1761) en Göttingen, tuvo la suerte de poder investigar en la biblioteca del conde Heinrich von Bünau en Dresden, así como también en Roma, donde dedicaría su vida al estudio del arte helénico, en especial en torno al problema de la μίμησις. Su primera publicación (1755) llevaría por nombre *Pensamientos acerca de la imitación de la obras griegas en la pintura y la escultura* (*Gedanken über die Nachahmung der griechischen Werke in Malerei und Bildhauerkunst;*), y en ella encontramos reflexiones como la de que "[l]a única vía que tenemos, de ser posible, de ganar la inmortalidad, es imitar [*nachahmen*] a los antiguos".[33] El impacto de esa pequeña obra de Winckelmann, junto con *Geschichte der Kunst des Alterthums* de 1764, fue sonado, hasta el punto de que autores como Herder alabarían su obra en su *Preissschrift* (Kassel, 1778). De la mano de su estudio acerca de las condiciones y medios de la representación en las artes particulares, Lessing investigó la relación de la belleza plástica con la condiciones de la representación en el espacio, definiendo por su parte la poesía como arte en el tiempo (*Zeitkunst*) y definiendo su objeto como acción (*Handlung*); y Schlegel llevó la caracterización de Winckelmann de las cuatro épocas de las artes plásticas a la "Historia de la poesía griega".[34]

Recepciones estéticas aparte, en la práctica pedagógica el neohumanismo inaugurado por Winckelmann tendrá su principal continuador en Christian Gottlob Heyne (1729–1812), profesor de retórica y poesía en Göttingen.[35] Esto acontece acompañado fundamentalmente de un proceso paulatino de secularización[36] por el que la historia, la arqueología y la filología se emancipan de la teología y se profesionalizan.[37] Este divorcio se consuma finalmente cuando Friedrich August Wolf (1759–1824), alumno de Heyne, funda en 1787 en Halle un seminario de filología al que acuden estudiantes de todas partes de Alemania.[38] Ya desde 1785 venía Wolf dando clases acerca de una *Encyclopaedia philologica*, lecciones que por consejo de Goethe fueron publicadas en 1807 bajo el título de *Darstellung der Alterthums-Wissenschaft, nach Begriff, Umfang, Zweck und Werth,* y en las que describe la meta de la educación como el conocimiento de la humanidad antigua y por extensión del ser humano como tal:

> Sólo en la antigua Grecia se encuentra lo que prácticamente buscamos en vano por doquier: pueblos y estados que en su mayoría poseían en su naturaleza unas cualidades que componen la base de un carácter perfecto y acabado de cara a una humanidad auténtica …. Para los investigadores de la historia de la humanidad no existe entre todas las naciones ninguna tan importante, si no incluso tan sagrada, como la griega.[39]

Gracias a la práctica docente llevada a cabo en Göttingen y Halle, el neohumanismo se convirtió en un elemento insoslayable de la teoría y práctica pedagógica de las escuelas formativas prusianas.[40] La meta en esas escuelas de nueva fundación no era la formación de cara a un fin determinado, sino la formación general (*Allgemeinbildung*), es decir, una educación versátil y completa como ejercitación de todas las facultades intelectuales (lo que llamaron educación para la humanidad o *Bildung zum Menschen*) en la que la enseñanza del latín y el griego jugaba un papel fundamental.[41]

2.2. *Bildung* y ciencia a partir de 1806/07. El modelo humboldtiano.

El desplome del estado prusiano en la guerra contra Napoleón, anunciado por la derrota en Jena y Auerstedt el 14 de Octubre de 1806 y sellado por la paz de Tilsit en el año 1807, fue en realidad un golpe de suerte para el desarrollo de la educación y la ciencia. El impacto de la derrota consiguió movilizar una serie de fuerzas que pronto conseguirían imponer un conjunto de reformas radicales.[42] Como centro político de estas reformas, al tiempo que como lugar de ubicación de las instituciones que las encarnaban, estaba Berlín.

En esencia, estas reformas no eran muy diferentes de aquellas reformas que ya habían sido introducidas en Göttingen y Halle de la mano de Heyne o Wolf, y que fueron consumadas por Wilhelm von Humboldt (1767–1835). Humboldt era director de la sección de Educación y Cultura en el Ministerio del Interior entre 1809 y 1810 cuando asumió la tarea de una reforma universitaria. Esta reforma tenía ante todo una importancia política, ya que Prusia había perdido en la paz de Tilsit sus principales universidades, entre ellas también Halle. El rey Friedrich Wilhelm III decidió entonces fundar una universidad en Berlín, dado que "el Estado debe suplir por la fuerza intelectual lo que ha perdido físicamente".[43] La tarea asumida por Humboldt no fue fácil, especialmente porque en el ámbito cultural confluían corrientes de muy diversa índole, muchas veces contrapuestas: la *Spätaufklärung* con su pensamiento utilitarista, el *clasicismo* de Goethe y Schiller, el *romanticismo* en surgimiento con sus tendencias más irracionalistas, etc. A pesar de las primeras intenciones del monarca de un modelo más práctico, finalmente Humboldt consiguió implantar un concepto educativo unitario en el que el fin de la ciencia es la formación (*Allgemeinebildung*) de la juventud prusiana, consiguiendo de esa manera también el apoyo incondicional del mismo Schleiermacher.[44]

En este contexto, definir el papel que tendrían sobre la nueva universidad los estudios sobre la antigüedad se volvía imprescindible. Humboldt organizaría la universidad de Berlín enfocada en el desarrollo de la *Humanität* según la había definido en su escrito de 1793 *Über das Studium des Alterthums, und des Griechischen insbesondere*, a saber: como "las diversas fuerzas intelectuales, estéticas y morales del hombre"[45] tal y como se encontraban en los griegos.[46] La amistad y la influencia recíproca entre Humboldt y Wolf fue determinante en la definición de este proyecto.[47] Lo que Humboldt buscaba en la antigüedad era la *Menschenkenntnis* o verdad sobre el ser humano en general[48], así como el modo de realizarla en el presente en forma de *libertad*. Lejos de ser un modo auxiliar de las otras ciencias, el estudio de la antigüedad clásica se consideraba ahora una ciencia histórica independiente, como plataforma para el estudio del ser humano.[49]

El *Examen pro facultate docendi* introducido por el edicto del 12 de Julio de 1810 separaría finalmente de forma definitiva la actividad docente y la teología. Con ello, Humboldt tenía por fin vía libre para extender su reforma también al ámbito de las escuelas, así como para reorganizar en 1812 la *Academia Real Prusiana de las Ciencias*, la cual hasta entonces no había mostrado especial interés en la Antigüedad aparte de algunas *Preisausgabe* circunstanciales.[50] A partir de ese momento, Berlín empezaría a llevar el sobrenombre de "la Atenas del Spree".

2.3. La filología en la encrucijada: entre positividad e ideal

El ideal pedagógico humanista de Humboldt estaba marcado, como hemos visto, por la necesidad de conferirle a la nación alemana la capacidad de formarse un carácter individual. Ésa había sido según Humboldt la característica principal de los griegos (especialmente los atenienses), y deberán ser éstos por tanto quienes sirvan de guía a la modernidad para alcanzar ese objetivo. Los griegos, escribía Humboldt, "no son para nosotros sólo un pueblo que pueda resultar útil históricamente, sino un ideal"; son para nosotros "lo que sus deidades fueron para ellos: carne de nuestra carne y huesos de nuestros huesos".[51]

No obstante, surge inmediatamente un problema, específicamente en lo relativo al trato con esos materiales a la hora de construir puentes históricos. Pues, por un lado, el *estudio* de la antigüedad del que habla Humboldt en *Über das Studium des Alterthums* es el estudio de las "antigüedades griegas en el amplio sentido de la palabra"[52]—se nota en ese sentido todavía la presencia de Winckelmann y su teoría estetizante de la imitación (*Nachahmung*). Por otro lado, sin embargo, ese *estudio* como trato con la antigüedad ha de remitir al fin y al cabo "al trabajo inmediato de las fuentes por medio de la crítica y la interpretación",[53] ya que para dejarse iluminar por ese ideal la filología ha de atender a verdades históricas *concretas*. Dicho de otra manera: la concepción que Humboldt tiene de la filología como estudio de los antiguos está a mitad de camino entre la imitación idealizante y la ciencia histórica como tal, y se encuentra atrapada por las exigencias de ambas aspiraciones. Humboldt planeaba una monografía sobre los griegos donde ambas perspectivas, la histórica-empírica y la idealista, debieran quedar mutuamente conformadas a partir de una definición más precisa de lo que entendía por la nueva ciencia filológica.[54] Pero finalmente, no consiguió resolver el conflicto metódico y dicha obra nunca vio la luz, pues ambas actitudes resultaban para la época categóricamente incompatibles.[55]

En realidad, esta aporía está inscrita en la esencia misma de la filología como ciencia. En la obra que hoy se conoce como piedra fundacional de la filología moderna, los *Prolegomena ad Homerum* de F. A. Wolf de 1795, Wolf estudiaba como acompañamiento a una nueva edición crítica de los poemas homéricos el problema de la unidad estética de dichos poemas. Para Nietzsche, y tal y como observaría en su lección inaugural de 1869 *Homero y la filología clásica*, dicho estudio es la inauguración del método analítico en filología, pues bajo clara inspiración kantiana Wolf ensaya ahí la demostración de sus límites como disciplina y de su carácter científico.[56] Esa afirmación crítica como disciplina científica le posibilitaría más tarde incluso demostrar que los filólogos constituían una corporación profesional (*Stand*).[57] Por otro lado, sin embargo, es el mismo Wolf quien, en su obra *Darstellung der Alterthumswissenschaft* de 1807 dedicada a Goethe, reincide en el carácter estético del modo de acceso al objeto de la filología, definiendo ésta como "el conocimiento de la naturaleza humana en la antigüedad" (*Die Kenntnis der alterthümlichen Menschheit selbst*).[58] Se trata aquí, como bien señala hoy Sánchez Meca, de "las dos caras de la filología clásica, la de los *Prolegomena* y la de la *Darstellung* de Wolf, que recogen, ya en su nacimiento mismo, la contradicción tal vez insoluble de esta rama del saber".[59] Una cierta imposibilidad que pronostica además el futuro conflicto, en términos ya nietzscheanos, entre una "práctica apolínea" y una "práctica dionisíaca" de la disciplina.

Finalmente, esta dificultad de la nueva ciencia filológica consigo misma no encontró solución, ya que se trata efectivamente de un problema general que le afecta de manera constitutiva. Más aún, los procesos de especialización (*Vereinzelwissenschaftlichung*) que sufren las ciencias en el s. XIX como re-organización a gran escala de la reproducción social del conocimiento en el marco del estado moderno, en gran medida como reflejo de la nueva división social del trabajo (*Arbeitsteilung*), provoca la consiguiente renuncia más o menos explícita a la posibilidad de una ciencia universal y unitaria (*Einheitswissenschaft*).[60] Esta desconfianza se extiende también por supuesto a la posibilidad de un conocimiento unitario capaz de reconstruir la Antigüedad, por no decir incluso rescatarla para la construcción del ideal educativo neohumanista. Ése es desde luego el contexto de urgencia en el que Nietzsche imparte en Basilea en 1871 el curso *La educación para la formación clásica*, y en el que pronuncia también entre enero y marzo de 1872 las seis conferencias *Sobre el futuro de nuestras instituciones educativas*. En aquel curso decía que "si un filólogo quiere prepararse para ser maestro, no debe ser de manera particular un filólogo lingüista [*Sprachphilolog*]. Esto atañe a su inclinación científica, que no tiene absolutamente nada que ver con su oficio de profesor. / La relación de los eruditos con los grandes poetas tiene algo de irrisorio."[61] Estas ideas las desarrolla más ampliamente en las conferencias, especialmente en la 2ª y la 3ª, donde expone que el avance del método positivo de la filología ha llevado a la *Bildung* (y con ello a la Cultura alemana moderna en su totalidad) a una debacle en la que el ideal clasicista de Goethe, Schiller e incluso Winckelmann ha quedado olvidado en favor de una monstruosidad burocrática donde la filología sólo se preocupa ya de producir funcionarios ("operarios") que reproduzcan sus ideales vacíos. Se trata de "una Cultura ficticia" a la sombra de "la economía política de nuestro presente", y no en cambio del cultivo de grandes personalidades (*grosse Menschen*) capaces de reestablecer la salud y la grandeza en la barbarie bajo inspiración de una suerte de "República platónica".[62]

> Dos corrientes, en apariencia opuestas, igual de nocivas en sus efectos y concluyentes en sus resultados, dominan actualmente nuestras instituciones educativas que, en su origen, se fundaron sobre muy diversos fundamentos: por un lado, el impulso hacia la mayor ampliación de la educación posible; por otro lado, el impulso de reducción y debilitamiento de la misma. De acuerdo con la primera pulsión, la educación debe ser llevada a círculos cada vez más amplios. Por lo que se refiere a la otra tendencia, se exige de la educación abandonar sus pretensiones supremas y soberanas y subordinarse de modo servicial a otra forma de vida, a saber, la del Estado.[63]

En definitiva, afirma Nietzsche, el programa educativo de la filología clásica fracasa en sus aspiraciones regenerativas de individualidad y unidad nacionales, pues degenera en un conjunto de meras técnicas mecánicas positivistas que vacían la investigación de las fuentes, la edición y comentario de los textos, o la lingüística, del aliento de vida por el que aquel ideal educativo fue primariamente concebido.[64] Una enfermedad historicista, sin más pretensión en lo fundamental que el entorpecimiento de los impulsos creativos del alumno para única honra y engrandecimiento de dicho historicismo. Como veremos en el capítulo 3 de la primera parte de este trabajo (I.3), Nietzsche trataría también este tema en profundidad en la segunda de sus *Consideraciones intempestivas* de 1874 *De las ventajas y desventajas de la historia para la vida.*[65]

2.4. La situación de la filología a partir de Humboldt

Con el fracaso del programa educativo humboldtiano, la filología pierde por tanto el papel-problemático por otro lado-que el modelo neohumanista le había asignado en la construcción del ideario político de una nueva nación. La filología se olvida de su objetivo educador, y se encierra cada vez más en una especialización analítico-técnica. Hermann Usener (1834–1905) declarará por ejemplo sin tapujos que la filología debe reducirse a método de la historia en un plano interdisciplinar;[66] y la polémica en torno a la *Simbolik* de Friedrich Creuzer demostraría también la tendencia hegemónica a afirmar la importancia del método por encima de otros factores.[67] Una generación después de la matriculación de F. A. Wolf en la Universidad de Göttingen en 1777 como *Studiosus Philologiae*—el día que marcó según Nietzsche el nacimiento de la Filología[68]—la filología quedaba así dividida en dos tendencias inconciliables: una tendencia predominante de criticismo literario, esto es una filología lingüística, analítico-positiva que luego tomaría el nombre de *Wort-philologie* o filología de la palabra; y una filología más clasicista, más orientada a los intereses pedagógicos humanistas originarios de la primera filología, lo que luego se dio a conocer como *Sach-philologie* o filología de la cosa.

La primera de las tendencias, con su precursor en Johann Gottfried Jakob Hermann (1772–1848), volcaba su interés en el estudio crítico de las lenguas clásicas. En su gramática *De emendanda ratione Graeca Grammaticae*, en su tesis doctoral acerca del término *αυτός*, y en sus *Cuatro libros sobre la partícula ἄν*, Hermann insistía en la importancia de la perfección sintáctica como condiciones para el estudio de la antigüedad.[69] Como dirá luego el mismo Nietzsche, "[Hermann] quiere limitar la filología a la lengua". Y le cita ("La meta es *ut recte intellegantur scripta veterum*"),[70] en los mismos términos que luego Wilamowitz defendería como propios de la filología.[71] Con la *Wort-philologie*, la filología vuelve, en palabras de Nietzsche, a las holandesadas.[72]

La segunda tendencia, alineada en autores como Friedrich Creuzer (1771–1858), Karl Ottfried Müller (1797–1840), Friedrich Gottlieb Welcker (1784–1868), y sobre todo con August Boeckh (1785–1867) como principal representante, asumía una postura más hermenéutica o interpretativa, más inspirada en el programa de Heyne de atención al estudio de la mitología y a la historia de la cultura en general.[73] Estudiante de Wolf y Schleiermacher, Boeckh intentaba explicar los aspectos pedagógicamente más importantes de la antigüedad a partir de una *Weltanschauung* comprehensiva, más que a partir del dominio de ciertas técnicas lingüísticas aplicadas a un texto específico. Recuperando los procederes de Wolf, el método de Boeckh era el de la retro-aplicación holística de los materiales históricos, en inspiración directa sobre el mundo cultural propio para cada texto. A diferencia de Hermann, Boeckh buscaba en el estudio técnico de la gramática un retrato más global de la antigüedad con fines pedagógicos. Nietzsche llamó a esto en sus apuntes de Febrero 1868-Octubre 1869 "filología universal" (*Die universale Philologie Boeckhs*)[74]: se recurre a la filosofía para establecer una concepción base sobre la que luego trabajar, un ciclo hermenéutico de "reconocimiento de lo conocido", de "reproducción de lo producido".[75] Para Boeckh, en palabras de Nietzsche "la filología es el conocimiento de lo ya sido [*des Dagewesenen*], con lo cual queda emparentada con la historia, que explica cómo el pasado surge y se desarrolla. La filología tiene que ver, esencialmente, con el mientras tanto [*Nebeneinander*]".[76] Entre sus discípulos se encuentra por ejemplo Otto Jahn, profesor de Nietzsche en Pforta y que luego cultivaría una distancia ante la concepción boeckhiana de la filología; o también Gottfried Bernhardy, bajo cuya inspiración Nietzsche elaboraría su propia *Enciclopedia de la filología clásica*[77] o mismamente, y como se verá en la segunda parte de nuestro trabajo, las *Lecciones sobre historia de la literatura griega* de 1874/76.[78] Entre los discípulos de la línea de Hermann, por su parte, tendríamos a Theodor Bergk, a Moritz Haupt y Karl Lachmann (ambos maestros de Ulrich von Wilamowitz-Moellendorf, éste último citado como modelo filológico en el panfleto contra Nietzsche). Y por supuesto Ritschl, maestro de Nietzsche, que si bien era discípulo de Hermann y había escrito con él su disertación con el título *Schedae Criticae*, no acabó tampoco ahorrando en simpatías por la línea boeckhiana, anticipando con ello una combinación que luego tomará forma definitiva en el propio Nietzsche.[79]

Como hemos estudiado en otro lugar, aquella metodología de cuño boeckhiano Nietzsche vendría aplicándola en la práctica desde sus escritos sobre los *Democritea* de 1867.[80] El único problema que Nietzsche, ya desde temprano, ve específicamente en el método Boeckh es que, sin el debido cuidado, puede resultar una concepción demasiado amplia de la filología, pues "la diferencia entre filología e historia desaparece"; al mismo tiempo, no puede dar cuenta de problemas tales como por ejemplo el de "la cuestión homérica", allí donde faltan (al menos en la época en que Nietzsche escribe) los materiales históricos-arqueológicos y sólo disponemos de los textos.[81] Es por eso que la filología en general necesita de ambas cosas: de una visión holística de los contextos históricos; pero también de un tratamiento de los textos bajo las premisas de objetividad que ofrece y sobre las que se construye la crítica textual. Ambos elementos son necesarios si la filología no quiere fracasar en su intento de recuperar su papel privilegiado en el ideal educativo de la nación.

Ésta es, en el fondo, la razón que subyace al hecho de que Nietzsche, incluso después del fracaso de reconocimiento tras publicar *El nacimiento de la tragedia*, no reniegue absolutamente de la filología crítica tal y como venía haciéndose en la segunda mitad del siglo XIX, sino que luche por recuperar la estima de Ritschl escribiendo por ejemplo en 1872 un trabajo para su publicación en el *Rheinisches Museum*.[82] Ya desde la *Philologenkrieg* entre Ritschl y Jahn (1864–65) Nietzsche se había declarado del lado de Ritschl, y luego se encontraría con él en Leipzig cuando se mudara de Bonn.[83] Nietzsche se había apoyado también en Bergk, por ejemplo, para su *Zur Geschichte der Theognideischen Spruchsammlung.*[84] Decir por tanto, como decía Wilamowitz, que la solución de Nietzsche, "metafísico y apóstol", era "injuriar el método histórico-crítico ... ultrajando toda opinión estética que contraste con la suya ... difamando ... la época en que la filología alemana, sobre todo por mérito de Gottfried Hermann y Karl Lachmann, fue llevada a un nivel jamás presagiado, y acusándola de no comprender los estudios sobre la antigüedad"[85] es ignorar todos sus trabajos acerca de las fuentes publicados en el *Rheinisches Museum*, entre ellos por ejemplo *De Laertii Diogenis fontibus*, el *Beiträge zur Quellenkunde und Kritik des Laertius Diogenes*, o la creación del catálogo de 176 páginas de los primeros 24 volúmenes del *Rheinisches Museum*[86]—por no decir incluso, aunque a otro nivel, los estudios sobre los *Democritea* de 1867/68. De hecho, muchos de sus trabajos filológicos están fuertemente marcados por la obra de Hermann.[87] Lo único que sucede es que, desde que Nietzsche comprendiera las carencias del método analítico en el que él mismo se había formado, iría más allá de ese método, a caballo entre las dos vías de la filología y apuntando a una nueva forma de comprensión del fenómeno griego. En su acercamiento a Ritschl no hay por tanto razones oportunistas como siempre había aducido Wilamowitz, sino más bien una cuestión fundamental de concepción *comprehensiva* de la filología.[88] No se podrá hablar por ello, dentro del desarrollo de las posiciones filológicas de Nietzsche, de diferentes etapas marcadas por la renuncia, y menos aún de un alejamiento de la filología, pues en realidad todo es una línea de aprendizaje y asimilación de los elementos positivos de cada tendencia y un tomar conciencia de sus carencias para, en un momento determinado, concluir por fin en un proyecto integrador de renovación de la filología, la historiografía y la ciencia filosófica en general. Como apunta hoy Carlo Gentili:

> Ver *El nacimiento de la tragedia* sólo desde la perspectiva de un alejamiento de la filología significa aceptar, de hecho, esta intimación a la dimisión. El libro se convierte de esta manera en una maraña de pensamientos cuya capacidad de remitir a posteriores obras, comenzando por *Humano, demasiado humano*, se ve comprometida en la medida en que las etapas intermedias del recorrido de su pensamiento (los textos y los apuntes de las clases de Basilea, las seis conferencias sobre la escuela, las cuatro *Consideraciones intempestivas*, la ulterior reflexión sobre el mundo griego del escrito no publicado *La filosofía en la época trágica de los griegos*) quedan reducidos a meros restos de un naufragio.[89]

Existe por tanto dentro de la geografía interior de *El nacimiento de la tragedia* una línea de continuidad dentro de un proyecto mucho más amplio y ambicioso, donde no hay renuncias de ningún tipo (siquiera en su supuesto "abandono" de la filología y su ulterior dedicación a la filosofía) sino una progresiva afirmación de posiciones críticas y renovadoras.

> Vivimos en un período en el que coexisten diferentes concepciones de la vida: por eso, nuestra época es instructiva como pocas, por eso está tan enferma, porque padece al mismo tiempo los males de todas las distintas orientaciones.[90]

3. Nietzsche y la filología: entre la crítica y la hermenéutica

De acuerdo con lo visto hasta aquí, y tal y como Nietzsche mismo describe en el párrafo 14 de su *Enciclopedia de la filología clásica* de 1871:

> La diferencia de enfoque fue, durante un tiempo, la causa de un combate violento entre filología de los hechos y filología de la lengua o lingüística [*Sach- und Sprachphilologie*]: la lingüística, considerada desde el punto de vista práctico, abogaba por el método y reprochaba a sus adversarios la ausencia de profundidad y falta de método. En realidad, se buscaba entonces el método de investigación para la Antigüedad y la historia. Ya se había superado la etapa de la erudición puramente ecléctica. En lingüística se era ya mucho más riguroso y se estaba mucho mejor preparado. Pero el elemento decisivo contra el partido de la lingüística de entonces fue aportado por la lingüística comparada, pues ésta demostró el carácter no científico y no metódico del manejo del lenguaje. Contra el punto de vista de la lingüística hay que recordar también que la formación lingüística de los practicantes de la filología comparada es, en la mayoría de los casos, simple *diletantismo*, que su método etimológico es fantasioso, y que cree que todo puede sacarse de todo. En cualquier caso, esta división en partidos estalló. Se ha impuesto tanto que ahora lo que más teme cada orientación es el reproche de la ausencia de método. El valor de los mejores profesores y de los mejores libros ha quedado ahora completamente relegado al elemento metodológico. El colectivo de la erudición casi no tiene ningún crédito. "Método" se ha convertido casi en un santo y seña.[91]

Sobre las ascuas del combate entre la *Sprachphilologie* y *Sachphilologie*, este reproche continuo por la ausencia de método es, en definitiva, el mismo que Wilamowitz hace pesar sobre Nietzsche. Pecado que había llevado también a Hermann Usener, con quien incluso iba Nietzsche a colaborar en un estudio de la filosofía antigua,[92] a declararlo como "muerto para la ciencia" (*wissenschaftlich todt*).[93] Un gesto éste que, como recuerda Sánchez Meca, no es en el fondo sino "la voz desesperada de la filología alemana que, agobiada bajo el peso de su contradicción, se defendía al sentirse amenazada por la imagen de esta nueva filología del futuro, intuitiva y creadora, que *El nacimiento de la tragedia* adelantaba".[94] Pues en esa obra se aplicaba una nueva forma de hacer filología que ponía en entredicho el paisaje entero de las metodologías contemporáneas, juzgando y valorando indirectamente las tendencias de la época. Con *El nacimiento de la tragedia*, Nietzsche no sólo se acerca a la tragedia aportando una visión de ésta más o menos original y novedosa, sino que con ella está, de alguna manera, insultando indirectamente al gremio de los filólogos, aquellos que en sus pretensiones de cientificidad habían olvidado los fines últimos de su actividad para contender en una encerrona metodológica acerca de qué porción de la esquina les correspondía.[95] Las imágenes de esta nueva "filología del futuro" nietzscheana—como el mismo Wilamowitz inconscientemente pero con mucha fortuna la había denominado—reclamaban una renovación de los métodos filológicos a partir de una digresión en las formas expositivas. Curiosamente, el aporte más grande de *El nacimiento de la tragedia* es éste: pues, en realidad, las aspiraciones de verdad contenidas en ahí no sólo afectan a la ciencia filológica sino a la ciencia moderna en general, dado que la encrucijada a la que había llegado la filología es en sí misma la encrucijada a la que, en términos generales, había llegado el pensamiento científico moderno. El alcance de *El nacimiento de la tragedia*, en ese sentido, no es tanto una nueva visión del mundo griego como una revisión profunda de los postulados de verdad de la ciencia moderna: una revulsión metodológica de la filología clásica que, en su ejercicio, lleva al límite y deja al descubierto el dogmatismo que se oculta tras las formas de conocimiento de la ciencia moderna en general. Como dice James I. Porter en torno a la metodología crítica de Nietzsche: "Su filología es crítica con la cultura contemporánea por las mismas razones que es crítica con la filología contemporánea: un fenómeno se refleja en el otro".[96] La filología es en ese sentido vista por Nietzsche como un síntoma de la modernidad ("los filólogos son prototipos del alma moderna"[97]); y en tanto que producto del presente histórico, puede servir asimismo para diagnosticar las evidencias autoimpuestas y los presupuestos mismos de dicho presente, pues sus contradicciones, sus imposibilidades y sus antinomias son las mismas que las del pensamiento moderno en su más pura forma. Con *El nacimiento de la tragedia*, una ciencia supuestamente objetiva, limpia de intenciones y/o efectos políticos se transforma en una denuncia al *a priori* actual respecto de la Antigüedad; y por extensión, en una denuncia "intempestiva" a la ideología moderna en general (i.e. a la producción material de sujetos de conocimiento). *El nacimiento de la tragedia* es, consecuentemente, un arma crítica en la lucha por la corrección y renovación de la nación en el espectáculo nihilista de la decadencia moderna.[98] Todo este programa crítico de la filología del futuro quedaría visionado en una *Consideración Intempestiva* —la cuarta, compuesta durante la primera mitad de 1875 aunque luego no viera finalmente la luz—cuyo capítulo 5 hablaría de "[e]l filólogo del futuro como escéptico respecto a toda nuestra cultura y, por consiguiente, como aniquilador del cuerpo de filólogos"[99]:

> La posición del filólogo ante la Antigüedad es *exculpatoria*, o bien la de alguien que está guiado por la intención de constatar en la Antigüedad aquello que nuestra época tiene en más alta estima. El punto de partida correcto es el inverso: esto es, partir de la comprensión del sinsentido moderno y volver la vista atrás—muchas cosas bastante chocantes de la Antigüedad aparecen como fruto de una profunda necesidad.[100]

El punto de partida de la "filología del futuro", por tanto, ha de ser el de una "contra-filología" escéptica hacia sus propios postulados, metodológicos y de verdad.[101] No se trata de una renuncia o una abdicación a la disciplina. Se trata más bien de una filología que observa con plena sospecha las fuentes, así como sus propias condiciones de posibilidad.[102] Nietzsche reprueba en repetidas ocasiones el vicio imperante a observar a-críticamente el pasado con las categorías del presente[103]. Y en una suerte de "giro copernicano" por el cual los objetos se orientan de acuerdo a nuestro conocimiento,[104] critica sus presunciones de objetividad así como la ilusoria pretensión de que el pasado está ahí como esperando a que lo capturemos—como si hubiera un origen simple o se pudiese empezar por el principio.[105] Para Nietzsche, la auténtica tarea de la filología no es el acceso ecuánime al objeto pasado—imposible por definición—sino la observación del presente desde el que observamos el pasado para, desde ahí, alumbrar el futuro. Esta idea remite a algo que ya había dicho en un apunte de 1867/68, a saber, que "la filología clásica no tiene un objeto infinito."[106] Algo que, y como luego dejaría patente *Nosotros los filólogos*, no quiere sino decir que el material (*Stoff*) con el que trabaja la filología ciertamente se acabará algún día, pero lo que no acabará nunca son nuestras siempre diferentes formas de acercamiento a ese material (a ese pasado) desde nuestro presente.

> La filología, en tanto ciencia relativa a la Antigüedad, no posee, como es natural, una duración eterna, su material [*Stoff*] ha de agotarse. Inagotable es, en cambio, la acomodación siempre nueva de cada época a la Antigüedad, su medirse con ella. Si al filólogo le está encomendada la tarea de comprender mejor *su* propia

> época por medio de la Antigüedad, entonces su tarea es eterna. Ésta es la antinomia de la filología: de hecho, siempre se ha comprendido *la Antigüedad* sólo *a partir del presente*—¿y no habría de comprenderse, por el contrario, el *presente a partir de la Antigüedad*?[107]

Como ha apuntado Gutiérrez Girardot: "convertido [para Nietzsche] el pasado en la sustancia canónica del presente, una corrección textual al presente, que es imagen del pasado, afecta retrospectivamente al pasado".[108] La filología no descubre por tanto el pasado: lo que descubre es el presente a la luz de un pasado infinitamente futurible.[109] Es en este contexto en el que hay que entender la máxima nietzscheana de que "se cree que la filología ha llegado a su fin—y yo creo que ni siquiera ha comenzado todavía".[110] La llamada "filología del futuro"[111] tiene que ver, por tanto, no sólo con un modo futuro o próximo de hacer filología, sino además—y fundamentalmente—con el hecho de que el objeto de esa nueva filología es precisamente el pasado *para* el futuro.

> Una retrospectiva muy precisa nos lleva a la comprensión de que somos una multiplicidad de numerosos pasados: ¿cómo podríamos, entonces, ser también una meta última?—Aun cuando, ¿por qué no? Pero la mayoría de las veces somos nosotros mismos quienes no queremos serlo, quienes nos volvemos a poner de inmediato en la fila, trabajamos en un rinconcillo y albergamos la esperanza de que no todo esté perdido para quienes vengan después. Pero esto es verdaderamente el tonel de Danaides: no sirve para nada, debemos rehacerlo todo de nuevo para nosotros y sólo para nosotros y, p. ej., medir la ciencia en función nuestra, con la pregunta: ¿qué es para nosotros la ciencia?[112]

14 años después, en su "Ensayo de autocrítica" a la tercera edición de *El nacimiento de la tragedia* en 1886, Nietzsche explicitaría esta pretensión con la célebre fórmula de "ver la ciencia bajo la óptica del artista, pero el arte bajo la de la vida (*Die Wissenschaft unter der Optik des Künstlers zu sehn, die Kunst aber unter der des Lebens* ...).[113]

*

El nacimiento de la tragedia, el primer libro publicado por Nietzsche, es por consiguiente la primera aplicación práctica editorial por parte de Nietzsche al intento de salir de la aporía constitutiva de la ciencia (filológica) moderna. Quisiera subrayar el calificativo "editorial" porque, en la práctica filológica, Nietzsche ya llevaba algunos años ensayando esta nueva forma metodológica de acercamiento a los textos clásicos; especialmente a partir de los estudios sobre los *Democritea* de 1867/68, en los que Nietzsche se había visto en la necesidad de un diferente acercamiento a las fuentes: un acercamiento, concretamente, más filosófico.[114] Paralelamente a la redacción de *El nacimiento de la tragedia*, por otro lado, Nietzsche compuso para el semestre de verano de 1871 su *Enciclopedia de la filología clásica*, donde se dejan ver las mismas inquietudes metodológicas condensadas en la práctica desde los análisis de los *Democritea* hasta *El nacimiento de la tragedia* sólo que esta vez expuestas de forma teorética. De algún modo, *El nacimiento de la tragedia* y la *Enciclopedia* pueden ser vistos como productos complementarios en el marco de la discusión metodológica emprendida por Nietzsche en aquella época, pues en ellos se busca y ensaya de manera análoga la confluencia y solución de los dos impulsos divergentes que hasta ese momento alentaban a la filología. En esos textos, la filología figura como instrumento, es decir: "como un medio para transfigurar la propia existencia y la de la juventud que está creciendo. Queremos aprender de los griegos, y queremos enseñar con sus ejemplos: ésta debe ser nuestra tarea."[115]

El ideal educativo humboldtiano, por lo tanto, habrá de figurar visiblemente en la configuración de la "filología del futuro". En el párrafo 14 de la *Enciclopedia de la filología clásica*, Nietzsche denunciaba con toda claridad cómo "los estudios académicos han adquirido una orientación determinada que, en la mayoría de los casos, pierde de vista la profesión que viene a continuación, la *profesión docente*".[116] Y en *Nosotros los filólogos*, había concluido el importante fragmento 3 [62] con la siguiente apelación: "Así que ésta es la *tarea* a imponer: conquistar para la filología un influjo educativo general."[117] La "crítica del filólogo" que lleva a cabo en esa última *Intempestiva* es un paso de necesidad, dado que "[u]na coalición de un gran centro de hombres para la producción de mejores hombres es la tarea del futuro"[118] y "[n]uestros filólogos se asemejan a los verdaderos educadores tanto como los curanderos de los pueblos salvajes a los verdaderos médicos".[119] La filología como instrumento para la educación, y la "producción del genio" como meta de dicha educación. De ahí por tanto: "¡Educar a los educadores!"[120]

Como explica en el párrafo 6 de la *Enciclopedia* "Génesis y formación del filólogo clásico", el llamado por Nietzsche "docente superior" debe disponer de una "inclinación pedagógica", de una "afición a la Antigüedad", y del "deseo puro de saber", cualidades estas tres que se diluyen en nada cuando el filólogo no es más que un historiador especializado con pretensiones meramente eruditas. El "profesor ideal" ha de saber "captar lo clásico", dejándose educar por la Antigüedad al tiempo que compaginando esta aperturabilidad con un espíritu científico e investigador.[121] Hay que "acercarse interiormente" y "apropiarse (*aneignen*) de los antiguos". Pero como luego diría en las *Conferencias sobre el futuro de nuestras instituciones educativas*, "[c]on un salto al vacío no se podrá nunca llegar hasta la antigüedad";[122] pues, todo lo contrario de lo que opinaba el mero criticismo textual de la época, se trata en cambio para Nietzsche de considerar la perspectiva sobre la antigüedad como un fenómeno cultural heredado en la fusión de presente y pasado *para* un futuro.[123] En dicha situación constitutiva, "el medio más importante de favorecer la receptividad respecto a la Antigüedad es ser un hombre moderno que esté realmente en relación con los grandes modernos",[124] pues familiarizándonos con Winckelmann, Lessing, Schiller y Goethe, sentiremos "con ellos y a partir de ellos lo que es la Antigüedad para el hombre moderno", y se despertará en nosotros el impulso (*Drang*) y el anhelo (*Sehnsucht*):

> Mi religión, si todavía hay algo a lo que puedo denominar así, consiste en el trabajo para la producción del genio; educación es todo cuanto hay de esperanzador, todo cuanto hay de consolador se llama arte. *Educación es amor a lo producido*, una sobreabundancia de amor por encima del amor a uno mismo. Religión es "*amar por encima de nosotros mismos.*" *La obra de arte es expresión de ese amor por encima de uno mismo, y una expresión perfecta.*[125]

La *Nachahmung* de Winckelmann se deja aquí sentir: por un lado, "[l]a Antigüedad griega ... [e]s un medio para comprendernos, para orientar nuestra época y de ese modo superarla";[126] por el otro, además, "la reflexión del filólogo se orienta hacia la comparación" dado que "en el ejemplo aislado nada puede reproducirse".[127] De modo que, si de "entre todos los pueblos, los griegos son el *genio*",[128] nosotros habremos de *imitar* a esos griegos. No obstante, y dado que el problema del cisma y la descomposición en la filología se retrotrae precisamente al problema de la afinación de la *cientificidad en la ejemplaridad* de la *Nachahmung* neohumanista,[129] una imitación de este tipo deberá cuidar ahora de no recaer en errores ya refutados los cuales reproduzcan de nuevo el problema de los dos extremos inconciliables.[130] Por ello que, más que una infructuosa copia directa, más que una imitación estéril e improductiva, se trata ahora en realidad de una *Umbildung* creativa, ya que "sólo en tanto que seamos creadores, podremos tener algo de los griegos".[131] De la simple imitación (*Nachahmung*) pasamos a una *re-creación* (Nachschaffung), procedente como dirá en su *Segunda Consideración Intempestiva* de una "fuerza plástica" con la que el individuo "crece a partir de sí mismo, remodela *(umbildet)* lo pasado y lo ajeno y lo incorpora, sana las heridas, restituye lo perdido, recrea formas destruidas a partir de sí",[132] y desde la que "todo lo pasado, lo propio y lo más extraño, volvería para sí como transformándose en sangre".[133] La *Nachschaffung* como apropiación (*Aneignung*) e integración en cada uno (*Einverleibung*). En una corrección de corte altamente schlegeliano de la *Nachahmung* neohumanista,[134] si los filólogos quieren eternizar los efectos de la Antigüedad "esto sólo lo podrán hacer como artistas de la re-creación [*nachschaffende Künstler*]".[135] De ahí la necesidad de recurrir precisamente al temperamento de los modernos (Goethe, Lessing, Schiller, etc.). La tarea, en el caso del filólogo clásico o "docente superior", no es ni más ni menos que enseñar a *reproducir la manera* que tenían los griegos de organizar el caos en la forma de una cultura saludable, cosa que "sólo es posible en el gran estilo [*grosser Stil*]": de acuerdo a una medida (μέτρον) de la ingenuidad (*Naivität*) que sintetiza la *simplicidad* y la *profundidad* en una unidad, y que es lo que hace precisamente a los griegos un modelo de imitación pues ellos "tienen en sí mismos algo de obra de arte".[136] Estamos hablando por lo tanto en Nietzsche de una forma de *educación estética*, donde la experiencia estética se eleva a la categoría de modelo ético de la existencia y se sitúa además como intermediaria entre lo físico y lo moral a través de "un análisis de la cultura contemporánea y una valoración de la capacidad de la experiencia estética para transformarla".[137]

Ese "gran estilo" no puede prescindir, como hemos dicho, del trabajo de crítica textual como condición primera, pues se requiere necesariamente de un primer trato lento y minucioso con los materiales con los que comenzar ("Tenemos que agradecer al período analítico el conocimiento de la gramática, de la métrica, de las antigüedades, de la historia de la literatura, etc. Una lectura superficial, hecha por placer o para la imitación, no es propia de la ciencia.")[138] Pero esa crítica textual—y ésta es en definitiva la cuestión fundamental—ha de venir a su vez acompañada de una orientación que la trascienda, de un "juicio sobre el *valor de la vida*" que vaya más allá de un mero "trabajo de hormigas" (*Ameisenarbeit*).[139] Pues "[e]l que no aporta otra cosa que conocimiento y sano sentido común puede ser utilizado para un excelente servicio de carretero, pero para nada más. No está predestinado a ser filólogo porque no es filósofo y porque tampoco es artista".[140] En este punto, la *filosofía* se revela como el "buen *método* (*die gute* Methode)", i.e. como la "*adecuada orientación* (richtiges Orientieren)"[141] hacia aquellos materiales históricos:

> Es preciso que el filólogo clásico se apoye constante y firmemente en la filosofía con el fin de que su reivindicación del clasicismo de la Antigüedad, frente al mundo moderno, no suene a pretensión ridícula.[142]

Según Nietzsche, para poder manejar los materiales históricos sin verse arrastrado tumultuosamente por el presente "es preciso que el filólogo tenga espíritu observador", ya que "de este modo emite un *juicio*".[143] Se trata en todo punto de valorar (*auswerten*), y de hacerlo correctamente,[144] pues de lo contrario la filología queda atrapada en los detalles:

> El filólogo debe, pues, ejercitarse, ante todo, en la universalidad, considerar las cosas con seriedad y amplitud, y separar a su ser y entorno de la particularización. Por eso debe estudiar filosofía, por la más interna necesidad.[145]

Esta estimación nietzscheana de la *filosofía como propedéutica para la filología* no es algo originario de Nietzsche. De hecho, se encuentra también en otro gran inspirador de la iniciativa berlinesa de principios del s. XIX, D. E. Schleiermacher, quien en sus *Gelegentliche Gedanken über Universitäten in deutschem Sinn* ("Reflexiones ocasionales sobre las universidades en sentido alemán") distinguía para la renovación de la enseñanza superior "por una parte, una actitud específica encaminada hacia un sector concreto del conocimiento; por otra, una interpretación general [*der allgemeine Sinn*] de la unidad y de la cohesión de todo saber": éste sería sin duda "el espíritu sistemático de la filosofía".[146] La filosofía vela por que el presupuesto de la unidad contenido en la idea misma de ciencia no se pierda a la hora de dividir o especializar los estudios académicos en diferentes secciones, sino que, al contrario "se extienda y perfeccione", pues sólo de esa manera el individuo particular conseguirá conciliar en un mismo *Zusammenhang*, en una *spezifische Weltanschauung*, "la participación en los progresos del conjunto y la pasión por una determinada especialidad"[147]—una tarea que figura en el concepto mismo de *universitas*. De ahí que "la enseñanza filosófica es generalmente reconocida como el fundamento de toda actividad universitaria".[148] Esta idea de integración orgánica de lo particular en lo universal es por supuesto de origen claramente idealista[149], mostrándose incluso en la *Frühromantik* de F. Schlegel[150], y Nietzsche la reconoce como principio metodológico rector en la, también para él, necesidad de una *recuperación de la unidad orgánica del saber*. La filosofía, para Nietzsche, es la única vía posible para salvar a la ciencia filológica de su colapso, ya que ella es la única ciencia que está en condiciones de juzgar los particulares en una imagen comprehensiva (*Gesamtbild*) de totalidad: de ver lo general en lo particular, y así por tanto de manejar los materiales históricos en la orientación deseada. Como la tragedia en el campo del arte, así la filosofía es para la ciencia la disciplina que ha de ser capaz de unir los dos principios antagónicos de la "práctica apolínea" y la "práctica dionisíaca".

En otro lugar hemos podido ver de manera más detallada cómo se produce en Nietzsche el descubrimiento de esta nueva metodología filosófica para la filología, a saber, en el trato con los *Democritea* en el año 1867/68.[151] Aunque más adelante Nietzsche abandonase su docencia en Basilea y con ello también el trabajo de filólogo en sentido estricto, la esencia de dicha metodología le acompañaría de por vida en su trayectoria como filósofo, tal y como también veremos en el tercer capítulo de esta primera parte (I.3) de nuestro trabajo. Entretanto, y como estudiaremos en nuestro siguiente capítulo, Nietzsche se atrevió a explicitar esta nueva metodología ante un público especializado en el discurso inaugural de 1869 en la universidad de Basilea, en lo que podría considerarse una declaración de independencia.

Notas

1. Ulrich v. Wilamowitz-Möllendorf, "Zukunftsphilologie!," en *Der Streit um Nietzsches "Geburt Der Tragödie". Die Schriften von E. Rohde, R. Wagner, U. v. Wilamowitz-Möllendorff*, ed. Karlfried Gründer (Hildesheim: Georg Olms Verlag, 1969), 27–55; Friedrich Nietzsche, *Obras Completas*, ed. Diego Sánchez Meca, 4 vol (Madrid: Tecnos, 2011), 900 y 915–16 respectivamente. Para un estudio preliminar sobre este tema, se puede ver Luis Enrique De Santiago Guervós, "Prefacio," en *Friedrich Nietzsche. Obras Completas*, ed. Diego Sánchez Meca, vol I (Madrid: Tecnos, 2011), 861–81.
2. Erwin Rohde, "Anzeige Für Das Litterarische Centralblatt Hrsg. von Zarnke," en *F. Nietzsche. Historisch-Kritische Gesamtausgabe, Werke Und Briefe*, ed. Schlechta, K. (München: Beck, 1938–42), 451–56.
3. Después de leer la obra, Wagner escribe a Nietzsche: "Nunca he leído un libro más bello que el suyo." [Cfr. KGB II.2, nr. 256, 493]; y ante su mujer Cosima, Wagner reconoce: "éste es el libro que siempre he deseado para mí." Incluso Franz Liszt le escribe a Nietzsche una carta de aprecio. También Cosima Wagner le escribe a Nietzsche lo siguiente: "En este libro ha conjurado usted espíritus los cuales yo creía que estaban sólo al servicio de nuestro maestro." KGB II.2, nr. 265, 510.
4. Richard Frank Krummel localiza dos reseñas anónimas de 1873 que no dan muestras de conocer los ataques de Wilamowitz. Richard Frank Krummel, "Nietzsche und der deutsche Geist: Ausbreitung und Wirkung des nietzscheschen Werkes im deutschen Sprachraum bis zum Todesjahr des Philosophen: Ein Schrifttumsverzeichnis der Jahre 1867–1900," en *Monographien und Texte zur Nietzsche-Forschung* (Berlin/New York: Walter de Gruyter, 1974), 15–16.
5. "Cada cierto tiempo me llegan voces desprestigiándome filológicamente con toda desfachatez; parece que yo haya sido condenado a muerte por la corporación, pero dudo que ésta sea lo bastante fuerte como para matarme verdaderamente." Cfr. Carta a Rohde de 7 Julio de 1872. KGB, II.3, nr. 236, 19.
6. Carta a Rohde de 28 de Enero de 1872. KGB II.1, nr. 192, 279.
7. GT, KSA 1, 120; OC I, 412.
8. "Espero que no le ofenda mi asombro por no haber recibido ni una palabra suya sobre mi último libro, ni tampoco la sinceridad con la que expreso este asombro. El

libro, en efecto, tiene algo de manifiesto y a lo que menos invita es al silencio. Quizás se asombre, venerado maestro, si le digo cuál es la reacción que esperaba de Usted. Pensé que si usted había de encontrarse alguna vez algo verdaderamente prometedor en su vida, habría de ser este libro, prometedor para nuestra ciencia de la Antigüedad, lleno de esperanza para el espíritu alemán, aun cuando con él hayan de hundirse un buen número de individuos .... No busco nada para mí, lo que espero es hacer algo para los demás. Sobre todo, lo que me importa es hacerme con la nueva generación de filólogos, y consideraría una desgracia si fracaso en este empeño. Su silencio, sin embargo, me intranquiliza." Carta a Ritschl de 30 de Enero de 1872, KGB II.1, nr. 194, 281–82.

9. Cfr. Friedrich Wilhelm Ritschl, *Tagesbuch* (Goethe-Schiller Archiv, 72/2827, n.d.). Más tarde la respuesta tomaría forma de carta, el 14 de Febrero de 1872: "Soy demasiado viejo para asomarme a orientaciones vitales e intelectuales totalmente nuevas ... por naturaleza estoy totalmente dentro de la corriente histórica y de la consideración histórica de los asuntos humanos .... Usted no puede exigir al 'alejandrino' y al erudito que condene el conocimiento y vea sólo en el arte la fuerza liberadora, salvadora y transformadora del mundo." KGB II.2, nr. 285, 541.
10. Cfr. Krummel, "Nietzsche und der deutsche Geist: Ausbreitung und Wirkung des nietzscheschen Werkes im deutschen Sprachraum bis zum Todesjahr des Philosophen: Ein Schrifttumsverzeichnis der Jahre 1867–1900," 1–17.
11. William Musgrave Calder III, "The Wilamowitz-Nietzsche Struggle," *Nietzsche-Studien*, no. 12 (Berlin/New York, Walter de Gruyter 1983): 218.
12. "Los filólogos de esta época se han mostrado indignos de poder contar entre ellos conmigo y con mi libro." NF Verano de 1872-Comienzo de 1873, frg. 19 [58], KSA 7, 437–438; FP I, 358.
13. En una nota suelta de 1872 (frg. 19 [55]) se puede leer: "A aquellos que sólo desean sentir una satisfacción *erudita* no se lo he puesto fácil, porque en el fondo ni siquiera les he tenido presentes. Faltan las citas." KSA 7, 437; FP I, 358 (trad. mod.)
14. Erwin Rohde, "Anzeige für das Litterarische Centralblatt hrsg. von Zarnke." En *F. Nietzsche. Historisch-Kritische Gesamtausgabe, Werke und Briefe*, ed. Karl Schlechta (München: Beck, 1938–42), 451.
15. Cfr. las cartas de Nietzsche a Rohde de Noviembre de 1872 (KGB II.3, nr. 272 y 276) y a Wagner de mediados de Noviembre de 1872, donde habla del boicot por parte de los alumnos: "Pero hay algo que me turba profundamente: ¡nuestro semestre de invierno ha comenzado y no tengo estudiantes!... El hecho cierto es sencillo de explicar: de improviso he llegado a tener tan mala fama entre mis colegas que nuestra pequeña universidad ha sufrido un perjuicio." Carta a Richard Wagner en Bayreuth, KGB II.3, nr. 274, 89.
16. Johannes Stroux, *Nietzsches Professur in Basel* (Jena: Frommann, 1925), 33 y ss.
17. KGB II.1, nr. 177, 257.
18. KGB II.1, nr. 194, 282.

19. Viktor Pöschl, "Nietzsche und die klassische Philologie," en *Philologie und Hermeneutik im 19. Jahrhundert. Zur Geschichte und Methodologie der Geisteswissenschaften*, ed. Axel E. A. Horstmann ellmut Flashar, Gründer Karlfried (Göttingen: Vandenhoeck & Ruprecht, 1979), 141.
20. KGB II.1, nr. 192, 279.
21. Cfr. Mp VI 22a, Otoño de 1868-Primavera de 1869, frg. 70 [1]. Para una imagen cotidiana de la vida en Pforta ofrecida por el mismo Nietzsche se puede ver sobre todo el fragmento 6 [77] del cuaderno MP III 6, de Abril-Octubre de 1859. En KGW I.2, 98–136; OC I, 89–114.
22. Curt Paul Janz, *Friedrich Nietzsche: Biographie in drei Bänden* (München, 1993), 65.
23. Cfr. Herbert Cancik, *Nietzsches Antike. Vorlesung* (Stuttgart/Weimar: J. B. Metzler Verlag, 1995), 7. Acerca del *Gymnasium* en aquellos días, se puede ver Manuel Baumbach, "Altertumswissenschaft im preussischen Schulprogramm," in *Altertumswissenschaften in Berlin um 1800 an Akademie, Schule und Universität*, ed. Seidensticker Bernd y Felix Mundt (Hannover-Laatzen: Wehrhahn Verlag, 2006), 124–28.
24. Janz, *Friedrich Nietzsche: Biographie in drei Bänden*. 65 y ss.
25. Cfr. Oliver Janz, "Zwischen Amt und Profession. Die evangelische Pfarrschaft im 19. Jhd.," en *Bürgerliche Berufe. Zur Sozialgeschichte der freien und akademischen Berufe im internationalen Vergleich*, ed. Hannes Sigrist (Göttingen, 1988), 174–99. Se puede ver ante todo Max Oehler, "Nietzsche und Pforta," in *Schulpforte und das deutsche Geisteslebens*, ed. H. Gehrig, H./Buske (Darmstadt, 1943), 96–104.
26. Los profesores del *Gymnasium* llevaban también el título de *Professor* (equivalente a catedrático universitario), y a partir de 1843 disponían del estatus de un consejo de quinta clase, perteneciendo con ello a la clase más alta de funcionarios.
27. Janz, *Friedrich Nietzsche: Biographie in drei Bänden*, 65 y ss.
28. Los alumnos de Pforta debían mostrarse como "hombres completos, acostumbrados a obedecer las leyes y deseos de la autoridad, al rigor y al cumplimiento puntual de sus deberes, al dominio de sí mismo, al trabajo más serio, a la actividad enérgica por iniciativa propia". Janz, *Friedrich Nietzsche: Biographie in drei Bänden*, 65 y ss.
29. Como ejemplo: Johann Georg Graevius (1632–1703) y Pieter Burman (1668–1741), con su *Thesaurus Antiquitatum et Historiarum Italiae*, en 27 tomos (Leiden 1704–1723); *Thesaurus Antiquitatum Romanorum*, 12 tomos, (Utrecht 1694–1699); Jacob Gronovius (1645–1716), con su *Thesaurus Graecarum Antiquitatum*, en 13 tomos (Leiden 1694–1703) [G. Walter, "Altertumskunde," ed. y Manfred Landfeste. Hubert Cancik, Helmuth Schneider, *Der neue Pauly. Enzyklopädie der Antike. Rezeptions- und Wissenschaftsgeschichte. A-Fo*, no. 13 (1999), 95 y ss.]
30. "Por medio de la bien entrenada imitación quería llegarse a hablar, a componer poesía y a filosofar en la lengua, la forma y el sentido de los antiguos." Friedrich Paulsen, *Geschichte des gelehrten Unterrichts auf den deutschen Schulen und Universitäten vom Ausgang des Mittelalters bis zur Gegenwart. Mit besonderer Berücksichtigung des klassischen Unterrichts* (Berlin, 1921), 22.

31. Este tipo de prácticas empezarían a denominarse "holandesadas", por darse especialmente en las ciudades de Leiden y Utrecht. Cfr. supra, en este mismo capítulo, § "La situación de la filología a partir de Humboldt".
32. Cfr. Rudolf Pfeiffer, *Die klassische Philologie von Petrarca bis Mommsen* (München: C. H. Beck, 1982), 19 y ss. y 207. Al hilo de esta cuestión, Pfeiffer argumenta el papel de Winckelmann como creador del neohelenismo más que del neohumanismo, pues "Winckelmann y Humboldt no mostraban interés en la religión, y menos aún en el cristianismo". Pfeiffer, *Die klassische Philologie von Petrarca bis Mommsen,* 224, nota 1.
33. Johann Joachim Winckelmann, *Werke* (Stuttgart: Hoffmann, 1847), § 6, 6.
34. Sin embargo, no hubo nadie que encomiase tanto sus logros como Goethe, quien en 1805 escribió un ensayo con el título *Winckelmann y su siglo* (Johann Wolfgang v. Goethe, *Goethes Sämtliche Werke* [Stuttgart/Berlin: J. G. Cotta], 1–48) e intentó por todos los medios materializar en su poesía dichas ideas. Como apuntó nada menos que Wilhelm Dilthey: "Winckelmann hizo uso con fuerza vigorosa de un arte hermenéutico que, plegado al objeto, levantó de hecho un conjunto de grandes resultados artísticos sobre el horizonte de nuestro juicio histórico [*geschichtlichen Einsicht*]. Reviviría así una realidad estética que sería comprendida en su esencia, es decir, no representada meramente sino revivida." Wilhelm Dilthey, "Die drei Epochen der modernen Ästhetik und ihre heutige Aufgabe," en *Wilhelm Dilthey Gesammelte Schriften*, ed. Georg Misch (Leipzig und Berlin, 1924), 207.
35. Como el mismo Nietzsche argumenta: "En Alemania, la filología quedó desde bien temprano vinculada con la pedagogía." NF Febrero 1868-Octubre 1869, frg. 75 [3], KGW I.5, 195.
36. Cfr. Pfeiffer, *Die Klassische Philologie von Petrarca bis Mommsen*, 224, nota 1.
37. Cfr. Manfred Landfester, "Die Altertumswissenschaft in Berlin um 1800," en *Altertumswissenschaften in Berlin um 1800 an Akademie, Schule und Universität*, ed. Seidensticker Bernd and Felix Mundt (Hannover-Laatzen: Wehrhahn Verlag, 2006), 13. Cfr. NF Primavera-Verano de 1875, frg. 5 [107], KSA 8, 67–68; FP II, 83–84.
38. "De ahí que Friedrich August Wolf resulte un caso digno de mención, porque él *liberó* al estamento filológico del yugo de la teología." NF Primavera-Verano de 1875, frg. 5 [107]; KSA 8, 68; FP II, 84. Cfr. también Paulsen, *Geschichte des gelehrten Unterrichts auf den deutschen Schulen und Universitäten vom Ausgang des Mittelalters bis zur Gegenwart. Mit besonderer Berücksichtigung des klassischen Unterrichts*, 224.
39. Friedrich August Wolf, *Darstellung der Altertumswissenschaft nach Begriff, Umfang, Zweck und Wert* (Berlin, 1807), 132–35. En la página 9 se puede leer, además, lo siguiente: "Nadie que conozca nuestros estudios llegará a creer que lo que se obtiene para la educación (*Ausbildung*) armónica del espíritu y del ánimo por medio de las investigaciones históricas de la antigüedad y por medio del conocimiento de las lenguas y de las obras inmortales [de la antigüedad] puede ser alcanzado por otras vías de forma tan perfecta."

40. Cfr. Landfester, "Die Altertumswissenschaft in Berlin um 1800," 20–21. En *Sobre el futuro de nuestras instituciones educativas*, Nietzsche dirá: "Aquél ... era el tiempo en el que el gran Friedrich August *Wolf* canalizó hacia el bachillerato el nuevo espíritu clásico que llegaba desde Grecia y desde Roma:... su denodada empresa consiguió erigir una nueva imagen del bachillerato, que desde aquel momento habría debido convertirse, no sólo en un vivero de la ciencia, sino, sobre todo, en el auténtico santuario de la formación más noble y elevada." BA, Conf. II, KSA 1, 688–89; OC I, 509.
41. En un escrito de gabinete de Federico el Grande al ministro de estado Freiherr von Zedlitz del 5 de Septiembre de 1779 ya se decía acerca de la educación en las escuelas: "Latín lo tienen que estudiar los jóvenes irremediablemente ... si llegan a vendedores, les será en todo momento útil"; y se llega también a aseverar: "de la metafísica podrán pasar, pero el griego y el latín es algo a lo que no renunciaré para la enseñanza en las escuelas."
42. Destaca como concreción de estas fuerzas por ejemplo el escrito de Riga de 1807 de la pluma de Karl Freiherr vom Stein zum Altenstein "Über die Leitung des Preussischen Staates," en Georg Winter, *Die Reorganisation des preussischen Staates unter Stein und Hardenberg*, t. I/1, Publikationen aus den Preussischen Staatsarchiven 93, (Leipzig: Hirzel, 1931).
43. Cfr. Rudolf Köpke, *Die Gründung der Friedrich-Wilhelms-Universität zu Berlin* (Berlin, 1860), 37.
44. "Despertar con conocimientos de algún tipo en los nobles jóvenes, oxidados, la idea de la ciencia; ayudarle [a esta ciencia] para que se convierta en el principio rector en el ámbito del conocimiento al cual todos desean dedicarse sobremanera para que se vuelva parte de su naturaleza; considerarlo todo desde el punto de vista de la ciencia; observar todo lo particular no para sí sino en sus conexiones más cercanas con la ciencia, en continua referencia a la unidad y totalidad del conocimiento para que aprendan a asumir en sus reflexiones las leyes fundamentales de la ciencia, e incluso la capacidad de investigar, de inventar y de presentar sus ideas, trabajándolas paulatinamente hacia fuera: ésta es la tarea de la universidad." Friedrich Daniel Ernst Schleiermacher, *Gelegentliche Gedanken über Universitäten im deutschen Sinn. Nebst einem Anhang über eine neu zu errichtende*, (Berlin, 1808), 33. Cfr. Bernhard von Brocke, "Die Entstehung der deutschen Forschungsuniversität, ihre Blüte und Krise um 1900," en *Humboldt International. Der Export des deutschen Universtitätsmodells im 19. und 20. Jh*, ed. Rainer. C. Schwinges (Basel: Schwabe, 2001), 367–401.
45. Wilhelm von Humboldt, "Über das Studium des Alterthums, und des griechischen insbesondere (1793)," en *Werke*, t. 2 (Darmstadt, Wissenschaftliche Buchgesellschaft, 1962), § 6, 2 y ss.
46. Para una descripción exacta de la organización de las facultades, se puede ver Landfester, "Die Altertumswissenschaft in Berlin um 1800," 28.

47. Cfr. Sotera Fornaro, "Wilhelm von Humbold und die Altertumswissenschaft," en *Altertumswissenschaften in Berlin um 1800 an Akademie, Schule und Universität*, ed. Seidensticker Bernd and Felix Mundt (Hannover-Laatzen: Wehrhahn Verlag, 2006), 89–90.
48. En una carta a Karl Gustav von Brinckmann del 2 de Septiembre de 1792, por ejemplo, escribía que "[e]studiando [a los antiguos] se estudia una nación; no libros, sino hombres". Wilhelm v. Humboldt, *Wilhelm von Humboldts Briefe an Karl Gustav Brinkmann*, ed. Leitzmann A. (Leipzig, 1939), 21–22.
49. Ulrich Muhlack, "Zum Verhältnis von klassische Philologie und Geschichtswissenschaft im 19. Jahrhundert," en *Philologie und Hermeneutik im 19. Jahrhundert. Zur Geschichte und Methodologie der Geisteswissenschaften*, ed. Hellmut Flashar, Gründer Karlfried, y Axel E. A. Horstmann (Göttingen: Vandenhoeck & Ruprecht, 1979), 230.
50. Cfr. Wilhelm von Humboldt, "Über die innere und äussere Organisation der höheren wissenschaftlichen Anstalten in Berlin," en *Werke*, t. 4, (Darmstadt, Wissenschaftliche Buchgesellschaft, 1964), 255–66.
51. Wilhelm v. Humboldt, "Über den Charakter der Griechen, die idealistische und historische Ansicht desselben (1807)," en *Bildung und Sprache* (Padeborn: Schöninghausen, 1979), 66–67.
52. Wilhelm von Humboldt, "Über das Studium des Alterthums, und des griechischen insbesondere (1793)," en *Werke*, t. 2 (Darmstadt, Wissenschaftliche Buchgesellschaft, 1962), § 6, 22.
53. Humboldt, "Über das Studium des Alterthums, und des griechischen insbesondere (1793)," 22.
54. Cfr. Martin Disselkamp, "Altertumskunde als kulturelle Handeln," en *Altertumswissenschaften in Berlin um 1800 an Akademie, Schule und Universität*, ed. Seidensticker Bernd and Felix Mundt (Hannover-Laatzen: Wehrhahn Verlag, 2006), 58–59.
55. Para el tema, se puede ver Dorothea Jecht, *Die Aporie Wilhelm von Humboldts. Sein Studien- und Sprachprojekt zwischen Empirie und Reflexion* (Zürich/New York: Georg Olms Verlag, 2003).
56. "Con la aparición del kantiano Friedrich August Wolf sucedió a los estudios humanísticos lo que a la metafísica con Kant: los nobles y sublimes ideales y los entusiasmos estéticos fueron puestos en tela de juicio. El ethos de Wolf se limitó al esfuerzo de dar al conocimiento de la Antigüedad el impulso para que siguiera por 'el seguro camino de la ciencia', según dice la fórmula de Kant para la metafísica .... Sus *Prolegomena ad Homerum*, de 1795, son el primer documento de la ciencia de la Antigüedad, de sus posibilidades, de sus tareas y de sus límites." Rafael Gutiérrez Girardot, *Nietzsche y la filología clásica* (Buenos Aires: Editorial universitaria de Buenos Aires, 1966), 18.
57. Cfr. Friedrich August Wolf, "Über die Bedeutung der Philologie," en *Kleine Schiften zur griechischen Literatur*, vol. 1 (Bonn: Weber, 1861), 12–13. La idea detrás de ello, por supuesto, era evitar que la *Alterthumswissenschaft* se convirtiera en una disciplina

auxiliar para estudios con más perspectivas profesionales (los llamados *Brotstudien*) tales como la Teología o la Jurisprudencia. Cfr. por ejemplo Manfred Fuhrmann, "Latein und Europa. Die Geschichte der Literaturgeschichtsschreibung von Anfängen bis zum 19. Jahrhundert," en *Der Diskurs der Literatur- und Sprachhistorie. Wissenschaftsgeschichte als Innovationsvorgabe*, ed. Bernard Cerquiglini and Hans Ulrich Gumbrecht (Frankfurt a. M.: Suhrkamp, 1983), 130. Cfr. también NF Marzo de 1875, frg. 3 [9], KSA 8, 17.

58. Wolf, *Darstellung der Altertumswissenschaft nach Begriff, Umfang, Zweck und Wert*, 833. Respecto a Humboldt y Wolf, se puede ver Peter Bruno Stadler, *Wilhelm von Humboldts Bild Der Antike* (Zürich: Artemis-Verlag, 1959), 53–55; Anthony Grafton, "*Prolegomena to Friedich August Wolf*," en *Journal of the Warburg and Courtault Institutes*, 44, (London, The Warburg Institute, 1981): 108–09.
59. Sánchez Meca, "Introducción al volumen II: Nietzsche y la filología clásica," 23. También Jean Bollack, "Ulises chez les philologues," en *La Gréce de personne*, (Paris, Seuil, 1979), 29–59.
60. "La división del trabajo científico y la escuela de formación profesional conducen hoy hacia una constricción [*Verengerung*] de la formación [*Bildung*]. Sin duda, hasta ahora la formación no ha hecho más que *empeorar*. El hombre consumado es algo completamente excepcional. La fábrica domina. El hombre se convierte en tornillo." NF 1871, KSA 7, 298–99, frg. 9 [64]; FP I, 264–65 (trad. mod.). Y en BA, Conf. I: "La división del trabajo en las ciencias tiende prácticamente hacia el mismo objetivo al que aquí y allá aspiran las religiones de forma consciente: a una disminución de la educación, o mejor, a su aniquilación." En KSA 670–71; OC I, 499.
61. KGW II.3, 345–46.
62. Cfr. NF Primavera-Comienzos de 1872, frg. 14 [11], KSA 7, 378–79; FP I, 315–16; y BA, Conf. III, KSA 693–711; OC I, 519 y ss. Sobre la relación entre el ideal educativo nietzscheano y el platónico, se puede ver Thomas Bartscherer, "An Untimely Interlocutor: Plato as Precedent in Nietzsche´s Critique of Education and Classical Studies," en *Disciplining Classics. Altertumswissenschaft als Beruf*, ed. Glen W. Most (Vandenhoeck & Ruprecht: Göttingen, 2002), 73–96.
63. BA, Introducción, KSA 1, 647; OC I, 486.
64. BA, Introducción, KSA 1, 647; OC I, 502 y 515.
65. Cfr. supra, cap. 3 de esta primera parte.
66. Cfr. Hermann Usener, *Philologie und Geschichtswissenschaft* (Leipzig: Teubner, 1914), 14.
67. Cfr. Ernst Howald, *Der Kampf um Creuzers Symbolik* (Tübingen, Mohr, 1926).
68. "El día ocho de abril de 1777, en que F.A. Wolf ideó para sí el nombre de stud. phil., fue el día en que nació la filología." NF Marzo de 1875, frg. 3 [2], KSA 8, 14; FP II, 45.
69. John Edwin Sandys, *History of Classical Scholarship*, vol. 3 (Cambridge University Press, Cambridge, 1908), 91.

70. NF Febrero 1868-Octubre 1869, frg. 75 [3], KGW I.5, 196.
71. Cfr. por ejemplo Manfred Landfester, "U. von Wilamowitz-Moellendorf und die hermeneutische Tradition des 19. Jahrhunderts," en *Philologie und hermeneutik im 19. Jahrhundert. Zur Geschichte und Methodologie der Geisteswissenschaften*, ed. Hellmut Flashar, Karlfried Gründer, and Axel Horstmann (Göttingen: Vandenhoeck & Ruprecht, 1979), 173.
72. KGW I.5, 196. Cfr. infra, § "El modelo humanista de la *Bildung*".
73. Heyne anuncia este programa en el prólogo al manual de mitología de Martin Gottfried Hermann, *Handbuch Der Mythologie aus Homer und Hesiod, als Grundlage zu einer richtigen Fabellehre des Alterthums* (Berlin: F. Nicolai, 1787).
74. KGW I.5, 196.
75. KGW I.5, 196.
76. KGW I.5, 196.
77. KGW II.3, 339–437. La obra de Bernhardy en cuestión es Gottfried Bernhardy, *Grundlinien zur Enzyklopädie der Philologie* (Halle, 1832). Tomada por Nietzsche en préstamo de la *Universitättsbibliothek* de Basilea a partir del el 12 de Abril de 1871.
78. KGW II.5, 7–353.
79. Otto Ribbeck, por ejemplo, justifica está oscilación en Ritschl en relación a las tensiones políticas existentes en los años 50 entre Ritschl y los hermannianos. Cfr. Otto Ribbeck, *Friedrich Wilhelm Ritschl. Ein Beitrag zur Geschichte der Philologie*, vol. 2 (Leipzig, Teubner, 1879–1881), 332–81. Para un análisis de la disputa entre Hermann y Boeckh, se puede ver Ernst Vogt, "Der Methodenstreit zwischen Hermann und Böckh und seine Bedeutung für die Geschichte der Philologie," en *Philologie und Hermeneutik im 19. Jahrhundert. Zur Geschichte und Methodologie der Geisteswissenschaften,* ed. Axel E. A. Horstmann Hellmut Flashar, Gründer Karlfried (Göttingen: Vandenhoeck & Ruprecht, 1979), 103–21.
80. Cfr. cuadernos 54 = Mp VIII 6 Julio a Septiembre 1867 [KGW I.4, 283–342]; 57 = P I 6 Otoño 1867 a Primavera 1868 [KGW I.4, 371–440]; 58 = P I 7 Otoño 1867 a Primavera 1868 [KGW I.4 441–503]; OC I, 241–92. Sobre estos escritos, me permito remitir a mi trabajo Rafael Carrión Arias, "Los estudios Democritea de 1867–1868. Nietzsche descubriendo el nuevo método filológico," en *Nietzsche: Les premiers textes sur les Grecs*, Céline Denat, y Patrick Wotling eds. (Reims: Épure, 2016), 79–136.
81. KGW I.5, 196.
82. *Der Florentinische Tractat über Homer und Hesiod, ihr Geschlecht und ihren Wettkampf*, 3–5, en: *Rheinisches Museum für Philologie,* nr. 28, 1873, 211–49. En KGW II.1, 271–337; OC II, 233–89.
83. Cfr. *Mirada retrospectiva sobre mis dos años en Leipzig, del 17 de octubre de 1865 al 10 de Agosto de 1867,* P I 9, Otoño de 1867-Primavera de 1868, frg. 60 [1]; KGW I.4, 506–30; OC I, 144.
84. KGW II.1, 3–58.

85. Wilamowitz-Möllendorf, "Zukunftsphilologie!" en OC I, 899.
86. Brobjer, T., *Nietzsche's Forgotten Book. The Index to the Rheinisches Museum für Philologie*, en: *New Nietzsche Studies*, 4/1, 157–61.
87. Sus trabajos rítmicos como por ejemplo *Griechische Rhytmik* [KGW, II.3, 205–61], *Aufzeichnungen zur Metrik und Rhytmik* [KGW, II.3, 205–61], *Zur Theorie der quantitirenden Rhythmik* [KGW, II.3, 267–80] y las *Rhythmische Untersuchungen* [KGW, II.3, 285–338] nacen bajo el signo de *De metris poetarum grecorum et latinorum* (1796), *Elementa doctrinae metricae* (1816) y *Epitome doctrinae metricae* (1818) de Hermann.
88. En su réplica a Wilamowitz, Rohde subraya las afinidades de Nietzsche con Müller y Welcker, por ejemplo. Sobre esta época, se puede ver Ulrich v. Wilamowitz-Möllendorf, "Geschichte der Philologie," *Geschichte der Philologie* (Leipzig: Teubner Verlag, 1998), 1–80.
89. Carlo Gentili. *Nietzsche* (Bologna, Società editrice Il Mulino, 2001). Ed. en castellano: Carlo Gentili, *Nietzsche* (Madrid: Editorial Biblioteca Nueva, 2004), 17–18.
90. NF Primavera-Verano de 1875, frg. 5 [15], KSA 8, 43–44; FP II, 67.
91. KGW II.3, 390–91; OC II, 305–06.
92. Cfr. carta a Rohde, 16 de Junio de 1869. KGB II.1, nr. 8, 18.
93. Cfr. Nietzsche a Rohde, 25 de Octubre de 1872, KGB II.3, nr. 265, 70–71. Repetido literalmente en una carta a Wagner de 7/8 de Noviembre de 1872. En el ámbito privado, Nietzsche había dicho de Usener ser "un don nadie bien intencionado sin ningún talento en especial". Cfr. Carta a Rohde 6 de Junio de 1868. KGB, I.2, nr. 574, 285 y ss.
94. Sánchez Meca, "Introducción al volumen II: Nietzsche y la filología clásica." En OC II, 28.
95. "¿Que si ha habido *muchos filólogos dotados de talento*? Lo dudo; puesto que la razón se abre camino en ellos con demasiada lentitud (contar manuscritos, etc.)—filología de la letra y filología de la cosa—¡una polémica estúpida!—¡Y luego la valoración desorbitada de cualquier persona inteligente que haya entre ellos!" NF Primavera-Verano de 1875, frg. 5 [106], KSA 8, 67; FP II, 83. Sobre la posición de Nietzsche en el contexto de la disputa entre "filología de la letra" y "filología de la cosa", véase Ernst Howald, *F. Nietzsche und die klassische Philologie* (Gotha, 1920).
96. James I. Porter, *Nietzsche and the Philology of the Future* (Stanford: Stanford University Press, 2000), 6.
97. Porter, *Nietzsche and the Philology of the Future,* 23.
98. Como expresa Richard T. Gray: "De una filología ideológicamente confirmadora se llega con ello a una [filología] crítica a la ideología [*ideologiekritische*] que se enfrenta no sólo a las opiniones predominantes en la Filología, sino también *por medio* de esa crítica a la Filología a la cultura contemporánea como tal." Richard T. Gray, "Skeptische Philologie," *Nietzsche-Studien*, no. 38 (2009): 55.

99. Anotaciones para *Nosotros los filólogos*, en la carpeta transcrita por Carl von Gesdorff MP XIII; 6B U II 8B, NF Primavera-Verano de 1875, frg. 5 [55], KSA 8, 55; FP II, 75.
100. NF Primavera-Verano de 1875, frg. 3 [52], KSA 8, 28; FP II, 56.
101. Porter, *Nietzsche and the Philology of the Future*, 17.
102. "Los filólogos que hablan de su ciencia no tocan nunca las raíces, nunca plantean la filología como problema. ¿Mala conciencia? ¿O acaso falta de reflexión?" U II 8B, Primavera-Verano de 1875 frg. 5 [135], KSA 8, 74; FP II, 88. Pfeiffer, un firme representante de la escuela de Wilamowitz, no duda en reconocer que Nietzsche "quiso encontrar las ideas generales que habían influenciado el estudio de la antigüedad y demostrar los vínculos entre la filología clásica y la filosofía dominante en cada época." Rudolf Pfeiffer, *History of Classical Scholarship from 1300 to 1850* (Oxford: Clarendon Press, 1976), Prefacio, ix.
103. "¿Conocen los filólogos el presente? Sus juicio sobre esta época, asemejada a la era de Pericles, las barbaridades de su juicio cuando hablan del espíritu congenial de un Homero con de Freytag, etc.; su ir tras los pasos, cuando los literatos van por delante. Su renuncia al sentido pagano, que justamente Goethe había descubierto en Winckelmann como el rasgo característico de la Antigüedad". NF Primavera-Verano de 1875, frg. 5 [46], KSA 8, 53; FP II, 73. Cfr. también frg. 3 [41] de Marzo de 1875.
104. "[S]egún la estructura de nuestra facultad intelectiva." Immanuel Kant. *Kritik der reinen Vernunft*, B XVII.
105. "Comenzar por el comienzo es siempre una ilusión. Incluso lo que nos ha impulsado a esta pretensión es el efecto y el resultado de lo que nos ha precedido. De modo que una ruptura tan fuerte y decisiva será el signo de una exigencia anterior poderosa y desmesurada. El radicalismo de nuestras opiniones y de nuestra verdad es la consecuencia del radicalismo de nuestros errores y nuestras faltas. La gran ley de la transformación: ahí es donde reside todo lo que se llama progreso." NF Primavera-Verano de 1875, frg. 5 [1], KSA 8, 41; FP II, 65.
106. Otoño de 1867-Primavera de 1868, frg. 57 [33], KGW I.4, 399.
107. MP XIII 6B (U II 8, 239 200) Marzo de 1875, frg. 3 [62], KSA 8, 31; FP II, 57–58. Nietzsche discute de esta manera con toda claridad la concepción romántica de la ciencia a favor de una ciencia mucho más materialista. Cfr. August Boeckh, *Encyklopädie und Methodologie der philologischen Wissenschaften* (Leipzig: Bratuscheck, 1877), 15: "es precisamente en el infinito donde está la esencia de la ciencia; es sólo donde el material [*Stoff*] está completamente limitado, y casi ni siquiera entonces, que se vuelve posible para la ciencia completarse: donde la infinitud cesa, la ciencia encuentra su final."
108. Gutiérrez Girardot, *Nietzsche y la filología clásica*, 41.
109. Porter, *Nietzsche and the Philology of the Future*, 14. En un interesante parágrafo de HDH titulado "los griegos como traductores", dirá Nietzsche: "Si hablamos de los

griegos, hablamos inconscientemente tanto de ayer como de hoy; su más que conocida Historia es un espejo pulido que siempre refleja lo que no está en el espejo. Nos servimos de la libertad para hablar de ello, para callar sobre otros." MAM II, § 218, KSA 2, 471.

110. NF Marzo 1875, frg. 3 [70], KSA 8, 34; FP II, 60.
111. La expresión "filología del futuro" (*Zukunftsphilologie*) aparece por primera vez en una carta de 2 de Junio de 1868 a Paul Deussen: "Verás que la mayor parte de los filólogos son de algún modo criaturas excéntricas. Esto se explica en parte fisiológicamente, en tanto que están obligados a llevar una vida contra natura, a saturar su mente con un suministro absurdo, a descuidar su desarrollo espiritual a costa de la memoria y del juicio. La moneda de cambio más rara entre los filólogos de hoy es precisamente la delicada capacidad de entusiasmarse: su más triste sucedáneo es la excesiva autoestima y la vanidad. Me dolió hoy esto también de Bernays, a quien acostumbraba a considerar el más brillante representante de una filología del futuro (i. e., la siguiente generación después de Ritschl, Haupt, Lehrs, Bergk, Mommsen, etc.)." KGB, II.2, nr. 573, 283 y ss. Nietzsche luego adoptará esta etiqueta para sí mismo, cuando en sus apuntes sobre la rítmica proyectara un trabajo que debía comenzar con "Introducción: el filólogo del futuro [*der zukünftige Philolog*]." KGW, II.3, 331.
112. NF Marzo 1875, frg. 3 [69], KSA 8, 33–34; FP II, 59.
113. *Die Geburt der Tragödie—Versuch einer Selbstkritik* (Erste Veröff. 31/10/1886) § 2, KSA 1, 14; OC I, 330 (trad. mod.).
114. "Esto no implica negar que ocurren ciertos cambios en el estilo y enfoque del pensamiento de Nietzsche. Sugiere, sin embargo, que estos cambios nunca reflejan más que una serie de requisitos para cada momento, los cuales son siempre locales y estratégicos." Porter, *Nietzsche and the Philology of the Future*, 20–21.
115. EkP, Conclusión, KGW II.3, 437; OC II, 312.
116. EkP, KGW II.3, 391; OC II, 306.
117. NF Marzo de 1875, frg. 3 [62], KSA 8, 31.
118. NF Marzo de 1875, frg. 3 [75], KSA 8, 36; FP II, 61.
119. NF Primavera-Verano de 1875, frg. 5 [160], KSA 8, 84–84; FP II, 95.
120. NF Primavera-Verano de 1875, frg. 5 [25], KSA 8, 46–47; FP II, 69.
121. EkP, KGW II.3, 368; OC II, 298.
122. BA, Conf. II, OC I, 508.
123. G. Hermann por ejemplo denunciaba como el pseudo-filólogo de la escuela hermenéutica "concebía en su mente una Antigüedad—si no la verdadera, sí al menos una imaginaria; si no la vieja, sí al menos una más nueva"—Y si alguien desea saber de dónde vienen estas ciertas *Anschauungen*, "que lea a los modernos, y no a los antiguos". Gottfried Hermann, *Ueber Herrn Professor Böckhs Behandlung Der Griechischen Inschriften* (Leipzig: Fleischer, 1826), 6–7.
124. EkP, KGW II.3, 368; OC II, 299.

125. NF Primavera-Verano de 1875, frg. 5 [22], KSA 8, 45–46; FP II, 68.
126. También NF ¿Verano de 1875?, frg. 6 [2], KSA 8, 97; FP II, 105.
127. EkP, parte 1. También NF ¿Verano de 1875?, frg. 6 [1], KSA 8, 97; FP II, 105.
128. NF Primavera-Verano de 1875, frg. 5 [70], KSA 8, 60; FP II, 77.
129. Cfr. infra, "La filología en encrucijada: entre positividad e ideal".
130. Cfr. NF Marzo de 1875, frg. 3 [16], KSA 8, 19; FP II, 49: "*Imitación* de la Antigüedad: ¿no es éste, a fin de cuentas, un principio refutado? *Huida de la realidad* a los antiguos: ¿no se falsea así la concepción de la antigüedad" y frg. 7 [1], donde habla del vicio del quijotismo: "Se imita algo puramente quimérico y se corre en pos de un mundo imaginario que no ha existido jamás" [KSA 8, 121; FP II, 121]. Cfr. infra, "El modelo humanista de la *Bildung*".
131. NF 1875, Frg. 7 [1], KSA 8, 121; FP II, 121.
132. HL § 1, KSA 1, 251; OC I, 669 (trad. mod.).
133. HL § 1, KSA 1, 251; OC I, 669 (trad. mod.).
134. En su ensayo *Vom Wert und Studium der Griechen und Römer* Friedrich Schlegel ya había efectivamente diferenciado entre la *Nachahmung* auténtica y la inauténtica: "La auténtica imitación [*Nachahmung*] no es la imitación artificial de la forma externa, sino la apropiación del espíritu, de lo verdadero, de lo bello y de lo bueno en amor, conocimiento y fuerza activa." Cfr. Friedrich Schlegel, *Kritische Friedrich-Schlegel-Ausgabe* (Paderborn: Schöningh, 1975 y ss.), t. 1, 638.
135. NF 1875, frg. 7 [2], KSA 8, 121–22; FP II, 121.
136. *Encyclopädie der klassischen Philologie*, Schluss, KGW II.3, 437; OC II, 312. La idea del "Gran estilo" como crítica al filisteísmo cultural es una idea que recorre todo el pensamiento de Nietzsche. Para la definición que Nietzsche da del *Gran estilo*, se puede ver por ejemplo el aforismo 148 de *Humano, demasiado humano*, donde en la parte titulada "El viajero y su sombra" diferencia entre los grandioso (*grossartig*) y lo grande (*gross*): "Se aprende más rápido a escribir de forma grandiosa que a escribir de forma sencilla [*leicht*] y simple [*schlicht*]." KSA 2, 614. En el aforismo 96: "El Gran estilo nace cuando lo bello vence sobre lo monstruoso". KSA 2, 596. También en el aforismo 290 de *La gaya ciencia* (KSA 3, 530–531). En el *Crepúsculo de los ídolos*, aforismo 11, lo relaciona con la temática de la Voluntad de Poder. (KSA 6, 118–19). Y sobre todo destaca el fragmento de la primavera de 1888 titulado "Música … y el gran estilo" en la formulación más conocida del tema (NF Primavera 1888, frg. 14 [61], KSA 13, 246–48; FP IV, 526). Sobre el "Estilo" y el "Gran estilo", se puede ver Gentili, *Nietzsche*, 115–24.
137. Nicholas Martin, *Nietzsche and Schiller. Untimely Aethetics* (Oxford: Oxford University Press, 1996), 101. Las fuentes de esta inspiración para la educación estética Martin las localiza en el escrito de Schiller de 1795 *Über die ästhetische Erziehung des Menschen in einer Reihe von Briefen*; cfr. Martin, *Nietzsche and Schiller. Untimely Aethetics*, 100–01.
138. EkP, § 8, KGW II.3, 375.

139. NF Marzo de 1875, frg. 3 [63] KSA 8, 32; FP II, 58. En EkP, § 8, 375–76: "El peligro consiste en que se tiene demasiada fe en la crítica, o sea, en la razón rigurosa. ¡cuántos filólogos no logran en absoluto pasar de ahí! Sin embargo, estos sacrificios no serían inútiles si al menos estas naturalezas no pretendieran querer dirigirse a sí mismas. En todo momento es necesario un arduo esfuerzo de carretero, pero es necesario entonces que los carreteros se dejen también mandar. Si trataran de construir ellos mismos, ¡qué desgracia entonces para ellos y para la ciencia!" De acuerdo con una imagen muy recurrida y a menudo malinterpretada en la recepción nietzscheana, se trata de un trabajo de "topos" (*Maulwürfe*, cfr. Carta a Rohde de 20 de Noviembre de 1868, KGB I.2, nr. 601, 344), que reúne los aspectos positivos de la erudición, en contraste con el trabajo de los "micrólogos de sangre de rana" (*fröschblütige Mikrologen*) que hacen de su ciencia de los detalles un fin en sí mismo; algo que luego en GM describiría como un "ideal ascético" que sólo lleva al nihilismo. En el prólogo a *Morgenröthe* (KSA 3, 11) él mismo se describe en parte como un *Maulwurf*, y al topo como condición para el "buen filólogo" (KSA 3, 13). Para el análisis de la contraposición entre ambas imágenes, ver Christian Benne, *Nietzsche und die historische-kritische Philologie* (Berlin/New York: Walter de Gruyter, 2005), 140–43.
140. EkP, KGW II.3, 376; OC II, 303.
141. EkP, KGW II.3, 369; OC II, 299.
142. EkP, KGW II.3, 370; OC II, 300.
143. EkP, KGW II.3, 370; OC II, 300.
144. "A los que creen que ha habido un progreso enorme hay que responderles si conduce éste a la correcta estimación." EkP, KGW II.3, 370; OC II, 300.
145. EkP, KGW II.3, 372; OC II, 301 (trad. mod.).
146. Friedrich Daniel Ernst Schleiermacher, *Werke*, Auswahl in vier Bänden (Aalen: Scientia, 1967), 551.
147. Schleiermacher, *Werke*, 552–53.
148. Schleiermacher, *Werke*, 558.
149. En sus *Vorlesungen über die Bestimmung des Gelehrten* que Fichte imparte en 1794 Jena, la consecución universal del conocimiento del hombre presupone "la noción preliminar de todo el conjunto de sus actitudes, el conocimiento científico de todos sus instintos y necesidades, la previa valoración de todo su ser" [Johann Gotlieb Fichte, *Johann Gottlieb Fichtes Sämmtliche Werke* (Berlin: Walter de Gruyter, 1971), 325.] En sus *Vorlesungen über die Methode des akademischen Studiums* de 1802, Schelling propone la idea de un saber basado en una concepción del método que "únicamente puede resultar del conocimiento efectivo y verdadero del nexo vivo de todas las ciencias", como "ciencia particular" a la vez que ciencia "absolutamente universal" [Friedrich Wilhelm Joseph Schelling, *Schellings Werke* (München, 1927), 235–36.] Y en 1808, Hegel escribiría finalmente: "La enciclopedia filosófica es la ciencia de las conexiones necesarias y determinadas por el concepto, y del origen

filosófico de los conceptos y principios fundamentales de las ciencias." [Georg Wilhelm Friedrich Hegel, "Philosophische Enzyklopädie für die Oberklasse," en *Hegel Werke*, vol. 4, Frankfurt a. M.: Suhrkamp Verlag, § 6, 12].

150. Schlegel, en sus anotaciones para un tratado acerca de la filología, escribe: "Toda filología es necesariamente filosófica: *lo quiera, o no; lo sepa, o no.*" Friedrich Schlegel, *Kritische Friedrich-Schlegel-Ausgabe*, vol. 16 (Paderborn: Schöningh, 1975ss.) 51. En ese sentido también, en uno de sus fragmentos: "los filólogos críticos de verdad leen de manera muy filosófica, sin saberlo. Deseo de saber [*Verstehen*] *absoluto*" (Schlegel, *Kritische Friedrich-Schlegel-Ausgabe*, vol. 16, 71). Sobre este concepto de saber universalista como cohesión del resto de las disciplinas, escribe finalmente: "Filología y filosofía lo son todo o no son nada en una universidad. Pero sólo por medio de ellas se hace posible una cohesión [*Zusammenhang*] de las tres facultades." (Schlegel, *Kritische Friedrich-Schlegel-Ausgabe*, vol. 18, 57). Sobre el concepto de filología crítica en Schlegel y la relación con la concepción de la filología en Nietzsche, se puede ver Gray, "Skeptische Philologie," 39–64.

151. Rafael Carrión Arias, "Los estudios Democritea de 1867–1868. Nietzsche descubriendo el nuevo método filológico," 79–136.

2

Homero y la filología clásica: la Filología deviene Filosofía

El proceso habitual es que a un hallazgo que hace época suela precederle una serie de predicciones casuales y de observaciones aisladas preparatorias.

- Nietzsche, F. *Homer und die klassische Philologie*

Se cree que la Filología ha llegado a su fin—y yo creo que ni siquiera ha comenzado todavía.

- Nietzsche, F., NF Marzo 1875, fr. 3 [70]

1. Nietzsche en Basilea: el culturalismo de Jacob Burckhardt y la renovación de las ciencias historiográficas

En 1869, con 24 años de edad, Nietzsche empezó a trabajar como profesor de filología en la universidad de Basilea. En esa misma época, un joven historiador de 26 años de nombre Jacob Burckhardt había comenzado a elaborar también allí su hoy célebre *Griechische Kulturgeschichte*.[1] En Mayo de aquel año, Nietzsche había confesado a su hermana Elisabeth que "Jacob Burckhardt, famoso estético e historiador de la cultura" pertenecía a su "círculo más cercano";[2] el mismo día precisamente en que había descrito a su amigo Edwin Rohde aquel encuentro como "una maravillosa congruencia con nuestras paradojas estéticas".[3] En Noviembre de 1870, Jacob Burckhardt impartiría tres conferencias acerca de la magnitud histórica, y acerca de la felicidad y la desgracia en la Historia Universal. Nietzsche asistiría a estas conferencias de oyente y se sentiría personalmente aludido, hasta el punto de que diría de ellas "extraídas directamente de nuestro círculo de pensamiento y de sensaciones".[4]

Efectivamente, Burckhardt compartía con Nietzsche una marcada influencia de la intempestividad de Schopenhauer, carácter que vendría a traducirse en una reformulación del concepto de Cultura, ciencia y conocimiento[5]. En isomorfismo con la teoría schopenhaueriana de la Objetivación de la Voluntad,[6] Burckhardt había concebido las tres potencias definitorias del desarrollo histórico (Estado, Religión, y Cultura) como aquellas formas en las que la Historia se objetiva en su proceso. Sin embargo, marca una fundamental diferencia entre las dos primeras y la tercera: pues mientras Estado y Religión son potencias estables—el Estado como poder institucionalizado y la religión como universalismo vinculante—la Cultura en cambio goza de un estatus especial de autonomía, con libertad de circulación y ajena a cualquier universalidad.[7] Su estetización postula su libertad. Ella es "la quintaesencia [*Inbegriff*] de todo aquello" que ha venido al mundo "*espontáneamente* [como] expresión de la vida intelectual [*des geistigsittlichen Lebens*]".[8]

Esta concepción de Burckhardt abre sin duda una puerta para una reconsideración de la ciencia historiográfica más allá de los límites de necesidad en los que pretendía encajarla la ciencia moderna. A partir de ahora, la historiografía deberá ser una consideración culturológica o *kulturgeschichtliche Betrachtung*. El problema que surge inmediatamente es que, si la Cultura es expresión suprema de la espontaneidad estética, la historiografía resultará cuanto menos "la menos científica de todas las ciencias"[9]. Irónicamente, sin embargo, esto más que restarle validez para nuestros propósitos en realidad se la da. Pues ahora se moverá en el nivel de lo *fluido*[10] como expresión "de nuestra libertad en medio de la consciencia de la enorme ligazón universal y de la corriente de la Necesidad"[11], lo que le conferirá ventaja intempestiva frente al resto de las otras ciencias ganando con ello aliento de futuro. La historiografía se transfigura en una suerte de donación de sentido culturalista (*kulturgeschichtliche Sinnbildung*), y es así como Burckhardt compuso sus *Die Zeit Konstantins des Grossen* (1851), *Der Cicerone* (1855) o *Die Kultur der Renaissance in Italien* (1860), o en forma póstuma por supuesto sus ya mencionadas *Weltgeschichtliche Betrachtungen* o *Griechischen Kulturgeschichte.*

No es ninguna coincidencia que los trabajos de Burckhardt se den en un momento en el que se está empezando a reflexionar sobre la posibilidad de una renovación de las ciencias y de la *Bildung* en el marco de la *Kulturkritik* como misión histórica.[12] Como tampoco es coincidencia alguna que, al tiempo que Burckhardt se dedica a esta empresa, Nietzsche, en discusión con él, corrobore ciertas ideas que ya había venido visualizando desde finales de los años 60 respecto al problema de la renovación de la ciencia filológica. Años después de su llegada a Basilea, sus conferencias *Sobre el futuro de nuestra instituciones educativas* de 1873 demostrarán un claro influjo de esta teoría culturalista y potentes signos de indignación contra una *Kultur* que se doblega a los intereses del Estado. Mientras tanto, éste es también el contexto académico en el que se gestó el texto de Nietzsche *Homero y la filología clásica* de 1869.[13]

2. F. A. Wolf y los Prolegomena ad Homerum

Originariamente concebido como discurso inaugural el 28 de Mayo de 1869 tras su entrada en la universidad de Basilea, el texto de *Homero y la filología clásica*, antes de ser publicado el 22 de Diciembre del mismo año, iba a llevar el título *Sobre la personalidad de Homero*, declarándose de ese modo como continuador directo del legado abierto por su anterior estudio de los *Democritea* de 1867/68 y la importancia metodológica de la personalidad del autor en el análisis textual. Nietzsche, que en Febrero de 1868 había andado planeando una disertación doctoral sobre la cuestión Homero-Hesíodo,[14] en una carta de Abril/Mayo de 1868 a Deussen habla de dicho texto como presentación de sus "paradojas homéricas (*meine homerische* παράδοξα)".[15] Y en una carta a su madre de mediados de Junio de 1869, dice de la misma:

> De gran importancia en este aspecto ha sido mi lección inaugural, pronunciada por mí con el aula insólitamente llena, y que ha versado "sobre la personalidad de Homero". Con esta lección, la gente de aquí ha sido convencida de varias cosas, y gracias a ella mi posición—tal y como llego perfectamente a ver—ha quedado asegurada.[16]

En el auditorio se encontraban Vischer, Heusler, Merian, y por supuesto Jacob Burckhardt. El texto es en esencia una profundización y una radicalización de logros metodológicos anteriormente descubiertos por Nietzsche, así como una discusión en general con la filología existente al hilo de la posición de Friedrich August Wolf (1759–1834) respecto a la *cuestión homérica* sobre el fondo de las nuevas metodologías culturalistas contemporáneas.

En sus *Prolegomena ad Homerum* de 1795, Wolf había puesto en cuestión la unidad estética de los poemas homéricos. Estos *Prolegomena* fueron principalmente concebidos como introducción a una nueva edición crítica de Homero, basada en el último manuscrito conservado, pero a la sombra sobre todo del *scholia* o comentario recién descubierto por aquel entonces en Venecia por el filólogo francés Jean-Baptiste Gaspard d'Ansse de Villoisony y publicado en 1788. Este *scholia*, procedente de comentarios alejandrinos, aportaba ciertas novedades respecto al problema de la transmisión de Homero en la antigüedad, y Wolf no iba a desaprovechar la oportunidad para estudiar dichas novedades en su edición de los poemas. Como reza el título completo de la obra (*Prolegomena a Homero; o de la forma original y genuina de la obra homérica y de sus varias alteraciones y de las razones posibles para su arreglo*) su objetivo principal sería una reconstrucción de la historia de los textos homéricos en la antigüedad de cara a dirimir la cuestión de la construcción de los textos que han llegado hasta nosotros en su forma actual. Aunque elaborada separadamente, la edición crítica de los textos homéricos por parte de Wolf apareció el mismo año que los *Prolegomena*, y no era concebible sin el aparato crítico que aportaban los *Prolegomena* para su comprensión. Los *Prolegomena* eran un estudio que acompañaba a la edición crítica (de hecho se encuadernaban y vendían juntas) para ponernos en guardia sobre las pretensiones mismas de esa edición.

La tesis principal de Wolf en ese texto era que los poemas homéricos, la *Ilíada* y la *Odisea* tal y como habían llegado hasta nosotros, son creaciones compuestas por distintos *aedos* a lo largo de épocas muy distintas y transmitidas de forma oral, composiciones que sólo fueron unidas y refundidas en una sola redacción a partir del s. VI a.C. cuando Pisístrato, el tirano ateniense, decidió establecer un texto único y definido. Burlando la idea de la universalidad del canon aristotélico de composición,[17] la aparente unidad estética de los poemas homéricos era para Wolf un resultado de aquellas primeras transcripciones buscando darle la forma de "único cuerpo continuo" en un "nuevo y más perfecto y espléndido monumento"[18]—más adelante, los gramáticos alejandrinos, con Aristarco a la cabeza, darían los pasos definitivos para restaurar los textos corruptos a una supuesta "forma original" y "armonía milagrosa".[19] Esa unidad, por tanto, es sólo una sombra y una ilusión, una mera apariencia (*facie fallunt*).[20] Wolf descubre en todo esto una cierta *psicología en la lectura*, un mecanismo inconsciente en el hábito de leer los textos por el que construimos totalidades estéticas donde no tiene por qué haberlas, ya que es más fácil juntar lo desconexo que separar lo conectado:

> Quizás una buena razón para esto era que la secuencia continua de los poemas engañaba a sus lectores, gracias en parte a su gran reputación y en parte a su propia apariencia [*sua specie fallens*], y así desaparecía cualquier tipo de reflexión

> sobre este asunto; y también porque estamos prácticamente más inclinados por naturaleza a juntar cosas que están desconectadas que a desconectar cosas que están juntas.[21]

Durante siglos de prácticas, observamos cada vez más como unidad lo que de origen no es sino separación, y en el curso de lectura sobre lectura acabamos por pasar por alto las capas compositivas de cada poema.[22] Paulatinamente se crea así una unidad artística (*artem et structuram*), una sensación de totalidad creada *circularmente* por los editores de los textos cuando buscaban una supuesta forma genuina que casara con lo que ellos consideraban ser la forma originaria que salió de la cabeza del poeta.[23] Nuestra ilusión es deudora de su propia ilusión hermenéutica, y también circularmente contribuye hoy día a consolidar y diluir las diferencias de esa supuesta unidad. Homero y sus textos existen sólo en nuestra imaginación.

Con el mayor descaro para la época, Wolf afirmaba así acerca de las fuentes de los poemas homéricos y de la unidad estética que "ésta y otras cuestiones no pueden verse hoy inferidas a partir de argumentos ciertos o siquiera probables",[24] y que al respecto de Homero "existen claras dudas".[25] Como bien ha dejado expresado hoy Grafton al respecto: "un estudio detallado de las pruebas mostraba que el trabajo de los antiguos eruditos no podía verse reconstruido en su totalidad—y por tanto, no podía construirse un texto crítico".[26] Con ciertas reservas,[27] se puede decir que esa puesta en cuestión de la unidad estética de los poemas homéricos era la primera de su género. Wolf sentaba de esa manera los fundamentos para una revolución en el método y en la ciencia:

> Si nuestros padres hubieran oído que se plantean serias dudas respecto a si Homero, el más grande de todos los escritores, se sirvió del arte de la escritura, habrían clamado al cielo que los amantes de las paradojas ya no tienen vergüenza alguna. Hemos comenzado ahora a examinar con más profundidad las naturalezas de los monumentos antiguos, y a juzgar cada evento a través de los hábitos mentales y morales de su tiempo y lugar, al tiempo que guardamos la ley más estricta de la historia: que no dudamos de cosas que son ciertas y respaldadas por testimonios honestos; y que no damos por sentado cosas dejadas en herencia de cualquier manera, o adornadas con el nombre de uno u otro autor.[28]

Wolf reaccionaba con los *Prolegomena* contra la visión de un pasado clásico de ensueño que había pervivido desde el Renacimiento hasta finales del s. XVIII, en Francia como en Alemania. Con Wolf por primera vez, alguien ponía en cuestión las incuestionables fuentes clásicas, en un movimiento que luego sentaría las bases para el historicismo y que llegará también hasta Rose y Nietzsche "apartando la corona de la cabeza de Homero".[29] Wolf partía de la duda y la sospecha como metodología respecto a las fuentes clásicas,[30] y esto era algo que Nietzsche, ya desde su enfrentamiento con los textos de Demócrito, acogería positivamente. En la misma época de estudio de los *Democritea*, anunciaba Nietzsche:

> Las épocas de investigación histórico-literaria en las que se podía dormitar plácidamente a la sombra de la tradición hace tiempo que han pasado. De hecho, el curso que han tomado estos estudios en el último siglo recuerda, por una parte, la evolución gradual del trabajo textual, y, por otra, el progreso de la filosofía desde Wolf hasta Kant. La saludable investigación metódica no surge ya acabada como Atenea de la cabeza de Zeus.[31]

La filología de Wolf asumía la tarea crítica de su tiempo. Tras ella, ya no cabía vuelta atrás.[32]

Los *Prolegomena* de Wolf fueron naturalmente objeto de un gran escándalo. Nadie crecido en los ideales clasicistas de Wickelmann, Goethe o Schiller se hubiera atrevido jamás a cuestionar a los clásicos, y menos aún a demoler el mito holista de Homero.[33] Pero Wolf lo había acometido, cuestionando como resultado la manera en la que el clasicismo había construido sus ideales, y proyectando una sombra metodológica que alcanza hasta hoy. Ese es desde luego el auténtico valor de su argumentación, a pesar de que sus resultados hayan podido posiblemente quedar hoy ya refutados.[34] Con ese movimiento de procedencia kantiana de delimitación del objeto y el conocimiento ("no es aumento, sino desfiguración de la ciencia el confundir sus límites" decía Kant[35]), Wolf se perfiló como el inventor de la *Altertumswissenschaft* en tanto que ciencia moderna, como el fundador de una filología clásica que aspira a ser una disciplina verdaderamente científica.[36] Pues, como viene a decir él mismo, la cuestión homérica encierra en sí mismo el problema de la filología, y la historia de los textos homéricos es la historia de la filología misma:

> Los monumentos de Homero y de sus contemporáneos ... forzaron en cierto sentido el nacimiento del criticismo filológico, y lo hizo antes incluso de que nombres como "crítico" o "gramático" entraran a formar parte del sentido común.[37]

3. Nietzsche: Homero y la filología clásica

Así las cosas, y en plena relación con los problemas observados en la ciencia filológica hasta Nietzsche en el primer capítulo de este trabajo, el texto de Nietzsche

Homero y la filología clásica[38] comienza sin reservas con una descripción sobre el carácter esencialmente polémico de la filología clásica. Con las garantías prestadas por la presencia en la sala de teorías culturalistas como la de Burckhardt, Nietzsche advierte que la razón de dicho carácter polémico en la filología son las diferentes actividades científicas que confluyen en su nombre, tales como la *historia* ("en la medida en que quiere … captar la ley que domina en el flujo de los fenómenos"), la *ciencia natural* ("en la medida en que trata de indagar en el instinto más profundo del hombre, el instinto del lenguaje"), y la *estética*, porque su estudio de la Antigüedad clásica tiene la pretensión "de desenterrar un mundo ideal sepultado, y de presentar al mundo actual el espejo de lo clásico, de lo eternamente ejemplar".[39] Esta definición de lo estético encierra por supuesto la marca del clasicismo y del ideal formativo neohumanista de Humboldt, razón ésta para no olvidar que la filología gira, en definitiva, en torno al problema último de la *pedagogía* ("Desde el punto de vista pedagógico, esta ciencia, o al menos esta tendencia científica que llamamos filología, ha ofrecido una selección de elementos de un alto valor didáctico y de gran importancia para la formación.")[40] Pero lo importante a subrayar en todo esto es cómo, ya desde el principio, plantea Nietzsche la idea de que el carácter fundamentalmente polémico de la filología reside esencialmente en ser un *Aggregatzustand* ("la filología es un poco de ciencias naturales, un poco de historia, un poco de arte, y finalmente un método"[41]), es decir un centauro "que marcha con una fuerza tremenda pero con lentitud ciclópea para colmar esa brecha entre la Antigüedad ideal … y la Antigüedad real".[42] La filología, como ya hemos visto en el capítulo anterior, camina desde sus comienzos sobre el dilema agónico y hasta el momento irresoluble de la positividad y la ejemplaridad, y Nietzsche es consciente en toda regla. El texto *Homero y la filología clásica* girará alrededor de esta cuestión.

Esas primeras líneas con las que se abre el texto demuestran por lo tanto el carácter programático bajo el que Nietzsche va a entrar a tratar la *cuestión homérica*. Dicho de otro modo, la cuestión homérica partiendo de Wolf, lejos de ser aquí resuelta será sin embargo para Nietzsche la excusa y la plataforma de despegue desde la que definir un nuevo concepto de filología, libre de la pesada carga de aquella disyuntiva. Si Wolf había revolucionado la ciencia filológica de la mano de una puesta en cuestionamiento de Homero mismo ("[c]on respecto a Homero, el mundo moderno ha experimentado por primera vez, aunque no lo haya aprendido, un gran punto de vista histórico"[43]), lo había hecho por otro lado a riesgo de sacrificar el carácter ideal de la disciplina, indispensable en sí mismo para sus intenciones formativas. Nietzsche va a recoger ciertamente ese legado crítico wolfiano, aunque dando ahora un paso más allá de él y contribuyendo así por tanto a pulir lo que sólo con Wolf no se había alcanzado a conseguir. El problema de la personalidad de Homero es en ese sentido solamente el núcleo en torno al que, dentro del problema ejemplar de la cuestión homérica sin ir más lejos, se aglutinan y estructuran todas las cuestiones metodológicas que afectan por extensión a la filología entera:

> Si el centro de una cuestión científica se encuentra con razón allí donde ha surgido toda la corriente de las nuevas ideas, o sea, en el punto en el que la investigación científica especializada toma contacto con la vida total de la ciencia y de la cultura, si por lo tanto se señala el centro según su valor histórico-cultural, entonces tiene uno que detenerse, en el campo de las investigaciones homéricas, sobre la cuestión de la personalidad como el núcleo verdaderamente productivo de todo un ciclo de cuestiones.[44]

Procediendo pues, el logro principal de Wolf—el cual resulta en todo punto lícito caracterizarlo "como un acontecimiento importante en la historia de las ciencias"—había sido el de "volatizar personalidades aparentemente concretas", aprendiendo a ver en las figuras aparentemente estables de la vida de los pueblos antiguos la ensoñación de nuestras propias ideas, de nuestros propios *desiderata*. Ésa es su "valerosa hazaña". Wolf voló por los aires la presunción de Homero como *un único* poeta, como un "buen anciano, en el mejor de los casos conocido bajo la etiqueta de genio de la naturaleza";[45] presunción ésta que alcanzó su punto culminante en la época de los grandes gramáticos alejandrinos[46] y según los cuales la diferencia estética de ambos poemas (la *Ilíada* y la *Odisea*) venía a explicarse por referencia a las diferentes edades del poeta cuando los compuso. La hipótesis que asumían era, en efecto, la de la personalidad de Homero, "[presuponiendo] por todas partes regularidad y armonía interior",[47] de tal modo que todo lo que contradijera dicha regularidad quedaba descartado. Pero, advierte Nietzsche con Wolf, cuanto más nos retrotraemos al pasado más difícil se hace encontrar los rasgos para concebir una sola personalidad, acumulándose cada vez más textos bajo el nombre de Homero y ampliando cualitativamente lo que puede considerarse homérico.

> Si nos trasladamos a la época de Pisístrato, entonces la palabra "Homero" abarca una gran cantidad de cosas heterogéneas. ¿Qué significa entonces Homero? Está claro que aquella época no se sentía capaz de circunscribir científicamente una personalidad y los límites de sus manifestaciones. Homero se había convertido aquí casi en una cáscara vacía. Entonces se nos plantea la importante cuestión: ¿qué hay antes de ese período? ¿Se ha volatilizado poco a poco la

> personalidad de Homero en un nombre vacío, puesto que no se la podía comprender? ¿O no se habrá personificado de un modo popular e ingenuo toda la poesía heroica haciéndola visible en la figura de Homero? *¿Se ha llegado con ello a hacer de una persona un concepto, o de un concepto una persona*? Esta es realmente la "cuestión homérica", el problema central de la persona de Homero.[48]

El desarrollo que ha llegado hasta la estética moderna, diferenciando y contraponiendo claramente una *poesía individual* (Individualdichtung) y una *poesía popular* (Volksdichtung), ha contribuido a oscurecer esta cuestión. Pues de un lado, queriendo dignificar el *alma del pueblo* (Volksseele)—y confundiéndola con el *espíritu del pueblo* (Volksgeist)—ha creído en plena superstición lisonjera que la masa puede componer de manera "genial", como avalancha "en el flujo de la tradición" al margen de todo núcleo artístico originario e identificando de tal manera la tradición (*Überlieferung*) con lo transmitido (*Überliefertes*)[49]. Del otro lado, postula que tras la extinción de la *Volksdichtung* sobreviene una *Individualdichtung* como *Kunstdichtung* (poesía artística), que sería la obra de mentes individuales autónomas. Sin embargo, dice Nietzsche,

> no existe de hecho, en la realidad, una contraposición de esa naturaleza entre poesía popular y poesía individual; más bien toda poesía, y naturalmente también la poesía popular, necesita de un individuo particular como mediador. Aquella contraposición, por lo demás ilegítima, sólo tiene sentido si se entiende por poesía individual una poesía que no ha crecido sobre el terreno de los sentimientos populares, sino que se remonta a un creador extraño al pueblo y ha sido creada en una atmósfera extraña al pueblo, por ejemplo en el gabinete de estudio del erudito.[50]

Esta posición es ciertamente revolucionaria en la historia de la estética literaria, y supera con mucho a Wolf en ciertos planteamientos. Pues donde Wolf (en su marca kantiana) sólo aseguraba la imposibilidad de conocer con datos empíricos la personalidad individual de Homero más allá de sus primeros editores, Nietzsche sin embargo da un paso más y *fusiona* de algún modo poesía popular y poesía individual. La única diferencia entre ambas, dice Nietzsche, "se refiere a algo completamente distinto del modo en que se originan sus poemas; refiere, a saber, a su reproducción y propagación, en una palabra, a la tradición (*Tradition*). Ésta, si no está atada a las letras escritas, se encuentra en un flujo perpetuo y está expuesta al peligro de asumir en sí elementos extraños, restos de aquellas individualidades a través de las cuales sigue su camino la tradición."[51] Dicho de otra manera: la diferencia esencial entre poesía popular e individual no remite a su modo de nacimiento (*Entstehungsart*) sino al camino que sigue cada una a partir de ahí, glorioso las veces, escabroso otras cuantas.

¿Cómo afecta eso a la cuestión homérica? La tarea de la filología como crítica o evaluación (κρίσις) de lo auténtico frente a lo que no lo es, se había convertido en la tarea de "comprender lo individual y de distinguirlo de aquello que ha sido, por así decir, traído por las olas en el flujo de la tradición oral". Se utilizaban, como enumera Nietzsche, "datos biográficos, el entorno, los conocimientos, los acontecimientos de la época, y de la mezcla de todos estos ingredientes se cree haber obtenido la individualidad buscada". De ahí que toda la ciencia moderna esté tan obsesionada con la recopilación de esos datos y no salga de ellos; y de ahí que fundamente sus constructos en la calidad y la cantidad de esos datos mostrados: cuantos más datos empíricamente mesurables, más verídicos serán sus resultados, y "cuanto menos se sabe del tiempo y la vida, tanto menos es aplicable ese modelo mecánico". Ése fue el punto muerto al que vino a parar el mismo Wolf. Sin embargo, demostrando Nietzsche que "no se puede extraer nunca como resultado el punto motor, el elemento individual que escapa a toda definición" dado que está inscrito en la historia de su tradición y es inseparable de ella, lo único que queda entonces es volverse y observar precisamente esta tradición. Si la ciencia mecánica lo único que atribuía a la tradición eran "las aberraciones, todos los momentos débiles o desmesurados que se creía encontrar en los poemas homéricos",[52] Nietzsche en cambio le otorga a esta tradición la mayor importancia, porque es ahí donde se encuentra el secreto de su autoría: en sus aberraciones y líneas ocultas.[53]

La cuestión de lo autoría de los poemas homéricos comienza, por tanto, por comprender por qué "del modo más inequívoco … Homero y la poesía épica de los héroes se identifican por todas partes, sin que él sea nunca considerado el poeta de algo distinto de la *Ilíada* y la *Odisea*, por ejemplo de la *Tebaida* o de otra epopeya cíclica". Por otra parte, además, no es gratuita la vieja fábula del certamen entre Homero y Hesíodo donde Homero hablaba de las virtudes del guerrero mientras que Hesíodo de la ética del buen vivir, fábula que expresaba la identificación incuestionable de Homero con la tendencia épica y Hesíodo con la tendencia didáctica y que dejaba entrever que "el significado de Homero se puso en lo material y no en lo formal".[54] En toda la corriente de la tradición operó un proceso de selección estética para Homero por el que la *Ilíada* y la *Odisea* "quedaron en la superficie", de manera que paulatinamente "el antiguo significado material de Homero como padre de la poesía heroica se transformó en el significado estético de Homero como padre del arte poética en general y, al mismo tiempo, en su prototipo inalcanzable".[55] Todo ese proceso de comercio de la tradición consigo misma se vio acompañado además de una "crítica racionalista que tradujo al prodigioso Homero en un poeta posible, que hizo valer las contradicciones materiales y formales entre aquellas numerosas epopeyas contra la unidad del poeta, y quitó poco a poco de los hombros de Homero aquel pesado fardo de las epopeyas cíclicas". La tradición como crítica filológica en sí misma, evaluando y separando (κρίνειν) lo que es de lo que no es. Un proceso estético, que juzga lo que debe ser por lo que ya es. Es en ese sentido la célebre afirmación de Nietzsche de que: "Homero como poeta de la *Ilíada* y de la *Odisea*, es un juicio estético."[56]

¿Significa esto ser "Homero" una fantasía construida sobre nubes? Más bien todo lo contrario: se trata de la consolidación de una individualidad. Pero de una individualidad no en el sentido moderno, esto es como individualidad personalista de un genio particular, sino la individualidad funcional de un *horizonte estético* desde el que poder seguir ejerciendo el juicio crítico hermenéutico. Más adelante, en los apuntes de Verano de 1871 y Primavera de 1872, lo explicaría de la siguiente manera:

> El rapsoda existe como δημιουργός del arte. No se le considera como un verdadero genio, porque de otra manera se mezclaría entonces con el héroe originario de la poesía, Homero. No deja de ser extraño: ellos prohíben la existencia al individuo poético. El certamen trae a la luz a los *artesanos*. Sólo donde existe un oficio, hay certamen.
>
> Únicamente los *héroes* están de verdad *individualmente vivos*. En ellos se reconoce de nuevo el presente y sigue viviendo en ellos.
>
> ¿Cuándo surge [*entsteht*] el *individuo* entre los griegos?[57]

Vemos en efecto detrás de todo esto algo similar a lo que Wolf entendía por unidad artística, un organismo como *arts et structura* que creaba una ilusión hermenéutica del poeta y por la que Homero existirá sólo en nuestra imaginación. Pero si Wolf se detenía ahí, donde la búsqueda de una personalidad real abandonaba el suelo empírico de las reconstrucciones artísticas,[58] ahora para Nietzsche ese producto de nuestra imaginación es originariamente real, es una configuración *orgánica*. Para Nietzsche, Homero existe de hecho: "como poeta de la *Ilíada* y la *Odisea*"; y la Ilíada es "un producto de la reflexión que procede según reglas estéticas ... dándoles una forma rítmica ... poniendo un concepto detrás de otro e imaginando un orden según un esquema conceptual". Nietzsche utiliza en esto la metáfora: la *Ilíada* no es una corona, sino una guirnalda de flores; pues al principio, el compilador no se preocupaba de la belleza de ese florilegio sino que lo juntaba todo en una amalgama de detalles, pero con el decurso de la tradición, cuando de acuerdo a un cierto esquema estético el editor debe seleccionar entre las flores, la inteligencia artística busca a Homero ajena a cualquier plan originario atendiendo a la perfección de ese juicio estético compartido. Esta es la verdadera empresa homérica, el acontecimiento epocal. No se puede separar a Homero de su recepción. Todo lo demás, todo "plan más originario y perfecto", es un mero "fantasma" (*Phantom*). De ahí:

> Creemos en un único gran poeta de la *Ilíada* y de la *Odisea—pero no que este poeta sea Homero.*[59]

Homero *es* y *no es*. Pues ya no importa que el poeta no exista como persona particular, con su vida y sus desgracias, si existe en cambio como individualidad, como "juicio estético" o principio de ordenación. No importa ya la falta de datos empíricos para encontrar un autor único y originario (caso Wolf) si se puede postular su existencia como "uno de aquellos inventores míticos de una nueva rama del arte" que sacrificó su nombre para llamarse Homero y escribir así la *Ilíada* y la *Odisea*. "¡El certamen! ¡Y esta negación del individuo! No son hombres históricos sino hombres míticos" escribía en sus apuntes posteriores.[60] No es en vano por tanto que para referirse al poeta Nietzsche utilice la expresión sintagmática "Homero como poeta de la *Ilíada* y la *Odisea*"; pues se trata ya por fin de un concepto de términos inseparables.

*

De esa manera tan original, tan intempestiva (*unzeitgemäss*), y por supuesto un paso por delante de Wolf quien "[había tomado] como tradición segura lo que la misma Antigüedad había establecido como una hipótesis",[61] Nietzsche rechaza con toda claridad la hipótesis de la *Ur-Identität* o identidad originaria de Homero. O mejor dicho, la reformula. Pues hablando de la identidad de Homero como "juicio estético", inaugura una nueva definición de identidad en general, también en el sentido filosófico, que luego acabaría configurándose en el Nietzsche más maduro en la deconstrucción de la subjetividad moderna. Es verdad que, más allá de toda su reflexión, Nietzsche no ofrece en todo el texto de la conferencia una solución clara y determinada a la pregunta por la unidad homérica, pero poco importa en este caso. Pues lo esencial en ese punto es que el problema de la personalidad de Homero, como él mismo afirma, asume ahora "rasgos filosóficos y estéticos".[62] Adelantando la posición del mismo Foucault en *¿Qué es un autor?*, Homero y con ello el concepto de autoría en general asume para Nietzsche además una función semántica, una *función institucional*.[63] Con *Homero y la filología clásica*, Nietzsche propone una construcción teórica basada en una cierta fusión de objeto y sujeto, en tanto que sujeto de lectura o sujeto hermenéutico, revolucionando de nuevo el campo de la filología. Nietzsche desacredita a los académicos actuales por no pensar como griegos,[64] por no querer aceptar la verdad última de esta *estética de la ilusión*.[65] La relación de estas ideas con el futuro escrito de 1873 *Sobre verdad y mentira en sentido extramoral* es evidente.

El logro máximo de *Homero y la filología clásica* es a la sazón, fundamentalmente, la revisión y redefinición que hace Nietzsche de la filología como ciencia (y por extensión de la ciencia en general), por la que "toda actividad filológica debe estar impregnada y rodeada por una concepción filosófica del mundo". Lo mismo que en su trato con Demócrito dos años antes, y que en su *Enciclopedia de la filología clásica de 1871*,[66] en este discurso inaugural de 1869 Nietzsche reafirma con sus resultados la idea de que *lo que una vez era la filología ahora es filosofía*. Un giro muy propio por lo demás del materialismo posthegeliano, sintetizado con la hoy ya célebre rúbrica "*philosophia facta est quae philologia fuit*" (lo que una vez era la filología ahora es filosofía).[67] En cierta medida, se puede decir que con Nietzsche la filosofía traiciona a la filología.[68] Si pocos meses después de haber ocupado la cátedra de filología mostraba sus dudas en una carta a Rohde ("la existencia filológica concentrada en una labor crítica cualquiera, pero separada mil millas del mundo griego, eso es algo que se me presenta cada vez más como un imposible. Dudo también de su algún día podré llegar a ser un verdadero filólogo; si no lo logro accidentalmente, como por casualidad, entonces es seguro que no lo seré jamás"[69]), a los pocos meses y sobre la pista ya de una filología filosófica esas dudas se irían disipando: "Vivo, respecto a la filología, una extrañación insolente que peor no se podría pensar .... Y así, poco a poco, me estoy habituando a ser filósofo y creo ya en mí mismo, y estoy preparado también, por si acaso me convierto en poeta. Tal vez veo crecer un trozo de nueva metafísica, a veces una nueva estética: otras me interesa un nuevo principio educativo, por lo cual desprecio todos nuestros institutos de bachillerato y la Universidad."[70] Salvar la filología de su curso contradictorio y autodestructivo pasaba, para Nietzsche, por transformarla en algo creativo, en una "filología filosófica" en deuda directa con la vida: la filología ha de ser un centauro de ciencia, arte y filosofía.[71] En razón de esto, y a pesar de la esperanza gestada por Nietzsche en no resultar un *Fremdling* en el gremio, Nietzsche se iría ganando el desencanto de sus colegas de profesión; y lo que con *Homero y la filología clásica* iba a ser un discurso de entrada en la filología en realidad se tornaría poco a poco un discurso de salida.[72]

Notas

1. Jacob Burckhardt, "Griechische Kulturgeschichte," en Jacob Burckhardt. *Gesamtausgabe*, tt. 8–11. (Basel: Schwabe, 1929–34). Para una génesis de *Griechische Kulturgeschichte*, ver Stefan Bauer, *Polisbild und Demokratieverständnis in Jacob Burckhardts "Griechischer Kulturgeschichte"* (München: Basel, 2001), 60–72.
2. Carta de Nietzsche a Elisabeth Nietzsche de 29 de Mayo de 1869, KGB II.1, nr. 5, 11.
3. Carta de Nietzsche a Edwin Rohde de 29 Mayo de 1869, KGB II.1, nr. 6, 13.
4. Carta de Nietzsche a Carl von Gersdorff de 7 de Noviembre de 1870, KGB II.1, nr. 107, 155. Como se ha venido a señalar: "Para una buena parte del siglo XIX, la 'anacronista' ciudad-república de Basilea era un lugar donde aquellos cuyas ideas eran '*unzeitgemäss*'—atemporales o intempestivas—se podían sentir, hasta cierto punto, como en casa." Lionel Gossman, *Basel in the Age of Burckhardt: A Study in Unseasonable Ideas* (Chicago: University of Chicago Press, 2000), 8.
5. Para este tema y su relación con Nietzsche, cfr. Enrico Müller, *Die Griechen im Denken Nietzsches* (Berlin/New York, Walter de Gruyter, 2005), 55 y ss., cuya argumentación hemos acompañado a lo largo de este capítulo y de donde se ha extraído con sumo agradecimiento una parte importante de los materiales.
6. Cfr. Arthur Schopenhauer. *Die Welt als Wille und Vorstellung*, II, § 25.
7. La Cultura (*Kultur*) se sitúa del lado del "mundo de lo mutable [*des Beweglichen*], de lo libre aunque no necesariamente universal, de aquello que no reclama ningún tipo de coacción por necesidad [*Zwangsgeltung*]". Jacob Burckhardt, "Weltgeschichtliche Betrachtungen." Historische Fragmente aus dem Nachlass, en Burckhardt, *Gesamtausgabe*, t. 7, *Von den drei Potenzen*, II (Basel, Schwabe, 1929–34), 20.
8. Burckhardt, "Weltgeschichtliche Betrachtungen," 20.
9. Burckhardt, "Weltgeschichtliche Betrachtungen," 62.
10. "Los conceptos filosóficos e históricos son en esencia de clase y origen diferentes: los primeros deben permanecer tan fijos y cerrados como sea posible, los segundos han de ser concebidos tan fluidos y abiertos como sea posible." Burckhardt, "Weltgeschichtliche Betrachtungen," 62.
11. Burckhardt, "Weltgeschichtliche Betrachtungen," 7.
12. Cfr. Karl Christ, "Jacob Burckhardts Weg zur 'Griechischen Kulturgeschichte,'" *Historia*, no. 49 (2000): 101–25.
13. Para un estudio detallado del clima político y cultural de Basilea en aquella época, se puede ver Gossman, *Basel in the Age of Burckhardt: A Study in Unseasonable Ideas.* También Max Burckhardt, "Politische, soziale und kirchliche Spannungen in Basel um 1870," en *Franz Overbecks unerledigte Anfragen an das Christentum*, ed. Rudolf Brändle y Ekkehard W. Stegemann (München: Kaiser, 1988), 47–66; Werner Kaegi, *Jacob Buckhardt. Eine Biographie … von Werner Kaegi …*, reed. 1973 (Basel: Schwabe, 1967), vol. 5, 501–22.
14. Cfr. Karl Schlechta, *Nietzsche-Chronik* (München: dtv, 1984), 28.

15. KGB I.2, nr. 568, 271.
16. KGB II.1, nr. 7, 15.
17. En el cap. 29 recuerda Wolf "*quam sero Graeci in posei didicerint* totum ponere"; es decir, lo tarde que aprendieron los griegos a *construir totalidades* en la poesía. Cfr. Friedrich August Wolf, *Prolegomena ad Homerum, sive, de operum Homericorum prisca et genuina forma variisque mutatuinibus et probabili ratione emendandi*, vol. I (Halle, 1795), cap. 29, nota 91.
18. Wolf, *Prolegomena ad Homerum*, cap. 29.
19. Wolf, *Prolegomena ad Homerum,* cap. 35 y cap. 50.
20. Wolf, *Prolegomena ad Homerum,* cap. 31.
21. Wolf, *Prolegomena ad Homerum,* cap. 30.
22. Wolf demuestra esto por ejemplo respecto a los seis últimos libros de la Ilíada. Cfr. Wolf, *Prolegomena ad Homerum*, cap. 31.
23. "Sólo buscaban lo que armonizara con el continuo movimiento y arte de la poesía épica." Wolf, *Prolegomena ad Homerum*, cap. 47.
24. Wolf, *Prolegomena ad Homerum,* cap. 47.
25. Wolf, *Prolegomena ad Homerum*, cap. 2.
26. Anthony Grafton, "Prolegomena to Friedich August Wolf," *Journal of the Warburg and Courtault Institutes*, no. 44 (1981): 124. Se puede ver también Rudolf Pfeiffer, *History of Classical Scholarship from 1300 to 1850* (Oxford: Clarendon Press, 1976), 174.
27. En un ensayo de 1788, el arqueólogo danés Georg Zoëga (1755–1809), estudiante de Heyne en Göttingen (como Wolf antes de que Heyne le expulsara de sus clases precisamente por la *cuestión homérica*), había ya propuesto que "Homero" era meramente una ficción simbólica que no refería a individuo alguno, al tiempo que los poemas eran mera compilaciones de composiciones anteriores. Este ensayo apareció por primera vez en Georg Zoega, *Georg Zoegas Abhandlungen*, ed. Friedrich Gottlieb Welcker (Göttingen: Dieterich Buchhandlung, 1817), 306–15. La respuesta de Heyne en una carta de 22 de Septiembre de 1790 como respuesta a Zoega respecto a esta cuestión se publicó en Friedrich Gottlieb Welcker, *Zoegas Leben* (Halle, 1913) [el original es de 1819], vol. 2, 33–34. No se sabe a ciencia cierta si Wolf conocía la hipótesis de Zoega en cuestión; para este asunto se puede ver Richard Emil Volkmann, *Geschichte und Kritik der wolfschen Prolegomena zu Homer. Ein Beitrag zur Geschichte der homerischen Frage von Richard Volkmann, Gymnasial-Director in Jauer* (Leipzig: B. G. Teubner, 1874), 47.
28. Wolf, *Prolegomena ad Homerum*, cap. 12, 71.
29. Cfr. BAW, 3, 341, donde Nietzsche alaba: "… la más reciente investigación, que no se calla nada, que aparta la corona de la cabeza de Homero y la arroja a los cuatro vientos, que inventó el solo título de *Aristoteles pseudepigraphus*."
30. En una carta de Wolf a Heyne de 1795 declara: "siempre ha sido mi deseo verme acompañado sólo por investigadores instruidos, serenos, por hombres … que conocen

la atracción de la duda la cual ningún *locus probans* consigue resolver." Wolf, *Prolegomena ad Homerum*, 234–35.

31. Cfr. frg. 57 [42], KGW I.4, 405.
32. En una carta a Rohde de 9 de Diciembre de 1868 (KGB I.2, 349) diría así Nietzsche: "Respecto a la última tuve la malheur de conseguir convencerme en un cierto punto bien importante: mi buen cantor Homero, a quien creía agarrarme con toda mis fuerzas, me desgarró una buena mañana como si fuera un fantasma; ahora vuelve a ser una criatura mítica que ha sufrido las más extrañas transformaciones."
33. En una carta de Schiller a Goethe, por ejemplo, afirma Schiller lo siguiente: "la idea de una composición rapsódica [*rhapsodische Aneinanderreihung*] y de un origen diferente [*verschiedener Ursprung*] son una barbaridad: pues la magnífica continuidad y reciprocidad del todo y de sus partes es una de sus bellezas más impresionantes." Carta de Schiller a Goethe de 27 de Abril de 1798.
34. Cfr. Rudolf Pfeiffer, *History of Classical Scholarship from 1300 to 1850* (Oxford: Clarendon Press, 1976), 217.
35. Immanuel Kant, *Kritik der reinen Vernunft*, B VIII.
36. La expresión *Altertumswissenschaft* viene de hecho de Wolf, cuando denominó a su *Vorlesung* de 1785—y 18 veces repetida—"Darstellung der Altertumswissenschaft nach Begriff, Umfang und Zweck," publicándola además como primer texto de su revista científica *Museum der Altertumswissenschaft*. Cfr. Friedrich August Wolf, *Kleine Schiften zur griechischen Literatur,* (Bonn: Weber, 1861), II, 808 y ss.
37. Wolf, *Prolegomena ad Homerum*, cap. 38.
38. *Homer und die klassische Philologie*, KGW II.1, 247–69; OC II, 219–31.
39. HkP, KGW II.1, 249–50; OC II, 220.
40. HkP, KGW II.1, 249; OC II, 220. Cfr. infra, cap. 1, § "La naturaleza de la filología desde el problema de la *Bildung*".
41. NF, Septiembre de 1868-Otoño de 1869, frg. 77 [4], KGW I.5, 378; OC I, 239.
42. HkP, KGW II.1, 253; OC II, 222.
43. HkP, KGW II.1, 254; OC II, 223.
44. HkP, KGW II.1, 254; OC II, 222–23.
45. HkP, KGW II.1, 268; OC II, 230.
46. HkP, KGW II.1, 255; OC II, 223.
47. HkP, KGW II.1, 256; OC II, 224.
48. HkP, KGW II.1, 257; OC II, 224.
49. Esta diferenciación conceptual que hace aquí Nietzsche requiere una mínima explicación. En alemán, la palabra *Überlieferung* es sinónimo de la palabra *Tradition*. Ahora bien, si ambas refieren a una herencia del pasado por el presente, *Tradition* es un sustantivo que connota específicamente los usos y costumbres heredados, mientras que el verbo *überliefern* y su sustantivo *Überlieferung* refiere a toda acción de transmitir esos usos y costumbres, así como también de modo más amplio objetos, poesías, leyendas, etc. *Überlieferung* significa así, en efecto, tradición transmitida, y *das*

überliefertes aquello que ha sido recibido, objetiva y positivamente, por el mero acto de la transmisión. Pero mientras que lo *überliefertes* refiere a todo lo transmitido por el hecho de ser transmitido, *Überlieferung* refiere al núcleo que determina por esencia que en el acto de *überliefern* se transmita una cosa u otra (es decir, lo que determina que lo *Überlieferte* sea una cosa o la otra). Distinguiendo entre *Überlieferung* y *das Überlieferte*, Nietzsche pretende poner de manifiesto la confusión que se origina en torno al acto de transmitir la poesía cuando se identifica lo que llega hasta nosotros con el núcleo por el cual llega lo que llega y no otra cosa. La creencia en la poesía popular ignora que existe ese núcleo (*Überlieferung*) anterior a lo que llega hasta nosotros (*das Überliefertes*).

50. HkP, KGW II.1, 261; OC II, 226–27.
51. HkP, KGW II.1, 262; OC II, 227.
52. HkP, KGW II.1, 263; OC II, 227.
53. En el fragmento 58 [40] de Otoño de 1867-Primavera de 1868, KGW I.4, 475, ya se leía:

"Meta de todo método científico: tender a la mayor objetividad posible.

1. *Conocimiento de la Tradición*

Excluida queda la subjetividad de los editores, y después la de los gramáticos revisores.

Se busca la forma arcaica por ser la más próxima a la Antigüedad (hipótesis auxiliar: los errores se multiplican progresivamente).

Es preciso un *apparatus criticus* para evaluar el parentesco de los códices. Siguiendo manipulaciones externas, lagunas, etc. (paleografía).

2. *Conocimiento de la corrupción*

a. corrupciones evidentes

b. deducibles por la ratio

ej., dato objetiva: simetría numérica.

subjetivo: cierta opinión acerca de la perfección estética del autor.

ej., una opinión general sobre la forma más corriente de corrupción.

3. Conocimiento del remedio

a. vía paleográfica

b. por analogías (uso de la lengua

c. por la lógica

d. por la observación cuantitativa se agotan las posibilidades.

La creciente *certeza* de que se llega a lo correcto.

de haber reconocido la causa correcta; casos análogos la gran mayoría

de haber encontrado la palabra correcta, que se inserta en tal gramática particular.

nuestra metodología debe de ser un horror para cualquier científico y, más aún, para el matemático, porque opera siempre mediante la combinación de ciertas posibilidades.

La subjetividad prevalece. Una cantidad de potencias inconscientes se ha ensañado con los textos.
Potencias conscientes deben reconstituirlo.
Ante todo, separación de las influencias.
El reconocimiento de una influencia precisa no prueba nada."

54. "Es el testimonio de un genio *ético*, lleno de la intrepidez más extrema ante la opinión pública: no se trata de un juicio estético, pues Homero y Hesíodo son sólo nombres para *contenidos*, no para diferencias formales". P I 14 B, Invierno de 1869—Primavera de 1870, KGW III.3, frg., 2 [18]. De ahí que escriba más adelante en el manuscrito que: "No sería sorprendente que un gramático hubiese inventado un encuentro entre Hesíodo y Homero." KGW III.3, frg. 2 [21].
55. HkP, KGW II.1, 264; OC II, 228.
56. Esta idea del "juicio estético" para el método filológico se encontrará más adelante en *Encyclopädie der klassischen Philologie*, § 8, KGW II.3, 374. También en un fragmento del manuscrito de Verano de 1871-Primavera de 1872 en el que Nietzsche se ocupa del "sufrimiento del individuo agonal" y por tanto también de Homero y Hesíodo, se puede leer: "7. El artista y el no artista. ¿Qué es un juicio artístico? Éste es el problema general. El poeta es posible sólo entre un público de poetas .... Un público lleno de imaginación. Esto es en cierto modo la materia formada por el poeta. El poetizar mismo no es más que un estímulo y una guía de la imaginación. El verdadero goce consiste en producir imágenes de la mano del poeta. Por consiguiente, poeta y crítico son una antítesis absurda—hay que hablar más bien de escultor y mármol, de *poeta y materia*. La decisión en el ἀγών no es otra cosa que la confesión siguiente: éste y este otro nos convierte más en poetas: le seguimos, y así creamos las imágenes más rápido. Por consiguiente [se trata de] un juicio artístico, conseguido a partir de un estímulo de la capacidad artística. No a partir de *conceptos*. 7. El mito continúa así viviendo, en tanto que el poeta *transfiere* su sueño. Todas las leyes del arte se refieren a una transposición. La estética tiene sólo sentido en cuanto ciencia natural; igual que lo apolíneo y lo dionisíaco." Cfr. NF Verano 1871-Primavera 1872, frg. 16 [6], KGW III.3, 421; FP I, 328–29 (trad. mod.).
57. NF Verano de 1871-Primavera de 1872, frg. 16 [8], KSA 7, 396; FP I, 329 (trad. mod.).
58. "Incluso si todo lo demás quedara explicado, esto plantearía la duda acerca de la forma entera de estos poemas, duda que no podría contestarse [*inexplicabilis dubitatio nasceretur de universa forma*]" Wolf, *Prolegomena ad Homerum,* cap. 31.
59. HkP, KGW II.1, 266; OC II, 229.
60. NF Verano de 1871-Primavera de 1872, frg. 16 [9], KSA 7, 396; FP I, 329. Es en ese sentido que en el fragmento directamente contiguo también se lee: "el cristianismo no es creativo en materia de mitos." Frg. 16 [10].
61. HkP, KGW II.1, 256; OC II, 224.
62. HkP, KGW II.1, 257; OC II, 230.

63. "¿Qué nombres se demuestran en la historia de la literatura como conceptos personificados?" NF frg. 52 [63] de Otoño de 1867-Primavera de 1868, KGW I.4, 275.
64. En su texto de 1872 *El certamen de Homero*: "me temo que no entendemos a estos griegos de una manera suficientemente griega; de hecho, habremos de echarnos a temblar cuando les entendamos a una manera griega." *Homers Wettkampf*, KSA 1, 784.
65. Müller por ejemplo decía respecto de los mitos que "es inconcebible pensar en el inventor de un mito" [Karl Ottfried Müller, *Prolegomena zu einer wissenschaftlichen Mythologie* (Göttingen, 1825), 111.] pues los mitos no se inventan por ninguna personalidad, sino que en tanto combinación de lo *Ideel* y lo *Reel* son los productos "necesarios e inconscientes" de todo un imaginario cultural. Eso excluye por reducción al absurdo la *posibilidad del engaño*: "ese componente ideal [*jenes Ideelle*], como pudiera venir a llamarse, no es más que poesía e invención disfrazada de forma narrativa; una invención de este tipo no puede ser idea de varios individuos al mismo tiempo de no ser por un milagro, pues requeriría una impresionante coincidencia de intenciones y de estilos y habilidades representacionales. Pongamos que ha sido obra de una sola persona: ¿cómo convenció esta sola persona a todo el mundo acerca de la realidad, de la naturaleza de los hechos, de su invención? ¿Habríamos de admitir que esta persona es un viejo zorro que sabe cómo convencer a los demás por medio del engaño y la ilusión, confabulando con semejantes que tendrían entonces que anunciar al resto de la nación que ellos mismos han sido testigos de aquello que aquel había inventado?" Müller, *Prolegomena zu einer wissenschaftlichen Mythologie*, 110. Sobre este tema en Müller, se puede ver Ludwig Preller, *Demeter und Persephone. Ein Cyclus mythologischer Untersuchungen* (Hamburg: Perthes-Besser & Mauke, 1837), 6–8.
66. Cfr. infra, cap. 1, § "Nietzsche y la filología: entre la crítica y la hermenéutica".
67. HkP, KGW II.1, 268. El original de Séneca (*Ad Lucilim epistolarum moralium, libri XX*, 108.23) dice: "Nos equivocamos en parte por culpa de los maestros que enseñan a discutir y no a vivir; en parte por culpa de los discípulos que se presentan a sus maestros con la intención de cultivar la inteligencia, no el alma; así la filosofía llega a ser filología (*philologia facta est quae philosophia est*)", expresando así que la búsqueda de la verdad se ha convertido en el estudio de meras palabras. En *Gramaticus futurus* (108.24) también Séneca se muestra preocupado por hacer una filología del futuro. Nietzsche repite, conscientemente o no, las mismas palabras que el académico humanista del renacimiento Justus Lipsius, quien en 1581 escribió "Yo fui el primero o el único en mi época en hacer que la ciencia de la literatura sirviese a la verdadera sabiduría. Yo transformé la filología en filosofía [*ego Philologia Philosophiam feci*].
68. James I. Porter, *Nietzsche and the Philology of the Future* (Stanford: Stanford University Press, 2000), 41.
69. Carta a Rohde de 15 de Febrero de 1870, KGB 2.1, nr. 58, 94.
70. Carta a Rohde de 29 de Marzo de 1871, KGB 2.1, nr. 130, 190.

71. “Ciencia, arte y filosofía crecen tan juntos ahora en mí que algún día voy a parir centauros”. Carta a Rohde de 15 de Febrero de 1870, KGB 2.1, nr. 58, 95.
72. En un epígrafe final añadido a la versión impresa en privado y que bien recuerda a las palabras del loco en *La gaya ciencia* describe Nietzsche: “Allí estaba yo en Basilea, sin dejarme intimidar/Aunque solo—¡ay de mí!/y grité en alto: ‘¡Homero, Homero!’/Y todo el mundo se lo tomó mal/Ellos van a la iglesia y vuelven luego a casa/Y se ríen del chillón.” Por otro lado, y en una carta de Nietzsche a Rohde de 30 de Abril de 1872, Nietzsche mencionaría el comentario, posiblemente de Ritschl, que suscitó el texto sobre Homero en su forma todavía no publicada: “un paso más como ése y acabará en la ruina.” KGB, II.1, nr. 212, 313.

3

"Nietzsche, la filología, la historia": La filología y el método crítico-genealógico

Historia abscondita.—Todo hombre de personalidad [*grosse Mensch*] tiene una fuerza retroactiva: toda Historia volverá gracias a él a situarse en la balanza, y miles de secretos del pasado saldrán de su madriguera ... en dirección al sol de dicha personalidad. No es posible concebir todo lo que será algún día Historia. ¡Puede que el pasado siga estando aún esencialmente por descubrir! ¡Hacen falta todavía tantas fuerzas retroactivas!

- Nietzsche, F., *Die Fröhliche Wissenschaft*, 1, § 34

Todas las orientaciones de la historia se han puesto a prueba en la Antigüedad. Únicamente resta aún la consideración crítica.

- Nietzsche, F., NF Primavera-Verano de 1875, frg. 5 [19]

Venimos viendo hasta aquí cómo la encrucijada a la que había llegado la filología desde sus comienzos como ciencia—pendiente por un lado de ciertos modelos ideales a imitar, pero deudora por el otro de un trato metodológico lo suficientemente científico como para no faltar a los materiales históricos remitiendo "al trabajo inmediato de las fuentes por medio de la crítica y la interpretación"[1]—lejos de resolverse devino más bien en una disolución estéril. El desarrollo del estado moderno técnico-burocrático y la especialización de las ciencias (*Vereinzelwissenschaftlichung*) a partir sobre todo de la división del trabajo capitalista (*Arbeitsteilung*) desplazaron finalmente a la *Alterthumswissenschaft* a una esquina recóndita de las academias donde, esto es cierto, podía seguir figurando como ciencia independiente y no como ciencia auxiliar, aunque desde un confinamiento donde ya poco podía aportar al proyecto educativo para la constitución de la nación. Incapaz de encontrar una solución a la encrucijada, ella misma prefirió convertirse en una ciencia histórica positiva. Como Nietzsche declaraba, los filólogos se convirtieron en "los auténticos enemigos y devastadores de la antigüedad y de los ideales antiguos":

> Si asumimos una actitud científica respecto a la Antigüedad, podemos tratar de comprender el pasado con los ojos del historiador, o rubricar las formas lingüísticas de las obras maestras de la Antigüedad a la manera del naturalista, comparándolas y, eventualmente, reduciéndolas a leyes morfológicas; en todos los casos perdemos la maravillosa fuerza formadora, así como el verdadero perfume de la atmósfera antigua, olvidamos esa nostálgica emoción que, como el más bello auriga, conduce nuestros sentidos y nuestros pensamientos hacia los griegos con la fuerza del instinto.[2]

Consciente de ese dilema en el que se agotaba la filología, Nietzsche se vio, como hemos constatado, en la necesidad de encontrar un compromiso de síntesis entre las dos posiciones mencionadas, más allá por un lado de la mera crítica textual pero guardándose también ante la tentación de sometimiento a un ideal clásico inamovible que pudiera resultar inalcanzable y que llevara a recaer, llegado el caso, en una posición historicista de mera progresión positiva factual. Si queremos encontrar una solución a dicho dilema y recuperar la filología para "el sueño de juventud de nuestra institución educativa",[3] esa nueva filología habrá de respirar de las dos posiciones aparentemente en contradicción, espirando hacia delante en una dirección donde la crítica "no sea meta en sí misma sino sólo un medio para la completa comprensión"[4] con el que "superar la antigüedad". Pues, advierte Nietzsche: "[m]ientras no lo hagáis, vuestra ciencia no será pura, sino impura y limitada."[5] Tal y como había anunciado en *Homero y la filología clásica*, esa nueva ciencia debe por tanto asumir la forma de una práctica filosófica escéptica, de un centauro histórico, estético, ético y pedagógico que avanza históricamente volcando su mirada sobre una *Überlieferung* dada o determinado sistema cultural de referencia.

*

Cuando en Junio de 1872 Wilamowitz reseñaba *El nacimiento de la tragedia* con aquellas tan duras palabras,[6] Ritschl recomendó a Nietzsche escribir "una respuesta estrictamente académica" a aquel escrito.[7] Más allá del panfleto *Afterphilologie* (pseudofilología) redactado por la pluma de Erwin Rohde,[8] esa respuesta por parte de Nietzsche nunca llegó. O mejor dicho, no llegó en la forma "estrictamente académica" que Ritschl esperaba: pues a partir de aquel momento, y hasta su abandono de la docencia en Basilea en 1879, Nietzsche se habría propuesto la tarea de explicitar *teóricamente* para la filología una posición original que ya había venido asumiendo en la práctica desde los estudios *Democritea*, una posición empero que no sólo acabaría hablando de la filología sino de problemas estructurales mucho más amplios que afectan a las ciencias históricas en general. Como producto de esa tarea tendríamos *Las Conferencias sobre el futuro de nuestras instituciones educativas* de 1872, retomando la idea del neohumanismo humboldtiano para la escuela; las críticas incluidas en la *Enciclopedia de la filología clásica* de 1871; y por supuesto y sobre todo las *Consideraciones intempestivas*, especialmente la segunda *De las ventajas y desventajas de la historia para la vida* y la cuarta *Nosotros los filólogos*. De esa segunda consideración (HL) se puede decir incluso que es en ella precisamente donde mejor se percibe en abstracto—es decir, en tanto que ciencia historiográfica—el conflicto de la filología consigo misma. Las diferentes formas de la historiografía que allí dibuja Nietzsche, si bien a veces pudieran parecer demasiado simplificadoras, no son invenciones vacías sino *tipos* categoriales, formas que "apuntan a los instintos y motivaciones del historiador".[9] En lo particular, y como se ha señalado acertadamente, estas formas "indican un debate significativo en la filología clásica, el cual Nietzsche conocía íntimamente"[10] y que finalmente "se convertiría en la más célebre discusión entre los filólogos modernos, y el intercambio entre Nietzsche y Wilamowitz remataría la conclusión de esa obra satírica".[11] Desde una perspectiva general, empero, todas esas disputas en las que a lo largo de todo el s. XIX se vio envuelta la filología consigo misma (Wolf, Hermann, Lachmann, Boeckh, etc.) se demuestran en realidad como una escaramuza más dentro de una guerra global por la ciencia y sus ventajas y perjuicios, y sobre cómo debía ser impartida a los alumnos. Siendo las batallas filológicas el campo que Nietzsche conocía en primera persona y desde el cual se había acercado a contemplar todo el panorama en estallido, la segunda de las *Consideraciones intempestivas* puede ser vista por tanto de manera implícita como una respuesta personal a los ataques de sus colegas filólogos, contraatacando allí donde más podía dolerles: en el corazón de las deficiencias de sus perspectivas históricas, que en degeneración desde el punto de encrucijada en que se encontraban desde Humboldt habían conducido a la disciplina a un callejón sin salida. Por otro lado, estos ataques personales a sus colegas filólogos desde posiciones generales es algo que puede observarse continuamente en los textos de Nietzsche a lo largo de todos los primeros años 70.[12]

1. El proyecto de la historia

En el punto sin salida en que se encuentra la filología se hace necesario estudiar por tanto el problema desde las estructuras generales de las ciencias historiográficas modernas. La influencia de Jacob Buckhardt alrededor de este proyecto es determinante. Tal y como luego mencionaría Nietzsche en *Nosotros los filólogos*:

> Toda Historia [*Alle Geschichte*] ha sido escrita hasta hoy desde el punto de vista del éxito y, por lo demás, bajo el presupuesto de que había una razón [*Vernunft*] en el éxito. También la Historia griega: aún no disponemos de ninguna. Pero así ocurre en general: ¿dónde están los historiadores que consideren las cosas sin estar dominadas por las patrañas habituales? Sólo veo a uno: Burckhardt.[13]

Como se ha mostrado en el capítulo anterior, desde su misma entrada en la universidad Nietzsche profesa hacia Burckhardt una cierta devoción, pues ve en él ciertas metas e inquietudes compartidas derivadas del contacto con la filosofía de Schopenhauer. No tardará pronto en surgir una amistad entre los dos. El proyecto culturalista de Burckhardt confirma al tiempo que ayuda a Nietzsche a definir una tercera vía por la que dirigir los estudios clásicos. Como señala hoy con precisión Enrico Müller:

> Su lección inaugural acerca de *Homero y la filología clásica* culmina en un concepto de filología que, en lugar de perfilar una singularización de las ciencias, reclama fundar la filología de manera filosófica. El comercio de Nietzsche con Burckhardt tiene importancia de cara a un giro casi simultáneo [en ambos autores] en dirección hacia una reflexión fundamental acerca del método de sus propios trabajos. La certeza de Burckhardt respecto a la ciencia historiográfica y el proyecto nietzscheano de una filología del futuro son directamente deudores de un concepto de Cultura estéticamente formulado, y se enfrentan en consecuencia contra las restricciones disciplinarias de una ciencia histórica o una filología entendidas como ciencias especializadas. La intensidad de la confrontación de Nietzsche con Burckhardt sólo puede entenderse a partir de este esfuerzo simultáneo por encontrar para cada disciplina respectiva una autocerteza metodológica.[14]

El asunto de la amistad entre Nietzsche y Burckhardt es un tema altamente controvertido y objeto de largas discusiones, pues la relación entre ambos está caracterizada por una clara asimetría, en la que Nietzsche demuestra desde el principio una actitud mucho más humilde y receptiva.[15] Esto podría deberse a que, para cuando Nietzsche entró a formar parte de la universidad, Burckhardt ya llevaba impartiendo clase en ella más de 20 años, y su posición académica ya consolidada (con varios estudios sobre el tema *Kultur* en su haber) así como la llama cada vez más tenue de la juventud, le contenían para cualquier ensayo de autocrítica. En cualquier caso, si bien Nietzsche no dejó nunca de enaltecer sus logros (en el *Crepúsculo de los ídolos* de 1889 seguiría diciendo de él ser el "mayor conocedor en vida de su Cultura"[16]) esa problemática relación entre alumno y maestro redundaría en último término en una confrontación posible con las carencias de las posiciones de Burckhardt respecto a la ciencia historiográfica. Es así, por ejemplo, que en aquella misma carta en la que hablaba de sus ideas como "extraídas directamente de nuestro círculo de pensamiento y de sensaciones"[17] subraya al mismo tiempo que "este señor tan altamente distinguido es propenso no a alterar la verdad, pero sí a silenciarla".

Si para la época de redacción de dicha carta no queda todavía dicho por Nietzsche aquello que Burckhardt estaba silenciando, para la época de la segunda *Consideración Intempestiva* ya resultará en cambio un hecho manifiesto. La Segunda Consideración Intempestiva de 1874, en ese sentido, puede hoy considerarse un añadido crítico a las lecciones de Burckhardt *Sobre el estudio de la Historia.*[18] Pues no es materia de casualidad que cuando Nietzsche le enviara la obra, Burckhardt contestara con una autojustificación.[19] Dicha segunda consideración lleva por nombre *De las ventajas y desventajas de la historia para la vida* (*Vom Nutzen und Nachtheil der Historie für das Leben,* HL).

Dividida en 10 párrafos, acompañada por el grueso de apuntes preparatorios de Verano a Otoño de 1873,[20] y con un estilo expositivo algo confuso e irregular[21], HL es una reflexión sobre la historia o ciencia historiográfica (*Historie*) y su relación con la Historia (*Geschichte*).[22] Se trata de una reflexión *intempestiva,* porque es "contraria al tiempo y, por esto mismo, sobre el tiempo y a favor, así lo espero, de un tiempo futuro".[23] E intempestiva también porque no está alineada con las corrientes académicas de su tiempo las cuales gustaban de auto-someterse a los dictados de utilidad del Estado y la religión, sino que se dirigía contra ellas desde una (al menos pretendida) posición independiente. Por eso que su punto de partida en todo ello sea la discusión compartida al respecto con Burkhardt. Sin embargo, en HL Nietzsche sobrepasa con creces las posiciones de Burckhardt respecto a la Historia y la ciencia historiográfica, pues donde Burkhardt veía en la *kulturgeschichtliche Betrachtung* una salida a las corrientes tempestivas, finalmente esa opción tal y como Burckhardt la plantea deviene también en mistificadora de sí misma y legitimadora de su objeto Historia (*Geschichte*). Un paso por delante de él, Nietzsche va a ensayar en cambio un modelo crítico por el cual el pensamiento filosófico y la propia consideración histórica son también objetos de su propia historicidad. En ese sentido, Nietzsche se mueve más allá del escolasticismo académico de la época (posición pseudo-idealista y estetizante de Burckhardt incluida). Pues Nietzsche, junto con otros autores clásicos como Marx, es uno de los primeros promotores de la historicidad del saber;[24] hasta el punto de que en el siglo XX, y en paralelo al *Historia y Conciencia de Clase* de G. Lukács,[25] Heidegger seguirá recordando que "la posibilidad de que el saber historiográfico (*Historie*) pueda ser una utilidad o un inconveniente para la vida se basa en el hecho de que la vida es histórica en las raíces mismas de su ser y que, por tanto, en cuanto efectivamente existente, se ha decidido ya siempre o por la historicidad (*Geschichtlichkeit*) auténtica o por la inauténtica."[26] HL es una discusión acerca del espacio de esta decisión. Tal y como reconoce Nietzsche en el prólogo con el que abre la consideración:

> Es cierto que necesitamos la historia [*Historie*], pero la necesitamos de otra manera que el ocioso paseante en el jardín del saber, aunque con aire de superioridad mire con desdén nuestras necesidades y apremios toscos y torpes. Esto significa que la necesitamos para vivir y para actuar, no para apartarnos cómodamente de la vida y de la acción, ni para adornar una vida egoísta y una acción cobarde y mala. Queremos servir a la historia [*Historie*] sólo en la medida en que ella sirve a la vida: pero hay un grado de practicar la historia y una valoración de la misma en que la vida se atrofia y degenera: un fenómeno cuya comprobación en los extraños síntomas de nuestro tiempo es ahora tan necesaria como acaso dolorosa.[27]

Como el resto de las *Consideraciones intempestivas*, HL se enmarca por tanto dentro del proyecto nietzscheano de reforma de la *Bildung* y la *Kultur* explicitado por ejemplo en las conferencias *Sobre el futuro de nuestras instituciones educativas* impartidas un año antes de su publicación. HL es, en última instancia, "una *protesta contra la educación historiográfica de la juventud del ser humano moderno*",[28] protesta que define lo que Nietzsche denomina "la misión de la juventud" y que renueva la ciencia como "dietética [*Gesundheitslehre*] de la vida" en una modernidad "aquejada … por la enfermedad de la historiografía".[29] Se trata de "minar los conceptos de este presente acerca de la 'salud' y la 'formación' y hundir en la burla y el aborrecimiento a tan híbridos monstruos conceptuales".[30] Un proceso tras el cual los jóvenes ciertamente "sabrán menos [*unwissender sein*] que los individuos 'formados' del presente", pero sólo para dejar con ello atrás su condición de agregados antropomórficos y reaparecer por fin como *seres humanos* saludables[31]. Como dice Nietzsche en sus apuntes:

> La historia que no nos hace, directa o indirectamente, mejores hombres o mejores ciudadanos, es sólo, según una expresión usada por Bolingbroke en sus famosas cartas *on study and use of history, "a specious and ingenuos sort of idleness"* [una ingeniosa y engañosa forma de matar el tiempo].[32]

HL es una observación de las condiciones historiográficas en qué vivimos, una *propedéutica* para el estudio de las ciencias históricas—que a excepción de la matemática, la medicina y las ciencias naturales son prácticamente todas, filología clásica incluida[33]—y su aplicación en la renovación de la *Kultur* y de la vida.

2. De los modos de la historia

En un fragmento del apunte 29 [87] de Verano-Otoño de 1873, escribía Nietzsche lo siguiente:

> [S]egún una época reconozca su propia miseria, más o menos oscuro se mostrará el pasado. Y los hombres felices, es decir, los que se sienten a gusto, verán todo lo pasado bajo una luz radiante, sin embargo verán el presente bajo una luz mucho más radiante. Pero en general, *el impulso de mirar hacia atrás será tanto más fuerte cuanto más grandes sean las carencias del presente*: para las épocas alegres y activas la historia es poco necesaria, y para las acomodadas incluso un lujo.[34]

Una breve intuición, pero que encierra una idea penetrante y sugerente: los hombres felices no necesitan mirar al pasado, porque ya son plenos en su presente; pero cuando lo miran, lo miran alegremente, sin sentirse avergonzados, de manera positiva porque se sienten agradecidos hacia él por haber llegado a ser lo que ahora son. En épocas de miseria, en cambio, el pasado tiende a ser un recurso continuo, porque sólo considerando ese pasado de manera negativa puede volverse el presente algo soportable.

La reflexión, sin embargo, no finaliza ahí. Pues Nietzsche añade, de modo casi inesperado, la siguiente afirmación: "entre nosotros el impulso histórico es extraordinariamente fuerte, como nunca lo ha sido, y *a pesar de ello* la convicción de la felicidad del presente es igualmente fuerte."[35] En la actualidad, vivimos efectivamente en un exceso de historicismo ("sufrimos de una fiebre de consunción historicista y … todos deberíamos reconocerlo"[36]) por el que nos encaprichamos con la historia objetiva—la Filología Clásica dando su mejor ejemplo. Y a pesar de esto, allí donde pudiera esperarse una decepción *de facto* con el presente vivimos en cambio auto-complacidos con sus miserias. ¿Se trata de una contradicción?

Tan sólo a primera vista, y sólo si obviamos la manera en que hoy entramos en trato con ese pasado, a saber: la Historia (*Geschichte*) es "vista como un lujo", y la historia objetiva (*objektive Geschichtsschreibung*) como un impulso hacia ese lujo (*luxuriienden Triebe*).

> Piénsese en la meta de Livio, en Tácito, en Maquiavelo—huida del presente y consolación—a menudo es suficiente considerar que alguna vez fue *de otra manera*, o que a veces era *precisamente así* o que a menudo era *mejor*.

> Nuestra época, por el contrario, se encapricha con la historiografía *objetiva* [objektive *Geschichtsschreibung*], es decir con la Historia [*Geschichte*] vista como un lujo, y traiciona la mayor autosatisfacción de todas.[37]

Como un burgués cualquiera coleccionando antigüedades para exponerlas en exclusiva en su vitrina, así también la modernidad comercia con su entero pasado: como objeto de cambio sin otro valor que aquel que las galerías de las universidades y los foros públicos de nuestro tiempo determinan como "objetivo", pero que en definitiva no transciende el de ser objeto de exposición como fuente de material para la infinita *Schriftstellerei* y erudición vacía que nada aportan para la vida. La razón de por qué, a pesar de toda esa preocupación por el pasado, el sentimiento de miseria (*Nothgefühl*) se ha vuelto al cambio tan débil, eso tiene que ver aquí, en palabras de Nietzsche, con la "personalidad débil" (*schwachen Persönlichkeit*) en que nos hemos convertido, y desde la que exigimos en caída cual disciplinados consumidores transmutar y asimilar en mera mercadería la posibilidad de conciencia que podría suponer el pasado. Un consumo que a la sazón nos vuelve luego incluso "*más débiles*", y más autosatisfechos con nuestro presente:

> Aristóteles dice: "Hay dos cosas que suscitan sobre todo en los hombres cuidados esmerados y afectuosos: la posesión exclusiva y la rareza de la cosa poseída, que la convierte en cara para su propietario." El hombre anticuario se preocupa así del pasado, porque éste es absolutamente individual y único—prescindiendo de que en sí mismo sea insignificante o valioso—, se siente como dueño de esta pequeña propiedad, en lo que aventaja a todos los hombres. El más pequeño conocimiento, tan pronto como es propiedad de alguien, hace a su descubridor completamente feliz, por ejemplo, una corrección en un libro impreso o en un manuscrito.[38]

Sin consciencia alguna del valor real de su propio pasado, la excepción moderna "fetichiza" un supuesto (por inexistente) valor "objetivo" para el pasado, valor éste que desplaza y oculta su verdadero valor vital, así como la miseria (*Noth*) real. En un análisis muy propio de *crítica ideológica* del materialismo posthegeliano,[39] la lógica congénita a la modernidad es así también para Nietzsche una *fenomenología del espíritu invertida* por la que la consciencia tiende gradualmente más a hundirse en la inconsciencia ("la personalidad débil") que en la auto-consciencia. De ahí el apremio de Nietzsche concluyendo el fragmento 29 [87]: "hay que tomar conciencia de las carencias y con ello establecer una relación entre la Historia (*Geschichte*) y la miseria del presente."[40] La tarea principal propuesta para HL, en conclusión, no puede ser otra que el estudio de los diferentes modos posibles en que se ofrece y se objetiva dicha relación.

2.1. La historia anticuaria

El ser humano necesita ciertamente de lo que Nietzsche denomina "sentido histórico" (*historischer Sinn*), pues precisa de un Horizonte (*Horizont*) más o menos limitado que interprete lo existente y decida lo que es útil o nocivo para su desarrollo.[41] Como luego seguirá manteniendo en *Humano, demasiado humano*: "la auto-observación [*Selbstbeobachtung*] inmediata no basta para conocerse a uno mismo: necesitamos Historia [*Geschichte*], pues el pasado avanza hasta nosotros en forma de cientos de olas."[42] Necesitamos definitivamente de pasado histórico, ya que para bien o para mal no se puede vivir en la mera felicidad encontrada de un sentido a-histórico puro (*un-historisch*)—el continuo olvido del animal que "se funde en el presente como un número", por ejemplo; o la mirada del niño "que no tiene aún nada pasado que negar".[43] Necesitamos en todo momento de un sistema de referencia sobre el que definir nuestra propia individualidad.[44]

Pero ese sistema de referencia no nos viene dado de antemano, sino que lo vamos construyendo en la relación entre nuestros impulsos vitales y los hechos del pasado. Este constructo es lo que se conoce como modo historiográfico (*Historie*). La moderna "fiebre historicista"[45] de la que Nietzsche habla en el prólogo de HL tiene que ver, sin ir más lejos, con la manera en la que hoy nos relacionamos con la Historia (*Geschichte*). Esta relación es una especie de *a priori*, pero no como estructura única y universal sino como forma de organización sometida a la variabilidad de los intereses de la vida:

> Que la vida necesita del servicio de la historia [*Historie*], esto ha de quedar tan claro como el principio … de que un exceso [*Übermass*] de historia perjudica lo vivo.[46]

El título de esta segunda Intempestiva ("De las ventajas y desventajas de la historia para la vida") declara ya desde el principio el sentido pragmático que Nietzsche otorga a la ciencia en general, sentido que luego quedará ilustrado de manera cada vez más sólida en su obra posterior en la forma de una gaya ciencia. Para el Nietzsche de HL, la ciencia historiográfica ha de estar *al servicio de la vida,* y en consecuencia, un análisis de esta ciencia se tornará una evaluación de lo útiles o perjudiciales que resultan sus *modi* bajo el prisma diagnóstico de la salud (*Gesundheit*) y la enfermedad (*Krankheit*). "Vida" (*Leben*) entendida no como una mera configuración orgánica del ente biológico, sino como una forma de *autodesarrollo*, de *querer* llegar a más (*Steigerung*), de *autoreferencialidad práctica* materializada en el gran individuo (el genio) que "justifica la existencia de manera estética". Su paradigma es la forma ejemplar del "individuo superior". Nietzsche irá consolidando esta idea desde sus conferencias de juventud[47] hasta alcanzar en su obra de madurez la forma definitiva de una teoría de la Voluntad de poder (*Wille zur Macht*). Mientras tanto, ésta vendrá siendo la medida por la cual han de ser evaluadas las utilidades y desventajas de la historia.[48]

La historia al servicio de la vida. La influencia de Schiller en esta idea es determinante.[49] El sentido histórico, sin embargo: "cuando opera sin freno y saca todas sus consecuencias, desarraiga el futuro, por cuanto destruye las ilusiones y despoja las cosas existentes de su única atmósfera en la que pueden vivir. La justicia histórica [*historische Gerechtigkeit*], incluso cuando es practicada realmente y en pura sensatez, es por ello una virtud terrible porque siempre socava y arruina lo vivo: su juzgar es siempre un aniquilar. Si detrás del impulso histórico [*historischen Triebe*] no obra un impulso constructivo ... el instinto creador se debilita y se desanima."[50]

Es el caso particular de la *forma* anticuaria (*antiquarisch*), muchos de cuyos rasgos ya han quedado insinuados más arriba al hilo de una "historiografía objetiva". La "historia anticuaria" venera el pasado como un objeto de vivisección, abriéndolo, desmembrándolo, y conservándolo luego en formol para coleccionarlo[51]. Para dicha forma, "todo lo que ha sido es interesante, racional",[52] pero a cambio es muy poco lo que ella percibe, pues adolece de juicio[53] y "considera todo igualmente importante" sin establecer para las cosas del pasado "diferencias de valor ni proporciones que las establezcan verdaderamente en su justo valor unas con respecto a otras".[54] Su "tendencia analítica y no-artística"[55] tiene un efecto fetichizante y mistificador ("poder santificador de la personalidad"[56]), según el cual los hechos pasados "se justifican por la antigüedad y ofuscan toda valoración de los valores",[57] i.e. anulan el juicio valorativo. El "ciego afán de coleccionar" propio del sentido anticuario "momifica la vida", pues la falta de entusiasmo para con las raíces acaba por secar el árbol. Es políticamente conservadora. Sólo sabe preservar lo que ya es, no generar nada nuevo, cosa que se demuestra en que siempre subestima lo que viene y paraliza la fuerza de acción histórica.[58] Por eso que la fiebre historicista "va acompañada por la grandísima vanidad del momento presente".[59] Como apunta en el frg. 29 [183]:

> Los anticuarios dicen: "lo grande es en el fondo lo ordinario y lo común", también ellos luchan contra el devenir de lo grande (empequeñeciéndolo todo, denigrándolo, mediante la microbiología).[60]

Si todo lo que acontece se considera interesante y digno de estudio, la historia se relativiza y su estudio se convertirá no más que en un "rumiar". De ahí que "pronto faltará el criterio y el sentimiento para todo lo que se debe hacer",[61] quedándonos indiferentes ante lo esencial.[62] Como luego diría en los apuntes para la nunca finalizada cuarta consideración intempestiva *Nosotros los filólogos*: "cuando uno se limita a comprender, sin querer tomar parte activa" surge "el peligro de que el saber se vengue de nosotros."[63] En último término, el historicismo anticuario radicaliza la relación sistemática entre epistemología y nihilismo.[64]

2.2. La historia monumental

En la *Enciclopedia de la filología clásica* Nietzsche subrayaba que "[e]s importante saber, en efecto, si lo que [el individuo] lee se transforma en carne y sangre suyas."[65] Esa asimilación es uno de los requisitos para la auténtica *Bildung*.

Sin embargo, no todas las épocas están preparadas para el mismo grado de asimilación. Como advierte por ejemplo en el fragmento 29 [31]:

> Toda época necesita tanta historia [*Historie*] como la que se puede transformar, mediante la digestión, en carne y en sangre; de tal manera que la época más fuerte y más violenta soportará más Historia [*Geschichte*] que todas las demás. Pero ¿qué pasa si las épocas débiles se colman de ella a reventar? ¡Qué difícil digestión, qué cansancio y qué falta de vigor![66]

Vivimos sin duda en una época débil que reúne rigurosamente las causas, construye a partir de ellas el hecho, pero luego no consigue más que darle muerte (*mortificiren*)[67]. En una situación tan delicada, por tanto, "es necesario refrenar el sentido histórico ilimitado"[68], pues corremos riesgo de indigestión. De acuerdo con Nietzsche, esa retención se hace posible invocando—no sin cierta precaución—el poder ahistórico del *olvido*. La fuerza ahistórica o antihistórica, como hemos apuntado más arriba, no se puede asumir sin más en su forma pura, porque somos seres con memoria y necesitados de pasado. Pero, cuando el sentido histórico se expande al extremo de la fiebre historicista, esta forma ahistórica puede funcionar como correctivo de selección, reordenando las capacidades para una nueva valoración de lo acontecido. El olvido es en ese sentido una fuerza negativa, destructiva en cierto modo, que nos despeja el camino a través de lo heredado.

La precaución recién aludida refiere, por otro lado, al peligro de recaer en la desolación. Esto invoca la necesidad añadida de una fuerza en positivo que nos estimule hacia delante para engrandecer el pasado en dirección a un futuro mejor.[69] Es ahí donde entra a actuar lo suprahistórico (*das Überhistorisches*) como una forma de trascender lo dado para generar algo nuevo y más beneficioso:

> Bueno, no le extrañe al lector, sus nombres son nombres de venenos: los antídotos contra lo histórico se llaman ... lo ahistórico y lo suprahistórico ....
>
> Con el término "lo ahistórico" designo el arte y la fuerza de poder olvidar y encerrarse dentro de un horizonte limitado; llamo "suprahistóricas" a las potencias que desvían la mirada del devenir y la dirigen hacia aquello que confiere a la existencia el carácter de lo eterno e inalterable, hacia el arte y la religión[70]. La ciencia—que es la que hablaría de venenos—ve en esa fuerza y esas potencias, fuerzas y potencias enemigas, pues sólo considera verdadera y justa, es decir, científica, la consideración de las cosas que ve en todas partes algo devenido, algo histórico, y en parte alguna un ente, un algo eterno; vive en íntima contradicción con las potencias eternizantes del arte y de la religión, del mismo modo que odia el olvido, la muerte del saber, y trata de anular todo lo que limita el horizonte y proyecta al ser humano en un mar infinitamente ilimitado, de ondas de luz del devenir conocido.[71]

Insistimos por tanto formalmente en esta cuestión: dichas medicinas de lo *ahistórico* y lo *suprahistórico*, cuando se administran equivocadamente, se pueden tornar en sí mismas venenos.[72] Un completo *ahistoricismo*, por ejemplo, rompería los vínculos con nuestra propia temporalidad (*Zeitlichkeit*), lo que nos convertiría en meros animales abandonados en el desierto de lo real: pues "el ser humano sólo llega a ser humano en la medida en que, pensando, meditando, comparando, separando y uniendo, restringe ese elemento ahistórico, llega a ser humano sólo como consecuencia de producirse dentro de aquel vaho envolvente un claro y radiante destello, es decir, sólo en virtud de la fuerza de usar lo pasado para la vida y hacer nueva Historia (*Geschichte*) sobre la base de lo acontecido."[73] Del otro lado, un *exceso de suprahistoricismo* configura un nuevo modo de la historia que Nietzsche denomina *forma monumental*. Si el valor de lo suprahistórico reside en la posibilidad de proporcionar ejemplos de un valor eterno,[74] precisamente ahí reside también su peligro: pues esos ejemplos no tienen por qué ser necesariamente agentes de beneficio vital, sino que también pueden incurrir en perjuicio y deterioro. Si el impulso anticuario "se esfuerza en captar el pasado como pasado y en no deformarlo ni idealizarlo"[75], el impulso hacia lo clásico y lo ejemplar que subyace bajo la forma monumental se apropia de él para crear algo futuro, sí, pero con el riesgo de deformarlo en exceso e idealizarlo forzando y sometiendo la vida real a un ideal que no le beneficia en absoluto. Algo no muy alejado de lo que, para el caso de la filología clásica, Nietzsche denunciaba de las corrientes clasicistas.

> Mientras el alma de la historiografía [*Geschichtsschreibung*] esté en los grandes *incentivos* que extrae de ella alguien poderoso, mientras el pasado tenga que ser descrito como algo digno de imitación [*nachahmungswürdig*], como algo susceptible de imitación [*nachahmbar*] y repetición, ella misma se halla desde luego expuesta al peligro de ser ligeramente desviada, embellecida y así aproximada a la libre composición: incluso se dan épocas que no saben discernir entre un pasado monumental y una ficción mítica. De modo que cuando la consideración monumental de lo pasado *impera* sobre los otros modos de consideración … sale *perjudicado* el pasado mismo: grandes partes de él se olvidan, se desprecian, siendo como una ininterrumpida corriente gris donde sólo *facta* aislados, embellecidos, se destacan cual islotes: en las contadas personas que en general se hacen perceptibles llama la atención algo innatural y prodigioso, dijérase la cadera de oro que los discípulos de Pitágoras creyeron notarle a su maestro. La historia monumental engaña mediante analogías.[76]

Un peligro colateral por tanto de lo monumental es el hecho de que, al ser un compuesto artístico de elementos pertenecientes a todas las épocas "debilita y confunde el instinto investigador".[77] Pues prescinde de las causas buscando el "efecto en sí", i.e. "lo que produce un efecto en todas las épocas"[78], pero que en el fondo no es sino lo "universalmente humano como quimera".[79] Igual que la forma anticuaria, la forma monumental también *parte de* y *produce* una *ilusión mistificadora*, que legitima en realidad lo que ya existe y se desliga de lo que deviene:

> Con ello surge del código monumental una obligación y un canon para los artistas contemporáneos, con el que se combate contra lo que surge y se desarrolla: lo grande no tiene que devenir, tan sólo tiene que existir.[80]

*

Las dos escuelas históricas, la anticuaria y la monumental, paralizan en conclusión la fuerza de acción e impiden *verdadera* grandeza histórica, la una con el *primado de lo ordinario*, la otra con la *teología de lo monumental.* Son ciencias *esotéricas*, como dice Nietzsche citando a Goethe,[81] que no conducen a otra cosa más que a ellas mismas. Esta postura recuerda sin duda la crítica materialista de K. Marx a la ciencia escolástica en las *Tesis sobre Feuerbach*, donde la verdad no era para Marx una cuestión objetiva sino una cuestión de actividad, es decir una cuestión práctica en una dialéctica de intercambios entre la teoría pura (lo esotérico en Nietzsche) y la necesidad histórica práctica (lo exotérico).[82] A este respecto, Nietzsche advierte en el Verano-Otoño de 1873 que en el fondo todos los peligros de ambos modos, del modo anticuario y del modo monumental, "se reúnen en la objetividad"[83], la cual produce el peligroso contraste entre interioridad y exterioridad que define la modernidad.[84] Dicha disociación quedará sólo revocada en virtud de la dinámica de crecimiento del *impulso estético de creación*:

> La "objetividad del historiador" es un absurdo. Se cree que eso significa que un acontecimiento es contemplado de una manera tan pura en todos sus motivos y consecuencias, que ya no produce ningún efecto, es decir, que permanece como un proceso intelectual puro, "una contemplación desinteresada", un fenómeno estético, la ausencia de todo movimiento de la voluntad. Con la palabra "objetivo", por lo tanto, se entiende una condición *del* historiador, la contemplación artística; pero es una superstición creer que la imagen que las cosas muestran a un hombre así dispuesto revele la verdadera esencia de las cosas. ¿O se piensa que en ese estado las cosas se fotografían formalmente, o se piensa que se trata de un estado puramente pasivo?[85]

La objetividad del historiador comporta una ilusión, porque implica considerar el acontecimiento histórico en todos sus motivos y consecuencias "de un modo tan puro que no tiene ningún efecto sobre él en cuanto sujeto", como el "*passivum* puro" de una fotografía.[86] Un esteticismo de esa índole "sería mitología, y mala mitología", pues al olvidar que el momento histórico real tiene un efecto sobre el sujeto creador particular ("precisamente el momento generador más potente y autónomo en la interioridad del artista") anulamos también la fuerza creadora del individuo histórico real sobre el momento histórico particular. La historia monumental cree en los "hombres de acción", cree por tanto en la reducción del campo histórico a "grandes personalidades que "hagan" la Historia. Pero esto no significa en el fondo sino la creencia, presente en la forma anticuaria tanto como en la monumental, de que la Historia es una cadena de acontecimientos, un proceso conforme a un plan, un decurso teleológicamente predecible ("porque hay Historia universal [*Weltgeschichte*], también debe haber un fin en el proceso del mundo"[87]) constituido por hechos fácticos consecutivos "objetivamente" relacionados—bien eficientemente (anticuaria) bien finalistamente (monumental)—pero acontecimientos todos ellos, al fin y al cabo, independientes al individuo creador particular. Así considerado, el proyecto de la historia pierde su punto de contacto con el hecho histórico y el individuo que lo disfruta o lo padece, y se disuelve toda posibilidad de regeneración: la historia se convierte entonces en "teología encubierta",[88] en un "fetichismo del hecho consumado"[89] que legitima lo dado. Resuena en estos conceptos la crítica de Feuerbach a Hegel, pues en definitiva es la sombra de Hegel y su espíritu del mundo la que planea sobre esta particular concepción de la Historia como proceso.[90] Ni siquiera pensadores como Eduard von Hartmann pese a su antipatía contra la misma idea de *Weltprozess* consiguen escapar de su influencia y de la tentación de un νοῦς ordenador, pues con su "sabiduría absoluta", su Juicio Final y su redención (categorías propias todas ellas de una "*caricatura del cristianismo*") acaban postulando una "edad viril" como τέλος final en el que "abandonarse al proceso del mundo",[91] allí donde la ausencia de ilusiones presuponga un desarrollo superior de las fuerzas moral e intelectuales.[92]

"La meta de la humanidad", propone Nietzsche en conclusión, "no puede estar en el fin, sino en los ejemplares más altos", es decir en el "individuo superior".[93] Lo que aquellos agentes de la historiografía llamaban "objetividad", esto es el medir las opiniones del pasado con las opiniones del momento las cuales determinan en última instancia el canon de toda verdad, no es por tanto en realidad sino una forma de "tendenciosidad"[94], y eso ya es en sí mismo algo necesariamente "subjetivo".[95] Otra cosa muy distinta es que no quieran reconocerlo.

2.3. La historia crítica

Detrás de la crítica al modo monumentalista de la historia se ubica de manera transversal una crítica a Burckhardt y a su creencia en la posibilidad de una forma de historia estetizante al tiempo que objetiva. Nietzsche, un paso ahora por delante de Burckhardt, ve con toda claridad cómo para el monumentalismo "el cuadro es artísticamente verdadero, pero ciertamente todavía no es históricamente verdadero"; ya que "no se trata aquí de los hechos, sino de su tejido y nexo que en este caso son añadidos poéticamente y que por casualidad pueden ser verdaderos".[96] Profesar lo contrario "sería mitología, y mala mitología", en la creencia de que

> los grandes momentos en la lucha de los individuos forman una cadena, que en ellos perdura a través de los milenios un plano estelar de la humanidad, que lo

supremo de tal momento, caducado hace ya mucho tiempo, continúa siendo para mí algo vivo, claro y grande; he aquí la idea subyacente en la fe de la humanidad.[97]

Hay en efecto en estas palabras una referencia inequívoca a la reducción burckhardtiana del campo histórico a las grandes personalidades de acción (*machende*).[98] O en su defecto, a la sucesión de personalidades de este tipo en la "fe en la afinidad y continuidad de lo grande de todas las épocas".[99] Para Burckhardt, "la grandeza es lo que *nosotros no* somos".[100] Pero cuando se dan momentos "que no saben discernir entre un pasado monumental y una ficción mítica",[101] se corre el peligro del fanatismo.[102] Como ha advertido Enrico Müller, ese fuerte "deseo por los grandes hombres [*Begehr nach grossen Männern*]"[103] hace que Burckhardt pierda la perspectiva en torno a los problemas que suscita una categoría como la de la "grandeza histórica [*historische Grösse*]"[104], empujándole inexorablemente al postulado de un proceso ajeno a los agentes reales. La posición que toma la ciencia historiográfica a este respecto no es una posición activa, sino "contemplativa [*beschauend*]".[105] Y con ello, en definitiva, idealista y apologética de lo dado.[106]

Surge de ahí por tanto la necesidad de encontrar un tercer modo de la historia que trabaje con el mismo rigor científico que el modo anticuario y que conserve el mismo impulso vital del modo monumental, pero sin sus respectivos excesos. Un modo, pese a todo, que no sea un agregado de los otros dos modos en uno, sino *una nueva unidad metodológica*.[107] Si como dice Nietzsche en el fragmento 29 [38] "[a]l historiador moderno le falta el fundamento: es arbitrario en lo monumental, mortal en lo anticuario y no enraizado en una cultura", ese nuevo modo habrá de presentarse justo como la forma reparada de esa historia, es decir, como vital en lo anticuario, consciente riguroso y específico en lo monumental, y fundamentalmente enraizado en un modelo de Cultura.[108] Es lo que Nietzsche denomina la "historia crítica".

Como su propio nombre indica, este tercer modo sigue un proceder *crítico*. Para empezar, crítico respecto a los otros dos modos de la historia. Pero, fundamentalmente, crítico en el mismo sentido que ya habíamos visto para el asunto de *Homero y la filología clásica*, a saber, como evaluación (κρίσις) de lo auténtico frente a lo que no lo es. El objeto de evaluación, evidentemente, es el hecho pasado, y su criterio de autenticidad tiene que ver con las formas y condiciones de sentir la vida. Conjugando una parte del respeto anticuario a la verdad con el impulso monumentalista de crear, pero siempre guiado por su deseo de "librarse de la miseria".[109] Eso sí, no será aquí ya la justicia la que juzga, sino exclusivamente la vida.[110] Pues sólo desde ella superaremos las limitaciones a "apariencia docta" a la que queda restringido el filosofar moderno "por el régimen político y policial, por los gobiernos, las iglesias, las academias, las costumbres y cobardías de los seres humanos"[111], y que reducen el pensamiento al "ojalá" monumentalista o al "érase una vez" anticuario—en otras palabras, que *debilitan la personalidad.* Estos conceptos de fuerza o debilidad de la personalidad tienen que ver en Nietzsche con la respectiva manera en que la conciencia histórica está en situación de valorar *críticamente* su propio pasado disolviendo la ilusión fetichista de la "objetividad" que desplazaba y ocultaba la consciencia de la miseria del presente, así como la potencialidad para la vida que habita en el hecho pasado: sólo las personalidades fuertes sobrevivirán al embate de la historia ("*la historia es soportada por las personalidades fuertes, a la débiles las borra por completo*"[112]). La actividad crítica ha de ejercer dominio sobre sí misma, pues de lo contrario deviene aquello que los romanos llamaban *impotentia.* Uno ha de creer en sí mismo y en sus posibilidades creativas para la vida, y dejar de canonizar a la Historia como última respuesta a nuestro deber ser y sentir.

> Para nosotros sólo tiene validez la medida estética [*ästhetische Massstab*]: Lo *Grande* [das Grosse] tiene derecho a la historia [*Historie*], pero no a una icónica, sino a una *pintura de la Historia* [Geschichtsmalerei] *productiva y estimulante.* Dejaremos *en paz las tumbas*, pero apoderémonos de lo eternamente vivo.[113]

3. El modo crítico y la genealogía

Este modo crítico de tratar con la historia es el modo que Nietzsche adopta. Y aunque HL fue concebida en la segunda mitad del año 1873, su diseño se deja ver ya desde finales de 1867, por ejemplo cuando en el fragmento 3 del cuaderno 56 de los apuntes de Otoño de 1867-Primavera de 1868 hablaba Nietzsche de la ciencia como portadora de un elemento de muerte y del hecho histórico como teniendo "algo de paralizante, de meduseo"—algo empero que desaparece sólo a los ojos del poeta pues "de los hechos históricos debemos construir estatuas". O en el fragmento 56 [4], donde observaba el joven Nietzsche tres modos de considerar las cosas: el científico, el que mira a la voluntad, y el del artista, hablando del historiador "orgánico" como poeta.[114] En el fragmento 58 [52] hablaba de la lingüística comparada con su perspectiva filosófica como el más bello triunfo por el que alcanzar algo universalmente humano;[115] y en el fragmento 58 [53], cuando se refería al triste y ridículo espectáculo de la filología, admitía que

> [s]iempre es difícil reconocer lo que nos une a cualquier costumbre heredada. Para llegar a valorar la Antigüedad y sus consecuencias realizamos demasiados preparativos, estudiamos demasiado, y pensamos demasiado poco. Todo lo que por lo demás se ofrece cuando estudiamos la Antigüedad es en realidad cosa inútil. No por el simple hecho de que una cosa haya acontecido se tiene ya la obligación de investigarla, sino porque aquel pasado era mejor que el presente, y puede servir de modelo.
>
> Así pues, ¡comparar celosamente presente y pasado, pero no desenterrar con gélida expresión cosas muertas y sepultadas![116]

Las críticas a la teleología y al finalismo estaban ya presentes desde los apuntes de Abril-Mayo de 1868,[117] donde la idea del todo como causa es una confusión mayor ("Decir que 'el perro vive' y preguntar '¿por qué vive?' supone una pregunta no pertinente"[118]) dado que "[d]educir los fragmentos a partir del todo es como deducir lo conocido a partir de lo desconocido".[119] Y los primeros destellos *en la práctica* de este modo histórico se dejan ver desde luego ya desde los primeros trabajos filológicos del joven Nietzsche, con especial acento en los estudios de los *Democritea*, así como en la denuncia paralela que hacía Nietzsche de la filología clásica contemporánea en *Homero y la filología clásica*. De hecho, la afirmación de la época de redacción de HL de que "[h]oy es cosa normal asumir que aquel a quien *no le importa nada* un momento del pasado sea llamado a representarlo; tal es a menudo la relación recíproca entre filólogos y griegos: nada se importan mutuamente" bien podría perfectamente haberse escuchado en esta última conferencia. Y el imperativo del *nacimiento de la tragedia* de 1872 por el que se impelía a "ver la ciencia bajo la óptica del arte, y el arte, bajo la óptica de la vida" bien recuerda también a ese apunte posterior 29 [96] del Verano-Otoño de 1873 donde se dice que "[s]ólo desde la suprema fuerza del presente podéis interpretar el pasado: ¡sólo con el máximo esfuerzo adivinaréis lo que merece la pena saberse del pasado! ¡Lo semejante! De lo contrario estaréis perdidos, de lo contrario haréis que se rebaje el pasado a vuestra altura."[120] Se trata en efecto del proyecto crítico-hermenéutico de la "filología del futuro" (*Zukunftsphilologie*), allí donde proponía observar el presente desde el que se observa el pasado para, desde el pasado, traer algo de luz sobre el presente con vistas al futuro.[121] La renovación que desde su actividad como filólogo va sensiblemente proponiendo Nietzsche para las ciencias introduce, así, un elemento estético-filosófico activo ("*¡El hombre de acción necesita la historia, el experto escribe la historia!*")[122]. Elemento que, más allá de un mero acotamiento gnoseológico,[123] acaba ordenándose en la crítica y la renovación de la cultura en general vaticinando creativamente desde los signos del presente, igual que las *Conferencias sobre el futuro de nuestras instituciones educativas* decían "profetizar el futuro de forma semejante a los arúspices romanos, a saber, a partir de las vísceras del presente".[124] Algo parecido también, en definitiva, a lo que se expresa en el fragmento 29 [96]: "Quien no ha experimentado algo de una manera más grande y más elevada que todos los demás tampoco podrá interpretar el pasado. La voz del pasado es siempre una voz como la del oráculo: sólo la interpretaréis como videntes del futuro, y como sabios del presente. Ahora se explica la influencia de Delfos, especialmente por el hecho de que estos sacerdotes eran concienzudos conocedores del pasado: hoy conviene saber que solamente aquel que construye el futuro tiene derecho a juzgar el pasado."[125]

El modo crítico en Nietzsche tiene por tanto, ya desde antes de HL, un bagaje teórico y práctico. Y sobre todo, tiene también mucho futuro. Pues él es, a grandes rasgos, la primera forma de un "filosofar histórico" en ciernes, visible de manera explícita en la obra de Nietzsche a partir sobre todo de *Humano, demasiado humano* y que luego, en un estilo de pensamiento propio, acabará por definir el futuro *método genealógico*. La fórmula metodológica del modo crítico permitirá en efecto *sintetizar* de manera eficaz la permanente deuda nietzscheana hacia las filosofías positivistas contemporáneas con la actitud crítica heredada de Schopenhauer respecto al problema de la cosa en-sí y la negación de la objetividad en la representación; y lo hará, a saber, a través de enfrentar esos dos extremos como correctivo mutuo, es decir, refrenando de un lado las pretensiones absolutistas del positivismo teórico con el pesimismo idealista de Schopenhauer y viceversa, de cara en todo momento a abrir la posibilidad de una afirmación práctica del mundo (*praktische Weltbejahung*).[126] Como escribe en un fragmento de Primavera-Verano de 1877: "Necesario incorporar en mí todo el positivismo y, sin embargo, seguir siendo aún portador del idealismo."[127] Prácticamente desde sus orígenes, la obra de Nietzsche en términos generales es una tentativa en esa dirección. El método crítico como fusión sintética de lo anticuario y lo monumental desembocará así en las célebres formas de la "ilustración crítica" de presupuestos idealizantes[128] que definirán la ciencia del futuro y por ende la única "posibilidad de progreso".[129] Es un movimiento de compromiso mutuo de dos actividades, la teórica con su necesidad de verdad y la creativa con su necesidad de vida,[130] muy propio por otra parte del materialismo posthegeliano en lo que otros autores como Marx vendrían a llamar la verdadera dialéctica entre la teoría y la *praxis*.[131]

Esta forma de proceder, decimos por tanto, acabará por definir el posterior *método genealógico*. De hecho, se puede decir que el método crítico es en sí mismo el marco para el método genealógico. Antes de utilizar este método lúcida y esplendorosamente para la crítica de la moral en *Para la genealogía de la moral*, entre *Más allá del Bien y del Mal* y ésta última obra Nietzsche compuso una serie de nuevos prólogos para las reediciones de *El nacimiento de la tragedia*, *Humano, demasiado humano*, *Aurora* y *La gaya ciencia*, añadiendo además a este último un quinto libro. Estos añadidos le dieron a Nietzsche la oportunidad de observar y considerar de manera general su obra hasta ese momento, y leídos en contexto permiten hoy día una suerte de "historia del desarrollo" del pensamiento nietzscheano, con la puesta en claro de su objeto y su metodología, y el planteamiento consecutivo de nuevas "tareas".[132] De manera global, se puede ver en ellos cómo Nietzsche habla de los tres presupuestos metodológicos que acabarían posibilitándole escribir una crítica a la moral, siendo estos la pasión (*Leidenschaft*), la invención (*Erfindung*), y la improvisación (*Improvisation*) como conceptos-límite a los conceptos de objetividad (*Sachlichkeit*), verdad (*Wahrheit*) y necesidad (*Notwendigkeit*) de la ciencia positivista, y que en la época de *Así habló Zaratustra* acabarán finalmente tomando la forma de una "sabiduría salvaje" (*wilde Weisheit*).[133] No es difícil ver desde luego en esta serie de elementos el mismo impulso que movía la *historia crítica* de HL. De ahí entonces que, cuando Nietzsche se propone en el prólogo de *Para la genealogía de la moral* una "auténtica historia (*wirkliche Historie*) de la moral",[134] no lo hará desde la posición de una historiografía al uso—narrando por ejemplo de manera anticuaria el origen de la moral y estableciendo de manera cronológica relaciones objetivas entre los hechos; o acaso postulando un origen mítico monumentalista propio por ejemplo de la religión—sino que procederá ahondando en "lo documentado" (*das Urkundliche*), en lo realmente comprobable (*das Wirklich-Feststellbare*), en lo realmente-existido (*das Wirklich-Dagewesene*), en resumen, "en toda la larga y difícilmente descifrable escritura jeroglífica del pasado de la moral humana"[135]—pero construyéndolo en la forma de un *relato posible* desde el análisis de los signos y los síntomas del presente y con la vista puesta en un juego dado de ventajas y utilidades para la vida. Dicho con otras palabras, y delatándose en el uso de ese vocabulario de filólogos, lo que Nietzsche se propone hacer en GM para la moral es nada más y nada menos que *su estudio como si fuese objeto de su filología*, como arte de "leer bien" las trazas del pasado. De una filología, por tanto, histórico-crítica.[136]

3.1. El concepto de genealogía

La expresión "genealogía" proviene del s. XVII. Como su propio nombre indica, refiere a la construcción en regresión de un árbol de familia desde sus brotes más recientes hasta su tronco principal, estudiando las líneas de decisión que, en el tiempo, constituyen el fenómeno que hoy llega hasta nuestros ojos. En ese desarrollo, las relaciones (externas e internas) son muchas y muy variadas, unas veces más fáciles de localizar y trazar, otras veces más perdidas y ocultas en la trama del bosque. El método genealógico trabajará por tanto de la mano de hipótesis, específicamente hipótesis de la procedencia (*Herkunfts-Hypothesen*).[137] Estas palabras recuerdan sin duda el proceder en los estudios sobre los *Democritea.* Y de acuerdo también con la tarea que Nietzsche le encomendaba a la filología en *Homero y la filología clásica*, la genealogía resultará crítica (*kritisch*) en tanto que evaluación de la autenticidad o inautenticidad de un texto, y por extensión de otro objeto de análisis cualquiera, "desde el conocimiento de las condiciones y circunstancias en las que crecieron y se desarrollaron",[138] cuestionando de principio el dogmatismo ahistoricista que parte de su eterna validez universal y los toma como algo "dado, real y efectivo más allá de toda duda"[139]:

> Mas lo cierto es, por desgracia, ¡que les falta también a ellos el *espíritu histórico*, que han sido dejados en el estacada precisamente por todos los buenos espíritus de la ciencia histórica! Como es ya viejo uso de filósofos, todos ellos piensan ya de una manera *esencialmente* a-histórica.[140]

Con aquel brillo escéptico que Nietzsche aprendió de Rose,[141] aquí también se abre espacio el escepticismo radical respecto a las fuentes, atendiendo de manera específica a lo que acontece a su alrededor. Si la falta de sentido histórico ha sido el error hereditario de la ciencia en general, en su consideración del ser humano como un ser acabado y con propiedades que le pertenecen de manera universal, la nueva filología en cambio habrá de desmontar la idea teologicista de un texto eternamente blindado, y abrir las puertas del pensamiento en la historicidad.

Tal como escribirá Nietzsche en un apunte de su etapa de madurez en el que enumera las diferentes falsificaciones (*Fälschungen*, de nuevo un concepto altamente filológico) llevadas a cabo por las ciencias, el principal problema cuando se falsifica la historia es, precisamente, creer en una historia del surgimiento (*Entstehungsgeschichte*).[142] En el caso de la moral, por ejemplo, existe la tendencia a identificar la finalidad (*Zweck*) de la pena con su origen (*Ursprung*),[143] colocando despreocupadamente al comienzo la finalidad cualquiera que se observa en la pena.[144] Sin embargo, "la causa de la génesis de una cosa y la utilidad final de ésta, su efectiva utilización e inserción en un sistema de finalidades, son hechos *toto coelo* separados entre sí."[145] Pues

> por muy bien que se haya comprendido la utilidad de un órgano fisiológico cualquiera (o también de una institución jurídica, de una costumbre social, de un uso político, de una forma determinada en las artes o en el culto religioso),

> nada se ha comprendido aún con respecto a su génesis: aunque esto pueda sonar muy molesto y desagradable a oídos más viejos,—ya que desde antiguo se había creído que en la finalidad demostrable, en la utilidad de una cosa, de una forma, de una institución, se hallaba también la razón de su génesis, y así el ojo estaba hecho para ver, y la mano estaba hecha para agarrar. También se ha imaginado de este modo la pena, como si hubiera sido inventada para castigar.[146]

Éste es ciertamente un vicio que a la filosofía occidental le viene de lejos. Fundamentalmente, la identificación del origen con la finalidad es un rasgo esencial de la ontología aristotélica. Diferenciando claramente entre la esencia (εἶδος), las propiedades, y la sustancia (οὐσία), Aristóteles hizo concebir los entes como independientes del tiempo, de manera que tras el cambio o movimiento del devenir ("el tiempo es la medida del movimiento" decía Aristóteles)[147] hay una identidad ontológica que permanece, siendo precisamente el sentido del concepto *esencia* preservar dicha identidad en el cambio. Las diferentes alteraciones que un ente sufre en ese cambio (tanto en color, posición espacial, como también en la materia [ὕλη]) remiten en último término a una constante ontológica, que es la forma (μορφή). Esta forma no se refiere a lo que captan los sentidos, sino a lo que capta el pensamiento, de manera que la tarea del pensamiento, según Aristóteles, es aprehender la forma ontológica que subyace a la transformación constante. La esencia como forma es por tanto el concepto de la cosa (εἶδος, τὸ τί ἦν εἶναι), y el fin del conocimiento es descubrir y desentrañar este orden (κόσμος) en la naturaleza en movimiento.[148]

El conocimiento de una constante ontológica en el continuo devenir de las cosas en movimiento exigió a Aristóteles introducir el concepto de finalidad (τέλος). La forma de ser del ente vivo sólo se presenta a la vista en un momento determinado de su devenir, concretamente cuando alcanza su estado de apogeo y madurez. Éste es el estado en el que le es factible reproducirse, es decir, transmitir su forma a otra materia para hacer de ella nuevos individuos de la misma especie. La forma se convierte con ello en su finalidad, y un ser que ha alcanzado su finalidad pasa a ser una entelequia (ἐντελέχεια).[149] Dentro de todo ente susceptible de crecimiento habita por tanto desde un principio su finalidad, y ésta se identifica con su origen más propio. Para Aristóteles, y siguiendo el ejemplo de Nietzsche, "el ojo está hecho para ver, y la mano hecha para agarrar". El concepto que Aristóteles utiliza para origen es ἀρχή, e incluye para él por tanto *materia*, *forma*, así como también la *finalidad* en la que encuentra su consumación.

Sin embargo, todo esto se transforma con la llegada de la teoría evolucionista de Charles Darwin. Después de Darwin, la cohesión del mundo orgánico y su crecimiento no podía entenderse ya desde la reproducción de la forma de acuerdo a una igualdad de la especie sino más bien en la *diferencia*, en los individuos. Es precisamente su diferencia, y no su igualdad, la que ofrece a los individuos ventajas e inconvenientes particulares en su lucha por existir, y ha sido la selección de individuos siempre diferentes la que ha hecho posible la transformación de unas especies en otras. La esencia se piensa por tanto *en el* tiempo, y no *a pesar de* él. Las especies ya no son formas atemporales inmodificables, sino formas móviles, fluidas, históricas, dependientes de condiciones vitales contingentes muy determinadas que en sus múltiples variaciones acaban transformándolas. El movimiento y el devenir no se piensan ya *en contra* del tiempo, sino justamente *desde* él.

Nietzsche hará eco para la filosofía de este aporte biológico fundamental, en un movimiento que apela a pensar la esencia del ente desde la perspectiva del tiempo. Como anota en un apunte de la época de *Más allá del Bien y del Mal*: "el concepto de 'individuo' es falso", pues "[los] seres no existen de manera aislada; el punto central de gravedad es algo en transformación: el continuo *crear* nuevas células y demás ofrece una continua transformación del número de estos seres".[150] Pasa lo mismo también con los conceptos, que "son algo vivo, y en consecuencia, también algo ahora en crecimiento, ahora en disminución"; pues "también los conceptos mueren miserablemente. Podría comparárselos como células, con un núcleo y un cuerpo alrededor que no es fijo".[151] Es en ese sentido en el que en *Más allá del Bien y del Mal* habla de la intención o causa final (*Absicht*) como un mero signo (*Zeichnen*) o síntoma (*Symptom*);[152] y también en el que en GM introduce el "sentido fluido" (*flüssiger Sinn*) como toma de distancia frente aquel dogmatismo inmovilista de la tradición:

> La historia entera de una "cosa", de un órgano, de un uso, puede ser así una ininterrumpida cadena indicativa de interpretaciones y reajustes siempre nuevos, cuyas causas no tienen siquiera necesidad de estar relacionadas entre sí, antes bien a veces se suceden y se relevan de un modo meramente casual. El "desarrollo" de una cosa, de un uso, de un órgano es, según esto, cualquier cosa antes que su *progressus* hacia una meta, … la sucesión de procesos de avasallamiento más o menos profundos, más o menos independientes entre sí, que tienen lugar en la cosa …. La forma es fluida, pero el "sentido" lo es todavía más …[153]

El "sentido fluido" es lo que constituye la esencia de la cosa viva, y es inaprensible al pensamiento paralizante y cosificador. Refiere en efecto a todo lo que está vivo y en movimiento, ya sea un animal, una planta, un texto, o una Cultura.[154]

3.2. Herkunft vs. Ursprung

Con todos sus defectos en lo relativo a una concepción teleológica de la Historia respecto a un fin, la concepción de Burckhardt sentaba al menos las bases de un escepticismo potente contra la *idea del Comienzo*, idea que Nietzsche asumiría hasta sus más radicales consecuencias. Partiendo del hecho de que "lo que nosotros creemos poder demostrar como comienzos ... son ya estadios bien tardíos", en la introducción a las *Weltgeschichtliche Betrachtungen* afirmaba Burckhardt con contundencia que "en todos los estudios se puede empezar por los comienzos; pero para la Historia esto no es así. La imagen que tenemos que de ella son tan solo meras construcciones,... meros reflejos de nosotros mismos".[155] Los comienzos puros, y en contra de una idea que luego se haría bien popular entre las corrientes estructuralistas del s. XX, no consiguen explicar las relaciones de cohesión históricas y menos aún la esencia ontológica, sino más bien mitificarlas a partir de una ficción teórica.

Es cierto que existe una obra clave en Nietzsche donde esto no se respeta, y donde el autor sí sucumbe a la tentación de encontrar una idea del comienzo desde la que definir todo lo demás. Se trata efectivamente de *El nacimiento de la tragedia a partir del espíritu de la música* de 1872, y en ella se adentraba Nietzsche en el terreno de la identificación de la esencia (*Wesen*, *wesenhaft*) con el origen (*Ursprung*). Del ditirambo, por ejemplo, a su naturaleza musical; del cantante extático disfrazado de sátiro a una tragedia que es en esencia un coro sátiro; de la relación "originaria" entre Sátiro y Dioniso a la sustancia dionisíaca de todas las representaciones posteriores. En definitiva: del nacimiento (*Geburt*) de la tragedia, a su espíritu (*Geist*).[156]

Sin embargo, este escrito revela en realidad una cierta singularidad en el cuerpo de pensamiento del joven Nietzsche, y de Nietzsche en general. Pues *El nacimiento de la tragedia*, como hoy ya es bien sabido, es una obra altamente influida por el romanticismo de Wagner,[157] quien de la mano de Schopenhauer promulgaba la "vuelta a la naturaleza" como solución contra la caída en lo inauténtico. No muchos años después de la fecha de publicación de la obra, en 1877, le querrá comunicar formalmente a sus lectores lo siguiente: "A los lectores de mis escritos precedentes quiero manifestar de forma expresa que he abandonado los puntos de vista metafísico-artistísticos que en esencia gobernaban en ellos; son agradables pero insostenibles. Quien se permite hablar en público en fecha temprana, por lo habitual se ve obligado al poco tiempo a contradecirse públicamente".[158] Y en 1878, y en mirada retrospectiva, Nietzsche verá detrás de ese movimiento de retroceso al origen un impulso regresivo, un "anhelo por *huir de la razón y del mundo*",[159] y lo contemplará en oposición a un espíritu ilustrado que apuesta por un modelo más crítico. Ya en los años 80—en fragmentos póstumos, en *Ecce Homo*, en *El Crepúsculo de los Ídolos*, y especialmente en su *Ensayo de autocrítica* de 1886—Nietzsche verá con claridad y perspectiva ese desliz schopenhaueriano-wagneriano y sus deficiencias como instrumento de análisis de la antigüedad:

> Comenzaba con una hipótesis metafísica acerca del sentido de la música; pero detrás de todo eso estaba una *experiencia psicológica*, a la cual no sabía todavía suscribirle ninguna explicación *histórica* [historische] satisfactoria. La transposición de la música a la metafísica era un acto de veneración y agradecimiento: en el fondo, todas las personas religiosas han hecho lo mismo con sus vivencias. Pero esto también tenía un reverso: los efectos innegablemente *dañinos* y destructivos sobre mí de esta música tan venerada … y con ello también el fin de esta veneración religiosa. Así, empecé a ver con claridad la necesidad que había de música en la modernidad (necesidad que, al mismo tiempo, me recuerda a la creciente necesidad de narcóticos). La "obra de arte del futuro" ya no me parecía refinamiento alguno de la necesidad de excitación y narcosis, si bien todos los sentidos, incluido el contrasentido idealista, religioso e hipermoral, quieren tomar parte como excitación total de todo el sistema nervioso. La esencia del romanticismo se me presentó ante la vista; la *falta* de una especie productiva de personas resulta testimonio suficiente …. En Wagner, es más que sintomática la forma tan nihilista (buscando el reposo y el fin) en que concluye el Anillo del Nibelungo.[160]

Ciertamente, no es posible afirmar que *El nacimiento de la tragedia* sea un paréntesis abrupto, un oasis de discontinuidad en la línea de pensamiento que Nietzsche llevaba antes de su publicación en 1872, y después de ella. Pues en esa obra sobresalen efectivamente muchos elementos que sintetizan parte del camino trazado hasta allí y que perduran como sedimentos para la obra posterior, tales como por ejemplo la célebre idea de que "sólo como fenómeno estético se justifican la existencia y el mundo", así como el imperativo de "ver la ciencia con los ojos del arte, y el arte con los de la vida".[161] Algunos apuntes de 1875, en ese sentido, siguen constatando la presencia de Wagner y Schopenhauer como modelos educadores.[162] No obstante, y a pesar de este hecho, sí se puede percibir cómo Nietzsche va tomando poco a poco consciencia de la manera en cómo el entusiasmo por el romanticismo de Wagner por aquellas fechas le había llevado a ciertos excesos propios de un modo historiográfico *monumentalista*, llevándole a exagerar por ejemplo el factor estético aun en detrimento de la crítica y de la vida misma. La ruptura definitiva con Wagner a partir de 1878 le abrirá de nuevo los ojos y le permitirá salir de esos errores,[163] para lograr finalmente escapar de aquella "estética peligrosa: cuyo afán radicaba en convertir en 'milagros' todos los fenómenos estéticos".[164]

El nacimiento de la tragedia aparte, por tanto, la posición teórica desde la que Nietzsche confronta la historia parte, a modo general, de la idea buckhardtiana de la no identificación entre el comienzo puro y la esencia. De una posición por tanto *genealógica*. Como dice por ejemplo en *La filosofía en la época trágica de los griegos* de 1873: "Las cuestiones acerca de los comienzos de la filosofía son del todo irrelevantes, pues por doquier en el comienzo aparece lo en crudo, lo informe, lo vacío, lo feo."[165] De la misma manera en que la remisión de los primeros filósofos griegos al contexto egipcio y persa, el cual posiblemente sea "más 'originario' y en todo caso más antiguo", no ayudará en modo alguno para una posible explicación de la esencia de la filosofía griega más allá de una reducción cronológica cosificadora.[166] En un célebre ensayo de 1971 titulado *Nietzsche, la genealogía, la historia*, Michel Foucault describe plásticamente este proceder genealógico en Nietzsche:

> Hacer la genealogía de los valores, de la moral, del ascetismo, del conocimiento no será por tanto partir a la búsqueda de su "origen", minusvalorando por inaccesibles todos los episodios de la historia; será por el contrario ocuparse en las meticulosidades y en los azares de los comienzos; prestar una escrupulosa atención a su derrisoria malevolencia; prestarse a verlas surgir quitadas las máscaras, con el rostro del otro; no tener pudor para ir a buscarlas allí donde están "revolviendo los bajos fondos"—, dejarles el tiempo para remontar el laberinto en el que ninguna verdad nunca jamás las ha mantenido bajo su protección. El genealogista necesita de la historia para conjurar la quimera del origen un poco como el buen filósofo tiene necesidad del médico para conjurar la sombra del alma. Es preciso saber reconocer los sucesos de la historia, las sacudidas, las sorpresas, las victorias afortunadas, las derrotas mal digeridas, que dan cuenta de los comienzos, de los atavismos y de las herencias; como hay que saber diagnosticar las enfermedades del cuerpo, los estados de debilidad y de energía, sus trastornos y sus resistencias para juzgar lo que es un discurso filosófico. La historia, con sus intensidades, sus debilidades, sus furores secretos, sus grandes agitaciones febriles y sus síncopes, es el cuerpo mismo del devenir. Hay que ser metafísico para buscarle un alma en la lejana idealidad del origen.[167]

Aunque hay que reconocer que esta diferenciación conceptual no es tan limpia y/o explícita en Nietzsche como Foucault quiere hacer creer,[168] éste insiste claramente en la manera en como el primero, detrás de todas sus ideas, diferencia entre el origen (*Ursprung*) y la procedencia (*Herkunft*). La renuncia nietzscheana a la búsqueda del origen hace al filósofo volver su mirada hacia la investigación por la procedencia de las cosas, ese reino de claroscuros donde la esencia de la cosa no tiene que ver con su origen histórico que conforma su especie sino con esas otras líneas anónimas que se cruzan entre tanto y en su crecimiento determinan (en el tiempo y desde el tiempo) su individualidad.[169] Más allá de la continuidad de la que incluso Burckhardt hizo bandera, Nietzsche muestra una delicada sensibilidad por las rupturas y las discontinuidades. Estamos ante el saber de la heterogeneidad.

En el Nietzsche más de madurez, esta heterodoxia hallará su objeto en la idea de la metafísica: en GM para los valores morales, y en HDH acerca del pensamiento como tal.[170] En el Nietzsche de juventud, como venimos demostrando, en los textos de la antigüedad clásica. Pues la renuncia a un origen armónico y regular era lo que había posibilitado al Nietzsche de *Homero y la filología clásica* definir la personalidad de Homero más allá de la contraposición poesía popular/poesía individual, descubriendo que la diferencia esencial entre ambas no remite a su modo de nacimiento (*Entstehungsart*) sino al camino *diferente* que sigue cada una a partir de ahí, es decir "a su reproducción y propagación, en una palabra, a la *tradición* (Überlieferung)".[171] Esta *tradición*, que no está atada al formato de literatura escrita, no está causal y unitariamente determinada, sino que se encuentra en un flujo perpetuo de conexiones asociativas y "está expuesta al peligro de asumir en sí elementos extraños, restos de aquellas individualidades a través de las cuales sigue su camino"[172]—de lo que la tarea devenía entonces en "comprender lo individual y … distinguirlo de aquello que ha sido, por así decir, traído por las olas en el flujo de la tradición oral".[173] En cuanto a los estudios sobre los *Democritea*, por su parte, se reflejaría en la construcción de hipótesis comunes (κοινή ὑπόθεσις) de acuerdo con el modelo metodológico de Trasilo, consiguiendo demostrar por un juego de coherencias biográficas la autenticidad de muchos de los escritos de Demócrito.[174] Pues tal y como dice Foucault: "La procedencia permite también encontrar bajo el aspecto único de un carácter, o de un concepto, la proliferación de sucesos a través de los cuales (gracias a los que, contra los que) se han formado"; ya que se trata de "percibir todas las marcas sutiles singulares, subindividuales que pueden entrecruzarse en él y formar una raíz difícil de desenredar". Ése es efectivamente el proceder de Nietzsche con Demócrito cuando (y de acuerdo también con el consejo de F. Lange) atendía primariamente a las marcas de la vida personal del filósofo de Abdera para desentrañar quién era y qué era lo que podría haber escrito, y lo hacía a partir de pequeños detalles invisibles a los ojos de otros filólogos ("el análisis de la procedencia permite disociar al yo y hacer entrar en escena, en los lugares y plazas de su síntesis vacía, incontables sucesos perdidos hasta ahora.")[175] En ese contexto, no deja de tener pleno sentido la importancia que daba Nietzsche a las diferentes formas de morir de filósofos y poetas;[176] un elemento metodológico que, como se comprobará para el texto de *Historia de la literatura griega*, seguirá presente también a mediados de los años 70.

3.3. *Una filología fisiológica*

La "fluidez del concepto" de la que hemos hablado atañe, por tanto, a la esencia *en* el tiempo y *desde* el tiempo. La genealogía piensa de ese modo su objeto como síntesis histórica, pero no síntesis en el sentido de una composición unitaria de acuerdo a reglas universales, sino como una integración de significados discontinuos bajo condiciones alternantes. Genealogía no es la historia de la evolución, sino la deconstrucción del objeto a través de la reconstrucción de aquellas condiciones:

> Todavía se puede percibir cómo los elementos de la síntesis modifican su valencia y, por tanto, su orden para cada caso particular, de tal modo que unas veces es un elemento, y otras veces otro distinto el que destaca y domina a costa de los otros, más aún, a veces un único elemento ... parece eliminar todos los demás.[177]

En lo que hoy se reconoce como uno de los pensamientos más ricos de Nietzsche,[178] la genealogía tiene por consiguiente que atender a factores, antropológicos, sociológicos, etnológicos, etc. Y también psicológicos, cuya exigencia había ya percibido el joven Nietzsche para el caso del análisis de los *Democritea*. La filología deviene filosofía, había dicho Nietzsche en *Homero y la filología clásica*, pero ésta última ocupa las formas de una nueva historiografía de la procedencia, una historiografía crítica que re-interpreta y articula cuerpo e historia. El interés en las formas de morir de los filósofos y poetas, y como se verá después con toda claridad en *Historia de la literatura griega* el continuo recurso al βίος (a sus formas de vivir) es en su fundamento una hermenéutica del texto a través de su fundación en el cuerpo.[179] Cuerpo, poder, valor y sufrimiento son los aspectos fundamentales de esta nueva filología del mundo, las líneas de lectura de un texto regido por el criterio de la experiencia vital. Esta problemática, explícita desde luego en el Nietzsche de madurez, despunta ya en su tratamiento de juventud de los autores clásicos, donde el cuerpo constituye de manera todavía muy tímida el centro de las interpretaciones. Como ilustra Jesús Conill al respecto:

> La hermenéutica genealógica de Nietzsche tendrá la peculiaridad de llegar hasta este nivel orgánico del cuerpo y sus fuerzas vitales. Así ha de entenderse su nueva concepción de la filología, consistente en "el arte de leer *bien*" a diferencia de "el arte de leer correctamente", que cuenta ya con el perspectivismo vital que se

> origina en el cuerpo. La hermenéutica filológica se abre, por exigencias genealógicas, a la *fisiología*. El propio Nietzsche lo reconoce explícitamente en su visión retrospectiva de *Ecce homo*. Se siente impulsado a corregir su tarea filológica y a superar todo enfoque idealista accediendo a lo que ahora considera "las realidades" más básicas, que no son otras que las que nos ofrece el cuerpo humano.[180]

A diferencia de otras hermenéuticas, como la de Gadamer centrada y consumida en el lenguaje, para Nietzsche se trata de una filología fisiológica, que atiende genealógicamente a los procesos orgánicos que ponen la Historia en movimiento y la convierten en una historia "auténtica" de los acontecimientos según los intereses y las valoraciones. No se puede reducir por tanto—y como recuerda Heidegger— al "presupuesto del biologicismo",[181] pues el término griego βίος tiene que ver con el mencionado sentido biográfico. Son las condiciones de existencia, nuestras necesidades, las que suscitan nuestros impulsos. Y estas condiciones, inscritas en la vida real y cotidiana, son variables.

4. El papel de la filología genealógica en los estudios literarios

En esencia, el método crítico-genealógico es el método nietzscheano por excelencia. Visto en perspectiva, se trata de un proceder o instrumento técnico continuamente presente en su obra desde 1867; y del cual, tras una larga confrontación al respecto con la filología y la ciencia en general, ya no se desprenderá jamás para el análisis de todo objeto científico, incluido por supuesto el texto literario como tal. El método crítico-genealógico se identifica en Nietzsche con "el arte de leer bien", es decir, con la "correcta filología". Aún en la obra de los años 80 lo seguirá declarando:

> Por filología hay que entender, en un sentido muy general, *el arte de leer bien*— leer los hechos (*Thatsachen*) sin falsearlos con la interpretación:... ya se trate de libros, de noticias periodísticas, de destinos, o de hechos climatológicos.[182]

Nietzsche denunciaba explícitamente a los teólogos, cuya "incapacidad para la filología" les viene de una forma de leer los acontecimientos (una victoria de las hordas patrióticas bajo la suprema iluminación del rey David, por ejemplo) tan atrevida y descarada que lleva a un verdadero filólogo "a subirse por las paredes".[183] Y esto sin ir más lejos porque, como escribe en unos apuntes de la misma época:

> La iglesia no ha tenido nunca la buena voluntad de comprender el nuevo testamento: ha querido que le sirviera de demostración .... Tuvo que venir primero el siglo XIX—*le siècle de l'irrespect*—para recuperar algunas de las condiciones preliminares para leer este libro como un libro (y no como la verdad). Para reconocer esta historia no como "Historia sagrada" sino como una sarta endiablada de fábulas, arreglos, falsificaciones, palimpsesto, batiburrillo, en una palabra, como *realidad* [Realität].[184]

Pero detrás de esta crítica a los teólogos hay que leer no sólo una crítica puntual y exclusiva a los teólogos cristianos, sino una crítica a la manera *en general* de hacer filología "teológicamente"—tal y como ya había Nietzsche dejado en claro por ejemplo en HL con su crítica al "fetichismo del hecho consumado" de la historia monumental.[185] La alternativa a ese proceder es una filología escéptico-genealógica. En los estudios sobre los *Democritea* de 1867/68, Nietzsche había inaugurado un trato filológico con el texto donde éste ya no era más una entidad fija, externamente independiente ("muerta") sino un objeto vivo, en relación directa con su autor y su vida: una hermenéutica en definitiva fisiológico-materialista. Los escritos de finales de los años 80 persisten ahora en la idea de que el texto no puede ser entendido en absoluto como una Verdad en el sentido escolástico[186] sino que se trata de una Realidad viva (*Realität*) construida por la contingencia de los arreglos (*Zurechtmachung*) y las falsificaciones (*Fälschung*), es decir a partir de su condición genérica como *palimpsesto* (texto sobre texto). La Realidad de un texto (o mejor, el Texto como Realidad) se descubre para la "Filología del Futuro" como las diferentes operaciones, las diferentes lecturas, corrupciones y correcciones que surgen al paso del trato con él. Los textos son hechos (*Tat-sachen*), es decir cosas que han sido "hechas" o construidas por un juego de interacciones y cuyo conocimiento remite esencialmente a la historia de su gestación en la coyuntura. Esta idea hermenéutica, explicitada ante el público filológico por vez primera en *Homero y la filología clásica*, la aplicaría luego en su obra de madurez al trato con los entes vivos, las ideas y los valores (p. ej. en *Para la genealogía de la moral*) ahí cuando pasara a considerar la Realidad como texto. En el entretanto, y como demuestran ahora diversos pasajes de su obra de madurez, Nietzsche nunca la había abandonado para el trato filológico de cualquier texto escrito como tal.

En definitiva, el método crítico-genealógico es el método con el que Nietzsche aborda de manera resolutoria los estudios literarios de la antigüedad. Como afirma Barbara von Reibnitz en ese sentido:

> es un rasgo característico del tratamiento que hace Nietzsche de estos temas [los estudios literarios] el hecho de plantearse continuamente los específicos intereses

respectivos de los agentes, los criterios normativos y los juicios de valor que subyacen a la historia antigua de la tradición. Son estos los cuestionamientos en los que reside el núcleo que quiere él entrar a tratar de manera sumaria en su investigación acerca de la historia de los estudios literarios en la antigüedad.[187]

Con mayor o menor fortuna en sus resultados, se tratará en todo caso de una aportación altamente original a la filología clásica. Su alcance se estudiará a continuación, en la segunda parte de este trabajo.

Notas

1. Wilhelm von Humboldt, "Über das Studium des Alterthums, und des griechischen insbesondere (1793)," en Wilhelm von Humboldt, *Werke*, t. 2 (Darmstadt: Wissenschaftliche Buchgesellschaft, 1962), § 6, 22 y ss.
2. HkP, KGW II.1, 252; OC I, 221.
3. BA, Conf. IV, KSA 1, 727; OC I, 529.
4. KGW II.3, 375.
5. NF Primavera-Verano de 1875, frg. 5 [53], KSA 8, 54–55; FP II, 74.
6. Cfr. infra, cap. 1, § "La polémica por *El nacimiento de la tragedia*: Filología y reacción".
7. Cfr. Carta de Ritschl a Nietzsche de 7 de Febrero de 1872, KGB II.4, no. 335, 33.
8. Este escrito, así como una segunda parte de *Zukunftsphilologie!* (1873) de Wilamowitz, están editadas en Gründer Karlfried, *Der Streit um Nietzsches "Geburt der Tragödie": Die Schriften von E. Rohde, R. Wagner, U. V. Wilamowitz-Möllendorf* (Hildesheim: Georg Olms Verlag, 1969). Algunas de las líneas directivas de Nietzsche se pueden apreciar en dos cartas a Rohde de 18 de Junio y 16 de Julio de 1872.

   Por otro lado, El título *Afterphilologie* (en alemán el prefijo *After-* tiene también la connotación de "ano" en castellano) fue sugerido por Frank Overbeck (cfr. Michael Stephen Silk y Joseph Peter Stern, *Nietzsche on Tragedy* [Cambridge: Cambridge University Press, 1981], 98). El término *Afterphilosophie* se puede encontrar en Friedrich Albert Lange, *Geschichte des Materialismus und Kritik seiner Bedeutung in der Gegenwart* (Baedecker: Iserlohn, 1866), 14, así como en escritores anteriores; y más adelante en el mismo Nietzsche, por ejemplo en la tercera de las *Consideraciones intempestivas*.
9. Anthony K Jensen, "Geschichte or Historie? Nietzsche's Second Untimely Meditation in the Context of Nineteenth-Century Philological Studies," en *Nietzsche on Time and History*, ed. Manuel Dries (Berlin/New York: Walter de Gruyter, 2008), 221.
10. Jensen, "Geschichte or Historie? Nietzsche's Second Untimely Meditation in the Context of Nineteenth-Century Philological Studies," 213.

11. Carl Werner Müller, "Otto Jahn," en *Classical Scholarship: A Biographycal Encyclopedia*, ed. W. Briggs Ward y William M. Calder III (New York: Garland, 1990), 232.
12. Hablando del historiador crítico, por ejemplo, dice Nietzsche en *Sobre el Futuro de nuestras Instituciones educativas*: "Otros por su parte se pasan la vida midiendo los versos de poetas griegos y romanos, y se alegran de la proporción 7: 13 = 14: 26. Por último, anuncia uno la solución a una cuestión como la homérica desde el punto de vista de las preposiciones, y cree con *ἀνά* y *κατά* extraer la verdad del subsuelo. Todos sin embargo, desde las más diversas tendencias, excavan y revuelven en el suelo griego con tal desasosiego y aturdida torpeza que un verdadero amigo de la Antigüedad ha de mostrarse francamente temeroso." BA, Conf. III, KSA 1, 702. OC I, 516. Con la solución de la cuestión homérica desde las preposiciones, Nietzsche se refiere a Hermann, por ejemplo, y a disertación acerca de la partícula *αὐτός* y sus cuatro volúmenes sobre la partícula *ἄν* (Pero "¿qué tienen que ver las enseñanzas de las partículas en griego con el significado de la vida?" NF Marzo de 1875, frg. 3 [63] KSA 8, 32). Hablando de las proporciones secretas de los versos griegos y romanos, Nietzsche se refiere a Lachmann, quien había descubierto que el número total de líneas asignadas al coro y a los actores y en la tragedia era siempre divisible po r 7 (Cfr. también fragmento 3 [36] de comienzos de 1875-Primavera de 1876). Nietzsche les llamará en la segunda de las *Consideraciones intempestivas* "pedantes micrólogos", por su vicio a las minucias.
13. NF Primavera-Verano de 1875, frg. 5 [58], KSA 8, 56; FP II, 75 (trad. mod.).
14. Enrico Müller, *Die Griechen im Denken Nietzsches* (Berlin/New York: Walter de Gruyter, 2005), 59.
15. La relación de Nietzsche con Burckhardt fue una de las más duraderas en la vida del filósofo. En una carta de 1889, Nietzsche todavía se dirige a Burckhardt"—si bien no exento de cierta ironía—con el encabezado "Liebe Herr Professor (Cfr. Carta a Burckhardt de 6 de Enero de 1889, KGB 8, 577 y ss.) Esta misteriosa relación entre los dos suscitó muy pronto el mito de la *Männerfreundschaft*, introducido por Elisabeth Forster-Nietzsche y colaboradores (cfr. Friedrich Nietzsche, *Friedrich Nietzsche Gesammelte Briefe*, ed. Curt Wachsmuth, Peter Gast y Elisabeth Förster-Nietzsche, vol. 3, 2ª ed. [Berlin/Leipzig, 1905], 165–70), cultivado luego por Edgar Salin (Edgar Salin, *Jacob Burckhardt und Nietzsche* [Basel, 1937]) y seguido finalmente por una reacción desmitologizadora (Alfred Wilhelm Otto Martin, *Nietzsche und Burckhardt. Zwei geistige Welten im Dialog* [München, 1940]; y Karl Löwith, "Jacob Burckhardt, der Mensch inmitten der Geschichte," *Sämtliche Schriften*, 1984, 39–361).
16. *Götterdämmerung*; *Was ich den Alten verdanke* § 4, KSA 6, 158.
17. Carta de Nietzsche a Carl von Gersdorff de 7 de Noviembre de 1870, KGB 3, nr. 107, 155.
18. Cfr. Stefan Bauer, *Polisbild und Demokratieverständnis in Jacob Burckhardts "Griechischer Kulturgeschichte"* (München: Basel, 2001), 213.

19. Cfr. Carta de Burckhardt a Nietzsche de 25 de Febrero de 1874, KGB 2.4, nr. 512, 395.
20. NF Verano-Otoño de 1873, KSA 7, 621–723; FP I, 487–552.
21. En una carta de Rohde a Nietzsche de 24 de Marzo de 1874, pocas semanas después de la publicación de HL, Rohde constata: "Mi querido amigo … Tus razonamientos son demasiado poco *deductivos*, sobrecargando al lector más de lo debido para que encuentre los *vínculos* entre lo que piensas y lo que escribes … A veces tengo la impresión de que algunos fragmentos y algunos párrafos hubieran sido compuestos *primeramente de forma independiente*, para luego, sin ser finalmente del todo vertidos al fluido del metal, ser adjuntados al todo." Cfr. KGB, 2.4, nr. 525, 421. Una comparativa entre el texto publicado y los apuntes preparatorios acompañan sin duda a esta impresión. Esta apreciación de Rohde le hizo a Nietzsche plantearse sus capacidades para la escritura científica (ver por ejemplo carta a Gersdorff de 1 de Abril de 1874, KGB 2.3, nr. 356, 215).
22. Como ha señalado Jensen: "la selección en sí misma y el préstamo en el título de este ensayo del término académico *Historie* sobre *Geschichte*, más de esperar, sugiere que su objetivo no era simplemente proferir una reflexión teorética pura sobre la naturaleza o la esencia de la historia, sino al mismo tiempo exponer el estado y la dirección de la disciplina." Jensen, "Geschichte or Historie? Nietzsche's Second Untimely Meditation in the Context of Nineteenth-Century Philological Studies," 213.
23. HL, Prólogo, KSA 1, 246; OC I, 696. Cosima Wagner definiría la intempestividad de las consideraciones de Nietzsche de la siguiente manera: "N[ietzsche] ha escrito consideraciones intempestivas, reconociendo así que aquello que le despierta admiración no es aceptado en nuestra época y lo sobrepasa." Cfr. Friedrich Wilhelm Nietzsche et al., *Nietzsche und Wagner: Stationen einer epochalen Begegnung*, ed. Dieter Borchmeyer y Jörg Salaquarda (Frankfurt a. M.: Insel, 1994), t. 2, 1203–04.
24. "Lo que nos separa tanto de Kant como de Platón y Leibniz: nosotros creemos sólo en el devenir, también en lo intelectual [*im Geistigen*], somos *históricos* enteramente. Éste es el gran cambio. Lamarck y Hegel—Darwin es sólo un efecto secundario. El modo de pensar de *Heráclito* y de *Empédocles* ha resurgido de nuevo. Tampoco Kant ha superado la *contradictio in adjecto* del 'intelecto puro'. Nosotros sí." NF Abril-Junio de 1885, KSA 11, 442; FP III, 730 (trad. mod.). En el aforismo publicado, deja fuera a Lamarck. Para la mención Darwin como un efecto secundario, se puede ver Dirk Solies, "Das Organische und der Zweck. Zwei Grundcategorien bei Nietzsche und ihre ideengeschichtlichen Voraussetzungen," en *Kant und Nietzsche im Widerstreit*, ed. Beatrix Himmelmann (Berlin/New York: Walter de Gruyter, 2005), 328–29.
25. Cf. Georg Lukács, *Geschichte und Klassenbewusstsein* (Berlin: Malik Verlag, 1923), 209–67.
26. Martin Heidegger, *Sein und Zeit* (Tübingen: Max Niemeyer Verlag, 1979), 396.
27. HL, Prólogo, KSA 1, 245–46; OC I, 695–96.
28. HL § 10, KSA 1, 324; OC I, 743.

29. Nos encontramos aquí con los importantes conceptos en Nietzsche de "salud" y "enfermedad". En una obra posterior, en el Prólogo de *La gaya ciencia*, hablará Nietzsche sobre ellos diciendo que cuando se hace filosofía "no se trata de la verdad, sino de algo diferente, digamos por ejemplo de salud, futuro, crecimiento, poder, vida". FW, KSA 3, 349. Nietzsche gustaba en esa época de hacerse llamar "médico de la Cultura" (*Artz der Kultur*). Sobre este tema, se puede ver Karl Jaspers, *Nietzsche. Eine Einführung in das Verständnis seines Philosophierens* (Berlin/NewYork, 1936), 91–118; Walter Kaufmann, *Nietzsche Philosoph-Psychologe-Antichrist* (Darmstadt: Wissenschaftliche Buchgesellschaft, 1982), 151–56; Karl August Götz, *Nietzsche als Ausnahme* (Freiburg im Breisgau: Alber, 1949), 95–185; Heinrich Schipperges, *Am Leitfaden des Leibes. Zur Anthropologik und Therapeutik Friedrich Nietzsches* (Stuttgart: Klett, 1975); Thomas A. Long, "Nietzsches Philosophy of Medicine," *Nietzsche-Studien*, no. 19 (1990): 112–28; Anette Horn, *Nietzsches Begriff der Decadence: Kritik und Analyse der Moderne* (Frankfurt a. M: Peter Lang, 2000), cap. 3.2: "*Gesundheit" und "Krankheit" im Denken Nietzsches*, 115–28.
30. "Aprender un oficio, el retorno necesario del que necesita formación en el círculo más pequeño que él idealiza lo más posible. Lucha contra la producción abstracta de las máquinas y de las fábricas. Producir escarnio y odio contra aquello que ahora se considera 'formación': contraponiendo a esto una formación más madura." Cfr. NF Verano-Otoño de 1873, fr. 29 [195], KSA 7, 709; FP I, 543.
31. HL, KSA 1, 332; OC I, 747.
32. NF Verano-Otoño de 1873, frg. 29 [177], KSA 7, 705; FP I, 541.
33. NF Verano-Otoño de 1873, frg. 29 [82], KSA 7, 665–66, FP I, 515: "¿El número de escritos históricos que se publican al año? ¡Hay que tener en cuenta que casi toda la ciencia de la Antigüedad [*Altertumswissenschaft*] pertenece a este ámbito! Y además, en casi todas las ciencias la mayoría son principalmente escritos históricos, a excepción de la matemática y disciplinas particulares de la medicina y las ciencias naturales."
34. NF Verano-Otoño de 1873, frg 29 [87], KSA 7, 668; FP I, 517. La cursiva es mía.
35. NF Verano-Otoño de 1873, frg 29 [87], KSA 7, 668; FP I, 517. La cursiva es mía.
36. HL, Prólogo, KSA 1, 246; OC I, 696.
37. NF Verano-Otoño de 1873, frg 29 [87], KSA 7, 669; FP I, 517.
38. NF Verano-Otoño de 1873, frg 29 [178], KSA 7, 705; FP I, 541. La cita de Aristóteles es de *Topica*, 1262b 22 y ss.
39. Sobre el origen del uso del concepto de fetichismo para el análisis de la inversión (*Verkehrung*) epistémica se puede ver por ejemplo Karl Marx, MEGA IV.1, 320 y ss.; MEGA I.1, 135, 177; MEW 1, 42, 91.
40. NF Verano-Otoño de 1873, frg 29 [87], KSA 7, 668–69; FP I, 517.
41. Cfr. *Morgenröte*, aforismo 117: "De acuerdo con estos Horizontes, en los cuales nos encierran nuestros sentidos como en una cárcel, medimos el mundo." KSA 3, 110.
42. MAM, II, § 223, KSA 2, 477.
43. HL § 1, KSA 1, 249; OC I, 697.

44. NF Verano-Otoño de 1973, frag. 29 [98], KSA 7, 678; FP I, 522.]: "*Debemos* considerar el pasado—esta es precisamente la suerte de los hombres …, porque en nosotros el pasado no puede morir y nos empuja hacia delante sin tregua, con la inquietud de un fantasma, a ascender por toda la escala de aquello que los hombres llaman grande, sorprendente, inmortal, divino."
45. HL, Prólogo, KSA 1, 246; OC I, 696.
46. HL § 2, KSA 1, 258; OC I, 703.
47. "Aquí es donde comienza … la educación, sabiendo tratar lo vivo como algo vivo; aquí es donde comienza la tarea del profesor, reprimiendo el apremiante interés histórico." BA, Conf. II, KSA 1, 677; OC I, 502.
48. Volker Gerhardt define *Wille zur Macht* en Nietzsche no como mero impulso de voluntad psicológica, sino como "impulso energético de todo acontecer", que transciende el horizonte de la física experimental y para la cual los estados de movimiento o reposo son sólo efectos de fuerzas externas (*Kräfte*): todo permanece necesariamente en el estado en que dichas fuerzas lo hayan dejado. Para Nietzsche, todo acontecer sucede como efecto de fuerzas tanto externas como internas que buscan construir una unidad superior (la relación con el concepto "forma" en Goethe es evidente) más allá de su estado presente. Nietzsche descubre esta condición en el despliegue de las fuerzas creadoras del ser humano, en la productividad del "hombre superior" (*grosser Mensch*): "La Voluntad de poder tiene por tanto un origen estético; su concepción deriva del entramado de experiencias de la autoproducción cultural de los individuos creadores." [Cfr. Volker Gerhardt, "Wille Zur Macht," en *Nietzsche Handbuch, Leben-Werk-Wirkung*, ed. Henning Ottmann (Stuttgart: J. B. Metzler, 2000), 351–55.] Un ejemplo de "hombre superior" como paradigma para la historia lo tenemos en la vida de Goethe. En un apunte preparativo de la época de la HL, Nietzsche dice de él que es "modélico; el naturalismo impetuoso; poco a poco se convierte en rigurosa dignidad. Como hombre estilizado ha llegado más alto que cualquier otro alemán. Ahora se es tan limitado como para reprocharle y acusarle incluso de envejecer. Que se lea a Eckermann y se pregunte si alguna vez en Alemania ha llegado un hombre tan lejos en la nobleza de la forma." NF Verano-Otoño de 1873, frg. 29 [119], KSA 7, 686; FP I, 527.
49. La tipología entre la historia dañina y la beneficiosa la aprendió Nietzsche de la diferencia schilleriana entre el "*Brotgelehrte*" y la "*philosophischen Kopf*"—categorías que luego también se proyectarán en la crítica nietzscheana a la *Arbeitsteilung* en la ciencia, cuando equipare a los eruditos especializados [*Fachgelehrte*] con los operarios de una fábrica [*Fabrikarbeiter*]). Del mismo modo, también es de consideración el concepto schilleriano de *Relavität der Kulturen*. Cfr. Friedrich Schiller, "*Was heisst und zu welchem Ende studiert man Universalgeschichte?* (1789)" en *Sämtliche Werke in fünf Einzelbänden*, ed. Peter-André Alt, Albert Meier, y Wolfgang Riedel (München, 1978), vol. 4, 703–20. Para ilustrar este punto, el fragmento 29 [124]: "Remedio: el uso *schilleriano* de la historia. Sus peligros (drásticos, etc.). Denota *advertencia*,

daimon [*Dämonion*]—pues pone en guardia ante sí misma." NF Verano-Otoño de 1873, frg. 29 [124], KSA 7, 687; FP I, 528 (trad. mod.).

50. HL § 7, KSA 1, 295–96.
51. "El método histórico se ha vuelto tan corriente en nuestra época que hasta el cuerpo vivo de la lengua lo entregamos a los estudios anatómicos de la historia." KSA 1, 677; OC I, p. 502
52. NF Verano-Otoño de 1873, frg. 29 [38], KSA 7, 640–41; FP I, 499.
53. NF Verano-Otoño de 1873, frg. 29 [114], KSA 7, 682; FP I, 525–26. Este fragmento es una recapitulación de las características de la historia anticuaria y sus daños.
54. HL § 3, KSA 1, 267; OC I, 709.
55. HL § 7, KSA 1, 296; OC I, 725.
56. NF Verano-Otoño de 1873, frg. 29 [114], KSA 7, 682; FP I, 525.
57. NF Verano-Otoño de 1873, frg. 29 [114], KSA 7, 682; FP I, 526.
58. "[P]one trabas al firme impulso a lo nuevo y paraliza a quien actúa, el cual, al obrar, no puede menos que violar tales o cuales devociones." HL § 3, KSA 1, 268; OC I, 709. En frg. 29 [31]: "Se debilita el ánimo, al saber que ha habido tantas posibilidades precedentes: si el objetivo no es *valorar* (es decir, distinguir en el pasado lo clásico y lo bueno) sino sólo comprender cómo ha llegado a ser todo, entonces el sentido anticuario es paralizante." KSA 7, 637–38; FP I, 497–98.
59. NF Verano-Otoño de 1873, frg. 29 [82], KSA 7, 665–66; FP I, 515.
60. NF Verano-Otoño de 1873, frg. 29 [183], KSA 7, 706; FP I, 541. Cfr. también frg. 29 [35], muy similar.
61. NF Verano-Otoño de 1873, frg. 29 [32], KSA 7, 638; FP I, 498
62. Como ejemplo, valen las mismas palabras que Wilamowitz utiliza en su escrito de 1921 *La validez de la antigüedad clásica con el paso del tiempo*: "Cuando F. A. Wolf presentó, en una dedicatoria a Goethe, el programa de la nueva *Altertumswissenschaft*, lo hacía aún con una desmedida sobrevaloración de la antigüedad como, después de Herder, no resultaba en realidad admisible ya más. Desde ese momento se han investigado con el mismo amor y el mismo criterio crítico tantos pueblos y Culturas que ya ninguno tiene preferencia frente al resto." Cfr. Ulrich v. Wilamowitz-Möllendorf, "Die Geltung des klassischen Altertums im Wandel der Zeiten," en *Monatshefte 36* (1921–1922): 73–77.
63. NF Primavera-Verano de 1875, frg. 3 [76], KSA 8, 37; FP II, 62.
64. Cfr. Kathrin Meyer, *Ästhethik der Historie, Friedrich Nietzsches "Vom Nutzen und Nachteile der Historie für das Leben"* (Würzburg: Könighausen und Neumann, 1998), 68–69 y 77.
65. KGW II.3, 406; OC II, 309.
66. NF Verano-Otoño de 1873, frg. 29 [31], KSA 7, 637–38; FP I, 498.
67. NF Verano-Otoño de 1873, frg. 29 [100], KSA 7, 678; FP I, 522.
68. NF Verano-Otoño de 1873, frg. 29 [51], KSA 7, 646–48; FP I, 503.

69. NF Verano-Otoño de 1873, frg. 29 [31]: "La Historia requiere un tratamiento *a lo grande*: de lo contrario hace esclavos." KSA 7, 637–38; FP I, 498.
70. Cfr. NF Verano-Otoño de 1873, frg. 29 [194], KSA 7, 709; FP I, 543.
71. HL § 10, KSA 1, 330; OC I, 746.
72. Nietzsche utiliza aquí sin explicitarlo la rica ambivalencia del concepto griego de φάρμακον como medicina/veneno ante el hecho de la enfermedad, cuyo definición última dependerá de la una práctica virtuosa aplicada para caso concreto en relación a la fuerza del individuo que lo ingiera.
73. HL § 1, KSA 1, 253; OC I, 699–700.
74. Cfr. *Über das Pathos der Wahrheit*, en: *Fünf Vorreden zu fünf ungeschriebene Büchern*, KGW III.2, 249–54; OC I, 544–48.
75. NF Verano-Otoño de 1873, frg. 29 [29]; FP I, 497.
76. HL § 1, KSA 1, 262; OC I, 705–06 (trad. mod.).
77. NF Verano-Otoño de 1873, frg. 29 [50], KSA 7, 646; FP I, 503.
78. NF Verano-Otoño de 1873, frg. 29 [34], KSA 7, 639; FP I, 498.
79. NF Verano-Otoño de 1873, frg. 29 [38], KSA 7, 640–41; FP I, 499.
80. NF Verano-Otoño de 1873, frg. 29 [35], KSA 7, 639; FP I, 498.
81. HL § 7, KSA 1, 301; OC I, 728: "Goethe pedía que las ciencias obraran únicamente a través de una praxis elevada sobre el mundo exterior." Y en frg. 29 [84] de Verano-Otoño de 1873: "Sólo a través de una *praxis superior*, dice *Goethe*, las ciencias deberían actuar sobre el mundo exterior; pues propiamente son todas ellas ciencias esotéricas, y sólo pueden convertirse en exotéricas mediante la mejora de ciertas actividades. Todas las otras formas de participación no conducen a nada." Como afirma el propio Goethe en su "Máxima 693": "En el fondo, [las ciencias] sólo despiertan interés en un mundo muy concreto: el científico; pues el hecho de que se llame a participar en ellas al resto del mundo y se lo tenga al corriente, como ocurre en los últimos tiempos, es un abuso y acarrea más perjuicios que ventajas" Johann Wolfgang von Goethe, *Goethes Sämtliche Werke* (Stuttgart/Berlin: J. G. Cotta, n.d.), t. 2, 761. Y en su "Máxima 694": "Sólo mediante una aplicación de orden superior podrían incidir las ciencias en el mundo exterior; pues, a decir verdad, son todas esotéricas y sólo pueden volverse exotéricas perfeccionando algún tipo de actividad. Cualquier otra participación no llevaría a ninguna parte." Goethe, *Goethes Sämtliche Werke*, t. 2, 761.
82. En este sentido, se puede destacar la Tesis 1: "El defecto fundamental de todo el materialismo hasta ahora (incluido el de Feuerbach) es que sólo concibe el objeto [*Gegenstand*] la realidad, la sensibilidad [*Sinnlichkeit*], bajo la forma *del objeto* [Objekt] o *de la intuición* [Anschauung], pero no como *actividad sensorial humana*, como *práctica* [Praxis]; no de un modo subjetivo. De aquí sucedió que el lado *activo* fuese desarrollado por el idealismo"; la Tesis 2: "La cuestión de si al pensamiento humano se le puede atribuir una verdad objetiva [*gegenständliche Wahrheit*], no es un asunto de la teoría, sino un asunto *práctico*. Es en la práctica donde el hombre tiene que demostrar la verdad, es decir, la realidad y el poder, la terrenalidad de su pensamiento. La

disputa sobre la realidad o irrealidad de un pensamiento que se aísla de la práctica es un problema meramente *escolástico*"; y la Tesis 9: "A lo más que llega el materialismo *contemplativo* [anschauende], es decir, el materialismo que no concibe la sensibilidad como actividad práctica, es a contemplar a los individuos particulares dentro de la 'sociedad civil' [*bürgerliche Gesellschaft*]." De ahí llegamos a la Tesis 11 y su famoso requerimiento: "Los filósofos no han hecho hasta ahora más que *interpretar* el mundo de diversos modos, pero de lo que ahora se trata es de *transformarlo*." Este "de lo que se trata ahora es de transformarlo" no indica un imperativo moral en el sentido ordinario, sino precisamente una nueva formulación de la relación de las ciencias con la verdad: "ahora" significa que, después de lo visto hasta aquí, queda claro que la ganancia de la verdad no es un asunto de toma de distancia con el objeto y de discurso esotérico de cada disciplina, sino una cuestión de interrelación entre lo interno y lo externo. Cfr. Karl Marx, *Thesen über Feuerbach*, MEW 3, 5–7.

83. NF Verano-Otoño de 1873, frg. 29 [101], KSA 7, 678; FP I, 523.
84. "[S]e pone de manifiesto el rasgo más característico de este ser humano moderno: el singular contraste entre un interior [*Inneres*] al que no corresponde ningún exterior [*Ausseres*] y un exterior al que no corresponde ningún interior, contraste que los pueblos antiguos no conocieron. El saber, absorbido en demasía, sin hambre, más aún, contrariando la necesidad, ahora ya no obra como motivo transformador que tiende hacia fuera, sino que permanece oculto en cierto caótico mundo interior que el ser humano moderno señala con extraño orgullo como la 'interioridad' que le es peculiar y propia." HL § 4, KSA 1, 272–73; OC I, 712.
85. NF Verano-Otoño de 1873, frg. 29 [96], KSA 7, 673–76; FP I, 519–20.
86. HL § 6, KSA 1, 290; OC I, 721.Ver también FP I, 29 [96].
87. NF Verano-Otoño de 1873, frg. 29 [72], KSA 7, 660–61; FP I, 511–12.
88. NF Verano-Otoño de 1873, frg. 29 [46], KSA 7, 645; FP I, 502.
89. HL § 8, KSA 1, 308; OC I, 733.
90. "A esa Historia entendida hegelianamente se la ha llamado, en son de burla, el desenvolvimiento de Dios sobre la tierra, un Dios, sin embargo, que por su parte tan sólo ha sido fabricado por la Historia. Este Dios se ha hecho a sí mismo transparente e inteligible dentro de las seseras hegelianas y ya lleva escalados todos los peldaños dialécticamente posibles de su devenir, siendo el más alto esa autorrevelación: de modo que para Hegel el punto culminante y el punto final del proceso del universo coincidían en su propia existencia berlinesa." HL § 8, 308; OC I, 733. Para la crítica Nietzsche a Hegel, véase frg. 29 [52], 29 [53], 29 [64], y sobre todo 29 [72], 29 [73] y 29 [74].
91. Eduard von Hartmann, *Philosophie des Unbewußten. Versuch einer Weltanschauung* (Berlin: Duncker, 1869), 638.
92. NF Verano-Otoño de 1873, frg. 29 [52], KSA 7, 648 y ss.; FP I, 504 y ss.

93. NF Verano-Otoño de 1873, frg. 29 [72], KSA 7, 660–61; FPI, 512: "Está claro que mi vida no tiene ningún fin, puesto que mi nacimiento ha sido fruto de la casualidad; otra cosa muy distinta es que yo pueda ponerme un fin"; y frg. 29 [54], KSA 7, 651; FP I, 505: "Para qué existen los hombres, para qué existe 'el hombre', es algo que no nos debe preocupar: pero para qué existes tú, eso sí te lo pregunto; y si no lo sabes, ponte a ti mismo metas, metas nobles y elevadas y ¡perece por ellas! No conozco meta mejor para la vida que perecer por lo grande e imposible: *animae magnae prodigus*." La expresión latina es de Horacio, *Carm*, I, 12, 37 y ss.
94. NF Verano-Otoño de 1873, frg. 29 [140], KSA 7, 693; FP I, 532.
95. NF Verano-Otoño de 1873, frg. 29 [96], KSA 7, 673 y ss.; FP I, 519 y ss.
96. NF Verano-Otoño de 1873, frg. 29 [96], KSA 7, 673 y ss.; FP I, 519 y ss.
97. HL § 2, KSA 1, 259; OC I, 703.
98. Cfr. Jacob Burckhardt, "Weltgeschichtliche Betrachtungen." Historische Fragmente aus dem Nachlass, en Jacob Burckhardt, *Gesamtausgabe* (Basel: Schwabe, 1929). En particular "Das Individuum und das Allgemeine (Die historische Grösse)".
99. HL § 2, KSA 1, 260; OC I, 704.
100. Jacob Burckhardt, "Weltgeschichtliche Betrachtungen." Historische Fragmente aus dem Nachlass, en Jacob Burckhardt, *Gesamtausgabe*, t. 7, 160.
101. HL § 2, KSA 1, 262; OC I, 705.
102. "[Q]uien ha aprendido a doblar la espalda y a agachar la cabeza ante el 'poder de la Historia' termina por asentir con la cabeza, en un gesto maquinal-chinesco, ante cualquier poder, ya sea un gobierno o una opinión pública, o bien una mayoría numérica, moviendo sus miembros exactamente al compás de cualquier 'poder que tira del hilo'." HL § 8, KSA 1, 309; OC I, 733. Citas como ésta demuestran la actualidad de Nietzsche también para la crítica cultural de la contemporaneidad. Para una profundización sobre este tema, así como una relación de la bibliografía a considerar, se puede ver Harmut Schröter, *Historische Theorie und geschichtliches Handeln. Zur Wissenschaftskritik Nietzsches* (Mäander: Mittenwald, 1982).
103. Jacob Burckhardt, "Weltgeschichtliche Betrachtungen." Historische Fragmente aus dem Nachlass, en Jacob Burckhardt, *Gesamtausgabe*, t. 7, 191.
104. Müller, *Die Griechen im Denken Nietzsches*, 62.
105. Jacob Burckhardt, "Weltgeschichtliche Betrachtungen." Historische Fragmente aus dem Nachlass, en Jacob Burckhardt, *Gesamtausgabe*, t. 7, *Einleitung*, I, 6.
106. Un buen ejemplo de esto lo tenemos en Heinrich von Treitschke o en el mismo Ulrich von Wilamowitz, cuando identificaban el estado bismarckiano con el principio de la moralidad (*Sittlichkeit*), el cual remitiría en contenido directamente a la antigüedad clásica por ser expresión de la Vida misma. En el prólogo a su *Griechisches Lesebuch*, decía que uno puede conocer en la antigüedad "la esencia de las cosas y las condiciones y metas *eternamente iguales* del orden social sin dejarse confundir por la plenitud de la vida moderna y las grandes palabras de las modernas opiniones partidistas, y construirse un juicio y afianzar una convicción a partir de sus memorables—al

tiempo que fácilmente susceptibles de pasar inadvertidos—intentos por encontrar soluciones." Ulrich v. Wilamowitz-Möllendorf, "Vorrede," *Griechischen Lesebuch* (Berlin: Weidmann, 1902), t. 1.1, viii; la cursiva es mía. En otro lugar, mantiene que "los jonios y los atenienses luchan por lo mismo" que para un individuo resulta "preclaro y sagrado". Ulrich v. Wilamowitz-Möllendorf, *Reden und Vorträge*, 3. Auflage (Berlin: Weidmann, 1913), 35, nota 1. Y en otro pasaje: "También nosotros [como los atenienses] exigimos de todo ciudadano en pleno derecho que asuma el duro deber de tomar parte en la administración de su estado, y le otorgamos el bello derecho de defender su patria con el arma en la mano." Wilamowitz-Möllendorf, *Reden und Vorträge*, 65. La "salud espiritual [*geistigen*] y moral [*sittlichen*]" del estado bismarkiano, por tanto, se vería amenazada con cualquier disciplina historiográfica que no cuidase de dicha antigüedad (Wilamowitz-Möllendorf, *Reden und Vorträge*, 115). Citado por Manfred Landfester, "U. von Wilamowitz-Moellendorf und die hermeneutische Tradition," en *Philologie und Hermeneutik im 19. Jahrhundert. Zur Geschichte und Methodologie der Geisteswissenschaften*, ed. Hellmut Flashar, Karlfried Gründer, and Axel Horstmann (Göttingen: Vandenhoeck & Ruprecht, 1979), 179.

107. "Uno no debe ser ambos, clásico y anticuario, sino una sola cosa pero completa." NF Verano-Otoño de 1873, frg. 29 [38], KSA 7, 641; FP I, 499.
108. Para una discusión de estas ideas, se puede ver Jörg Salaquarda, "Studien zum Zweiten unzeitgemässen Betrachtung," *Nietzsche-Studien*, no. 13 (1984): 18 y ss.
109. NF Verano-Otoño de 1873, frg. 29 [115], KSA 7, 683; FP I, 526.
110. HL § 3, KSA 1, 269; OC I, 710.
111. HL § 5, KSA 1, 282; OC I, 717.
112. HL § 5, KSA 1, 282; OC I, 717.
113. NF Verano de 1872-Principios de 1873, frg. 19 [37], KSA 7, 430; FP I, 353 (trad. mod.). Otras formulaciones de este concepto de iconicidad para la historiografía son las de *ikonische Portraittreue* (DS, § 2, KSA 1, 171; OC I, 649), la *ikonische Wahrhaftigkeit* (HL, § 2, KSA 1, 261; OC I, 705), *ikonische Kunst* (frg. 27 [65], KSA 7, 606; FP I, 478), *ikonische Geschichte* (frg. 19 [212] y frg. 23 [14], KSA 7, 485 y 545; FP I, 389 y 434) así como *ikonische Geschichtsschreibung* (frg. 19 [10, 23, 248, 319] y frg. 27 [65], KSA 7, 419, 423, 497, 517 y 606); FP I, 346, 349, 397, 412).
114. NF frg. 56 [4], KGW I.4, 364–65. En el manuscrito continúa además, aunque tachado, una relación de estos tres modos con "Tres pulsiones [*Triebe*]: pulsión cognoscitiva, pulsión sexual, pulsión de la forma-pulsión ética".
115. NF Otoño 1867-Primavera 1868, frg. 58 [2], KGW I.4, 495.
116. NF Otoño 1867-Primavera 1868, frg. 58 [53], KGW I.4, 496.
117. Cfr. el cuaderno 62 = P I 8, I-84 180, KGW I.4, 548–78.
118. NF Abril/Mayo 1868, frg. 62 [47], KGW I.4, 571.
119. NF Abril/Mayo 1868, frg. 62 [56], KGW I.4, 577.
120. NF Verano-Otoño de 1873, frg. 29 [96]; FP I, 521.
121. Cfr. infra, cap. 1, § "Nietzsche y la filología: entre la crítica y la hermenéutica".

122. NF Verano-Otoño de 1873, frg. 29 [96]; KSA 7, 676; FP I, 521.
123. Ésta es por ejemplo la opinión de Gianni Vattimo en Gianni Vattimo, *Introducción a Nietzsche* (Barcelona: Península, 1987), 53.
124. BA, Conf. I, KSA 1, 651; OC I, 488. También U I 5 A, Invierno de 1870/71-Otoño de 1872, frg. 8 [60], KSA 7, 244–45; FP I, 226.
125. NF Verano-Otoño de 1873, frg. 29 [96], KSA 7, 693 y ss.; FP I, 521.
126. MAM, KSA 2, 50.
127. NF Primavera-Verano de 1877, frg. 22 [37], KSA 8, 386; FP II, 312.
128. Cfr. Manuel Barrios, "Introducción al Volumen II," en *Friedrich Nietzsche. Fragmentos Póstumos*, ed. Diego Sánchez Meca, vol. II (Madrid: Tecnos, 2008), 25.
129. MAM, KSA 2, 45.
130. NF Verano-Otoño de 1873, frg. 29 [29], KSA 7, 636; FP I, 497.
131. Cfr por ejemplo MP XIII 6A de 1875, frg. 7 [6], KSA 8, 123–25; FP II, 123: "la relación entre teoría y praxis no se evidencia con tanta rapidez en el caso del filólogo."
132. Cfr. carta a Meta von Salis de 14 de Septiembre de 1887, KGB III.5, nr. 908, 151.
133. Za II, *De los sabios famosos,* KSA 4, 132 y ss.
134. GM, Prólogo § 7, KSA 5, 254.
135. GM, Prólogo § 7, KSA 5, 254.
136. La idea de observar los fenómenos culturales como si fuesen un texto es un elemento presente en todo el pensamiento de Nietzsche a lo largo de su carrera como pensador. En *El caminante y su Sombra* de 1880 por ejemplo, describe el culto como un "texto-palabra fijo", que permanece a los largo de la Historia pero siendo continuamente "interpretado" [*ausgedeutet*] (cfr. MAM II, § 77, KSA 2, 587); y unas páginas antes habla incluso, en términos generales, de la Naturaleza como Texto (MAM II, § 17, KSA 2, 551–53). Esta idea general de la metáfora-texto y de la "textualización" del objeto científico ha sido asumida a finales del siglo XX por algunos etnólogos y estudiosos de la Cultura, tales como Carsten Lenk, "Kultur als Text: Überlegung zu einer Interpretationsfigur," en *Literaturwissenschaft-Kulturwissenschaft: Positionen, Themen, Perspektiven.*, ed. Renate Glaser Christoph Weiss (Opladen: Westdeutsche Verlag, 1996), 116–28; Clifford Geertz, *The Interpretation of Cultures* (London: Hutschison, 1975); o Doris Bachmann-Medick, *Kultur als Text: Die anthropologische Wende in der Literaturwissenschaft*, ed. Doris Bachmann-Medick (Frankfurt a. M: Fischer Taschenbuch, 1996). Para una discusión en lo que a nosotros nos interesa, se puede ver Christian Benne, *Nietzsche und die historisch-kritische Philologie* (Berlin/New York: Walter de Gruyter, 2005), 144–46.
137. GM, Prólogo § 4, KSA 5, 251.
138. GM, Prólogo § 6, KSA 5, 253.
139. GM, Trat. 1, § 2, KSA 5, 258.
140. GM, Trat. 1, § 2, KSA 5, 258. También en el *Crepúsculo de los ídolos* escribe: "Me preguntan qué parte exactamente es idiosincrasia en los filósofos .... Por ejemplo, su

falta de sentido histórico, su odio contra la idea misma del devenir, su egipticismo [*Ägyptizismus*]. Creen hacerle un *favor* a algo cuando lo deshistorizan, sub specie aeterni—cuando hacen de ello una momia. Todo lo que los filósofos desde hace milenios han manejado han sido conceptos momia; nada real vivo ha venido de sus manos. Cuando rezan, estos señores servidores del concepto-ídolo han matado, han disecado. Cuando rezan, se vuelven peligrosos para todo lo vivo. La muerte, la transformación, la edad como testimonio incluso y como crecimiento son para ellos objeciones—refutaciones incluso. Lo que es, no *deviene*. Lo que deviene, no *es* ..." GD, KSA 6, 74.

141. Rafael Carrión Arias, "Los Estudios Democritea de 1867–1868. Nietzsche descubriendo el nuevo método filológico," en *Nietzsche: Les Premiers Textes Sur Les Grecs*, ed. Céline Denat y Patrick Wotling (Reims: Épure, 2016), 126–28.
142. Cfr. frg. 7 [8] de finales de 1886-Primavera de 1887, KSA 12, 293; FP IV, 211.
143. GM, Trat. 2, § 12, KSA 5, 313.
144. Nietzsche está aludiendo aquí, aun sin nombrarla, la obra de Rudolf von Ihering *Der Zweck im Recht* publicada entre 1877–1883—obra finalmente incompleta.
145. GM, Trat. 2, § 12, KSA 5, 313.
146. GM, Trat. 2, § 12, KSA 5, 314. Ver también NF Finales de 1886-Primavera de 1887, frg. 7 [25], KSA 12, 304; FP IV, 216.
147. Para el concepto de tiempo en Aristóteles, cfr. Aristóteles, *Física*, IV, 10.
148. Para las causas en Aristóteles, cfr. Aristóteles, *Metafísica*, I, 3, 983a 24–32; también *Física*, II 3, 194b 23 y ss. y 7, 198a 14 y ss.
149. Cfr. Aristóteles, *De Anima*, II, 412a 27–28.
150. NF Abril-Junio de 1885, frg. 34 [123], KSA 11, 463; FP III, 742 (trad. mod.).
151. NF Agosto-Septiembre de 1885, frg. 40 [51], KSA 11, 654; FP III, 859 (trad. mod.).
152. JGB, Primera parte, § 32, KSA 5, 50–51.
153. GM, Trat. 2, § 12, KSA 5, 314–15.
154. Para el concepto de "flüssiger Sinn" en el sentido recién expuesto, me remito a Werner Stegmaier, *Nietzsches "Genealogie der Moral"* (Darmstadt: Wissenschaftliche Buchgesellschaft, 1994), 70–88.
155. Jacob Burckhardt, "Weltgeschichtliche Betrachtungen." Historische Fragmente aus dem Nachlass, en Jacob Burckhardt, *Gesamtausgabe*, t. 7, *Einleitung*, 4.
156. Sobre el tema, se puede ver por ejemplo Andreas Urs Sommer, *Der Geist der Historie und das Ende des Christentums. Zur "Waffengenossenschaft" von Friedrich Nietzsche und Franz Overbeck* (Berlin: Akademie Verlag, 1997), 17–43.
157. Cfr. Friedrich Wilhelm Nietzsche et al., *Nietzsche und Wagner: Stationen einer epochalen Begegnung*, ed. Dieter Borchmeyer y Jörg Salaquarda (Frankfurt a. M.: Insel, 1994), t. I, 58, 106, 149–50 y 152–53.
158. NF Finales de 1876-Verano de 1877, frg. 23 [159], KSA 8, 463; FP II, 361.
159. NF Verano de 1878, frg. 30 [148], KSA 8, 548; FP II, 423. El fragmento 30 [166] plantea a modo de balance las claves de este rechazo: "Comprensión en torno a la

puesta en peligro de la Cultura ... Debilitación del concepto de Cultura (lo nacional), filisteos de la cultura. Enfermedad histórica. ¿Qué apoyo encuentra el individuo particular contra la epidemia? La metafísica de Schopenhauer, suprahistórica; un pensador heroico. De posición casi religiosa. La defensa por parte de Wagner de su arte contra el gusto de la época. De ahí surgen nuevos peligros: lo metafísico incita al desprecio de lo real; y en tal sentido es hostil a la cultura y casi más peligroso. Se sobrevalora al genio. La cultura de la música reniega de la ciencia y la crítica; habría que añadir aquí muchas de las cosas en que se encorseta la esencia wagneriana. La bastedad junto a la sobreexcitada sensibilidad. Tienen preeminencia en los wagnerianos la deducción y la simbolización. Me alejé del arte, de la poesía (aprendía a malentender la antigüedad) y de la naturaleza, perdiendo casi mi buen temperamento. De ahí viene la mala conciencia de los metafísicos. Significado de Bayreuth para mí: Huída. Un jarro de agua fría. El arte, la naturaleza y la dulzura regresan." NF Verano de 1878, frg. 30 [166], KSA 8, 552; FP II, 425–26. Se puede ver para el tema Diego Sánchez Meca, *Nietzsche. La experiencia dionisíaca del mundo* (Madrid: Tecnos, 2009), 25 y ss.

160. NF Otoño de 1885-Otoño de 1886, frg. 2 [113], KSA 12, 117–18; FP IV, 110 (trad. mod.).
161. En un fragmento póstumo de Noviembre de 1887-Marzo de 1888, por ejemplo, Nietzsche sigue definiendo el arte como "el gran posibilitador de la vida, el gran seductor hacia la vida, el gran estimulante para vivir ...." NF Noviembre de 1887-Marzo de 1888, frg. 11 [415], KSA 13, 194; FP IV, 492.
162. Cfr. por ejemplo el cuaderno MP XIII 6B (U II 8, 239–200). Marzo de 1875, KSA 8, 14–38; FP II, 45–62.
163. "Me percaté de esto, con tristeza, y muchas veces incluso con un repentino espanto. Pero al final sentí que, tomando partido contra mí y contra mi gusto, percibía el aliento y el consuelo de la verdad—entonces me invadió una felicidad mucho mayor que aquella a la que en ese momento daba voluntariamente la espalda." NF Verano de 1878, frg. 30 [190], KSA 8, 556–57; FP II, 429.
164. Cfr. NF Verano de 1878, frg. 30 [56], KSA 8, 531; FP II, 412 (trad. mod.).
165. PHG 1, KSA 1, 806; OC I, 574 (trad. mod.).
166. PHG 1, KSA 1, 806; OC I, 574 (trad. mod.).
167. Michel Foucault, "Nietzsche, la genealogie, l'histoire," en *Hommage À Jean Hyppolite* (Paris: PUF, 1971), 150–51. Para un estudio a acerca de la lectura de Foucault sobre Nietzsche, se puede ver por ejemplo Keith Ansell-Pearson, "The Significance of Michel Foucault's Reading of Nietzsche: Power, the Subject, and Political Theory," *Nietzsche-Studien*, no. 20 (1991): 267–83.
168. Para una crítica al proceder de Foucault se puede ver John Pizer, "The Use and Abuse of 'Ursprung': On Foucault Reading on Nietzsche," *Nietzsche-Studien*, no. 19 (1990): 462–78.
169. "Seguir la filial compleja de la procedencia es ... mantener lo que pasó en la dispersión que le es propia: es percibir los accidentes, las desviaciones ínfimas—... los retornos

completos, los errores, los fallos de apreciación, los malos cálculos que han producido aquello que existe y es válido para nosotros; es descubrir que en la raíz de lo que conocemos y de lo que somos no están en absoluto la verdad ni el ser, sino la exterioridad del accidente." Michel Foucault, "Nietzsche, la genealogie, l'histoire," 153.

170. Nietzsche habla por ejemplo de una *Entstehungsgeschichte des Denkens*: "Aquello que llamamos mundo, es el resultado de un montón de errores e imaginaciones que surgen paulatinamente en todo el desarrollo de la esencia orgánica, que crecen entrecruzados y ahora lo heredamos como tesoro acumulado de todo el pasado." MAM I, § 16, KSA 2, 37.
171. KGW II.1, 262; OC II, 227.
172. KGW II.1, 262; OC II, 227.
173. Cfr. infra, cap. 2.
174. Cfr. Carrión Arias, "Los estudios Democritea de 1867–1868. Nietzsche descubriendo el nuevo método filológico," 105–25.
175. Michel Foucault, "Nietzsche, la genealogie, l'histoire," 172.
176. Cfr. por ejemplo frg 57 [60] y 57 [72] de la Primavera de 1867-Primavera de 1868.
177. GM, Trat. 2, § 13, KSA 5, 317.
178. Cfr. Viktor Pöschl, "Nietzsche und die klassische Philologie," en *Philologie und Hermeneutik im 19. Jahrhundert. Zur Geschichte und Methodologie der Geisteswissenschaften*, ed. Ellmut Flashar, Gründer Karlfried, y Axel E. A. Horstmann (Göttingen: Vandenhoeck & Ruprecht, 1979), 147.
179. Éric Blondel ha intentado mostrar cómo para Nietzsche la tarea de la filología como genealogía del texto es demostrar su origen corporal (*l'origine corporelle*). Cfr. Éric Blondel, *Nietzsche. Le corps et la culture: la philosophie comme généalogie philologique* (Paris: PUF, 1986), 52.
180. Jesús Conill, "Hermenéutica genealógica desde el cuerpo," *Estudios Nietzsche. Revista de La Sociedad Española de Estudios Sobre Nietzsche*, no. 9 (2009): 19.
181. Martin Heidegger, *Nietzsche*, vol. 1 (Pfullingen: Günther Neske Verlag, 1961), 517–26 y 590–615.
182. AC, KSA 6, 233. La cursiva es mía. Ver también M, Prólogo § 5, KSA 3, 17.
183. AC, KSA 6, 233.
184. NF Noviembre de 1887-Marzo de 1888, frg. 11 [302], KSA 13, 128; FP IV, 450.
185. Cfr. infra, en este mismo capítulo, § "La historia monumental".
186. El "haber unido en un libro el Nuevo Testamento, una suerte de Rococó del gusto se mire por donde se mire, con el Antiguo Testamento, como 'Biblia', como 'el libro en sí': ésta es quizás la mayor osadía y 'pecado contra el espíritu' que la Europa literaria carga sobre su conciencia." JGB, KSA 5, 72.
187. Barbara von Reibnitz, "Vom 'Sprachkunstwerk' zur 'Leseliteratur,'" en *"Centauren-Geburten". Wissenschaft, Kunst und Philosophie beim jungen Nietzsche*, ed. Tilman Borsche, Federico Gerratana, y Aldo Venturelli (Berlin/New York: Walter de Gruyter, 1994), 52.

SEGUNDA PARTE:

Historia de la literatura griega (1874/76)

Ya va siendo hora de dejar de cabalgar a lomos de las letras. La aspiración de la próxima generación de filólogos deberá ser la de llegar de una vez a conclusiones y asumir la gran herencia del pasado. También esta ciencia debe servir al progreso.
Emplear dignamente su vida debe ser la aspiración de las jóvenes fuerzas. Propónganse pues objetivos adecuados. Acérquese la ciencia a las aspiraciones de los hombres de hoy, no se rescate lo que está en el desván. El rumiar debe acabar. Pero, sobre todo, póngase un límite a los excesos desenfrenados de una historia desbordada. La humanidad tiene cosas mejores que hacer que ocuparse de la historia. Y si lo hace, que busque los puntos formativos .... [L]a historia es un saber de muchas cosas, entre las cuales además hay una gran cantidad de cosas casuales, o sea, surgidas de una concatenación privada de finalidad ....
Faltan en la filología grandes pensamientos, y por eso falta en su estudio el impulso necesario. Los trabajadores se han vuelto operarios. Pierden de vista el movimiento de la totalidad. Es hora de encontrar los criterios justos para valorar los escritos de la Antigüedad y deshacerse del lastre inútil. Nuestros filólogos deben aprender a juzgar más a grandes rasgos, a fin de sustituir el regateo en torno pasajes aislados por las grandes consideraciones filosóficas. Hay que saber hacer nuevas preguntas si se quieren tener nuevas respuestas.
El período transcurrido ha establecido por fin metódicamente los textos. Ha sido un trabajo de esclavos. Hoy hay otras cosas mejores que hacer que jugar a ser correctores. El progreso de la lingüística comparada es sorprendente. Se han descubierto *leyes* y se ha entrado en el ámbito de las ciencias naturales. Se ha remontado uno hasta los comienzos de cada civilización, y se ha buscado una vía de acceso a los problemas del pensamiento. Aún queda mucho por hacer. Las leyes de la historia literaria deben encontrarse por comparación.

Nietzsche, F., Otoño 1867-Primavera 1868, frg 57 [30]

En la primera parte de este trabajo, comenzábamos hablando del escándalo que supuso para el gremio de filólogos la publicación en 1872 de *El nacimiento de la tragedia*. Con esa obra, acompañada de todo un programa crítico con HL y las *Conferencias sobre el futuro de nuestras instituciones educativas* como fuerzas pivotales, Nietzsche había irrumpido en escena para denunciar las carencias de una ciencia (filológica) atrapada en la presa del historicismo (*Historismus*), definido hoy todavía como "el ahogo del pensamiento en la Historia, de modo que éste se ve lastrado con todo lo pasado, ante cuya supuesta objetividad acaba reduciéndose e incluso perdiéndose en el río infinito de la relatividad historiográfica."[1] *Historismus* es para Nietzsche una expresión peyorativa para "la enfermedad histórica" (*historische Krankheit*) que recorre las venas de la modernidad, y cuya única cura, hemos visto, será el revulsivo filosófico de una "filología del futuro" como horizonte crítico para una renovación de la *Bildung*.

En el análisis de este problema, asomaban regularmente ciertas menciones a los estudios nietzscheanos del año 1867/68 sobre la autenticidad e inautenticidad de los textos de Demócrito o *Democritea* del filósofo presocrático[2]. En aquel cuasi primer contacto con la llamada "ilustración antigua", Nietzsche descubría el potencial del materialismo como racionalidad crítica que desvelaría la historicidad y materialidad del mundo y de los fenómenos humanos, que como el lenguaje, no son algo dado por naturaleza sino más bien el producto del acuerdo humano. Esos tempranos estudios eran la primera puesta práctica por parte de Nietzsche de un particular método hipotético-deductivo aplicado a la filología, basado en la comparación y constatación de los datos de la experiencia con hipótesis generales de la personalidad del autor a fin de construir una *Gesamtbild* que haga las funciones de principio organizativo.[3] Tal y como ha quedado expuesto pormenorizadamente en el segundo capítulo de nuestra primera parte, estas perspectivas es lo que Nietzsche llamaría luego en su conferencia sobre la personalidad de Homero de 1869 "horizontes estéticos", esto es, formas creativas nacidas del intercambio de la razón con los datos de los sentidos mediante las que valorar y organizar la realidad de una manera alternativa a las imposiciones metodológicas tradicionales, posibilitando así el juicio hermenéutico. Texto bastante inexplorado por los estudios sobre Nietzsche hasta la fecha, *Homero y la filología clásica* quedaba ahí demostrado como un lugar fundamental y constitutivo en todo el pensamiento del filósofo. Pues es en él donde, por primera vez, quedaban redefinidos los conceptos de identidad y subjetividad modernas de acuerdo a las primeras intuiciones de un pensar genealógico.

La importancia de toda esta trayectoria mostrada por la primera parte de este trabajo no era sólo la de explicitar las formas y los métodos de la práctica filológica de Nietzsche en sus primeros años como filólogo sino, más allá, la de exponer las bases instrumentales sobre las que desde aquel momento vendría a moverse todo su pensamiento. De tal modo que, por ejemplo, las formas que Nietzsche criticaba de la historiografía en su texto de 1874 *De las ventajas y desventajas de la historia para la vida*, y para las que Nietzsche proponía un método combinado de procedimientos histórico-positivistas (necesarios para el comercio legítimo con los materiales) con procedimientos más ideales habilitados para sacarnos del estupor del coleccionismo anticuario, acabarán conformando un método crítico-genealógico que desde ese mismo momento acompañará la producción nietzscheana hasta el final de su vida. El paradigma de este método lo encontramos en esa sinfonía en tres movimientos que es *Para la genealogía de la moral* de 1887, posiblemente su obra más sombría, y también posiblemente su obra cumbre: allí donde sigue diferenciando para la historiografía moderna por un lado una variante ascética, nihilista, que "ya no quiere demostrar nada, desdeña desempeñar el papel de juez y disfruta con ello—ni afirma ni niega, hace constar, 'describe' ";[4] y por el otro lado, "una especie acaso más moderna aún, una especie gozadora, voluptuosa, que coquetea tanto con la vida como el ideal ascético, que usa como si fuera un guante la palabra 'artista' [*Artist*] y que hoy monopoliza totalmente para sí el elogio de la contemplación".[5] A lo que, igual que para *Homero y la filología clásica* años antes, Nietzsche seguirá proclamando que "[n]o existe, juzgando con rigor, una ciencia libre de presupuestos" pues "siempre tiene que haber una filosofía, una fe, para que de ésta extraiga la ciencia una dirección, un sentido, un límite, un método, un *derecho* a existir".[6]

Ésta es la propia tarea de la obra de Nietzsche.[7] Pues tal y como él mismo referirá pocos meses después de la publicación de GM, en esa reflexión sobre sí mismo que es *Ecce Homo* (1888):

> Los tres tratados que componen esta Genealogía son posiblemente en lo referente a expresión, intención y arte de la sorpresa, lo más inquietante que hasta el momento se haya escrito. Dioniso es también, como se sabe, el dios de las tinieblas. Siempre hay un comienzo que *debe* inducir a error, un comienzo frío, científico, incluso irónico, intencionadamente situado en primer plano, intencionadamente demorado. Poco a poco, más agitación: relámpagos aislados; verdades de lo más desagradables se hacen oír desde la lejanía con un sordo gruñido—hasta que finalmente se alcanza un *tempo feroce*, en el que el todo empuja hacia delante con enorme tensión. Al final, cada una de las veces, entre horribles detonaciones, una *nueva* verdad se hace visible entre espesas nubes.[8]

Si leemos este texto con atención, comprobaremos en efecto cómo la estructura que sigue cada uno de los tratados de GM es la de un comienzo frío y científico, de valoración y depuración pormenorizada de las fuentes, es decir de trabajo propiamente filológico: el primer tratado por ejemplo, comienza con esa célebre etimología que determina el significado de las palabras grandilocuentes de la moral (*gut/schlecht*; *gut/böse*) y la historia de su metamorfosis intelectual. Pero éste comienzo preparatorio de los materiales no puede detenerse simplemente ahí, por lo que viene seguido necesariamente de unos impulsos más creativos y transcendentes; los cuales *sólo* en recombinación con los materiales previamente preparados desembocarán finalmente en una verdad filosófica capaz de mirar el pasado desde los problemas del presente con la esperanza efectiva de perfeccionarlo. Una verdad alcanzada con el método crítico-genealógico, la cual para GM busca en último término expresar, en palabras de Gilles Deleuze, "el valor del origen y origen de los valores".[9]

Aparte de los logros específicos en materia de psicología moral,[10] si hay algo por lo que sin duda destaca GM es por tanto por el uso del método genealógico en el terreno de la axiología. No siendo una creación estrictamente original de Nietzsche,[11] el método genealógico, recordamos, es un método utilizado por él desde su práctica filológica, depurado hasta hacerlo un método efectivo para las ciencias humanas y resultando uno de sus logros más reconocibles como filósofo.[12] El método genealógico es un método hipotético-experimental profundamente antimetafísico, un nuevo paradigma de lectura que formula hipótesis valorativas (es decir, no sólo descriptivas sino prescriptivas) sobre qué causas han podido conducir a qué efectos, tratando así de desmontar la ilusión de que podemos empezar por el comienzo,[13] de que hay siquiera un comienzo. El método genealógico es la construcción de una narrativa del no-comienzo, de un relato de la múltiple procedencia ("somos una multiplicidad de numerosos pasados.")[14] Frente a aquellas tendencias monumentalistas que situaban el principio de la existencia en un estado mítico-metafísico unificador desde el que ésta se despliega (el origen o *Ursprung*), el estudio genealógico es el estudio crítico de la *emergencia* (Entstehung), entendida ésta como el acto por el que el fenómeno surge o se manifiesta en un momento determinado. Como un océano sumergido de voluntades tectónicas obrando a escondidas de nuestra mirada hasta reclamar en un momento preciso su lugar en el mundo, la emergencia es el resultado en el mundo fenoménico del corte entre diferentes fuerzas de choque en tensión ("La emergencia es pues, la entrada en escena de las fuerzas; es su irrupción", decía Foucault),[15] y el estudio genealógico es aquella arqueología que intenta des-encubrir o desvelar estas ocultas líneas de corte desde las que entender el fenómeno en cuestión. Íntimamente relacionado con esta idea está la de la Voluntad de Poder (*Wille zur Macht*) como principio de aplicación de las fuerzas en movimiento y confrontación que buscan sobreponerse a las demás.[16] Y también, por qué no decirlo, la de un atomismo antiguo de átomos en libre circulación y colisión con el que Nietzsche ya había entrado en contacto desde finales de los años 60. El tercer tratado de GM mostraba de manera rigurosa cómo la Cultura occidental, en su devenir, ha ido cayendo en la ilusión de separar el conocimiento de la vida: el "hombre de conocimiento" ha querido siempre definir conceptos como el de Bien, Bello o Verdadero a partir del frío juicio lógico, sin relación alguna con el mundo material. Pero "[l]a voluntad de Verdad necesita de una crítica",[17] de una genealogía que demuestre que todo ello son sólo *signos* de los modos de existencia de un tiempo histórico determinado, en cuya base hay algo mucho menos noble, algo mucho menos insigne que cualquier intención salida de la mano de Dios: lo que subyace al mundo vivo es un universo de pulsiones materiales relativas a intereses, que buscan "escapar a la degeneración y revigorizarse a partir de su propio debilitamiento".[18] La obra del Nietzsche más de madurez, desde *Humano, demasiado humano* en adelante, es un estudio de la Cultura (*Kultur*) y de su camino hacia el nihilismo de acuerdo con estos parámetros.

*

El método genealógico es un modelo que describe la formación de reglas, de ideas y lugares—los cuales en muchos casos acabaron por dominar a aquellos que las inventaron.[19] Si lo aplicamos ahora al problema de las artes, la genealogía es la investigación histórica que desmitifica el origen de la obra de arte y pone en cuestión su significación, pues las demuestra como todo lo contrario de eternas e inmutables, es decir, como productos de una sociedad, de una Cultura, de unos cuerpos: como algo "demasiado humano". Hacer la genealogía de una obra de arte supone por tanto relatar el juego contingente de esas pulsiones que en un momento determinado la hicieron irrumpir o aparecer, más allá por tanto de aquella metafísica transcendente del genio que "obliga a creer en el trabajo oscuro de un destino que buscaría manifestarse desde el primer momento".[20] Por eso que, si hay un lugar en la obra de Nietzsche donde el método genealógico comienza por vez primera a tener una importancia indiscutible, se trata sin duda de los cursos que Nietzsche impartió en Basilea en 1874/76 sobre *Historia de la literatura griega* (en adelante, HLG). En esos cursos, Nietzsche sistematiza de forma práctica, por primera vez en un texto historiográfico coherentemente articulado, todas sus posiciones sobre el mundo griego desde el punto de vista de su literatura, desde sus radiantes comienzos en la época arcaica hasta su declive tras la época helenística. Y lo hace además haciendo pleno uso de la metodología genealógica, la cual hasta ese momento había ido esbozando y ensayando de forma esporádica y desarticulada, pero que en este texto aparece por vez primera empleada de manera clara y sistemática. En HLG, Nietzsche explica para sus alumnos el decurso histórico de la literatura griega de una manera novedosa y sumamente original, ajena por primera vez para la historiografía moderna al mero archivismo positivista, y desde luego bien lejos de los vicios monumentalistas de la historiografía teleológica. En los cursos de HLG, sus alumnos confrontarían por primera vez una historia de la literatura griega no desde laboratorios propensos a experimentos filológicos aislacionistas, ni tampoco desde el estudio de lugares comunes heredados de una tradición que tiende a ver en las obras clásicas un valor universal puesto ahí por una supuesta voluntad eterna del buen gusto, sino desde un estudio cronológico relacional de las líneas de corte que van dando lugar en cada momento a cada obra y a cada género. *El nacimiento de la tragedia* de 1872 ya intentaba de alguna manera indagar en la historia del surgimiento de la obra de arte trágica, donde la tragedia nacería de la confrontación entre dos principios contradictorios: el principio oscuro y caótico de Dionisos y el principio luminoso del orden y la medida de Apolo. Pero eso que en principio se asemeja bastante a la historia de un surgimiento o emergencia y que funciona como anticipo del método genealógico,[21] al final corre el riesgo de desautorización metodológica cuando esas fuerzas fisiológicas reales se formulan en forma de principios metafísicos.[22] Esta cierta desatención en lo metodológico de las fuerzas históricas a favor de fuerzas en sí estuvo sin duda influenciada por la lectura de Schopenhauer y por las aspiraciones monumentalistas de los Wagner, las cuales obligaban a Nietzsche a establecer el nacimiento de un género como la tragedia *de manera aislada*, sin relación a otros géneros, a otros autores, o a los diferentes contextos histórico-materiales en los que se enmarca el género en cuestión. Pero neutralizado paulatinamente el influjo monumentalista del romanticismo tardío wagneriano, Nietzsche puede volver al punto donde lo dejó antes de dejarse atrapar por el compositor, retomando esos procederes metodológicos mostrados en la primera parte de nuestro trabajo, y planteando por fin una historia de la literatura griega y de sus géneros literarios libre de metafísicas del origen, es decir de una manera diacrónico-relacional. En ese sentido, se puede afirmar que las exigencias académicas y pedagógicas de una exposición global de la historia de la literatura griega como la de HLG, género por género y de manera cronológica, fueron la circunstancia afortunada que permitió a Nietzsche hacer por fin un uso decisivo del método genealógico, pues sólo desde su gran escala puede percibirse con entera nitidez el carácter vivo del fenómeno (con su pertinente nacimiento, apogeo y declive) y la fluidez de sus elementos.

De ahí viene por tanto el valor y el alcance de HLG, tanto en lo filológico como en los filosófico. En lo filológico, pues a diferencia de una obra como *El nacimiento de la tragedia* donde el juego idealista de conceptos abstractos a menudo históricamente inasibles acababa restringiendo el campo la investigación y por tanto invalidándola, en HLG estamos en cambio ante un texto que sí ofrece un repertorio real de las fuerzas de múltiple procedencia, repertorio desde el que Nietzsche por fin conseguirá dar una respuesta *crítica* (no *anticuaria*, no *monumentalista*) a cuestiones como por ejemplo la cuestión de los géneros o la cuestión de la periodización. En lo filosófico, pues la genealogía acaba revelando, en definitiva, cómo los griegos alcanzaron a transformar el caos en Grandeza. La intención última de HLG de revelar las fuerzas materiales desde la que literatura griega se hizo posible, es decir mostrándola en su carácter como *signo* del presente, sobrepasa el del simple registro académico de obras y géneros para convertirse en la puesta en escena de ciertos acontecimientos clave en la Cultura (*Kultur*) desde los que la valoración del historiógrafo acierta a articular una crítica Cultural (*Kulturkritik*). Siendo que toda genealogía es una valoración, y siendo toda valoración una actividad de afirmación (o llegado caso: de negación) de fuerzas al servicio de la vida, la apuesta de HLG ha de considerarse no sólo una mera valoración sistemática para uso académico de un pasado de líneas de corte que diera lugar a una sucesión de obras y de géneros, sino la escenificación deliberada de ciertos procesos desde los que Nietzsche estaría comunicando, en definitiva, ciertas claves fundamentales para la regeneración de la Cultura y la nación.

Notas

1. Gunnar Hindrichs, "Das Problem des Historismus," *Philosophisches Jahrbuch*, no. 109.2 (2002): 283.
2. KGW I.4, 283–503; OC I, 241–92.
3. Cfr. Carta a Gersdorff de 16 de Febrero de 1868, nr. 562, KGB, 1.2, 255.
4. GM, III, § 26, KSA 5, 405–06.
5. GM, III, § 26, KSA 5, 406. Nótese el uso despectivo que hace Nietzsche de la palabra *Artist*, de cuño más europeicista, frente al *Künstler* del idioma alemán.
6. GM, III, § 24, KSA 5, 400.
7. GM, III, § 24, KSA 5, 400.
8. EH, KSA 6, 352.
9. "Genealogía quiere decir a la vez valor del origen y origen de los valores. Genealogía se opone tanto al carácter absoluto de los valores como a su carácter relativo o utilitario. Genealogía significa el elemento diferencial de los valores de los que se desprende

su propio valor. Genealogía quiere decir, pues origen o nacimiento, pero también diferencia o distancia en el origen. Genealogía quiere decir nobleza o bajeza, nobleza y vileza, nobleza y decadencia en el origen. Lo noble, lo vil, lo alto, lo bajo, tal es el elemento propiamente genealógico y crítico. Pero así entendido, la crítica es también lo más positivo." Gilles Deleuze, *Nietzsche et la philosophie* (Paris: PUF, 1962) (ed. en castellano Gilles Deleuze, *Nietzsche y la filosofía* [Anagrama: Barcelona, 1986], 9).

10. "La verdad del *primer* tratado es la psicología del cristianismo: el nacimiento del cristianismo del espíritu del resentimiento, y *no* del 'espíritu' como de ordinario se cree,—un antimovimiento por su esencia, la gran rebelión contra el dominio de los valores *nobles*. El *segundo* tratado ofrece la psicología de la *conciencia*: ésta *no* es, como se cree de ordinario 'la voz de Dios en el hombre',—es el instinto de crueldad, que revierte hacia atrás cuando yo no puede seguir desahogándose hacia fuera. La crueldad, descubierta aquí por primera vez como uno de los más antiguos trasfondos de la cultura con el que no se puede dejar de contar. El *tercer* tratado da respuesta a la pregunta de dónde procede el enorme *poder* del ideal ascético, del ideal sacerdotal, aunque éste es el ideal *nocivo* par excellence, una voluntad de final, un ideal de décadence. Respuesta: *no* porque Dios está actuando detrás de los sacerdotes, como se cree de ordinario, sino faute de Vieux—porque ha sido hasta ahora el único ideal, porque no ha tenido ningún competidor." EH, KSA 6, 352.
11. Algunos autores han querido ver un precursor por ejemplo en David Hume, aunque quizás pudieran encontrarse otros muchos antecedentes. Cfr. por ejemplo David Couzens Hoy, "Nietzsche, Hume, and the Genealogical Method," en *Nietzsche, Genealogy, Morality. Essays on Nietzsche´s "On the Genealogy of Moral,"* ed. Richard Schacht (Berkeley: University of California Press, 1994), 20–38.
12. Como recuerda Eric Blondel: "La filosofía de Nietzsche es la de un filólogo, i.e. la de alguien que tiende a considerar la realidad como un texto (esto significa *no* como una cosa que puede ser intuitivamente o conceptualmente vista como tal, sino como un conjunto de ricos, ambiguos y misteriosos signos que sólo pueden ser interpretados, descifrados y analizados casi como un enigma)". Éric Blondel, "Nietzsche´s Metaphors of Genealogy," en *Nietzsche, Genealogy, Morality. Essays on Nietzsche´s "On the Genealogy of Moral*, ed. Richard Schacht (Berkeley: University of California Press, 1994), 136.
13. NF Primavera-Verano de 1875, frg. 5 [1], KSA 8, 41; FP II, 65.
14. NF Marzo de 1875, frg. 3 [69], KSA 8, 33–34; FP II, 59.
15. Michel Foucault, "Nietzsche, la genealogie, l'histoire," in *Hommage À Jean Hyppolite* (Paris: PUF, 1971), 156.
16. Gilles Deleuze, *Nietzsche et la philosophie* (Paris: PUF, 1962), 282 (ed. en castellano Gilles Deleuze, *Nietzsche y la filosofía* [Anagrama: Barcelona, 1986], 273). Sánchez Meca lo ha denominado "una *fisiología transcendental* basada en la reciprocidad agonal de una lucha de fuerzas que pertenecen al eterno proceso creador y destructor de la *physis* misma." Cfr. Diego Sánchez Meca, "Introducción al volumen," en *F.*

Nietzsche. Obras completas. Vol. 3. Ed. Diego Sánchez Meca (Madrid: Tecnos, 2014), punto 1.3 "La configuración del método genealógico".

17. GM III, § 24, KSA 5, 401.
18. Foucault, "Nietzsche, la genealogie, l'histoire," 156.
19. "La genealogía, por su parte, restablece los diversos sistemas de sumisión: no tanto el poder anticipador de un sentido cuanto el juego azaroso de las dominaciones." Foucault, "Nietzsche, la genealogie, l'histoire," 155.
20. Foucault, "Nietzsche, la genealogie, l'histoire," 155.
21. Me remito a la introducción de Diego Sánchez Meca al vol. 3 de las OC, quien opina que "se pueden detectar ya en estos temas los principios de lo que más adelante Nietzsche tematizará como 'genealogía'. Pues la genealogía llegará a entenderse como 'fisiología de la Cultura' que remite a una articulación interna de la *physis* entendida como vida que se traduce en los estados corporales creativos, y que eran, para el joven Nietzsche, el sueño y la embriaguez". Sánchez Meca, D., "Introducción al volumen," en OC III, 13–56.
22. Cfr. NF Finales de 1876-Verano de 1877, frg. 23 [159], KSA 8, 463; FP II, 361.

1

El lugar de HLG en la obra de Nietzsche

Que el valor del mundo reside en nuestra interpretación (—que quizá en alguna parte sean posible otras interpretaciones, diferentes de las meramente humanas—), que las interpretaciones habidas hasta ahora son estimaciones perspectivistas en virtud de las cuales nos mantenemos en vida, es decir, en la voluntad de poder, de crecimiento del poder, que toda elevación del hombre lleva consigo la superación de interpretaciones más estrechas, que toda fortificación y ampliación de poder que se alcance abre nuevas perspectivas y hace creer en nuevos horizontes— todo esto recorre mis escritos.

- Nietzsche, F., NF 1885, frg. 2 [108]

Destaco tanto más este punto de vista capital de la metódica histórica cuanto que, en el fondo, se opone al instinto y al gusto de la época hoy dominantes, los cuales preferirían pactar incluso con la causalidad absoluta, más aún, con el absurdo mecanicista de todo acontecer, antes que con la teoría de una voluntad de poder que se despliega en todo acontecer.

-Nietzsche, F., *Zur Genealogie der Moral*, trat. 2, § 12.

1. Las "historias de la literatura clásica" hasta Nietzsche

1.1. El proyecto nietzscheano de una historia de los estudios literarios

En Febrero de 1868, el mismo año de elaboración de su trabajo sobre los *Democritea* en los que Nietzsche había arrojado a los filólogos "una serie de amargas verdades", escribía Nietzsche en una carta a su amigo Erwin Rohde:

> Además, todos mis trabajos toman, no por intención mía pero precisamente por ello para mi deleite, una dirección bien determinada: todos señalan como postes de telégrafos hacia una meta en mis estudios, la cual no voy a perder de vista. Se trata de una historia de los estudios literarios en la antigüedad y en la modernidad [*Geschichte der literarischen Studien im Altertum und in der Neuzeit*]. Me importan menos los detalles que lo universalmente-humano [*das Allgemein-Menschlich*], que cómo se conforma la necesidad de una investigación histórico-literaria y cómo toma forma bajo las manos creadoras de los filósofos. El hecho de que hayamos recibido todos los pensamientos de la historia literaria [*Literaturgeschichte*] de aquellos pocos grandes genios que viven en la boca de los cultos, y el hecho que todos los éxitos buenos y útiles en ese campo no fueran más que aplicaciones prácticas de esas ideas típicas, el hecho de que por lo tanto el elemento creativo en la investigación literaria provenga de aquellos que en sí mismos poco o nada se ocupan de unos estudios semejantes, y el hecho de que las obras más famosas en ese campo han sido escritas por aquellos carentes de la chispa de la genialidad—estas consideraciones pesimistas, que encierra dentro de sí un nuevo culto del genio, ocupan mi tiempo continuamente y me inclinan acto seguido a examinar la historia. Este examen se confirma conmigo mismo: pues tengo toda la sensación de que, al leer estas líneas, estás como oliendo el aroma de la cocina schopenhaueriana.[1]

En estas líneas, se concentran de manera apenas disimulada rasgos críticos fundamentales de todo el programa nietzscheano de juventud, tales como la crítica al filisteísmo cultural ("el hecho de que por lo tanto el elemento creativo en la investigación literaria provenga de aquellos que en sí mismos poco o nada se ocupan de unos estudios semejantes, y el hecho de que las obras más famosas en ese campo han sido escritas por aquellos carentes de la chispa de la genialidad") o las alternativas a éste a través el cultivo del genio, cuestiones de las que Nietzsche se ocuparía de manera explícita en las *Consideraciones intempestivas* (especialmente en la primera y en la cuarta), en las *Conferencias sobre el futuro de las instituciones educativas*, o en los trabajos referentes al gremio de los filólogos. Ya en 1867, año en que acabara sus estudios en Leipzig, planeaba Nietzsche una "historia crítica de la literatura griega",[2] de la que no podemos dejar pasar inadvertido el adjetivo de *crítica* como toma de posición filosófica más allá de la mera exposición de los materiales.[3] Y en un apunte de Otoño de 1867-Primavera de 1868, Nietzsche enumeraba una lista de próximos proyectos en la que se insinuaba a modo de colofón una "Historia de los estudios literarios en la Antigüedad".[4] Pero, tal y como se observa a partir de la carta arriba reproducida, sería sólo para cuando Nietzsche acabara sus estudios sobre los escritos de Demócrito en 1868 que dicho proyecto aparecería planteado de manera más rotunda y definida, a saber: como meta donde iban a parar, *alineados uno tras otro como postes de telégrafo*, todos sus estudios sobre la antigüedad. Como señala Barbara von Reibnitz a este respecto:

> Los trabajos filológicos de Nietzsche en Leipzig pueden … todos considerarse en contexto bajo la categoría de estudios sobre historia de la literatura [*literarhistorische Studien*]: los estudios sobre Teognis, la investigación sobre las fuentes de Diógenes Laercio, sobre Homero, sobre Hesíodo o sobre los Democritea, por nombrar sólo los complejos temáticos más importantes, buscan dar respuesta a cuestiones de pseudoepigrafía, de crítica a las fuentes, así como de constitución de las obras dentro de la tradición antigua.[5]

Fue a lo largo de 1868, por tanto, donde el proyecto nietzscheano de una suerte de "historia de la historia de la literatura" toma forma explícita. Para ello, Nietzsche desarrolló un plan para un libro de cerca de 1000 páginas en forma de "Prolegómenos para una historia de la literatura griega".[6] Sus intenciones eran las de ponerse a trabajar en esa obra magna de "Exposición de los estudios literarios de la antigüedad" tras alcanzar el grado de doctor, obra de la que ofrecería para el estudio "el desarrollo de lo que ahora llamamos historia literaria [*Litteraturgeschichte*]".[7] Sin embargo, la llamada a la docencia en Basilea en Enero de 1869 impidió la realización de este proyecto,[8] que finalmente tomaría forma de manera indirecta en las lecciones de *Enciclopedia de la filología clásica e introducción al estudio de la misma* (1871) y por supuesto en sus lecciones sobre *Historia de la literatura griega* (1874/76).

El proyecto de una historia de los estudios literarios en la antigüedad y en la modernidad (*Geschichte der literarischen Studien im Altertum und in der Neuzeit*) hay que entenderlo por tanto no como mero un tratamiento de obras y autores al estilo de un manual al uso cualquiera sino más bien como un estudio crítico de ese tipo de exposiciones al uso a lo largo de la Historia. En otras palabras: el proyecto ideado por Nietzsche sería una especie de *historia crítica de la historia de la literatura*. Eso es algo que implica un tratamiento de los materiales históricos de la historia literaria (*Litteraturgeschichte*) desde un nivel separado al resto de las historias de la literatura ("Me importan menos los detalles que lo universalmente-humano [*das Allgemein-Menschlich*], que cómo se conforma la necesidad de una investigación histórico-literaria y cómo toma forma bajo las manos creadoras de los filósofos.") Un análisis del análisis desde un meta-nivel, pues se trata en este caso de un análisis filosófico acerca de la manera en que los historiógrafos de la literatura antigua, antiguos como modernos, expusieron dicha literatura. El proyecto de una historia de los estudios literarios en la antigüedad y en la modernidad sería una exposición acerca de la manera en que la historiografía ha tratado el objeto de la literatura antigua, es decir un análisis metodológico de la historiografía literaria como tal[9] a partir de cuestiones como la de la Hermenéutica del canon o el de la constitución de la Tradición. Que Nietzsche no pudiera finalmente llevar a cabo este proyecto de crítica a la historiografía en su forma expresa no significa que sus líneas no queden claras a tenor de la obra de Nietzsche durante aquellos años. Pero además, esa imposibilidad es algo que a la larga puede ser considerado un golpe de suerte tanto para los estudios nietzscheanos como para el resto de los estudios de la antigüedad, pues cuando ese proyecto deriva en una *Historia de la literatura griega* no lo va a hacer ya simplemente como pura meta-crítica metodológica a la historiografía en cuestión, sino más bien de manera práctica, o sea, de la mano de una exposición propia de los materiales situada en confrontación con otras exposiciones historiográficas de la literatura antigua. La exposición nietzscheana de la historia de la literatura griega, por lo tanto, es una moneda de doble valor, pues con ella podemos ganar conocimientos muy valiosos tanto de obras y autores de la antigüedad, así como de sus distintas recepciones por parte de los historiadores.

1.2. Los problemas de una historización de la literatura.

La intención de Nietzsche de estudiar la literatura griega desde una perspectiva crítica supone por lo tanto una toma de conciencia de los problemas y las presunciones que la historiografía literaria, observada de forma particular, había transportado consigo hasta ahí. Antes de entrar directamente en materia con el proyecto nietzscheano de una HLG, conviene entonces primeramente analizar ciertos elementos problemáticos fundamentales que el historiador literario tiene que enfrentar en su proceder.

1.2.1. El problema de la periodización epocal.

Para empezar, la historia de la literatura antigua, como toda disciplina científica, necesita de un objeto definido con el que trabajar. En ese sentido, la historiografía puede presumir sin recelo del hecho de que uno de los rasgos característicos de la literatura antigua (griega, romana) sea tratarse de un fenómeno concluido. Esto se debe fundamentalmente a que las lenguas en ella utilizadas son lenguas "muertas" o cristalizadas, fuera de uso en tanto que medios de expresión y comunicación, lo que hace del tratamiento consideración científica de sus textos algo practicable y libre de grandes cambios o reconsideraciones repentinos.[10]

Sin embargo, y como señaló el filólogo contemporáneo Manfred Fuhrmann, pensar de ahí que ese rasgo conclusivo de la literatura antigua vaya necesariamente acompañado de una historiografía en la que todas las cuestiones—y en especial la de la periodización—están resueltas, es mucho extrapolar.[11] Pues la historiografía de la literatura antigua es algo más problemático de lo que parece a simple vista desde el momento en que tiende a ocuparse y llamar la atención sobre autores particulares y obras señaladas pero sin tratar de la manera debida cuestiones propias de la historiografía tales como puntos de vista, géneros, períodos, ideas rectoras, etc. De hecho, la mayor parte de la historiografía obvia este tipo de cuestiones; y cuando las atiende, la mayoría de las veces hace uso de ellas como si fueran un cajón de sastre desde el que ordenar de manera rápida y sencilla la multiplicidad a partir de ciertas predisposiciones tipológicas pero sin una reflexión profunda que les acompañe. Así por ejemplo, normalmente suelen situarse sin más complicación los comienzos de la literatura griega en Homero (en torno al s. VIII a.C.) y los de la literatura romana en el traductor homérico Livius Andronicus (en el 240 a.C.),[12] aunque más problemas plantea dónde situar sus términos. En el caso de la literatura griega, se la suele extender hasta los poetas alejandrinos.[13] Entre los autores de finales de la literatura griega, es una opinión bastante unánime incluir también ahí a la escuela de Nonnos o al Neoplatonismo (último gran sistema de la antigüedad), con el cierre de la Academia platónica por el emperador Justiniano en el año 529 como evento de significación camino a la Edad Media. Y sin embargo: ¿qué hacer por ejemplo con los textos de los primeros cristianos? ¿Qué hacer también con la patrística? ¿Pertenecen estos textos a los últimos momentos de la literatura antigua, o han de ser considerados parte ya de la literatura medieval? A este respecto las opiniones no son ya tan unánimes, pues mientras una mayoría de estudios incluyen a estos autores en el concepto de literatura antigua, otros en cambio consideran que ésta incluye exclusivamente a las obras paganas.[14] Problemas parecidos surgen al respecto de la literatura romana, de la que también falta un consenso general acerca de su delimitación respecto de la edad Media,[15] y tampoco existe una discusión filosófica al respecto.

Todo esto conduce por lo tanto necesariamente al problema de los períodos o épocas, en palabras de Fuhrmann "probablemente la categoría más importante de la historiografía de la literatura"[16]. Un período o época literaria es una categorización artificial[17] que sirve para ordenar los materiales históricos, acentuando lo que en ellos se considera esencial y sustrayendo o disminuyendo aquellos rasgos que se consideran secundarios—pues sin esas categorizaciones, y parafraseando a Kant, nuestras intuiciones de esos materiales serían ciegas (KrV, A 51). Un período es una disposición de las obras históricas de acuerdo con tipicidades y fisonomías comunes en relación al tiempo histórico que las produjo y por contraste con otros períodos y sus obras; o como también lo define Fuhrmann, un período es

> un sistema de rasgos y relaciones determinadas, cuyo desarrollo—en términos generales: su comienzo, su apogeo y su decadencia—puede ser descrito y diferenciado de los sistemas del periodo que le precede y le sucede. Los períodos son magnitudes profundamente relativas, que se perfilan recíprocamente por contraste de sus rasgos diferenciados.[18]

Es importante incidir aquí en el *carácter doblemente relacional de los períodos.* Pues por un lado los períodos encuentran sus rasgos característicos y tipológicos en lo *diacrónico*, es decir en relación a otros períodos colindantes. Eso conlleva necesariamente una concepción de la *Historia como proceso.* Pero además, en lo *sincrónico*, no podemos pasar por alto que las épocas o períodos tienen fuerza epistémica sólo cuando están construidas en relación a su objeto como unidades esquemáticas desde las que alcanzar a expresar ciertos aspectos de su naturaleza, de lo que no tendría sentido por ejemplo catalogar el desarrollo entero de la poesía ática en relación, digamos, a las estaciones del año. Las dificultades implícitas en ese proceder residen en que cada texto, o cada obra, es una individualidad que contribuye de manera muy específica a definir los rasgos que caracterizan su período o categoría epocal, y no todas las obras lo hacen además en igual medida[19]. Como dice en este sentido de nuevo Fuhrmann:

> Entre la obra sola como lo particular y el período como lo universal a lo que se subsume existe una relación muy delicada: hay que preguntarse (y depende en cierta medida de la voluntad del observador) qué obras y qué propiedades suyas definen la cara de un período, y en qué medida un fenómeno que sólo se encuentra en una parte de los representantes de un período puede considerarse como típico.[20]

Curiosamente, esta observación de la historiografía contemporánea remite al mismo problema con el que Nietzsche se había encontrado en su tratamiento de los *Democritea*, cuando se preguntaba cómo la filología puede determinar la autenticidad o inautenticidad de un texto, o sea cuáles son los criterios adecuados para dirimir la correspondencia de un particular con un universal. Éste es además, y como ya hemos visto en varias ocasiones a lo largo de este trabajo, el mismo problema congénito en que había quedado confinada la ciencia moderna al no saber relacionar los particulares con los universales (modo positivista) si no por la imposición del universal sobre lo particular (modo idealista). Un problema que Nietzsche resolvería afirmando que la articulación última entre lo particular y lo universal ha de suceder como un círculo de hermenéutica materialista, donde lo universal se induce de los materiales biográficos al tiempo que éste juzga por su parte qué materiales son auténticos y cuáles no lo son. Una hermenéutica, además, que para el caso de los modos de la ciencia había de traducirse como aquella disposición de las categorizaciones en tanto que instrumento (o no) para la vida.

La periodización historiográfica, así pues, es un momento necesario de la ciencia, pues sin él el observador se vería ciego y perdido en un terreno que le sobrepasa. Pero ella construye un sistema de relaciones (*sincrónicas* en la relación particular-universal y *diacrónicas* en la relación procesal de un período con otros) plenamente dependiente de intereses subjetivos. Se trata en fin una vez más de una especie de "giro copernicano" para el cual los objetos se orientan de acuerdo a afectos. Las presunciones de objetividad pura quedan pues diluidas también para la periodización historiográfica cuando la hermenéutica es fisiológica, dependiente de intereses vitales. Como decía Nietzsche ya en un apunte de Otoño de 1867-Primavera de 1868:

> El medio a través del cual mira el historiador son sus propias representaciones [*Vorstellungen*] (también las de su tiempo), y las de sus fuentes.
>
> Tenemos suficiente por hacer, quizás más de lo posible, cuando buscamos deshacernos de la "Subjetividad" de nuestro fenómeno [*Erscheinung*] y de las [subjetividades] de las fuentes; la "objetividad" a la que podemos aspirar queda muy lejos. No es más que "subjetividad" en un nivel ulterior.[21]

Y más adelante, en su *Enciclopedia de la filología clásica* (1871–74):

> Una historia de la literatura [*Literaturgeschichte*] es una suma de ejemplos de máximas éticas y estéticas sociales y políticas, o sea algo extremadamente subjetivo.[22]

1.2.2. Los períodos, la teleología, y el problema de las transformaciones estructurales en la Cultura.

Wilamowitz-Moellendorf había decretado de manera lapidaria: "Los períodos [en la historia de la literatura griega] se diferencian entre sí por los grandes cortes históricos."[23] Y así, el s. XIX consolidó para la historiografía literaria griega una división en épocas que comenzaría con un *período arcaico*, que discurre desde los comienzos de la literatura griega hasta las guerras contra los persas en la primera mitad del s. V a.C., con la épica como género dominante y con una producción literaria en marcada diferenciación entre dialectos (jónico, eólico y dórico); un *período clásico*, desde mitad del s. V a.C. hasta Alejandro Magno en torno al 323 a.C., caracterizado por la tragedia y la comedia así como otros géneros de la prosa artística tales como los discursos, la historiografía, o el diálogo filosófico, y con preeminencia del dialecto ático; un *período helenista*, que discurre hasta los comienzos del imperio romano entre Atenas y Alejandría, y está dominado por géneros menores tales como el epigrama, los idilios bucólicos o la literatura científica; y finalmente el *período del imperio*, en el que se intentaba buscar la renovación de la prosa del s. IV a.C.

Esta manera *cronológica* de definir el devenir de la literatura griega de acuerdo con grandes momentos históricos[24] ayuda sin embargo poco o nada para entender el fenómeno de la obra literaria en cuestión, ya que reproduce las mismas carencias de la ciencia moderna, encorsetando a los particulares en una serie de universales que poco pueden decir o aportar más allá del anticuarianismo archivista y que apenas puede dar cuenta de los auténticos mecanismos de transformación que relacionan *diacrónicamente* los fenómenos y que hacen en último término de la Historia un proceso. Pues como apuntó con gran acierto el sociólogo alemán Niklas Luhmann (1927–1998): "No basta con reducirlo todo a la diferencia antes/después—del modo Europa antes de la patata y después de la patata. Ya que esta diferencia sólo podría describir el acontecimiento magnífico que separa las épocas, pero no la *Historia como proceso.*"[25]

Una historización de la Cultura que quiera dar cuenta de la Historia como proceso debe aprender por lo tanto a considerar el fenómeno, en este caso el fenómeno literario, desde su naturaleza relacional: desde el nivel de lo *sincrónico* por un lado en una correcta relación entre particular y universal, pero también y sobre todo desde lo *diacrónico*, buscando la relación conectiva en lo secuencial. Ésta era por ejemplo la pretensión del Idealismo alemán cuando "ponía en relación la filosofía trascendental con la idea de progreso de la Ilustración y los rasgos históricos puestos ahí a finales del s. XVIII por la Revolución Francesa".[26] Los problemas sin embargo de esta así llamada *periodización estructural*[27] no tardan en aparecer y son exactamente los mismos que presentaba el modo monumentalista de la historiografía cuando "subordina en todo momento un sistema de relaciones entre los ámbitos particulares de la vida social, y un contexto de movimiento de una estructura histórica epocal la cual relaciona recíprocamente contextos interepocales, contexto de movimiento el cual discurre de acuerdo a determinados principios".[28] Un modelo de historización epocal éste, en definitiva, para el cual el presente queda en todo punto supeditado a las determinadas aspiraciones teleológicas de una Filosofía de la Historia, con todas sus sombras.

*

Profundamente antiteleológico ya desde sus primeros escritos de juventud,[29] Nietzsche habrá de ser uno de los primeros historiadores de la literatura que encontrará en las teorías evolucionistas una alternativa plausible a estos modelos idealistas de periodización estructural. Nietzsche entró en contacto con el darwinismo precisamente a través sobre todo de la obra de *Geschichte des Materialismus und Kritik seiner Bedeutung in der Gegenwart* de Lange,[30] y se puede decir que adopta en lo general la teoría darwinista del proceso histórico, si bien con dos ajustes o arreglos fundamentales: el problema de la *teleología*, y la cuestión de la *dinámica organizativa*.

Respecto a la cuestión teleológica, Darwin explicaba la morfogénesis a partir de la selección y la variación en el presente, postulando una "complejidad creciente" con capacidades adaptativas superiores o aumentadas. O al menos así ve Nietzsche en principio la teoría darwinista,[31] pues en los célebres pasajes de *El Crepúsculo de los Ídolos* titulados "Anti-Darwin" apunta que: "suponiendo que existe esta lucha [por la vida]—y se da realmente—, entonces funciona por desgracia al contrario de lo que desearía la escuela de Darwin, de lo que uno posiblemente desearía junto con ella: a saber, en perjuicio de los fuertes, de los privilegiados, de las excepciones afortunadas. Las especies no crecen en la plenitud: los débiles se convierten una y otra vez en señores de los fuertes."[32] Una idea ésta expresada unos meses antes también en sus apuntes de Primavera de 1888, cuando afirmaba que "[e]l hecho de que las especies conforman un progreso se trata de la afirmación menos razonable del mundo .... El hecho de que los organismos superiores se han desarrollado a partir de los inferiores no ha sido en ningún caso demostrado."[33] Y es que Nietzsche, en definitiva, está convencido de que "[n]o se debe confundir Malthus con la naturaleza".[34]

En realidad, hay que reconocer que Nietzsche no va del todo desencaminado al considerar de esta manera el evolucionismo darwinista puro, a pesar de lo que Darwin hiciese por advertir. Pues, como el mismo título de la obra de Darwin viene a indicar, "el origen de las especies por medio de la selección natural" implica que el surgimiento de las nuevas especies (de los supuestos individuos superiores) sucede como consecuencia a la acción abrasiva del entorno, lo que sitúa a esos nuevos géneros a la sombra de una iniciativa mayor, esto es en posición de inferioridad y no de liderazgo. Lo que dicho de otra manera no significa sino que para Darwin la evolución, entendida como un proceso unidireccional de adaptación al entorno, es un proceso *pasivo o reactivo,* que no *activo.*[35] Hemos analizado ya las consecuencias negativas que lo pasivo o reactivo tenían para el joven Nietzsche en la configuración de la Cultura,[36] una idea que sin duda se extendería hasta sus años de madurez cuando tematice de manera más explícita el problema del nihilismo.[37] Pero junto a esto, es importante señalar la inviabilidad de la teoría darwinista pura para el caso de los fenómenos Culturales, pues para Darwin el cambio en la información sólo puede darse en un momento determinado de la existencia del fenómeno vivo, es decir en su concepción, lo que en el fondo impide a un organismo evolucionar más rápido de lo que se reproduce, haciendo de la evolución darwiniana un fenómeno muy a largo plazo.[38] Sin embargo, las transformaciones en una Cultura implican un aprendizaje no genético, y en muchos casos se dan además en períodos de tiempo considerablemente reducidos. De ahí por tanto que cuando tratamos el problema de la configuración epocal, no podemos considerar su dinámica organizativa desde el punto de vista darwinista en sentido estricto. Tal y como recordaba recientemente Niklas Luhmann:

> Las épocas no son necesario-evolutivas [*evolutionsnotwendig*]. No son, a diferencia del caso de las estructuras, condición de posibilidad alguna para las transformaciones estructurales.[39]

1.2.3. La Voluntad de Poder como dinámica de la Historia como proceso.

La contradicción localizada por Nietzsche en la teoría darwiniana entre una dinámica organizativa basada en lo reactivo y la idea de una mejora en las especies y los individuos que se quiera independiente de todo plan teleológico llevará a Nietzsche, pues, a readaptar "en afirmativo" la base teórica del evolucionismo darwiniano, en un envite que bien recuerda a lo que desde joven había hecho con la filosofía ética y estética de Schopenhauer, y con la misma pretensión que el post-idealismo de Marx había intentado poner la dialéctica hegeliana "de nuevo sobre los pies".[40] Nietzsche ganará una perspectiva nítida de esta reformulación de la sobredeterminación de lo externo sobre lo interno a través de sus lecturas entre 1881 y 1883 de diversos tratados de ciencias naturales, en especial los de teoría celular de Rudolf Virchow, Claude Bernard, y sobre todo *Der Kampf der Theile im Organismus. Ein Beitrag zur Vervollständigung der mechanischen Zweckmässigkeitslehre* de Wilhelm Roux, libro que Nietzsche leerá el mismo año de su publicación,[41] y que releerá de nuevo en 1883 tal y como se puede comprobar en los apuntes de lectura de dicho año.[42] Y a partir de 1884–85, hay que añadir también la lectura de *Biologische Probleme, zugleich als Versuch einer rationellen Ethik* de W.H. Rolph.[43]

Las posiciones de Roux buscaban más completar el darwinismo que oponerse a él, pues su intención última era conseguir explicar las variaciones en las distintas funciones internas de los individuos donde el darwinismo no lo conseguía. Para Roux, las células son unidades vitales simples (partes o *Theile*) que están integradas en una totalidad jerárquica conformando un todo orgánico (órganos, tejidos, y finalmente el cuerpo al completo) en relaciones de antagonismo e interdependencia. De acuerdo con Roux, en el estado embrional y post-embrional estas *Theile* o partes orgánicas del cuerpo luchan internamente, ocasionando la continua aparición de pequeñas variaciones orgánicas que luchan por prevalecer frente a otras partes ya establecidas.[44] Cuando una parte crece, consume los nutrientes y el espacio que otros iguales necesitan, siendo aquella parte capaz de asimilar y reproducirse cuanto más y más rápido posible la que sobrevivirá y predominará en el orden de servidumbre y adscripción mutua que define al organismo. Es ahí como surgen o emergen las diferentes funciones orgánicas que el observador puede hoy reconocer.

Juega en todo ello un papel fundamental el concepto de excitación funcional (*functionelle Reiz*).[45] La asimilación de nutrientes es un momento consecutivo a la excitación de las partes orgánicas por un estímulo exterior, que invierten la energía que llevan en su reserva en capturar y asimilar esa otra fuente posible de energía. Roux añade aquí además que esto no sucede distributivamente por compensación energética simple, es decir como mera recuperación y reposición de lo invertido, sino por asimilación de más de lo que ha hecho falta invertir para obtenerlo, es decir en términos económicos de ganancia, de cálculo del gasto y el beneficio. Es lo que él llama sobre-compensación de lo consumido o utilizado (*Übercompensation des Verbrauchen*).[46] Cuando una parte sobrecompensa sus pérdidas, gana entonces en crecimiento y expansión,[47] fortaleciendo a su paso las capacidades para asimilar lo externo en un futuro.[48] Se establece así una relación directamente proporcional entre la susceptibilidad de las partes para verse afectadas por la excitación y su capacidad para ejecutar esta asimilación por un lado, y su crecimiento por el otro.

Pero si la excitación funcional por sobrecompensación de lo utilizado es la mecánica definitoria de la relación entre lo interno y lo externo: ¿cómo queda definido el panorama relacional de las partes con sus iguales? Siendo el espacio y los recursos limitados, la expansión y crecimiento de las partes implica ineludiblemente un conflicto por la primacía. Por eso que define Roux la lucha (*Kampf*) como la consecuencia derivada de la desigualdad entre varias partes del organismo.[49] Pero ésta es una lucha que no conduce a la mera eliminación o extinción de los elementos más débiles de la cota, sino más bien a un equilibrio morfológico por subordinación entre las partes del organismo.[50] Es lo que Roux llama auto-regulación (*Selbstregulation*),[51] un principio productivo que trae como resultado la armonía estructural entre las partes posibilitando de esa manera la formación de la estructura final del cuerpo.[52] Como anota Nietzsche en sus apuntes citando a Roux: "Hasta ahora todas las buenas cualidades de un organismo se han derivado meramente de la selección producida en la lucha por la existencia entre individuos."[53] Ahora, en cambio, la morfología del organismo queda auto-regulada o condicionada dinámicamente por factores internos, que no por factores externos a él.[54]

*

Nietzsche suscribe para sí este pensamiento rouxiano de formación de la estructura final del cuerpo a partir de una auto-regulación interna sin recurso alguno a la teleología (*Selbstgestaltung des Zweckmässigen*). En sus apuntes de 1886–87 "Contra el darwinismo", escribía por ejemplo que:

- la utilidad de un órgano no explica su surgimiento, ¡al contrario!
- en la mayor parte del tiempo durante el cual se forma una propiedad, ésta no conserva al individuo y no le es útil, menos que nada en la lucha con las circunstancias exteriores y con los enemigos
- ¿qué es, en última instancia, "útil"? Hay que preguntar ¿útil en referencia a qué? P. ej. lo que es útil para la *duración* del individuo, podría ser desfavorable para su fortaleza y su esplendor; lo que conserva al individuo podría al mismo tiempo fijarlo y detenerlo en la evolución. Por otra parte, una *carencia*, una *degeneración* puede ser de la mayor utilidad en la medida en que actúa como *stimulans* de otros órganos. Del mismo modo, una situación crítica puede ser condición de existencia al reducir al individuo a la medida en la que se contiene y no se desperdicia.[55]

Al igual que Roux, Nietzsche criticaba implacablemente el vicio teleológico de identificar la finalidad (*Zweck*) con el origen (*Ursprung*),[56] argumentando que "la causa de la génesis de una cosa y la utilidad final de ésta, su efectiva utilización e inserción en un sistema de finalidades, son hechos *toto coelo* separados entre sí."[57] Lo original del pensamiento de Nietzsche frente al de Roux, sin embargo, está en aplicar este principio de formación de las funciones del organismo desde la lucha interna *al resto de los fenómenos*. Así, por ejemplo, en GM escribía que

> por muy bien que se haya comprendido la utilidad de un órgano fisiológico cualquiera (o también de una institución jurídica, de una costumbre social, de un uso político, de una forma determinada en las artes o en el culto religioso), nada se ha comprendido aún con respecto a su génesis: aunque esto pueda sonar muy molesto y desagradable a oídos más viejos,—ya que desde antiguo se había creído que en la finalidad demostrable, en la utilidad de una cosa, de una forma, de una institución, se hallaba también la razón de su génesis, y así el ojo estaba hecho para ver, y la mano estaba hecha para agarrar. También se ha imaginado de este modo la pena, como si hubiera sido inventada para castigar.[58]

Efectivamente, y conforme con un *esquema isomórfico*, Nietzsche aplica la escala de las partes rouxiana de acuerdo a elementos biológicos (célula, tejido, órgano, sistema de órganos y aparatos, y así hasta llegar al cuerpo) también a otros fenómenos vivos y no meramente los biológicos: isomorfismo con los instintos,[59] con la Cultura,[60] con la política,[61] con el derecho,[62] etc. Los *instintos,* como dice Nietzsche, son también "órganos superiores, tal como yo lo entiendo: acciones, sensaciones y disposiciones afectivas entrelazadas organizándose, nutriéndose".[63] Y así también, es notable y conocida la apelación nietzscheana a emplear los esquemas de la lucha entre las partes también para la moral.[64] Nietzsche llama a todas esas *partes* en enfrentamiento "Voluntades de Poder" (*Wille[n] zur Macht*), pues "[l]a única *fuerza* que hay es de la misma clase que la de la voluntad, un mandar [*Commandieren*] a otros sujetos, que en consecuencia se transforman".[65] De donde es imprescindible subrayar el uso que hace Nietzsche del concepto "Voluntad de Poder" como sujetos plurales, esto es como muchas Voluntad[es] de Poder,[66] pues de lo que se está hablando no es de un principio metafísico igual que hizo Schopenhauer o como luego quiso hacernos creer Heidegger,[67] sino de la *motivación de una acción*, confrontación material en el plano de lo vivo de *quanta* de fuerza diferentes y particulares que luchan por superarse a sí mismos a través de imponerse sobre los demás.[68] La Voluntad de Poder es un principio orgánico de fuerza, la dinámica creativa o productiva de la formación de una forma, algo casi ausente en los procesos inferiores (cuasi minerales) donde apenas se da el intercambio de estímulos, y que viene estrictamente definida por las razones de mando.[69] Nietzsche llamará provocativamente a esto la "inocencia del devenir",[70] lo que no quiere decir sino que antes de ponerlos en interacción no existe para los fenómenos ninguna *Zweckmässigkeit*,[71] no existe para ellos ningún plan externamente preconcebido.[72]

La investigación empírica demuestra así que todas las finalidades (*Zwecke*) son sólo indicios o síntomas (*Anzeichen, Symptome*).[73] Signos de que una Voluntad de Poder ha devenido dominante sobre algo menos poderoso, y ha hecho de ello una *función*, de manera que la Historia entera de una "cosa", de un órgano o de una costumbre

> [p]uede ser así una ininterrumpida cadena sígnica [*Zeichen-kette*] de interpretaciones [*Interpretationen*] y acomodaciones [*Zurechtmachungen*] siempre nuevas, cuyas causas [*Ursachen*] mismas no necesitan siquiera estar relacionadas entre sí, sino que más bien a veces se suceden [*folgen*] y se relevan [*ablösen*] de un modo meramente casual.[74]

La única causalidad realmente existente por tanto en los fenómenos que hoy figuran a la luz (lo que Nietzsche define como *Anzeichen* o síntomas) es la que discurre de voluntad a voluntad, ejerciendo recíprocamente una voluntad sobre otra un estímulo vital (*Lebensreiz*) que despertará las ansias *insaciables* de crecimiento por asimilación del contrario.[75] Nietzsche recupera aquí un antiguo pensamiento de explicación de las formas estables en la naturaleza como resultado del devenir en tanto que conflicto continuo entre fuerzas opuestas (Heráclito, Empédocles)—y que a diferencia del principio spinoziano, no sólo buscan su conservación sino su crecimiento (*Steigerung*). Para ello, las voluntades en lucha utilizan lo que Nietzsche denomina aquí interpretación (*Interpretation*) en tanto que acomodación o arreglo para sí (*Zurechtmachung*) de las fuerzas extrañas susceptibles de ser asimiladas. La interpretación es para Nietzsche en este sentido un instrumento del que hacen uso los *quanta* de fuerza cuando buscan hacerse con más poder:

> La voluntad de poder *interpreta*: en la formación de un órgano se trata de una interpretación; la voluntad de poder delimita, determina grados, diferencias de poder. Meras diferencias de poder no podrían aún sentirse como tales: tiene que haber allí un algo que quiere crecer que interprete a todo otro algo que quiere crecer respecto de su valor. En verdad *la interpretación es ella misma un medio para hacerse señor de algo.* (*El proceso orgánico presupone un continuo* interpretar.)[76]

Llegado a un cierto punto de su obra, las conocidas afirmaciones nietzscheanas de que no existen hechos en sí sino sólo interpretaciones que adjudican a las cosas un sentido previo (lo que Nietzsche llama *Sinn-setzungen*) remiten todas ellas a los ajustes de las voluntades de poder por incorporar en sí el mundo exterior.[77] Si el mundo es un complejo de fuerzas en subyugación y apropiación, la relación entre las voluntades de poder es una relación interpretativa, es decir de organización y estabilización *afirmativa* de la forma ajena[78] como cálculo de amenaza potencial o del coste/beneficio que supone su incorporación/asimilación.[79] Como resultado, tenemos que "la esencia [*das Wesen*] de una cosa es sólo una *opinión* sobre la 'cosa'. O más aún: su '*validez*' [*das 'es gilt'*] es su auténtico '*ser*' ['das ist'], su único 'ser' ['*das ist*']."[80] Es lo que Nietzsche llama "el carácter interpretativo de todo acontecer".[81] No existen cosas en sí, y la Historia no es como decía Hegel la Historia de la Verdad, pues esto sólo son fábulas de una ciencia y un conocimiento que amedrentados por la oscuridad del devenir han preferido olvidar.[82] No existen formas duraderas.[83] Pues la única verdad es la de que "[e]l mundo que *en algo nos concierne* es falso, es decir, no es un hecho, sino una invención y un redondeo a partir de una magra suma de observaciones".[84] El mundo "*encierra dentro de sí infinitas interpretaciones*".[85] Crecimiento por tanto, que no conservación: el mundo como voluntad e interpretación.

**

La idea de la Voluntad de Poder (*Wille zur Macht*) como tendencia interna a la expansión y al crecimiento es una noción propuesta por Nietzsche como contraste a otros impulsos clásicos de la historia de la filosofía tales como el *eros* platónico o la Voluntad de Verdad.[86] Siendo su primera utilización explícita en una nota de 1876–77 inspirada casi con toda seguridad por la lectura de *Der Ursprung der moralischen Empfindungen de Rée*,[87] el concepto como tal fue acuñado por Nietzsche en el Verano de 1880, momento en el que va ganando en importancia[88] hasta su primera presentación editorial en el capítulo "De la auto-superación" del libro segundo de *Así habló Zarathustra.*[89] Esto no quiere decir, sin embargo, que las ideas en él significadas no asomaran en cierto modo en su pensamiento con anterioridad a esas fechas, pues en HL de 1874 ya había hablado de una "fuerza plástica" de origen interno por la que el individuo "crece a partir de sí mismo, remodela [*umbildet*] lo pasado y lo ajeno y lo incorpora, sana las heridas, restituye lo perdido, recrea formas destruidas a partir de sí" y desde la que "todo lo pasado, lo propio y lo más extraño, volvería para sí como transformándose en sangre".[90] Y antes de eso, la redefinición del principio de no-contradicción vía los "horizontes estéticos" de *Homero y la filología clásica* implicaba unas fuerzas interpretativas capaces de codificar, normativizar y delimitar la forma en un proceso orgánico de fijación y transformación de elementos extraños y dispares en algo idéntico, controlable y asimilable—y que en un momento determinado fueron olvidadas como tales. Una interpretación que, como hemos visto también en relación a los estudios de los *Democritea*,[91] era una evaluación (κρίσις) a través de hipótesis, evaluación la cual operaba por separación/incorporación de lo útil frente a lo que no lo es en una genealogía reconstructiva que intentaba demostrar el origen corporal del texto y que finalmente Nietzsche acabaría posicionando contra una filología positivista de los hechos. Y no hay que olvidar tampoco el pequeño escrito de 1873 *Sobre verdad y mentira en sentido extramoral*, donde se planteaban los primeros esquejes teóricos de la teoría de la verdad como interpretación.[92] O incluso *El nacimiento de la tragedia* como escenario del conflicto entre Apolo y Dioniso. Todos estos son en definitiva procesos de Poder con significativa presencia en la obra del Nietzsche de juventud aun cuando él todavía no los definía en las formas acabadas de la "Voluntad de Poder", y que se van gestando en paralelo a sus primeros estudios materialistas y contra la teleología[93] e incluso pudieran adivinarse en aquella temprana afirmación de *Fatum e Historia* por la que apuntaba que "[d]el mismo modo que las costumbres son el resultado de una época, de un pueblo, de una corriente de pensamiento, también la moral es el resultado de desarrollo general de la humanidad. Ella es para nuestro mundo la suma de todas la verdades."[94] Bajo esta perspectiva, no ha de extrañar en este sentido aquella manifestación del Nietzsche de madurez de que la idea de la Voluntad de Poder y la interpretación recorre en mayor o menor medida todos sus escritos.[95]

Para lo que aquí nos interesa, y puntualizando en todo momento su carácter aún no perfecto y acabado, el marco teórico en desarrollo de la *Voluntad de Poder* le resulta a Nietzsche un instrumento muy útil y valioso para el *estudio de la Historia como proceso*. Aplicando de modo isomorfista la teoría rouxiana al resto de los fenómenos, Nietzsche comprende que la Historia (*Geschichte*), en tanto que devenir de las Culturas, es un cuerpo (*Leib*) de sucesos y significaciones en una pluralidad de intereses luchando por imponerse a través de la asimilación y la resistencia ("¿Qué es la Historia sino la lucha por la existencia entre innumerables intereses infinitamente distintos?").[96] Se trata de un devenir por supuesto no teleológico (finalidad externa), sino causal-eficiente condicionado azarosamente por las leyes de la organización. No hay por tanto leyes históricas *a priori* que permitan adivinar el futuro ("Las leyes históricas no se mueven en la esfera de ética. El 'progreso' no es para nada una ley histórica, ni el progreso intelectual ni el moral ni el económico")[97], si bien los historiadores se esfuerzan por implantar y defender sus propias posiciones, ya que también la historiografía (*Historie*) es fisiológica y en ella los historiadores imponen un cuerpo de intereses a través de sus interpretaciones de lo que ellos consideran "hechos" (*facta*). Nietzsche dio buena cuenta de esto en su exposición acerca de los diferentes *modi* de la historia, los cuales se extienden lógicamente hasta los comienzos mismos de cada historiografía en cuestión.[98] La teoría nietzscheana de la ciencia también está esencialmente vinculada con la crítica a estos procesos de la imposición, universalización y olvido.

Si, para Nietzsche, la Cultura funciona como un cuerpo vivo,[99] la historiografía en general ha de ser entonces la "consideración del tejido de las necesidades"—algo que "lo tiene en común con las ciencias naturales"[100]—y de la lucha por satisfacerlas. Por lo mismo, la historiografía literaria ha de ser comprendida como el estudio de la dinámica de las fuerzas en las obras y los géneros literarios ("¿Dónde aparece por primera vez la coacción? ¿En qué *genus litterarum* se muestra por última vez?")[101]. Ésta es la tarea del método genealógico.

***

La teoría de la Voluntad de Poder nietzscheana como *dinámica de formación* de los fenómenos vivos, también los histórico-Culturales, es un original giro historiográfico que permitiría explicar el proceso histórico más allá de la mera cronología positivista pero sin recurso a agentes externos con tendencia a la teleología, pues sitúa el motor de acción en los agentes históricos mismos, es decir en las fuerzas internas a la materia. Con ella, Nietzsche anticipará importantes tendencias en la metodología de la ciencia histórica, como por ejemplo las posiciones acerca de la naturaleza compleja y heterogénea de los rasgos constitutivos de la civilización occidental del teólogo Ernst Troeltsch o las pseudo-morfosis de Oswald Spengler o Eduard Meyer[102]—por no mencionar por supuesto las genealogías histórico-filosóficas de Max Weber cuando intenta demostrar que la historia de los fenómenos que hoy llegan a nosotros es un oscuro juego de diversas interacciones más que el relato lineal y homogéneo de, como diría Marx por ejemplo, la lucha de clases.

Con la teoría de la Voluntad de Poder aplicada a la historiografía, Nietzsche encuentra un marco teórico plausible para una explicación de la Historia como proceso, pues los eventos históricos, organizados en períodos, ya no se suceden sin orden alguno y tampoco lo hacen sometidos a un orden trascendente, sino que dibujan paisajes de influencias y dominaciones inmanentes que en un momento determinado pueden marcar la diferencia, explicando así el cambio histórico. Pues igual que para Roux llegado cierto momento de fuerza las partes del organismo se pliegan a la dominación o mando de una de las partes particulares implicando con ello no la extinción de las partes sino la transformación organizativa del todo en razón del equilibrio morfológico,[103] para Nietzsche también la imposición contingente que una parte ejerce sobre otras supone una reorganización productiva de las funciones del todo orgánico, de manera que ya no se podría hablar del mismo cuerpo sino de un cuerpo transformado en el proceso del cambio. Esto es lo que algunos autores contemporáneos han denominado construcción, diferenciación o transformación epocal (*Epochenbildung, Epochenabgrenzung, Epochenwandels*) por medio de *alcances o conquistas evolucionarías* (evolutionären Errungenschaften). Este concepto de *evolutionäre Errungenschaft* intenta explicar para la historiografía el grado de importancia de ciertas transformaciones estructurales frente a otras en relación al alcance de sus efectos. En palabras de N. Luhmann:

> A menudo se suele relacionar con este alojamiento especial en la red de interdependencias la idea de equifinalidad [*Äquifinalität*] o localización reiterada [*Mehrfacherfindung*]: si un alcance o conquista [*Errungenschaft*] ocupa un lugar central, es altamente probable que sea realizada, pues muchas sociedades toparán con ella desde sus diferentes puntos de partida.[104]

Como ejemplos, Luhmann habla de la agricultura, la decisión colectiva-conectiva, la democracia representativa, la organización burocrática, el dinero, la aristocracia (las capas desempleadas), la escolarización obligatoria, el control económico del uso del capital, o el monoteísmo; pero él mismo se pregunta por qué otros eventos, tales como la adopción, la artillería, la máquina de vapor o los sindicatos han de ser acaso considerados menos importantes a ese respecto. Y lo que marca la diferencia, dice Luhmann, es la por él llamada "interdependencia centralizada" (*Zentralisierte Interdependenz*), de acuerdo con la cual modificaciones estructurales se orientan y dependen de una en particular. Pues es cuando muchos fenómenos y transformaciones dependen de una sola que se puede hablar de ésta como de *epochenmachende*. El centro de las interdependencias se traslada, y el sistema como tal se adapta a esta nueva organización.[105] Es en esos momentos cuando se puede hablar de "separación epocal" (*Epochentrennung*). Una Historia que funciona de esta manera presupone una comunicación entre sus partes, pues sólo de esa manera es posible la organización y reorganización por motivos de influencia.[106]

La lógica historiografíca nietzscheana funciona a mi parecer de esta manera. Existe una comunicación orgánica inmanente entre las partes, que las conforma como unidad en términos de organización, y que una vez transformadas las relaciones de jerarquía las obliga a la reintegración a fin de conformar un nuevo todo orgánico.[107] La historiografía crítica ejercida por Nietzsche desde sus primeros años de ejercicio como filólogo le lleva a localizar de manera variable grandes eventos que hacen la función de "conquistas evolucionarias" en los términos recién estudiados—"grandes" desde luego en términos de influencia organizativa y no de resonancia histórica, en cuyo caso tendríamos por ejemplo los grandes cortes históricos de Wilamowitz que mucho aparentan pero poco explican en términos de historiografía procesual—siendo las más conocidas para el lector medio el socratismo y la muerte de la tragedia de *El nacimiento de la tragedia*, si bien en realidad están sometidas como decimos a sutiles variaciones dependiendo de cómo vaya elaborando Nietzsche la genealogía de los cuerpos Culturales. Estas variaciones se deben fundamentalmente al hecho de que, como hemos explicado en otras secciones de este trabajo,[108] no existen para la "filología del futuro" "categorías naturales" en el comercio con el pasado, sino que ésta interpreta el pasado desde los ojos del presente de cara un futuro posible y deseable.[109] Las genealogías nietzscheanas se pueden decir entonces relativas o intencionales a lo que un respectivo presente aspire para su futuro.[110] Si estudiamos detenidamente estas genealogías a lo largo de su carrera, observaremos en ciertos lugares una influencia puntual de ciertos actores (Wagner y Schopenhauer en cierto momento de los años 70 sin ir más lejos) que por momentos determinan las categorías del análisis. Pero superada la coyuntura, estas influencias se diluyen inmediatamente en favor de tendencias y convicciones más personales las cuales en el fondo no dejan nunca de estar presentes a lo largo de toda su obra, y que ya desde (o precisamente en razón de) su dedicación al mundo griego se orientan al ideal de la *Bildung* como reconquista del paradigma ético-estético del *Gran Estilo* a través del dominio del *ritmo* y de *uno mismo*.[111] En sus lecciones sobre *Historia de la literatura griega* de 1874–76, a las puertas del abandono de su actividad docente y consideradas tanto desde lo temático como desde lo metodológico el punto culminante de sus estudios sobre el mundo griego después de tantos años de dedicación a la materia ("todos mis trabajos … señalan como postes de telégrafos hacia una meta en mis estudios"),[112] Nietzsche situará estas llamadas "conquistas evolucionarias" en el *establecimiento del género científico por la implantación del canon y la independización entre ocasión y público determinado*, con la consiguiente pérdida en el factor oralidad para la Cultura (el llamado problema de la *Leseliteratur*). Los siguientes capítulos de este trabajo se centrarán en analizar la historia genealógica de este acontecimiento como "conquista evolucionaria" o punto de inflexión epocal, y sus consecuencias evolutivas sobre la formación del cuerpo de la Cultura moderna.

2. HLG como punto culminante de los estudios nietzscheanos de la antigüedad

Una vez descartadas las formas anticuarias y monumentalistas de una historiografía basada en lo cronológico y en lo teleológico respectivamente, y apostando fuerte por una historiografía basada en la Teoría de la Voluntad de Poder como dinámica organizativa de una Historia como proceso, queda por ver entonces el modo específico en el que Nietzsche realiza este modelo para la historiografía literaria en particular. Prácticamente desde los comienzos de su actividad docente en Basilea a partir de 1869, Nietzsche concibe el fenómeno Cultural griego como un cuerpo con diferentes facetas (la artística, la religiosa, la privada, la científica, etc.), organizadas todas ellas además en torno a una idea vertebradora común que es la de la vida política como gestión de su salud como pueblo. Esas facetas, por otro lado, no florecen desde un presente idílico eterno como las historiografías románticas gustaban de creer, sino que sus logros históricos germinan desde un suelo enriquecido por una diversidad de elementos heterogéneos, lo que reclama necesariamente el uso de métodos genealógicos para abordarlos. En su pequeño escrito de 1873 *La filosofía en la época trágica de los griegos*, por ejemplo, reflexionaba Nietzsche acerca de cuándo deben los pueblos y cuándo empezaron los griegos a filosofar, a lo que declara que: "los griegos … han sabido comenzar a filosofar a su debido tiempo y nos han enseñado, con una claridad que ningún otro pueblo ha igualado, cuándo se tiene que comenzar a filosofar. No ciertamente en la adversidad …[s]ino en la época feliz, en una pubertad madura, brotando de la fogosa alegría de una victoriosa y valiente edad viril."[113] No hay nada superfluo ni baladí en el hecho de que Nietzsche utilice aquí para aquel período del filosofar griego (i.e. la época trágica) expresiones como "pubertad madura" (*reife Mannbarkeit*) o "victoriosa y valiente edad viril" (*tapferes und siegreiches Mannesalter*). Pues detrás de todo ello está la idea de equiparar a los pueblos, en este caso al pueblo griego, con un organismo que crece y se desarrolla conforme a su propio destino. Un destino marcado no teleológicamente sino desde los nutrientes de diferentes civilizaciones que el pueblo griego supo aprovechar para madurar de manera autónoma y original, tal y como había constatado en sus lectura en 1871 de la *Symbolik* de Creuzer[114] y la cual luego volvería a utilizar para la preparación de los semestres de invierno de 1875–76 y 1877–78.

El 12 de Febrero de 1869, en virtud de sus investigaciones y publicaciones hasta la fecha y a pesar de no tener el doctorado ni la habilitación, Nietzsche fue contratado por la cátedra de lengua y literatura griega de la universidad de Basilea,[115] donde permanecería como profesor hasta el año 1879 completando además horas lectivas en el *Pädagogium*.[116] Esos años trabajaría duramente.[117] En la universidad, daría clases sobre las Coéforas de Esquilo, sobre Sófocles, sobre lírica griega, sobre métrica y rítmica, sobre Platón, sobre los filósofos preplatónicos, sobre retórica y sobre literatura y religión griegas, así como sobre gramática y epigráfica latina, o sobre Cicerón (ver Anexo)[118]. En el *Pädagogium* por su parte, daría clases entre otras cosas sobre filosofía griega, sobre algunos libros de la *Ilíada*, sobre el *Prometeo*, *Agamenón* o *Eumenides* de Esquilo, sobre *Las Bacantes* y *Medea* de Eurípides, sobre Aristófanes, sobre estructura de la tragedia, sobre rítmica y métrica, sobre el *Erga* de Hesiódo, *Elektra* de Sófocles, o sobre el *Fedón* la *Apología* o el *Protágoras* de Platón. En lo fundamental, esos años de docencia en Basilea son un intento por defender el estatuto de "clásico" para el mundo griego al tiempo que reelaborarlo conforme a las necesidades de la "filología del futuro", incidiendo una y otra vez en la idea del desarrollo heterogéneo de su Cultura y en las virtudes de su capacidad plástica para darle una forma bella y ordenada.[119] Documentados a través de sus publicaciones de aquellos años, en sus notas personales, sus cartas y especialmente en los apuntes de sus lecciones, dichos años de ejercicio fueron la plataforma perfecta para el desarrollo práctico de un método "científico" adecuado a los intereses de dicho análisis, el cual finalmente acabaría tomando la forma del *método genealógico* en una visión y un acercamiento al mundo griego que le conduciría "como postes de telégrafo" a una historia de la literatura griega como punto de culminación. Los escritos de Nietzsche inmediatamente anteriores a *Humano, demasiado humano* son escritos de lucha por ajustar y dominar el método genealógico dentro de la práctica real del ideal de la *Bildung*, no siempre libres de dificultades y vacilaciones ni de cuentas pendientes que Nietzsche tuvo que solucionar antes de dar por allanado el camino por el que luego habría de transitar. Los siguientes párrafos estudiarán las fuerzas de este proceso hasta su final realización.

2.1. Un período decisivo para Nietzsche: los años de la crisis

A pesar de su firme empeño y dedicación como profesor, los años de docencia en Basilea no fueron para desgracia de Nietzsche años de trabajo ininterrumpido. Aparte de ciertos permisos voluntarios en razón de algún evento concreto,[120] la salud le impedirá a menudo el ejercicio continuado de su profesión. El día 7 de Febrero de 1876 de manera especial, Nietzsche tuvo que suspender temporalmente por razones de salud sus lecciones en la universidad, un mes después de haber suspendido también las clases que impartía en el *Pädagogium* para no volver más a él.[121] La enfermedad le persigue.[122] Como señalan hoy los estudios,[123] éste sería el año más importante en el desarrollo de la crisis que le llevará en 1879, año también de la publicación de *Humano, demasiado humano*, al abandono definitivo de la filología como oficio y a emprender su nueva vida como "filósofo errante" y completo apátrida.[124] El problema de la "salud" y la "enfermedad", presente en su *Kulturkritik* ya desde sus años de juventud, toma sin duda estos años una presencia más acuciante y un carácter más personal.[125] Pues como da entender en sus cartas de aquella época: "Tengo para ello un barómetro oficial para mi *salud*.

Nosotros, quiero decir usted y yo, nunca sufrimos meramente en nuestro cuerpo, sino que todo está profundamente entremezclado con crisis del espíritu, de modo que no sé cómo podría recuperar la salud sólo con fármacos y dieta."[126]

1876 sería también, además, el año en el que Nietzsche comenzó a distanciarse de Wagner, con quien rompería de manera definitiva dos años después. Después de haber asistido en Bayreuth como invitado a la inauguración de *Festspielhaus*, se había retirado unos días a Klingenbrunn para comenzar la redacción de *Humano, demasiado humano*, de donde volvería a los diez días para asistir a la representación de *Rheingold*, la cual le decepcionaría profundamente. Cuando más tarde en *Ecce Homo* haga memoria de aquellos momentos, escribirá de *Humano, demasiado humano* que "es el monumento de una crisis … casi cada una de sus frases expresa una victoria. Con él me liberé de lo que *no pertenecía* a mi naturaleza".[127] La misma "victoria" que refería en *El caso Wagner* cuando decía que "darle la espalda a Wagner fue para mí un destino; volver a disfrutar después cualquier cosa, una victoria. Posiblemente nadie había crecido más expuesto al peligro de las wagneradas, nadie se había defendido de ellas con más dureza, nadie se había alegrado tanto de librarse de ellas. Una larga historia …¿alguien quiere saber de ella?"[128] Desde su autogenealogía de aquellos años ya de madurez, esa victoria cuenta para Nietzsche como su "gran acontecimiento", como su curación, y Wagner como su enfermedad: "Mi gran acontecimiento fue una curación. Wagner forma parte de mi enfermedad."[129]

Es interesante el uso que hace aquí Nietzsche de las palabras. Pues si el influjo wagneriano forma parte de su enfermedad, eso quiere decir que la enfermedad no es Wagner en sí mismo, sino algo mucho más grande de lo que Wagner forma parte ("A través de Wagner la modernidad habla su lenguaje más íntimo")[130] y de lo que Nietzsche, al liberarse de Wagner, consigue por fin también liberarse completamente. Nietzsche lo llama a eso además "su gran acontecimiento" ("*mein grösstes Erlebnis*"), como dando a entender que ésta es su particular "conquista evolucionaria" a partir de la cual todo queda para él reorganizado. Pues aunque la fuerza del influjo de Wagner fue intermitente, con gran presencia en *El nacimiento de la tragedia* de 1872 pero apenas fuerza en su segunda Consideración Intempestiva de 1874,[131] para volver de nuevo con mucha intensidad en el resto de las consideraciones,[132] lo que hoy no podemos dudar es que aquello fue para Nietzsche una amenaza constante por parte del artista, amenaza que le merodearía hasta la ruptura definitiva. Ese "gran acontecimiento" del que habla Nietzsche es por lo tanto la liberación definitiva de las cadenas de esa influencia, y la consciencia de poder retomar con plena independencia intelectual el camino al cual iba destinado desde su juventud.

Los textos de estos primeros años 70, desde que conoció a Wagner hasta que se disolvieron finalmente los lazos con él, demuestran esta tensión. Pues, por una parte, los trabajos de Nietzsche desde el año 1868 en que se produjo el primer encuentro no dejaron en ningún momento de sostener hallazgos metodológicos de sus años anteriores, presentando multitud de elementos crítico-genealógicos procedentes de sus reflexiones sobre la ciencia (filológica) y la historiografía los cuales seguirían luego apareciendo en obras posteriores a la separación: así por ejemplo, en sus lecciones sobre *Introducción a la tragedia de Sófocles*, redactadas e impartidas prácticamente en paralelo a *El nacimiento de la Tragedia*, numerosos pasajes muestran un claro proceder genealógico;[133] o la original aproximación a Platón en sus lecciones desde la insistencia sobre la "personalidad del filósofo Platón", y en particular sobre su personalidad de escritor, lo que recuerda sin duda al proceder desde lo biográfico de los apuntes sobre los *Democritea*.[134] Y otros pasajes, como en los que refiere a las influencias recíprocas entre los autores,[135] o en los que hace una comparativa entre el drama moderno y el antiguo a través de la estructura del drama y lugar del principio de la acción, o las reflexiones sobre la composición del coro, todos ellos aparecerán más tarde repetidos en lugares de ruptura como *Historia de la literatura griega*. Por otro lado, sin embargo, en muchos de esos textos se puede claramente vislumbrar el compromiso de Nietzsche con el programa wagneriano, pues si para empezar fue la amistad con Wagner lo que motivó su especial interés sobre la tragedia—interés del que, a excepción de un comentario de 1864 dedicado al canto coral de *Edipo rey*[136] y de un apunte de 1867–68 de corte claramente genealógico con el sobretítulo de *Los tres trágicos griegos*,[137] los años de Pforta, Bonn y Leipzig apenas dan una gran muestra—, se percibe también además un esfuerzo por presentar el drama musical wagneriano como materialización moderna de las formas de la tragedia griega.[138] Así, por ejemplo, *El drama musical griego*, conferencia pronunciada en Basilea el 18 de enero de 1870 y que luego entraría en gran medida a formar parte de *El nacimiento de la tragedia*, en la que Nietzsche aplica a la tragedia griega el concepto wagneriano de *Gesamtkunstwerk* ("obra de arte total"). O el § 7 de *Introducción a la tragedia de Sófocles*, donde compara el drama antiguo con el francés, el alemán, el inglés o la ópera lírica de Corsi, Peri o Monteverdi, para exponer finalmente que el modelo antiguo ha ejercido influencia dos veces: en Glück, y "recientemente en Wagner, que además de la misma dirección ofrece también la antigua unión de músico y poeta".[139]

Esa tensión entre las expectativas del partido wagneriano por un lado y el trasfondo crítico-metodológico de la filología del futuro por el otro va resolviéndose empero a mediados de los años 70, años en los que Nietzsche redacta su *Historia de la literatura griega* (1874) y *El culto griego a los dioses* (1875). En este último texto, impartido como *Vorlesung* en los semestres de invierno de 1875/76 y de 1877/78,[140] Nietzsche quiere encontrar por ejemplo la esencia en la vida religiosa de los griegos, y para ello da muestras de una extraordinaria habilidad a la hora de combinar la filología clásica con otras disciplinas científicas como la etnología, la antropología, la arqueología, etc., sirviendo fielmente a aquel programa culturalista burckhardtiano de estudiar la Historia desde el estudio histórico de la Cultura y de acuerdo también con el cual *Homero y la filología clásica* de 1869 explicaba la filología como un *Aggregatzustand*. Nietzsche recurre en ello a un conjunto sumamente ecléctico de fuentes,[141] destacando cómo no las lecciones que Burckhardt impartió en Basilea en 1872 sobre *Historia de la cultura griega* y que Nietzsche pidió prestado a sus alumnos Baumgarten y Kelterborn,[142] fuentes con las que excava en el suelo de los ritos religiosos griegos, en el fondo de sus prácticas y sus creencias, para descubrir ahí el juego de múltiples fuerzas e influencias que hizo del culto griego lo que hoy conocemos de él, esto es: un *órgano funcional* de carácter estrictamente político como modo adaptativo a la vida. El fenómeno religioso griego, según Nietzsche, surge del intercambio constante entre pueblos dispuestos al aprendizaje mutuo, en un proceso en el que los dioses extranjeros acaban mezclándose con los dioses propios. Para el griego antiguo, nada se pierde, todo se asimila. Al decir esto, Nietzsche ridiculiza las quijoterías del clasicismo hasta la fecha,[143] y dinamita sus mitos idealizantes de un estado de naturaleza[144] y de una belleza original,[145] así como de paso sus prejuicios nacionalistas de una Cultura nacional pues no existe por ningún lado una identidad originaria.[146] Como seguiría manteniendo en 1876–77, "Cultura nacional" (*nationale Kultur*) son términos contradictorios.[147]

2.2. El culto griego a los dioses (1875)

En términos generales, *El culto griego a los dioses* es un texto fundamental para entender la idea griega de religiosidad y sus conexiones con otros fenómenos del cuerpo Cultural griego. La cuestión principal que Nietzsche busca responder en este texto es: ¿cuál es el proceso de formación y transformación de los mitos primitivos de los pueblos griegos, mitos oscuros y sangrientos y por lo demás no muy diferentes de los del resto de los pueblos colindantes, hasta conquistar la luminosa serenidad del pantéon olímpico? ¿Cómo consiguieron los griegos, por encima de otros pueblos, poner orden y belleza a ese caos de procedencias que definía su religión primitiva? ¿Cómo llegaron en definitiva sus dioses antropomórficos a vencer a los titanes y a ocupar su lugar en los frisos de los templos? Como dice el

Nachlass: "la transformación creativa (*Umbildung*) de una *religión lúgubre y salvaje a una homérica* es el *gran acontecimiento* (das grösste Ereigniss)."[148] Entender esa conquista evolucionaria exige por tanto *explicar* a partir de las manifestaciones que hoy llegan hasta nosotros (arqueológicas, etnológicas, literarias, etc.) la red oculta de procesos que las originan—esto es, explicar *genealógicamente.*[149]

Para emprender esa empresa, Nietzsche organiza el texto en varias partes, que responden respectivamente a los momentos mismos del método genealógico. La primera parte, o capítulo primero, es la que él titula "Introducción", y que no es sino una presentación en toda regla de las características generales de los cultos religiosos, y las del culto griego en cuestión ("Nunca ha habido un culto a los dioses como el de los griegos. Por su belleza, su esplendor, su diversidad, su coherencia, es único en el mundo y uno de los productos más elevados de sus espíritu.")[150] En el culto griego, advierte nuestro autor, no hay nada del todo original, excepto la "energía sostenida de la reflexión, la buena voluntad de no contentarse con nada que sea mediocre".[151] Existe en ese sentido en el culto griego a los dioses la misma lógica supersticiosa que en el resto de las religiones, notándose también en él una clara ausencia al concepto de causalidad natural,[152] y que se materializa en una serie de elementos comunes: culto a la tumba de los antepasados, el culto a los símbolos (σύμβολα) como formas "rehén" con la que se obliga al dios a ser propicio, la purificación, o la acción mimética. Nietzsche destaca, sin embargo, una "diversidad extraordinaria del mundo griego", la cual según él es "una prueba de los combates que han marcado su génesis", y que para el caso griego se resuelve por una series de mecanismos tales como el ajuste de cuentas contra lo antiguamente adorado, la indulgencia del vencedor con lo existente, el recurso a la violencia para imponer el elemento extranjero, la progresiva extensión de los cultos extraños que son aportados por inmigrantes y que reclaman reconocimiento político, los cultos nuevos introducidos por sucesos naturales, la delimitación recíproca de derechos de dioses adorados conjuntamente, el intercambio entre ciudades, la unificación de muchas tribus (o naciones) por asimilación de divinidades diferentes, o el combate entre atributos de una divinidad particular cuya separación tiene como resultado el nacimiento de nuevas divinidades.[153] Unos mecanismos éstos que acompañan al choque de elementos de origen heterogéneo, tales como elementos semíticos, tracios, greco-celta-itálicos, o los elementos primitivos de las poblaciones originarias a las que los helenos sometieron cuando se instalaron en la zona,[154] y de los que Nietzsche ofrece una relación en los §§ 5–9 de esta primera parte. Esta relación da entonces paso al imprescindible § 10 [Poderes que estructuran el culto], en el que Nietzsche explica "las partes" que se organizan en culto:

> Una vez explicada la significación fundamental de todo culto, así como sus formas fundamentales y los elementos del culto griego según la diferencia de los pueblos que ejercen su influencia en este ámbito, queda por hablar en este discurso preliminar de los poderes que estructuran [*organisierenden Gewalten*] el culto. A partir de elementos tan dispersos, ¿qué es lo que produce sin cesar nuevas unidades?[155]

La cuestión que Nietzsche se plantea en este punto viene referida a la manera en que se materializan en el mundo griego aquellos elementos de fuerza de origen heterogéneo, los cuales en vez de estallar en la aniquilación se estructuran en cambio en la organización ("¿Dónde están las fuerzas que hacen todo el complejo edificio del culto un 'cosmos' [κόσμος], preservándole de la autodestrucción?") Esas unidades de fuerza son la casa, la familia, la estirpe, el clan, la fratría, la tribu, que se organizan unos dentro de otros dando lugar al δῆμος, la anfictionía, y finalmente la πόλις "como el poder estructurador más fuerte del culto".[156] De manera que, como afirma Nietzsche: "Muchas familias forman un clan, muchos clanes una φρατία, muchas fratías una tribu, y muchas tribus un Estado."[157] Y en esa serie de círculos concéntricos se organiza el cuerpo religioso.

En lo metodológico, y desde una lectura continuista de la obra de Nietzsche, este § 10 es por lo tanto extremadamente importante. Pues en él desarrolla Nietzsche a modo de intuición la organización de las partes rouxianas con las que más tarde se encontraría en sus lecturas de 1881 y 1883. Es sumamente interesante que, aun desconociendo todavía la obra de Roux, Nietzsche profiera ya aquí para lo religioso un tipo de organización estructural profundamente análoga a la propuesta por Roux para la embriología experimental, de lo que no extraña nada que tras su lectura a principios de los años 80 Nietzsche viese la puerta abierta para una formulación, ya clara y distinta, de una teoría de la Voluntad de Poder y de sus aplicación a los cuerpos Culturales. En este § 10, por ejemplo, de la organización biológica de las partes en diferentes niveles (células, tejidos, órganos, sistemas y aparatos, hasta formar el cuerpo), Nietzsche propone aquí la casa, la familia, la estirpe, el clan, la fratría, la tribu, el demos, la anfictionía, y la polis, que conforman el cuerpo de la religión griega tal y como se presenta a nuestros ojos. Y del equilibrio morfológico rouxiano como condición a la armonía estructural del organismo,[158] Nietzsche propone aquí por ejemplo que "[l]as pretensiones de los diferentes clanes debían, no obstante, encontrar un *equilibrio* entre ellas. Es decir, hacía falta, para organizar en una unidad semejante multiplicidad de cultos clánicos, una reflexión acerca del derecho sagrado. Esta unidad de los cultos de los clanes se cumplía en el culto del δῆμος."[159] Una forma de organización igualmente por niveles y subordinaciones a través de auto-regulaciones productivas,[160] y el modo asimismo como surge el sistema teológico de las doce divinidades anfictiónicas: como una institución política, como organización funcional de la vida en común. No existe en el culto griego a los dioses una creación *ab origine*, ni un proyecto teleológico preconcebido, sino que las funciones que observamos en la superficie son el resultado de una organización estructural de fuerzas que crecieron por asimilación[161] y evolucionaron dando lugar a ese equilibrio armónico y saludable que hoy llamamos "clásico".[162]

La cuestión, la exposición y el estudio sobre las formas determinadas en que el fenómeno religioso griego se presenta a la vista, en tanto que formas corporales o *signos* o *síntomas* en el presente, eso ya es asunto del segundo, del tercer y del cuarto capítulo del texto. Si el primer capítulo era una exposición de las "partes" y de sus procedencia étnico-geográfica, y de cómo éstas se organizan en niveles o unidades de homólogos, estos dos últimos capítulos continúan dicho planteamiento para describir, por ejemplo, las clases de templos, la propiedad santa, los tipos de imágenes sagradas, los instrumentos del culto, las sepulturas, las vías sagradas, los exégetas, los adivinos, los recitadores de oráculos, etc. El capítulo cuarto relata las diferentes prácticas religiosas, tales como la purificación, la coronación, o los sacrificios. Nietzsche sostiene en todo momento la afirmación de que todo culto religioso es "determinar y conjurar la naturaleza en beneficio propio",[163] pactando u obligando a los dioses en busca de un beneficio para la vida[164]. Los sacerdotes ("ligados a una divinidad concebida de manera completamente local")[165] evocan en ese sentido "la memoria del trato personal del dios con los hombres de este lugar",[166] siendo la ley procedente de Delfos y redactada en versos hexámetros la forma unificadora en la multiplicidad de este control mediante la fuerza sobre el dios en cuestión.[167] Es especialmente interesante también la conclusión a la que llega Nietzsche acerca de las razones de la representación de las fuerzas divinas en forma humana, pues al contrario de lo que pudiera pensarse a simple vista, la incapacidad de las épocas más primitivas para representar a las divinidades con precisión antropomórfica "[n]o se trata de un nivel embrionario del arte, como si en la época en la que se adoraba algo bajo esta forma se hubiese sido incapaz de representarla con más precisión", sino que se debía a un miedo más afincado en el alma, donde lo que se temía era precisamente "la expresión directa y sin rodeos". Como Nietzsche insiste en recordarnos, uno de los rasgos fundamentales para el culto griego en general es que "el ídolo más antiguo debe albergar al dios y, al mismo tiempo, disimularlo, no exponerlo a las miradas". Que las primeras representaciones de Apolo, por ejemplo, fueran por medio de un obelisco de madera, responde por tanto a esta necesidad por la que "el carácter sagrado quedaba siempre al lado de lo monstruoso, lo inmemorial y lo inquietante", y ante una imagen divina con forma humana se temblaba "seguramente como ante una impiedad (ἀσέβεια)". "En lo incompleto, lo alusivo, o lo que desborda, en lo que es verdadera y propiamente inhumano, es donde se encuentra lo sagrado, lo que inspira pavor", cosa que sólo empezó a cambiar cuando, tras la época de Pisístrato, se impuso la regla que permitía al tres veces vencedor en los certámenes ser honrados en el patio de los templos con ἀνδριάντες (estatuas de pie) esculpidos con una fidelidad perfecta, cesando así el temor al antropomorfismo de las imágenes—"y todavía únicamente en relación con los ἀναθήματα". El antropomorfismo en el culto griego a los dioses no es por tanto una conquista artística de lo teleológicamente más perfecto, sino más bien un momento alcanzado cuando se domina el miedo por la claridad. Nietzsche no lo menciona aquí explícitamente, pero como sí intenta demostrar en otros escritos suyos—*El nacimiento de la tragedia* por delante de todos ellos—existe para él una relación directa entre este dominio definitivo y la llegada del socratismo como modo de dominación del caos, la naturaleza y lo desconocido. Para Nietzsche, y como se puede comprobar leyendo el resto de sus escritos, todo este proceso de auto-sometimiento de la naturaleza en el umbral de la decadencia griega no significó necesariamente un momento de liberación en sí mismo.

En conclusión, podemos afirmar que el texto de *El culto griego a los dioses* de 1875 detenta, tanto en sus contenidos como sobre todo en su metodología, una clara continuidad con todo el corpus de la obra nietzscheana. El uso que se hace en él del método hipotético-deductivo como herramienta filológica para la dirimir la autenticidad o inautenticidad de los fenómenos, aprendida desde su trato con los *Democritea* de 1867/68, es constante, unas veces integrado directamente en sus conclusiones y otras veces más evidente a simple vista.[168] Del mismo modo, su estructura puramente genealógica, dividida en un primer *momento interpretativo* que muestra los orígenes y en un posterior *momento axiológico* que analiza y valora su incidencia[169] y la cual nosotros hemos ajustado aquí ligeramente presentándola respectivamente como el estudio de las "partes" y el estudio de las formas corporales o *signos* o *síntomas* en el presente, concuerda visiblemente con la teoría organizativa de las partes de Wilhelm Roux a pesar de que a mediados de los años 70 éste no hubiera publicado todavía sus resultados. Además de manifestar el talento de Nietzsche para captar la sensibilidad de un tiempo, la historiografía nietzscheana del fenómeno religioso griego queda así relacionada con una historiografía basada en la teoría de la Voluntad de Poder tal y como Nietzsche luego aprovechará para el estudio de los fenómenos morales, demostrando así ciertos mecanismos metodológicos de continuidad en su obra. Esos mismos mecanismos le sirven de momento, en este año 1875, para celebrar la disposición de los griegos a la hora de organizar en un culto bello y ordenado toda la sobrecarga de elementos y la ininteligibilidad que a ésta acompaña, igual que *El nacimiento de la tragedia* había celebrado dicha capacidad para la obra de arte trágica.[170] Pues "[l]os griegos son admirables justamente por su sentido del orden, de la estructura, de la belleza, del κόσμος… gracias a la cual ponen orden en el cielo, en la tierra, en los dioses y en ellos mismos. Pero incluso este sentido del orden tiene una mesura …. Cualquiera que haya podido ser aquí la dote común, o cualquier cosa que los griegos hayan podido tomar prestado, lo transforman en algo más bello. Es su lado más brillante: la asimilación y superación de lo extranjero."[171] Es una cualidad que viene acompañada a lo que Nietzsche llama "buen sentido del ritmo" (*eurythmische Sinn*)[172] y que se expresa en una espléndida apariencia (*Erscheinung*). Un pensar creativo, que une une, interpreta y organiza con un gusto mesuradamente proporcionado el cual es "el fundamento de su πόλις, de su arte, y de todo su poder de fascinación y de dominio del mundo".[173] El ritmo, que en *El culto griego a los dioses* aparece como forma de obligar al dios en cuestión, y que da lugar como veremos más adelante a la "literatura clásica" como apéndice de dicha veneración.[174] Una idea que ya estaba en *El nacimiento de la tragedia*,[175] y que une inexorablemente *El culto griego a los dioses* de 1875 con un texto hermano inmediatamente anterior a él: las lecciones sobre *Historia de la literatura griega* de 1874–76.

2.3. *Historia de la literatura griega (1874–1876)*

Las *lecciones sobre Historia de la literatura griega* (Vorlesungen über die Geschichte der griechischen Literatur) fue un seminario en tres partes impartido en la universidad de Basilea durante los semestres de invierno de 1874/75, de Verano de 1875, y de Invierno de 1875/76. Nietzsche trabajó duramente preparando esos materiales,[176] en muchos casos aun a riesgo de su salud.[177] A pesar de lo cual, como demuestran los registros, el éxito entre los estudiantes fue notoriamente escaso: siete oyentes en el semestre de invierno de 1874/75 ("El estudiante W. asistió sólo al comienzo del seminario para luego dejar Basilea a la hora de aceptar un puesto docente. La asistencia del resto es continua"), seis oyentes en el semestre de verano de 1875, y once oyentes para el semestre de invierno de 1875/76—este último semestre finalizaría por razones de salud de manera anticipada.[178] Lo confirmaría su amigo Overbeck en Bayreuth: "¡Lo más triste es comprobar la situación de nuestro amigo Nietzsche, quien impartió sus clases de historia literaria de los griegos ante tres o cuatro estudiantes inútiles! Todo el anatema de la universidad pesa sobre él."[179]

Las lecciones sobre *Historia de la literatura griega* (en adelante HLG) estaban pensadas para ser, junto a *El culto griego a los dioses*, el comienzo de un ciclo de lecciones en siete años, planeado en colaboración y en competencia con Jacob Burckhardt, acerca de la cultura de los griegos.[180] Asimismo, y como menciona Crusius, son "una quintaesencia de las clases teóricas (*Sonderkollegien*) y prácticas (*Übungen*) anteriormente impartidas",[181] así como de toda su trayectoria filosófica hasta la fecha, pues en ellas está inscrita, como veremos, una crítica práctica al concepto de la *Bildung* contemporánea.[182] No podemos olvidar además que estas lecciones fueron impartidas mientras Nietzsche trabajaba en una cuarta intempestiva sobre la filología como ciencia, que iba a llevar el nombre de *Nosotros los filólogos*, y que en último término trata la cuestión de *qué* aprender de los griegos, *para qué* hacerlo, y *cómo* hacerlo. HLG se enmarca en ese contexto, pues como ya venía diciendo desde finales de los años 60: "Una historia de los estudios literarios, con especial atención a la Antigüedad clásica, es tarea que un buen filólogo rico en ideas debiera plantearse algún día. Quiero decir una clara exposición de los puntos de vista que han resultado fructíferos desde los cuales ha sido considerada la Antigüedad, incluidos todos los absurdos, o sea, lo limítrofe entre los filosofemas y la historia literaria. Para ello se requiere un conocimiento acerca de la cadena de teoremas que se han formulado a propósito de la historia."[183] Ya en aquellos años había hecho Nietzsche en sus apuntes una pequeña propuesta de objetivos para la historiografía literaria:

> a. Los poetas, escritores, etc. contemporáneos, su postura, sus aspiraciones, sus concepciones estéticas.
> b. Los filosofemas (vel religiones) (vel ética) dominantes.
> c. El modo actual de valorar y de cultivar la historia.
> d. La postura y los estudios de los historiadores literarios mismos.
> Son a considerar los autores preferidos de épocas y tendencias.
> e. La mayor o menor capacidad de un pueblo para reconocer cosas ajenas *y* pasadas.
> La historia de la cuestión homérica hay emprenderla para todas las épocas de acuerdo con esos cinco puntos de vista; lo mismo vale para la poesía amorosa, la poesía popular, o el drama.
> Inclinación por la poesía india. Ímpetu místico y afán alegórico. Racionalismo. Optimismo y pesimismo.
> Lo igual conoce lo igual. Hay que demostrar cómo cada gran concepción literaria se remonta a los grandes ingenios afines: lo que proporcionaría una buena prueba de la miseria del intelecto común.[184]

Propuesta que se complementa con un pequeño tanteo expositivo:

1. Objetivo de la historia de la literatura.
A. La recopilación del material.
B. Valoración del material.
C. Puntos de vista filosóficos.

Para toda producción artística son necesarias tres cosas:
a) una materia
b) tratamiento técnico de la materia
c) puntos de vista creativos.

Objetivo de la historia de la literatura:
1. La historia de la literatura es una producción artística.
2. Subdivisión fundamental.
3. A. El material[185]
4
5
6
7.
8
9
10. B. Utilización y valoración del material.
11. Pseudoepigrafía como fuente de mentiras biográficas
12. Dataciones equivocadas de los antiguos
13. Interpretación de un epigrama por parte de los antiguos. Pisístrato.
14
15
16
17 C. Puntos de vista creativos.
18. Valor de escritos pseudoepigráficos, por ejemplo cartas.
19
20
21
22
23
24 Epílogo

No se puede hablar de comprensión mientras no hayamos reducido algo a una ley.[186]

Ahora, a mediados de los años 70, Nietzsche ve por fin con más claridad dichos "filosofemas dominantes" y su "modo actual de valorar y cultivar la historia". Nuestro autor ha leído ya una ingente cantidad de historiadores de la literatura contemporáneos, y conoce de sobra sus obtusas posturas y sus malogrados prejuicios: el primero de todos, respecto al concepto mismo de literatura, pues "[d]e igual manera que el viejo error de la gramática era partir de las letras y no de los sonidos, así también el viejo error de la historia de la literatura es pensar, en primer término, en el *ámbito escrito* de un pueblo y no en el *ámbito oral* artísticamente hablando, es decir, proceder a partir de una época en la que la obra de arte lingüística es gozada sólo por el *lector*."[187] Para 1874, Nietzsche ya ha estudiado lo suficiente el mundo griego, así como la ciencia filológica que lo toma como objeto, como para, de aquellos cinco puntos de vista desde los que en 1867/68 recomendaba estudiar la historia literaria, registrar con plenitud genealógica la "capacidad" del pueblo griego "para reconocer cosas ajenas *y* pasadas" y la imperativa necesidad de implantarla en el espíritu moderno. Por ello que prácticamente lo primero que haga en HLG, a modo de exposición de principios, sea clarificar en una serie de enumeraciones los "puntos de vista" desde los cuales va a considerar la literatura griega en sus siguientes clases:

> 1º) Para mí, en primer lugar, la historia de la literatura griega es la *historia de la elaboración artística del lenguaje*. Se incluyen aquí la prosa y la poesía. Quedan en cambio fuera de consideración la elaboración no artística, tanto en la charla cotidiana como en el escrito esencialmente científico o erudito, el cual sólo en circunstancias muy particulares tiene algo que ver con el arte.
>
> 2º) Existen tres puntos principales de consideración: a) Las obras de arte del lenguaje como tales; b) Sus efectos y su público; c) Sus creadores.
>
> En relación con a) subrayaré si las obras artísticas del lenguaje se encuentran en relación necesaria con otras artes, con la música, o la danza, o la acción, o con todas a la vez, o bien si existen sólo por sí mismas. Expondré después qué clases se dan, explicando especialmente el nacimiento de una prosa artística, y mencionando siempre la terminología griega. También la importancia de los dialectos para la obra de arte lingüística; y después, la estructura de la misma.
>
> En relación a b), veremos qué obras artísticas surgieron por un motivo perfectamente determinado y cuáles fueron compuestas εἰς ἀεί [para siempre]; las diversas circunstancias, fiestas, etc., en las cuales cobraba cuerpo el placer en la creación de la obra de arte lingüística; la importancia de la palabra escrita para la difusión,

> así como también la lucha ocasional contra aquélla; las más importantes contracorrientes dentro del público; la literatura en la escuela.
>
> En relación a c), habrá que hablar de la posición social de los poetas y escritores, de sus cualidades sobresalientes, de la lucha entre ellos, de sus cualidades positivas y negativas como individuos, etc. Asimismo, también, del tipo de mitología histórico-literaria que se les asocia, de los intentos por parte de los falsificadores, etc.[188]

Como Nietzsche mismo pone sobre aviso, esta relación declara "puntos de vista" desde los que tratará el tema, que no su metodología expositiva. Afirmando de antemano que el objeto del análisis será la obra de arte del lenguaje (*Sprachkunstwerk*), y no otro tipo de obras de arte ni tampoco otras coyunturas lingüística que nada tienen que ver con lo artístico como las conversaciones, o los escritos jurídicos—es decir la *prosa* y la *poesía* y sólo en algunos casos particulares el *escrito científico*—, la cuestión a exponer será: a) el estudio de la estructura de la obra de arte del lenguaje y su relación con otras obras de arte; b) la naturaleza de su producción en motivos de su función y su finalidad particular (*Zweck*); y c) esta relación de perspectivas, que como digo *no* son metodológicas, y que deja traslucir un modelo de pensamiento científico directamente anclado en lo orgánico que luego se verá constatado tras sus lecturas de Roux y otros biólogos. Pues cuando Nietzsche habla en el punto a) de la obra de arte lingüística, no lo hace como fenómeno aislado, sino como un órgano enlazado en la naturaleza interdependiente del organismo junto con otros órganos funcionales tales como "la música, la danza, o la acción", o con todas a la vez (¿existen sólo por sí mismas?) La literatura griega, a pesar de haberse conservado cristalizada para nosotros, fue en su día un fenómeno vivo, con su nacimiento, esplendor y decadencia, entrelazada con otros fenómenos vivos de colindante naturaleza. De ahí entonces que en b) se pregunte por su origen biológico, igual que Darwin y Roux se preguntan por el origen de una determinada función orgánica: ¿fueron esas obras creadas para perdurar en el tiempo de manera intempestiva (εἰς ἀεί)? ¿O no fueron en cambio creadas por un motivo puntual y perfectamente determinado (festividades, etc.) al que luego sobrevivirían? De ser así: ¿cómo consiguieron sobrevivir en el tiempo hasta nosotros, y cómo consigue su belleza sobrecogernos aún hoy todavía? Este planteamiento recuerda inevitablemente el pasaje de *Para la genealogía de la moral* donde Nietzsche criticaba la tendencia a creer que el ojo está hecho de antemano para ver, la mano para agarrar, y la pena para castigar,[189] olvidando así que su génesis real le viene de necesidades mucho más tempestivas y circunstanciales. La cuestión de cómo, a pesar de ello, los fenómenos pueden portar y transmitir por generaciones una belleza que parece cuasi atemporal capaz incluso de deslumbrar (y cegar) a las más grandes mentes de la modernidad, y de cómo podemos hoy recrear (*Nachbilden*) esa belleza para nosotros, ésa es la razón fundamental del trato nietzscheano con el mundo griego. Es para responder a esta cuestión que Nietzsche deberá hablará a la sazón de c) "la posición social de los poetas y escritores, de sus cualidades sobresalientes, de la lucha entre ellos, de sus cualidades positivas y negativas como individuos, etc."; es decir de las personalidades reales, históricas, biológicas, es decir de las *Gesamtbilder* de sus creadores.

Una vez explicitados estos "puntos de vista", Nietzsche puede entonces plantearse la pregunta por el método con el que va a llevar a cabo el análisis. Así:

> 3º) Sería posible articular el todo de tal manera que los temas mencionados sirvieran de título a otros tantos capítulos, tratando en cada uno de ellos los fenómenos correspondientes desde los orígenes hasta el final de la literatura griega. O bien, pasar a describir las obras de acuerdo a un orden histórico, llamando la atención en cada una de ellas acerca de dichos puntos de vista; en cuyo caso habríamos de apoyarnos en la historia política y cultural. Finalmente, en tercer lugar, podríamos considerar aisladamente los géneros principales, bien de modo histórico-cronológico, bien de modo general, y siempre bajo los puntos de vista mencionados. Es la primera vez que realizo esta tentativa, y no quisiera escoger el método más difícil.[190]

Si bien pudiere resultar inapreciable a primera vista, esta última aclaración, leída en relación, encierra dentro de sí el núcleo de la discusión traída a lo largo de este capítulo, por no decir acerca de las formas de la historiografía en su conjunto. De aquella pregunta generalista por las condiciones de posibilidad de una historiografía crítica (productiva, del futuro), Nietzsche se pregunta ahora cómo va a realizar de manera práctica esta exposición historiográfica en particular "desde los puntos de vista mencionados", es decir, cuál habrá de ser la estructura concreta para una historiografía crítico-genealógica de la literatura que quiera además enseñarnos cómo volver a conseguir para la obra de arte del lenguaje la grandeza que atesoraron para sí los clásicos. A lo que, por un lado, plantea la posibilidad de tratar esas cuestiones de la mano de lo histórico-cronológico, bien de las obras bien de los géneros; o en su defecto, tratar directamente por capítulos los temas mencionados recurriendo a ejemplos. Nietzsche no expresa claramente por qué forma se decantará, y tan sólo dice que lo intentará por la vía menos difícil. Una lectura detenida del texto comprobará cómo el filósofo no recurrirá a ninguna de esas formas de manera exclusiva, sino que recreará una forma expositiva combinada y organizada conforme al método genealógico desde los presupuestos organizativos de una teoría de la Voluntad de Poder. Si ésta es la vía menos difícil, eso quedará por ver; pero posiblemente sí sea cierto que esta vía es la única capaz de exponer un decurso histórico procesual sin dejar de mostrar aquellas perspectivas que coronan la "ciencia del futuro". Nietzsche reconoce aquí, efectivamente, ser ésta la primera vez en la que realiza esta tentativa crítico-genealógica. Si bien podría añadirse que no por no haberlo intentado antes con otras cuestiones, sino por no haberlo hecho de forma perfecta y acabada sobre el fondo de una exposición diacrónica a gran escala como ahora.

¿Cómo queda entonces dibujado el orden de la exposición de una historia de la literatura griega que pueda presentarse como ciencia (del futuro)? Nietzsche aprovecha la disposición de la lección en tres semestres para dividir HLG en dos partes (Historia de la literatura griega I y II, a impartir durante el semestre de invierno de 1874/75 y de verano de 1875; e Historia de la literatura III, del semestre de invierno de 1875/76). La primera parte es más filológica rigurosamente hablando, más llena de tecnicismos y erudiciones, y más sujeta a la cronología y a los materiales dados, como reclamando para sí un fondo histórico que luego recuperará para la segunda parte. Esta segunda parte, por otro lado, es más culturalista, está más cerca de la reflexión filosófica, y se siente más suelta en estilo. A primera vista podría deducirse que esto responde a la inminente cercanía de esta segunda parte a la etapa de composición de obras de fuerte calado antropológico tales como *Humano, demasiado humano* de 1878, una influencia que se percibe con facilidad en *El culto griego a los dioses* de 1875. Sin embargo, analizado con más detalle, visto desde la perspectiva de la estructura del método podría decirse que esa disposición responde al orden del método genealógico mismo, el cual se desdobla en los momentos *interpretativo* y *axiológico*; y que si *El culto griego a los dioses* parece más antropológico que *Historia de la literatura griega* se debe estrictamente a la naturaleza de su tema, pues HLG estudia la obra de arte de un lenguaje solidificado en reglas muy claras y con registros y dataciones muy bien conservados, mientras que el tema de la religión griega se mueve entre lo arqueológico y lo documentado, a partir de costumbres que aún permanecen vivas en nosotros. HLG, que goza en todo momento del mismo carácter interdisciplinario que tienen prácticamente todas las obras que le suceden así como también de muchas de las que le preceden, debe su división a esas exigencias genealógicas que reclaman un primer momento de estudio descriptivo más o menos detallado de los datos históricos y etnográficos pertinentes, de cara a identificar las fuerzas y pulsiones que actuaron como condición de posibilidad de la emergencia del fenómeno determinado,[191] así como un segundo momento o momento valorativo el cual se ocupa de estimar el valor o beneficio (*Wert*) sobre la Cultura de esos materiales anteriormente expuestos, juzgando en forma de diagnóstico del presente su conformidad o no con la salud e intensificación de la vida.[192] Esta estructura, tan clara en sus obras genealógicas de madurez, hay que decir que se materializa por primera vez en HLG, lo que desautoriza la hipótesis de la lejanía o la cercanía a *Humano, demasiado humano*, o del antes y el después de *Humano, demasiado humano* y la negación del proceso, pues también esta obra es deudora de dicha estructura.

*

Hemos visto anteriormente cómo este orden expositivo sigue en *El culto griego a los Dioses* la futura vía organizativa de las partes rouxiana, con el estudio de las "partes" por un lado, y el estudio de las formas corporales o *signos* o *síntomas* en el presente por el otro. Las mismas razones del método demuestran en un análisis pormenorizado que lo mismo se puede decir de HLG, texto en el que se percibe por primera vez a escala procesual los rasgos de una teoría de la Voluntad de Poder empleada con fines historiográficos.

La primera parte de HLG (HLG I/II), después de algunas aclaraciones preliminares sobre las características generales del objeto y las perspectivas del análisis,[193] se centran en el estudio de las "partes", desde las más elementales a las más complejas como resultado de la organización de las primeras. Así por ejemplo, Nietzsche dedica el § 2 "Los períodos de la lengua griega utilizados para la clasificación de la literatura" a analizar los diferentes *dialectos* griegos (jonio antiguo, nuevo jonio, eolio, dorio, aticismo, dialéctico artístico de los trágicos y lenguaje de Atenas), los cuales funcionan como las primeras unidades en la constitución del fenómeno literario. Todos esos dialectos, de procedencia étnica y geográfica propia, son introducidos en el entorno griego por los diferentes movimientos migratorios que constituirán la Hélade, funcionando así como unidades de fuerza en el encuentro y construcción de nuevas identidades. En contraposición al carácter más uniforme de otras lenguas, Nietzsche subraya en una nota el carácter específico de la historia de la literatura griega precisamente a partir de este movimiento de los dialectos, pues son las circunstancias específicas de cada dialecto las que constituyen en el tiempo cada obra adscrita a un género literario. Estas adscripciones se seguirán manteniendo a lo largo de la historia de la literatura como rasgo del carácter para cada género, contribuyendo así además a la protección de su riqueza histórica:

> En otras lenguas, normalmente sólo un dialecto suele ser capaz de constituir una literatura y de alcanzar una supremacía; en el caso de los griegos, es un

> determinado género de la literatura, en un determinado dialecto, el que alcanza ese predominio, de manera que todo griego, da igual de dónde proceda, si quiere aventurarse en ese género literario se verá obligado a entregarse a él, es decir, a aprenderlo. Esto es lo normal, pues la esencia de un género poético particular depende la mayor parte de las veces de la esencia de una tribu determinada. Por otro lado, un dialecto no se transfiere nunca en la literatura de forma pura, sino que, gracias al contacto de los géneros poéticos más recientes con los más antiguos, se acaba siempre adoptando de ellos gran número de cosas, y los artistas más grandes se sirven con plena conciencia de estos matices con fines artísticos.[194]

En lo técnico, Nietzsche justifica esta idea por medio del desarrollo etimológico y su juego de influencias y estabilidades. Y razona cómo, en último término, el desarrollo de sus primacías tiene que ver con razones políticas o—hablando en sentido amplio—de *mando*. Hay en este primer parágrafo sobre los dialectos una declaración de lo que está por venir, pues en él se mezcla el análisis filológico puro (análisis de las flexiones, de las terminaciones, de las animadversiones, de los extranjerismos, etc.) con el etnológico, el geográfico, e incluso el socio-político, organizados conforme a la idea de partes elementales que buscan la asimilación de lo que encuentran a su paso y lo reconfiguran para sí. Esto es, de *quanta* de fuerza.

Si el § 2 de la primera parte trata del carácter inter-relacional de los dialectos, el resto de parágrafos de esta primera parte, en especial a partir del § 5, se centra en el resto de unidades organizativas (*las obras de arte del lenguaje* o *Sprachkunstwerke*) y en cómo éstas se organizan a su vez en unidades organizativas superiores como son *los géneros*. Nietzsche expone esta idea de manera organizada, y a cada parágrafo le adscribe un género desde el que tratará cada artista y sus obras. El § 5, por ejemplo, habla de "la literatura épica"; y § 6 habla de "la obra de arte elegíaca", el § 7 de "la obra de arte lírica", el § 8 de la tragedia, el § 9 de la composición yámbica y trocaica, el § 10 de la comedia, el § 11 de la literatura filosófica, y el § 12 de la literatura histórica. En todos ellos traza Nietzsche un recorrido por la historia de su surgimiento, sus usos dialectales, y sus formas y estructuras, de una manera en ciertos momentos más original y en otros momentos más estandarizada y extraída directamente de los manuales de la época. Es de notar en ese índice la forma que tiene Nietzsche de organizar estos géneros, cortando la base de los grandes géneros primordiales (épica y lírica) a una manera que recuerda de modo general la manera aristotélica de distribución en razón de la forma de μίμησις o imitación,[195] y añadiendo transversalmente subgéneros con los que ayudarse para sus propios propósitos. Con este envite, Nietzsche violenta la sagrada estructura categorial de los géneros que encorseta al pensamiento moderno, y libre de su imposición estética, los vincula directamente con el desarrollo Cultural griego.[196] Nos detendremos en nuestro próximo capítulo en los detalles y pormenores de este análisis, si bien de momento nos interesa solamente señalar la mecánica de este proceder orgánico por el que Nietzsche organiza el fenómeno literario griego como una historia procesual resultante del encuentro de unidades de fuerza cada vez más complejas que conforman finalmente el fenómeno literario griego en las formas funcionales de un cuerpo fosilizado bajo las capas del tiempo y que llega ahora hasta nosotros cuando lo desenterramos. Nietzsche adelanta así en HLG el esquema de los poderes que estructuran (*organisierende Gewalten*) conforme "círculos concéntricos que se contienen unos a otros" de *El culto griego a los dioses*,[197] y con ello también la teoría de la Voluntad de Poder aplicada a la Cultura como un cuerpo con crecimiento, desarrollo, y decadencia:

> Introducción *a la literatura griega*. El cuerpo al completo [*der Gesammtkörper*] en crecimiento [*Wachsen*] y decadencia [*Verfallen*].[198]

En todo ese análisis organicista se respira por tanto una fuerte convicción anti-clasicista y anti-teleológica. Con él, Nietzsche sienta las bases para el levantamiento en contra de la tendencia imperante en la filología contemporánea que considera que la obra de arte griega—y especialmente aquí la obra de arte del lenguaje—viene al mundo ya perfecta y acabada en la forma brillante que hoy la conocemos, como si sus primeras palabras apenas nacer fuesen desde el principio extraordinarias—como si hubiera nacido ya en su etapa adulta:

> ¡Genial! Justo en las puertas de la literatura griega nos encontramos con la obra maestra más elevada.[199]

A lo que Nietzsche se pregunta, incluso de manera explícita al hilo de su discusión sobre la épica homérica, si eso que para nosotros es el principio de la literatura griega puede ser considerado de veras el principio:

> Lo más perfecto y acabado [*das Vollendete*] figura al comienzo [*Anfang*]: pero ¿se trata de verdad de comienzo?[200]

Pues un análisis pormenorizado de los niveles compositivos de la obra homérica revela, para empezar, que el desarrollo ha sido por etapas, desde un asiento Cultural precedente (lo que Nietzsche llama *Vorgeschichte* o "ante-Historia") sujeto al sentido fluido (*flüssiger Sinn*) de las influencias. Por otro lado, además, demuestra que ese supuesto carácter perfecto y acabado (*Vollendet*) no le vino dado—como ya demostró en *Homero y la filología clásica* y vuelve ahora a demostrar en HLG—desde el momento de su gestación, sino que le fue atribuido con mucha posterioridad en la necesidad de dotarle de unidad.[201] La reconsideración crítica del supuesto clasicista del "inicio" histórico, presente ya desde la época de *Homero y la filología clásica* cuando criticaba la ingenuidad (*Naivität*) de los estudios literarios en su construcción de una *mitología histórico literaria* (literarhistorische Mythologie),[202] adquiere en HLG si cabe un grado más alto de detalle, pues su crítica a la filología está ya prácticamente del todo desarrollada, y lo mismo sucede también con sus métodos de pensamiento genealógico.

Por todo ello se puede decir que HLG es la primera consumación práctica más o menos sin fisuras de aquel programa de la historiografía crítica que Nietzsche había venido perfilando desde su segunda Consideración Intempestiva. Aunque por razones lógicas el texto (i.e. la lección) no llega en ningún momento a mencionar dicha polémica, esto queda para nosotros bien claro cuando comprobamos por ejemplo la manera en que Nietzsche se aproxima a las formas de la historiografía antigua, y a Tucídides en particular. A Tucídides, Nietzsche ya venía leyéndolo desde las navidades de 1871,[203] y seguirá haciéndolo cuanto menos hasta finales de 1880, sin ahorrar en alabanzas citándole junto a Sófocles como el "representant[e] de la Cultura sofista"[204] o "el ideal del sofista de espíritu libre" (*Thukydides als Ideal des Freigeist-Sophisten*)[205] debido a su *realismo*:

> Los sofistas no son más que realistas: ellos formulan todos los valores corrientes y las prácticas con rango de valor—tienen la valentía de todos los espíritus fuertes de *saber* su inmoralidad .... Su gran gloria fue no envolver la patraña [*Schwindel*] con grandes palabras y virtudes.[206]

También en los apuntes para *Ecce Homo* de Octubre-Noviembre de 1888, Nietzsche seguirá celebrándole como aquella alternativa a la decadencia griega, que en lugar de refugiarse en el ideal lo hace en la fuerza (*Gewalt*), es decir en un realismo que representa "la suma entera de todos los hechos fuertes, rigurosos, duros que residían en el instinto de los más antiguos helenos",[207] la verdadera naturaleza de las cuestiones humanas desde predisposiciones al poder y sometimiento *cuántico* de lo débil.[208] Nietzsche ve además en la teoría de Tucídides sobre el Estado, aún sin decirlo explícitamente, un precursor a los planteamientos hobbesianos.[209] En HLG en particular, la aproximación de Nietzsche a ese realismo de Tucídides es fundamentalmente estilística.[210] Nietzsche trata a Tucídides en el § 12 de la primera parte—el dedicado a la literatura histórica—tras ocuparse de Herodoto, a quien había denominado el último sucesor de los poetas épicos. Según Nietzsche, todos los llamados historiadores anteriores, Herodoto incluido, "escribían para ser leídos en una festividad ante el público, y para conquistar así honores. Esto les diferencia inmediatamente del mundo de los cronistas. Su intención es la de *agradar* y *divertir*",[211] funcionando aquí el elemento mítico como lo más atractivo para el auditorio. El cultivo de la historia hasta Herodoto no es "una exposición árida, erudita, del tipo de la crónica" sino que "[s]e trata de la continuación de la epopeya y de los relatos breves jónicos"; de ahí la importancia de la narración, y de que hasta en Herodoto "las historias adopten ... la forma típica y se asemejen a la poesía: porque sus oyentes estaban acostumbrados a la poesía y apreciaban más la exposición típica que la exacta".[212] Sigue habiendo en la ciencia histórica un "*impulso* a la epopeya",[213] que todavía en Herodoto aparece como un "intento de influenciar las convicciones morales y religiosas".[214] Esta tendencia se interrumpe para Nietzsche con Tucídides, cuya entrada describe en un párrafo que merece nuestra atención:

> Tucídides es el enemigo de lo *mítico* y lo *típico* dentro de la historiografía. En el caso de historiadores anteriores, lo mítico se muestra en la acción de potencias sobrenaturales, en un transcurso del desarrollo que responde a una necesidad religiosa, en la negación del proceso natural, ya sea en su totalidad o en un solo punto; se muestra en una *permuta de las causalidades*, de una causalidad natural y una causalidad mágica. Lo *típico* es la tendencia a exponer muchos procesos singulares con un ejemplo modélico, tratando éste, no de forma histórico-exacta, sino de forma poética, ἐπὶ τὸ μεῖζον κοσμεῖν [adornar y magnificar (en alabanza)][215]. El caso particular, lo real incongruente, es rechazado. La significación *universal* de un acontecimiento se hace resaltar por medio de lo típico, y todo lo que no sirve a esta finalidad *se deja fuera*.[216]

Se observa en estas líneas un elemento que, como hemos visto, formaría luego parte fundamental de la reflexión llevada a cabo en *El culto griego a los dioses* acerca del paso de un mundo primitivo cualquiera a un mundo propiamente helénico: el abandono de la causalidad mágica a favor de una causalidad propiamente natural propia de la ciencia. Para Nietzsche, todos los historiadores anteriores a Tucídides, por las necesidades escénicas anteriormente expuestas, acababan mezclando lo histórico con lo narrativo, y por ende lo mítico con lo propiamente real. Es lo que el filósofo llama la "permuta de las causalidades" (*Vertauschung der Causalitäten*), que acompaña a un tipo de exposición que denomina *típica*, es decir no histórico-exacta sino modélica, la cual intenta explicar los hechos y acontecimientos mediante el recurso a un universal esculpido para una necesidad temporal que excluye otras facetas reales del hecho en particular. No es difícil ver aquí una crítica soterrada a los modos ejemplarizantes de la historia monumental de HL. Frente a eso:

> Tucídides, en cambio, cree en la identidad de la *naturaleza humana*. Si se acepta esto como principio, lo único que hace falta es informar con toda la fidelidad posible acerca de lo real, lo cual *tendrá* necesariamente que asemejarse a otras realidades posteriores; no es preciso que nosotros nos modelemos lo típico, pues el curso de la naturaleza humana trae consigo lo idéntico y semejante. El embellecimiento sólo es oportuno en cosas relativamente *pequeñas*, pero cosas grandes, como el poder de Atenas o la grandiosidad de la guerra, no necesitan de nadie que las cante, no necesitan de ningún Homero, sino que *son ya en sí un tipo:* οὐκ ἄν πολλοῖς τῶν ʽΕλλήνων ἰσόρροπος ὥσπερ τῶνδε ὁ λόγος τῶν ἔργων φανείη [no de muchos griegos como éstos podría decirse que las palabras se ajustan a los hechos] (II, 42). Precisamente el discurso a los caídos es típico para Tucídides, porque incluso aquí coinciden λόγος y ἔργα [palabras y hechos].[217]

Para Nietzsche, hay en Tucídides, por primera vez en la literatura histórica, un particular "sentido de la verdad" que no escatima en crudeza y realismo al mostrar la *naturaleza humana* (*menschliche Natur*, acentuado por Nietzsche) si con ello es de utilidad para la vida. Nietzsche, traduciendo al propio Tucídides, reafirma: "Si los pocos que quieren ver claro sobre el pasado y el futuro, ya que el futuro, por la naturaleza del ser humano, ha de ser semejante y afín al pasado; si éstos juzgan que mi obra será de *utilidad*, esto sólo ya me basta."[218] La historia, nos enseña Tucídides, no debe deleitar, sino que debe enseñarnos a crecer por muy molesto que resulte al oído. Hay sin duda en todo este planteamiento un acercamiento al historiador griego desde las necesidades de la *Bildung* y contra los modos autocomplacientes de la historia ("la soberanía del hombre superior—τοῦ πρώτου ἀνδρὸς ἀρχὴ—es el ideal político de Tucídides, y asimismo una especie de ideal de familia.")[219] La historiografía según Tucídides es toda una disciplina del intelecto, una práctica de estudio de las fuentes escéptica con los mecanismos de fijación de los hechos, los cuales "Tucídides no los describe tal como se los ha relatado ésta o aquella persona, ni tampoco como él se los imagina, sino de tal manera que 'incluso en cosas en las que yo estuve presente, realizo todas las comprobaciones posibles acerca de otras personas'; es decir, sin confiar siquiera sólo en sí mismo."[220]

Por primera vez en la historia de la historiografía, se produce con Tucídides un cambio en la tarea del escritor, para quien el peso entre el hecho o ἔργα y la belleza en la expresión o λόγος se reparten equitativamente. En un añadido al pie de 1878/79, se leerá: "Sensación general: ἔργον y λόγος [el hecho y la palabra] tienen la misma importancia. Consecuencias: 1) el *trabajo* [hecho] tiene la misma importancia; la dificultad de la tarea de la escritura. Los principios del autor están en la fijación. 2) La *expresión* [la palabra] tiene la misma importancia, la obra gana en consideración. N. de N.." Nietzsche es un entusiasta del carácter y el estilo expositivo de Tucídides, porque él supuso por vez primera la salida de los comercios monumentalistas con el pasado a favor de un modo más crítico. Luego más adelante, en 1888, incidirá en esta equiparación con los modelos idealistas de la historiografía contemporánea:

> *Tucídides* fue para mí en todo momento mi recuperación, mi predilección, mi cura de todo platonismo. Tucídides y, quizás, el príncipe Machiavellis, son los que más cerca veo de mí, con su incondicionada voluntad de no pretender nada especial y de ver la razón en la realidad—no en la razón, y menos aún en la moral .... Nada cura mejor de esa lamentable idealización la cual el alemán educado clásicamente recolecta como recompensa por su seriedad en el trato con la Antigüedad, que Tucídides. Hay que darle una vuelta a cada renglón y leer lo que no escribió tan claramente como sus palabras: no hay apenas pensadores tan *sustanciosos*. En él se expresa de manera perfecta y acabada la Cultura sofística [*Sophisten-Cultur*], digamos la *Cultura realista* [Realisten-Cultur].[221]

Ante una historiografía que prejuzga como es la idealista, Tucídides expone la realidad desde unos juicios de valor con ventajas para la vida. *Historia de la literatura griega* (1874/76) de Nietzsche es, también en lo práctico, toda una declaración de admiración a esta valía historiográfica, y no extraña entonces que sea a Tucídides, y no a otro historiador, a quien en una nota introductoria escrita para sí dedique sus más primera palabras:

> Hay que describir la *entrada en escena* de Tucídides. Todos los historiadores se encuentran en un foro compartido: el de la ciencia y el del arte. La primera pregunta por la mayor o menor *verdad* de lo contado; la intensificación de un sentido de la realidad no es, de entrada, el tema que estamos tratando, pues ese problema pertenece a la Historia de la Ciencia; la segunda pregunta por el arte—la opinión acerca de él es algo que sigue siendo la misma. En sentido estricto, ambas consideraciones *están en contradicción*. ¿En qué momento florece la ciencia histórica? En el momento en el que resulta posible a ambas consideraciones *acercarse* la una a la otra. ¿Dónde se da esto en el caso de los *griegos*? [N. de N.].[222]

Esa última y enigmática pregunta por cuándo exactamente la historiografía griega abandona la mitología para convertirse en "historiografía del futuro", acerca de en qué momento arte y ciencia empezaron a caminar de la mano, es en esencia la pregunta fundamental de Nietzsche a lo largo de toda HLG, cosa que habremos de tratar en los dos próximos capítulos de nuestro trabajo.

3. El texto de Historia de la literatura griega

Historia de la literatura griega es, como no hemos dejado lugar a dudas, un texto fundamental en la obra de Nietzsche. Y esto, no sólo como punto de culminación de las lecciones de Basilea sobre la antigüedad, sino también por su importancia estratégica como mediación entre sus estudios de juventud y su obra de madurez a partir de *Humano, demasiado humano.* Lamentablemente, esta realidad ha sido continuamente pasada por alto, con las funestas consecuencias que analizaremos en otro punto de este capítulo. Esto se ha debido, fundamentalmente, a la particular historia editorial del texto, como recuerdan los especialistas "inédito en buena parte hasta tiempos muy recientes, pues los responsables de las primeras ediciones lo publicaron de forma bastante reducida y desfigurada",[223] razón ésta por la cual falta a día de hoy un estudio profundo sobre su significado.

3.1. Historia editorial de HLG

Debido a su naturaleza de lección universitaria y a su conservación en meros cuadernos de trabajo, la historia editorial de HLG acompaña necesariamente la historia del legado póstumo de la obra de Nietzsche o *Nachlass.* Tras el colapso psíquico de Nietzsche en 1889, fueron sus amigos Heinrich Köselitz (también conocido como Peter Gast) y Franz Overbeck los que se responsabilizaron de su *Nachlass* literario. Después de una serie de disputas, sería finalmente su hermana Elisabeth Förster-Nietzsche quien empezara a hacerse con los materiales: en 1892 aparecía organizada por Köselitz en la C. G. Naumann Verlag un primer conato de *Gesammtausgabe* en cinco tomos, y en 1894 fundaría el primer archivo en Naumburg. Sin embargo, no todos los textos del filósofo acabarían custodiados en el archivo fundado por su hermana, pues también la biblioteca de la universidad de Basilea guardaba para sí una importante colección de sus escritos.[224]

A partir de ese momento, empezaron a aparecer diversas ediciones de las obras completas de Nietzsche de diferente calidad. Entre 1894 y 1913, y no sin roces entre Förster-Nietzsche y el editor Fritz Koegel, se publica la llamada *Großoktavausgabe* (GA) en la C. G. Naumann de Leipzig y luego en la editorial Alfred Kröner Verlag, de la que aparecieron 19 tomos y un registro añadido en 1926. En esa edición, se publicaban muchos escritos inéditos, que aparecían organizados de manera temática: el cuerpo principal de los *Philologica* fue publicado por Ernst Holzer en 1910 en un primer tomo (*Nietzsches Werke. 17. Gedrucktes und Ungedrucktes aus dem Jahren 1866–1877*). No pudiendo continuar un segundo tomo por enfermedad, la responsabilidad recae entonces en su colaborador Otto Crusius, quien en el prólogo dedica a Holzer unas palabras.[225] En 1912, tras un estudio detenido en Ulm junto a la hermana de Nietzsche de las copiosas transcripciones de Holzer de los trabajos filológicos de Nietzsche, y después de cotejarlas con los manuscritos originales del filósofo, Otto Crusius consigue publicar el tomo XVIII de las Nietzsche Werke, constituyendo así el tomo II de los *Philologica*.[226] En 1913 aparecerá finalmente el tomo tercero y último de los *Philologica* (*Unveröffentlichtes zur antike Religion und Philosophie*), editado también por Crusius en colaboración con Wilhelm Nestle. Esa misma edición de los textos fue de nuevo publicada en el quinto tomo de las *Friedrich Nietzsche Gesammelte Werke*[227] en la Musarion Verlag de München (1920–1929, 23 tomos), editada por Richard Oehler y Max Oehler (parientes de Nietzsche por parte de madre) así como por Friedrich C. Würzbach. A pesar de sus intenciones monumentales, esta así llamada *Musarion Ausgabe* reproducía sin más la edición de Crusius y sucesores.[228] Eso sí, editándola de una forma más manejable.[229]

El texto de *Historia de la literatura griega* [*Geschichte der griechischen Litteratur*, erster und zweiter Theil, Winter 1874/75 dreistündig—Sommer 1875 dreistündig; y dritter Theil, Winter 1875/76 dreistündig], aparece editado por primera vez en 1912 en el tomo II de los *Philologica* "Unveröffentlichtes zur Litteraturgeschichte, Rhetorik und Rhythmik".[230] Como para el resto de los trabajos filológicos de Nietzsche, el editor no tuvo en principio más que transcribir al pie de la letra los materiales originales tal y como se los encontró. Tratándose de materiales personales concebidos por Nietzsche para sus lecciones en la universidad y en el *Pedagogium*, que no para su publicación, eso implica incluir también la transcripción literal de abreviaturas, correcciones, o nuevas inclusiones, por no decir incluso de la ortografía original ("como en el primer tomo,... no fue modernizada ni compensada")[231] con los muchos errores ortográficos de los que esos textos están poblados en abundancia. El editor mantiene además "la continua oscilación de los nombres antiguos",[232] o los (en muchos casos extraños) signos de puntación. El texto de Crusius querría funcionar así como una suerte de facsímil de los apuntes del autor, si bien un facsímil incompleto, puesto que por otro lado no figuran por ningún lado los fragmentos que le resultaban inteligibles y ni siquiera se molesta en mencionar su ausencia. En una comparativa con la versión completa del texto tal y como fue editada en 1995 en la *Kritische Gesamtausgabe*

(KGW II.5) por Fritz Bornmann y Mario Carpitella, hemos podido localizar la siguiente lista de omisiones:

De HLG I/II:

- Falta el § 2 prácticamente en su totalidad.
- Crusius no imprime lo que Nietzsche elimina en una segunda lectura.
- Del § 5 falta todo el primer párrafo; faltan también muchos índices, varias páginas del resto de las Homéricas y del ciclo épico (aunque en este caso Crusius sí nos pone sobre aviso[233]), y las páginas 61–74 de la KGW II.5 completas.
- Del § 6, falta un pequeño fragmento (de la línea 5 a la 15 de la KGW), el cual Crusius añade como nota al pie anotando adicionalmente "spätere Hand", es decir dando a conocer que fue un añadido posterior de Nietzsche, cosa que no hace la KGW.
- Falta el § 7 "Las formas principales de la obra de arte lírica" por entero, aunque en este caso el epígrafe falta de por sí (también por tanto en la KGW) ya que se trata de uno de esos momentos en los que Nietzsche reciclaba materiales de otras lecciones. Crusius sí advierte sobre este hecho.[234] En este caso en particular, se trata de las *Lyrikervorlesungen* de 1869 (en KGW II.2, pp. 106–182). Muchos de estos materiales aparecen en otros parágrafos de HLG I/II.
- En el § 8, se echa de nuevo en falta mucho material, entre otras cosas muchos autores trágicos, y especialmente la datación por olimpíadas. En muchas ocasiones, el editor resume muchos datos poniendo p. ej. "[Euripides-Lebensdaten]" (p. 48).
- El § 9 está prácticamente entero, aunque al final hay una omisión que se avisa con un corchete: "Folgt eine Aufzählung der Dichter, welche Jamber, und der Dichter, welche Trochäen dichteten, bis herunter zu Babrios" (p. 56); esta decisión por parte de Crusius de no editar parte del texto sino resumirlo con corchetes es sistemática y se vuelve a dar en otros pasajes (p. 58, p. 59, etc.), como por ejemplo cuando Nietzsche habla de los "diferentes géneros menores de la poesía" (Epicarmos, Sofrón, Mimo, Rinton, las parodias).
- Del § 11, faltan todos los autores presocráticos. Existe además en la KGW una nota al pie (p. 198, nota 48 sobre Platón) para cuyo principio Crusius añade una aclaración: "Verständnis-nüchtern gegen mystisch prophetisch". Falta por ver si se trata de una invención de Crusius o de un elemento del texto de Nietzsche que la KGW no pudo descifrar y optó por obviar.

- Del § 12 sobre la literatura histórica, Crusius no añade la nota al pie del año 1878/79 (p. 224). Este fenómeno se repite de nuevo en las pp. 230 y 240. Del § 12 falta además el párrafo que Nietzsche dedica a los historiadores más antiguos (pp. 226 y ss.).

En el caso de HLG III, se trata en cambio de una parte mucho mejor redactada que las partes I/II, una sensación de diferencia que llevo a Crusius incluso a sostener que se trataba de "el fragmento con el que comenzaría una obra mayor planificada [por Nietzsche], para la que el *Nachlass* ofrecería conceptos claves y materiales."[235] Esta idea considero que hoy no se sostiene, pues su cuidada redacción se debe mayormente a que Nietzsche, en esta parte de la *Vorlesung*, no tenía que tratar más con autores, obras y dataciones, sino que ahora podía explayarse en una reflexión filosófica ininterrumpida acerca del pasado y sus signos sobre el presente de acuerdo con aquella estructura metodológica expuesta por nosotros en anteriores puntos de este trabajo. Sea como fuere, el caso es que el carácter más compacto y elaborado de esta tercera parte ha facilitado sin duda sus trabajos de edición, a pesar de que el texto no deje en ningún momento de ofrecer dificultades que llevan al editor de nuevo a algunas omisiones que seguimos listando a continuación:

- En el prólogo introductorio de esta parte, esencial para entender lo que va a tratar a continuación, se echa en falta por ejemplo el primer párrafo (KGW II.5, p. 273), donde Nietzsche explica que "[t]ras haber expuesto en los dos últimos semestres el nacimiento y destino de los principales géneros particulares de la literatura griega, podría parecer que ya hubiera acabado. Sin embargo, se ha quedado sin discutir lo importante, en general, y se ha quedado sin tratar el problema de en qué condiciones llegaron los griegos a una literatura clásica. Nacimiento y destino de los géneros no lo es todo; pues se puede preguntar todavía: ¿por qué surgen justamente estos géneros? ¿por qué". Se percibe aquí el carácter sesgado e inacabado de ese fragmento, como si fuera una reflexión abandonada por otro tipo de comienzo, lo que sin duda llevó a Crusius a prescindir de él. Este perfil sin embargo no le resta importancia, razón que sin duda llevó a la KGW a incluirlo en el texto.
- En el § 2, Crusius señala la nota al pie como "[Anmerkung von späterer Hand]", lo que indica que Nietzsche volvió más tarde sobre el texto. La KGW no la presenta de este modo. Este fenómeno se repite para el § 5 (KGW nota 6, p. 303; KGW nota 7, p. 311; KGW nota 12, p. 325).

- El § 11 de la KGW presenta finalmente un material libre difícil de vincular con ningún pasaje en particular ("<Zusätze von späterer Hand, die nicht an bestimmte Textstelle gebunden sind:>" pp. 351–353).

A la vista por lo tanto de semejante lista de omisiones, uno podría pensar en efecto en la falta de rigurosidad y cientificidad de la labor editorial de Crusius, quien no sabe por momentos si optar por una edición más literal o por una presentación del texto más literaria o "editada".[236] Esta disyuntiva se vería resuelta por la vía de la literalidad de la edición de Bornmann y Carpitella en la KGW: una edición del texto mucho más apegada sin duda a los materiales originales que han llegado hasta nosotros, en la que pueden verse con gran facilidad las anotaciones, correcciones y capas compositivas, y a partir de la que luego han trabajado otras ediciones más literarias del mismo tal y como nuestra reciente traducción al castellano en OC II.[237] Pero a pesar de esta imprecisión por parte de Crusius, no hay que dejar de concederle un mérito propio: pues fue Crusius el primero en advertir el carácter específico de estos escritos y la importancia de su forma, así como las necesidad de ser "reparados" cuando uno busca presentarlos a un público lector.[238] Como señala en el prólogo al tomo:

> En todo caso, estos cuadernos escolares [*Kollegheften*] son algo muy diferentes de las brillantes cadenas de aforismos o de las conferencias de las cuales Nietzsche se imaginaba a Richard y a Cosima Wagner como sus oyentes. En ellas, la extrema simplificación y al mismo tiempo una vivificación [*Verlebendigung*] y figuración muy personales, por decirlo en la lengua de la teología más reciente. Aquí [en los cuadernos], todo un aparato de documentos, una sobreabundancia de detalles y *petis faits*, debates a menudo detallados en puntos aparentemente secundarios.

Un acercamiento al texto original de HLG, a sus autocorrecciones, oscilaciones y desperfectos estilísticos, a sus articulaciones rítmicas y a sus pausas, nos dará por tanto una imagen real de un Nietzsche desconocido hasta la fecha. No de un Nietzsche metafísico y/o grandilocuente, ni tampoco de uno apegado a las necesidades de un imperativo editorial, sino de un Nietzsche en libertad aplicado a la pedagogía, la retórica y a la oralidad, una oralidad de la que curiosamente en HLG en especial hará fuerte bandera. Como apuntilla finalmente Crusius, "suprimir estas pequeñas irregularidades significa a menudo acabar con un pequeño trozo de vida individual"[239], i.e. con un testimonio humano de sus cansancios y pedanterías; pues en ellas finalmente es donde "uno cree oír hablar al escritor."[240]

3.2. Gestación y estado del texto

Como se deduce de lo que acabamos de ver, la historia del texto de HLG no es en realidad otra cosa que la historia misma de la filología y de su trato con la textualidad originaria, es decir con la manera en como un texto se ha conservado y ha llegado hasta nosotros hasta poder considerarlo canónico o idéntico a sí mismo. Ella es también la historia de cómo un texto depende enteramente de un autor, pues fue concebido por un autor, con sus realidades demasiado humanas.

La historia de la gestación de HLG, como la de otros tantos textos, es rica en estas vituallas. Un acercamiento a la versión editada por la KGW nos sorprenderá con un amplísimo material (cerca de 353 páginas) ora más compacto ora más deslavazado, pero en todo momento elaborado en la independencia de quien redacta para sí unos apuntes docentes desde las circunstancias del día a día. Crusius justificó por ejemplo las oscilaciones en los nombres antiguos por este hecho.[241] Y son cuantiosos los pasajes en los que se hace notar la psicología ocasional del autor según qué momento, reflejado en las diferencias entre legibilidad/ilegibilidad del escrito, en los usos más formales o más coloquiales del lenguaje, en el esbozo de esquemas y árboles genealógicos, en el empleo relativamente arbitrario de abreviaturas inteligibles sólo para Nietzsche, etc. Estos apuntes son materiales dedicados a la lectura en público, los cuales Nietzsche debió de manejar una y otra vez a lo largo de aquellos dos años (y posteriores), tal y como dan muestra las múltiples adiciones al texto o el desarrollo y estado físico mismo del cuaderno, sobre cuyas hojas Nietzsche iría progresivamente advirtiéndose para sí frases como "§ 1–8 (letztere nicht vollständig)" [§ 1–8 (el último no está acabado)], o posteriores avisos como el de "Das Heft geht von hinten los. Vorsicht!" [El cuaderno se suelta por detrás. ¡Cuidado!].[242] Como es de entender, una labor rigurosa de edición tiene que afrontar este tipo de dificultades para integrarlas en el todo textual. Asimismo, una labor de traducción del alemán original a una lengua extranjera ha de transformar todas esas dificultades en un todo inteligible conforme a la pragmática del lenguaje, en la cual las lenguas no son siempre correlativas, tampoco en la caterva de nombres propios de autores y obras inherentes a la especialidad. En las próximas líneas vamos a examinar el estado del texto tal y como ha llegado a nosotros, para lo que esto pueda aportar para su comprensión.

En primer lugar, hay que señalar que el texto de HLG no fue redactado de una sola vez. La estructura misma de la *Vorlesung*, divida en tres semestres, posibilita al menos dos pausas lectivas de las que Nietzsche haría uso para la preparación y revisión del material. Es así que se distingue un claro corte de estilo y contenido entre los dos primeros semestres (HLG II/II) y el tercer semestre (HLG III), corroborado por la mención en retrospectiva que al comienzo de HLG III hace Nietzsche de la parte precedente:

> Tras haber expuesto en los dos últimos semestres el nacimiento y destino de los principales géneros particulares de la literatura griega, podría parecer que ya hubiera acabado. Sin embargo, se ha quedado sin discutir lo importante, en general, y se ha quedado sin tratar el problema de en qué condiciones llegaron los griegos a una literatura clásica.

Y también:

> Señores, la única advertencia preliminar que tengo que hacer es la siguiente: *El problema* planteado hace un año, y del que vamos a ocuparnos los jueves de este invierno, es el de la génesis de la literatura clásica.

Esto nos obliga a volver al hecho de que las lecciones sobre HLG no son un texto unitario, sino un conjunto de lecciones ("Y sin perder más tiempo, enumero a continuación los temas de mis lecciones")[243] algunas incluso recicladas de semestres anteriores. Si hablamos con propiedad, HLG no se trata de una "obra", ni de un "texto", ni de un "escrito", sino de un material de trabajo simplemente conservado en los papeles personales del profesor.[244] Esto implica necesariamente una serie de dificultades para su comprensión, por ejemplo en lo que concierne a la adecuada inserción de las correcciones, los añadidos posteriores y las glosas marginales. Puesto que no iba destinado a la publicación sino a su propia lectura como referencia para la comunicación en público, Nietzsche tiende además a trabajar con un conjunto de abreviaturas de difícil comprensión si uno no conoce el contexto, y también con una serie de citas en su idioma original (normalmente griego o latín) que Nietzsche rara vez traduce (queda sin saber si lo hacía o no ante el público) y que en muchos de sus casos además no se corresponden al pie de la letra con los originales, ya que Nietzsche cita a veces de memoria o como era una costumbre en la época por mediación de otros.[245] La composición de los párrafos, por otro lado, es lo que estilísticamente hablando se dice un desastre; de lo que uno, acompañado de los diferentes subrayados con los que Nietzsche marca ciertos conceptos o pasajes (en cursiva en la KGW y en OC), deduce que Nietzsche iría improvisando las pausas en relación a las necesidades retóricas del discurso en público. Este rasgo en particular dificulta enormemente la compresión lectora del texto ya que, sin ir más lejos, no significará lo mismo un párrafo cargado de ideas pero *sin pausas* dependiendo de dónde hagamos dichas pausas—pausas que en el estilo escrito vienen marcadas por medio de signos de puntuación y puntos y aparte. Para esto, el lector de hoy habrá de meterse en la piel de Nietzsche, ejercer en efecto el juicio hermenéutico y ordenarse para sí un "horizonte estético" o *Gesamtbild* comprehensiva desde la que poder entender *cómo* Nietzsche está *en ese momento* diciendo lo que está diciendo. Sólo una lectura reiterada del texto desde nuestro conocimiento del autor sabrá reconstruir y por ende moverse en el juego de significaciones que tienen ahí lugar. Una edición para un lector menos especializado ha de ser consciente de esta imposibilidad de acceder en la práctica a ese espíritu original de la obra, de lo que habrá de transformar ese sistema retórico personal en un sistema escrito de puntuación dotado de sentido.

En lo técnico, se puede señalar por ejemplo la manera en la que Nietzsche ofrece en multitud de ocasiones lista tras lista con fechas, autores y obras sobre las que trabajar. Como han señalado ya algunos analistas y como se puede constatar en una comparativa dedicada, todos estos datos son en principio simples extracciones de manuales de la época. Es interesante en ellos sin embargo el empleo que hace Nietzsche de la datación, pues en muchas ocasiones recurre a nuestra forma hoy habitual de proceder en relación al nacimiento de Cristo (antes o después de Cristo), pero en otras en cambio opta por el más clásico recurso a la datación de acuerdo a las olimpiadas (así por ejemplo: "Teognis nació en la 59ª Olimpiada"). Modo éste de datación de origen alejandrino, quienes lo derivan a su vez de Aristóteles,[246] se trata de una costumbre extendida asimismo entre la filología de la época; que en el caso de Nietzsche, además de una cuestión de estilo en referencia a los contextos originales, demuestra una continua atención interdisciplinar a los descubrimientos filológicos, arqueológicos, y paleográficos más o menos recientes.[247] Para el caso de la cronología olímpica, Nietzsche refiere por ejemplo el cómputo ofrecido por el célebre *Marmor Parium*.[248] Pero HLG ofrece también muchos otros ejemplos, tales como la referencia al manuscrito de Venecia de 1786, etc. En algunos casos, hallazgos arqueológicos posteriores acabarán obligándonos a reconsiderar las afirmaciones de Nietzsche, especialmente las revelaciones de Schliemann en Troya a partir de 1870, el desciframiento del lineal B o el descubrimiento de la escritura del período micénico, que contradicen la extendida idea en aquella época (también mantenida por Nietzsche) de que Homero es el padre de la literatura europea. En otros casos, en cambio, se puede proclamar que Nietzsche fue un adelantado a su tiempo, cuando apostó por ejemplo por las formas rítmicas de la belleza griega antes incluso de conocer la herencia arqueológica de Olimpia descubierta a partir del año 1875,[249] cuando defendió la múltiple procedencia de los fenómenos antiguos,[250] etc. Es ese repertorio de desviaciones creativas lo que hace de Nietzsche un filólogo-historiador tan interesante y controvertido, y el resultado en definitiva de una actitud histórico-crítica hacia los materiales que maneja.

Pero si hay algo que salta a la vista, esto es sin duda la falta de un aparato sólido de notas al pie, así como de una bibliografía elaborada sobre los materiales consultados, con páginas en las que Nietzsche transcribe secciones enteras de otros autores sin citar las fuentes. Lejos de tratarse aquí de un "plagio" intelectual en el sentido fraudulento en el que hoy hacemos uso de la noción, esto podría encontrar una posible justificación en el hecho de que HLG es un material didáctico destinado a la comunicación oral, donde más allá de la documentación formativa no existe una urgente necesidad a la hora de diferenciar lo propio de lo ajeno.[251] Por otro lado, ya conocemos la aversión universal que tiene el estilo de Nietzsche contra el uso de notas que no sean referencias a sus propias obras, de lo que HLG ofrece por supuesto varios ejemplos.[252] Sea como fuere, el caso es que las referencias habidas a otros filólogos o autores clásicos son a menudo muy difíciles de localizar a simple vista, y cuando aparecen carecen a menudo del rigor científico que hoy nosotros sí le exigimos a cualquier escrito especializado de esta naturaleza. Hay que decir a favor de Nietzsche que el parco estilo de sus referencias, cuando las hay, no dista enormemente de los estándares de la época. Y hay que tener en cuenta además las limitaciones bibliográficas que los objetivos didácticos de cualquier lección imponen en ese sentido. La investigación contemporánea sobre Nietzsche ha localizado hoy por medio de sus *Beiträge zur Quellenforschungen* algunos de los oscuros pasajes sobre estos otros autores, lo que nos ofrece una idea más exacta y rigurosa de los materiales de la época con los que Nietzsche trabajó. A continuación detallamos una lista provisional de algunas de estas localizaciones ofrecidas a los *Nietzsche-Studien* por Francisco Arenas-Dolz,[253] para las que citamos además las páginas exactas en las que esto sucede en HLG:

- *Fragmenta Aristotelis collegit illustravit Aemilius Heitz in Gymnasio Argentoraensi Litt. Ant. Professor*, Parisiis (Editore Ambrosio Firmin Didot) 1869. [En KGW II.5, p. 209].
- Jacob Bernays, *Aristoteles´ Politik. Erstes, zweites und drittes Buch mir erklärenden Zusätzen ins Deutsche übertragen von Jacob Bernays*, Berlin (Wilhelm Hertz) 1872. [En KGW II.5, p. 213].
- *Briefwechsel zwischen Schiller und Goethe in den Jahren 1794 bis 1805*. Dritte ausgabe. Erster Band von Jahre 1794 bis 1797, Stuttgart (J. G. Cotta) 1879 (BN). [En KGW II.5, p. 37 y 289].
- John William Draper, *Geschichte der Conflicte zwischen Religion und Wissenschaft von John William Draper, Professor an der Universität zu New York.*

Autorisierte Ausgabe, Leipzig (F. A. Brockhaus) 1875 (BN). [En KGW II.5, p. 275 y ss.].

- Ernst Essen, *Der Keller zu Skepsis. Versuch über das Schichsal der Aristotelischen Schriften, Stargard*, (publicado como manuscrito) 1866. [En KGW II.5, p. 212].
- Rudolf Georg Hermann Westphal, *Prolegomena zu Aeschylus Tragödien*, Leipzig (B. G. Teubner) 1869, (BN). [En KGW II.5, p. 93 y ss.].
- Paul Anton de Lagarde (geb. Paul Bötticher), *Arica scripsit Paulus Boetticher, art. lib. mag. philos., doct. In Academia Halensi priv. poc. pociet. orient. german. sodalis. Glossae veterum Aricae. II. Glossae Phyricae*, Halae (J. F. Lippert) 1851. [En KGW II.5, p. 74].
- Karl Lehrs, *Über Wahrheit und Dichtung in der griechischen Litteraturgeschichte, Eine populäre Vorlesung*, en: *Rheinisches Museum für Philologie*, nr. 6, 1848. [En KGW II.5, p. 350].
- Herman Müller-Strübing, *Aristhophanes und die historische Kritik. Polemische Studien zur Geschichte von athen im fünften Jahrhundert vor Ch. G.*, Leipzig (B. G., Teubner) 1873. [En KGW II.5, p.165].
- Frederick Nutzhorn, *Die Entstehungsweise der homerischen Gedichte. Untersuchungen über die Berechtigung der Auflösenden Homerkritik. Von F. Nutzhorn Cand. Philo. mit einem Vorwort von J. N. Madvig, Professor in Kopenhagen*, Leipzig (B. G. Teubner) 1869. [En KGW II.5, p. 44 y ss.].
- Johann Hermann Heinrich Schmidt, *Die Kunstformen der griechischen Poesie und ihre Bedeutung. Zweiter Band, Die Antike Compositionslehre, aus den Meisterwerke der griechischen Dichtkunst erschlossen. Text und Schemata der lyrischen Partien bei Sophokles und Aristophanes. § 47.*
- Hermann Schrader, *Die parodischen Vorträge des Hegemon aus Thases in Athen*, en: *Rheinisches Museum für Philologie*, nr. 20, 1865. [En KGW II.5, p. 177].
- Johann Jakob Honegger, *Kritische Geschichte der französischen Cultureinflüsse in den letzten Jahrhunderten*, Berlin (Robert Oppenheim) 1875 (BN). [En KGW II.5, p. 277].
- Paul Schuster, *Heraklit und Sophron in Platonischen Citaten. (Eine Erklärung von Gorgias p, 492 E-494 B)*, en: *Rheinisches Museum für Philologie*, nr. 29, 1879. [En KGW II.5, p. 175 y ss.].
- *Allgemeine Regeln für die Composition der Trilogien*, Leipzig (F. C. W. Vogel) 1969. [En KGW II.5, p. 80 y 95].
- Friedrich Ueberweg, *Aristoteles. Über die Dichtkunst. Ins Deutsche übersetzt und mit erläuternden Anmerkungen und einem die Textkritik betreffenden*

Anhang versehen von Dr. Friedrich Ueberweg ord. Prof. der Philosophie an der Universität zu Königsberg, Berlin (L. Heimann) 1869 (BN). [En KGW II.5, p. 50].
- Richard Volkmann, *Geschichte und Kritik der Wolfschen Prolegomena zu Homer. Ein Beitrag zur Geschichte der Homerischen Frage von Richard Volkmann, Gymnasial-Director in Jauer*, Leipzig (B. G. Teubner) 1874 (BN). [En KGW II.5, p. 49 y ss.].
- Richard Wagner, *Über die Bestimmung der Oper*, en: *Gesammlte Schriften und Dichtungen*. Neunten Band, Leipzig (Verlag von E. M. Fritzsch) 1873 (BN). [En KGW II.5, p. 23].
- Friedrich Gottlieb Welcker, *Die griechischen Tragödien mit Rücksicht auf den epischen Cyclus, Erste Abteilung*, Bonn (bei Eduard Weber) 1839. [En KGW II.5 p. 106].
- Friedrich Gottlieb Welcker, *Alte Denkmäler. Erster Theil: Die Giebelgruppen und andre Griechische Gruppe und Statuen*, Göttingen, (Verlag der Dieterischen Buchhandlung) 1849. [En KGW II.5, p. 106].
- Friedrich Gottlieb Welcker, *Der epysche Cyclus oder die homerischen Dichter. Zweiter Theil. Die Gedichte nach Inhalt und Composition*, en: *Rheinisches Museum für Philologie*, Ersten Supplement Bandes zweite Abteilung, Bonn (Eduard Weber) 1849. [En KGW II.5, p. 50–53].

A esta relación podría añadírsele además una multitud de libros y autores que sin duda tuvieron mayor o menor importancia en la construcción de sus ideas: desde Bernays (quien en su *Grundzüge der verlorenen Abhandlung des Aristoteles über die Wirkung der Tragödie* de 1857 defendía según Nietzsche las mismas impresiones que él en *El nacimiento de la tragedia*[254] y a quien consideraba el más brillante defensor de una filología del futuro después de Ritschl hasta el punto de haber considerado incluso estudiar en Breslau con él)[255] hasta otras obras de Welcker,[256] y desde luego en el ámbito específico de la historia de la literatura Theodor Bergk con su *Griechische Literaturgeschichte*,[257] Gottfried Bernhardy y su *Grundriss der griechischen Litteratur mit einem vergleichenden Überblick der römischen*,[258] Carl Otfried Müller y su *Geschichte der griechischen Literatur bis auf das Zeitalter Alexanders*,[259] Hermann Ulrice y su *Geschichte der hellenischen Dichtkunst*,[260] Creuzer y su *Historische Kunst der Griechen*,[261] o la *Geschichte der gesammten griechischen Literatur: ein Versuch* de Rudolf Nicolai.[262] También George Henry Lewes y su *Geschichte der Philosophie von Thales bis Comte*,[263] o la *Geschichte der griechischen Literatur* de Georg Curtius, profesor de Nietzsche en el WS de 1865/66[264] y según él "muy importante para la *Sprachvergleichung*",[265] un ámbito éste también a destacar en HLG al que se puede sin duda añadir la *Geschichte der deutschen Sprachen* de Jacob Grimm o *Zur älteren Geschichte der indogermanischen Völker* de Adalbert Kuhn. Es importante también la discusión con las tesis de Hermann Usener o el conjunto de trabajos del *Rheinisches Museum*. O la marcada influencia de Jacob Burckhardt.[266] Y la *Geschichte der Rhythmenschöpfung* de J. A. Hartung.[267] Y no podemos tampoco olvidar los estudios paralelos en fisiología, los cuales jugaron un papel importante en la actividad filológica de Nietzsche desde que éste comenzara a leerlos a finales de 1870.[268] Una relación de muchas de estas obras posibles puede consultarse en el registro publicado por Luca Crescenzi de las obras sacadas en préstamos por Nietzsche de la *Universitätsbibliothek* de Basilea entre septiembre de 1869 y Abril de 1879 para preparar sus clases, prestando especial atención a los préstamos entre 1874 y 1876.[269]

Ahora bien: aunque muy eficientes en la localización de posibles materiales e influencias que pudieron marcar tendencia en el pensamiento de Nietzsche y en la composición de sus textos, y muy útiles sin duda a la hora de localizar por eliminación los contenidos propiamente originales de autor, una investigación que quiera llamarse "crítica" ha de caminar sin embargo con pies de plomo a la hora de manejar este tipo de propuestas. Pues si bien es cierto que las investigaciones sobre las fuentes nos previenen de caer en una suerte de *monumentalismo* nietzscheano del que sin duda se han alimentado los errores hermenéuticos de décadas pasadas, no deja tampoco de ser cierto que cuanto más nos acogemos a ellas el riesgo de caer en el *anticuarianismo* resulta más evidente. Andreas Urs Sommer, en su artículo acerca de las ventajas de la *Quellenforschung* para la comprensión de un texto filosófico, se pregunta si esa explosión de interés por el estudio de las fuentes no se debe a una oscilación renovada hacia el lado del positivismo, o simplemente a una falta de imaginación de los intérpretes.[270] Si ante la duda por las ventajas de la *Quellenforschung* la respuesta que primero nos viene a la mente es la de que la investigación de las fuentes ayuda a entender mejor el texto de Nietzsche,[271] la siguiente pregunta entonces es qué entendemos aquí por "entender mejor", pues siempre se corren los riesgos del reduccionismo.[272] Esta última cuestión remite, qué duda cabe, a la pregunta más fundamental por qué significa leer un texto filosófico. Estoy de acuerdo aquí con la crítica de Carlotta Santini a aportaciones como la de Arenas-Dolz,[273] pues este tipo de investigaciones, además de alterar la percepción de la escala haciendo que las minucias parezcan más grandes de lo que son en realidad, carecen en muchos casos además de sistematicidad, y sus hallazgos son arbitrarios e indiscriminados sin llegar en ningún momento jerarquizar el valor de cada influencia. Es lo que Sommer ha denominado la "tendencia radicalmente igualizadora" (*radikal egalisierenden Tendenz*) de la *Quellenforschung*, que en muchos casos puede llegar a perder su función como instrumento para la reflexión filosófica transformando ese tipo de trabajos simple y llanamente en una inútil pérdida de tiempo.[274] Una versión contemporánea en definitiva de aquello que Nietzsche llamaba filología "microbiológica",[275] y que bajo las ricas pretensiones de conformar algún día bibliotecas enteras de ediciones críticas pierde de vista todo aquello para lo que en verdad necesitamos a los clásicos. Pues los clásicos, como estamos viendo a lo largo de este trabajo, sólo han de estar ahí para lo que nos puedan aportar de bien para el futuro, y no como "monolitos" con los que contribuir a la caída del presente. Por eso que nuestro acercamiento hacia ellos *no deba ser anticuario, ni monumentalista, sino crítico.* Quizás, después de todo, esa aparente falta de rigor por parte de Nietzsche a la hora de citar sus fuentes no se deba a la pereza, ni a un desliz, ni a la astuta malicia del plagiador, sino a una estrategia perfectamente concebida por el filósofo para evitar su propia monolitización historicista, dificultándonos intencionadamente la reflexión sobre su propia identidad y *obligándonos con ello a pensar.* Si la historiografía ha de ser según Nietzsche "genealógica", también por lo mismo la historiografía acerca de sus propios textos, especialmente cuando atiende a las formas de gestación del conjunto de su pensamiento:

> Hay algo en el *concepto de genealogía* en Nietzsche que no presupone que las causas sean de igual tamaño, de igual peso o de igual dignidad que sus efectos. Los procesos históricos del devenir no son, de acuerdo con el pensamiento genealógico del Nietzsche maduro, una sucesión de causas y efectos de la misma forma, sino más bien una interacción caótica de quantos de voluntad con tendencia al enfrentamiento, en los cuales lo más pequeño de comienzo puede triunfar sobre lo más grande. Esto quiere decir que las causas más minúsculas pueden tener las más grandes e imprevisibles consecuencias. Haciendo uso de esto para las lecturas realizadas por Nietzsche, de las cuales se ocupa la investigación de las fuentes [*Quellenforschung*], esto significa que la impresión menos aparente, el extracto más escurridizo de una tercera fuente, a veces un artículo periodístico, tenga quizás una mayor importancia en el pensamiento de Nietzsche que las atrevidas conversaciones con los grandes, sobre los que puso Nietzsche tanto acento en sus obras.[276]

También por lo tanto aplicada al estudio del pensamiento de Nietzsche como objeto, la genealogía es el antídoto necesario contra el historicismo imperante que, como unidad sistémica de fuerza, se revuelve buscando "asimilar" (lo que en su caso particular quiere decir "aniquilar") sus posibles alternativas. En esa autogenealogía que es *Ecce Homo* (1888), Nietzsche pronunció por la vía de la demostración lo que él quería que hiciésemos con él.[277] Y el célebre estilo aforístico de algunos de sus escritos es por otro lado una barrera erigida contra aquello que no desearía. Si queremos que las reflexiones de Nietzsche nos sirvan verdaderamente para algo, no debería importarnos tanto el origen de una idea como lo que Nietzsche hace después con ella.[278] Como ya había ido advirtiendo de manera incontestable desde el Otoño de 1867-Primavera de 1868:

> Debe reprenderse de una vez la extraordinaria negligencia que reina en las investigaciones literarias. Hay aquí pocas leyes, frente a innumerables analogías para cada fenómeno; lo mejor que se puede hacer es una nueva creación, *consciente*, poética, de espíritus, acontecimientos, caracteres, etc. Que esta situación concuerde con la realidad pasada es cuestionable, pero posible.
>
> Un acontecimiento histórico particular no requiere tan minuciosas investigaciones si no estimula preguntas posteriores.
>
> O bien: repréndase el *mal gusto* que atiende al análisis de hechos particulares separados los unos de los otros. Mi método es enfriar el interés por un hecho singular en cuanto se muestre el horizonte posterior, etc. Así, nuestra aspiración es un viaje hacia lo desconocido, con la incierta esperanza de encontrar un día una meta donde poder descansar.
>
> Semejantes investigaciones literarias acerca de escritos perdidos no sirven para nada si no nos enseñan algo.[279]

4. *Humano, demasiado humano* de 1878 ¿Ruptura o continuidad?

Antes de pasar a tratar en los siguientes capítulos los elementos propiamente originales de un texto como HLG, quisiera primero ocuparme de un tema que se desprende de todo lo que hasta ahora llevamos visto. Se trata de la cuestión del significado estratégico de HLG como punto de conexión entre la obra del Nietzsche de juventud y la del Nietzsche a partir de *Humano, demasiado humano*, y su importancia para la discusión acerca de la coherencia unitaria (o no) de todo el corpus nietzscheano.

La historia de la recepción de la obra de Nietzsche a lo largo del pasado siglo XX ha venido marcada, en una muy importante medida, por la hipótesis de las diferentes etapas en la producción del autor. Según esta interpretación, la historia de la obra nietzscheana estaría definida por la discontinuidad o ruptura, es decir por varios y diferentes Nietzsches: de un primer Nietzsche romántico y reformador de la Cultura en la época en que se ocupa del mundo griego y donde prima su "metafísica del artista", a uno positivista-ilustrado—a partir de *Humano, demasiado humano* de 1878—con un interés especulativo más "puro" o científico cuando dejara la docencia; y de éste, a una concepción deconstructiva de la filosofía con tintes más poéticos—a partir sobre todo de *Así hablo Zaratustra* en 1883—desarrollada en torno a la teoría de la Voluntad de Poder. Así planteada, esta teoría de las fases pivotaría fundamentalmente sobre la cuestión de la ciencia y la ilustración, en donde *Humano, demasiado humano* jugaría un papel primordial por ser en esa obra donde Nietzsche rompe por primera vez con su pensamiento—luego esto mismo volvería de nuevo a ser objeto de rechazo. La historia de la obra de Nietzsche quedaría dibujada algo así como la historia de la auto-revisión y auto-rectificación, es decir como la oscilación epocal en torno al interés circunstancial por una reflexión especulativa más "pura" o científica.

De esta hipótesis que ha creado escuela, el principal representante es Eugen Fink con su libro de 1960 *La filosofía de Nietzsche*. Según Fink, ese supuesto "segundo período" inaugurado por *Humano, demasiado humano* en 1878 llegaría repentinamente, como un golpe de rechazo a las "fórmulas de la metafísica schopenhaueriana" y a la "divinización del arte wagneriano".[280] Más que una evolución, o acaso continuación, de posturas precedentes, Fink ve en este segundo período de Nietzsche "una transformación completa [*eine völlige Umkehrung*] del primero",[281] un rechazo total a la "trinidad de la comprensión del ser" con la que el "Helenismo, Schopenhauer y Wagner"[282] habían marcado su producción anterior, para decantarse ahora más bien por la ciencia como base para el hombre del conocimiento. Una ciencia que, en último término, "significa para Nietzsche fundamentalmente crítica", i.e. un "proceso de desencanto" (*Desillusionierung*) como "la demostración del carácter ilusorio de esas actitudes humanas que incluso para él, en su primer período, constituyeron las auténticas puertas originarias a la esencia del mundo."[283]

No obstante, algunos autores actuales, como por ejemplo Carlo Gentili, han visto en este planteamiento de Fink una cierta contradicción. Pues si "[l]a meta ilustrada de Nietzsche tendría, al mismo tiempo, el sentido de una revisión de sus posiciones precedentes", entonces de acuerdo con la conclusión de Fink: "resulta evidente que, si hay que hablar de un cambio, éste es de tal dimensión que en él percibe Nietzsche de nuevo sus propios inicios, lo que hace pensar, en último término, en una 'evolución' más que en una 'transformación'."[284] Esto significa, en otras palabras, que "[l]a misma forma en que Fink reconstruye las raíces de la nueva dimensión nietzscheana evoca razones de continuidad."[285] Es cierto que esa nueva etapa inaugurada con *Humano, demasiado humano* es un momento en el que "el pensamiento de Nietzsche se convierte en antropología"[286]. Pero, como Gentili recuerda de nuevo, esto no significa que las raíces de este giro antropológico no puedan buscarse en escritos anteriores, sin ir más lejos "en el escrito sobre *La filosofía en la época trágica de los griegos*".[287] Gentili se esfuerza correctamente en desmontar la atribución que hace Fink de este cambio al "influjo pasajero de un amigo como Rée", pues según él no concuerdan las fechas y PHG ya estaba Nietzsche elaborándolo para cuando conociera a Rée el 5 de mayo de 1873.[288] De ahí pues su insistencia en que "el escrito sobre los filósofos trágicos constituye una bisagra esencial de Nietzsche a la temática ilustrada."[289] A lo que añade el dato de todas aquellas lecturas científicas que Nietzsche leyera a partir de 1873.[290]

Con todo, hemos aportado a lo largo de este trabajo razones suficientes para afirmar que lo que se produce en Nietzsche en su obra anterior a *Humano, demasiado humano* no es un mero giro en un momento determinado, sino más bien una continuidad "interrumpida" por el evento de *El nacimiento de la tragedia* de 1872 y el panorama de sus ascendientes. Carl Janz señalaba la provisión de lecturas a partir de 1873 desde la dolorosa percepción nietzscheana de la "unilateralidad de sus estudios académicos, de su saber y de su situación espiritual, insuficientes para un filósofo".[291] Esta apreciación de Janz obvia sin embargo un texto de enorme importancia como fue *Geschichte des Materialismus* de Lange, cuya lectura se produjo en 1866, y así también el imponente ámbito de su influencia.[292] Y obvia también que las intenciones filosóficas de Nietzsche no se producen desde un supuesto golpe de timón, sino, como hemos visto detalladamente, desde las necesidades de su práctica filológica. Como recuerda de este lado Salaquarda: "La crisis de Nietzsche no significa, por tanto, una ruptura con su pensamiento anterior sino que, en adelante, llevará a un primer plano la otra cara de su concepción de fondo que ya estaba formada desde hacía tiempo."[293]

Se han estudiado en este mismo capítulo los supuestos en los que tuvo lugar esa llamada "crisis" de Nietzsche.[294] Se trataba fundamentalmente de un sacudirse el influjo metafísico schopenhaueriano/wagneriano de una producción coherente ya desde sus trabajos de juventud, y que conquista sus cumbres con la primera formulación acabada del método crítico-genealógico en HLG. La llamada "orientación ilustrada" en Nietzsche no es tanto un giro o un cambio de actitud como una recuperación contundente de una progresión que, salvadas ciertas excepciones, venía dándose a lo largo de toda su obra. Es una especie de toma de aliento del espíritu crítico originario de sus años de producción filológica, que ahora toma de nuevo carrerilla desde el escepticismo de las fuentes para lanzarse a tratar nuevos y diferentes contenidos: la historia crítica de la metafísica y de la moral especialmente.[295] Si hay acaso una diferencia epocal, se trata de un cierre temático, que no metodológico. De alguna manera, la interpretación rupturista peca en lo esencial de aquello que Nietzsche había ya criticado de la historiografía cronológica en HL, esto es, de no relacionar el desarrollo intelectual de Nietzsche en una figura unitaria comprehensiva sino como una mera concatenación de datos. El problema viene en gran medida de la falta de acceso íntegro y sistemático a todos los *Philologica*, pues este tipo de historiografía no ha podido hasta ahora disponer de los datos suficientes para poder encontrar siquiera una relación. Hemos estudiado en profundidad la historia de la gestación del método genealógico en Nietzsche desde sus obras de juventud, un método en ciernes que se presenta articulado por primera vez con HLG y que llegará a sus máximos con *Para la genealogía de la moral* de 1887, demostrando por tanto los perfiles de esa unidad. No nos puede por tanto extrañar ya que en el prólogo a esta última obra sea Nietzsche mismo quien subraye su continuidad con *Humano, demasiado humano*:

> Mis pensamientos acerca de la *procedencia* [Herkunft] de nuestros prejuicios morales—pues es de esto de lo que trata este escrito polémico—fueron expresados por primera vez, de forma comedida y temporal, en aquella colección de aforismos que lleva el título de "Humano, demasiado humano. Un libro para espíritus libres", teniendo comienzo su escritura en Sorrento en un invierno que me permitiría detenerme, cual caminante se detiene, para contemplar la tierra amplia y peligrosa por la que había caminado mi espíritu hasta llegar ahí. Esto sucedió en invierno de 1876–77; los pensamientos son anteriores.[296]

Como sabemos hoy a través de una carta que escribió Nietzsche a su hermana,[297] el núcleo esencial de HDH iba a ser originariamente una quinta intempestiva, que debería haber llevado por título *El espíritu libre*. Finalmente—y después de ordenar y dictar entre Otoño de 1877 y el 28 de Enero de 1878 un número de materiales, primero a Albert Brenner y luego a Peter Gast— *Humano, demasiado humano* es publicado en Mayo de ese 1878 con el subtítulo "Un libro para espíritus libres" (*Ein Buch für freie Geister*). Luego, en 1886, antepondría a la segunda edición un prefacio donde interpretaba los contenidos conforme la trama de este espíritu libre.[298] *Humano, demasiado humano* se perfila de esa manera como una forma acrisolada y perfeccionada del proyecto de la *Bildung* tal y como Nietzsche venía presentándolo desde las *Conferencias sobre el futuro de nuestras instituciones educativas* de 1873, aunque, eso sí, revisando la previa figura del *genio* (de cuño schopenhaueriano y aliento metafísico) y sustituyéndola por una concepción más genealógica.[299] El "espíritu" o "intelecto libre" (*freier Geist*) es, dice Nietzsche, aquel "que ha tenido su acontecimiento determinante en una *gran liberación*."[300] Más adelante lo definirá como un "caminante" (*Wanderer*), es decir como el hombre del conocimiento que buscando su crecimiento transita y abandona sin perjuicio los lugares por donde pasa ("Habitar la montaña, viajar mucho, dejar rápido el lugar: en esto es en lo que tendríamos que igualarnos hoy a los dioses griegos.")[301]. El espíritu libre es "aquel que piensa de manera distinta a lo que uno espera de él por causa de su procedencia, de su entorno, de su clase o de su empleo, o por causa de las opiniones dominantes en el tiempo que le corresponde. Es la excepción. Los espíritus encadenados [*gebundene Geister*] son la regla."[302] Es cierto que Nietzsche advierte que "freier Geist" no lo hay ni lo hubo,[303] pero eso no le resta valor como ideal propedéutico, en un tono que presagia lo que luego será su *Übermensch* de madurez.[304] Nietzsche mismo busca para sí ese estatuto de espíritu libre caminante, y sus años de peregrinación apátrida posteriores a Basilea querrán dar cuenta de ello. Por ello que la filosofía de HDH sea una filosofía que cree en la heterodoxia, en el relato de las procedencias, que ella misma crea procedencia. Igual que la ilustración moderna se dirige contra el carácter regresivo del romanticismo,[305] y del mismo modo que la ilustración antigua había hecho con la Cultura de los mitos, la filosofía de *Humano, demasiado humano* es una filosofía escéptica, *per definitionem* iluminadora, que busca desenmascarar, desmitificar ("El título dice: 'donde vosotros veis cosas ideales, *yo* veo cosas humanas, ¡ay demasiado humanas!' ")[306] Es una filosofía *radicalmente* ilustrada.[307] Una "nueva Ilustración".[308] Una "escuela de la sospecha",[309] que por un momento da un paso atrás (*eine Rückläufige Bewegung*) para desembarazarse de la dependencia de la teleología y empezar a explicar las cosas desde el punto de vista humano.[310]

Ésta es la razón del supuesto vuelco antropológico, y éste es el signo principal de toda la secuencia de variaciones del pensamiento crítico nietzscheano; que aunque fluctuante por supuesto dependiendo del carácter puntual de sus lecturas en cada momento, siempre está orientado en definitiva a la tarea de limpiar la ciencia (en sentido amplio) de sus errores metafísicos por medio del escepticismo, y de reformularla de acuerdo a un ideal *crítico* de renovación. Todo *Humano, demasiado humano* está impregnado de este propósito, y también sus obras de continuación.[311] Algo desde luego no muy diferente de lo que había venido haciendo con la ciencia filológica.[312] La afirmación explícita a las *Naturwissenschaften* de *Humano, demasiado humano* no tiene nada que ver en este sentido con un giro positivista, sino con un instrumento de depuración metodológica en un nuevo contexto temático como paso previo a un modo de pensamiento genealógico:

> ¿Cómo puede surgir una cosa de su contrario?… La filosofía metafísica ha eludido hasta ahora estas dificultades en tanto que ella ha negado el surgimiento [*Entstehung*] de una cosa a partir de otra y supuso para las cosas más altamente

> valoradas un origen-milagroso [*Wunder-Ursprung*] que salía inmediatamente del núcleo y esencia de la "cosa en sí". La filosofía histórica por el contrario, la cual no puede pensarse como separada de la ciencia natural [*Naturwissenschaft*], siendo además el más joven de todos los métodos, dio a conocer en casos aislados (y se supone que esto va a ser así en todos sus resultados) que no se trata de contrarios, excepto en la habitual exageración de la comprensión popular o metafísica, y que detrás de esta contraposición subyace un error de la razón.[313]

No creo por tanto, y como sostienen algunos autores de peso como Montinari o Salaquarda, que haya en HDH una reconsideración sobre el valor del sentido histórico en un supuesto distanciamiento respecto las posiciones expresadas en HL.[314] Pues lo que dice Nietzsche por ejemplo en uno de los pasajes citados por Salaquarda es, precisamente, todo lo contrario:

> Lo que dije sobre la "enfermedad histórica", lo dije como alguien que aprendía lentamente de ella, para sanar con fatiga, y que por ningún precio estaba dispuesto a renunciar un día a la "historia" [*Historie*] sólo porque en el pasado había padecido por su causa.[315]

En este pasaje de *Humano, demasiado humano* en particular, Nietzsche resume toda la problemática sobre el método histórico, ofreciéndonos las claves para resolver el problema sobre la ruptura/continuidad. Lo que Nietzsche está diciendo es que sus años de juventud fueron años de propedéutica metodológica para aquel que no quería renunciar al método histórico-crítico. Nietzsche salía de una filología enferma ("sólo porque en el pasado había padecido por su causa") y en HL habla de la "enfermedad histórica" (por cuya causa había padecido en el pasado) justamente para reformularla, ya que Nietzsche no busca en ningún momento renunciar a la historiografía. Si, como anuncian los críticos, Nietzsche apenas presta atención en *Ecce Homo* a la segunda intempestiva, eso no será debido a una "nueva" autocorrección del método, sino precisamente porque no tiene ya nada más que decir al respecto. En *Humano, demasiado humano* se avistan una y otra vez lugares de reivindicación del filosofar histórico (científico-genealógico), frente a la mera filosofía (dogmática):

> Todo es devenido: no existen hechos eternos; del mismo modo como no existen verdades absolutas—Por tanto, a partir de ahora el filosofar histórico [*das historische Philosophieren*] se hace necesario, y con él la virtud de la humildad.[316]

A la vista de los hallazgos mostrados hasta aquí en la obra de juventud—especialmente en *Historia de la literatura griega* y en su texto hermano *El culto griego a los dioses*, en donde Nietzsche recoge los resultados metodológicos de todos sus años de práctica filológica y adelanta así mismo muchos otros elementos de fundamental importancia para su obra de madurez—podemos afirmar sin duda el desacierto de las tesis rupturistas, y defendemos por el contrario la viabilidad de un lectura de la obra nietzscheana desde el punto de vista continuista. Pues lo demás es pura historiografía gastada, ésa que intenta explicar el decurso de la Historia del fenómeno reduciéndola a la enumeración de los grandes acontecimientos que separan las épocas pero sin alcanzar a explicar el *proceso* de su surgimiento—al modo del "antes/después, Europa antes de la patata y después de la patata".[317] Una historiografía pre-crítica, aquejada en definitiva de esa miopía histórica que le impide ver de lejos alterando con ello la escala de los elementos.

Notas

1. Carta a Erwin Rohde, 1–3 de Febrero de 1868, KGB I.2, nr. 559, 248.
2. "Temas que me ocupan son 'De Laerti Diogenis fontibus', 'Sobre los títulos de los libros en los antiguos'; y por detrás un plan para una historia crítica de la literatura griega." Carta a Gersdorff, 20 de Febrero de 1867, KGB I.2, nr. 538, 201.
3. Cfr. Federico Gerratana, "'Jetzt zieht mich das Allgemein-Menschliche an'. Ein Streifzug durch Nietzsches Aufzeichnungen zu einer 'Geschichte der literarischen Studien,'" en *"Centauren-Geburten". Wissenschaft, Kunst und Philosophie beim jungen Nietzsche*, ed. Tilman Borsche, Federico Gerratana, y Aldo Venturelli (Berlin/New York: Walter de Gruyter, 1994), 328.
4. NF Otoño de 1867-Primavera de 1869, frg. 57 [60], KGW I.4, 428.
5. Barbara von Reibnitz, "Vom 'Sprachkunstwerk' zur 'Leseliteratur,'" en *"Centauren-Geburten". Wissenschaft, Kunst und Philosophie beim jungen Nietzsche*, ed. Tilman Borsche, Federico Gerratana, y Aldo Venturelli (Berlin/New York: Walter de Gruyter, 1994), 51.
6. BAW 5, 34. Citado por von Reibnitz, "Vom 'Sprachkunstwerk' zur 'Leseliteratur,'" nota 37.
7. Carta a Gersdorff de 16 Febrero de 1868, KGB I.2, nr. 562, 256.
8. Para los detalles de la llamada a la docencia, ver Stroux, *Nietzsches Professur in Basel.*
9. "[E]l terreno en el que creo haber entrado" escribía en 1868 al editor de *Literarisches Centralblatt für Deutschland* "es el de un estudio de las fuentes y la metódica de la historia literaria griega; y para nombrar sólo algunos nombres, podrían figurar aquí además de Hesíodo también Platón, Teognis, así como a los elegíacos, Demócrito, Epicuro, Diógenes Laercio, Estobeo, Suidas y Ateneo." Carta a Friedrick Zarncke de 15 de Abril de 1868, KGB I.2, nr. 566, 256.

10. Humboldt consideraba esta cualidad de las lenguas antiguas la razón específica por la que la reforma educativa había de incluirlas en el curriculum de las enseñanzas medias, pues en las enseñanzas lingüísticas debe poder verse "la forma de una lengua en tanto que forma, y esto mejor en una [lengua] muerta ... que en la lengua viva materna". Wilhelm von Humboldt, *Werke in fünf Bänden*, ed. Flitner Andreas and K. Klaus Giel (Darmstadt: Wissenschaftliche Buchgesellschaft, 2002), t. 4, 176.
11. Manfred Fuhrmann, "Die Epochen der griechischen und der romischen Literatur," en *Der Diskurs der Literatur- und Sprachhistorie. Wissenschaftsgeschichte als Innovationsvorgabe*, ed. Bernard Cerquiglini y Hans Ulrich Gumbrecht (Frankfurt a. M.: Suhrkamp, 1983), 537 y ss.
12. Fuhrmann, "Die Epochen der griechischen und der romischen Literatur," 540.
13. Cfr. Cecil Maurice Bowra, *Höhepunkt griechischer Literatur—Von Homer zu Theokrit* (Stuttgart: Kohlhammer Verlag, 1968).
14. Por ejemplo Albin Lesky, *Geschichte der griechischen Literatur* (Bern: Francke, 1957); Wilhelm Nestle y Werner Liebich, *Geschichte der griechischen Literatur*, 2 vol. (Berlin: Walter de Gruyter, 1961–63).
15. Fuhrmann, "Die Epochen der griechischen und der romischen Literatur," 541. Para una discusión de la *Spätantike* como período de transición entre la Edad Antigua y Media, ver Manfred Fuhrmann, "Die lateinische Literatur der Spätantike," *Antike und Abendland*, no. 13 (1967): 56–79.
16. Fuhrmann, "Die Epochen der griechischen und der romischen Literatur," 543.
17. Burkhardt Steinwachs, "Was leisten (literarische) Epochenbegriffe? Forderungen und Folgerungen," en *Epochenschwellen und Epochenstrukturen im Diskurs der Literatur- und Sprachgeschichte*, ed. Hans Ulrich Gumbrecht and Ursula Link-Heer (Frankfurt a. M: Suhrkamp, 1984), 312.
18. Fuhrmann, "Die Epochen der griechischen und der romischen Literatur," 543–44.
19. Así por ejemplo, muchas obras tendrán importancia característica y definitoria para el periodo, otras corresponderán a un periodo diferente de aquel en el que temporalmente acontecen, y algunas otras quedarán por su parte fuera de cualquier caracterización epocal.
20. Fuhrmann, "Die Epochen der griechischen und der romischen Literatur," 543–44.
21. NF Otoño de 1867-Primavera de 1868, frg 56 [3], KGW I.4, 363. Ver también frag. 61 [2], en el que habla de la historia de la literatura como una *künstlerische Produktion*.
22. EkP, KGW, II.3, 405.
23. Ulrich v. Wilamowitz-Möllendorf, "Die griechische Literatur des Altertums," en *Die Kultur Der Gegenwart, I/8: Die griechische und lateinische Literatur und Sprache*, ed. Paul Hinneberg (Leipzig/Berlin: B. G. Teubner, 1912).
24. Sobre esta manera de organización epocal, véase sobre todo Manfred Riedel, "Epoche, Epochenbewusstsein," en *Historisches Wörterbuch der Philosophie*, t. 2., ed. Joachim Ritter (Basel: Schwabe Verlag, 1972), 596–99.

25. Niklas Luhmann, "Das Problem der Epochenbildung und die Evolutionstheorie," en *Epochenschwellen und Epochenstrukturen im Diskurs der Literatur- und Sprachgeschichte*, ed. Hans Ulrich Gumbrecht and Ursula Link-Heer (Frankfurt a. M: Suhrkamp, 1984), 11. La cursiva es mía.
26. Cfr. Riedel, "Epoche, Epochenbewusstsein," 597.
27. Burkhardt Steinwachs, "Was leisten (literarische) Epochenbegriffe? Forderungen und Folgerungen," en *Epochenschwellen und Epochenstrukturen im Diskurs der Literatur- und Sprachgeschichte*, ed. Hans Ulrich Gumbrecht y Ursula Link-Heer (Frankfurt a. M: Suhrkamp, 1984), 313.
28. Steinwachs, "Was leisten (literarische) Epochenbegriffe? Forderungen und Folgerungen," 313.
29. Cfr. cuaderno P I 8, Abril-Mayo 1868, KGW I.4, 548–78; OC I 304–20. Antes de eso, se podría incluso llegar en cierto modo a considerar su escrito *Fatum und Geschichte* para la revista *Germania* [MP II, 18, Abril de 1862, KGW I.2, 430–37; OC I, 201–08].
30. Para un estudio de esta cuestión se puede ver Jörg Salaquarda, "Nietzsche und Lange," *Nietzsche-Studien*, no. 7 (1978): 230–60; y George J. Stack, *Lange and Nietzsche* (Berlin/New York: Walter de Gruyter, 1983). Para la discusión sobre la crítica de Nietzsche al darwinismo véase también Werner Stegmaier, "Darwin, Darwinismus, Nietzsche. Zum Problem der Evolution," *Nietzsche-Studien*, no. 16 (1987): 264–87, Dieter Henke, "Nietzsches Darwinismuskritik aus der Sicht gegenwärtiger Evolutionsforschung," *Nietzsche-Studien*, no. 13 (1984): 189–210.
31. Esta cuestión es algo controvertida, pues Darwin se declaraba absolutamente contrario a la explicación del origen desde la doctrina de la utilidad o de las causas finales: "No hay nada más inútil [*hopeless*] que explicar la similitud de la muestra [*pattern*] en miembros de la misma clase a través de la utilidad o de la doctrina de las causas finales." Charles Darwin, *On the Origin of Species by Means of Natural Selection* (London, 1859), 435. El pasaje continúa: "La inutilidad del intento ha sido expresamente admitida por Owen en su interesantísima obra sobre la 'Naturaleza de los miembros'. Acerca de la visión ordinaria de la creación independiente de cada ser, sólo podemos decir que así es: que le complace al Creador confeccionar todos los animales y plantas dentro de cada gran clase conforme a un plan uniforme [; pero esta no es una explicación científica.]" La indicación entre corchetes fue un añadido a la cuarta edición de 1866. Y para evitar cualquier tipo de malinterpretación, el mismo Darwin se previene en sus propios apuntes de "nunca decir 'superior' o 'inferior' [*never to say 'higher' or 'lower'*]". Kevin Laland y Gillian Brown, *Sense and Nonsense. Evolutionary Perspectives on Human Behaviour* (Oxford: Oxford University Press, 2011), 65. Sobre el problema de la interpretación nietzscheana de Darwin en lo teleológico, se puede ver Tinneke Beeckman, "Nietzsche´s Timely Genealogy," en *Nietzsche on Time and History*, ed. Manuel Dries (Berlin/New York: Walter de Gruyter, 2008), 70 y ss.
32. GD, § 14. Anti-Darwin, KSA 6, 120–21.

33. "Contramovimiento Anti-Darwin. Lo que más me sorprende cuando observo los grandes destinos de los hombres es ver siempre lo contrario de lo que hoy *Darwin* ve o quiere ver con su escuela: La selección en beneficio de los fuertes, de los mejor parados, el progreso de la especie." NF Primavera 1888, frg. 14 [123], KSA 13, 303–05; FP IV, 561.
34. GD, KSA 6, 120.
35. Cfr. por ejemplo NF Verano-finales de Septiembre de 1875, frg. 12 [22], KSA 8, 257–59; FP II, 213–14. Cfr. también MAM I, § 224, KSA 2, 187–89.
36. NF Verano-Otoño 1873, frg. 29 [96]; cfr. infra, parte 1, cap. 3, § "De los modos de la historia".
37. Cfr. por ejemplo NF Verano 1886-Otoño 1887, frg. 5 [71], KSA 12, 211–17; FP IV, 164.
38. "No llego a ver cómo una modificación casual [*zufällige Veränderung*] puede aportar una ventaja, o al menos *no por un tiempo tan largo*." NF Primavera 1888, Frg. 14 [123], KSA 13, 304; FP IV, 561. La cursiva es mía.
39. Luhmann, "Das Problem der Epochenbildung und die Evolutionstheorie," 16. Y en otro pasaje, esta vez apuntando hacia sí: "La auténtica teoría de la evolución no es ninguna teoría del proceso. Ella explica la probabilidad de cambios estructurales a primera vista improbables, y acaso también su frecuencia y diversificación. Éstos son quizás puntos de partida para perspectivas históricas, más globales; pero sólo se llega a una comprensión ulterior y más exacta de decursos históricos con sus puntos de inflexión añadiendo otros medios de análisis, especialmente *systemtheoretische*." Luhmann, "Das Problem der Epochenbildung und die Evolutionstheorie," 13.
40. Karl Marx, *Das Kapital*, MEW 23, 27. Ver también Friedrich Engels, *Ludwig Feuerbach und der Ausgang der klassischen deutschen Philosophie*, MEW 21, 292–93. Compárese la famosa metáfora marxiana con la siguiente afirmación de Nietzsche: "*Apoyarse en la cabeza*.—Si apoyamos la verdad en la cabeza, normalmente no nos percataremos de que nuestra cabeza no está donde debería" [Auf dem Kopfe stehen.—*Wenn wir die Wahrheit auf den Kopf stellen, bemerken wir gewöhlich nicht, dass auch unser Kopf nicht dort steht, wo er stehen sollte*"]. MAM II, § 208, KSA 2, 468. Ver también GM III, § 24.
41. Cfr. NF Otoño 1881, Grupo 11, KSA 9, 441 y ss.; FP II, 759 y ss.
42. Cfr. NF Primavera-Verano de 1883, Grupo 7, KSA 10, 235 y ss.; FP III, 173 y ss. Y Primavera de 1884, Grupo 25, KSA 11, 9–150; FP III, 455–541. Cfr. Wolfgang Müller-Lauter, *Nietzsche-Interpretationen I. Über Werden und Wille zur Macht* (Berlin/New York: Walter de Gruyter, 1999), 101 y ss.
43. Para una relación detallada sobre las lecturas relacionadas con la temática de la Voluntad de Poder realizadas por Nietzsche durante aquellos años, ver Thomas H. Brobjer, *Nietzsche's Philosophical Context. An Intellectual Biography* (Urbana and Chicago: University of Illinois Press, 2008), 84–87.

44. Wilhelm Roux, *Der Kampf der Theile im Organismus: Ein Beitrag zur Vervollständigung der Mechanischen Zweckmässigkeitlehre* (Leipzig: Englemann, 1881), 237.
45. Roux, *Der Kampf der Theile im Organismus*, 160–61.
46. Roux, *Der Kampf der Theile im Organismus*, 238.
47. Roux, *Der Kampf der Theile im Organismus*, 161.
48. Roux, *Der Kampf der Theile im Organismus*, 160.
49. Roux, *Der Kampf der Theile im Organismus*, 69.
50. Roux, *Der Kampf der Theile im Organismus*, 237.
51. Roux, *Der Kampf der Theile im Organismus*, 239–40.
52. Roux, *Der Kampf der Theile im Organismus*, 163–64.
53. NF 1882–83, frg. 7 [194], KSA 10, 304; FP III, 215. Cfr. Roux, *Der Kampf der Theile im Organismus*, 110.
54. Nietzsche resume así en sus apuntes el pensamiento de Roux:

"1) lucha de las partes por su espacio
por su alimento
sea o no bajo la influencia de un estímulo
2) lucha directa con destrucción o asimilación del más débil
3) los más fuertes dejan más descendientes que los más débiles
en ventaja están siempre los que, en condiciones de menor afinidad, se regeneran más fácilmente y consumen menos." NF 1883, frg. 7 [86], KSA 10, 272; FP III, 195.

Y también, en el frg. 7 [95] de ese mismo cuaderno:

"Cuando la cualidad de la célula es de tal naturaleza química como para hacer que la asimilación supere a la disgregación, o sea, sobrecompensación de lo consumido, entonces tiene lugar el crecimiento: así funda esta importante propiedad el *dominio* sobre las otras cualidades.

No conocemos ningún organismo, ninguna célula, que no haya tenido esta fuerza en algún estadio de su vida: sin ella, la vida no podría *propagarse*.

La lucha por el alimento y por el espacio tiene lugar en la célula apenas hay desigualdad en sus partes componentes.

Procesos que, a través de la aportación de *estímulos*, se elevan en su capacidad vital, en la asimilación propiamente: o sea, allí donde el estímulo tiene un efecto *trófico,* que eleva la capacidad de nutrición—condición fundamental en las plantas, cuya nutrición depende completamente de la luz del sol y del calor (también la luz eléctrica produce un rápido crecimiento y la fructificación).

Por tanto, *influencia de los estímulos sobre una más rápida asimilación*—en la moral: acrecentamiento del poder allí donde tienen lugar un gran número de *las más minúsculas heridas*, a través de las cuales aumenta la necesidad de *apropiación*. (Más aún con concepciones extranjeras extrañas—los griegos).

La *sustancia* más fácilmente *excitable* admite *mayor estímulo*." NF 1883, frg. 7 [95], KSA 10, 274–75; FP III, 197.

55. NF Finales de 1886-Primavera 1887, frg. 7 [25], KSA 12, 304; FP IV, 216.

56. GM, KSA 5, Trat. 2, § 12, 313.
57. GM, KSA 5, Trat. 2, § 12, 313. Y en un apunte de 1885 mantenía: "Que la 'herencia' [*Vererbung*], en tanto que algo completamente inexplicado, no puede ser utilizada para explicar, sino sólo para caracterizar o fijar un problema. Esto mismo vale para la 'facultad de adaptación'. En realidad, con la exposición morfológica, suponiendo que fuera completa, nada queda *explicado*, sino que sólo queda *descrito* un enorme estado de cosas. Cómo un órgano puede ser utilizado para cualquier fin, *esto* no queda explicado. Con el supuesto de *causae finales* se explicaría para estas cosas tan poco como con el de *causae efficientes*. El concepto de 'causa' es sólo un medio de expresión, no más; un medio para designar." NF 1885, frg. 36 [28].
58. GM, KSA 5, trat. 2, § 12, 314.
59. "Así como las células se sitúan fisiológicamente las unas junto a las otras, así también los instintos. La imagen más general de nuestro ser es la de una *socialización de instintos* en continua rivalidad y en alianzas puntuales entre ellos. El intelecto, objeto de la contienda." NF 1883, frg. 7 [94], KSA 10, 274; FP III, 196.
60. "El problema de la lucha entre las diferentes morales: el pensamiento helénico en lucha con el ateniense. La *comunidad* y la *gran potencia*. II, 273.
    1) Lucha de las morales
    La *virilidad* de las naciones desaparece, 274; Cómo se expresa en la cultura. Epicuro." NF 1883, frg. 7 [183], KSA 10, 301; FP III, 213: NF 1883, frg. 7 [183], KSA 10, 301; FP III, 213. Nietzsche extrae estos materiales de Leopold Valentin Schmidt, *Die Ethik der alten Griechen* (Berlin: Hertz, 1882).
61. "Rivalidad de los ciudadanos entre sí, los mejores consiguen ejercer siempre una influencia más *eficaz*: así se mantiene el Estado.
    Relativa autonomía de las partes hasta en los organismos superiores. Roux, 65." NF 1883 frg. 7 [92], KSA 10, 273; FP III, 196.
62. "El derecho—voluntad de eternizar una respectiva relación de poder. Estar satisfecho con ello es el requisito. Todo lo que es respetable es convocado para hacer aparecer el derecho como lo eterno." NF 1883, 7 [96], KSA 10, 275; FP III, 197. Ver aquí Johann Julius Baumann, *Handbuch der Moral nebst Abriss der Rechtsphilosophie* (Leipzig, 1879), 374–91, de donde extrae Nietzsche muchas de las informaciones relativas a la filosofía del derecho. Cfr. también NF 1883, frg. 7 [69]. Y en GM, trat. 2, § 11: "De acuerdo con esto, sólo a partir del establecimiento de la ley existen lo 'justo' y lo 'injusto'... Hablar de lo justo y lo injusto *en sí* es algo que carece de todo sentido."
63. NF 1883, frg. 7 [198], KSA 10, 304; FP III, 215.
64. "*Mejor capacidad de nutrirse y menor consumo de cara a las propias necesidades*—¡convertir a un plano moral!—, condiciones previas favorables para el crecimiento y, con ello, para la autocracia.
    Cuando falta el alimento, los primeros en desaparecer y en morir de hambre son los que más alimento *consumen*. *Ventaja* en aquellos que, bajo el efecto del estímulo, consumen de forma menos impulsiva, más aún allí donde la asimilación del alimento

y la regeneración se han reforzado con ello, se han *fortalecido* con el estímulo hasta la sobrecompensación.
Moralmente: el valor del DOLOR, de la *herida*
La *capacidad de resistir a la opresión* da primacía." NF 1883, frg. 7 [86], KSA 10, 272; FP III, 195.

65. NF 1885, frg 40 [42], KSA 11, 650; FP III, 857.
66. Cfr. por ejemplo Za II, KSA 4, 146 y ss.
67. "Lo que piensa Leibniz [con su unidad entre *perceptio* y *appetitus* en su *Monadología*], por medio de Kant y Fichte llega a nosotros como Voluntad racional de lenguaje [*Vernunftwille zur Sprache*], lo que Hegel y Schelling reflexionan cada uno a su manera. Lo mismo afirma Schopenhauer cuando titula su obra principal 'El mundo (no el hombre) como Voluntad y Representación'. Lo mismo piensa Nietzsche cuando reconoce el ser originario del ente [*das Ursein des Seiendes*] como Voluntad de Poder [*Wille zur Macht*]." Martin Heidegger "Wer ist Nietzsches Zarathustra," en *Vorträge und Aufsätze*, 110, *Gesammtausgabe*, vol. 7, *I. Abteilung: Veröffentlichte Schriften 1910–1976*, 113. Cfr. también Martin Heidegger, "Was heisst Denken?," en *Gesammtausgabe*, vol. 7, 127–44.
68. "Si eliminamos estos ingredientes, no quedan ya cosas, sino *quanta* dinámicos, en una relación de tensión hacia otros *quanta* dinámicos, cuya esencia consiste en su relación con todos los otros *quanta*, en su "producir efectos" sobre los mismos … La voluntad de poder no es un ser, no es un devenir, sino un *pathos*; es el hecho elemental del cual resulta precisamente un devenir, un producir efectos." NF Primavera 1888, 14 [79], KSA 13, 258; FP IV, 534. Fue fundamental aquí la aportación de Wolfgang Müller-Lauter para entender este problema. Sobre la cuestión Heidegger-Nietzsche, se puede ver Wolfgang Müller-Lauter, *Nietzsche-Interpretationen III. Heidegger und Nietzsche*, (Berlin/New York: Walter de Gruyter, 2000).
69. "Una lucha [*Kampf*], suponiendo que se entienda esta palabra en un sentido tan amplio y profundo como para entender también la relación del que domina con el dominado como un combate [*Ringen*], y la relación del que obedece con el que domina como una oposición." NF 1885, frg. 40 [55]. KSA 11, 655; FP III, 860.
70. Cfr. NF Primavera-Verano 1883, frg. 7 [268], KSA 10, 323; FP III, 226.
71. "Actuamos de acuerdo a 'fines' (de acuerdo a *representaciones* de *sentimientos* que se esperan agradables)—eso decimos. Pero en verdad, sucede algo *muy diferente*, inconsciente e incognoscible: la ínfima parte de lo que acontece, nosotros la estimamos con la expresión 'medio y fin'—y esta ínfima parte *la interpretamos también en este momento cómo medio y fin*.
    Hablamos como si los sentimientos *fuesen las causas*, y como si PUDIERAN serlo en el ámbito de lo no-sentido.
    La *imagen* y los *reflejos* de un proceso se comprenden e interpretan por nosotros como el proceso mismo.

Nuestro mayor error es pensar que *la realidad* de un proceso SE PROBARÍA por el placer y el dolor, y que esto sería lo más real.
Los sentimientos, como epi-fenómenos, pueden probablemente enseñarnos la sucesión de los procesos de los que son imagen: pero NO LA CAUSALIDAD DE ESTA SUCESIÓN." NF Primavera-Verano 1883, frg. 7 [29], KSA 10, 251–52; FP III, 183. Cfr. también frg. 7 [30]: "Todo lo que se diga sobre la 'utilidad' presupone ya que se disponga de una definición de lo que es útil a los hombres: en otras palabras, ¡útil PARA QUÉ!; *es decir, el fin del hombre está ya anticipado*. La conservación, procurar la felicidad, etc.: si son éstos los fines, entonces también puede darse que sus contrarios sean los fines supremos, por ejemplo en una concepción pesimista de la vida y del dolor." NF Primavera-Verano 1883, frg. 7 [29], KSA 10, 251–52; FP III, 183.

72. NF Primavera-Verano 1883, frg. 7 [212], KSA 10, 308; FP III, 217: "*Lo esencial en toda acción es aquello que carece de finalidad o es indiferente* ante una pluralidad de finalidades."
73. "Todo lo material es una especie de síntoma del movimiento para un acontecer desconocido: todo lo consciente y lo sentido también [lo] es .... Los movimientos son síntomas, los pensamientos son también síntomas: los deseos [*Begierde*] detrás de todo ello son demostrables, y el deseo fundamental es la Voluntad de Poder". NF Otoño 1885-Primavera 1886, frg. 1 [59], KSA 12, 25; FP IV, 53 (trad. mod.).
74. GM, trat. 2, § 12, KSA 5, 314. Ver también NF Finales 1886-Primavera 1887, frg. 7 [25], KSA 12, 304–05; FP IV, 216.
75. "La voluntad de poder sólo puede exteriorizarse ante resistencias; busca lo que se le resiste,—ésta es la tendencia del protoplasma cuando extiende pseudópodos y tantea a su alrededor. La apropiación e incorporación es sobre todo un querer-subyugar, un formar, configurar [*Anbilden*] y reconfigurar [*Umbilden*] hasta que finalmente lo sometido ha pasado totalmente al poder del atacante y lo ha acrecentado." NF Otoño 1887, frg. 9 [151], KSA 12, 424; FP IV, 282. La idea de crecimiento *insaciable* es fundamental y requiere una breve explicación. En 1884 llega a manos de Nietzsche la segunda edición de la obra de William Henry Rolph, *Biologische Probleme, zugleich als Versuch einer rationellen Ethik* (Leipzig: Wilhelm Engelman, 1882). En lugar del *hambre* y la *escasez* los cuales, según Darwin, mueven a las especies a evolucionar, Rolph plantea "un hambre eterna por insaciabilidad como consecuencia de una infinita capacidad de asimilación" (Rolph, *Biologische Probleme, zugleich als Versuch einer rationellen Ethik*, 71). Nietzsche aplica esta idea de insaciabilidad a la Voluntad de Poder como asimilación de todo lo que encuentra a su paso ("el hambre es sólo una estrecha adaptación, después de que el instinto de poder fundamental ha tomado una forma más intelectiva [*geistigere*]." NF Otoño 1887, frg. 9 [151], KSA 12, 424; FP IV, 282), mereciendo además la pena destacar cómo Rolph mismo utilizó estos dos conceptos (Rolph, *Biologische Probleme, zugleich als Versuch einer rationellen Ethik*, 133). Sobre la influencia de Rolph en Nietzsche, se puede ver Müller-Lauter, *Nietzsche-Interpretationen I. Über Werden und Wille zur Macht*, 135, nota 174.

76. NF 1885–86, frg. 2 [148], KSA 12, 139–40; FP IV, 122. El subrayado es de Nietzsche.
77. "'Fin' y 'medio' como interpretación; 'Causa' y 'efecto' como interpretación. 'Sujeto' y 'objeto', 'hacer' y 'doler' como interpretación; ('Cosa en sí' y 'fenómeno') como interpretación. *No* como estado de cosas [*Thatbestand*]. Todo en el sentido de una Voluntad de Poder. ¿Y hasta qué punto no interpretaciones *necesarias*? (como 'sostén' [*erhaltende*].)" NF Otoño 1885-Otoño 1886, frg. 2 [147], KSA 12, 139; FP IV, 122. Para el tema de la Voluntad de Poder como interpretación, se puede ver Diego Sánchez Meca, "Voluntad de poder e interpretación como supuestos de todo proceso orgánico," ed. Trotta, *Estudios Nietzsche. Revista de la Sociedad Española de Estudios sobre Friedrich Nietzsche*, no. 9 (2009): 105–22.
78. Como ha anotado William Connolly, existen dos maneras de entender la filosofía nietzscheana del poder: una, más conservadora, la entiende como noción que aboga por un tipo de dominación hobbesiana sobre la naturaleza, las personas y las cosas (véase por ejemplo Joseph Peter Stern, *Nietzsche* [Glasgow: Collins, 1978]); otra, aquella que siguiendo a Foucault construye la Voluntad de Poder como principio de auto-superación y auto-dominación, es decir en términos de afirmación y reconocimiento de la otredad. Para el tema, se puede ver William E. Connolly, *Political Theory and Modernity* (Ithaca, NY: Cornell University Press, 1988), 161.
79. "Si la voluntad de poder es voluntad de más poder, la interpretación es la operación concreta de la adquisición del dominio sobre las cosas. En su querer crecer, la voluntad de poder delimita, establece grados, diferencias de poder que se sienten a sí mismas, como tales, en virtud de la confrontación. Es decir, estima las demás voluntades que también quieren poder a partir del sentimiento de su propio valor." Sánchez Meca, "Voluntad de poder e interpretación como supuestos de todo proceso orgánico," 117–18.
80. NF Otoño 1885-Otoño 1886, frg. 2 [150], KSA 12, 140; FP IV, 123.
81. "El carácter interpretativo de todo acontecer. No hay ningún acontecimiento en sí. Lo que sucede es un grupo de fenómenos *seleccionados* [ausgelesen] y reunidos [*zusammengefasst*] por un ser que interpreta." NF Otoño 1885-Primavera 1886, frg. 1 [115], KSA 12, 38; FP IV, 60. Llama la atención la manera en la que Nietzsche acentúa aquí el concepto de selección, como subrayando su diferencia con la selección pasiva darwiniana. Por su parte, el verbo *zusammenfassen* significa en alemán tanto "reunir" como "resumir". El ser que interpreta, por tanto, selecciona activamente un grupo de fenómenos, y al reunirlos los resume—prescindiendo de lo que no le resulta útil—en forma de acontecimiento.
82. Cfr. GD, *Wie die "wahre Welt" endlich zur Fabel wurde. Geschichte eines Irrthums*, KSA 6, 80–81.
83. "La forma se considera como algo duradero y por lo tanto más valioso; pero la forma es simplemente inventada por nosotros; y aunque con frecuencia 'se alcance la misma forma', esto no significa que sea *la misma* forma … La *forma*, la *especie*, la *ley*, la

idea, el *fin*—aquí se comete en todos los casos el mismo error de introducir una falsa realidad por debajo de una ficción: como si el acontecer llevara en sí algún tipo de obediencia ... Esta coacción de formar conceptos, especies, formas, fines, leyes—'*un mundo de casos idénticos*'—no debe comprenderse como si con ello estuviéramos en condiciones de fijar el mundo *verdadero*; sino como coacción de arreglarnos un mundo en el que *nuestra existencia* se vuelva posible—con ello creamos un mundo que es para nosotros calculable, simplificado, comprensible, etc .... El mundo se nos *presenta* [erscheint] lógico porque previamente nosotros mismos lo *hemos* logificado." NF Otoño 1887, frg. 9 [144], KSA 12, 417–18; FP IV, 279.

84. NF Otoño 1885-Otoño 1886, frg. 2 [108], KSA 12, p.114; FP IV, 108.
85. FW, 5, § 374, KSA 3, 627.
86. "No creo por tanto que el padre de la filosofía sea un instinto de conocimiento [*Trieb zur Erkenntnis*], sino que aquí, como en cualquier otro lugar, otro instinto ha utilizado el conocimiento (¡y el desconocimiento!) como un mero instrumento." JGB § 6, KSA 5, 19.
87. NF Finales de 1876-Verano de 1877, KSA 8, frg. 23 [63], 425; FP II, 340.
88. NF Verano 1880, frg. 4 [239]; NF Finales de 1880, frg. 7 [206]; NF Invierno 1880–81, frg. 9 [14]; NF Verano de 1881, frg. 11 [346]; FW, § 344; y NF Noviembre de 1882-Febrero de 1883, frg. 5 [1].
89. KSA 4, 146–49.
90. HL § 1, KSA 1, 251; OC I, 669 (trad. mod.).
91. Rafael Carrión Arias. "Los estudios Democritea de 1867–1868. Nietzsche descubriendo el nuevo método filológico," en *Nietzsche: Les premiers textes sur les Grecs*, ed. Céline Denat, y Patrick Wotling (Reims: Épure, 2016), 79–136.
92. KSA 1, 873–90; OC I, 609–20.
93. Cfr. apuntes de Abril-Mayo de 1868, cuaderno 62 = P I 8, I-84 180, KGW I.4, 548–578. OC I, 304–20. En esos apuntes, por ejemplo, escribe que "la existencia de los organismo no muestra sino fuerzas que actúan ciegamente." Frg. 62 [36]. Y en el importante fragmento 62 [46]: "En el ser orgánico las partes son conformes al fin de su existencia, es decir, no viviría si sus partes no respondieran a ese fin. Pero con esto no se dice nada aún respecto de cada parte. Cada parte es una forma de finalismo, pero no es seguro que sea la única forma posible. El todo no condiciona, pues, las partes necesariamente, mientras que las partes sí condicionan necesariamente el todo .... Pero si decimos de las partes del organismo que no son necesarias estaremos diciendo que la forma del organismo no es necesaria. Dicho con otras palabras, estaremos situando lo orgánico en un lugar distinto de la forma. Pero, fuera de ella, no hay sino la vida. Nuestra tesis es por tanto: hay diversas formas para la vida, o sea diversos finalismos", de manera que "[l]a vida es posible bajo una asombrosa variedad de formas." El fragmento continúa: "... En otras palabras, la causa final no nos permite explicar mejor la *vida*, sino solamente la *forma*. Ahora bien, en todo viviente no captamos sino *formas*. Lo que eternamente deviene es la vida. La

naturaleza de nuestro entendimiento nos permite captar formas; nuestro entendimiento no es lo bastante fino como para percibir la continua transformación: a lo que puede conocer, lo llama forma. En realidad, no puede haber forma, porque en cada punto hay una infinidad. Toda unidad pensada (punto) describe una línea … Un concepto semejante al de la forma es el concepto de individuo. Se llama así a los organismos en cuanto unidades, en cuanto centros de fines." De modo que, como concluye Nietzsche en los fragmentos 62 [47] y 62 [52] respectivamente: "La forma es todo lo que en la superficie se hace visible de la 'vida' ", y "[e]n la naturaleza, fines y formas son idénticos." Pues en definitiva: "Lo que vemos de la vida es forma; cómo la vemos, individuo. Lo que hay detrás es incognoscible."

94. Cfr. *Fatum und Geschichte*, MP II 18, Abril de 1862. En KGW I.2, 430–37. OC I, 201–08.
95. NF Otoño 1885-Otoño 1886, frg. 2 [108], KSA 12, 114; FP IV, 108.
96. NF Otoño 1867-Primavera 1868, frg. 56 [7], KGW I.4, 368.
97. NF Otoño 1867-Primavera 1868, frg. 56 [4], KGW I.4, 364.
98. "Los primeros estudios son: a) panegíricos (también en interés de la genealogía) b) de censura." NF Otoño 1867-Primavera 1868, frg. 56 [1], KGW I.4, 361.
99. Para este tema se puede ver Blondel, *Nietzsche. Le Corps et La Culture: La Philosophie Comme Généalogie Philologique.*
100. NF Otoño 1867-Primavera 1868, frg. 56 [4], KGW I.4, 365.
101. NF Otoño 1867-Primavera 1868, frg. 56 [1], KGW I.4, 361.
102. Cfr. Andrea Orsucci, "Nietzsche's Culture Criticism and His Historical Methodology," en *Nietzsche on Time and History*, ed. Manuel Dries (Berlin/New York: Walter de Gruyter, 2008), 23–30. "[C]omo Troeltsch y Spengler pero a diferencia de contemporáneos como Burckhardt, Nietzsche se muestra consistentemente comprometido con identificar y teorizar en cada fenómeno histórico particular la coexistencia y mezcla de muchas tradiciones, Culturas y formas diferentes de pensamiento." Orsucci, "Nietzsche's Culture Criticism and His Historical Methodology," 31.
103. Roux, *Der Kampf der Theile im Organismus*, 237.
104. Luhmann, "Das Problem der Epochenbildung und die Evolutionstheorie," 17. Para el tema, se puede ver también Talcott Parsons, "Evolutionary Universal in Society," en *Sociological Theory and Modern Society*, ed. Talcott Parsons (New York: Aufl, 1967), 491.
105. "Si por medio de las conquistas evolucionarías … se alcanza un nuevo centrado de interdependencias, el sistema se obliga a su adaptación. Los viejos vínculos se diluyen o se relajan [*decoupling*] y nuevas inestabilidades … deben quedar reforzadas—precisamente porque mucho depende de ellas." Luhmann, "Das Problem der Epochenbildung und die Evolutionstheorie," 18.
106. Muchos y diferentes autores han visto en ello la clave para una definición de sociedad, como por ejemplo Nicolas Baudeau, *Première introduction à la philosophie économique ou Analyse des États policiés* (1771), citado por Eugène Daire, *Physiocrates*

(Paris, 1846; Genf, 1971, 663), o el mismo Luhmann, "Das Problem der Epochenbildung und die Evolutionstheorie," 19.

107. A modo de apunte, destacar la puntualización de Werner Stegmaier de que el Nietzsche maduro "sustituye el tipo ordenatorio [*Ordnungstypus*] de la jerarquía piramidal por el tipo ordenatorio del entramado". Werner Stegmaier, *Nietzsches "Genealogie der Moral"* (Darmstadt: Wissenschaftliche Buchgesellschaft, 1994), 41.
108. Cfr. infra, parte 1, cap. 1.
109. Esto lo han reconocido incluso algunos filósofos contemporáneos de la historiografía cuando afirman que "si un discurso historiográfico está sometido a orientaciones críticas o a normativas socio-éticas, eso no depende de su selección temática—no existe aquí ninguna 'prioridad natural'…—sino de la disposición de los historiógrafos para organizar la configuración y presentación de los acontecimientos de la investigación particulares respecto a los problemas y necesidades de su respectivo presente." Hans Ulrich Gumbrecht, "Literaturgeschichte—Fragment einer Geschwundenen Totalität?," en *Fragment und Totalität*, ed. Christiaan Hart Nibbrig Lucien Dällenbach (Frankfurt a. M: Suhrkamp, 1984), 38.
110. "Son nuestras necesidades *las que interpretan el mundo*: nuestros impulsos y sus pros y sus contras. Cada impulso es una especie de ansia de dominio, cada uno tiene su perspectiva, la cual quisiera imponer como norma a todos los demás impulsos." NF Finales de 1886-Primavera de 1887, frg. 7 [60], KSA 12, 315; FP IV, 222. Cfr también NF Otoño 1885–1886, frg. 2 [151], KSA 12, 140; FP IV, 123: "No se debe preguntar: '¿entonces quién interpreta?', sino que el interpretar mismo, en cuanto una forma de la voluntad de poder, tiene existencia (pero no como un 'ser', sino como un proceso, un devenir) como un afecto."
111. "Devenir señor sobre el caos que es uno mismo, constreñir nuestro propio caos; llegar a ser forma: llegar a ser necesidad en la forma; llegar a ser lógico, sencillo, inequívoco, matemática: llegar a ser *ley* …; ésta es la gran ambición." NF Primavera de 1888, frg 14 [61], KSA 13, 247; FP IV, 526 (trad. mod.).
112. Carta a Erwin Rohde, 1–3 de Febrero de 1868, KGB I.2, nr. 559, 248.
113. *Die Philosophie in Zeitalter der Griechen,* KGW III.2, 269; OC I, 574.
114. Georg Friedrich Creuzer, *Symbolik und Mythologie der Alten Völker der Griechen* (Leipzig und Darmstadt: Leske, 1837). Cfr. Curt Paul Janz, *Friedrich Nietzsche: Biographie in drei Bänden* (München, 1993), t. 1, según la documentación sobre los préstamos bibliotecarios de Nietzsche publicada por Max Oehler, *Nietzsches Bibliothek* (Weimar: Gesellschaft der Freunde des Nietzsche-Archivs, 1942), vol. 1, 655.
115. Sobre los detalles de esta contratación se puede ver Johannes Stroux, *Nietzsches Professur in Basel* (Jena: Frommann, 1925), 32 y ss.
116. El *Pädagogium* era una actividad adicional obligatoria para los docentes universitarios de la facultad de humanidades de Basilea. De 3 años de duración divididos en semestres, suponía un nexo entre el *Gymnasium* (6 años de duración) y la universidad. Las clases iban enfocadas a la preparación para esta última: "El *Pädagogium*

de Basilea, en cuyos cursos superiores dio clase Burkhardt—y Nietzsche—, no era parte del *Gymnasium*, sino en esencia y en origen una parte de la universidad." Werner Kaegi, *Jacob Buckhardt. Eine Biographie ... von Werner Kaegi ...*, reed. 1973 (Basel: Schwabe, 1967), t. 4, 97. Nietzsche impartía 6 horas semanales para tercer curso. El nivel de los alumnos era comparable al de Schulpforta. Para los años de actividad docente de Nietzsche en el *Pädagogium*, ver Hellmut Gutzwiller, "Friedrich Nietzsches Lehrtätigkeit am Basler Pädagogium," *Basler Zeitschrift für Geschichte und Alterstumkunde*, no. 50 (1951), 147–224. Una relación de las positivas valoraciones de sus alumnos hacia su entrega y dedicación se puede ver en Sander L. Gilman y Reichenbach Ingeborg, eds., *Begegnungen mit Nietzsche* (Bonn: Bouvier, 1981).

117. "Todas las mañanas de la semana imparto a las 7 h. mi lección, los primeros tres días sobre historia de la lírica griega, y los tres últimos sobre las coéforas de Esquilo. El lunes se hace en el seminario lo que he preparado conforme a su esquema .... El martes y el viernes doy clase dos veces en el *Pädagogium*, y los miércoles y los jueves una vez. Esto lo hago con todo el placer." Carta a Ritschl de 10 de Mayo de 1869. KGW II.1, nr. 3, 7.

118. A falta de espacio y de lógica argumental para tratar de manera detallada todas sus lecciones en la universidad, aporto en el *Anexo* una relación cronológica de las mismas. Una lista en detalle de la actividad académica de Nietzsche en Basilea se puede consultar en Curt Paul Janz, "Friedrich Nietzsches Akademische Lehrtätigkeit in Basel 1869–1879," *Nietzsche-Studien*, no. 3 (1974): 192–203. Para un estudio en detalle de las *Vorlesungen* de Basilea, recomiendo expresamente la tesis de Carlotta Santini, *Nietzsche e la Grecia. La riflessione sul mondo greco nelle lezione di Basilea* (Paris: Università del Salento, 2012).

119. "Redescubrir el *sur* que hay dentro de uno, y extender sobre sí un cielo enigmático, claro y brillante; reconquistar para sí la salud del sur y el oculto espesor del alma; volverse paso a paso más abarcables, más supra-nacionales, más europeos, más supra-europeos, más orientales, en fin *más griegos* ... pues lo griego supuso la primera gran vinculación y síntesis de todo lo oriental y precisamente por ello el *comienzo* del alma europea, el descubrimiento de *nuestro 'nuevo mundo'*; ¿Quién sabe con lo que puede encontrar*se* un día aquel que vive bajo tal imperativo? Quizás precisamente con eso ... ¡*con un nuevo día*!" NF Agosto–Septiembre 1885, frg. 41 [7], KSA 11, 682; FP III, 876 (trad. mod.).

120. La primera interrupción voluntaria se debió al estallido de la guerra franco-prusiana (Julio 1870-Mayo 1871), pues en agosto de 1870 las autoridades educativas de Basilea le concedieron un permiso para servir en el bando prusiano, donde trabajó durante un mes como médico-camillero hasta enfermar de difteria y disentería, que le afectarían permanentemente a su ya delicado estado de salud. Cfr. *Chronik zu Nietzsches Leben*, KSA 15, 24. La segunda ocasión se debió a un viaje a Italia en el

otoño de 1876 para ver a Malwida von Meysenburg y Paul Rée, coincidiendo con un congreso en la universidad y con un permiso por motivos de salud.

121. "La cabeza me sigue doliendo, no puedo leer y escribir." Carta a Rohde de 18 de Febrero de 1876, KGB II.5, nr. 501, 135.
122. Cfr *Chronik zu Nietzsches Leben*, KSA 15, 66.
123. Cfr. Diego Sánchez Meca, "Introducción al volumen III" en *F. Nietzsche. Obras completas*. Vol. 3, ed. Diego Sánchez Meca (Madrid: Tecnos, 2014).
124. Un nuevo exilio, después de la expatriación que en 1869 como ciudadano prusiano había pedido con motivo de su instalación en Basilea. Para el tema de la falta de nacionalidad de Nietzsche, se puede ver Hellmut Hecker, "Nietzsches Staatsangehörigkeit als Rechtsfrage," *Neue Juristische Wochenschrift*, nr. 23, Jg. 40 (1987): 1388–91; ver también Eduard His, "Friedrich Nietzsches Heimatlosigkeit," *Basler Zeitschrift für Geschichte und Altertumskunde*, no. 40 (1941): 159–86. La generalizada afirmación—también entre Deussen y Montinati—de que Nietzsche tenía la ciudadanía suiza, es falsa.
125. Cfr. especialmente MAM I, Vorrede 4, 5 y 6, KSA 2, 17–20, donde habla incluso de Voluntad de Salud (*Wille zur Gesundheit*) (KSA 2, 18).
126. Carta a Maldiwa von Meysenbug de 11 de Agosto de 1875, nr. 480.
127. EH, KSA 6, 322.
128. *Der Fall Wagner*, KSA 6, 12.
129. WA, KSA 6, 12.
130. WA, KSA 6, 12.
131. Se puede observar por ejemplo en las críticas de Wagner a la Intempestiva: "Se trata del escrito de una persona muy significativa, y cuando algún día sea famoso, también lo será este escrito. Sin embargo, le falta todavía a este escrito algo de madurez, le falta toda claridad, pues no ofrece en ningún momento ejemplos extraídos de la Historia y en cambio se repite y no tiene una estructura de verdad. Este escrito ha aparecido demasiado rápido. No conozco a nadie a quien pudiera dárselo para leer, porque nadie puede seguirlo. La idea fundamental ya la expresó Schopenhauer. Nietzsche tendría que haberla explicado pedagógicamente." Richard Wagner a Cosima Wagner, en: *Tagebücher*, 9 de Abril.
132. Como muestra, la recepción de la tercera Intempestiva: "Ésta es mi Intempestiva … y yo le agradezco de corazón la emoción que me ha provocado su lectura. Sentimientos, pensamientos, ocurrencias, conocimiento, poder y saber me han dejado asombrada, y he vuelto a entrar en calor al fuego entusiasta que todo lo calienta, igual que en el Nacimiento de la Tragedia." Carta de Cosima Wagner a Nietzsche de 26 de Octubre de 1874, KGB II.4, nr. 599, 591.
133. Por ejemplo el § 9, inacabado y reemplazado, *El lenguaje de la tragedia*, donde Nietzsche presenta una evolución del lenguaje dramático como resultado de influencias migratorias. Cfr. KGW II.3, 36; OC II, 585.

134. Cfr. las lecciones *Einführung in das Studium der platonische Dialoge*; *Über Platons Leben und Schriften*; *Über Platons Leben und Lehre*; *Einleitung in das Studium Platons*. Todas ellas en KGW II.2, 7–188.
135. Ver por ejemplo § 9 Sófocles y Esquilo, KGW II.3, 37–42, OC II, 588 y ss.
136. *Primum Oedipodis regis Carmen choricum commentario illustravit, dissertationibus adornavit, Friedrich Nietzsche*, KGW I.3, frg. 17 [1], 329–64. Ver también Thomas H. Brobjer, "Source's and Influences of Nietzsche's The Birth of Tragedy," *Nietzsche-Studien*, no. 34 (2005): 280.
137. NF Otoño de 1867-Primavera de 1868, frg. 58 [45]. Ver también la carta de Romundt a Nietzsche de 4 de Mayo de 1869, KGB II.2, nr. 3, 7–10.
138. Cfr. Diego Sánchez Meca, "Tercera parte—Literatura, Prefacio," OC II, 565.
139. Sánchez Meca, "Tercera parte—Literatura, Prefacio," OC II, 583. Sobre la relación entre el drama musical wagneriano y la filosofía del joven Nietzsche, se puede ver Diego Sánchez Meca, *Nietzsche. La experiencia dionisíaca del mundo* (Madrid: Tecnos, 2009), 25–59; Diego Sánchez Meca, "Nietzsche-Wagner: del drama musical a la música absoluta," en *Nietzsche y lo trágico*, ed. Eugenio Férnandez García (Madrid: Trotta, 2012), 189–202. Se puede ver también Joan B. Llinares, "Prefacio," en *Friedrich Nietzsche. Obras Completas*, ed. Diego Sánchez Meca, vol. I (Madrid: Tecnos, 2011), 323–28; para un tratamiento más amplio del problema de la estética musical en Nietzsche, recomiendo Luis Enrique De Santiago Guervós, *Arte y poder. Aproximación a la estética de Nietzsche* (Madrid: Trotta, 2004), 43–182.
140. *Der Gottesdienst der Griechen*, en KGW II.5, 355–524; en OC II, 935–1033.
141. Entre las fuentes más importantes: Karl Boetticher, *Die Tektonik Der Hellenen* (Potsdam: Riegel, 1843), 2 vols. Del mismo autor *Der Baumkultus der Hellenen* (Berlin: Weidmann, 1856); Heinrich Nissen, *Das Templum. Antiquarische Untersuchungen* (Berlin: Weidmann, 1869); Jacob Burckhardt, "Griechischen Kulturgeschichte," en *Gesammelte Werke* (Stuttgart, Schwabe, 1978), vol. 4; Heinrich Dietrich Müller, *Mythologie der griechischen Stämme* (Göttingen, Vandenhoeck, 1857); Wilhelm Mannhardt, *Der Baumkultus der Germanen und ihrer Nachbarstämme. Mythologische Untersuchungen* (Berlin, Borntraeger, 1875); Otto Caspari, *Die Urgeschichte der Menschheit mit Rücksicht auf die natürliche Entwicklung des frühesten Geisteslebens* (Leipzig, Brockhaus, 1873), 2 vols; Theodor Waitz, *Anthropologie der Naturvölker* (Leipzig, Flescher, 1859), 2 vols.; Ludwig Preller, *Griechische Mythologie* (Berlín, 1872); Eduard Burnett Tylor, *Die Anfänge der Cultur. Untersuchungen über die Entwicklung der Mythologie, Philosophie, Religion, Kunst und Sitte* (Leipzig, Winter, 1871), 2 vols.; John Lubbock, *Die Entwicklung der Civilisation und der Urzustand des Menschengeschlechtes* (Jena, Costenoble, 1875). Para un estudio detallado de las fuentes de este curso, ver Andrea Orsucci, *Orient-Okzident. Nietzsches Versuch einer Lösung vom europäischen Weltbild* (Berlin/New York: Walter de Gruyter, 1996), especialmente su parte primera.

142. Cfr. carta a Overbeck de 30 de mayo de 1875, KGB II.5, nr. 450, 58. El cuaderno de Kelterborn todavía se conserva en la Biblioteca Nietzsche. Como cuenta Janz (Janz, *Friedrich Nietzsche. Biographie*, t. 2) su condición de docente no le permitía a Nietzsche asistir al curso de Burkhardt, por lo que a la salida de clase le acompañaba hasta su casa para que le resumiera el contenido de la lección impartida ese día.
143. "La veneración por la Antigüedad clásica, tal como la mostraban los italianos, es decir, la única veneración seria, altruista y abnegada que la Antigüedad ha conocido hasta la fecha, es un magnífico ejemplo de quijotismo; y algo similar es también, en el mejor de los casos la filología. Y así también los eruditos alejandrinos, o todos los sofistas del s. I y II, o los aticistas, etc. Se imita algo puramente quimérico y se corre en pos de un mundo fabuloso que no ha existido jamás." NF 1875, frg. 7 [1], KSA 8, 121; FPI II, 121 (trad. mod.).
144. Véase especialmente MA I, § 221, KSA 2, 180–81.
145. "*Arte y religión* son, en sentido griego, idénticos. Tan sólo cuidarse de pensar en la 'religión de la belleza'. La religión griega, como el arte, no tiene en muchos aspectos relación con lo bello." NF 1871, frg. 9 [102], KSA 7, 311; FP I, 273 (trad. mod.). Cfr. también el frg. 9 [94]: "El período del *arte* es una continuación del período de los *mitos* y la *religión*. Existe una misma fuente [*Quell*] de la que brotan arte y religión." NF 1871, KSA 7, 309; FP I, 271 (trad. mod.).
146. "¡Cuán alejado no se estará de los griegos como para adjudicarles una estrecha autoctonía como hace O. Müller!" NF Primavera-Verano 1875, frg. 5 [114], KSA 8, 70; FP II, 85 (trad. mod.). También Welcker por ejemplo había hablado de la Hellas como una "tierra santa" originaria (*heiliges Land*) de extremado parentesco con Alemania [Friedrich Gottlieb Welcker, "Über die Bedeutung der Philologie," en *Kleine Schriften zur griechischen Literatur*, 3 (Bonn: 1861), 4 y ss.] a lo que Curtius afirmó que "[Welcker] poseía … en demasía aquel celo con el que los anteriores humanistas creyeron deber preservar la autoctonía de las figuras divinas de los griegos." (Ernst Curtius, "Die griechische Götterlehre vom geschichtlichen Standpunkt," en *Preussische Jahrbücher* 37 [1875]: 2). O también Preller, quien creía en "el sentido más elevado de la palabra nacional e ideal de las creencias populares de los griegos" (Ludwig Preller, "Griechische Mythologie," en *Jahrbücher für classische Philologie* 1 [Berlin: 1855]: 27) y H. D. Müller, quien creía en la determinación de su "vida national" (Heinrich Dietrich Müller, *Mythologie der griechischen Stämme* [Göttingen: Vandenhoeck, 1857], parte 1: Die griechische Heldensage in ihrem Verhältnis zur Geschichte und Religion, 116 y ss.). Y por supuesto Richard Wagner, quien creía en la "esencia helénica originaria" (*urhellenisches Wesen*) y en las "costumbres propias originarias" *(ureigene Sitten)* de unos "rasgos comunes nacionales genérico-naturales" (*geschlechtlich-natürliche Nationalgemeinsamkeit*) (Cfr. Richard Wagner, "Das Kunstwerk der Zukunft," en *Gesammelte Schriften und Dichtungen* [Leipzig: F. W. Fritzsch, 1871], t. 3, 105 y 133).

147. NF Finales de 1876-Verano 1877, frg. 23 [43], KSA 8, 419; FP II, 336. Más adelante, en un fragmento de verano de 1878, diría: "*Nacional* es la repercusión [*Nachwirken*] de una Cultura pasada en una Cultura completamente transformada y apoyada sobre otros fundamentos. Es decir, lo lógicamente contradictorio en la vida de un pueblo." NF Verano de 1878, frg. 30 [70], KSA 8, 534; FP II, 413.
148. NF Primavera–Verano 1875, frg. 5 [165], KSA 8, 86; FP II, 96 (trad. mod.).
149. Tal y como señala Sánchez Meca a este respecto: "No hay que olvidar que este estudio del culto griego debe ser entendido en el marco de una búsqueda más general, ya de carácter genealógico, que comprende la religión como una expresión de cultura en la que se analizan los símbolos que la expresan, las fuerzas que subyacen a esos símbolos y el origen del que proceden tales fuerzas. No hay una espiritualidad interior e individual en el culto y la religión griega. Ya en *El nacimiento de la tragedia*, Nietzsche apuntaba que el ditirambo, del que nace la tragedia, nunca fue un lirismo individual, sino que era el lirismo de una muchedumbre de creyentes, el lirismo impetuoso de todo un pueblo. Ahora vuelve sobre los cultos orgiásticos y los interpreta como una estrategia destinada a desencadenar de golpe la ferocidad de un dios con el fin de merecer enseguida su benevolencia. Es decir, el fondo de estos ritos, como el de todo el culto griego, es mágico, y el sentido de sus procedimientos es político. Este tipo de ritos orgiásticos se encuentra también—señala Nietzsche—en casi todos los pueblos mediterráneos coetáneos de los griegos, aunque sin la elevación particular que tienen entre los helenos." Diego Sánchez Meca, "Introducción al volumen II: Nietzsche y la filología clásica," en *Friedrich Nietzsche. Obras Completas*, ed. Diego Sánchez Meca, vol. II (Madrid: Tecnos, 2013), 71. Quiero subrayar aquí, por tanto, el carácter altamente original de esta exposición nietzscheana de la religión, en contra de la extendida creencia que ve en ella "un modelo de presentación bastante tradicional", por ejemplo Gherardo Ugolini, "Philologica," en *Nietzsche Handbuch, Leben-Werk-Wirkung*, ed. Henning Ottmann (Stuttgart: J. B. Metzler, 2000), 167.
150. GDG, KGW II.5, 363; OC II, 935.
151. GDG, KGW II.5, 364; OC II, 936.
152. GDG, KGW II.5, 365; OC II, 937.
153. Cfr. GDG, KGW II.5, 376; OC II, 944.
154. "Los helenos, a semejanza de los indios, los itálicos y los germanos, conquistaron su país por las armas y sometieron a una raza más antigua, pero de tal forma que las originarias costumbres de ésta se transmitieron en parte a los conquistadores, sobre todo por el efecto del miedo que sienten los pueblos más desarrollados ante la fuerza mágica de los que lo están menos y en cuya proximidad viven". GDG § 9, KGW II.5, 395; OC II, 956.
155. GDG, KGW II.5, 400; OC II, 959.
156. GDG, KGW II.5, 400; OC II, 959.
157. GDG, KGW II.5, 402; OC II, 961.

158. Roux, *Der Kampf der Theile im Organismus*, 237 y ss.
159. GDG, KGW II.5, 402; OC II, 962. La cursiva es mía.
160. Roux, *Der Kampf der Theile im Organismus*, 239–40.
161. "En general, debió suceder, con la transformación del culto, como con todas las transformaciones humanas: se daba la preferencia, cuando una transformación era inevitable, a la forma, al dogma, de modo que la transformación podía casi siempre pasar por una adición que conservaba las antiguas formas y la antigua doctrina. Toda transformación es una conservación por selección. La mayor parte de lo antiguo se conserva y un elemento nuevo, análogo, se agrega sólo a título de adición. Los griegos entendían la inoculación de lo nuevo, permitir la implantación de lo extranjero, de tal forma que la tribu entera no sufriese daño alguno." GDG, KGW II.5, 415; OC II, 969.
162. "En medio de una historia griega extremadamente turbulenta y violenta, y del incesante combate entre las tribus, entre las ciudades, entre los partidos dentro de las ciudades, entre los clanes, los demos, las familias, e incluso entre las personas, es un espectáculo memorable ver sobrevivir los innumerables cultos, preservados en todas partes como el elemento más delicado y más capcioso. Y verlos, al mismo tiempo, continuamente desplazados, reunidos y vueltos a reunir en nuevas combinaciones, desarrollándose con la mayor vitalidad, infinitamente múltiples. Y, en ninguna parte, en el desarrollo del culto, dominaba la violencia, la brutalidad de un poder superior, o la pasión del momento. La vida del culto es una vida preservada con cuidado en medio de todas las violencias. ¡Y de la mayor fecundidad!" GDG, KGW II.5, 415; OC II, 969.
163. GDG, KGW II.5, 369; OC II, 938.
164. "Los griegos trataban con sus dioses como una casta inferior trataría como una casta superior, más poderosa, más noble, pero de la que se sabe que se comparte un origen común. Se vivía en común con ella y se hacía todo lo posible para dar a esta convivencia una forma beneficiosa para uno mismo." GDG, KGW II.5, 519; OC II, 1033. Y en el *Nachlass*: "No ven a los dioses por encima suyo como amos, ni se ven por tanto a sí mismos como siervos, como sí hacen los judíos. Es la concepción de una casta más feliz y poderosa, un reflejo de los ejemplares más logrados de su propia casta, un ideal por tanto y no un contrario a su propia esencia. La afinidad es completa." NF Primavera-Verano de 1875, frg. 5 [150], KSA 8, 81; FP II, 93 (trad. mod.).
165. GDG, KGW II.5, 461; OC II, 997.
166. GDG, KGW II.5, 462; OC II, 997.
167. GDG, Cap. 3, § 2, OC II, 1005. Esta fuente de derecho unificadora, por supuesto, no era ortodoxia, pues entre los helenos "[n]o había, ciertamente, ninguna obligación de creer, ninguna obligación de frecuentar los templos, ninguna ortodoxia; se toleraban, en relación con los dioses, todas las opiniones posibles." GDG, KGW II.5, 411; OC II, 966.

168. El lugar más evidente refiere a la controversia sobre la función del Partenón, en Cap. 1. "Lugar y objetos del culto," GDG, KGW II.5, 416–22; OC II, 970–71.
169. Sánchez Meca, "Introducción al volumen III," § 1.3. "La configuración del método genealógico."
170. "Vuelve una vieja manera de ver las cosas: entender cómo las mayores producciones del espíritu tienen un trasfondo malvado y horrible." NF Marzo de 1875, frg. 3 [17], KSA 8, 19; FP II, 49 (trad. mod.).
171. GDG, KGW II.5, 376–77; OC II, 944.
172. GDG, KGW II.5, 428; OC II, 977.
173. GDG, KGW II.5, 363; OC II, 935.
174. "Su 'literatura clásica' con el canto del coro, la tragedia y la comedia, ha crecido, en buena parte, sobre el suelo del culto o como un apéndice de éste." GDG, KGW II.5, 364; OC II, 935.
175. "La tradición nos dice con plena determinación *que la tragedia surgió del coro trágico* y que en su origen era únicamente coro y nada más que coro. De lo cual sacamos nosotros la obligación de penetrar con la mirada hasta el corazón de ese coro trágico, el auténtico drama originario, sin dejarnos contentar de alguna manera con las frases retóricas corrientes—lo de que el coro es el espectador ideal, o que está destinado a representar al pueblo frente a las áreas de la nobleza" una idea ésta que "no tiene repercusión sobre la formación originaria de la tragedia, pues de aquellos orígenes puramente religiosos queda excluida toda antítesis entre pueblo y príncipe, y, en general, cualquier esfera político-social." KSA 1, 52; OC I, 359 (trad. mod.).
176. "N. trabaja cada día 13 horas para sus lecciones." *Chronik*, KSA 15, 63.
177. Carta a Rohde de 8 de Diciembre de 1875, KGB II.5, nr. 494, 125 y ss.: "Cada dos o tres semanas me tengo que meter en la cama hasta 36 horas seguidas, con auténtico dolor, a la manera en que tú ya sabes."
178. "Por razones de salud me vi forzado a suspender la clase ya a finales de febrero." Cfr. Stroux, *Nietzsches Professur in Basel*, 98–99.
179. *Chronik*, KSA 15, 59.
180. Kaegi, *Jacob Buckhardt. Eine Biographie*, t. 7, 46 y ss. Kaegi se basa en las notas de Elisabeth Förster-Nietzsche.
181. GA 18, 323.
182. Cfr. NF Invierno de 1870/71-Otoño de 1872, frg. 8 [93], KSA 7, 258 y ss.; FP I, 236: "Carácter de la formación actual:
    1) Prisa y no ser maduros
    2) Lo histórico, el no querer vivir, el engullir el presente apenas nacido. El copiar. Historia de la literatura.
    3) El mundo de papel. Escribir y leer sin sentido."
183. NF Primavera de 1867-Invierno de 1867–68, frg. 52 [30], KGW I.4, 221.
184. NF Primavera de 1867-Invierno de 1867–68, frg. 52 [31], KGW I.4, 223–25.
185. En el manuscrito continúa tachado "la Antigüedad latente".

186. NF Invierno de 1867-Primavera de 1868, frg. 61 [2], OC I, 235.
187. GGL I/II, § 1, KGW II.5, 7; OC II, 591.
188. GGL I/II, § 1, KGW II.5, 7–8; OC II, 591–92.
189. GM, KSA 5, trat. 2, § 12, 314.
190. GGL I/II, § 1, KGW II.5, 8; OC II, 592.
191. "En primer plano debemos poner siempre esas atrevidas ficciones de la metafísica, sobre todo cuando se trata de la cuestión del valor de la vida, como síntomas de constituciones físicas determinadas. Y si tales afirmaciones o tales negaciones de la vida tienen, en su conjunto, poca importancia desde el punto de vista científico, no por eso dejan de dar al historiador y al psicólogo preciosos indicios, por ser síntomas del cuerpo, de su éxito o de su fracaso, de su plenitud, de su poder, de su soberanía en la historia, o bien de sus detenciones, de sus fatigas, de su empobrecimiento, de su presentimiento del fin, de su voluntad del fin." FW, Prefacio 2ª edición, § 2, KSA 3, 348–49.
192. "¿En qué condiciones se inventó el hombre esos juicios de valor …? ¿Y qué valor [o beneficio, *Wert*] tienen ellos mismos? ¿Han frenado o han estimulado hasta ahora el desarrollo humano? ¿Son un signo de indigencia, de empobrecimiento, de degeneración de la vida? ¿O, por el contrario, se manifiesta en ellos la plenitud, la fuerza, la voluntad de vida, su valor, su confianza, su futuro?" GM, Prólogo § 3, KSA 5, 249–50.
193. GGL I/II, § 1 Conceptos preliminares. KGW II.5, 7 y ss.; OC II, 591 y ss.
194. KGW II.5, 9–10, nota al pie.
195. "La epopeya y la poesía trágica y además la comedia y la poesía ditirámbica y la mayor parte de la aulética y la citarística, todas ellas resultan ser imitaciones desde el punto de vista general; pero se diferencian unas de otras en tres aspectos: bien por los distintos medios con que realizan la imitación, bien por el objeto que imitan, bien porque imitan de distinta manera y no del mismo modo." Aristóteles, *Poética*, cap. 1, 1447a.
196. "Los antiguos diferencian los 3 géneros según la forma: ἔπος o declamación, μέλος o canto y δρᾶμα o la mezcla de ambos en el drama. La edad moderna diferencia según el contenido entre lo objetivo, lo subjetivo y lo objetivo-subjetivo o similares. El hombre moderno separar todo el arte poético en épica, lírica y drama. Para los antiguos, estas tres especies son simplemente tres especies entre otras muchas: elegías y yambos, los antiguos no las incluyen. 'Lírica' en un sentido amplio es [una categoría] moderna." *Griechische Lyriker. Nachschriften von Vorlesungen Nietzsches*, KGW II.2, 381. Para la cuestión de los géneros en los estudios nietzscheanos sobre literatura, se puede ver Santini, *Nietzsche e la Grecia. La riflessione sul mondo greco nelle lezione di Basilea*. cap. III.32 "Che cosa è *kunstmässig*. I generi litterari e la mormativita dell`arte in Grecia," 205 y ss. Un buen análisis sin duda, aunque no comparto la afirmación de que la organización de los géneros según Nietzsche responde a los medios de recitación (Santini, *Nietzsche e la Grecia. La riflessione sul mondo greco nelle*

lezione di Basilea, 214), pues como veremos en el siguiente capítulo HLG diferencia a veces entre géneros que tienen el mismo tipo de recitación. En mi opinión, la *recitación* es sólo una faceta de la categoría (más amplia) de las *formas de imitación.*

197. GDG, cap. 1, § 10; OC II, 959.
198. NF Otoño de 1869, frg.1 [10], KSA 7, 13; FP I, 66 (trad. mod.).
199. NF 1869–70, KGW III.3, frg. 2 [22].
200. GGL, KGW II.5, 36, nota 2; OC II, 613.
201. En la introducción a las *Weltgeschichtliche Betrachtungen* afirmaba J. Burckhardt que "en todos los estudios se puede empezar por los comienzos; pero para la Historia esto no es así. La imagen que tenemos de ella son tan solo meras construcciones,... meros reflejos de nosotros mismos." Jacob Burckhardt, "Weltgeschichtliche Betrachtungen," Historische Fragmente aus dem Nachlass, en *Gesamtausgabe* (Basel: Schwabe, 1929), t. 7, Einleitung, 4. Cfr. infra, parte 1, cap. 3, § "*Herkunft* vs. *Ursprung*".
202. Se puede ver por ejemplo el frg. 63 [1] de Abril de 1868-Febrero de 1869, KGW I.5, 1.
203. Carta a Rohde de 22 de Diciembre de 1871, KGB II.2, nr. 250, 481.
204. NF finales 1880, frg. 7 [131], KSA 9, 345; FP II, 698.
205. NF Octubre-Diciembre de 1876, frg. 19 [72], KSA 8, 347; FP II, 280. Cfr. también frg. 19 [86].
206. NF Primavera de 1888, frg. 14 [147], KSA 13, 331; FP IV, 577–78 (trad. mod.).
207. NF Octubre-Noviembre de 1888, frg. 24 [1], KSA 13, 625 y ss.; FP IV, 761 y ss.
208. M, KSA 3, 150–51.
209. Cfr. frag. 12 [21] de Verano-finales de Septiembre de 1875, KSA 8, 256; FP II, 212–13. Sobre el tema en general de la recepción nietzscheana de Tucídides, se puede ver Ole Schütza, "Nietzsche und Thukydides. Thukydides' Herleitung des 'Allgemein-Menschlichen' aus dem Besonderen seiner Geschichtsschreibung und deren Rezeption durch Nietzsche," en *Antike und Romantik bei Nietzsche, Nietzscheforschung 11, Jahrbuch der Nietzsche Gesellschaft*, ed. Renate Reschke y Volker Gerhardt (Berlin: Akademie Verlag, 2004), 223–29; se puede ver también Raymond Geuss, "Thucydides, Nietzsche, and Williams," en *Nietzsche on Time and History*, ed. Manuel Dries (Berlin/New York: Walter de Gruyter, 2008), 35–50.
210. "Tucídides provoca la grata sensación que se tiene cuando abre se abre una cerradura con una llave: un ceder paulatino y difícil, pero ordenado y cada vez más cercano a la consecución de su objetivo." NF Primavera-Verano de 1875, frg. 5 [6], KSA 8, 42; FP II, 66. Para la metáfora de la cerradura, cfr. NF Enero-Febrero de 1874, frg. 33 [8], KSA 7, 789; FP I, 594.
211. KGW II.5, 228; OC II, 733. Nietzsche añade aquí una cita del propio Tucídides (I, 21): "como los logógrafos las han compuesto buscando lo más atractivo para el auditorio que lo más ajustado a la verdad, al ser cosas irrefutables y la mayoría de ellas habiendo pasado increíblemente al estado de leyenda por obra del tiempo."
212. KGW II.5, 228–29; OC II, 734.

213. KGW II.5, 234; OC II, 737.
214. KGW II.5, 235; OC II, 738.
215. La expresión, literalmente, sería "adornar muchísimo".
216. KGW II.5, 239; OC II, 740.
217. KGW II.5, 239–40; OC II, 740.
218. KGW II.5, 240; OC II, 740–41. El pasaje, que pertenece a Tucídides I, 22 y está reproducido por el mismo Nietzsche, es el siguiente: "ὅσοι δὲ βουλήσονται τῶν τε γενομένων τὸ σαφὲς σκοπεῖν καὶ τῶν μελλόντων ποτέ, αὖθις κατὰ τὸ ἀνθρώπειον τοιούτων καὶ παραπλησίων, ἔσεσθαι ὠφέλιμα κρίνειν αὐτὰ ἀρκούντως ἕξει." Y la traducción exacta de dicho pasaje sería: "cuantos quieran comprobar la exactitud de los hechos ocurridos y de los que en el futuro serán iguales o semejantes a ellos, según la naturaleza humana, (para mí) será suficiente con que se juzguen útiles." Es útil notar la diferencia entre el pasaje literal de Tucídides y la traducción de Nietzsche, quien por regla general no suele traducir los textos en griego, lo que da claras indicaciones de la lectura particular que Nietzsche hace de Tucídides en este punto.
219. KGW II.5, 241; OC II, 741.
220. KGW II.5, 241; OC II, 741.
221. NF Octubre-Noviembre de 1888, frg. 24 [1], KSA 13, 625 y ss.; FP IV, 761 y ss.
222. KGW II.5, 224; OC II, 731.
223. Sánchez Meca, *Introducción*, OC II, 62.
224. Se habla desde entonces de "Basler Deutung", "Basler Tradition", o "Basler Gegenarchiv". Cfr. David. M. Hoffmann, *Zur Geschichte des Nietzsche-Archivs. Elisabeth Förster-Nietzsche, Fritz Koegel, Rudolf Steiner, Gustav Naumann, Josef Hofmiller. Chronik, Studien und Dokumente*, vol. 2 (Berlin /NewYork: Walter de Gruyter, 1991), 94 y ss.
225. "El último saludo de amigo que me llegó, terminaba pidiéndome que le sustituyese en todo este trabajo; el grueso principal estaba ya listo." Crusius, "Vorwort," en GA, 18, VII.
226. "Muchas de las preguntas y acertijos, que no escasean en las notas de Nietzsche no escasean, las discutí en persona y también por carta con Holzer, durante horas estimulantes que solíamos compartir entre los *Philologica* y las sinfonías de Bruckner. Así que creo estar lo suficientemente orientado para llevar a término la edición en el sentido planeado por Holzer." Crusius, "Vorwort," en GA, 18, VII.
227. MusA 5, 67–207 (GGL I/II) y 209–86 (GGL III).
228. En palabras de Mazzino Montinari, esa monumentalidad "viene en relación inversa a su relevancia científica". Mazzino Montinari, "Die neue kritische Gesamtausgabe von Nietzsches Werken," en Mazzino Montinari, *Nietzsche lesen* (Berlin/New York: Walter de Gruyter, 1982), 10–21 (12), así como en KSA 14, 8.
229. Para la historia de las diferentes ediciones de las obras de Nietzsche, se puede ver "Estado actual de la edición Colli-Montinari," *Estudios Nietzsche* 9 (Madrid: Trotta,

2006): 149–63; también Montinari, "Die neue kritische Gesamtausgabe von Nietzsches Werken," 7–21.
230. GA 18, Abt. III.2, 1–128 (GGL I/II) y 129–198 (GGL III).
231. GA 18, VIII.
232. GA 18, VIII-IX.
233. GA 18, 30.
234. GA 18, 40.
235. GA 18, XIII.
236. "Se entiende también que las durezas y negligencias estilísticas sólo fueron eliminadas por una mano embellecedora excepcionalmente, allí donde reclamaban claridad." GA 18, IX. Y respecto a los sistemas de citas: "Las citas fueron sólo completadas o rematadas en pocos casos significativos. El que sabe y el especialista localizará fácilmente las referencias, el profano que eche un ojo a estos tomos no las buscará." GA 18, IX.
237. Cfr. OC II, 591–806. Traducción de Rafael Carrión Arias y Diego Sánchez Meca.
238. "Las aportaciones con menos lagunas fueron la de la rítmica antigua y la tercera parte de la historia de la literatura, copiadas por Holzer. Otras transcripciones—sobre todo la primera parte de la historia de la literatura y la de El culto griego a los dioses—hubieron de ser completadas." GA 18, VIII.
239. GA 18, VIII.
240. GA 18, IX.
241. "Cuando Nietzsche escribe a pluma suelta y se siente humanamente cercano al material en cuestión, emplea la viejas formas cotidianas de Heraklit, Aeschylus, Theopomp; si piensa en cambio como un especialista, escribe Peisandros, Herakleitos, y acaso incluso Aischylos en su forma pedante." GA 18, IX.
242. KGW II.5, 5; OC II, 591.
243. OC II, 761.
244. Santini, *Nietzsche e la Grecia. La riflessione sul mondo greco nelle lezione di Basilea*, 50.
245. Santini, *Nietzsche e la Grecia. La riflessione sul mondo greco nelle lezione di Basilea*, 51. Giorgio Colli, en el epílogo a KSA 1, denuncia la "mala costumbre" de Nietzsche de "referir sus informaciones a partir de una literatura de segunda o tercera mano, autores antiguos como modernos". KSA 1, 917.
246. Cfr. Manfred Fuhrmann, "Latein und Europa. Die Geschichte der Literaturgeschichtsschreibung von Anfängen bis zum 19. Jahrhundert," en *Der Diskurs der Literatur- und Sprachhistorie. Wissenschaftsgeschichte als Innovationsvorgabe*, ed. Bernard Cerquiglini y Hans Ulrich Gumbrecht (Frankfurt a. M.: Suhrkamp, 1983), 51.
247. Por ej. el descubrimiento de la inscripción en 1862 sobre la colonia jónica (KGW II.5, 10), etc.
248. El *Marmor Parium* o Crónica de Paros es una tabla cronológica tallada en mármol de Paros y encontrada en 1627 en la isla homónima. Su cronología abarca desde el año 1582–81 a.C. hasta el año 264–63 a.C. Los restos que de ella se conservan están

expuestos entre el Ashmolean Museum en Oxford y en la isla de Paros. Cfr. Felix Jacoby, *Das Marmor Parium* (Berlin: Weidmann, 1904). Por regla general, Nietzsche toma las referencias cronológicas del *Marmor Parium* como vinculantes.

249. Después de la "expedition de morée" francesa a partir de 1829 con Abel Blouet, los desenterramientos completos de Olimpia comenzarían oficiales el 4 de octubre de 1875 después del acuerdo entre el reino griego y Prusia en el año 1873. La iniciativa corrió a cargo precisamente de Ernst Curtius, a partir de una conferencia suya en la *Wissenschafts Verein* de Berlin el 10 de Enero de 1852. Para el tema se puede ver Alain Schnapp, "Vergessen und Wiederentdeckung Olympias von den Anfängen bis zur Expedition de Morée," en *Mythos Olympia, Kult und Spiele*, ed. Wolf-Dieter et al. Heilmeyer (München: Prestel Verlag, 2012), 159–65.

250. Se puede acudir por ejemplo al caso ejemplar del teatro de Dioniso en Atenas, descubierto en 1863 por la Sociedad Arqueológica de Atenas y documentado por Ernst Ziller, en el que se pueden fácilmente reconocer las diferentes variaciones estructurales dependiendo de las necesidades epocales. Cfr. *Journal der archäologischen Gesellschaft in Athen*, 11/1863; así como Ernst Ziller, "Das Theater des Dionysos zu Athen. Aufgenommen und gezeichnet von Ernst Ziller," *Zeitschrift für Bildende Kunst*, no. 13 (1878).

251. Santini, *Nietzsche e la Grecia. La riflessione sul mondo greco nelle lezione di Basilea*, 59.

252. Cfr. por ej. KGW II.5, 57; OC II, 626, nota 75.

253. Cfr. Francisco Arenas-Dolz, "Nachweisse," *Nietzsche-Studien*, no. 39 (2010): 488 y ss.

254. Carta a Erwin Rohde de 7 de Diciembre de 1872, KGB II.3, nr. 277, 97.

255. Carta a su madre Rosalie Nietzsche de 12 de Enero de 1866, KGB, I.2, nr. 490, 105.

256. Friedrich Gottlieb Welcker, *Die hesiodische Theogonie mit einem Versuch über die Hesiodische Poesie überhaupt* (Elberfeld, 1865).

257. Theodor Bergk, *Griechische Literaturgeschichte* (Berlin, 1872), t. 1. Sacado en préstamo por Nietzsche el 2 de Octubre de 1873. En un apunte del año 1875, Nietzsche se referiría a esa obra como "*Historia de la literatura de Bergk*. Ni una chispa del fuego y el sentido griegos." NF Marzo de 1875, frg. 3 [29], KSA 8, 23; FP II, 52 (trad. mod.).

258. Gottfried Bernhardy, *Grundriss der griechischen Litteratur mit einem vergleichenden Überblick der Römischen* (Halle, 1852), t. 1 y 2.

259. Müller, Karl Ottfried, *Geschichte der griechischen Literatur bis auf das Zeitalter Alexanders*, nach der Handschrift des Verfassers, ed. E. Müller (Breslau, 1841), 2 tomos.

260. Hermann Ulrice, *Geschichte der hellenischen Dichtkunst*, (Berlin, 1835).

261. Georg Friedrich Creuzer, *Historische Kunst der Griechen in ihre Entstehung und Fortbildung* (Leipzig, 1803).

262. Rudolf Nicolai, *Geschichte der gesammten griechischen Literatur: ein Versuch* (Magdeburg: Heinrichshofe, 1867). Hallado en la biblioteca personal de Nietzsche, y definido por él como mala chapuza (*schlechte Sudelei*). EkP, KGW, II.6, 406.

263. George Henry Lewes, *Geschichte der Philosophie von Thales bis Comte*, (Berlin, 1871), t. 1.
264. Cfr. Carta a Franziska Nietzsche de 22 de Octubre de 1865, KGB I.4, nr. 483, 380.
265. Carta a Gersdorff de 25 de Mayo de 1865, KGB I.2, nr. 467, 55.
266. Entre otros pasajes, véase GGL III, KGW II.5, 295, nota al pie.
267. Johann Adam Hartung, "Geschichte der Rhythmenschöpfung," en *Die griechischen Lyriker* (Leipzig, 1856), t. 5. Ver en especial GGL, 133 y ss., así como 137–42.
268. Cfr. por ejemplo NF Primavera de 1875, frg. 4 [1], KSA 8, 39; FP II, 63.
269. Lucca Crescenzi, "Verzeichnis der von Nietzsche aus der Universitätsbibliothek in Basel entliehenen Bücher (1869–1879)," *Nietzsche-Studien*, t. 23: 388–442. Para la biblioteca personal de Nietzsche, ver Campioni Giuliano et al., *Nietzsches Persönliche Bibliothek (BN)*, ed. Renate Müller-Buck (Berlin/New York: Walter de Gruyter, 2002).
270. Andreas Urs Sommer, "Vom Nutzen und Nachteil kritischer Quellenforschung. Einige Überlegungen zum Fall Nietzsches," *Nietzsche-Studien*, no. 29 (2000): 302–16.
271. Sommer, "Vom Nutzen und Nachteil kritischer Quellenforschung. Einige Überlegungen zum Fall Nietzsches," 305.
272. No piensa así Montinari, quien mantiene que "el contexto derivado [de la *Quellenforschung*] le proporciona al texto una cierta profundidad histórica por medio de una suerte de efecto-contraste. [Ese contexto] no significa sin embargo una reducción a otra cosas, como por ejemplo el "Zeitgeist", ni desvela su surgimiento [*Entstehung*]." Mazzino Montinari, "Aufgaben der Nietzsche-Forschung heute. Nietzsches Auseinandersetzung mit der französischen Literatur des 19. Jahrhundert," en *Nietzsche Heute. Die Rezeption Seines Werkes Nach 1968*, ed. Sigrid Bauschinger, Susan L. Cocalis, y Sara Lennox (Bern: Stuttgart, 1988), 138. Para un análisis de la visión antireduccionista de la *Quellenforschung*, se puede ver Giuliano Campioni, "Die Kunst, gut zu Lesen'. Mazzino Montinari und das Handwerk des Philologen," *Nietzsche-Studien*, no. 18 (1989): XV-LXXIV y XLVII-XLIX.
273. Santini, *Nietzsche e la Grecia. La riflessione sul mondo greco nelle lezione di Basilea*, 61 y ss. De esta misma autora se puede ver también Carlotta Santini, "Die Methode der Quellenforschung am Beispiel der Basler Vorlesungen," *Frauen: Ein Nietzschethema? Nietzsche: Ein Frauenthema?*, *Nietzsche Forschung*, t. 19 (Berlin: Akademie Verlag, 2012): 269–77.
274. "Un trabajo tan grande y minucioso parece tener dos meros fines: dar razón de todas las referencias del texto de cara a una edición crítica, y discriminar qué queda de 'original' en el sentido de lo propiamente elaborado por Nietzsche en estos textos. Pero aparte de esto, poco más." Santini, *Nietzsche e la Grecia. La riflessione sul mondo greco nelle lezione di Basilea*, 61.
275. "Los anticuarios dicen: 'lo grande es en el fondo lo ordinario y lo común', también ellos luchan contra el devenir de lo grande (empequeñeciéndolo todo, denigrándolo,

mediante la microbiología)." NF Verano-Otoño de 1873, frg. 29 [183] y frg. 29 [35]. Cfr. infra, parte 1, cap. 3.
276. Sommer, "Vom Nutzen und Nachteil kritischer Quellenforschung": 309.
277. Sobre el concepto de autogenealogía, se puede ver Enrico Müller, "Von der 'Umwerthung' zur Autogenealogie. Die Götzen-Dämmerung im Kontext des Spätwerks," *Nietzscheforschung*, no. 16 (2009), 141–51.
278. "Nietzsche hace de (todas) las fuentes por él exprimidas algo completamente nuevo, de manera que lo que en ellas está de original es menos interesante que aquello en lo que Nietzsche acaba refundiéndolas." Sommer, "Vom Nutzen und Nachteil kritischer Quellenforschung": 311.
279. NF Otoño de 1867-Primavera de 1868, frg. 57 [27], KGW I.4, 395; OC I, 249.
280. Eugen Fink, *Nietzsches Philosophie* (Stuttgart: Kohlhammer, 1968), 2ª ed., 42.
281. Fink, *Nietzsches Philosophie*, 44.
282. Fink, *Nietzsches Philosophie*, 44.
283. Fink, *Nietzsches Philosophie*, 45.
284. Carlo Gentili, *Nietzsche* (Bologna: Il Mulino, 2001). Ed. en castellano en Madrid: Biblioteca Nueva, 2004, 173.
285. Gentili, *Nietzsche*, 173.
286. Fink, *Nietzsches Philosophie*, 44.
287. Gentili, *Nietzsche*, 173.
288. Cfr. Gentili, *Nietzsche*, 173, nota 8.
289. Gentili, *Nietzsche*, 179.
290. Gentili, *Nietzsche*, 198.
291. *Friedrich Nietzsche: Biographie in drei Bänden.* Citado por Gentili, *Nietzsche,* 198.
292. "[L]a hipótesis de un viraje que deja de lado el interés por el arte sustituyéndolo por el interés por la ciencia se hace difícil de sostener. Arte y ciencia representan para Nietzsche, desde los años de su formación intelectual, dos recorridos paralelos que continuará enlazando con asidua continuidad. La lectura de Lange constituye el presupuesto y el fundamento de esta continuidad." Gentili, *Nietzsche*, 201.
293. Salaquarda, "Nietzsche und Lange": 239.
294. Cfr. infra, § "Un período decisivo para Nietzsche: los años de la crisis".
295. Cfr. por ejemplo MAM II, § 16, KSA 2, 550.
296. GM, Prólogo § 2, KSA 5, 248
297. Carta a Elisabeth Förster-Nietzsche de 18 de Octubre de 1876, KGB II.5, nr. 562, 195.
298. Para los procesos de gestación de HDH, se puede ver sin duda el comentario al tomo 2 de la KSA, en KSA 14, 115, y ss.
299. Cfr. MAM I, § 162, KSA 2, 151–52. En ése parágrafo, titulado "Culto al genio por vanidad", Nietzsche investiga la tendencia moderna al culto del genio intentando localizar la procedencia de dicho culto. Dice Nietzsche ahí que "toda actividad del hombre es sorprendentemente complicada" pero "nadie es un milagro [*Wunder*]"

sino que todo es devenido [*geworden*]. Y llamar a alguien divino [*göttlich*] implica según Nietzsche la falta de esfuerzo personal, como una especie de auto-justificación de la pereza con la que nos decimos que "aquí no podemos competir". Más adelante, en un fragmento de la época de madurez, seguirá considerando la vanidad [*Eitelkeit*], junto a la pereza [*Faulheit*] y la inercia [*Trägheit*] como uno de los errores fundamentales del hombre (NF 1884, frg. 27 [79], KSA 11, 294). Llama la atención la similitud con los conceptos kantianos que explican para Kant la minoría de edad (cfr. Immanuel Kant, "Beantwortung der Frage: Was ist Aufklärung?," en *Gesammelte Schriften* [Berlin/Leipzig: Königlich Preussischen Akademie der Wissenschaften/Walter de Gruyter, 1923] vol. VIII, 35). Para una contraposición entre el culto al genio y el surgimiento del genio (y del "espíritu libre" como caso especial) ver MAM I, § 231, KSA 2, 194.

300. MAM I, Prólogo § 3, KSA 2, 15.
301. NF 5 [116], KGW IV.1; FP IV 1, 147.
302. MAM I, § 225, KSA 2, 189.
303. KSA 2, 15.
304. Para un estudio más detallado sobre el "freier Geist", recomiendo Sánchez Meca, "Introducción al volumen III" § 2. La moral del espíritu libre, OC III, 34–56.
305. Cfr. MAM I, § 20, KSA 2, 41–42, y el § 26 "Reaktion als Fortschritt", KSA 2, 46–47. Ver también el aforismo 197 de *Aurora* titulado "La enemistad de los alemanes contra la ilustración," M, 3, § 197, KSA 3, 171; así como MAM I, § 237, KSA 2, 199.
306. EH, KSA 6, 322.
307. Sobre este tema se puede ver Renate Reschke (ed.), *Nietzsche: Radikalaufklärer oder radikaler Gegenaufklärer?* (Berlin: Akademie Verlag, 2004). Así como Carlo Gentili, Gerhardt Volker, y Venturelli Aldo, *Nietzsche, Illuminismo, Modernitá* (Firenze: Olschkie, 2003); Manuel Barrios, "Nietzsche, la crítica de la metafísica como curvatura de la Ilustración," Prólogo a *Humano, demasiado humano* (Madrid: Akal, 1996), 7–24; y Sánchez Meca, "Introducción al volumen III" § 1.2 ¿Nietzsche ilustrado?, en OC III, 19–23.
308. NF 1884, frg. 27 [79]. Ver también frg. 25 [296].
309. KSA 2, 13.
310. "Sólo los más ilustrados [*die Aufgeklärste*] consiguen liberarse de la metafísica y mirarla por encima del hombro." MAM I, § 20, KSA 2, 42. Y en *Sobre verdad y mentira en sentido extramoral* de 1873 había dicho: "[La verdad] es antropomórfica de pies a cabeza y no contiene un solo punto que sea 'verdadero en sí', real y universalmente válido, prescindiendo del ser humano. El investigador de tales verdades tan solo busca, en el fondo, la metamorfosis del mundo en los seres humanos." WL, § 1, KSA 1, 883, KGW III.2, 364; OC I, 614–15.
311. Como prueba, el prólogo de 1886 a MAM II, que demuestra que Nietzsche nunca renunció a ese proyecto.

312. Como también mantiene Diego Sánchez Meca a este respecto: "la crítica que Nietzsche despliega en definitiva en *Humano, demasiado humano*, *Aurora* y *La gaya ciencia* no es sino el desarrollo coherente, y por tanto la maduración, de la ensayada y practicada en sus escritos de juventud." Sánchez Meca, "Introducción al volumen III," OC III, 15. A pesar de requerir un tratamiento aparte por su dificultad hermenéutica, recomiendo acercarse al mencionado prólogo a MAM II de 1886 (KSA 2, 369 y ss.), donde Nietzsche afirma que uno tiene que hablar de lo que ha superado (*überwunden hat*): "En ese sentido, todos mis escritos—eso sí, con una excepción fundamental—han de *datarse en retrospectiva* [zurück zu datieren], pues siempre hablan de un 'detrás de mí' [*Hinter-mir*]...; algunos incluso, como las tres primeras consideraciones intempestivas, van detrás [*zurück hinter*] de una época de experiencias y de surgimiento de un libro anteriormente publicado (el 'Nacimiento de la Tragedia' para ser exactos; tal y como a un observador y comparador espabilado no puede ocultársele)." Nótese aquí el problema al comprender y traducir la ambivalencia de la expresión alemana "Hinter-mir", con la que Nietzsche juega en todo momento en este pasaje y que probablemente haya sido la causa de tanto malentendido. Pues en alemán, tener algo "hinter sich" significa literalmente tener algo detrás de uno (literalmente y también como respaldo), pero también haber dejado acabado algo para pasar a ocuparse de algo nuevo. En una tercera acepción (acompañada de acusativo), también significa "perseguir", "tener como objeto". La recepción nietzscheana ha debido de entender este "hinter-sich" como lo segundo, es decir como una especie de "borrón y cuenta nueva", pero sin ir más allá. Sin embargo, al hacerlo ha obviado el carácter polémico de la expresión, señalado precisamente por Nietzsche con su sustantivación y su entrecomillado. A mí entender, Nietzsche utiliza esa expresión como contraposición a los que mantienen que el autor lo tiene todo asimilado dentro de sí ("unter mir"). Estirando ese lenguaje poético que a veces le caracteriza y cuya intención se percibe en el estilo de composición del párrafo, con la expresión "hinter-mir" Nietzsche está hablando de forma amplia de algo ya pasado, algo que ya ha dejado realizado tras de sí aunque aún le respalda en el presente. Pero al mismo tiempo—y como describe unas líneas más adelante—lo que está insinuando es que todos sus escritos (excepto NT) están hablando críticamente de sí mismo (hablan de lo que está "detrás de mí") y de sus intentos por ir haciendo filología e historia. La clave para entenderlo de esta manera reside en su afirmación de que las tres primeras consideraciones intempestivas están "detrás" del surgimiento y las experiencias (*noch zurück hinter die Entstehung- und Erlebnisszeit*) de *El nacimiento de la tragedia*, cuando en realidad este libro fue publicado con anterioridad. Lo que Nietzsche quiere decir, en conclusión, es que todos sus escritos son un análisis continuado de cómo él mismo había hecho filología e historia hasta que consiguió corregir o superar (*überwinden*) sus errores, tomando NT como objeto ejemplar de crítica en donde se reúne todo aquello que le resultaba adverso ("was mir feind war").

313. MAM I, § 1, 23. Ver también MAM I, § 10–11, KSA 2, 30–31. Comenta Müller-Lauter: "El nuevo giro de Nietzsche a las ciencias naturales [*Naturwissenschaft*] exige la explicación de su meta. Para él no se trata del conocimiento como tal, sino de su importancia para la existencia del hombre." Müller Lauter. *Nietzsche-Interpretation I. Über Werden und Wille zur Macht.* (Berlin/New York: Walter de Gruyter, 1999), 108. Para una discusión en torno al problema del positivismo en HDH, se puede ver Angèle Kremer-Marietti, "Menschliches-Allzumenschliches: Nietzsches Positivismus?," *Nietzsche-Studien*, no. 26 (1997): 260–75.
314. Mazzino Montinari, *Nota introduttiva a F. Nietzsche, Umano, Troppo Umano* (Adelphi, 1998), xiv; Jörg Salaquarda, "Studien zum zweiten Unzeitgemässen Betrachtung," *Nietzsche-Studien*, no. 13 (1984), 3. Recientemente, incluso autores como Thomas H. Brobjer siguen sosteniendo esta tesis (Brobjer, *Nietzsche's Philosophical Context. An Intellectual Biography*, 58; ver también 142, nota 39, donde Brobjer confunde las obras de las que Nietzsche dice distanciarse por ser metafísicas). Se puede ver también Thomas H. Brobjer, "Nietzsche's View of the Value of Historical Studies and Methods," *Journal of the History of Ideas* 2, no. 65 (2004): 301–22; así como Thomas H. Brobjer "Nietzsche's Relation to Historical Methods and Nineteenth Century German Historiography," *History and Theory*, no. 46 (Mayo 2007): 155–79. Otros autores como Kathrin Meyer incluso argumentan dicha ruptura desde el texto mismo de *Geschichte der griechischen Literatur* (Kathrin Meyer, *Ästhethik der Historie, Friedrich Nietzsches "Vom Nutzen und Nachteile der Historie für das Leben"* [Würzburg: Könighausen und Neumann, 1998], 79) cosa que considero rotundamente desacertada y que demuestra una lectura sumamente superficial del material.
315. MAM II, Prólogo § 1, KSA 2, 370.
316. MAM I, Prólogo § 2, KSA 2, 25. Ver también MAM I, §§ 16–22, KSA 2, 36–44.
317. Cfr. infra, § "Los problemas de una historización de la literatura".

2

Genealogías de la identidad: Nacimiento y destino de los principales géneros particulares

> Todo impulso es una especie de ansia de dominio, cada uno tiene su perspectiva la cual quisiera imponer como norma a todos los demás impulsos.
> - Nietzsche, F., NF Finales 1886-Primavera 1887, frg. 7 [60]

> La historia nos interesa allí donde lo casual desaparece a nuestros ojos.
> - Nietzsche, F., NF Invierno de 1867-Primavera de 1868, frg. 61 [1]

En el capítulo anterior, hemos examinado cómo Nietzsche localiza en los rasgos de una futura teoría de la Voluntad de Poder el marco de aplicación apropiado para el estudio no teleológico de la Historia como proceso. De acuerdo con dicha "fisiología transcendental", la Historia es el decurso de fuerzas en devenir que, en aras de su propio crecimiento, buscan imponerse sobre las demás por asimilación. Pequeñas unidades elementales de fuerza compiten entre sí por prevalecer, formando con ello unidades organizativas mayores que serán, a su vez, agentes del mismo proceso. Y así, hasta llegar al cuerpo orgánico en su conjunto, asumiendo la forma que se nos presenta a la vista. De tal modo que lo que para los biólogos de las partes valía para el cuerpo vivo—con su nacimiento, crecimiento y degeneración—vale para Nietzsche también para el fenómeno de la Cultura. La nueva "filosofía histórica" será la encargada de esta tarea:

> Los problemas filosóficos adoptan hoy de nuevo en casi todas sus partes la misma forma de pregunta que hace dos mil años: ¿cómo puede algo nacer de su opuesto, por ejemplo, lo racional de lo irracional, lo sensitivo de lo muerto, la lógica de

> lo ilógico, la contemplación desinteresada del querer ansioso, el altruismo del egoísmo, la verdad de los errores? Hasta ahora la filosofía metafísica ayudaba a superar esta dificultad en la medida en que negaba que una cosa nace de la otra y suponía para las cosas valoradas como superiores un origen milagroso, que derivaría directamente del núcleo y la esencia de la "cosa en sí". En cambio, la filosofía histórica, que ya no debe pensarse en absoluto separada de la ciencia natural, el más joven de todos los métodos filosóficos, ha ido constatando en casos particulares (y presumiblemente ésta será su conclusión en todos ellos) que no son opuestos … [A]mbas cosas no son más que sublimaciones en las que el elemento fundamental aparece casi volatilizado y sólo a la observación más sutil revela su existencia.[1]

En este capítulo vamos a analizar en detalle la manera en la que Nietzsche explica genealógicamente este proceso vital para la cuestión de la literatura griega. Como para su posterior *El culto griego a los dioses*, y en perfecta coherencia con los momentos del método genealógico, Nietzsche comienza la exposición con una suerte de introducción general al fenómeno literario griego, señalando la relación del objeto de su estudio (la obra de arte del lenguaje o *Sprachkunstwerk/Kunstwerk der Sprache*) con otras artes, especialmente las musicales-declamativas ("me refiero al ritmo, a la música en el canto y en el acompañamiento, a la música orquestal como marcha y danza"), mientras deja de lado cierto tipo de discurso como el discurso jurídico y trata el *ars rhetorica* sólo como influencia transversal.[2] Se trata, en todo punto, de la discusión acerca de qué es y qué no es literatura. Nietzsche introduce aquí la controversia sobre las construcciones con γράφος, y comienza desde el primer momento discutiendo con Creuzer y Curtius especialmente el concepto de λογογράφος,[3] de importancia fundamental para la discusión en HLG III. Son los §§ 3 y 4 de la primera parte del curso, y en ellos se describe de manera general la forma acabada en la que, según Nietzsche, se presenta el fenómeno al observador. No obstante, esto es sólo una presentación preliminar del objeto, igual que aquel que estudia la fisiología evolutiva del cuerpo humano comienza describiendo cabeza, tronco y extremidades como paso previo para el estudio de la forma general. Las formas del fenómeno literario griego desplegadas en estos primeros momentos encontrarán una explicación satisfactoria sólo al final de todo el estudio, cuando el analista haya pasado de la superficie al examen de las partes elementales y las razones de su desarrollo para, una vez ahí, volver de nuevo a esa superficie de las formas finales. De ahí que nuestros próximos párrafos vayan a centrarse en estudiar cómo desarrolla Nietzsche la teoría de las "partes literarias" dentro del marco de la Voluntad de Poder, y de qué manera esas interacciones darán lugar a acontecimientos organizativos o "conquistas evolutivas" que marcarán la metamorfosis del cuerpo Cultural y los cambios de época. Esa inmersión desde la superficie a las profundidades del océano de las partes es lo que aquí hemos querido denominar "genealogías de la identidad".

*

En el prólogo a la HLG III, casi a modo auto-justificativo, ofrece Nietzsche una imagen muy sincera de su proceder expositivo. Son unas pocas palabras, aparentemente inocentes, proferidas a modo de presentación ante una audiencia tras una pausa vacacional, y con las que Nietzsche insinúa una estructura metodológica que ya nos resulta familiar. Pues lo que el profesor está aquí expresando es precisamente la metódica de HLG para el trato de la literatura griega, a saber: a través de un primer momento de exposición de los materiales, seguido de un segundo momento de valoración de dichos materiales según las necesidades del presente. Hemos visto que no es casualidad, en este sentido, la división de HLG en dos partes bien diferenciadas, en estilo y en contenido, ya que HLG I/II se correspondería con el primer momento y HLG III con el segundo. Este prólogo introductorio a HLG III nos es por tanto de gran utilidad para observar la manera en la que el mismo Nietzsche estima el trabajo concluido y el que queda aún por emprender:

> Tras haber expuesto en los dos últimos semestres el nacimiento y destino de los principales géneros particulares de la literatura griega, podría parecer que ya hubiera acabado. Sin embargo, se ha quedado sin discutir lo importante, en general, y se ha quedado sin tratar el problema de en qué condiciones llegaron los griegos a una literatura clásica. Nacimiento y destino de los géneros no lo es todo; pues se puede preguntar todavía: ¿por qué surgen justamente estos géneros?
>
> Señores, la única advertencia preliminar que tengo que hacer es la siguiente: *El problema* planteado hace un año, y del que vamos a ocuparnos los jueves de este Invierno, es el de la génesis de la literatura clásica; o bien, formulado como pregunta: ¿cómo llegaron los griegos a su literatura clásica? Trataremos de resolver este problema mediante la acumulación de las diversas experiencias que hemos recogido observando los géneros literarios; pues la historia de los géneros particulares la he expuesto en los dos últimos semestres. Y no sólo de esa manera: hay mucho de lo que hasta ahora no se ha podido discutir por pertenecer al destino general de cada género, destino que, al repetirse en cada uno de ellos, queda habitualmente sin discutir. Sin embargo, esto es, lo más importante, porque el problema de cómo los griegos llegaron a esta *literatura clásica* κατ᾽ ἐξοχήν [por excelencia] ha de ser considerado menos desde las condiciones particulares de cada género que desde las condiciones *generales*. Y sin perder más tiempo, enumero a continuación los temas de mis lecciones.[4]

Según afirma Nietzsche, el trabajo realizado en la primera parte de HLG tiene que ver específicamente con el "nacimiento y destino de los principales géneros particulares de la literatura griega". Es una exposición, en principio, concluida ("podría parecer que ya hubiera acabado"), porque en ella quedan a plena disposición del análisis ulterior todos los elementos que constituyen la historia de la literatura griega tal y como podríamos encontrarlos en cualquier manual. Sin embargo, esta semejanza con otros manuales de la época acaba en lo que respecta al repertorio de sus elementos, ya que por lo demás el orden de dichos elementos sucede de acuerdo con una necesidad marcada desde el principio y explicitada sólo al final, ésta es, la de conocer cómo surgen dichos géneros para entender cómo podemos hoy recuperar esa misma grandeza para el presente. Esa polivalencia le supondrá a Nietzsche no pocas dificultades expositivas, tal y como ya hemos señalado en el capítulo anterior.[5] Por otro lado, además, esta idea implica una concepción de la literatura como un fenómeno *vivo*, con su nacimiento, su degeneración, y su posible "renacimiento" para el presente. Preguntarse por tanto "¿por qué surgen justamente estos géneros?" nos exige primero tratar de resolver este problema "mediante la acumulación de las diversas experiencias que hemos recogido observando los géneros literarios", es decir, mediante el análisis genealógico del "[n]acimiento y destino de los géneros particulares". Pues el problema de "cómo los griegos llegaron a esta *literatura clásica*", un problema de carácter general que va cortando uno a uno todos los géneros, sólo podremos comprenderlo si primero estudiamos "las condiciones particulares de cada género" desde lo específico que hay en ellos. Una historiografía materialista como la de Nietzsche no se puede permitir el lujo de derivar lo universal a espaldas de lo particular. Este análisis de las formas evolutivas de los elementos particulares desde el que inducir luego lo general es lo que nosotros podemos llamar "genealogías de la identidad". HLG I/II está consagrado a esta primera tarea.

Estudiar por tanto "por qué surgen justamente estos géneros", "cómo llegaron los griegos a su literatura clásica", requiere el estudio del nacimiento, desarrollo, y declive de los géneros. Pero los géneros son para la literatura unidades funcionales de último nivel, el equivalente a los *sistemas* del cuerpo biológico. Podemos desde luego deleitarnos en la contemplación y especulación de cada uno de los sistemas fisiológicos para intentar deducir a partir de ahí la procedencia de las formas corporales. Pero no tardaremos en darnos cuenta de que esto no servirá de mucho si antes no nos adentramos en cada uno de los sistemas hasta localizar las partículas elementales desde las que se despierta el movimiento. En el caso de la literatura griega, esto significa que no es posible un análisis desde los géneros si primero no retrocedemos hasta los autores y obras que componen dichos géneros, así como hasta los dialectos con los que se componen dichas obras. Éste en un procedimiento claramente inverso al aristotélico, para quien el método de exposición es deductivo (de lo general a lo particular) y donde la función o causa final es la que explica sus peculiaridades.[6] Por otro lado, como iremos comprobando sobre el papel, la disposición de estos géneros transgrede el orden canónico de la estética moderna amparándose en la pauta aristotélica según la *forma de imitación*.[7] Las genealogías nietzscheanas de la identidad de HLG I/II toman como objeto de estudio (por este orden) los dialectos de la lengua griega, los autores y las obras, y los géneros que constituyen, pues sólo este tipo de regresión conseguirá dar cuenta de los procesos de formación de los géneros como tales y de las claves para reproducirlos (*nachbilden*). En los próximos parágrafos vamos a analizar estos procesos de organización, desde las partes más elementales a las más complejas, tal y como sucedieron a ojos de Nietzsche en el universo de la literatura griega.

1. Los dialectos y su constitución

Nietzsche dedica el § 2 de HLG I/II "Los períodos de la lengua griega utilizados para la clasificación de la literatura" a analizar los diferentes *dialectos* griegos en tanto que primeras unidades constitutivas del fenómeno literario. Nietzsche introduce el espacio de la ante-Historia (*Vorgeschichte*), para localizar a partir de ahí sus primeras apariciones:

> El período más antiguo, el panhelénico, cuando todas las tribus formaban todavía un todo indiferenciado, nos es completamente desconocido. Comenzaremos, por tanto, con el período de la *división* [Spaltung] *en dialectos*.[8]

Nietzsche puntualiza en una nota al pie que, para el caso griego en particular, cada uno de los géneros literarios griegos está directamente vinculado con un dialecto, y cada dialecto a su vez con la Historia de los desarrollos de mando de una tribu sobre las demás, de manera que "la esencia de un género poético particular depende la mayor parte de las veces de la esencia de una tribu determinada".[9] De ahí que el estudio de cada uno de los géneros requiera de la exploración de los dialectos a partir del análisis de la procedencia histórica de cada tribu determinada y su imposición o subordinación sobre las demás. Estos dialectos son el jonio antiguo, nuevo jonio, eolio, dorio, aticismo—y sus formas específicas del dialéctico artístico de los trágicos y el lenguaje de Atenas.

El *jonio antiguo* es, en efecto, el dialecto más antiguo conocido. Procede de Jonia y Samos, y según Nietzsche "[n]unca se llegó a hablar, sino que es un dialecto para la poesía." Se trata, de hecho, "de un dialecto compuesto, artístico, un producto artístico, pero en ningún caso un lenguaje griego originario". Es un producto, como dice Nietzsche, de las escuelas de canto, y es el dialecto propio de la epopeya homérica. Si bien son dos lenguajes emparentados, no es el mismo lenguaje que el de la poesía hesiódica, pues éste procede más del sur, de Beocia, cerca de los dorios de Delfos. Nietzsche demuestra por medio de una serie de comparativas morfológicas (eolismos/dorismos) este juego de diferencias y relaciones.

El *nuevo jonio*, en cambio, es la lengua de los primeros científicos de Mileto (Tales, Anaximandro, Anaxímenes, Hecateo, Anaxágoras), así como de algunos poetas como Mimnermo de Colofón, Arquíloco de Paros, Simónides de Amorgos o Calino de Éfeso. También Herodoto forma parte de aquellos que lo hablaban. Basado en el lenguaje homérico, es en este dialecto donde se encuadran los versos yámbicos y elegíacos hasta Solón; pero rechazando los extranjerismos de la epopeya, pues como señala Nietzsche "todo lo que sonara a Homero tenía que ser dejado de lado, acentuándose el lenguaje coloquial." Nietzsche da una relación de las morfologías particulares de este dialecto, entre los que destacan ciertos debilitamientos de algunos fonemas (τ, α) y ciertas estabilidades, especialmente en el pronombre relativo y el artículo en Herodoto.

El dialecto *eolio* es el dialecto mayoritario al norte del Peloponeso. Al contrario que otros dialectos, que han llegado hasta nosotros por medio de inscripciones, el dialecto eolio es en cambio un dialecto literario. El estudio de la morfología demuestra en este caso la preferencia de sus autores por la suavidad fonética ("el spiritus lenis resulta será hasta lo más originario")—contradiciendo incluso las teorías dominantes hasta la fecha.[10]

El dialecto *dorio* es un dialecto con una gran variación de tipos, como por ejemplo el lacónico. Estas diferencias entre los tipos particulares "se explican por el hecho de que ellos vivían en calidad de tribu dominante entre otras tribus, como por ejemplo los eolios" (el lenguaje de Terpandro por ejemplo, que emigrado desde Lesbos viene cargado de eolismos). Nietzsche ofrece una serie de variaciones morfológicas englobadas en lo que se conoce como "dorismo": "demostrativo τῆνος, éste; reflexivo αὑταυτοῦ, en lugar de ἑαυτοῦ [de sí mismo]. La primera persona del plural, μες εὑρίσκομες [encontramos]. En los verbos en μι, terminación de infinitivo en μεν: διδόμεν [dar], δόμεν [dar], θέμεν [poner]; προστᾶμεν [poner delante, colocarse frente]. Construcción de los verbos en ζω con ξ: ἐργάξονται [trabajan, llevan a cabo]. Forma de futuro en σῶ, σοῦμαι [me lanzaré], δωσῶ [daré], ἰξοῦμαι [vendré]."[11] Respecto a la cuestión de los géneros, a este dialéctico dórico pertenece la gran lírica coral (Estesícoro, Íbico, Simónides, Baquílides, Píndaro),[12] puesto que la formación coral viene de Esparta. Como insiste Nietzsche en un añadido posterior, es representativo de la cuestión dialecto-género que cuando dorios de nacimiento escriben en otro género que no sea el de la lírica coral, escriban en los dialectos afianzados para dicho género.[13]

En torno a la cuestión del período del *aticismo*, se trata de una "rama del dialecto jonio", en contacto con el dorio y el eolio, a medio camino entre la dureza del dorismo y la suavidad del jonismo.[14] Entre sus principales autores figuran Solón y los trágicos, Tucídides y Platón para el ático antiguo; Jenofonte y Lisias para el ático medio; y los oradores y los cómicos para el ático más reciente. Nietzsche ofrece una relación de sus principales diferencias morfológicas.[15] Llama la atención la remarcable variedad de géneros que abarca este dialecto, lo que sirve de indicador del alcance de su poder sobre los demás. Nietzsche explica una vez más su primacía "en primer lugar, por razones políticas. También, por su situación central, geográficamente hablando. En tercer lugar, por una cierta predisposición". Pero en todo caso, por razones de mando. Y reincide en la idea, de corte típicamente sociológico, de que el uso de este dialecto se va extendiendo y consolidando con el dominio paulatino del Ática sobre el universo griego, y fundamentalmente tras la guerra del Peloponeso. Por ser posiblemente de mayor interés para el estudio contemporáneo del mundo clásico, Nietzsche entra entonces a tratar dos aspectos específicos de este dialecto (y que la KGW edita de forma engañosa pues los presenta como si constituyesen dialectos al mismo nivel que las otras "partes" cuando no son en cambio sino profundizaciones de este mismo dialecto ático a partir de dos perspectivas interiores): la cuestión del dialecto que utilizaban los trágicos, y la cuestión del lenguaje específico de Atenas.

Respecto al problema del dialecto del género trágico, Nietzsche señala a partir del análisis morfológico cómo "la tragedia se atuvo justamente a las formas antiguas, porque sonaban más solemnes y propias para las festividades, y menos vulgares",[16] al contrario de otros géneros como la comedia que "se ciñe de forma mucho más ajustada al habla auténticamente popular".[17] Todas aquellas formas que suenan más modernas (dice Nietzsche de acuerdo con la "hipótesis común" de esta tendencia) "son probablemente sólo cosa de los transcriptores".[18] Para el resto de palabras que no proceden del ático, Nietzsche apunta dos fuentes: Homero, y los poetas mélicos (Alceo de Mitilene, Safo, Anacreonte, Alcmán de Esparta, Estesícoro, Íbico, Simónides de Ceos, Baquílides, Píndaro, todos ellos autores de la lírica coral del s. VII a.C. al s. V a.C.). De ahí que Nietzsche afirme que "[n]o de manera arbitraria tomaron [los autores trágicos] ya una palabra y forma ática, ya una doria, ya una épica, sino que el lenguaje de los trágicos venía ya preparado por la costumbre de los líricos."[19] Esto le servirá luego para consolidar la idea de que los ditirambos en torno a Baco fueron el origen de los χορικά o coros de la tragedia.

Respecto a la lengua de Atenas, por otro lado, Nietzsche reflexiona sobre el surgimiento de la κοινέ o lengua común a partir del período alejandrino, y su paulatina diferenciación del dialecto ático como tal. El ático que se hablaba en Atenas era por aquel entonces la lengua culta por excelencia, "portador en aquel tiempo de las mayores obras de arte", razón por la que todos los autores de este período "*quieren* escribir en ático".[20] Pero esto no es siempre posible, pues con la extensión de la unidad política los autores extranjeros ahí integrados son cada vez más numerosos, de modo que cuando estos autores quieren reproducir esa forma, "la fina sensibilidad y medida áticas desaparecen" como resultado. Se introducen así muchos extranjerismos, y la lengua se simplifica, perdiendo irregularidades. De modo que, a la postre, surge una lengua común supra-regional, culta pero menos refinada que el antiguo dialecto ático, mientras que por otro lado surgen nuevos dialectos más vulgares: "Surge entonces así la distinción: para las personas cultas, ἡ κοινή [la koiné]. Para la masa, el lenguaje vulgar, como por ejemplo el macedonio, en esencia un lenguaje de soldados (no confundir con el antiguo dialecto macedonio); o el egipcio, una especie de lenguaje del gobierno y de la curia; o el así llamado helenismo κατ᾽ ἐξοχήν [por excelencia], el lenguaje de los nacidos en Oriente, en especial de los judíos—el *Nuevo Testamento* y la *Septuaginta*."[21] Mientras tanto, "[l]os viejos dialectos seguían ahí, pero empobrecidos y corrompidos".

*

Con el presente análisis genealógico de los dialectos, Nietzsche ha ido sutilmente introduciendo ciertas ideas que cobrarán una gran importancia en las páginas siguientes.

Para empezar, aquella advertencia previa al comienzo mismo de la exposición. Pues cuando Nietzsche avisa que "[e]l período más antiguo, el panhelénico, cuando todas las tribus formaban todavía un todo indiferenciado, nos es completamente desconocido. Comenzaremos, por tanto, con el período de la división en dialectos", está remitiendo directamente al problema de la ante-Historia (*Vorgeschichte*) que ya hemos registrado anteriormente.[22] Si el problema del origen (*Ursprung*) era el de un punto de partida perfectamente determinado para un orden lineal unidireccional de los acontecimientos (lo que Nietzsche ha localizado como mera especulación metafísica), la "filología del futuro" será, en contraposición, una filosofía crítica en sentido kantiano: una postura que no niega la realidad de una cosa más allá de nuestras sensaciones, pero que sí niega la posibilidad de conocerla en su totalidad desde nuestra perspectiva. Comenzar por eso con el período de la división en dialectos no es negar la existencia de un "período más antiguo, el panhelénico, cuando todas las tribus formaban todavía un todo indiferenciado", sino simplemente reconocer que desde nuestra posición, y con los datos que hoy están a nuestro alcance, "nos es completamente desconocido". La idea de la procedencia o *Herkunft*, más que acotar o simplificar el pasado básicamente lo amplía.[23] Y lo que separa la Historia de la ante-Historia no es nada más que nuestras propias limitaciones epistémicas.

El concepto de *Vorgeschichte* es en realidad una reformulación tardía (data en realidad de *Para la genealogía de la moral* de 1887) del concepto de "ahistórico" (*unhistorisch*) de HL. Frente a la contraposición *vorhistorisch/historich* (también *vorgeschichtlich/geschichtlich*), la dicotomía unhistorich/historisch de HL es de corte todavía ligeramente metafísico,[24] y es sólo a lo largo de todo el proceso de maduración (vía el *Nachlass* y HLG) que Nietzsche va reajustándolo hasta conformarlo como base para un proyecto realmente científico-genealógico. Por otro lado, es importante añadir que este concepto de *Vorgeschichte* no es en realidad de cuño exclusivo nietzscheano, sino que pertenece como tal a una particular formación del *Zeitgeist* materialista.[25] En el caso de Nietzsche, la idea de una ante-Historia se va consolidando precisamente en el trato con la *Sprachwissenschaft* y con el problema de una ante-Historia del lenguaje, especialmente a partir de sus *Vorlesungen über lateinische Grammatik* de 1869/70. Como señala Carlotta Santini, la fuente de Nietzsche en todo esto es Eduard von Hartmann—y a través de él Herder y Schelling—[26] con su teoría de que el lenguaje, desde una fase primeramente inconsciente, precede al desarrollo del pensamiento.[27] Contra toda teleología, dicho desarrollo no es, todo sea dicho, precisamente para mejor ("el desarrollo del pensamiento consciente es dañino para el lenguaje. Conforme la Cultura avanza, degeneración [*Verfall bei weiterer Kultur*]")[28]. Pero antes de Hartmann incluso, la idea de una ante-Historia del lenguaje se puede encontrar en las teorías sobre el origen del lenguaje de los hermanos Grimm, a los que Nietzsche recurre tanto en sus *Vorlesungen über lateinische Grammatik* como en su *Encyclopädie der klassischen Philologie*.[29] Para Jakob y Wilhelm Grimm, la lengua es un producto cultural, que no puede pues estudiarse como un objeto finito e inmóvil para el análisis sino como el producto de una larga evolución hasta la concreción o cristalización que llega a nuestras manos. Su estudio está en manos de la "gramática histórica" (*Historische Grammatik*):

> La gramática histórica fija el devenir [*die historische Grammatik fasst das Werden ins Auge*]. La lengua resultante [*die fertig gewordene Sprache*] es sólo un momento, ni siquiera lo más importante. Las fases más antiguas son mucho instructivas.[30]

Esta perspectiva de análisis es un modelo general compartido por numerosas disciplinas, y no algo original o exclusivo de la *Sprachwissenschaft*. Pues lo que los hermanos Grimm hicieron por ejemplo en su *Deutsche Grammatik* (1819–1837) no es sino perfeccionar el modelo de la "Escuela histórica del derecho" (*Historische Rechtsschule*) tal y como fue propuesto por Gustav von Hugo (1764–1844) y continuado por otros juristas como Carl Savigny (1779–1861), cuando para el estudio de la codificación fueron a buscar las fuentes de la legislación y el derecho positivo en el fondo fluido de las tradiciones colectivas (*Volksgeist*)—negando como consecuencia irremisiblemente las expectativas de una validez universal. Es conocida la crítica del joven Karl Marx a este método por justificar la positividad precisamente desde su irracionalidad.[31] Nietzsche utiliza dicho método para combatir las interpretaciones progresistas de la historia, tanto en la cuestión del derecho y la moral, como para la religión, la literatura, o la lengua. Igual que para los hermanos Grimm—aunque con la ventaja de estar tratando con una lengua muerta fijada en la literatura—[32] la *gramática*, entendida aquí también en sentido amplio, se ocupa según Nietzsche de fijar lo que está (o ha estado) en continuo y fluido movimiento:

> La moral absolutista es comparable a la gramática, tal y como se la representan las institutrices [o gobernantes, *die Gouvernanten*]: como un poder desde y por medio de sí mismo. Sólo se puede dominar la lengua desde la gramática si se ha imitado la gramática antes que la lengua.[33]

Es interesante por tanto para el "filosofar histórico" ver cómo y cuándo se producen esos momentos de fijación, los cuales hemos tendido a olvidar. En el caso de HLG y su tratamiento de los dialectos, tiene lugar de diferentes formas, pero todas cortadas por el mismo patrón. Para el jonio antiguo, Nietzsche ha afirmado por ejemplo que "se trata de un dialecto compuesto, artístico, un producto artístico", un dialecto para la poesía de origen convencional en las escuelas de canto. Para el nuevo jonio, en cambio, se trataba de que "todo lo que sonara a Homero tenía que ser dejado de lado, acentuándose el lenguaje coloquial". En el caso del dialecto eolio, se trata de una denominación dada por "los gramáticos" para todo el lenguaje al norte del Peloponeso (Nietzsche refiere cómo la etimología de la denominación "eolio" precede de las palabras que refieren a un grupo o a una masa).[34] Y para el caso del dorio, sus acotaciones surgen de las emigraciones de los pueblos de las zonas boscosas, pues en este caso, y al contrario que para los otros dialectos, el nombre del pueblo es posterior al nombre de la región ("Δωριεῖς [dorios], *de* Δωρίς [de δορυ, δρυ, δορυ-ι, δορ*f*-ι, δωρ-ι, tierra boscosa; como Δρύοπες, trabajador del bosque]"). La paulatina primacía del aticismo, además, "se explica, en primer lugar, por razones políticas". En todos los casos, fijaciones a posteriori de formas fluidas que les preceden *por razones de mando*, interpretaciones del lado de ciertas "partes" para definir y controlar lo que está en movimiento de cara a alcanzar a asimilarlo. Si para el caso de Grecia su ante-Historia es el fondo del caos de las formas fluidas, su Historia comienza continuamente desde el momento en que una de las partes intenta definir o delimitar los rasgos de dicho movimiento para propio beneficio. Y así, hasta conformarse un poder político como el alejandrino, que reorganiza políticamente en torno a sí un nuevo mundo, simplificando con ello—porque ésta es en esencia la función de la interpretación: simplificar para controlar y asimilar—la gran variedad de dialectos griegos en un proyecto de κοινέ o lengua común, la cual comparada con la riqueza, belleza y calidad de sus homólogos precedentes es un fenómeno de simpleza y degeneración. La teoría nietzscheana de los dialectos se demuestra aquí como el registro de aquella lucha entre las heterogeneidades y su paulatina delimitación por razones de mando y sumisión, en este caso con el *canon dialectal* como método hermenéutico de reestructuración organizativa. Frente a degeneraciones como las de la κοινέ, surgen sin duda corrientes reaccionarias, que aquí "vienen del lado de los así llamados ἀττικισταὶ [aticistas]".[35] Pero al final, "[l]os caminos de la erudición se apoderaron de este lenguaje, como los poetas alejandrinos lo hicieron de los dialectos", y se cumple con ello el vaticinio del triunfo de la degeneración sobre la grandeza.

> Toda lengua [tiene] su período ante-histórico [*vorhistorisch*] y su período histórico [*historisch*]. Este último ha de ser considerado en todo punto período de decadencia [*Verfall*]. Historia [*Geschichte*] y lenguaje [*Sprache*] vienen dadas en relación inversa: cuanto más enérgicamente histórico [*historisch*] es un pueblo, tanto más rápido se echa a perder [*verdirbt*] su lengua. El camino al punto de culminación, o sea el punto en el que un pueblo entra en la Historia [*Geschichte*], es mucho más largo que el de la caída [*Abfall*].[36]

2. Constitución de la obra desde su autor

A partir del § 5 de HLG I/II, y hasta el final de toda esa primera parte, Nietzsche va a ocuparse de lo que él mismo denomina "nacimiento y destino de los principales géneros particulares de la literatura griega".[37] Eso no significa, sin embargo, que Nietzsche deje de lado el análisis de las obras y los autores en particular, pues en realidad el estudio de los géneros es prácticamente inimaginable sin el estudio de los elementos que los componen, i.e. las obras de sus autores. Cuando en sus consideraciones preliminares Nietzsche contempla tres puntos de consideración de las obras de arte del lenguaje, deja muy claro que después de abordar la *Sprachkunstwerk* como tal y su relación con otras artes, y después del análisis de los dialectos, entrará a tratar (no por este orden) la cuestión de los efectos y el público de la obra de arte, y la cuestión de sus creadores.[38] En relación a la cuestión de los efectos y el público, observaremos "qué obras artísticas surgieron por un motivo perfectamente determinado y cuáles fueron compuestas εἰς ἀεί [para siempre]; las diversas circunstancias, fiestas, etc., en las cuales cobraba cuerpo el placer en la creación de la obra de arte lingüística; la importancia de la palabra escrita para la difusión, así como también la lucha ocasional contra aquélla; las más importantes contracorrientes dentro del público; la literatura en la escuela." Esta serie de motivos, las razones metodológicas obligarán a tratarlos como resultado de un análisis previo; un análisis dedicado a la cuestión de las obras particulares dentro del orden de los géneros, y a "la posición social de los poetas y escritores, de sus cualidades sobresalientes, de la lucha entre ellos, de sus cualidades positivas y negativas como individuos, etc. Asimismo, también, [un análisis] del tipo de mitología histórico-literaria que se les asocia, de los intentos por parte de los falsificadores, etc.".[39]

Todo esto significa, ni más ni menos, que todo el examen restante de HLG I/II hasta entrar en las formas finales del fenómeno literario griego (competencia de HLG III) va a venir dedicado a las obras y a sus autores, en los términos críticos por Nietzsche anunciados y ordenadas cronológicamente género por género conforme al orden de los parágrafos. El § 5 se ocupará así de la literatura épica, el § 6 de la obra de arte elegíaca, el § 7 de las formas principales de la obra de arte lírica, el § 8 de la tragedia, el § 9 de la composición yámbica y trocaica, el § 10 de la comedia, el § 11.1 (probablemente añadido posterior, si no acaso un fragmento eliminado, aunque con nuestros datos no podemos saberlo) de los diferentes géneros menores de la poesía, el § 11 de la literatura filosófica, y el § 12 de la literatura histórica. El método a tratar así el "nacimiento y destino de los principales géneros particulares de la literatura griega" es el de ir parágrafo por parágrafo trabajando género a género, exponiendo cada uno de ellos de comienzo a fin de acuerdo con la cronología en la que las obras fueron compuestas por sus autores. En lo sincrónico, por tanto, las obras y autores se ordenarán cronológicamente dentro de cada parágrafo. Por la parte de lo diacrónico, es decir en lo que respecta al orden de los parágrafos, estos se ordenarán más bien según el criterio lógico con el que Nietzsche explicará el decurso histórico de los géneros. De aquella pregunta que el profesor se hacía en las consideraciones preliminares por el método de exposición más adecuado,[40] constatamos ahora que el método menos complicado, y el más cercano además al modelo historiográfico de la Voluntad de poder, es el aquel que trata la estructura misma en parágrafos de HLG I/II como una exposición de las partes-sistema de nivel superior, resultando el contenido de cada parágrafo un análisis interno de las partes que, puestas en relación de lucha organizativa, componen aquellas partes superiores. Al presentarlo de esta manera, Nietzsche armoniza lo didáctico-expositivo con la forma ontológica de lo expuesto, pues sólo alcanzamos una visión completa de las partes-sistema tras un estudio detallado de las partes inferiores que las componen.

2.1. Homero y la épica

De acuerdo con un criterio cronológico, Nietzsche comienza todo este análisis de los géneros con la *Épica o Epopeya*. Contra Bergk,[41] Nietzsche sostiene ya desde el principio la idea que el nombre ἔπος significa "lo dicho, lo hablado" (*das Gesprochene*) sin relación alguna al contenido; y que la poesía épica comenzó a ser denominada ἔπη "cuando se suprime el acompañamiento y la declamación comienza a recitarse".[42] De manera que:

> Primero se cantaban ἀοιδή [canto, poema]. Cada verso particular se llama ἔπος, y un poema épico ἔπη: por ejemplo, τὰ Ὁμήρου ἔπη (los poemas de Homero), o τὰ Κύπρια ἔπη [los cantos ciprios], etc. Igual que ἐλεγεῖον quiere decir "el dístico", o que τὰ ἐλεγεῖα quiere decir "un poema en dísticos", ἔπος quiere decir "hexámetro", y τὰ ἔπη "un poema en hexámetros".[43]

Dicho con otras palabras: la denominación épica tiene que ver con la *recitación* como forma de imitación, de manera que "no son sólo los poemas épicos lo que se denominan ἔπη, sino también la elegía y la poesía yámbica, o dicho de otra forma, toda la poesía que solamente se recita"[44]. En realidad, es sólo en un momento posterior que "ἔπος se utiliza para Epos; ἔπη, antiguo y regio, y aunque más universal, no dice nada respecto de la composición, sino sólo acerca del tipo de declamación. Y ésta, en las épocas más antiguas, era distinta de la que se denomina con el término ἔπη." Y es que "[s]ólo más adelante es cuando gramáticos como Proclo dicen, en la *Crestomatía*, ἔπους ποιηταί [poetas épicos]. De ahí proviene Epos tal y como nosotros lo utilizamos."[45]

Como iremos comprobando, el problema de *los gramáticos*, de los *bibliotecarios* o archivistas, y del registro de la "tradición", va a ser una constante definitoria en el análisis de los géneros. Focio, por ejemplo, es el autor de una reseña de su biblioteca en la que se define el llamado "ciclo épico".[46] Igual que para toda disciplina científica, la primera cuestión al respecto de la épica es la delimitación de su objeto, es decir la acotación de lo que es y lo que no es épica. Nietzsche ofrece a su auditorio listas enteras de autores y obras épicas tal y como hoy la entendemos, desde Homero y Hesíodo hasta la época de Pisistrato.[47] Son estos los autores cuyas obras irá Nietzsche tratando a lo largo del parágrafo. Al respecto del *contenido* de la épica, en el lienzo de historias contemporáneas y por supuesto de elementos míticos destaca de manera particular la poesía didáctica, con Hesíodo como representante fundamental, "a la cual nuestra estética niega todo derecho de ciudadanía"[48]—Nietzsche se pregunta además si de verdad será solamente la mayor seriedad científica lo que nos ha apartado de este género. Respecto de la *forma de la composición* ("la estructura y la técnica de la epopeya"), la discusión en cambio es insondablemente amplia, y Nietzsche le dedica varias páginas alejadas todas ellas de aquel tono poético de *El nacimiento de la tragedia* con el que describía por ejemplo a Homero como el "tipo de artista apolíneo, de artista ingenuo".[49] Pues la cuestión principal aquí es más bien: ¿qué forma específica es la que hace épica a la épica? ¿Por qué y cómo se llega a esa forma? Se trata aquí en el fondo del problema del *canon* genérico, que por las razones que iremos exponiendo toma el modelo ejemplar definitorio de la épica precisamente en la primera de sus formas—o al menos en la primera de sus formas conocidas para nosotros, que es la obra homérica.

Para empezar, Nietzsche advierte de que "sólo poseemos una forma completamente *originaria* y ejemplar de primera categoría, que es la de la epopeya homérica."[50] Es aquí precisamente donde nuestro autor profiere aquello de que "[l]o más perfecto y acabado figura al comienzo"—pero añadiendo, eso sí, la sospecha ante-Historica de si se trata en realidad de un comienzo ("pero, ¿se trata de verdad de comienzo?")[51]. Esta cuestión, aparentemente contradictoria, de si el comienzo es en verdad un comienzo, es vertebradora en toda la discusión nietzscheana. Pues tal y como hemos visto para los dialectos, no existe fenómeno natural o cultural que aparezca en el mundo en su forma perfecta y acabada, como habiendo caído de un lugar mejor. La idea de que el comienzo es lo más perfecto es sin duda una convicción que Nietzsche compartía con las corrientes clasicistas. Pero a diferencia de éstas, para Nietzsche el comienzo no tiene un carácter mítico absoluto, sino que se trata simplemente de una acotación epistémica que resulta de acercarnos al fenómeno para valorarlo. Para el clasicismo, el valor de los clásicos reside en su grandeza *ab origine*; pero como ellos presuponen que el conocimiento del fenómeno (en sentido kantiano) es completo por parte del sujeto, no se preguntan por la procedencia de ese origen ni contemplan tampoco la posibilidad de la degeneración: el mundo funciona para ellos como una suma de elementos absolutos desconectados entre sí cuyo posible movimiento funciona al salto discrecional de un genio creador.[52] Nietzsche, en cambio, sostiene que todo fenómeno tiene su procedencia (*Herkunft*), y que ésta tiene lugar justo antes del momento en que empezamos a escribir o definir su historia, es decir en su *Vorgeschichte*: "El nacimiento [*Entstehung*] de la Ilíada y de la Odisea es la conclusión de un largo desarrollo de la epopeya bajo condiciones político sociales de igual naturaleza: no es el comienzo, sino el final. Su fama procede de esta época."[53] El origen del fenómeno épico no es un origen absoluto, pues el fenómeno que hoy tratamos es tan sólo la forma acabada (*vollkommen*) de un proceso de definición hermenéutica para controlarlo y asimilarlo.

La epopeya homérica es por tanto, para el caso del género o sistema épico, su comienzo y su final. Todo lo que viene después son sólo formas de ajuste que retornan una y otra vez a este modelo originario ("[t]odo el ciclo épico se remitía a Homero, tal y como describe Proclo")[54]. De manera que:

> La Ilíada y la Odisea son el modelo y paradigma normal para todos los escritores épicos helénicos, no sólo para los ulteriores como Pisandro, Paniasis, Quérilo, Antímaco y los alejandrinos, sino también para los sucesores inmediatos, los cíclicos. Todos ellos se encontraron con aquellas obras como grandes poemas conclusos, y se inclinaron con impuesto respeto [*ehrfurchtsvoller Scheu*] ante el mito al que habían dado expresión.[55]

Ahora bien, pregunta Nietzsche: "¿[d]e dónde procedía, sin embargo, este respeto?"[56] O expresado en los términos de la Voluntad de Poder: ¿de dónde le viene a Homero el predominio organizativo sobre las partes? ¿Por qué Homero y no otro autor? Nietzsche transcribe aquí la hipótesis, muy extendida en su tiempo, de que la razón de mando le viene por una fuerza exclusiva que el resto de los autores no consiguen luego volver a reproducir ("Aquí se mostraba una fuerza enorme en la composición, inasequible a los autores siguientes"), de manera que estos tienen que conformarse con episodios compuestos de manera "mucho más débil".[57] Pero nuestro filólogo desmiente inmediatamente esta posibilidad, pues "eso supone menospreciar a la ligera esta forma [i.e. la posterior a Homero] no tan perfecta"[58] y las similares posibilidades de sus *quanta* de fuerza. Para Nietzsche, el respeto de los llamados poetas cíclicos hacia Homero, es decir su supeditación organizativa hacia él, no tiene que ver por tanto con la forma de la composición—la cual estos autores no intentan imitar (*nachahmen*) pues después de Homero "se impuso la forma relativamente libre, de tal suerte que, en todas las épocas, la epopeya se mantuvo bastante independiente frente a las exigencias de los estetas":

> ¿Qué importancia le da, por ejemplo, Ariosto a la ley de la conexión estricta, del trazo riguroso de los caracteres? Ni en lo uno ni en lo otro se encuentra la esencia del género épico, sino en no describir nunca, en no reproducir ningún diálogo, ningún monólogo, ofreciendo tan sólo un vivo y constante acontecer.[59]

Sin relación estricta por tanto con las imposiciones formales, el predominio organizativo de "Homero" para el caso de la épica procede más bien del contexto socio-político en el que la obra homérica se expresa, un contexto que cuando desaparece no permite reproducir más dicha grandeza, y por lo tanto tampoco producirla de nuevo de manera original. Nietzsche ya había advertido cómo "ἔπος se utiliza para Epos; ἔπη, antiguo y regio, y aunque más universal, no dice nada respecto de la composición, sino sólo acerca del tipo de declamación." Son por tanto las *condiciones de posibilidad* de este tipo de declamación las que se convertirán en definitorias:

> La composición de los poemas homéricos depende de la posibilidad de poderlos recitar como una totalidad. En las largas veladas en el palacio de los reyes había siempre ocasión para recitar el más extenso poema, y en la Ilíada y la Odisea hemos de ver el eslabón final en el desarrollo de la épica hacia la epopeya unitaria, desarrollo que sólo pudo ser posible en una época de organización político-patriarcal.[60]

Es decir, que el contexto socio-político de la corte de la época y su destino para la recitación oral fue lo que había posibilitado la cristalización de las sagas en textos unitarios. Esto duró mientras duró la organización político-patriarcal que los demandaba a la par que los hacía materialmente posibles, dado que era en ese tipo de organización específica donde existían espacios y *tempos* para la recitación de los poemas en toda su extensión. Con el cambio de "organización" política, esto se vio transformado, pues al cambiar el orden de la organización superior sucede un cambio de época que arrastraría consigo, directa o indirectamente, todos los fenómenos adyacentes. De modo que, cuando se disolvió la monarquía en un tipo de organización menos centralizada,

> [l]a nueva época política desplazó la epopeya unitaria; el rapsoda, que sólo recitaba trozos extensos ante las asambleas populares, no compuso ya ninguna Ilíada más, sino algo más parecido a los poemas cíclicos o a las teseidas: la única condición aquí es la unidad del mito y su conocimiento.[61]

Lo mismo que en HLG III expresará diciendo que

es exacto que la composición de los poemas homéricos depende de la posibilidad de ser recitados como una totalidad. Ahora bien, es preciso que nos traslademos con la imaginación al orden político-patriarcal de las cosas: durante las largas veladas en el atrio real había tiempo bastante para recitar, incluso, la más extensa epopeya. Más tarde, con la desaparición de la monarquía, la epopeya perdió su público natural, aquellos oyentes tranquilos y sedentarios que durante semanas enteras podían seguir a un recitador porque éste vivía con ellos. Posteriormente surge el rapsoda, que se presenta ante la πανήγυρις [asamblea del pueblo reunida para una fiesta solemne] y tan sólo recita *un trozo* de poesía; ahora ya no se componen *Ilíadas* con una composición unitaria, los rapsodas no son capaces de retener la *Ilíada* y la "*Odisea*" como una unidad, y prefieren trozos que pueden recitarse de una vez y con efectos seguros. El nacimiento de la *Ilíada* y la *Odisea* es el punto final de un largo desarrollo de la epopeya bajo homogéneas condiciones político-sociales: no el comienzo, sino el fin. Los múltiples "epos" [poemas épicos] que se compusieron más tarde, no son ya unidades, sino una serie de aventuras aisladas que se mantienen unidas por el lazo del mito, no por una unidad artística. Un ejemplo de esto son las Teseidas, la Heracleas, etc.[62]

La nueva estructura organizativa se puede entender, de este modo, como el "acontecimiento evolucionario" específico por el cual Homero se convierte en "canon de mando" para la épica. El comienzo de la épica es también su final, pues a partir de ese acontecimiento de cambio epocal "[s]ólo la epopeya destinada a la lectura puede aspirar, por su parte, a una composición estricta."[63] Esto ayuda a explicar sin ir más lejos el problema de la unidad artística de la *Ilíada* y de la *Odisea*, "lo cual no quiere decir, evidentemente, que esta unidad sea una unidad dramática, y menos aún una unidad del pensamiento fundamental—de la llamada 'idea' ",[64] sino que viene alimentada precisamente por esta diferencia compositiva.[65] Nietzsche describe por ejemplo el particular proceder de esta transmisión para el caso de la *Odisea*:

La *Odisea* se divide en cuatro partes principales, cada una de las cuales ocupaba originariamente una velada de recitación, a saber los cantos I-IV, V-XII, XIII-XIX, XX-XXIV, algo así como cuatro actos. Fueron los rapsodas los que dividieron de nuevo estos grupos en otros que se llamaron, por esa precisa razón, rapsodias; pero el poema sin embargo *no* nació destinado a esta forma de recitación, no nació para σποράδην ἀείδειν [cantarlo separadamente]. De la práctica rapsódica proceden también los distintos nombres de los cantos"[66]

En la reflexión de HLG III sobre "El público originario en cada género", dirá Nietzsche que "un género literario se extingue cuando se extingue el público que le es propio."[67] La aseveración fundamental en todo esto es que la dificultad de la cuestión homérica "se encuentra precisamente aquí, en el hecho de que hay que *distinguir* distintos períodos en relación con la recitación y con el público, algo que se pasa fácilmente por alto confundiendo unos con otros" y situando la procedencia de los poemas "en una época equivocada, en la época de los rapsodas".[68] La época rapsódica, una vez que las condiciones históricas mencionadas dejaron de serle favorables para la recitación de los poemas en toda su extensión, simplemente "fragmentó en trozos todas las epopeyas existentes, siempre bajo el supuesto de que se conocía todo el material".[69] Esto demuestra además la existencia de una tradición rapsódica escrita.[70] Las diferencias en el lenguaje, estructura de los versos, o las incesantes contradicciones en las partes a partir de las cuales la teoría "microbiológica" de la composición fragmentaria (Hoffmann y Lachmann entre otros) negaban la unidad de la obra afirmándola como mero agregado mecánico, están ahí y son un hecho; pero éstas no señalan en opinión de Nietzsche diferentes momentos de composición, sino más bien lo que sucedió *después* de la composición.[71] El final es el principio. La época cíclica resulta de esta suerte *no* un período de impotencia artística incapaz de llegar a la perfección homérica, tal y como gustaban mantener las doctrinas clasicistas ("no se debe menospreciar a la ligera esta forma no tan perfecta" había dicho Nietzsche), sino más bien un período de *transición* histórica desde un mundo que conocía todo el material y podía declamarlo a un mundo que seguía conociéndolo pero al que ya no le era factible recitarlo como antes:

> La "poesía heroica menor" es, pues, de un lado, un estadio preliminar de la epopeya homérica, y de otro, a su vez más moderna que esta última. Ambos períodos han de diferenciarse cuidadosamente. El segundo de ellos presupone la epopeya.[72]

La cuestión de la épica en HLG, en conclusión, tiene que ver fundamentalmente con la cuestión homérica que Nietzsche había tratado en su conferencia *Homero y la filología clásica* cinco años antes. Pero perfeccionándola, pues la perspectiva que Nietzsche introduce en HLG sobre esta célebre cuestión detenta ahora componentes originales con los que Nietzsche ajusta cuestiones como la de la tradición/transmisión (*Überlieferung*), explicando aquí por fin su proceder (*herkommen*) específico. Nietzsche reproduce en todo esto las tesis de Frederick Nutzhorn sobre la unidad compositiva de la obra homérica[73] a la par que discute con otros filólogos de la época (Curtius, Hoffmann, Lachmann, Nitsch, Bäumlein, Gieseke, Überweg, Welcker, etc.), pero apuntalando ahora todo ello con nuevos argumentos de corte sociológico, político y antropológico con los que recalibrar genealógicamente la idea fundante de 1869 y los detalles históricos específicos de aquella *Überlieferung* en el desgaste del tiempo. Algo similar a lo que hace para el caso de Hesíodo,[74] el otro gran pilar fundamental en la épica, y de quien se dice que la Historia enfrentó con Homero en el famoso *certamen*.[75] En el § 5 de HLG I/II, en definitiva, el "filosofar histórico" de Nietzsche localiza las razones por las que unas partes elementales se convirtieron en centros orgánicos de formación del "sistema" de la épica—es decir en unidades fundantes en torno a los cuales se organizaría el resto de las "formas" del género en cuestión—descubriendo así al auditorio el pulso fluido del "proceso vivo, perceptible"[76] con el que los autores épicos posteriores a Homero transitarían y crecerían en relación a él.

2.2. La elegía

El § 6 de HLG comienza con un fragmento eliminado en su versión final que es además una toma de posición metodológica frente a las historiografías modernas:

> De acuerdo con la división moderna (epopeya, drama, lírica), la elegía pertenece a la lírica. No así en el caso de los antiguos: ellos tienen poesía mélica, yámbica y elegíaca. La poesía bucólica es ordenada a veces bajo la categoría de epopeya, a veces bajo la categoría de drama.

En este § 6, Nietzsche va a continuar con su exposición de las partes-sistema, en la que la poesía no caerá toda bajo una misma categoría como consideran los modernos sino que conformará diferentes géneros en función de sus formas de imitación, sus efectos y su público.[77] Esta idea viene reforzada además con uno de esos tanteos etimológicos a los que Nietzsche nos tiene acostumbrados y con los que suele sondear el fondo genealógico de los objetos, de manera que "de acuerdo con la etimología, sería algo opuesto a la lírica".[78] Estas razones de procedencia localizan los orígenes del género, por un lado, en un lamento (ἔλεγος), y por el otro en el concepto αὐλός (flauta), derivado a su vez de la palabra armenia "elek" o caña.[79] La elegía se trata, por lo tanto, de una recitación para música de flauta, y "[l]os más antiguos poetas elegíacos eran flautistas, como Mimnermo o Tirteo."[80] Esos elementos, en el decurso del género acaban perdiéndose. De modo que, al final, la palabra ἐλεγεία acaba designando la poesía elegíaca misma tal y como hoy la conocemos, con sus temáticas específicas, así como definida por un determinado tipo de métrica.[81]

En ese sentido, y ahora "procediendo desde la música", no hay que perder de vista que los trenos son cantados para la flauta.[82] De modo que las elegías parenéticas de Teognis, por ejemplo, "que a nosotros nos parecen que cuadran tan poco con la recitación musical, estaban hechas para este fin".[83] Nietzsche reincide aquí en la idea de la obra de arte literaria y la constitución de su naturaleza de acuerdo al público, que en este caso la consumía como recitación, especialmente en el banquete:

> Patria natal de la elegía: ¿Dónde se da la coyuntura para una elegía o para un dístico? ¿Dónde se da la coyuntura para la difusión de los poemas incluso *sin* la presencia del poeta? En el simposion.[84]

En opinión de Nietzsche, el uso más antiguo de la elegía es "el social, el simposíaco; es aquí de donde surgió este metron".[85] Pues "*[t]odos* los antiguos poetas elegíacos componen para el simposion, y es aquí, de seguro, donde se inventó esta versificación". De manera que si el banquete "fue la madre de la elegía", sus condiciones se extienden entonces a la naturaleza de la propia forma literaria, y así la elegía gnómica o el epigrama proceden del "deseo de decir algo ingenioso".[86] No puede por tanto sorprender que "muchas de las elegías de Teognis est[é]n pensadas como epístolas, pero compuestas como si hubieran de ser recitadas en un banquete"; ni que algunas elegías pasen *del género gnómico al político*, o que en Calino o Tirteo encontremos unido lo gnómico y lo bélico, y lo gnómico y lo erótico en Mimnermo, pues se trata de una "*reflexión* en la vida y en la vivencia". El banquete es, en ese sentido, el acontecimiento estructurador.

El destino de este género lleva, sin embargo, a que después de las guerras médicas la elegía se vuelva literaria y erudita.[87] A partir de aquel momento "toda persona ingeniosa componía versos", y Nietzsche nos ofrece una breve relación de autores que compusieron elegías, desde Antímaco o Dionisio, a Critias, Ión de Quíos, Simónides, e incluso Esquilo, Sofócles y Eurípides, o Empédocles, Sócrates, Platón, Espeusipo, Aristóteles, etc.; también Praxíteles o Menandro.[88] De Antímaco ya había Nietzsche dicho ser "el precursor de la composición alejandrina",[89] con un estilo muy pomposo, siendo "la primera muestra de una poesía erudita y pensada para la lectura".[90] Un proceso éste que marca escuela y conduce a la pérdida definitiva del elemento musical en la época alejandrina ("Marcada preferencia por la medida elegíaca, mientras agonizan las formas para el coro con música"). Se produce un rechazo a Homero ("poco a poco, la poesía cíclica adquiere mala reputación … por ser una representación de un material mítico común, en atención exclusiva a lo mitográfico, ajeno a todo arte"[91]) y un acercamiento en cambio a la poesía didáctica y a Hesíodo, en quien Nietzsche había visto el primer atisbo dentro de la literatura griega de un pensamiento científico que "trata de informar sobre la verdad".[92] Como iremos viendo en próximos parágrafos, esta reestructuración del género en torno al nuevo culto cientifista a la Verdad no es un fenómeno exclusivo del sistema elegíaco, sino de todo el orden orgánico de la literatura y la Cultura griega.

2.3. *La tragedia y el espíritu de la música*

El § 8 de HLG estudia la tragedia como género-sistema. A excepción de algunos trabajos anteriores a Basilea, Nietzsche no se había comprometido de manera intensiva con el tema de la tragedia hasta el inicio de su relación con los Wagner,[93] momento desde el cual no lo abandonaría siquiera hasta el fin de su actividad docente,[94] dejándole naturalmente una profunda impronta en la configuración de su visión del mundo como "pensamiento trágico". A lo largo de ese período, las diferencias en el tratamiento son varias, si bien en su gran mayoría se trata en esencia de sutilidades metodológicas. Si la idea fundante de la antigüedad nietzscheana es la de la heterogeneidad de la procedencia, la tragedia se nos aparece como la síntesis en el arte de las fuerzas dionisíacas y apolíneas en busca de una armonía para la vida.[95] El problema (o la divergencia entre unos textos nietzscheanos y otros) es el recurso variable a supuestos "milagros metafísicos de la voluntad"—si no incluso a una teleología—[96]a la hora de explicar la emergencia [*Entstehung*], una apelación de la que Nietzsche prescinde tras *El nacimiento de la tragedia*. Hay que hacer notar, además, que ese supuesto encuentro entre lo dionisíaco y lo apolíneo no se da para Nietzsche como choque de dos fuerzas trascendentales unitarias, sino más bien como la confluencia entre dos corrientes de fuerzas así catalogadas en razón de su diferente signo o cualidad,[97]por lo que se percibe también entre texto y texto una diferencia entre sus fuentes.[98] Pero en líneas generales, se puede afirmar que la visión nietzscheana de la esencia de la tragedia, como para el resto de los fenómenos, remite en último término a su génesis *histórica*.[99] Y ésta tiene que ver directamente con el espíritu de la música (*der Geist der Musik*) desde el coro trágico:

> No creo hacer ninguna afirmación disparatada cuando digo que hasta ahora el problema de este origen [*Ursprung*] no ha sido ni tan siquiera planteado con seriedad, por no decir resuelto, aunque con mucha frecuencia los jirones flotantes de la tradición [o transmisión, *Ueberlieferung*] antigua hayan sido ya cosidos y combinados entre sí para luego quedar de nuevo desgarrados. Esta tradición nos dice con total determinación que la tragedia surgió del coro trágico y que originariamente [*ursprünglich*] sólo era coro y nada más que coro: de lo cual

> asumimos nosotros la obligación de penetrar con la mirada hasta el corazón de este coro trágico, que es el auténtico drama primordial.[100]

Como ya sabemos, esta defensa a ultranza de un origen *puro* va relajándose después de *El nacimiento de la tragedia* a favor de una genealogía histórico-crítica de la procedencia, la cual sin embargo nunca renuncia a la idea de localizar el suelo en el que comienza la Historia *transmitida* de la tragedia (*Geschichte* después de *Vorgeschichte*) en el espíritu musical. Como venía diciendo Nietzsche ya desde 1871:

> Sólo desde el punto de vista *del coro* se explica la *skene* y su acción. En el teatro griego existe un mundo de espectadores, sólo en la medida en que el coro no es más que la representación de la masa dionisíaca exaltada, sólo en la medida en que el espectador se identifica con el coro .... Él es el verdadero *creador* [Erzeuger] de ese mundo: nada es más erróneo que aplicar al teatro griego nuestro criterio moderno de un público crítico y esteticista. La masa popular dionisíaca como el eterno seno materno del fenómeno [*Erscheinung*] dionisíaco—y aquí la eterna esterilidad; he ahí el contraste. Schiller tiene toda la razón cuando considera al coro como el factor poético más importante de toda la tragedia; y no debemos dejarnos engañar por la utilización superficialmente euripídea del coro que hace Aristóteles.[101]

La Historia trasmitida de la tragedia comienza con la forma coral originaria, y ésta es la que explica su relación con el culto a Dionisos y la música como elemento constitutivo. La referencia al espectador juega en todo ello un papel fundamental, pues es en él donde ha de darse la supuesta transfiguración o éxtasis entre grada y escena en una experiencia unitaria ("el coro no es más que la representación de la masa exaltada"). Esta idea del coro como forma originaria no es original de Nietzsche, pues ya Jacob Bernays la había formulado antes que él en una obra que Nietzsche conocía.[102] Y antes que él, Karl Ottfried Müller, quien en su edición de las *Eumenides* de Esquilo había descrito la tragedia como "*κάθαρσις τῶν παθημάτων*, desarrollada a partir del culto a Dioniso"[103] y en su *Geschichte der griechischen Literatur* había localizado el "fenómeno dramático originario" (*dramatische Urphänomen*) en la relación entre coro y culto dionisíaco.[104] También Julius Klein y Paul Yorck von Wartenburg habían llegado a ese tipo de conclusiones.[105] Una remisión del origen de la tragedia al coro ditirámbico, que si nos remontamos al pasado podemos encontrar expresada de forma explícita en Diógenes Laercio,[106] en Temistio,[107] o en Ateneo.[108] Y por supuesto, en Aristóteles dentro de su *Poética*.[109] Pues en definitiva, y como afirman por ejemplo Silk y Stern, dentro del contexto de las variaciones sobre la tragedia a lo largo de la obra de Nietzsche hay que tener siempre presente que todas tienen como denominador común un enfrentamiento con la teoría aristotélica de la tragedia.[110] La teoría de Nietzsche a lo largo de los años de Basilea y la teoría de Aristóteles en la *Poética* son *de facto* dos teorías contrarias, pero que pivotan sobre los mismos ejes: la perspectiva teorética del estatus de la tragedia como medio teatral, la importancia del *pathos* o los afectos para la relación entre el hombre y lo divino y el hombre consigo mismo, etc. Frente a autores como Hegel por ejemplo, quien consideraba *Antígona* la tragedia modelo por excelencia,[111] para Nietzsche y para Aristóteles se trata por partes iguales de *Edipo Rey*,[112] etc. Como dice Barbara von Reibnitz al respecto de *El nacimiento de la tragedia*, aunque pudiendo también extenderlo para el resto de sus obras sobre la tragedia, "el escrito sobre la tragedia … puede ser leído en términos generales como contramodelo frente a la *Poética* de Aristóteles",[113] i.e. como reacción a uno de los lugares sagrados de la estética occidental. De ahí que Nietzsche mismo denominara ese movimiento "mi primera transvaloración de todos los valores" (*meine erste Umwerthung aller Werthe*).[114] Como lugar de culminación de los estudios nietzscheanos sobre la antigüedad, HLG de 1874/76 es un intento por desarrollar esta confrontación de manera histórico-genealógica.

*

En ese contexto, la lección que Nietzsche comienza con el § 8 arranca de la manera más contundente posible, para que al auditorio no le quede lugar a dudas: "La tragedia surge del *ditirambo* [*Aus dem* Dithyramb *ist die Tragödie hervogegangen*]", y su etimología refiere a los cantos del macho cabrío, "porque los coros se componían, por lo general, de sátiros, a los que se llamaba τράγοι". Ya desde aquí notamos una sutil diferencia frente a *El nacimiento de la tragedia*, pues en este comienzo Nietzsche descubre el origen (*Ursprung*) de la tragedia "en el Peloponeso, entre los corintios y los siciones",[115] citando para ello al retórico Temistio[116] a fin de subrayar que su origen es *histórico*, es decir precedido sin duda de un proceso ante-histórico desconocido para nosotros. No es nada casual en ese sentido el uso que hace del verbo *hervorgehen* (surgir, partir) pues el ditirambo es en efecto su origen (*Ursprung*), pero ya no entendido como *locus* puro monumentalista sino como punto *histórico* de partida:

> Es un hecho que el contenido de la tragedia son los πάθεα [sufrimientos] de Dionisio, y más adelante los que acompañan a otros héroes. Todo lo que sabemos de la historia de la tragedia anterior a Esquilo autoriza a pensar en ello.[117]

La discusión con la teoría de la tragedia aristotélica, Nietzsche la introduce de un modo bastante pedagógico, por medio de 11 puntos fundamentales, que acompañará con una cronología de los autores y las obras y de sus propias reflexiones sobre el destino del género en cuestión. El análisis respaldará luego sus argumentos con las ideas del § 9 sobre la composición yámbica y trocaica. Nietzsche afirma, en primer lugar, que "[l]os elementos líricos constituyen la base en sentido propio, de la tragedia, y sólo paulatinamente retroceden ante el diálogo."[118] En HLG III, en su párrafo sobre el "influjo recíproco de los géneros", Nietzsche describirá el desarrollo del ditirambo, y cómo los trágicos áticos van tomando elementos de los poetas anteriores, especialmente de los líricos, "constituyéndose en herederos de todo el desarrollo musical anterior".[119] La tragedia proviene del ditirambo, y se diferencia del drama satírico-burlesco ("esa simple caricatura del hombre") en que su coro dionisíaco "no estaba compuesto por aquellos sátiros burlescos (pueriles y divertidos)".[120] Pero cuando decimos que la tragedia surge del ditirambo, "*no* debe pensarse en la segunda forma del ditirambo, en su forma clásica, ya que ésta, en efecto, se diferencia totalmente en actitud, tonalidad, etc., de la ariónica". Y tampoco hay que pensar en el ditirambo moderno o hesicástico, procedente del ditirambo mismo. La tragedia viene del ditirambo, pero a partir de ahí "tragedia y ditirambo hesicástico se desarrollan paralelamente en el culto estatal, acentuándose a partir de ahí cada vez más su contraste".[121]

Esas bases líricas son las que van a conformar la diferencia esencial entre la tragedia griega y la tragedia moderna:

> La tragedia griega surge de la lírica, y la moderna de la epopeya (¡grandes son las consecuencias de esto!)[122]

La tragedia griega es una fiesta de toda la ciudad: "Un estado de ánimo religioso, animado y sereno, libre como un amanecer. El amplio ámbito de veinte a treinta mil ciudadanos, el cielo abierto, los coros que aparecen con áureas coronas y atavíos magníficos, el escenario de gran belleza arquitectónica, la confluencia de todas las artes."[123] Como en el teatro moderno, el estado de ánimo (*Stimmung*) de los espectadores es aquí determinante.[124] Pero al contrario de nuestras formas modernas teatrales, "la tragedia nace de la lírica dionisíaca, no de la apolínea";[125] y habiendo surgido "de la representación de los terribles y dolorosos mitos dionisíacos" se instalaría en su ἦθος diastáltico como carácter contractivo vía representación del dolor,[126] ya de Dioniso ya de otros héroes.[127] Como asegura Nietzsche, "[e]l desarrollo artístico del ditirambo es un intento por dominar este demonio [*Dämon*]"[128] y utilizar su poder para beneficio propio:

> La idea trágica nace de estas circunstancias dionisíacas. El hombre, estremecido en lo más profundo por el placer y el horror, por el milagro que le rodea, percibe, de pronto, un nuevo orden transfigurado de las cosas: la culpa, el destino, o la perdición del héroe son sólo medios para que la mirada se abra a este nuevo mundo transfigurado.[129]

El acontecimiento trágico según Nietzsche es la conmoción e integración extática, una suerte de descarga moderada de prescripción religiosa controlada "apolíneamente" para evitar la completa destrucción, y cuya función es el reajuste del equilibrio de la Naturaleza. Como observa en *Humano, demasiado humano* en un bello párrafo sobre la esencia de lo pagano [*Das eigentlich Heidnische*]:

> Quizás no haya nada más extraño para quien contempla el mundo griego que descubrir que los griegos, de vez en cuando, daban fiestas a todas sus pasiones y malas inclinaciones naturales, y que hasta instituyeron estatalmente una especie de programa de festejos de lo demasiado humano suyo; esto es lo propiamente pagano de su mundo, nunca comprendido por el cristianismo, y continuamente combatido y despreciado por él de la manera más dura.—Tomaban eso demasiado humano como inevitable y preferían, en vez de calumniarlo, otorgarle una especie de derecho de segundo orden integrándolo en los usos de la sociedad y del culto. Es más, a todo lo que en el hombre tiene *poder* [Macht] lo llamaban divino y lo incluían en el ámbito de su cielo. No negaban el instinto natural que se expresa en las malas cualidades, sino que lo integraban y lo limitaban a determinados cultos y días, después de haber ideado las suficientes medidas de precaución para poder dar a esas aguas bravas un curso lo más inofensivo posible. Esta es la razón de toda la liberalidad moralista [*moralistische Freisinnigkeit*] de la antigüedad. A lo malo y desasosegante, a los restos de animalidad así como a lo bárbaro, prehelénico y asiático que todavía vivía en el fondo de la esencia griega, se le permitía una descarga [*Entladung*] moderada, sin aspirar a su completa aniquilación.[130]

Este ἦθος diastáltico de la festividad trágica va a condicionar necesariamente su estructura. Nietzsche desarrolla aquí uno de los centros nucleares de la teoría de la tragedia de HLG. Pues para empezar: "la tragedia griega se caracteriza y diferencia por la *proporción* [o magnitud, *Mass*] *de la trama*." Si la función de la tragedia griega es la de la descarga [*Entladung*], el fin y el propósito del poeta es entonces el de perfilar "una grandiosa escena llena de resonancia, el *pathos*, un punto culminante de la vivencia lírica", de tal modo que "todo lo que sucede está destinado a abrir el camino para ello".[131] A diferencia de la tragedia moderna, "en el drama moderno … la acción constituye la finalidad misma", hasta el punto de que "los momentos culminantes del drama antiguo comienzan allí donde para nosotros cae el telón; la parte más interesante de nuestra tragedia, los cuatro primeros actos, no existen en absoluto en el drama griego".[132] Es interesante ver cómo algunas voces de la era moderna toman conciencia, ya desde temprano, de la divergencia entre ambas formas de tragedia, por ejemplo cuando Samuel Johnson, en su *Preface to Shakespeare* (1795), subrayaba que las obras de Shakespeare no son "en sentido crítico y riguroso" (*in the rigorous and critical sense*) tragedias en absoluto.[133] De Shakespeare en particular, dice Nietzsche por ejemplo: "puede [en él] percibirse claramente que el cariño del autor por sus personajes decae en la última parte; pues a él, en efecto, le atraen los procesos anímicos *anteriores* al hecho, mientras que al poeta griego le atraen, en cambio, los procesos anímicos *posteriores* al hecho."[134] La estructura de la tragedia antigua "es mucho más sencilla y unitaria" que la moderna, pues mientras esta última prefiere las premisas, la primera prefiere representar *la conclusión*:

> En la tragedia griega, los *hechos* son *originariamente* episódicos, algo accesorio: algo, en definitiva, escaso y reducido. En Shakespeare, en cambio, son superabundantes, y poco a poco se convierten en *medios*. Por ser las grandes escenas patéticas el objetivo absoluto, el cometido de los episodios era prepararlas y explicarlas añadiendo la *menor cantidad posible* de acción aclaratoria. Esta exigencia de la menor cantidad posible de acción era la consecuencia más lógica: como lo que se quería era oír el πάθος [sufrimiento, pasión], y no ver el δρᾶν [hacer, actuar (por tanto, la acción, la actuación)], pero como al mismo tiempo *había* que ver éste para poder oír aquél, había que imponerse limitaciones reduciendo este δρᾶν a la mínima expresión. De esta manera surgió entre πάθος y δρᾶν una fuerte tensión semejante a la que existe entre causa y efecto; y el efecto (que no buscaba satisfacer interés alguno) sólo tenía lugar a fin de explicar la causa. El carácter estricto de la causa y el efecto (y de aquí la unidad y simplicidad de la tragedia antigua) no es el producto de una teoría estética, sino de una cierta aversión a la exposición de acciones y premisas. Es decir, sólo la más estricta necesidad, y ningún exceso de acción … Así, por ejemplo, *Las fenicias* (Σύνθωκοι Πέρσαι [Los asesores persas]), de Frínico, comenzaban con el relato de la derrota, sin que aparecieran nuevas complicaciones, de suerte que las situaciones eran provocadas por *un* acontecimiento. Existe *un* motivo principal, y éste es la fuente de numerosos cuadros psicológicos: por ejemplo, *cómo* se expresan las mujeres fenicias con sus arpas, o *cómo* manifiestan sus sentimientos sobre la derrota los persas con Jerjes al frente. Se trata, pues, de lírica expresada por actores que presentan algo.[135]

Según Nietzsche, "el argumento no interesará en razón de presentar un elemento novedoso; es decir, el interés no depende de la acción."[136] Esto es completamente contrario a lo que piensa Aristóteles, para el cual "sin acción no puede haber tragedia" ya que el argumento (μῦθως) es imitación (μίμησις) o "composición de las acciones", y "la tragedia es imitación no de hombres, sino de una acción y de una vida.... De manera que las acciones y el argumento son el fin de la tragedia".[137] Lessing también había secundado esta teoría aristotélica de la acción en su *Hamburgische Dramaturgie*,[138] teoría la cual implica por ende que "el argumento no es unitario, como algunos creen, por el hecho de centrarse en un solo personaje, pues a un solo personaje le ocurren muchas y hasta infinitas cosas [ἄπειρα], algunas de las cuales no implican unidad alguna. De igual modo hay muchas acciones de un mismo personaje, de las cuales no resulta ninguna acción [πρᾶξις] unitaria".[139] Para Nietzsche en cambio, al contrario que la interpretación ortodoxa, la estructura trágica es unitaria, ya que la acción es sólo el contexto preliminar de la obra trágica de cara a la realización de sus funciones diastálticas. Este primado de las consecuencias de la acción sobre la acción misma explica la introducción a partir de Tespis del πρόλογος (aquello que precede al πάροδος) y de la ῥῆσις (el relato de los hechos ocurridos fuera de escena);[140] o que los personajes deban, en términos mucho más generales, "ser conocidos desde antiguo y respetados como historia mítica anterior al pueblo mismo".[141] Y es que, en definitiva: "El placer que siente el pueblo en la tragedia nos enseña un mundo muy distinto del que nos ofrece el placer en la epopeya y en los rapsodas: no se trata de plenitud de acción y de vida, sino de profundización en una sola acción y, por tanto, de crítica de la vida. La concepción fundamental de la vida es, sin embargo, la misma, y se halla manifestada ya en el mito mismo."[142]

**

Para una historiografía genealógica, la cuestión principal será cómo se produce la emergencia [*Entstehung*] de un género tal, y qué fuerzas son las que influyen en su destino final. En otras palabras, la discusión concierne al desarrollo en particular según el cual, en palabras de Nietzsche: "[l]os elementos líricos constituyen la base en sentido propio, de la tragedia, y sólo paulatinamente retroceden ante el diálogo."[143] Nietzsche lleva a cabo este análisis en el grueso del § 8 de HLG I/II, por medio de una exposición cronológica del género en la forma de la relación de sus partes, es decir de sus autores y de sus obras.

El primer autor a tratar es *Tespis* (550 a.C.-500 a.C.), "considerado el inventor de la tragedia". Protegido de Pisístrato, Tespis fue quien introdujo al actor (ὑποκριτής), lo que le granjeó la enemistad con Solón y su posición conservadora, por temer, en una interesante dialéctica entre autor y espectador, "las consecuencias en la moralidad del Estado a través de la seducción del pueblo". En un contexto general de danzas corales como suelo originario, la introducción de una figura como la del actor es de orden fundamental para la configuración de la tragedia como tal, razón por la cual Nietzsche la discute abiertamente con autores como Georg Curtius o Julius Sommerbrodt.[144] Para Curtius, y siguiendo la explicación dada desde la antigüedad por gramáticos como Hesiquio, la etimología de la palabra ὑποκριτής, a partir del verbo κρίνειν, indica entre otras cosas "in certando succedere", es decir lo que sucede inmediatamente en la conversación como respuesta. Nietzsche objeta:

> Yo, por mi parte, desmiento la etimología de ὑποκρίνεσθαι como "*in certando succedere* [venir a continuación en la conversación]", pues "responder" puede extraerse enteramente del significado "explicar". ἀπεκρίνετο quiere decir meramente "él explica". Más tarde Platón, en el Timeo, p. 72 b, utiliza φαντάσεωσ ὑποκριταὶ [intérpretes de la visión] como "intérprete", "comentador" (de los adivinos), tal y como se les llama en Esquilo, en *Las coéforas*, 38: κριταὶ ὀνειράτων [intérpretes de los sueños]. A mí no me parece concebible que se pueda decir ὑποκρίσις de la representación de un retórico lo mismo que de la "interpretación" de un sueño cuando ambos no disponen de un concepto base en común. En mi caso, me basta y sobra con "*comentador*": el primer actor que, en oposición al coro conmovido por la pasión, "explicó" verdaderamente lo que pasaba, representándolo y narrándolo. Lo mismo podría decirse también del orador, afirmando que "pone en claro la situación y el estado de cosas", en relación a la recitación enérgica y vital. Del concepto de "actor" se ha derivado el verbo "actuar", "simular".

En opinión de Nietzsche, la idea del *actor* surge como explicación de lo que el coro está transmitiendo. El actor es en efecto una respuesta, pero no como un elemento más dentro de la conversación, sino como aquello que *tematiza* inmediatamente la experiencia coral, es decir como el *arranque de la conversación* misma. Frente al uso exclusivo del ritmo trocaico en tetrámetros como se venía dando hasta ahora—un ritmo típico para la danza coral—Tespis introduce ahora en la tragedia el trímetro yámbico, como μέτρον λεκτικὸν o metro conversacional,[145] que con su sonoridad más cotidiana "hacía hablar personalmente a una individualidad."[146] La introducción del primer actor por parte de Tespis supone así un primer acontecimiento organizativo que paulatinamente irá marcando época, de manera que la exposición nietzscheana de los trágicos subsiguientes a Tespis (Querilo de Atenas, Frínico, Prátinas) es una breve discusión sobre esta incipiente lucha hasta llegar a la etapa de los tres grandes clásicos, en los que se verá con nítida claridad el patrón de ese desarrollo. En el entretanto, "el coro sigue siendo el elemento principal, y sólo a partir de Esquilo es cuando el λόγος asume el papel protagonista."[147]

La exposición que Nietzsche hace de *Esquilo* se centra fundamentalmente en esta cuestión. Nietzsche presenta a Esquilo como un hijo de su tiempo, que participó activamente a lo largo de las dos guerras médicas en la batallas de Maratón, Salamina y Artemisio. Sócrates no ha nacido hasta después de la representación de *Los persas* en la Olimpiada 76, 4. En cierto modo, y como antes hizo con Tespis, Nietzsche nos presenta a Esquilo como a un revolucionario, cuyos adelantos no tienen que ver con la falsa creencia de la reducción del coro,[148] sino más bien "en el hecho de contrariar en relación con la situación política", acompañando sus tragedias aquellos acontecimientos por los que Pericles suprimió el Areópago.[149] Se puede decir que sus tragedias no eran del gusto del pueblo ateniense, de gusto mayoritariamente conservador,[150] cosa que desvela para Nietzsche el verdadero sentido de la célebre fábula de la muerte del poeta, que no murió por una tortuga arrojada por un águila sino por desencanto ante dicha situación.

> Entre las innovaciones por parte de Esquilo está la introducción del segundo actor: ahora el ὑποκριτής [actor] no iba a encontrarse más solo. Se creó el diálogo del actor, τὸν λόγον πρωταγωνιστὴν ἐποίησε [creó el diálogo del actor que desempeñaba el papel principal]. Se dan también la ostentosidad, los artificios mecánicos, la apariciones sobrenaturales (grifos, dragones), τὴν ὄψιν κατέπληξε [provocó espanto con la visión (el espectáculo)]. Además, fundó el ordenamiento fijo de la tragedia, la τετραλογία [tetralogía], cuya importancia fue redescubierta por Welcker. Y presenta la totalidad al servicio de una idea mayor, de manera parecida a como la culpa se arrastra a través de generaciones.

Como para el resto de los trágicos, los argumentos de sus obras siguen tomados "de la mesa de Homero".[151] Pero, como señala el fragmento recién citado, la originalidad de Esquilo radica primeramente en ser el responsable de la tetralogía, conjunto de tres tragedias y un drama satírico que serían presentados a concurso en los certámenes poéticos. Se trata de un orden que reúne lo disociado, presentando "la totalidad al servicio de una idea mayor", y que acabará instalándose como canon de ordenación por el que habrán de ordenarse las tragedias posteriores. Esto libera de la necesidad de un πρόλογος en cada obra. En segundo lugar, su otra novedad es la introducción del *segundo* actor, con el que el actor introducido por Tespis podía ahora entablar diálogo. De ese modo, el λόγος comienza a imponerse sobre el coro, y se empieza a cumplir aquel pronóstico por el que los elementos líricos "paulatinamente retroceden ante el diálogo",[152] aunque todavía "la declamación de los *carmina* [partes cantadas] exi[ja] mucho más tiempo que el diálogo".[153] La relación que da Nietzsche de las tragedias del autor, su estructura dentro de cada trilogía/tetralogía,[154] y su catalogación general de acuerdo a tres momentos (1. Olimpiada 76, 4, La trilogía de *Los persas*; 2. Olimpiada 78, 1, la trilogía de *Los siete contra Tebas*; 3. Olimpiada 80, 2, *La Orestíada*), responden al criterio de esta evolución:

> [el primer momento] sigue teniendo algo de cantata lírica. En el caso de *La Orestíada*, está ya presente el influjo de Sófocles. *Los siete contra Tebas* figuran en medio. El *Prometeo* debe haber sido compuesto después de la Olimpiada 75, 2, por la observancia de tres personajes, la poca duración del coro, por la observancia del lenguaje, y de acuerdo con la métrica, debe de ser la obra más tardía de todas. Y probablemente fue reelaborada. *Los persas* y *Las suplicantes* se las arreglan con dos actores. *Las suplicantes* parece ser su obra más antigua, muy coral.[155]

Después de Tespis y Esquilo, el siguiente momento de penetración del λόγος sobre el suelo lírico de la tragedia vendrá, como cabe esperar, de la mano de *Sófocles*. Hijo de familia acomodada, Sófocles dominaba la gimnasia, la música y la gramática de manera excepcional, hasta el punto de que su grandeza como poeta, a raíz del éxito de *Antígona*, llegaría a proporcionarle un puesto como estratego en la asamblea. Fue incluso amigo de Herodoto, algunos de cuyos pasajes se dejan ver en sus tragedias. La primera cuestión que interesa a Nietzsche es la de la conexión entre la obra de Esquilo y la de Sófocles: si en la *Vida de Sófocles*[156] se dice que "aprendió la tragedia de Esquilo", y que además "le honra entonces en su posición",[157] la cuestión es descubrir cuánto le viene del estilo de Esquilo y dónde comienza su revolución personal. Nietzsche utiliza aquí su método de la "hipótesis común" biográfica—inaugurado en los estudios sobre los *Democritea* de 1867/68—para derivar que "Sófocles imitó a Esquilo en su primer período",[158] en el que "imita el ὄγεος [majestad, arte grandioso] de Esquilo"; mientras que en un segundo período pone en marcha un estilo que luego llegaría a ser su estilo más característico.[159] Las novedades formales principales frente a Esquilo son, en ese contexto, la "separación entre el actor y el poeta",[160] la introducción del καμπύλη βακτηρία o báculo curvo con empuñadura para los ancianos haciendo así la puesta en escena menos abstracta y más imitativa de la vida, y el aumento del número de miembros del coro en 15 y el de los actores en tres. Sófocles fue además "el primero en presentar a los juegos públicos las obras de teatro una con relación a la otra, no formando grupos de cuatro (tetralogías)."[161] Y respecto a los argumentos de sus obras, se puede decir que Sófocles era más conservador que Esquilo ("Sófocles permanece muy ligado a Homero; y, en general, permanece más cercano a sus fuentes que Esquilo, quien en los asuntos a tratar y en el trato a los personajes resulta ser más denodado y libre, y a menudo toma una postura contraria a la opinión del pueblo.")[162] Como contrapunto a la dulzura de su música ("razón por la cual le llamaban μέλισσα [abeja]"),[163] sus obras no son fáciles, afables ni serenas, pues "[s]entía inclinación por lo motivos adustos y horripilantes".[164] De manera que en Sófocles, y al contrario que en Esquilo, el tema principal no es "el tema de la culpa y el castigo, de la justicia, sino el del padecimiento sin culpa. Sófocles hunde sus raíces en el más profundo pesimismo, y hace suyo el principio de que lo mejor es 'no haber nacido' ".[165]

De entre todas estas novedades, la que a nosotros aquí sin duda más nos interesa es la del aumento del número del coro y de los actores. Pues, como Nietzsche bien hace notar: "[a] pesar de este incremento y en razón de ello, se produce una disminución de la importancia del coro en relación con los actores."[166] A pesar de ese aumento absoluto de ambos elementos en *un* ejecutante, la *proporción* varía a favor de los actores ("De donde originariamente la relación era de 1 a 12, luego de 1 a 6, y al fin se pasó de 1 a 5.")[167] Lo cual significa, ni más ni menos, que Sófocles continúa la tendencia inaugurada por Esquilo de darle más peso al trabajo actoral, con la implicación de que "el virtuosismo va instalándose, tomando así el λόγος más protagonismo".[168]

De Tespis a Sófocles, contando con Esquilo, tenemos, por tanto, el paso de ningún actor a uno, dos, y tres actores respectivamente, lo que supone para la tragedia una ganancia por la parte de la conversación y una pérdida en términos líricos. Este proceso de des-musicalización alcanzará su culminación con *Eurípides*. Como advierte Nietzsche de entrada en una observación nada desdeñable, "[s]urge la pregunta, por cierto, de si el orden de las obras es como sigue: Esquilo, luego Sófocles, y luego Eurípides",[169] siendo éste "un problema que todavía está por investigar". Nietzsche, en realidad, ya venía respondiendo a esta cuestión desde *El nacimiento de la tragedia*, y lo hace utilizando el método hipotético de la *tendencia general* según la cual los tres trágicos se suceden en ese orden *lógicamente* (Esquilo-Sófocles-Eurípides) igual que para Aristóteles existía una lógica teleológica que los ordenaba de la misma manera consecutiva. Eurípides era el más joven de los grandes trágicos, y en él se consuma esa *tendencia* a disminuir el factor lírico a favor del dialógico.[170] De familia humilde, tuvo tratos con Anaxágoras, Protágoras, y también con Sócrates,[171] más joven que el poeta. Vivió retirado en su biblioteca[172] y "apartado del Estado y de la sociedad"[173]; y aunque no indiferente a los acontecimientos, sí se mantuvo "alejado de toda actividad política",[174] pues "[s]iendo alumno de Anaxágoras, odiaba todos los placeres agradables de la vida".[175] Esto se reflejó sin duda en la puesta en escena de sus dramas, que "[s]i bien no conducía al espanto", sí había en ellos "oscuridad y crudeza, rasgos característicos de nuestro autor".[176] Como Esquilo, obtuvo su primera victoria en certamen con *Las Pelíades*, en un momento relativamente tardío de su vida cuando tenía cuarenta años de edad. Esta tenue aceptación por el público probablemente tuviera que ver de nuevo, como para el caso de Esquilo, con el carácter novedoso de sus obras frente a un público de gustos más conservadores:

> En lo que respecta a los materiales para sus obras, tomó muy poco de la epopeya posthomérica, no mucho más de un tercio de sus obras. De *La Odisea* no escribió ningún drama. Particularmente, tomó los siguientes mitos: Protesilao, Epeo, Andrómaca, Escila, Helena, Orestes, Crisipo, Antígona, Alcmeón en Corinto, Ino, Medea en Atenas (junto a Egeo), el Heracles furioso, Licimnio, Teménides, Arquelao, Teseo, Auge, Estenebea, Belerofonte. Se dan algunas fábulas itálicas nuevas, en el *Eolo* y en *Las Melanipas*, dándose a ver también la gran influencia de Estesícoro. Con la fe puesta en la religión popular, el espíritu se desarrolla también a partir de los antiguos mitos; podría conformarse un nuevo espíritu; se ve la más fuerte discrepancia respecto a las costumbres y formas de los héroes, dándose la más libre composición, y dándose incluso en la construcción particular del mito las más frecuentes contradicciones en un mismo poeta a lo largo de sus diferentes dramas.[177]

Pero aunque bastante audaz en lo material, en el caso de Eurípides la verdadera novedad o diferencia determinante, con la que refrenda la aludida tendencia, viene de la mano del *prólogo*. Esquilo introdujo como sabemos el orden tetralógico, permitiendo con ello "una explicación de los hechos más ocasional"[178] sin necesidad de un prólogo delante de cada obra. Pero a Eurípides esto no parece bastarle, pues como argumenta Nietzsche en *El nacimiento de la tragedia*: "[a]ún así creía Eurípides notar que durante aquellas primeras escenas el espectador se veía en un desasosiego de lo más particular, calculando los factores que intervenían en el problema de la historia anterior."[179] De manera que, al cambio, transformó la sonoridad escénica, volviéndola "más descriptiva-moralizante, más uniforme"[180]—y en consecuencia "perd[iendo] las bellezas poéticas y el *pathos* de la exposición":[181]

> Eso que nosotros solemos achacar frecuentemente a Eurípides como defecto y retroceso poético en comparación con la tragedia sofóclea, eso es casi siempre producto de aquel penetrante proceso crítico, de aquella racionalidad [*Verständigkeit*] temeraria. El *prólogo* euripídeo va a servirnos de ejemplo de la productividad de ese método racionalista [*rationalistisch*]. Nada puede ser más contrario a nuestra técnica escénica que el prólogo con que se inicia el drama de Eurípides. El hecho de que un personaje individual se presente al comienzo de la obra y cuente quién es, qué es lo que antecede a la acción, qué es lo que hasta entonces ha ocurrido, más aún qué es lo que ocurrirá en el transcurso de la obra, eso

> un autor teatral moderno lo calificaría de petulante e imperdonable renuncia al efecto de la tensión. Se sabe en efecto todo lo que va a suceder: ¿quién aguardará a que suceda realmente?[182]

Curiosamente, Eurípides seguía considerando que todo había de venir predispuesto para el *pathos*, que no para la acción. Pero su peculiaridad consistía en considerar que "mientras el oyente tenga que seguir haciendo cálculos sobre cuál es el significado de este y aquel personaje, sobre cuáles son los presupuestos de este y aquel conflicto de inclinaciones y propósitos, le resultará imposible sumergirse del todo en el sufrimiento y la actuación de los personajes principales, participar hasta perder el aliento en sus sufrimientos y sus temores."[183] En otras palabras, Eurípides desconfiaba de las capacidades del espectador para rellenar los huecos argumentales (*Lücke*) vía contexto tetralógico, de modo que reincidía en su especificación. Nietzsche ofrece en HLG alguno ejemplos aislados de este fenómeno en obras de Esquilo y Sófocles,[184] poca cosa sin embargo si lo comparamos con Eurípides quien, con su práctica continuada, "convirtió en regla algo que ya sucedía frecuentemente en el arte antiguo."[185] Con Eurípides, la poesía se hace "eco de sus conocimientos conscientes" (*Wiederhall seiner bewussten Erkenntnisse*),[186] y con ello por primera vez se instala en Atenas una tematización sistemática de la naturaleza humana.

Esta desconfianza y este afán de ordenación por parte de Eurípides probablemente le vinieran de su maestro Anaxágoras.[187] Según Nietzsche, es de él de quien asume los caracteres de "un extraño pesimismo" cargado de una "actitud severa, casi misantrópica",[188] cuyos problemas más acuciantes son los que conciernen a "la posibilidad de conciliar la exigencia ética del gobierno universal con la desdicha y la perversión moral del mundo."[189] Nietzsche describe esta actitud y su búsqueda con un término prestado directamente del repertorio de Schopenhauer como es el de "conciencia mejor" (*besseres Bewusstsein*),[190] en contraposición a la "sofística interior de la pasión". Con Eurípides

> [t]odo tiene que ver con el espíritu y la moral de la época. Comienza a plantearse todo en dirección a lo puramente humano, a la igualdad natural, a la libertad de espíritu, al esclarecimiento de los prejuicios acerca del estado esclavista y nobiliario, acerca de la riqueza y la pobreza, etc. Los cómicos le trataban como si hubiera corrompido al pueblo. Y posiblemente Sófocles también pensara lo mismo de él.[191]

Con sus tragedias, Eurípides empieza a hacer uso público de la razón, cuestionándose la tradición y "sublev[ándose] ante la palabrería de la oclocracia así como ante la maldad de los demagogos", pues según él lo mejor era una democracia de la clase media.[192] Prescinde por lo mismo de la providencia divina.[193] Su lenguaje "se adaptaba al carácter general de su reflexión", y su tono "tiene algo de inquisitivo que desplaza lo puramente poético ... ejerciendo ahí de maestro para el pueblo entero".[194] Como Sócrates, quien en su día sería condenado por impiedad y por querer introducir nuevos dioses en los corazones jóvenes, "ambos tienen en común la profunda oposición al antiguo mundo helénico, tanto en el terreno político como en el religioso", razón por la que los cómicos llegaron a describirlos incluso como colaboradores.[195]

***

El nacimiento de la tragedia era una obra de confrontación directa, en la que Nietzsche partía de la tesis de que la crisis de la modernidad vino de la mano de la *muerte de la tragedia*. En esa obra, Nietzsche proponía una explicación para el destino y deceso de la tragedia, y lo hacía por medio de una tendencia a la que él daba el nombre de "socratismo estético" (*aesthetischer Sokratismus*) que culminó cuando "Eurípides llevó al espectador al escenario para capacitarlo de verdad por primera vez para emitir un juicio sobre el drama."[196] Nietzsche declara a Eurípides el poeta del socratismo estético, pues reconstruye la tragedia a gusto de *dos* espectadores: él mismo "*en cuanto pensador*, no en cuanto poeta", y Sócrates, "que no comprendía la tragedia y por eso no la estimaba".[197] Al renunciar definitivamente al suelo lírico-dionisíaco, pero no consiguiendo fundar por otro lado el drama sobre lo apolíneo, "su tendencia no-dionisíaca se descarrió en una tendencia naturalista y no-artística",[198] una actitud crítica y disuasiva que a todo lo más a lo que puede aspirar es a creerse capaz de corregir la existencia, pero no afirmarla ni elevarla.[199] De manera que la tragedia no murió como el resto de los géneros artísticos antiguos, que lo hicieron "a edad avanzada, con una muerte de lo más bella y tranquila", sino que murió *suicidándose*, "a consecuencia de un conflicto insoluble".[200] Con un repertorio categorial bastante hetorodoxo, Nietzsche había invertido las tesis aristotélicas que declaraban a Eurípides τραγικώτατος, "el más trágico entre los trágicos",[201] para personificarla en Sófocles, y sobre todo en Esquilo. Pues aunque a primera vista la discusión en *El nacimiento de la tragedia* pueda aparecer en la forma de una confrontación con Sócrates, la cuestión de fondo es en realidad una corrección del proceder aristotélico, para quien el elemento racional (διάνοια) le infundía tal respeto que acabó por influir en su valoración. Lo que Nietzsche está indirectamente denunciando respecto a Aristóteles es un trato de favor de una época para consigo misma, pues en opinión de Nietzsche, Aristóteles no estaba considerando la tragedia *original* sino sólo su forma tardía desde una perspectiva igualmente tardía.[202] Su propia comprensión de la κάθαρσις y del efecto trágico parece incluso mediada/distorsionada por una cierta intelectualidad.[203] En realidad, el procedimiento aristotélico podría ser considerado el origen de los vicios de la ciencia moderna, pues reproduce el objeto desde la supuesta "objetividad" de sus propios prejuicios, observando a-críticamente el pasado con las categorías del presente y totalizándolo como consecuencia.[204] La arquitectónica categorial de Nietzsche en *El nacimiento de la tragedia* supone en ese sentido una crítica feroz en la práctica a los métodos de la ciencia moderna en general.[205]

En *Historia de la literatura griega*, una obra a primera vista menos impulsiva que *El nacimiento de la tragedia*, Nietzsche sigue manteniendo las posiciones de esa crítica metodológica, ratificando además para el desarrollo histórico de la tragedia los términos de esa tendencia en caída (Esquilo-Sófocles-Eurípides). Pero al contrario que en la obra de 1872, en HLG dicha tendencia ahora ya no lleva el sobrenombre de Sócrates, quien ha ganado para Nietzsche una consideración más positiva debido al carácter oral de su filosofar y apenas es mencionado en el tratamiento del desarrollo trágico. Ambas obras, *El nacimiento de la tragedia* e *Historia de la literatura griega*, estudian el *Verfall* o degeneración de la tragedia desde el presupuesto de la pérdida de su musicalidad originaria. Pero donde la primera se mueve en un laberinto de metáforas metafísicas extraídas directamente de la teoría schopenhaueriana de la música y la Voluntad, HLG perfila en cambio una genealogía con nombres propios y obras específicas, y con realidades biográficas con las que construye hipótesis comunes desde las que poder reconstruir dicha tendencia.[206] No se trata por tanto de cargar las tintas sobre un solo autor—como parece por momentos en NT—en nombre de aspiraciones teleológicas, sino de comprender todo el desarrollo del género-sistema a través de la exposición de los acontecimientos que, en un determinado momento, acabarán transformando la tragedia originaria un mal reflejo de sí misma. En el § 8 de HLG, Nietzsche localiza los inicios de todo el *giro epocal* en la introducción del primer autor por parte de Tespis, secundado luego por Esquilo y Sófocles en una paulatina preponderancia de la conversación sobre la lírica que acabará, finalmente, consolidándose como tendencia con el uso/abuso que hace Eurípides del prólogo. No es Eurípides, por tanto, sino Tespis, quien juega un papel primordial en el declive de la tragedia, y HLG corrige aquí los extravíos de NT cuando apuntaba a observar el *acontecimiento evolucionario* no al final del fenómeno sino precisamente al principio, en la cúspide de su grandeza, ya que lo contrario sería operar finalistamente localizando el origen de la unidad orgánica no en el fluir de su procedencia sino en su función final. Con la introducción del primer actor, Tespis pone en alerta y reacción a todos los elementos del sistema, una redisposición de la cual la obra de Eurípides es sólo el fulgor de sus últimos coletazos y cuyas consecuencias se harían visibles tras su muerte:

> Tras la muerte de Eurípides y Sófocles, se hizo sentir rápidamente la decadencia del arte trágico: *Las ranas* de Aristófanes da cuenta de ello. Quedaría aquí, por tanto, por hacer una relación de todos los que corrompen este arte y que pronto desaparecen del panorama, si es que acaso llegaron una sola vez a disponer de un coro y a coquetear con la tragedia.[207]

El pequeño estudio con el que Nietzsche concluye este § 8 de HLG I/II ("Los demás autores trágicos aparte de los tres grandes, y el destino ulterior de la tragedia")[208] es, en este sentido, una puesta en escena de las consecuencias estructurales de aquel primer gran acontecimiento organizativo. En él observa la productividad y el "gran diletantismo en el que cayó el arte de la tragedia" después de Eurípides como un "síntoma de decadencia"[209] repartido "a lo largo de siglo y medio, hasta Alejandro Magno y más allá", cuando el arte trágico ya no da más de sí y ningún autor consigue superar a los tres grandes predecesores conformándose, por tanto, con imitarles. Con el acento puesto en la nueva *individualidad*, los actores se emancipan y, faltos de *sinceridad* hacia sí mismos y sus capacidades, se crecen creyéndose autores en una tradición que hasta ahora había traspasado el oficio de padres a hijos. Pero sus obras nunca alcanzan aquella grandeza, por lo que acaban poniendo en escena obras más antiguas con algunas variaciones, que se sabe siempre gustarán al público.[210] Es el comienzo de la era de los *hombres reproductivos* o imitativos que sigue tras la era de los *hombres productivos* de instinto creador y estilo puro.[211]

La pregunta por la decadencia de la tragedia conduce por tanto necesariamente a la cuestión por la naturaleza del género: ¿qué es tragedia? ¿Qué unidades de fuerza son las que lo definen? ¿Dónde se ubican sus centros de mando? Como en el caso de Homero y la épica, aquí también "lo más perfecto y acabado figura al comienzo", de manera que todo lo que viene después son sólo formas de ajuste que retornan una y otra vez a este modelo originario como centro orgánico de formación. El problema del diletantismo pone de manifiesto este fenómeno para la tragedia, cuando Licurgo hijo de Licrofón, en la Olimpiada 111 (año 336 a.C.) "establece un ejemplar estatal al que los actores debían estar obligados a ajustarse".[212] Igual que Proclo había dicho para la épica que "[t]odo el ciclo épico se remitía a Homero",[213] ahora observamos para la tragedia cómo todo, en realidad, remite a los tres grandes trágicos, siendo Atenas además el lugar que con sus producciones establecía la ley para el mundo entero.[214] En esos términos, las tragedias se ordenaron en las bibliotecas, y con las más célebres se constituyó una constelación de siete estrellas.[215] Esta *canonización* de la tríada Esquilo-Sofocles-Eurípides y ese interés restaurativo de los clásicos como unidades fundantes acompañará desde ese momento a la cultura helénica hasta la época alejandrina, en la que la tragedia resurge, es cierto, y a los poetas se los cuida como si fueran reyes. Pero al incidir en la necesidad de mantener las formas de los clásicos imitándolas ("se imitaban las tragedias atenienses de manera completa"), y con un público "tan leído",[216] acaba resultando una composición altamente letrada en lenguaje trágico pero carente de fuerza y originalidad: "un género artístico profundamente artificial, marcado por la erudición, encumbrado por el favor de los reyes, y de muy corta vida", y que en muchos casos iba dirigido directamente a un público lector.[217] Una muestra paradigmática de esta periferia del género la encontramos en la *Alejandra* de Licrofón, con su monólogo de más de 1400 versos y su "final lógico—tal y como conviene a un alejandrino",[218] en cuyo caso "no se trata de ninguna obra de teatro, sino de un modelo erudito, posiblemente para uso didáctico."[219] Poco a poco vamos familiarizándonos con las tesis nietzscheanas de que un género desaparece cuando desaparece su público originario:

> Es muy importante tener en cuenta que cada género literario griego tiene un público propio. Esto no quiere decir que toda gran obra artística encuentre más tarde sus admiradores; podría decirse, más bien, al contrario: que el público existe primariamente y a él está dirigida la obra artística adecuada. Sin el público homérico no es posible Homero; sin la comunidad ateniense no es posible Sófocles.[220]

En ese sentido, la racionalidad fue la muerte de la tragedia, es cierto, fundamentalmente porque ésta desplazó las formas musicales de las que se alimentaron los grandes trágicos. Pero también porque pretendió, por otro lado, creer imitarlas (*nachahmen*) con el mero uso de la lógica y disfrutarlas *en privado* con el mero uso de la razón.

2.4. La composición yámbica y trocaica

El § 9 de HLG está dedicado a las composiciones en yambos y en troqueos.

El género más conocido es la poesía yámbica, un pequeño género de la lírica que presenta varias similitudes con su género hermano la elegía: se trata de un género más simple que otros géneros líricos, es conocido desde el s. VII a.C. y cultivado a veces por los mismo autores, como Arquíloco o Solón; y frente a la épica y la poesía mélica, en los que el intérprete acompañaba su recitación con instrumentos de cuerda (considerados más nobles), éste en cambio era cantado mientras alguien diferente acompañaba con la flauta doble (instrumento considerado más ruidoso y popular, y por tanto menos noble). La poesía yámbica deriva su nombre del yambo, un tipo de composición satírica de origen jonio. Los orígenes del ritmo yámbico los sitúa Nietzsche en el culto de Démeter y sus versos de escarnio.[221] Estaba relacionado con el culto de Dioniso por cuanto utilizaba la risa y la burla como vehículo de expresión a la libertad de palabra, a la agresividad y lo obsceno: su nombre recuerda a Yambe, la esclava que hizo reír a Démeter cuando ésta llegó a Eleusis buscando a su hija.

Según Nietzsche, la idea del yambo "viene originariamente a significar el movimiento del pie adelantado para andar con rapidez", es decir un ritmo de persecución jocosa de su objeto—de ahí la pequeña nota al pie con la que Nietzsche añade que su nombre está más vinculado a la danza que a la música.[222] Como su nombre indica, este tipo de composición satírica se sirve del yambo, así como ocasionalmente de su pie contrario, el troqueo. El yambo, pie compuesto por una sílaba breve y una sílaba larga, "se acerca al habla corriente, y en comparación con el dáctilo tiene algo ordinario, cotidiano—como dice Nietzsche "ésta es la razón de que luego apareciera en los diálogos de la tragedia y la comedia"; y también por lo que Aristóteles lo denominase λεκτικὸν o apto para la palabra.[223] El troqueo, en cambio, originario de los viejos cantos báquicos o ἰθυφαλλικὰ,[224] "contiene un elemento de apresuramiento, de marcha", que indica que fue utilizado a menudo en la danza.[225] Esto es lo que posiblemente llevó a Aristóteles a localizar su lugar propio en la forma trágica más originaria, la de los sátiros.[226] Nietzsche da una relación de aquellos que compusieron yambos, empezando por Arquíloco, Simónides de Amorgos, Hiponacte de Éfeso, Anacreonte, Sólon. Dífilo con sus coliambos, Jenofantes con sus σίλλοι, Hermipo, el filósofo Crates, Cércidas de Megalópolis con sus (mimi) meliambos, Escrión de Samos, Fénix de Colofón, Parmenio de Bizancio, Hermias de Curión, Carino y Herodas el Itálico con sus mimiambos, Babrio con sus coliambos, Calímaco, o Apolonio de Rodas.[227] Como añade a ese respecto: "Prácticamente todos los poetas yámbicos escribieron también en tetrámetros [trocaicos]." La cuestión principal—y posiblemente una de las razones por las que este § 9 aparezca con una exposición tan confusa—es que no está del todo claro si los tetrámetros han de ser llamados también yambos ("Cfr. Clem. Alex., VI, 739 [¿tienen los tetrámetros que ser llamados también yambos?")[228]

Una de las principales preocupaciones nietzscheanas sobre los géneros es la de su destino final. Encontrándose las primeras apariciones yámbicas en el *Margites*, esparcidas a capricho,[229] la definición canónica de la composición yámbica la encontramos en Arquíloco ("oriundo de Paros, un lugar considerado especialmente como residencia de Démeter y Core" y donde florecía el culto hacia él) quien perfeccionó esta tradición y en sus fiestas aparecía con sus yambos, "los cuales naturalmente no estaban destinados a la lectura". Fue así como "se creó un género poético ligero para todo lo personal en toda su extensión: ataque ruego y defensa", razón por la cual los actores cómicos y trágicos comenzaron a hablar también en yambos, pues así se marcaba la personalidad:

> Era la forma métrica del individuo hablando de sí y para sí, mientras que el dáctilo y el hexámetro se adecuaban al relato heroico. La elegía es la forma de ánimo que se expresa en palabras y en cánticos, con un contenido y un dolor de tipo general.[230]

Arquíloco funciona aquí por lo tanto para este género como centro de ordenación, como "su comienzo y su final". Y lo que sucede más adelante cuando el yambo se convierte en λεκτικὸν μέτρον o metro conversacional es sólo un *desgaste* de su carácter originario, es decir una generalización y pérdida de calidad.[231] En paralelo a este desarrollo, el troqueo, de origen itifálico, pasa de ahí a la poesía dramática de los dramas satíricos precursores de la comedia. Pero en lugar de debilitarse, "va paulatinamente *ennobleciéndose*, de manera también *personal* aunque más elevada que el yambo, siguiendo vinculado a la música y *sin* volverse λεκτικόν". Como el trímetro yámbico, también en el tetrámetro trocaico se produce una ligera transformación, pues con Arquíloco "se convierte en métrica [*Metrum*] del individuo" y "se canta en tetrámetros a personas *particulares*". Pero a diferencia del yambo, su ritmo específico le impide romper su originaria vinculación rítmica con la música, hasta el punto de que cuando aparece en la tragedia lo hace ennobleciendo el efecto de las canciones del coro ("Sobre todo Esquilo compuso sus coros más sublimes en troqueos sincopados")[232] y cuando aparece en los diálogos de la tragedia (Frínico, Epicarmo, Esquilo) lo hace como contrapunto intencionado.

En resumen, se puede decir que, con el decurso de su devenir histórico y en contacto con otros géneros mayores (comedia, tragedia), "tanto el ritmo yámbico como el trocaico *modifican* su carácter", aunque debido a la naturaleza de su ritmo *no* en la misma dirección. De un comienzo satírico-personalista, "[e]l [ritmo] yámbico se convierte, bajo la forma del trímetro, en el metro del individuo, libre de canto, en λεκτικόν, que idealiza en cierto sentido el ritmo corriente, desapareciendo lo satírico"; y en la forma de canto musical, "se vuelve apasionado, doloroso".[233] El troqueo, por su parte, "[e]n la forma del tetrámetro se convierte también en lenguaje del individuo, aunque permaneciendo, en parte, cántico, y *sin* perder el carácter musical". Como en el caso del resto de los géneros, es esta pérdida o no-pérdida del carácter lírico de ambos ritmos lo que, a la postre, constituye para Nietzsche la condición definitoria de su brillo o degeneración:

> Los coros trocaicos se hacen cada vez más solemnes y majestuosos, alcanzando en Esquilo su punto más álgido. El ritmo trocaico alcanza mucha mayor altura que el yámbico en los coros, de igual manera que el tetrámetro trocaico tiene algo elevado en comparación con el yámbico. Es decir, que considerado en su totalidad, el desarrollo del troqueo es todavía más grandioso que el del yambo.[234]

2.5. La comedia

El § 10 de HLG I/II está dedicado a la comedia. A decir verdad, y a la vista de sus apuntes y sus lecciones, éste es el único lugar en el que Nietzsche se ocupa de manera exhaustiva de este género. Se trata ciertamente de un género de análisis complejo, ya que no nos ha llegado acerca de él tanta información como por ejemplo acerca de la tragedia. Como ha hecho ya en otras ocasiones, Nietzsche comienza este parágrafo con la discusión sobre la Historia y la ante-Historia (*Geschichte/Vorgeschichte*) del género, y lo hace de la mano de un pasaje aristotélico, uno de los escasos lugares en los que Aristóteles discute sobre la comedia en su obra. Pues para el filósofo (y filólogo) estagirita, todo lo que precede a las formas acabadas que llegan hasta nosotros es un territorio oscuro y desconocido que no ha suscitado un afanoso interés:

> Las transformaciones de las tragedias y aquellos a quienes se debieron no nos han pasado desapercibidos, mientras que la comedia, por no haber sido tomada en serio desde el principio, se nos ha escapado. Pues fue tarde cuando el arconte concedió el coro de los poetas cómicos, que hasta entonces eran espontáneos. Cuando ya tenían sus estructuras, empiezan a recordarse los poetas cómicos. Pero quién proporcionó las máscaras, los prólogos o el número de actores y todo lo de ese género, esto es algo que se ignora.[235]

Este desapego general hacia todo fondo precedente es, como ya sabemos, un vicio con no pocas repercusiones, pues con él se intenta definir el objeto a partir de nuestras limitaciones aunque olvidándolas como tales. Para el caso de la comedia, esto ha llevado también a aquella consideración teleológica según la cual los géneros lo son en relación a su función, y ésta en relación a sus formas acabadas. Aristóteles, quien igual que Nietzsche organiza los géneros en razón de las formas de imitación,[236] tiene bastante poco aprecio por la comedia, pues, al contrario que la tragedia y sus argumentos nobles, la comedia "es la imitación de individuos de más bien baja ralea".[237] No obstante, es el mismo Aristóteles quien reconoce un estadio anterior al fenómeno de la comedia ateniense, pues como dice Nietzsche: "Para la época en que Magnes y Quiónides florecían en Atenas, *había ya*, como puede deducirse a partir de Aristóteles, máscaras cómicas, prólogo, y un cierto número de actores."[238] El famoso pasaje del capítulo 3 de la *Poética*, en el que Aristóteles pretende resolver "*el problema histórico* de si es a los atenienses o a los megáricos a quienes corresponde el origen de la comedia",[239] no llega a ninguna conclusión vinculante, si bien por otro lado—revela Nietzsche—sí que da a entender que existe un sedimento anterior a la forma ateniense:

> Según vemos, pues, Aristóteles *no* discute la existencia de una comedia megárica, sino que presenta el problema de si ésta es *más antigua* que la ática, de si los atenienses aprendieron de los megáricos o más bien los megáricos de los atenienses.[240]

Que la historia de la comedia comience para Aristóteles donde comienza la historia documentada de la comedia de Atenas no significa, por tanto, que ésta no sea deudora de una base orgánica que le precede.

*

Nietzsche va a estudiar esta base orgánica a través de sus genealogías, y para ello recorrerá el árbol genérico de la comedia desde antes de la comedia antigua hasta la comedia nueva, pasando por la comedia media a partir de Aristófanes. De Crates hacia atrás, Nietzsche encuentra tres influencias principales que definen el fenómeno cómico tal y como llega hasta nosotros: la antigua procesión de la *canción fálica* y su desarrollo en parábasis, el *sainete con máscaras*, y la *imitación de la forma mayor de la tragedia*.

La idea de que la comedia nace en las canciones fálicas es una idea ya presente en Aristóteles.[241] Esta canción fálica deriva por sí misma en parábasis, "un pequeño festival compuesto a la manera del antiguo κῶμος [fiesta con cantos y danzas en la calle]" que más adelante acaba añadido a la comedia como entreacto o *Intermezzo*. La parábasis no siempre se da completa, pero cuando sucede, se divide en siete partes: κομμάτιον (pequeño preludio lírico en pequeños versos; es recitada por el líder del coro, "evidencia[ndo] la relación del poeta con el público"), παράβασις o anapestos en tetrámetros, μακρόν o asfixia (transición al canto en el que el coro se volvía de la escena hacia el público, precediendo al párodos en la tragedia), ᾠδή y ἀντῳδή (oda y antioda, cantadas probablemente por semicoros; su tema es "la celebración de la divinidad a consagrar, originariamente la canción fálica, la invocación de la misma, y el ruego por la victoria"), y ἐπίρρημα y ἀντεπίρρημα (representados musicalmente con acompañamiento de flauta, y cuyo tema es "la burla de contemporáneos conocidos y de mala reputación, y la mofa con ridiculeces de todo tipo.")[242] El papel del líder del coro tomando la iniciativa (ἐξάρχει) es según Nietzsche una de las líneas que conducen a la tragedia y a la comedia.[243]

Del sainete con máscaras, Nietzsche se limita a un breve apunte, meramente para señalar que viene en relación con el κῶμος sólo que esta vez "representado por una compañía de encapuchados".[244] Nos ofrece, además, la comparación con los sainetes de carnaval alemanes, junto con una relación de títulos de este tipo antiguo de comedia.[245]

Y respecto a una tercera línea de influencia, Nietzsche la encuentra en la imitación paródica de la forma principal de la tragedia. Éste fue un fenómeno que surgió poco a poco de manera no intencionada, cuando "los poetas fueron cayendo en la parodia de la tragedia y de la lírica más elevadas".[246] Así por ejemplo: "En las odas, Aristófanes comienza a menudo con los versos de cualquier poema lírico famoso, para continuar con la misma métrica." Como señala Nietzsche, esta forma paródica "tenía las mismas localizaciones y las mismas cifras que ésta (dos actores, y más adelante tres)". Pero la diferencia reside en su ἦθος o carácter, o sea en sus efectos divergentes, pues mientras "[l]os cánticos de la tragedia incluyen el διασταλτικόν, expresión de la μεγαλοπρέπεια y del ánimo masculino; los de la comedia, en cambio, el συσταλτικόν, que producen ταπεινότητα καὶ ἄνανδρον διάθεσιν". Los cánticos trágicos buscan un estado magnífico de éxtasis y exaltación por la música, los cómicos en cambio un desánimo retraído. Este efecto contrario, como decimos, se buscó asumiendo formas parecidas, pero ridiculizándolas. Al igual que en la tragedia había πάροδοι, στάσιμα y ἐπεισόδια, también así en la comedia. Lo mismo se aplica a los coros. Pero lo hacían para, como describe Nietzsche, "reí[rse] del desmesurado edificio que los trágicos construyeron con las palabras." Aristófanes aprendió de su odiado Eurípides el fino lenguaje de la tragedia (Cratino se mofaba de él por ser εὐριπιδαριστοφανίζων); y lo mismo con Eurípides, con quien el género cómico en general no tuvo ningún tipo de complacencia.[247] Si la tarea de la comedia es burlarse del presente, el pasado era necesario para poner éste de relieve.

**

La comedia clásica, es decir en la forma acabada en que el fenómeno llega hasta nosotros, es un arte personalista de la burla y el escarnio. En términos generales, su forma canónica—digamos que hasta Aristófanes incluido—tiene un carácter políticamente reaccionario: se orienta contra la nueva época en Atenas, contra la ilustración y la nueva educación entera, y por ende contra el partido democrático, lo que explica que Eurípides sea uno de los blancos más habituales.[248] Este tipo de comedia política "representa la vida política, religiosa, social, no de éste o aquel ateniense, sino del mismo pueblo de Atenas"—siendo el héroe de esta comedia "el δῆμος reunido en el teatro ateniense, que se reconoce a sí mismo en la escena, se ríe, se mofa de sí, se regocija en sí mismo" a través de absurdos y contrasentidos. Nietzsche subraya aquí que estos comediógrafos se encuentran en relación con los jóvenes ricos aristócratas, "dejándose guiar por ellos en cosas como la opinión en política". Detrás de estos ὀλίγοι y de las costumbres tradicionales se encontraba, por lo demás, el apoyo explícito de la población campesina, de tendencias siempre conservadoras. El modelo ejemplar en este sentido es la comedia de Aristófanes, quien luchaba con toda dedicación contra la penetración del elemento democrático en el teatro. Todo lo contrario que Eurípides para la tragedia. Cómo se llegó a esta identidad del género con estos rasgos particulares, y qué sucedió después, esto es pesquisa de la historiografía de las unidades de poder. Nietzsche hace para ello un recorrido desde las primeras formas acabadas del género a las formas últimas y degeneradas, es decir desde la comedia antigua hasta la comedia nueva. Ese desarrollo guarda una muy estrecha relación con ciertos factores políticos y con el triunfo final de la democracia.

Así, antes de Crates la primera comedia (lo que hoy se conoce como comedia arcaica) comenzó en Sicilia con Epicarmo y Formis, quienes implantan las obras de personaje (el campesino, el embajador, el zángano, el borracho).[249] Nietzsche cita aquí el *Suidas* para añadir que, en paralelo a Epicarmo en Siracusa, Atenas tenía a Euetes, Euxénides y Milos. Nos movemos en torno al año 480 a.C.[250] Pero como señala Nietzsche, "[e]sta generación no tenía ningún tipo de reconocimiento por parte del Estado, y era de manera voluntaria que los amigos de la máscara cómica llegaban a juntarse." En otras palabras: "ἐθελονταὶ ἦσαν [eran voluntarios], que decía Aristóteles." Era un espectáculo de comparsa, que iba de un lugar a otro representando la misma obra en diferentes lugares.

Hasta ese momento, estas compañías gozaban de absoluta libertad a la hora de elegir el número de sus figurantes, preferentemente con una gran cantidad de actores. Sin embargo, a partir de un determinado momento, la comedia fue reconocida por el Estado.[251] Y alrededor del 470 a.C., por una cuestión fundamentalmente financiera, se estableció la primera sanción literaria con una cifra determinada de 24 coreutas y dos actores (es decir tantos actores como la tragedia, y la mitad de los coreutas), marcándose así la primera estructura organizativa cómica. En torno al año 460 a.C., tenemos a Magnes, Ecfántides y Quiónides ("los primeros comediógrafos de los que se conservan noticias de un triunfo escénico"),[252] un dato con el que damos por tanto por hecho que a partir de este momento existe un *certamen* para la comedia, inaugurándose así la historia documental de la comedia en Atenas. Con estos tres autores, además, empezamos a tener comedias escritas—no obstante su brevedad—[253]pues hasta entonces todas las comedias eran "completamente a-literarias" (*ganz unlitterarisch*). Este período de la comedia o *comedia antigua* se extiende hasta el año 430 a.C., con la primera representación de Aristófanes. Hasta ese momento, y a falta de conocimiento de autores anteriores[254], tenemos a Cratino, con seis victorias en las Dionisíacas urbanas y tres en las Leneas y quien gustó de construir el coro con varios miembros; y a Crates, un antiguo actor de Cratino—emancipado igual que Ferécrates como autor, como luego sucedería en el caso de la tragedia—cuya importancia estructural radica en ser, en palabras de Aristóteles, "el primero que abandonó la forma yámbica y se puso a componer argumentos y tramas de carácter general".[255] Antes de Crates, la comedia era una ridiculización personal de un suceso real. Pero con él se introducen por primera vez argumentos imaginados[256], "nada personales y nada políticos".[257] Dentro de este período tenemos también a Teléclides, Hermipo, Éupolis, Filónides y Frínico.[258]

Con el abandono paulatino de la forma yámbica y su correspondiente reestructuración epocal de la mano de la introducción cratesiana de "pinturas costumbristas",[259] entramos pues en el período de la *comedia media.*[260] El orden fundamental viene aquí organizado en torno a Aristófanes, a quien Quintiliano citaba entre uno de los principales comediógrafos.[261] Se trata aquí de un autor de tendencias esencialmente conservadoras, y opuesto profundamente a toda política de Pericles,[262] lo que se demuestra de manera patente en sus tendencias pacifistas (por ejemplo en *Las acarnienses, Lisistrata,* o *La paz*) y su "cierta complacencia y sumisión frente a Esparta".[263] Si bien, como añade Nietzsche, no se trata sólo de la oposición a una política bélica ("[n]o es sólo la política belicosa de Pericles lo que el poeta combate de manera especial"),[264] sino del desacuerdo con una tendencia que él considera demagógica. Es de ahí, por tanto, de donde "surgen tanto el odio contra Sócrates, el ingenioso sistematizador y desintegrador, como el odio contra Eurípides, el poeta dialéctico".[265] La lucha contra Eurípides se materializa en el tema principal de *Las Tesmoforiantes*, y la polémica con Sócrates en *Las nubes*,[266] en la que además "se atrevió a llevar a la escena y a ironizar toda la cultura filosófica de su tiempo".[267] Pues aunque no dejara de faltarle "la concepción política necesaria para juzgar sobre política, el profundo sentido ético para juzgar en torno a los caracteres, la formación científica para poder incluso entender el nuevo espíritu",

> [s]in embargo, la fuerza y la polifonía de sus ocurrencias cómicas son tan grandes, tan única su potencia para hacer sonar toda la escala desde lo muy sublime hasta la última inmundicia; posee una rapidez en cierto modo instintiva para acertar a comprender los puntos oscuros de una época y de una tendencia, teniendo así razón *tan a menudo* sin poder justificarlo (¿por qué?) o justificándolo equivocadamente, que puede decirse que es la más extraordinaria caricatura de reformador y crítico que haya existido, un Arquíloco sublimado, una explosión de la enorme virulencia que existía en el genio griego, transfigurada por todas las artes y por todo ese talento que sólo podía poseer un lírico, músico, trágico y comediógrafo griego. Y es que Aristófanes podía hacer todo cuanto quisiera.[268]

De entre los más de 50 dramas que han llegado de él hasta nosotros, no deja de percibirse una cierta *decadencia* en sus últimas obras. Pero esta decadencia, argumenta Nietzsche, no debe atribuirse a las limitaciones que trae la edad, sino más bien "al triunfo total de la democracia, [y con ello] al empobrecimiento de las familias de las que antes se reclutaban los coregos".[269] Si antes de la democracia la inversión en la manutención y cuidado de los coreutas era casi comparable a la inversión en una campaña militar,[270] ese dispendio fue paulatinamente desapareciendo, y así también el coro y la concepción misma de la comedia media hacia una *comedia nueva* ("Cuando, finalmente, desapareció el coro, la comedia se había convertido en algo completamente nuevo.")[271] Nietzsche añade además a las causas de esta transición la ruina económica y moral de los aristócratas como consecuencia de las guerras y de los frecuentes cambios constitucionales, pues ahora empezaba a faltar "el suelo político del que había surgido anteriormente toda aquella estructura" y así, y bajo auspicio de la educación universal, "[s]e había agotado el ímpetu combativo contra las nuevas costumbres, contra el nuevo espíritu".[272] Abandonando los comediógrafos la protección de los *oligoi*, empiezan a adecuarse a un nuevo gusto de la época, donde el tema general es "la ridiculización de los antiguos mitos (la parodia mitológica) y de la forma en que éstos habían sido usados por los poetas". Asistimos aquí a la desaparición al completo de la comedia política, pues si la comedia en su sentido canónico de lo que se burlaba era del presente revolucionario, ahora en cambio la comedia nueva va a preferir burlarse del pasado:

> Esta línea es continuada por la comedia media, fiel al espíritu de Eurípides (incluso en el lenguaje), en cuyas reelaboraciones nos salen, a veces, al encuentro duros juicios sobre poetas anteriores. El cambio completo de punto de vista que caracteriza la comedia nueva frente a la antigua puede verse, sobre todo, en que la admiración apasionada de Eurípides y de los nuevos ditirambos y música nómica

> [*Nomenmusik*] es ahora tan universal como antes lo era la más encarnizada hostilidad (esta fiebre se volvió luego objeto de comedia, dándose el caso de varios títulos φιλευριπίδης [Amigo de Eurípides].[273]

En una línea muy parecida a la de la perfección teleológica que seguía respecto de la tragedia y por la que consideraba a Eurípides el τραγικώτατος, Aristóteles considera esta comedia nueva más elevada que su precedente, ya que para el estagirita sólo son verdaderamente poéticos los caracteres universales[274] y en este nuevo tipo de comedia o *comedia nueva* "[h]ay que subrayar, ante todo, que el elemento satírico-personal y las alusiones a la época *en gran medida desaparecen,* pasando a un primer plano la descripción de situaciones universales y de tipos fijos, tales como clases sociales, caracteres, o profesiones".[275] Nietzsche, en cambio—y como había hecho ya también para la tragedia, contradiciendo a Aristóteles—deja entrever un cierto desapego hacia este nuevo tipo de comedia, fundamentalmente por tratarse de un fenómeno de degeneración en el que se han perdido las raíces musicales. Un producto en definitiva típico de la época alejandrina. Entre los poetas de esta comedia nueva destacan, sobre todo, Menandro de Atenas, Filemón de Solos, Dífilo de Sinope, o también Apolodoro de Gela, Apolodoro de Caristo, Filipides o Posidipo entre otros autores menos conocidos.

***

Con el análisis de la comedia política y el desarrollo hacia su degeneración, Nietzsche ha expuesto al auditorio la manera en que ciertos acontecimientos acabaron organizando ciertas líneas fluidas de influencia en torno a un sistema genérico. Ese desarrollo, recordamos, comienza con las canciones itifálicas, los sainetes con máscaras y con las imitaciones paródicas para confluir en torno al nodo de la comedia en Atenas. De la mano de unos primeros acontecimientos organizativos (el reconocimiento estatal, la sanción literaria y el establecimiento de la cifra de actores y coreutas) se da un salto epocal cualitativo y se organiza un nuevo tipo de unidad con sus correspondientes edades. Por lo demás, el contexto socio-político y la lucha política entre clases marcarán el éxito o declive organizativo de unos autores frente a otros.

La comedia en Atenas no fue, sin embargo, el único género cómico en la Hélade. En una especie de añadido a la discusión al parágrafo, Nietzsche subraya el carácter excepcional del fenómeno cómico ateniense, y menciona también diferentes tipos de comedia no propiamente atenienses, tales como la espartana, la de Tebas, la de Megara, Rodas o el sur de Italia:

> Hemos considerado hasta ahora el desarrollo ateniense de la comedia. Parece casi inconcebible que esta sola ciudad experimentara tal desarrollo, cuando los condicionantes necesarios—las fiestas de Deméter con su doble faz y las *ithyphallika*—fueron patrimonio común de todos los griegos. Sabemos también, en efecto, de otros comienzos más rudimentarios, como por ejemplo que en *Esparta* hubo actores cómicos, los δεικηλικταί [mimos, bufones], que llegaron a constituir toda una clase profesional (δείκηλον = μίμημα o μιμηλά), añadiendo también a eso las βρυαλλικταὶ [especie de danzarines], las que representaban papeles femeninos acompañados por canciones y algo de burla. En Tebas hubo μῖμοι [mimos], y se les llamaba ἐθελονταὶ [voluntarios]. Algo se sabía también de una comedia *megárica*. De Rodas procede Anteas (de Lindos), quien, al parecer, compuso allí comedias, hacia el año 600 a.C. En la Italia meridional, los cantantes itifálicos eran llamados φλύακες [bufones], una denominación que se conservó después para comediógrafos como Rintón de Siracusa. Un fragmento de Epicarmo menciona a Aristóxeno [contemporáneo de Arquíloco], habitante de Selinunte, una colonia megárica, como el primero que introdujo los coros yámbicos sicilianos, habiendo escrito comedias en dialecto dórico. Por otra parte, en Siracusa había danzantes miméticos, los ὀρχησταὶ.

De este tipo de géneros menores hablará en el siguiente parágrafo, de sobretítulo eliminado, dedicado a los diferentes géneros menores de la poesía.

2.6. *Diferentes géneros menores de la poesía*

En el texto de HLG existen dos parágrafos numerados por igual "§ 11", uno dedicado a los diferentes géneros menores de la poesía, el otro a la literatura filosófica. La diferencia reside en que mientras el sobretítulo dedicado a la literatura filosófica se mantiene firme, el de los géneros menores de la poesía figura en cambio entre corchetes, los que significa que fue corregido por Nietzsche en una segunda lectura y no debiera aparecer como parágrafo independiente sino posiblemente acompañar al parágrafo anterior sobre la comedia ática. No obstante, y siguiendo la lógica organizativa de los géneros-sistema, este sobretítulo no está en realidad de más, y los géneros menores de la poesía sí deben constituir un parágrafo propio, pues no son en ningún caso un desarrollo o desviación de la comedia ateniense sino unidades genéricas paralelas que se dan en otras ciudades de manera soberana a partir de bases comunes a la de Atenas.

El primero de estos géneros menores tratados por Nietzsche es el de la *comedia siciliana*. Se trata del único de estos géneros poéticos menores que alcanza una significación literaria. Es un género que ya estaba estructurado como tal antes de las guerras médicas (a partir del 499 a.C.), lo que significa que su importancia literaria precede a la comedia ateniense.[276] De hecho, Nietzsche refiere aquí la sospecha de Bernhardy de que Atenas debió de utilizar para su comedia la praxis dramática siciliana. Destacan tres autores: Formis, Deinoloco, y Epicarmo. Éste último es sin duda el más señalado, cuyas obras dice Nietzsche poder dividirse en tres grupos: *parodias de mitos y de Homero*, *obras locales* con imágenes de la vida privada, y *comedias más costumbristas* donde ya se daban las máscaras de personaje.[277] La comedia de Epicarmo es también una comedia de burla. Pero: ¿cuál es aquí su objeto? Epicarmo es un filósofo pitagórico, con influencia de Jenofonte. Su empeño por tanto es la crítica de las creencias populares:

> Epicarmo pertenece al círculo de los ilustrados, como Empédocles, ya que ambos encontraron en Pitágoras una base nueva y más seria, y querían sacar al pueblo del irreflexivo mundo de los mitos: Empédocles busca la fundamentación científico-natural de los dogmas pitagóricos, y Epicarmo busca cuanto menos demoler aquel mundo mediante la burla, dejando caer ocasionalmente alguna que otra palabra más consistente.[278]

La comedia de Epicarmo, Nietzsche la pone en relación con el segundo de los géneros menores: *los mimos* de Sofrón de Siracusa. A Sofrón, por el argumento de la trama y la forma de imitación (ὡς μιμεῖται) Aristóteles lo considera un poeta;[279] y Nietzsche por ende también, si bien por regla general no se lo suele considerar así ya que a primera vista "los mimos de este autor no se diferencian, en la forma, del diálogo en prosa". La sutil diferencia dice Nietzsche localizarse en la elección de los personajes, "pues Sofrón no presenta en el diálogo sólo a hombres sino también a mujeres"—cosa que por otro lado se debe a su condicional personal, ya que era herrero, "de lo que se explican sus escenas en *Las nubes*, así como su lenguaje y sus chistes más propios del pueblo". Se trataba, como dice Nietzsche, de "un agudo observador de la vida la cual calcaba con toda fidelidad".

Los mimos llegaron hasta Atenas de la mano del mismo Platón.[280] Como dice luego Nietzsche en HLG III, los mimos son un arte sin posteridad, es decir compuesto para la pública representación en el momento.[281] La base es la establecida por Epicarmo y Sofrón, muy "en relación con el lenguaje cómico y burlesco de los itálicos, especialmente con los tarentinos",[282] sólo que en Epicarmo y Sofrón se ofrece de manera más elevada y unificada. En razón de su argumento surgen así diferentes tipos de mimos para la ocasión, tales como el mimo de boxeadores, el de ditirambos, el del cíclope y Ulises, el de profesiones, el de costumbres, etc.[283] En razón de sus forma de imitación, se dividen en ὑποθέσεις (largos y con forma de drama, con una trama precisa) y παίγνια (ejercicios de habilidad, malabaristas, danzas, etc.). Los mitos de Sofrón renacen luego en época helenista en los εἰδύλλια o "poemitas" de Teócrito de Siracusa, con las que describió la vida de las clases inferiores—y no sólo la vida pastoril por la que luego serían llamadas βουκολικά.[284]

Además de la comedia siciliana y los mimos, tenemos además toda una serie de géneros menores, tales como la ἱλαρῳδία, una canción jocosa *parodia de la tragedia*, y la μαγῳδία, una *parodia de la comedia*—dos géneros con los que el φλύαξ, con autores como Rintón, está en relación cuando transforma lo trágico en burlesco. Existe también la *parodia homérica* (por primera vez en escena en el 413 a.C., Hegemón de Tasos fue el primero en tratarla como forma poética en sí misma).[285] Y Arquestrato de Gelea "parodió la poesía didáctica (Teognis, Hesíodo) así como las periégesis y los periplos en prosa de los historiadores antiguos".[286] Surgen también *parodias de las obras gastronómicas* y también *parodias de la poesía erótica*. Todos estos son géneros que nacen de la misma base representativa que la comedia, pero que evolucionan por sí mismos tomando como objeto de burla géneros mayores.

2.7. La literatura filosófica y el nacimiento del género científico

A continuación del parágrafo sobre los géneros menores de la poesía, sobretitulado como § 11 aunque luego corregido, nos encontramos con un nuevo § 11, el cual esta vez sí da toda la sensación de ser una ordenación definitivamente elegida por Nietzsche. Se trata del "§ 11. La literatura filosófica", y en él se explica, de la mano de sus autores y obras, el nacimiento, decurso y destino de la *Sprachkunstwerk* filosófica a través de la interacción de sus diferente subgéneros. No se trata por tanto de una exposición en sentido estricto de los diferentes sistemas filosóficos—cosa de la que ya se ocupa en otros lugares de su obra con mayor profundidad tales como *La filosofía en la época trágica de los griegos* de 1873, las lecciones sobre los filósofos preplatónicos de 1872, etc.—sino más bien de su carácter específico dentro de la historia de la literatura griega como unidades de fuerza y su lugar dentro del desarrollo vivo de la misma. El hecho de que cada uno de sus subgéneros no sea presentado por Nietzsche como unidad estructural de poder al mismo nivel que los otros géneros anteriormente presentados sino como partes subalternas de un género en sí mismo, esto tiene que ver, en último término, con el carácter lógico mismo de la exposición nietzscheana acerca de los rasgos específicos del decurso histórico de la literatura griega, es decir con los fines histórico-críticos de su exposición. El orden de estos subgéneros es en ese sentido un orden lógico-cronológico orientado hacia la reflexión general sobre el carácter y destino de la literatura griega que luego explicitará en HLG III.

El § 11 sobre la literatura filosófica comienza, como todos los otros parágrafos, por su comienzo histórico, es decir con los primeros testimonios que han llegado a nosotros sobre este tipo de *Sprachkunstwerk* u obra de arte del lenguaje, y la cual evidentemente presupone un subsuelo ante-histórico de relatos e influencias, muchas de las cuales ya hemos ido analizando de la mano de otros factores Culturales y otros géneros literarios. Así, antes de Anaximandro "existía una literatura semifilosófica, mezcla de elementos míticos y abstractos", como en el caso de las teogonías órficas y de la primera cosmogonía en prosa de Ferécides de Siros.[287] No se sabe muy bien si la existencia de estas teorías órficas son exclusivamente posteriores a Homero, pues como advierte Nietzsche: "El silencio por parte de Homero puede muy bien explicarse por la contradicción en la que se encuentran la tendencia órfica y el espíritu del poeta."[288] Sea como fuere, desde comienzos del s. VI a.C. la doctrina órfica sale a la luz, desarrollándose "una rica y poderosa literatura, si bien todavía anónima".[289] Algunos autores como Onomácrito y Orfeo de Crotona (y Cércope y Zopiro) intentan conciliar la doctrina órfica y las creencias populares, pero ante esta penetración de elementos arbitrarios, los pitagóricos intervienen a tiempo para salvar la pureza de la doctrina órfica. Empezamos a encontrar composiciones como Θεολογία, en la que se hablaba de los períodos del mundo, del alma y del género humano, y que suponen "los preliminares de los posteriores escritos científicos o περὶ φύσεως".[290] Respecto a aspectos filosóficos más específicos, tales como la ética, "los preliminares se encuentran en la *poesía* y la *prosa gnómicas*, por ejemplo en las de Hesíodo".[291]

El más antiguo de los filósofos de la naturaleza o filósofos del περὶ φύσεως es Tales de Mileto (ca. 620-ca. 546). Como luego otros filósofos posteriores, Tales es un *filósofo que no escribe.*[292] Compuso obras como περὶ τροπῆς (sobre la revolución del sol) y περὶ ἰσμερίας (sobre el equinoccio). O también περὶ ἀρχῶν (sobre los principios). Pues como dice Aristóteles en *Metafísica*, la mayor parte de los primeros que filosofaron consideraron los principios de todas las cosas naturales, y lo hicieron fundamentalmente desde la materia: Tales fue el fundador de esta forma de filosofar, y encontró este principio en el agua.[293] En cualquier caso, su filosofía no se presentó en un solo escrito compacto, sino en recopilaciones de tesis y sentencias.

Prácticamente en paralelo a Tales, aunque discípulo y continuador suyo, tenemos a Anaximandro de Mileto (610 a.C.-546 a.C.). Se trata del primer autor filosófico que sí escribía. Cosa para la que, como dice Nietzsche "había entonces que tener mucho coraje"[294] ya que "antes se consideraba censurable el poner por escrito los discursos y los griegos más antiguos no lo tenían por costumbre."[295] Sin embargo, esto sólo acontecía en raras ocasiones, y la forma de estos escritos era la *compilación* de máximas generales, que nunca la exposición. Como Tales, Anaximandro "escribía sobre la naturaleza, sobre la circunferencia de la tierra, sobre las estrellas fijas, la esfera y algunas otras cosas",[296] enfrentándose como Heráclito también con aspiraciones panhelénicas "contra el mito que debilita y simplifica", y aísla y pone en peligro a los griegos.[297]

Sobre Heráclito en particular (ca. 535 a.C.-ca. 483 a.C.), Nietzsche ya había tratado al filósofo de Éfeso en sus lecciones de principio de los años 70 sobre los filósofos pre-platónicos,[298] y no hay duda de que acabaría resultando una mayor influencia en su filosofía del devenir y del eterno retorno.[299] La exposición que hace aquí en HLG al hilo de la historia de su literatura es, en comparación con esos otros escritos, más bien breve, y está dedicada mayoritariamente a las formas de su discurso. Su libro sobre la naturaleza, dice Nietzsche estar "escrito en un lenguaje audaz, enérgico, orgulloso y burlón, plástico y rico en imágenes"; y la célebre oscuridad de su estilo[300] Nietzsche la atribuye a la intención del autor de ocultar contenidos por miedo a ser acusado de ἀσέβεια, más siendo "un ferviente enemigo de la democracia, por lo que tenía que andar con cuidado para no dar motivo alguno".[301] Su obra quedaba así dividida en tres categorías o λόγοι: λόγο περὶ τοῦπαντὸς o discurso acerca del universo a partir del universo físico; λόγο πολιτικὸς o discurso político con demostraciones y ejemplo a partir de la vida social y del Estado; y el λόγο θεολογικὸς o discurso teológico como "confirmación de las teorías así formuladas a partir de los mitos de los dioses y de los nombres correctamente comprendidos".[302] Más que incidir entonces en cuestiones sobre su sistema filosófico, Nietzsche prefiere aquí discutir esta idea de los diferente λόγοι expositivos, pues al igual que en el caso de los historiadores, se trata de "discursos destinados a la lectura en público", de capital importancia para la discusión sobre la *Leseliteratur* luego en HLG III.[303]

Por otro lado, no es casualidad que todos estos filósofos procedieran de Jonia. Pues:

> El hecho de que fuera en Mileto donde Tales, Anaximandro y Hecateo sentaran las bases para un mejor conocimiento de la tierra y el cielo se explica por las necesidades navegatorias de este gran enclave comercial, de la misma manera en que difícilmente hubiera tenido Samos tales conocimientos matemáticos de no haber sido por el comercio con Egipto, conocimientos por su parte necesarios para construcciones tales como el gran túnel, las canalizaciones acuíferas o el muelle.[304]

Con esta explicación del nacimiento de la ciencia en Jonia como resultado de su posición geográfica y de las necesidades del comercio, Nietzsche socava una vez más los prejuicios clasicistas de un origen puro y brillante de la ciencia antigua.[305] Al elegir la *prosa* y no el verso como estilo expositivo, además, "vemos en el caso de todos estos jonios un progreso considerable respecto a la conformación de un lenguaje filosófico y respecto de la depuración del pensamiento".[306] Frente a una Grecia continental más conservadora, las necesidades socio-económicas de la Grecia insular invitaban a apostar por un cambio o renovación. "El primer heredero de todo este movimiento, al mismo tiempo que la primera gran muestra clásica de estilo", dice Nietzsche, "es Demócrito."[307]

La breve exposición de HLG I/II sobre Demócrito de Abdera (ca. 469 a.C.-ca. 370 a.C.) es en lo fundamental una sinopsis muy esquemática de los resultados a los que ya había llegado en el análisis de los *Democritea* de 1867/68,[308] demostrando ahora en la práctica la vigencia de dichos resultados y una continuidad con aquellos fragmentos. Lejos de un análisis de su sistema filosófico, que como decimos no es el objetivo de la exposición en HLG, Nietzsche refiere aquí sobre Demócrito el problema de la ordenación de sus escritos a partir del índice de Diógenes Laercio, basado a su vez en la previa división de Trasilo en cinco categorías igual que un πένταθλος (φυσικὰ, ἠθικὰ, μαθηματικὰ, ἐγκύκλιοι o μουσικὰ y τεχνικὰ) y en su posterior ordenación en 13 tetralogías, tal y como había ordenado anteriormente los escritos de Platón en nueve tetralogías.[309] Sin discutir Nietzsche esta ordenación en gran profundidad como ya había hecho en 1867/68, sí apunta sin embargo que "[p]or supuesto existían divisiones más antiguas" no organizadas por tetralogías.[310]

Sí que le interesa subrayar, por otro lado, que "Demócrito forma parte de los polígrafos (*Polygraphen* o *Vielschreiber*)."[311] Y añade para ello una lista confeccionada a partir de Diógenes Laercio de aquellos multiescritores de la antigüedad: Dídimo, Orígenes, Calímaco, Aristarco, Crisipo, Epicuro, Aristoxeno, Clitómaco, Apolodore, Aristóteles, Teofrasto o Jenócrates (sustituido por Jenófanes de la mano de Ritschl). En general, todos los filósofos escritores en *prosa* son hijos de la tendencia inaugurada en Jonia, una tendencia formal que avanzará paulatinamente hasta imponerse como canónica para su objeto. Mientras tanto, dice Nietzsche, todos los otros filósofos que componían en verso están tan sometidos o supeditados a la métrica que "*acabarán quedándose atrás* (zurückgeblieben)".[312] Esto supone necesariamente una pérdida en la calidad de su reflexión, con salvadas excepciones tales como Empédocles, Parménides, o Pitágoras. Respecto a este último, podríamos afinar un poco más y decir que "no forma parte de ninguno de estos grupos: él no es un poeta ni un escritor, sino el creador de una secta que adoptó determinadas ramas científicas—de una manera además que marcaría la tendencia por la que luego discurriría la prosa *dórica*."[313] Al respecto de los dos primeros, se puede decir de Parménides y su poema en dos partes que fueron compuestas por separado; y que la segunda parte o exposición del mundo del fenómeno (*Welt des Scheins*) es una cosmología que existió antes que la primera y era un contrapunto al escrito de Anaximandro, a la que luego se le añadiría "la vía de la verdad" de aspiraciones más abstractas, casi metafísicas, en la que "aparecen multitud de seres mitológicos, siguiendo el ejemplo de Ferecides".[314] Por su antigüedad y los elementos más fantasiosos con los que materializa su reflexión, no nos debería extrañar el uso de versos, si bien más adelante dos de sus discípulos (Zenón de Elea y Meliso) ya empezarán a escribir en prosa. En cuanto a Empédocles, por su parte, también él está a caballo entre dos épocas, pues mientras περὶ φύσεως y καωαμοί están ambos compuestos en hexámetros, otros como πολιτικὰ y ἰατρικὰ están compuestos en prosa. Aristóteles, en el diálogo περὶ ποιητῶν, le presenta como "imitador de Homero y admirable en la elocución, amante de las expresiones figuradas, se servía también de las invenciones de otros en el arte poético."[315] Como dice luego Nietzsche: "Empédocles es siempre el ejemplo propuesto sobre la cuestión de poner en versos esas cosas que debieran ser expresadas en prosa."[316]

En lo que concierne a los filósofos que componen en verso, Nietzsche muestra un interés específico en subrayar ese primer cambio epocal que se da cuando surge el pensamiento científico y filosófico y pugna por encontrar sus formas más adecuadas. Ese cambio, naturalmente, no fue un corte limpio, sino que hubo un período prolongado de transición donde los autores probaron ambas cosas, la composición en verso y la composición en prosa, por ejemplo Hipón, o Diógenes de Apolonia.[317] En su discusión en el § 4 sobre las construcciones con γράφος, Nietzsche subrayaba cómo la escritura es una característica esencial del prosista que trabaja para los lectores, y no, en cambio, del poeta, que piensa en términos del oyente. La prosa, en ese sentido, se denomina πεζὸς λόγος o "que va a pie", el equivalente luego en latín de *sermo pedestris*; el poeta que compone en verso, en cambio, va sentado en lo alto del vehículo. Es por eso que no sólo en Píndaro nos encontramos con la expresión ἅρμα Μοισᾶν o carro de las Musas, sino que "también en Empédocles; y es un magnífico comienzo en Parménides, cuando aparece dirigiéndose en un carro tirado por corceles hasta el templo de la sabiduría, conducido por las vírgenes solares".[318]

*

Además de este tipo de filosofía escrita en prosa sintagmática, existe un subgénero filosófico de enorme importancia para nuestra discusión: el género dialógico o *diálogo*, organizado en su forma fundamental a partir del diálogo socrático. Sócrates se revela así un autor de formidable repercusión para la historia de la literatura griega, a pesar de (o precisamente debido a) no haber dejado nunca una línea escrita de su parte. El diálogo socrático es el género literario en el que Sócrates figura como protagonista y dirige una discusión filosófica.[319] Emergiendo por primera vez en el s. IV a.C., se trata de un género completamente novedoso en el seno de la literatura filosófica, y aún a día de hoy cuesta establecer una línea de influencias en la literatura anterior que pudieran tener algún parecido directo con él, ni siquiera en la comedia o los mimos. En su discusión sobre los pre-platónicos, Nietzsche había hablado de Zenón de Elea como el primero en componer diálogos, por tratarse—de acuerdo con la descripción de Aristóteles—del inventor de la dialéctica.[320] Y ahora, para todo autor que constituye la historia del diálogo socrático como tal presupone una formación retórica:

> Así pues, no se puede perder de vista lo siguiente: que la constitución artística del diálogo socrático viene dada por quienes habían tenido una formación retórica. Pienso que Sócrates no escribió porque no sabía. La historia del diálogo socrático es difícil de conocer: a mí me parece que la forma jenofóntica de los ἀπομνημονεύματα [Memorables] es la forma primitiva, y que fue Platón (después del año 387) quien la desarrolló. En medio están Esquines y Antístenes, ambos discípulos e imitadores de Gorgias, y quizás también Fedón y Euclides. Quién escribió meros diálogos-registro y quién comenzó, sin embargo, a componer por su cuenta de forma libre, eso es algo difícil de decir.[321]

Lo importante en este género particular no es la doctrina de Sócrates, sino la discusión en sí misma como puesta en escena de varios interlocutores, siendo Sócrates normalmente uno de ellos.[322] Se trata de un género escrito también en prosa, aunque Aristóteles, acorde con su teoría de la ordenación de los géneros literarios según las formas de la imitación, la incluyera en la poesía. Por su carácter específico y fundacional, se puede decir por tanto que se trata de "un género artístico en sí mismo".[323]

Por decirlo de alguna manera, el proceso de canonización y organización estructural de este género se dio en todo momento en torno a la figura de Sócrates, tanto la ficticia como la real. No habiendo Sócrates dejado nada por escrito, fueron sus discípulos, el grupo socrático, quienes en realidad fundaron el género con su praxis. Sócrates, que según Nietzsche no sabía escribir, reproducía *oralmente* diálogos sobre encuentros memorables. Pero la constitución como género viene cuando esos encuentros se plasman *por escrito* e incluyendo a Sócrates en el mismo, y eso sólo sucede de la mano de sus discípulos. Nietzsche menciona un fragmento de Aristóteles en el que se hablaba de Alexameno de Teos como el primer redactor de diálogos socráticos[324]—Diógenes Laercio, en cambio, dijo en su libro II que fue *Simón* el zapatero. En todo caso, lo importante es que la esencia del diálogo se perfila al igual que para los otros géneros desde su génesis, y lo que surge después son imitaciones que definen y consolidan esa forma canónica. Nietzsche cita aquí a Demetrio, quien en su *De elocutione* había hablado de "la llamada propiamente forma socrática, que parecen haber imitado principalmente Esquines y Platón". Y ofrece también una relación más o menos segura de todos los autores que suceden a ese primer momento fundacional: Antístenes con sus 10 tomos de diálogos, Esquínes y sus siete diálogos, los dudosos de Fedón, los seis diálogos de Euclides, Aristipo, Hermipo, Critón, Simón, Glaucón, Simias, Estilón, Cebes o Pasifonte.[325] Destacan aquí sobre todo Platón. Y Jenofonte, a quien se considera "el primero en anotar y publicar las exposiciones de Sócrates".[326]

Desde la muerte de Sócrates en el 399 a.C. hasta la muerte de Jenofonte en el año 355 a.C., las obras de este género literario no eran del todo abundantes. Pero a partir de ahí, "todos los socráticos más eminentes acabarán escribiendo diálogos y no *συντάγμα*".[327] La cuestión entonces es saber qué fue exactamente lo que provocó este enigmático suceso. Nietzsche ofrece varios testimonios de enemistad y aversión entre los mismos discípulos socráticos (los *ἀκέφαλοι* de Pasifonte de Eretria para desprestigiar a Esquines, la rivalidad entre Platón y Esquines según Demetrio o Laercio, la rivalidad entre Platón y Jenofonte, y entre Platón y Antístenes, etc.) y formula la hipótesis de que pudo ser precisamente esa fricción agonal la que ayudó al despliegue del género como tal, y exclusivamente en Atenas. La Voluntad de Poder jugó aquí por tanto un papel creativo fundamental:

> Prácticamente pareciera que la rivalidad entre Platón, Esquines, Antístenes y Jenofonte estuviera en el origen del diálogo socrático. Por medio de la praxis, Platón atribuye un gran valor a sus escritos, pues hasta que le sorprende la muerte a los 80 años de edad nunca dejaría "de peinar, rizar y volver a trenzar una y otra vez" sus diálogos (Dionisio, *De compositione verborum*, 25).[328]

Esto explicaría, según Nietzsche, por qué "[l]a actividad de Platón como escritor comienza … sólo después de su retorno y de la fundación de la Academia, en el 388, cuando contaba más de cuarenta años."[329] Desde la oralidad de Sócrates, puesta por primera vez por escrito por Jenofonte y su forma primitiva de *ἀπομνημονεύματα* o memorables, y a partir de ahí por los discípulos de Gorgias el retórico Esquines, Antístenes, etc., fue Platón quien a partir de ese momento desarrollo esas formas hacia un nuevo nivel de estilo, de reflexión, y de organización:

> Y en cualquier caso, todo el género de σωκρατικοὶ λόγοι [diálogos socráticos] surgió sólo después de la muerte de Sócrates: es una elaboración libre sobre la base de ἀπομνημονεύματα [Las Memorables], como las de Jenofonte; y el género se desarrolla naturalmente en Atenas. Sólo cuando Platón regresa lo encuentra en pleno florecimiento y trata de competir con esta literatura, a saber, por no ir más lejos, con el *Fedro*, donde toca la cuestión esencial de para qué se escribe.[330]

Es importante para el historiador de la literatura localizar los momentos y las obras exactas con las que se dan estos giros en la biografía intelectual del Platón. Nietzsche profundiza ciertamente en esta cuestión por medio del estudio de la ordenación de sus escritos, y la expone de forma sucinta:

> Sus escritos, por comenzar desde lo más formal, han sido *ordenados* de muchas maneras, igual que los de Jenofonte—de acuerdo con Laercio, II, 57. Existe en ello toda una serie de esquemas-estereotipos o πίνακες [catálogos]:
>
> 1. Dándose una sucesión de forma consecutiva entre διάλογοι, συντάγματα, ὑπομνήματα, ἐπιστολαὶ, ἔπη [diálogos, obras doctrinales, apuntes, cartas, versos]
> 2. Haciendo figurar a la cabeza las obras con más de un libro, precediendo a todas las que más libros tienen, y siguiendo después las Μονόβιβλοι [las que componen un único libro]
> 3. Clasificando según su contenido, como por ejemplo φυσικά [las de Física] en el extremo, o ἠθικὰ o λογικὰ [las de ética o lógica]
> 4. Según el alfabeto
> 5. Según un plan pedagógico, por ejemplo, introducción a la filosofía (mayor facilidad, o mayor rapidez, para la comprensión del diálogo), etc.
> 6. El orden lo da la cronología en la composición—tal como ha sido transmitida, o tal como se presume.
>
> Laercio (III, 61) menciona además una ordenación por trilogías (la de Aristófanes de Bizancio, cinco trilogías, y el resto aisladamente), y otra por tetralogías (la de Trásilo).[331]

A lo largo de varias páginas, Nietzsche discute con la tradición y también con sus contemporáneos la autenticidad o inautenticidad de muchas de las obras de Platón (República, Leyes, El sofista, El político, Crátilo, Filebo, Menón, Eutidemo, Lsis, Laques, Cármenides, Apología, Critón, Hipas menor, Eurifrón, Fedro, Protágoras, Banquete, Gorgias, Timeo, Teeteto, etc.) para concluir, en definitiva, que resulta imposible encontrar la verdadera cronología de la composición, tanto como poner de manifiesto una evolución en Platón a partir de sus obras ("lo único que se puede probar con argumentos es que *Fedro*, *Timeo* y *Fedón* se suceden según ese orden, que *Menón* tiene que preceder a *Fedón*, *La República* a *Timeo*, y *El político* y *El Sofista* tienen que suceder a *Fedón*"), ya que "resulta insoluble la cuestión de hasta qué punto pulió Platón sus diálogos (incansablemente, según Dionisio de Halicarnaso), y en qué medida fueron reelaborados".[332] Nietzsche nos sumerge aquí de lleno en la cuestión sobre el "canon" platónico, es decir sobre qué es y qué no puede ser platónico, una historia cargada de abusos e instituida de forma caprichosa.[333] La principal idea a destacar es el carácter de Platón como *escritor*; y la tradición según la cual (Laercio, III) el primer diálogo habría sido el *Fedro*—diálogo "donde toca la cuestión esencial de para qué se escribe"—demuestra esta tendencia. No es improcedente que, en el asunto de la ordenación, Nietzsche haya sacado a colación el método de Trasilo tal y como ya había hecho uso de él en los Democritea de 1867/68, pues lo que aquí se discute es *qué es platónico* de acuerdo a su *ethos* personal. Esa cierta "hostilidad contra la enseñanza por medio de escritos"[334] que constituye el tono fundamental de *Fedro*—allí donde decía de ellos que "son útiles como recordatorio de los λόγοι reales, ὑπομνήσεως ἕνεκα [para recordar]",[335] i.e. como método pedagógico de ayuda a la memoria—no son por tanto palabras de Sócrates, sino de Platón, que nunca fue un socrático puro[336] y que estaba expresando aquí ideas propias y de la Academia. Una cierta paradoja, no cabe duda, especialmente cuando sus diálogos están tan sumamente bien escritos,[337] pero la cual revela con toda claridad la tensión general entre un mundo que se acaba y un mundo que se abre paso, y descubre el punto de inflexión epocal que decidirá el rumbo y destino del género. Nos encontramos en Platón con un autor que expresa perfectamente ese momento de intensidad en que la Grecia clásica empieza a adoptar, no sin cierta contradicción, una paulatina pérdida en oralidad y musicalidad y un nuevo emplazamiento del logos.[338] Platón toma el diálogo socrático y lo reformula siguiendo el hilo de su época:

> Tesis principal: Platón consideraba su género literario como el único filosófico, rechazando, por tanto, el género sintagmático-sistemático. Jamás toma la palabra en propia persona; su carácter es dialéctico, a veces sin conducir a ningún resultado. Los métodos dialécticos, con sus defectos intrínsecos, los considera condicionados por el carácter de la persona que habla: a los λόγοι [discursos], él le añade también ἤθη [la manera de ser]. Con la vida de Sócrates y de sus grandes contemporáneos procede de forma semejante a como los poetas procedieron con el mito, o sea, de forma absolutamente ahistórica por lo que a los elementos generales se refiere (es decir, tendencias, doctrinas, etc.), pero con un amor patente por lo singular, por lo personal, por lo extraño. Un Platón hablando por

> boca de Sócrates es, en realidad, una caricatura, pues todo el contraste entre lo interior y lo exterior, entre lo plebeyo y lo aristocrático genial, entre lo prudente-razonable frente a lo místico-profético está intensificado hasta el exceso, llegando a extremos fascinantes. El estilo es algo intermedio entre la prosa y la poesía, como dice Aristóteles (Laercio III, 37). Dicearco lo llama ampuloso, φορτικόν. En todo caso, el molde estricto de los géneros literarios queda roto.[339]

Los diálogos de Platón, por tanto, representan un momento medio de desarrollo del diálogo socrático, cargado de influencias externas pero con un carácter todavía apegado a cierta tradición. Con su estilo, a medio camino entre la prosa y la poesía, es del todo cierto que el diálogo platónico rompe el molde estricto de los géneros, y busca presentarse además como el único género viable para la filosofía, yendo más allá de la mera conversación para convertirse en dialéctica de tesis personales.

Me parece importante mencionar aquí la nota al pie en la que Nietzsche se pregunta por ese interés platónico por lo singular e individual: "Platón dice en las cartas que los diálogos son escritos del 'joven y bello Sócrates', lo que me recuerda las palabras de Gorgias (Aten. 505 D), de que Atenas hizo de Platón un 'joven y bello Arquíloco'. ¿Cómo hay que entender aquí lo de 'joven y bello'? ¿De forma idealizada? ¿O como *redivivus* [restaurado, renovado]?"[340] Pues aquí radica la diferencia entre la fase media del género dialógico o fase platónica, y la fase última del diálogo o fase aristotélica. Conocemos a Aristóteles por los logros de su obra científica, pero a día de hoy todavía no se ha discutido lo suficiente su papel como productor de diálogos, los cuales además escribía para su publicación:

> En el caso de Aristóteles, y considerándole como autor de diálogos, vemos que sacó mucho de Isócrates, no sólo al evitar el hiato, sino "flumen orationis aureum [el río dorado de su discurso]" (Cicerón, Adadem. 2, 119), o en la belleza artística de la estructura del período, como por ejemplo, en el fragmento de Eudemo.[341]

Como recuerda Nietzsche, Aristóteles fundó y fue director de una escuela retórica durante su primera estancia en Atenas (367 a.C.-347 a.C.). Se trataba de una escuela dirigida *contra* Isócrates, con quien, igual que Platón, guardaba una relación de gran hostilidad. La fundación de esta escuela retórica, empero, mostraba ciertas diferencias fundamentales a la de Platón, combinando por ejemplo la teoría con ejercicios prácticos y discutiendo sobre θέσεις con formas elegantes. Respecto a la diferencia existente entre los diálogos de Aristóteles y los de Platón, Nietzsche localiza dos aspectos fundamentales:

El primero se refiere a la inserción de un *proemio*, es decir la introducción a la materia tal y como se hacía en los poemas épicos. Recordamos lo que afirmaba Aristóteles sobre este tipo de preliminares en la *Retórica*:

> Las entradas de los discursos jurídicos significan lo mismo que los prólogos en los dramas, o los proemios en los poemas épicos .... [E]s un preanuncio del tema, para que [el espectador] vea de antemano sobre qué versa el discurso y su atención no quede en suspenso: pues lo indeterminado conduce al error. Aquel que ofrece enseguida el principio, consigue así que uno permanezca en ello y pueda seguir el discurso.[342]

La introducción del proemio en las obras filosóficas fue una práctica de Aristóteles para sus obras exotéricas o destinadas al público en general, necesitadas por tanto de una fácil comprensión—Cicerón habla de esta práctica aristotélica y de cómo luego haría lo propio con diversas obras suyas.[343] El proemio ha de guardar una relación lógica directa con el contenido introducido, y así "Proclo reprocha a los diálogos de Teofrasto y de Heráclides que sus proemios no estén en relación alguna con el diálogo que les sigue."[344]

El segundo de los aspectos diferenciales entre los diálogos de Platón y los de Aristóteles tiene que ver directamente con el problema arriba mencionado acerca de los *tipos de caracterización*. Pues mientras en la dialéctica de Platón existe todavía un interés por lo individual/particular, por el *ethos* de cada interlocutor, en Aristóteles en cambio se produce una renuncia a la caracterización individual, de manera que "la forma dialogada era el mero ropaje para la exposición de diferencias doctrinales, tomando a continuación Aristóteles mismo la palabra para verificar sus ideas".[345] Si en Platón había una renuncia explícita a la forma sintagmática-sistemática, en el diálogo aristotélico nos encontramos precisamente con su afirmación, es decir con la exposición de tesis universales, y esto requiere el uso de caracteres también universales. La misma lógica teleológica que movía a Aristóteles a valorar la perfección de las formas dramáticas en términos de la universalidad de sus caracteres[346] se aplica aquí para el género dialógico, quizás con más razón por sus pretensiones filosóficas. Nietzsche ofrece en este punto de HLG I/II una relación de diálogos aristotélicos, a menudo imitación (*Nachbildung*) de otros autores anteriores (σνμπόσιον, μαγικός, Eudemo, προτρεπτικὸς, περὶ ποιητῶν, ἐρωτικὸς). Estos diálogos aristotélicos, como dice Nietzsche, "debieron de ocupar un lugar intermedio entre las dos formas de exposición, la del diálogo platónico y las de los escritos posteriores de estructura estricta y cerrada", significando así el tránsito a una forma de exposición simplemente aleccionadora, independiente, y de plena madurez.[347]

Además del diálogo—y por supuesto aparte de la prosa científica, la cual estudiaremos a continuación—Aristóteles cultivó también el género epistolar, muy semejante al diálogo "sólo que la carta es, por así decirlo, un obsequio, permite mayor uso de giros solemnes y escogidos que el diálogo, en el que hay que encontrar el tono de la conversación improvisada".[348] Con el uso que hace en ambos subgéneros de las categorías de la universalidad, Aristóteles marcaba así un puente con el género de la prosa filosófica jónica e inauguraba las renovadas aspiraciones del género científico.

**

La exposición nietzscheana del género dialógico permite ver con meridiana claridad el comportamiento de los géneros literarios como fenómenos vivos con su nacimiento, florecimiento, y degeneración. De una emergencia relativamente nítida con Sócrates, y un florecimiento tras la muerte de éste con autores como Platón, con Aristóteles por fin el género termina decayendo en composiciones desprovistas del elemento personal, y enfocadas más bien en la exposición de doctrinas con carácter universal. El género filosófico en general, que había surgido en verso para asumir luego en Jonia su forma prosística, y luego de la pequeña desviación que supone el diálogo socrático, retoma su decurso, lento pero imparable, hacia una forma de exposición absolutamente privada de cualquier resto artístico-musical.

La historia del incipiente género científico tiene que ver de manera directa con la historia de los escritos de Aristóteles. El estudio que hace Nietzsche en HLG I/II del problema de los catálogos aristotélicos va encaminado a dirimir esta cuestión.[349] En esas páginas, Nietzsche retoma una polémica que ya había trabajado en otros lugares de su obra; y de la mano de trabajos como el de Valentin Rose,[350] Ernst Essen,[351] o las investigaciones de Christian August Brandis, discute de manera bastante pormenorizada la cuestión del canon aristotélico, de qué es auténtico y qué es espurio en la obra del estagirita. Las fuentes en cuestión son los πίνακες de Diógenes Laercio, las correcciones que le hizo Ménage a Laercio en 1663 en su *Vita Menagiana*,[352] y la relación de obras aristotélicas realizada por el comentarista árabe Dschemaluddin.[353] Éste último catálogo, en palabras de Nietzsche, "contiene las obras que nos son conocidas" de modo que a la postre nos resulta "relativamente desprovisto de valor".[354] El primero y el segundo πίναξ, en cambio, sirven para reconstruir el catálogo de la biblioteca alejandrina, y tienen una disposición bastante parecida pues *no* contienen las obras que nos son conocidas sino que "*faltan* casi todos los escritos de Aristóteles que han llegado hasta nosotros, es decir, que no se incluyen los más importantes."[355] Contra la tesis de Rose, que explicaba esto por la incompetencia del editor Laercio cuando reunió todos los escritos *no* recogidos en los πραγματεῖαι del peripatético Andrónico de Rodas (o sea precisamente todo lo que era dudoso y espurio), Nietzsche se decanta por otra hipótesis mucho más poderosa genealógicamente hablando: la de que Laercio no conoció la obra de Andrónico, siendo su índice originariamente el del biógrafo Hermipo discípulo de Calímaco "quien tiene también un πίναξ de Teofrasto" (discípulo éste de Aristóteles) y en el que "faltan realmente las obras más importantes".[356] De modo que "las obras principales de Aristóteles y de Teofrasto no fueron publicadas hasta la mitad del primer siglo a.C." cuando el sentido fluido de dicha deriva es canonizado en el catálogo de Laercio. Éste es el significado oculto tras la afirmación nietzscheana de que "[e]l catálogo de Laercio viene a representar por tanto la antigüedad."[357]

Destellos de erudición aparte, las consecuencias de este apunte genealógico son para nuestra discusión más que substanciales. Pues la cuestión que en relación al problema de los catálogos se discute de fondo es a qué clase de composiciones nos referimos cuando hablamos de las composiciones aristotélicas. En su exposición acerca del destino de las obras del sótano de la ciudad de Escepsis,[358] Valentin Rose había desautorizado toda una serie de obras aristotélicas por mostrar "una reunión mecánica de fragmentos inconexos que poseen extensión perfectamente igual de cuatrocientas cincuenta letras o un múltiplo de esta cifra", considerando por tanto como propios del filósofo sólo aquellos que no dan muestras de repetición mecánica formal. Esto equivale a decir que Rose "reduce los escritos a la obra de un pensador que se ha encerrado totalmente en la más severa especulación" y para el cual no hay lugar a tentativas de otro tipo. Rose desautoriza por la misma razón los libros de la *Política*, ya que (citando Nietzsche a Bernays) en la *Política* "no tenemos una obra compuesta y publicada de principio a fin por Aristóteles; así, los capítulos 12 y 13 del libro tercero contienen un bosquejo para la discusión de las mismas cuestiones tratadas, en parte, en los capítulos 9, 10, 11, y en parte en los 10 y 17."[359] Y como la *Política*, así también para *Metafísica* o *Retórica*.[360] El problema de este tipo de filología, sin embargo, es que olvida el auténtico carácter de los escritos, pues no atiende en ningún momento al *público originario* para el que iban dirigidos. De ahí que:

> Mucho más verosímil es, en cambio, esta otra hipótesis: la de que Aristóteles compuso obras para ser utilizadas *por los alumnos en sus cursos*, ἀκροάσεις [conferencias, lecciones orales], siendo éstas legadas a Teofrasto.[361]

Es decir, que la clave está en la diferencia fundamental entre los llamados ἐξωτερικοὶ o compuestos para el público general, y los llamados ἐσωτερικοί λόγοι o discursos reservados para las lecciones con sus alumnos. La diferencia específica nos la describe con precisión Cicerón:

> existen dos clases distintas de escritos de Aristóteles y Teofrasto, los unos escritos de forma fácilmente comprensible (*populariter scriptum* [escrito a la manera del pueblo]), a los que llamaron exotéricos, los otros más profundos (*limatius* [con más trabajo, con más corrección]), los cuales dejaron en forma de tratados *in commentariis* (ὑπομνήματα [apuntes]) *reliquerunt*, de manera que no parecen querer decir siempre lo mismo, sin que, sin embargo, pueda decirse que tenga lugar en general una diferencia esencial entre los filósofos, al menos entre los que he mencionado, ni que estén en desacuerdo entre sí.[362]

Esta diferencia entre discursos *exotéricos* y los *esotéricos* no debería resultarnos del todo extraña, pues hoy nos encontramos con una situación parecida cuando nos enfrentamos al *Nachlass* nietzscheano, o a sus lecciones de Basilea y el texto mismo de HLG en comparación a otras obras sí pensadas para su publicación.[363] Ambos discursos pertenecen ciertamente a un mismo autor, pero la forma de composición es indiscutiblemente diferente, pues su finalidad también lo es. Un texto compuesto de cara a su publicación no puede en absoluto tener la misma forma que uno consagrado a su difusión oral, ya que éste estará poblado de errores, dudas, repeticiones y contradicciones, sin que su valor se vea por ello reducido. De los escritos aristotélicos que han llegado hasta nosotros, Nietzsche no tiene ninguna duda "de que deben su origen a esos ἀκροάσεις [conferencias, lecciones]" y de que "su peculiar estado (lagunas, faltas de orden, etc.) puede explicarse [por] reelaboraciones de copias hechas por los alumnos."[364] Y como prueba, hoy disponemos, por ejemplo, de "una respuesta escrita de Teofrasto a una consulta de Eudemo acerca de la versión exacta de algunas palabras en la *Física* tal y como ha llegado hasta nosotros" ya que Eudemo, que dirigía una escuela en Rodas, utilizaba copias de aquellas lecciones de su maestro. Hay también citas en las obras que han llegado hasta nosotros que "dan prueba de que hubo también obras auténticas que se han perdido y que no se encuentran mencionadas en los catálogos, es decir, que no fueron publicadas, sino que eran también ἀκροάσεις y que desaparecieron totalmente en el sótano de Escepcis, como por ejemplo περὶ νόσου καὶ ὑγιείας [Sobre la enfermedad y la salud], o también περὶ τροφῆς [Sobre la alimentación]. Otros escritos se perdieron sólo más adelante por culpa de Andrónico, como περὶ φυτῶν [Sobre las plantas], porque éste dio preferencia en muchos puntos a Teofrasto."[365] En definitiva, "sólo los escritos exotéricos estaban escritos desde un principio para ser publicados; no, en cambio, los otros, que sólo fueron publicados después, y por discípulos."[366] El canon aristotélico, construido a partir de los textos esotéricos tal y como ha llegado hasta nosotros de la mano de los catálogos, fue simplemente una forma viciada de convertir en virtud lo que había nacido como necesidad.[367]

Los discursos exotéricos y los esotéricos, por lo tanto, sólo se diferencian en la forma externa, mientras que en lo esencial no difieren entre sí. Nietzsche apunta rápidamente que la forma de los exotéricos era una *forma dialogada*, mientras que la de los esotéricos es la que hoy tomamos como estándar. Como advierte Nietzsche: "Este punto ha sido siempre muy poco tenido en cuenta, habiéndose abierto paso las más disparatadas fantasías sobre las dos clases de escritos."[368] Ya hemos venido a estudiar cómo tuvo lugar dicho diálogo aristotélico. Para la tradición alejandrina y posteriores, los escritos exotéricos

> no contenían la verdadera opinión del filósofo, sino que su contenido era, por así decirlo, profano, y hablaban no sólo *buscando tener* sentido, sino para la multitud afilosófica; mientras que la otra clase, en cambio ('esotérico' es una denominación muy posterior), transmitía la doctrina de un modo intencionadamente misterioso, en forma de inaccesibles alusiones. De esta forma se hizo de Aristóteles un sacerdote maestro en la ambigüedad: como autor exotérico habría renegado de la filosofía por amor de la multitud, y como autor esotérico la habría ocultado bajo enigmas.[369]

La forma hoy para nosotros canónica de Aristóteles es, en ese sentido, un producto de la tradición/transmisión (*Überlieferung*) de mano de su posteridad. Pues como autor, dice Nietzsche, "Aristóteles se mueve en lo esencial en la tradición platónica: sólo publica diálogos, es decir, escritos artísticos", y los conocimientos científicos, en tanto que materiales para sus lecciones, "son comunicados tan sólo de forma oral".[370] A partir de un determinado momento, sin embargo, estos apuntes comienzan a circular (*überliefern*) de mano en mano. Y es ahí donde se origina un nuevo género literario: el *género científico*. Nietzsche ilustra este importante momento con unas bellas analogías:

> Éste es el momento decisivo. Ya antes había escritos científicos, especialmente retóricos y matemáticos, es decir, los apuntes tomados de las lecciones por ῥήτορες [oradores] y por estudiantes de matemáticas. Pero nadie, sin embargo, los hubiera tenido por literatura: tan poco como nosotros consideramos los libros de cocina como parte de la literatura nacional. Ahora, sin embargo, comienza en el estilo y en la conformación del todo una lucha contra la forma bella, contra la prosa modelo isocrática; la literatura científica combate la artística y la relega a un segundo plano. Se escribe tal y como sale de la pluma.[371]

La génesis del género científico tal y como hoy lo conocemos y practicamos, y tras un largo periplo agonal desde sus primeros orígenes,[372] toma impulso definitivo con el uso que hace la tradición de los escritos esotéricos de Aristóteles y su promoción como norma de estilo o canon de imitación. Este fue el acontecimiento evolucionario definitivo en la historia del género científico, de influencia determinante—como veremos—para la historia de la literatura y de la Cultura a partir de ese momento. La composición artística queda relegada a un segundo lugar como forma de expresión para el pensamiento, ya que ahora no importa tanto la belleza de lo singular sino la validez de lo universal. El pensamiento clásico abandona definitivamente las formas declamativo-musicales, y se inaugura la era del "mucho escribir" (*Vielschreiberei*):

> *El mucho escribir*: ésta fue la reacción natural contra el influjo de la retórica asiática y sus todopoderosos medios artísticos: pues al desarrollo de la prosa clásica le sigue de cerca un recargamiento del lenguaje. Los filósofos ejercían de representantes de la *naturalidad*, que ejerciendo de contrapunto a lo anterior no quiere decir otra cosa que del naturalismo, del dejarse llevar con la sola aspiración de aparecer ante sí mismos con toda claridad.[373]

Para la fecha en que Nietzsche escribe estas líneas, ya no utiliza algunos conceptos; pero si las hubiera escrito en torno al momento de composición de *El nacimiento de la tragedia*, no dudaría en decir que se trata del triunfo impositivo de las tendencias apolíneas frente a las dionisíacas. A partir de ahora, los filósofos que suceden a la época, "lo mismo los estoicos que los epicúreos", todos se afanan en un estilo no-artístico (*unkünstlerischer Stil*), los primeros sin intención alguna, los segundos con toda la intención. La *Sprachkunstwerk* filosófica u obra filosófico-artística del lenguaje es ahora más explicación canónica que arte. Frente al diálogo artístico—esa tentativa de la filosofía por acceder a la verdad sin llegar a perder el sentido compartido que otorgaba su bella *lectura en público* (ἀγώνισμα εἰς τό παραχρῆμα ἀκούειν), la cual además era "el medio más eficaz para difundirlo y para provocar el deseo de poseer copias de él"—los filósofos después de Aristóteles priman el ser publicados, pues la idea ahora es que un legado escrito es un modelo de reflexión para discípulos posteriores. Así lo demuestran fuera de toda duda los preceptos epicúreos de los que Nietzsche ofrece relación.[374]

El repertorio que propone Nietzsche en las páginas finales de este § 11 de filósofos post-aristotélicos y sus obras (autores peripatéticos, estoicos, epicúreos, etc.) es sencillamente una descripción del ingreso del espíritu griego en esta nueva era de erudición. Existen todavía, naturalmente, focos aislados de resistencia, tales como por ejemplo el *estilo cínico* (ὁ κυνικὸς τρόπος o ὁ κυνικὸς λόγος)[375] "que es la unión de la más radical seriedad con el escarnio y la broma", o la *literatura humorística* de Menipo de Gádara, mezcla de prosa y poesía. Pero en líneas generales, Aristóteles es el punto de ensilladura de una Cultura que ha perdido la capacidad de sintetizar "una dirección más libre, más entusiástica" con esa otra dirección "más digna, más hierática"[376] en una composición ligera y pura con "lucidez de la composición en los detalles y en la totalidad" y liberada de la "pompa asiática" en la que siempre existía el peligro de recaer.[377] La literatura filosófica después de Aristóteles, en ese sentido, es meramente la expresión en ciernes de una Cultura erudita de la decadencia.

2.8. La literatura histórica y el comienzo del fin de la historia

El último de los parágrafos de HLG I/II dedicados a los géneros literarios, el § 12, viene consagrado a la literatura histórica. Además de lo referente a lo histórico-literario, se trata de un parágrafo de considerable importancia, por cuanto en él se trata el problema de la ciencia historiográfica y su metodología, especialmente en torno a Tucídides. Ya hemos discutido en un punto previo de nuestro trabajo el empleo que hace Nietzsche de Tucídides como punto de apoyo para su crítica a la metodología historiográfica contemporánea.[378] No incidiremos por tanto ahora en ello más de lo necesario para responder a la cuestión de cómo se configura el género historiográfico desde la lucha de sus partes elementales—algo en lo que, por otro lado, Tucídides juega evidentemente un papel fundamental. Reproducimos de nuevo la nota introductoria añadida en 1878/79 a modo de apunte personal, en la que se refleja la preocupación de Nietzsche por este asunto:

> Hay que describir la *entrada en escena* de Tucídides. Todos los historiadores se encuentran en un foro compartido: el de la ciencia y el del arte. La primera, pregunta por la mayor o menor *verdad* de lo contado; la intensificación de un sentido de la realidad no es, de entrada, el tema que estamos tratando, pues ese problema pertenece a la Historia de la Ciencia. La segunda, pregunta por el arte—la opinión acerca de él es algo que sigue siendo la misma. En sentido estricto, ambas consideraciones *están en contradicción*. ¿En qué momento florece la ciencia histórica? En el momento en el que resulta posible a ambas consideraciones *acercarse* la una a la otra. ¿Dónde se da esto en el caso de los *griegos*? [N. de N.].[379]

La pregunta por tanto en este § 12 es, igual que para el resto de los géneros en HLG I/II, la pregunta por el desarrollo histórico de la ciencia historiográfica y las condiciones particulares de su florecimiento. Nietzsche inicia su pesquisa con una nueva declaración contra el orden de los géneros de la estética moderna. Y es que, como ya ha quedado dicho, nuestro autor se acoge a la tesis aristotélica de la división de los géneros en relación a la forma de su imitación.[380] En ese sentido, por "literatura histórica" (*historische Litteratur*) entiende Nietzsche "la *prosa que relata y describe*, por oposición a la reflexiva y discursiva".[381] El género de la *Sprachkunstwerk* filosófica y el género historiográfico quedan, con ello, separados por una fina pero nítida línea dibujada por el cálamo de sus formas de exposición. Por otro lado, respecto a la cuestión de la mayor o menor *verdad* de lo contado o descrito, prima recordar que esto "no es, de entrada, el tema que estamos tratando, pues ese problema pertenece a la Historia de la Ciencia" y no a la historia de la literatura.[382] De ahí que este parágrafo de HLG vaya a centrarse, más bien, "en el arte del relato y de la descripción, en la fuerza de la exposición, en la concentración del todo, y cosas similares".

Si la literatura histórica es la *prosa que relata y describe*, entonces puede ser interpretada como continuación de la épica o poesía narrativa, aunque emancipada de ella en un determinado momento de la Historia griega. Tomada desde este punto de vista—i.e. desde el punto de vista de la épica—la literatura histórica habrá de ser considerada un mero apéndice de la poesía narrativa; y "como ésta había alcanzado ya cimas insuperables en tiempo de Homero, la historia de la prosa histórica en general es la historia del retroceso narrativo de los griegos".[383] Del otro lado, sin embargo, si la consideramos desde el punto de vista de un género independiente y emancipado de su ante-Historia nos encontramos una vez más con una entidad viva con su propia Historia, es decir con el brillo de su nacimiento, con su desarrollo, y con su declive. Éste sería en último término el objeto de una investigación histórico-genealógica propiamente dicha. Nietzsche comienza, dentro del espectro de sus posibilidades, desde ese asiento de ante-Historia, que en comparación con otros géneros sí que resulta aquí más accesible y mejor documentado. Se trata del momento en que en la epopeya se impone el interés por el contenido y "se acrecienta el sentido por lo exacto y se comienzan a utilizar antiguas anotaciones sacerdotales y relaciones de caudillos triunfadores":[384]

> el mero acopio desprovisto de forma avanza al primer plano, con relaciones de estirpes (ἠοῖαι) o conjuntos de leyendas, como en el caso por ejemplo de las κτίσεις [fundaciones], de leyendas de familias y lugares. Lo más logrado es el relato breve, una especie de novela corta. En el caso de Asio, un poeta genealógico como Eumelo, o de Cinetón, aparecen descripciones del lujosísimo ropaje

de los samios en honor de Hera; y en las Ἀριμάσπεια, se tenía una descripción de seres lejanos de fábula.

En un determinado momento de su desarrollo histórico, la poesía épica desaparece o se disuelve (*erloschen*) como corresponde a todo fenómeno vivo. Y fue Paniasis (ca. 500 a.C.-ca. 450 a.C.), tío de Heródoto, quien la hizo revivir. Nietzsche compara este lance con lo que siglos después, en los s. XV y XVI de nuestra era, el Renacimiento intentara hacer con el mundo clásico, como por ejemplo cuando Quérilo de Samos envidia a los que vivieron ὅτ ἀκήρατος ἦν ἔτι λειμών, es decir cuando el prado estaba intacto, pues según él, con sus Περσικά por ejemplo, ellos eran "los últimos en la carrera". Lógicamente, el pensamiento anti-teleológico decreta que "[c]omparado con el talento narrativo y descriptivo de Homero, [esto] significa, desde luego un profundo retroceso de estas dotes";[385] pues lo que resulta es un híbrido a mitad de camino entre la narrativa de la poesía épica, ya en declive, y el creciente sentido por lo real del cronista árido.[386] Es lo que luego se conocería como "estilo imperiódico", en jonio y preservando el carácter poético de modelos épicos—aunque no el estilo. Tucídides se referiría luego a estos autores como λογογράφος (I, 21), un término que más adelante daría mucho juego y que Nietzsche ha discutido en el § 4 de HLG I/II.

Aunque todavía no se puede hablar de un género definitivamente formado, el primero de estos historiadores en prosa, y después de la figura inventada de Cadmo de Mileto[387], es Hecateo de Mileto (550 a.C.-476 a.C.), como Nietzsche lo describe: "estadista, viajero, que vivió en la época de la rebelión jonia, y que cuenta para Heráclito entre los cuatro sabios, junto a Hesíodo, Pitágoras y Jenófanes." Elemento activo de la Jonia ilustrada,[388] con sus varios escritos "se burla de los muchos λόγοι γελοῖοι" pues "[s]u intención es la de dar a conocer lo verdadero".[389] Además de Hecateo, Nietzsche ofrece una relación de otros primeros logógrafos y sus obras, concretamente Caronte de Lámpsaco, Hipo de Regio, Acusilao de Argos, Ferécides de Leros, o Helánico de Mitilene, ya contemporáneo de Heródoto y Tucídides aunque de mayor edad. Se trata en todos estos casos de autores procedentes de Jonia, que por su situación era la zona más favorablemente situada para la llegada de noticias de países lejanos, de Oriente como de Occidente. Ellos son, como dice Nietzsche: "los sucesores de los poetas épicos, especialmente también en su propósito de escribir para la lectura en público y la consecución de premios." En estos historiadores anteriores a Heródoto no se puede hablar por lo tanto todavía de un género propio aunque imperfecto e incompleto, sino que en realidad se trata de aquel puente de "continuación de la epopeya y de los relatos breves jónicos", con autores formados por sus grandes viajes y maestros en el arte de escuchar y después narrar. La ante-Historia del género historiográfico es al mismo tiempo la post-Historia del género épico. La principal diferencia entre estos autores y los meros cronistas es, en estricto sentido, que estos primerísimos historiadores, igual que los poetas épicos, "escribían para ser después leídos en una festividad ante el público, y para conquistar así honores". Estos autores buscaban agradar y divertir (Tucídides, I, 21), y de ahí por tanto su complacencia todavía en el elemento mítico, dado que lo contrario podía no ser del completo agrado del auditorio. Sus historias adoptaban formas típicas de la poesía, a la que los oyentes estaban más acostumbrados. Y la eventual dejadez de estilo—en Helánico por ejemplo—se explica como consecuencia de esta posición respecto al público y su propósito fundamental de entretener.

> ¿Qué se sigue de la lectura ante un público compuesto principalmente por personas de la misma ciudad? Éstos quieren, en lo posible, un relato conexo, con un desenlace satisfactorio, deseando sucesos extraordinarios, excitantes; no hay más que recordar la excitación de los personajes en la Odisea cuando se les relata una historia, y cómo se ven invadidos, a menudo, por la conmoción y las lágrimas. El público quiere una glorificación de su ciudad natal, de sus propios héroes, quiere una justificación de sus hechos, algún paliativo. Quiere fortalecerse en la fe de que todo fue así en realidad y, por eso, exige una descripción lo más detallada posible, como habiendo estado presente. Posee ideas precisas sobre cuestiones éticas, y quiere que el curso de la acción responda a estas ideas.

Éste es el contexto fundamental en que apareció, con Heródoto, el arte de la historia (*Geschichtskunst*) propiamente dicho, es decir el género historiográfico tal y como lo conocemos hoy día, pues es con él con quien el arte de la narración se emancipa de la épica. Heródoto (484 a.C.-425 a.C.) fue descendiente de una familia noble de Halicarnaso. Las proximidades de esta ciudad a una comunidad jónica,[390] así como el hecho de que por aquel entonces la prosa sólo se daba en dialecto jónico, explica el hecho de que escribiese en jónico. Partidario de Pericles, fue un gran viajero, que vio y oyó mucho,[391] y con "un profundo conocimiento de las ideas políticas helénicas".[392] En esos viajes, se informa todo lo posible por los eventos y las leyendas pasadas y presentes, para lo que "[c]uida siempre de conseguir testigos presenciales, y sólo cuando no lo logra se contenta con relatos de oídas, sin mezclar nunca testimonios contradictorios":[393]

> Tenemos ahora que imaginarnos la manera como Heródoto va tomando ὑπομνήματα [apuntes] en el curso de sus viajes, la manera como reelabora partes mayores para adecuarlas a la lectura en público, y cómo, en la segunda mitad de

su vida, tiene la idea de abarcar todo este amplio material histórico y geográfico reduciéndolo a una gran obra y de acuerdo a un cierto plan.

En efecto, Heródoto compuso en Corinto, Tebas y Atenas, y según Nietzsche siguiendo a Krüger posiblemente también en Olimpia,[394] de cara a la lectura en público. De esa manera, continúa la tradición oral de la práctica épica, "pudiéndose deducir del procedimiento de Heródoto aquello que los griegos exigían de la epopeya" aunque con el auténtico mérito y novedad de la verificación de las ideas:

> un curso de los acontecimientos apasionado y directo en las últimas partes, y un curso más vacilante y salpicado de episodios en las primeras, igual que una corriente antes de precipitarse; donde pueda verse de forma dilatada la agitación interior, las direcciones contrapuestas, las dilaciones, hasta que, al fin, todo cae en un cauce y en una dirección.[395]

A pesar de sus eventuales imperfecciones de estilo, se ve en Heródoto el impulso épico "de organizar artísticamente un material gigantesco, de estructurarlo como totalidad".[396] Ésa es la gran idea que subyace detrás de su magna obra, dividida en nueve libros, de nombre ἱστορίαι (literalmente, investigaciones o exploraciones, de la raíz ἵστωρ, saber o conocer).[397] Comparte con Homero la misma elegancia de no hacer de su obra un panfleto panegírico donde se trata a los enemigos de su pueblo con desdeño; pues, como Homero, es perfectamente consciente de que "la más sutil alabanza se encuentra siempre en el hecho de describir a alguien como vencedor de un adversario poderoso y *digno*",[398] igual que había también hecho Esquilo en *Los persas.* Si bien Herodoto se distancia de la épica en que hay a la vez en su obra "una actitud sombría, una especie tétrica de reflexión, que sale a la luz, sobre todo, en las conversaciones; algo muy chocante para una naturaleza que tantas cosas encontraba dignas de ver y que sobre tantas cosas creía debía preguntar."[399] Eso le lleva en varias ocasiones a la descripción de acontecimientos de naturaleza en apariencia fantástica y poderosa, motivos por los que "[u]n autor épico en sentido puro probablemente habría hablado ahí de los dioses parándose a dilucidar", pero en los que Heródoto—a pesar todavía de la persistencia del elemento divino—renuncia a profundizar.[400] Lo divino sigue presente en él, igual que en la épica. Pero se percibe ya en este autor un anticipo reflexivo de cuño ilustrado con el que intenta influenciar las convicciones morales y religiosas y "desea influir sobre las creencias, busca adivinar las intenciones de la voluntad de la deidad".[401]

*

Si Heródoto había significado el comienzo *histórico* del género historiográfico como tal, en él se perciben todavía restos evidentes de su procedencia épica. Estos elementos van depurándose con los subsiguientes historiadores, y con Tucídides en particular:

> Llegamos así a un hombre que aparece ante nosotros como un milagro, precisamente por la ausencia de segundas intenciones religiosas, por la violenta eliminación de todo lo mítico y típico, y por una terrible ingenuidad que no nos parece *nada griega*; a un hombre que no es agonal, que no pretende agradar, que realmente no piensa en sí: a *Tucídides*.[402]

Más joven que Heródoto, podemos considerar a Tucídides (460 a.C.-395 a.C.)[403] su apasionado admirador desde niño.[404] Acerca de su ascendencia "nada griega", Nietzsche se cuida de ofrecer un árbol genealógico familiar para mostrar la procedencia tracia de sus padres,[405] lo que según él influiría en el empleo del dialecto ático,[406] así como en su estilo: evitando lo recargado, mostrándose grave, impetuoso y apasionado aunque de manera reservada; con poesía en torno a los nombres, variedad en los caracteres, dureza en la escala, y rapidez en los cambios de significado de las palabras.[407] Es verdad que podemos todavía encontrar en él pasajes de corte más herodótico. Pero "la totalidad es, sin embargo, una distensión y retención del lenguaje, a fin de privarle de lo ligero y trivial otorgándole *dignidad*". Es un estilo mil veces cuidado y reconsiderado,[408] con el que Tucídides prefiere evitar el uso innecesario de la simetría y la consonancia, así como la dicción, el asíndeton, las preguntas artificiosas y la burla y la ironía, etc., ya que su intención es más bien la de refrenar el apasionamiento y ocultar los afectos:

> "Una terrible belleza" dice Dionisio, en contraposición con la serenidad de Heródoto. La fuerza de la expresión y del pensamiento señalan la pasión interna; es la elocuencia del afecto sin acción, con cierto desprecio por los signos corrientes del afecto. Sólo unos pocos griegos comprendieron enteramente a este escritor, y es asombroso hasta qué punto un solo individuo podía en aquel tiempo apartarse del tono general con todo su carácter y su forma de expresión. *Algo* habrá que atribuir, sin duda, a la sangre tracia que corría por sus venas.[409]

La progresiva desafección por el estilo de su predecesor, y el acercamiento a un marco de lectura de los acontecimientos más sobrio, llevarían a Tucídides a esa cualidad anunciada por Nietzsche que es la ausencia de elementos *míticos* y de segundas intenciones religiosas. Esto conduce además, de manera directa, a la eliminación de la *tipificación*. Como hemos estudiado en nuestro capítulo anterior, "[e]n el caso de historiadores anteriores, lo mítico se muestra en la acción de potencias sobrenaturales, en un transcurso del desarrollo que responde a una necesidad religiosa, en la negación del proceso natural, ya sea en su totalidad o en un solo punto."[410] Es lo que denominábamos "permuta de las causalidades" (*Vertauschung der Causalitäten*), y que supone el abandono de un pensamiento mítico y la ganancia de un pensamiento racional. El proceso racionalista entrante con Tucídides para el género renuncia a exponer los acontecimientos con este tipo de ejemplos poético-modélicos que dejan de lado la particularidad, pues lo que busca afianzar es precisamente la identidad de esta particularidad. Esto, añadido a las formas sobrias de su estilo, brinda como consecuencia un tipo de relato que no es agonal, es decir, que no pretende agradar o deleitar, sino que busca la *utilidad*.[411] A diferencia de Heródoto, cuya referencia a la fuentes resultaba bastante indefinida y a la postre poco fiable (fórmulas del tipo "según los persas …", "a decir de los griegos …"; "unos dicen … otros, en cambio, sostienen …"), Tucídides en cambio describe los hechos no "tal como se los ha relatado ésta o aquella persona, ni tampoco como él se los imagina, sino de tal manera que 'incluso en cosas en las que yo estuve presente, realizo todas las comprobaciones posibles a cerca de otras personas'; es decir, sin confiar siquiera sólo en sí mismo."[412] Se trata ciertamente de la entrada en escena de un nuevo escepticismo ilustrado en relación a las fuentes y a los hechos, en este caso consagrado a la narración del pasado.[413] En cita de Nietzsche, el mismo Tucídides nos explica el criterio que ha seguido para componer los discursos en su obra:

> El principio utilizado en los discursos nos lo indica en I, 22: ὡς δ' ἂν ἐδόκουν ἐμοὶ ἕκαστοι περὶ τῶν ἀεὶ παρόντων τὰ δέοντα μάλιστ' εἰπεῖν, ἐχομένῳ ὅτι ἐγγύτατα τῆς ξυμπάσης γνώμης τῶν ἀληθῶς λεχθέντων, οὕτως εἴρηται [tal como me parecía que cada uno habría hablado del modo más conveniente de acuerdo a las circunstancias de cada momento, manteniéndome lo más cerca posible del sentido general de las cosas que se dijeron en verdad, así se ha hablado.][414]

Como luego añadiría Nietzsche en el apunte de 1878/79 recogido por la KGW:

> Sensación general: ἔργον y λόγος [el hecho y la palabra] *tienen la misma importancia* [gleichwiegend].
>
> Consecuencias:
>
> 1) el *trabajo* tiene la misma importancia; la dificultad de la tarea de la escritura. Los principios del autor están en la fijación.
> 2) La *expresión* tiene la misma importancia, la obra gana en consideración.[415]

Tucídides supone, en consecuencia, un paso adelante respecto a los historiadores anteriores. Si para estos primaba la forma, para Tucídides prima *la verdad*, siempre en busca de la soberanía del hombre excelente (τοῦ πρώτου ἀνδρὸς ἀρχὴ). Para dicha puesta en práctica, echaría mano de su propia experiencia personal: el destierro acusado de traición por la pérdida de Anfípolis fue en opinión de Nietzsche un suceso afortunado para el desarrollo de su obra;[416] y de sus relatos sobre la guerra del Peloponeso, Tucídides mismo dice (V, 26) que la presenció de principio a fin, lo que le capacitaba para hacer observaciones exactas. Es esta inclinación por la observación y la explicación exacta de los hechos lo que hoy sigue llevándonos a considerarle la primera figura de la historiografía científica en sentido estricto.[417] De estilo casi inimitable, aunque de una influencia sobre los historiadores posteriores más que determinante.

Curiosamente, la fama de Tucídides como escritor no la llegó a conocer en vida, sino que habría que esperar hasta Jenofonte, quien publicó su obra "hasta el punto mismo en el que el autor levantó la pluma". Como dice Diógenes Laercio (II, 59)—citado por Nietzsche: "λέγεται δ' ὅτι καὶ τὰ Θουκυδίδου βιβλία λανθάνοντα, ὑφελέσθαι δυνάμενος, αὐτὸς εἰς δόξαν ἤγαγεν [se dice que él mismo (Jenofonte), teniendo la posibilidad de apropiárselos para sí mismo, condujo a la fama los libros de Tucídides, que eran desconocidos.]"[418] De hecho, se puede llegar a afirmar que la razón que le movería para convertirse en escritor fue concluir la obra de Tucídides, cuya publicación le había sido confiada.[419] Lamentablemente, no llegaría a las cotas de grandeza de su predecesor. Nacido en el Ática (ca. 431 a.C.-354 a.C.), la obra de Jenofonte es el reflejo de la democracia y la educación atenienses: magnífico orador formado en la dialéctica socrática, enamorado de la palabra en público,[420] y gran lector y escritor, fuertemente influenciado por Isócrates (436 a.C.-338 a.C.) a quien conocía desde su juventud. Sin embargo, en otros aspectos—dice Nietzsche—se le puede considerar "un ateniense medio" o en torno a la media, pues carga todavía con ciertos restos de superstición.[421] Como Tucídides, Jenofonte también aprovecharía su destierro en Escilunte tras la batalla de Coronea en el 394 a.C. para dedicarse a la escritura y para concluir la obra de Tucídides. Su estilo es limpio, claro y sencillo, y su manejo del lenguaje es práctico más que artístico, "eligiendo las expresiones que tiene más a mano", sean jónicas o dóricas. Aunque no comienza con él, Jenofonte fue además un impulsor del género literario de las memorias.

Fuera del Ática, destacan también otros historiadores, tales como Ctesias de Cnido, Damastes de Tara, o Filisto de Siracusa. Éste último es considerado el primero de los continuadores de Tucídides de los que tenemos conocimiento: "*creber, acutus, brevis, paene pusillus Tuchydides* [denso, agudo, breve, casi un pequeño Tucídides] que dice Cicerón (*Ad Quintum fratem*, II, 11)."[422]

**

El influjo de Tucídides se hace notar sobre todos los historiadores posteriores, aunque naturalmente sin llegar a su altura pues, como dice Nietzsche, el estilo de Tucídides "[e]ra el estilo propio de un carácter que, imitado, sólo puede conducir al fracaso."[423] Sin embargo, la entrada en escena del orador y logógrafo Isócrates también empieza a jugar un papel importante en la constitución del género historiográfico, ya que, como recuerda Nietzsche: "nadie que escribiera y leyera mucho podía escapar en la época al influjo de las muy difundidas obras de Isócrates."[424] Tal es el caso por ejemplo de Teopompo de Quíos (380 a.C.-323 a.C.) o de Éforo de Cime (400/380 a.C.-330 a.C.), ambos alumnos de Isócrates en su escuela en torno al año 360 y en los que se percibe claramente el influjo de la epidíctica y sus fórmulas de alabanza y censura sobre el género. En el caso preciso del primero, "antes de convertirse en historiador, Teopompo viaja incansablemente asistiendo a todas las fiestas importantes, visitando las ciudades más famosas, y pronunciando por doquier discursos epidícticos"[425] con los que marcaría una influencia perfectamente visible en el género historiográfico posterior—los últimos cinco libros de la *Helénicas* de Jenofonte sin ir más lejos.[426] En el destierro (como Tucídides y Jenofonte) hasta la edad de 45 años, y de gozando de una posición aristocrática y acaudalada, esas condiciones específicas le permiten viajar, ver y conocer de primera mano, así como reunir materiales para sus estudios históricos, llegando incluso a trabar amistad con Alejandro Magno: sus *Filípicas* de 58 libros es la descripción de los acontecimientos desde la ascensión al trono de su padre Filipo II de Macedonia en el 359 a.C. hasta su muerte en el 336 a.C.[427] De temperamento agonal, "se consideraba el mayor escritor que Grecia tenía y hubo tenido",[428] y "[c]ompite expresamente con Heródoto en el relato de leyendas y fábulas, queriendo abarcar todo lo que merece la pena de ser sabido".[429] No cabe duda de que esta auto-apreciación es una exageración por su parte, lo que no quita para que Nietzsche mismo lo sitúe entre los grandes historiadores: "es el segundo después de Tucídides".[430] Con una expresión más libre, vigorosa y rica en matices descriptivos con los que captar la naturaleza íntima, y con la que él mismo creía estar superando a Tucídides, Teopompo es, en ese sentido, un paso hacia adelante en el desarrollo del género historiográfico. "[E]n otra época, otra naturaleza nos habla" nos dice Nietzsche; "y la esencia griega, por así decirlo, se revela, se muestra más emocionada, más libre, más apasionada, más patética, una diferencia que también hacen ver las grandes personalidades de este tiempo, como también las artes plásticas",[431] aunque con un acorde sentido de la verdad y de la independencia:

> En términos generales, el influjo de la elocuencia epidíctica se muestra en la estructura artística de la frase, en la construcción, y *no* en el oscurecimiento de la verdad. No se trata de manera alguna de una historiografía *ostentosa.* El peligro existía, pero de momento, no tenía efectos nocivos: los errores en la comprensión provienen de los individuos, no son efecto del estilo epidíctico.

Este nuevo avance del género historiográfico, en una dirección con cierta ganancia retórica aunque sin perder en la claridad de la verdad, se mantiene todavía bajo control con Éforo de Cime, el segundo en la escuela de Isócrates. A diferencia de Teopompo, quien era extremadamente fecundo, Éforo producía en mucha menor cantidad[432]. Mientras que Isócrates había orientado a Teopompo, conforme su naturaleza, hacia τὰς μετὰ Θυοκυδίδην ʽΕλληνικὰς [las historias de los griegos después de Tucídides], a Éforo en cambio le orienta hacia τὰς ἄνω τῶν χρόνων [las historias de los tiempos antiguos].[433] Y así, su ἱστορίαι narra desde los heraclidas hasta el año 340 a.C., revelándose como el *primer historiador de una Historia universal*—considerando como "tiempo histórico" los 735 años que transcurren desde ese comienzo hasta su presente—en un nuevo concepto de historia que luego continuarían Diilo de Atenas, y Psaón de Platea, o Menodoto de Perinto. El gran mérito de su arte historiográfico, como dice Nietzsche, es haber separado lo mítico de lo histórico. Y aunque "[e]n la Antigüedad, y por su estricto amor a la verdad, nadie le alabó a la manera en que se alabó a Teopompo, y muchos le tacharon, en cambio, de ser poco fiable"; y aunque pudiera también ser cierto que "su interpretación de los hechos es superficial, y escasa su comprensión de los grandes individuos";[434] ambas carencias no desmerecen la condición de sus sistematicidad, tanto en la reunión de los materiales como en la disposición de los libros (cada uno con su proemio). Cosa que invita a Nietzsche a compartir las alabanzas de Polibio (XII, 28) o de Niebuhr, quien lo describía así: "hombre de extraordinaria veracidad y tenía talento histórico, tanto para la crítica como para la investigación; es el primero que empleó la crítica histórica en sentido propio y en grandes dimensiones."[435]

Pero si el género historiográfico en tiempos de Isócrates, es decir con Teopompo y Éfeso, gana en estilo aunque sin perder en rigor, Nietzsche recuerda por otro lado cómo "[p]aulatinamente, después de Isócrates, se apodera de los griegos una verdadera furia por el estilo, y el placer en el arte se convierte en el placer en la artificiosidad y el rebuscamiento, con rápidos cambios de moda."[436] Dicho de otra manera, *la retórica se apodera de la historia.* Y así por ejemplo tenemos a Calístenes el Estagirita, también de la escuela de Isócrates, el primero en hacer de lo ampuloso lo sublime. O a Timeo de Sicilia. Esta inclinación por lo barroco culminará en el *asianismo* a partir de Hegesias de Magnesia (primera mitad del s. III) como el primer representante en su unidad. Es un estilo pomposo y amanerado,[437] que introdujo el gusto por las aposiciones antinaturales y el ritmo artificioso—eso que Nietzsche denomina "afeminado". Esta tendencia encontró su contrapeso, por otro lado, en una serie de escritores ajenos a la forma, bien porque quieren hacerse los interesantes como Filarco de Atenas o el samio Duris que denostaba a Éforo y a Teopompo, bien porque descuidan simplemente el estilo y piensan de un modo más naturalista al modo de los epicúreos o los estoicos, tal y como Arato de Sición, o incluso Polibio, a quien Dionisio lo incluiría más tarde en el conjunto de malos escritores. Y de quien Nietzsche subraya, además, su propensión a la falsificación dado su carácter panegírico o el recurso a lo curioso y asombroso.

**

Directamente después de Teopompo y Éfeso, se produce por tanto dentro del género historiográfico un movimiento ligeramente alarmante. Pues como decimos, ora a favor de un estilo sumamente recargado, ora como reacción a él, el caso es que súbitamente el rigor histórico comienza relajarse y empieza en su lugar a sentirse un irresponsable oscurecimiento de la verdad histórica. Nietzsche ofrece aquí una lista entera de historiadores caídos en esa nueva tentación (Calístenes de Olinto, Anaxímenes de Lámpsaco, Clatarco, Marssia de Pella, Onesícrito de Atipalea, Nearco de Creta, Andróstenes de Tasos, Cares de Mitilene, Diodoto o Eumenes), y se sirve del juicio de Arriano cuando hablaba de Ptolomeo o de Aristóbulo como excepciones a esa regla para poner de manifiesto, precisamente, la regla.[438] En una nueva época como iba a ser la época de las conquistas alejandrinas, la visión del mundo y la Historia había de verse necesariamente transformada:

> No era sólo la coacción o la recompensa lo que aquí desempeñó un importante papel, sino que, a la vista de Alejandro, lo que poco a poco se impuso fue la fantasía griega: todo lo mítico parecía superado y, a la vez, confirmado, una fe absurda en lo milagroso se extendió, y eran tantas cosas nuevas e inauditas las que se precipitaron de una vez que una verdadera embriaguez se apoderó de las mentes.[439]

En ese contexto de relajamiento del estilo y del rigor científico, tanto más destacará la *entrada en escena de la filosofía* y su metodología en el destino del género. La figura a tener en cuenta no es otra que Aristóteles. Como describe Nietzsche sin escatimar en elogios, en ese nuevo contexto de superstición y exceso formal,

> [c]on tanta mayor grandeza se destaca, en cambio, la figura de *Aristóteles*, que no es arrastrada por este estado de ánimo, sino que se hace cargo inmediatamente de la herencia espiritual de todo el pasado e incluso de aquel presente. La investigación histórica en él es, para un filósofo, algo *nuevo*. Hasta entonces se habían ocupado de la historia viajeros, estadistas, caudillos militares, oradores, pero no todavía un filósofo. Pero el punto de vista filosófico es muy importante.[440]

En efecto, para una mente como la de Aristóteles el punto de vista filosófico es una exigencia fundamental, pues éste será el encargado de ordenar y sistematizar los materiales históricos hasta la fecha. Y como ejemplo, ahí tenemos sin ir más lejos sus *Constituciones*, en las que el autor reunió y sistematizó lo que Dicearco luego llamaría Βίος ʽΕλλάδος [La vida de Grecia], pues "[j]unto a los orígenes y desarrollo de los Estados, nos encontramos con una colección de usos religiosos y jurídicos, de leyendas locales, de refranes y frases hechas, y de canciones populares",[441] organizadas todas ella conforme a un criterio filosófico. Este procedimiento sin duda recordará a la pretensión de Nietzsche en *Homero y la filología clásica* cuando reclamaba de la filología que deviniera filosofía, aunque con una importante diferencia: de donde la exigencia nietzscheana miraba el pasado de cara al futuro, Aristóteles lo hace en cambio sobre la base teleológica de que todo conduce y se agota en ese momento histórico determinado—el reinado de Alejandro Magno—, de manera que así también el pensamiento historiográfico se realiza y consuma en su propio pensamiento:

> *[E]l desarrollo en el terreno político y estético está concluso*, en la política—dice [Aristóteles]—se ha inventado ya todo, y lo único que puede hacerse ahora es reunir y utilizar lo ya hallado. El material del que se dispone es suficiente, y el resultado general, la visión científica general, no puede ya modificarse. El punto culminante de la investigación ha sido alcanzado, se ha llegado a la meta de una vez para siempre.[442]

Como recuerda Nietzsche: "[e]sta fe había de triunfar mucho más tarde y había de convertirse en una de las más terribles ilusiones que iban a pesar sobre los hombres."[443] Es la famosa *fe en el fin de la Historia*, según la cual "el curso de la historia se ha cumplido ya infinidad de veces, alcanzándose la meta, y otras tantas se ha perdido lo conquistado",[444] de lo que sólo queda ordenar sus testimonios e interpretarlos bajo el manto de la filosofía, la cual conseguirá abarcar toda esa totalidad demostrando que "nada falta" y revelando así la verdad intrínseca a ese devenir:

> Las distintas opiniones, las artes y ciencias, se han desarrollado ya innumerables veces de la misma forma, y las pocas que se salvaron en las catástrofes conservaron valiosos restos en la religión y en el lenguaje. Por motivos prácticos y políticos, estos restos se vistieron con formas poéticas; el investigador sabe, sin embargo, encontrar la verdad en los mitos.[445]

La posición aristotélica dentro de la ciencia histórica supone en ese sentido, tal y como Nietzsche mismo reconoce, "un punto terminal en el desarrollo helénico". Pues en ella se reúnen todos los materiales que el género ha ofrecido hasta allí, y estos son trabajados por el estagirita quien "[c]ritica o alaba a sus predecesores según si las ideas que mantienen coinciden o no con las suyas."

En cierta medida, sí se puede considerar la irrupción de Aristóteles y sus ideas como un punto de no retorno en el género. Hemos analizado a lo largo de todo nuestro trabajo cómo la ontología teleológica de Aristóteles tiene una repercusión absolutamente determinante en el pensamiento occidental hasta nuestros días marcando toda posible consideración del devenir y la Historia, una determinación ésta contra la que Nietzsche lucha denodadamente por desembarazarse. La idea de la Historia como una totalidad que el pensamiento ha de reflejar dentro de sí convierte a este mismo pensamiento en un pensamiento totalitario, y no hace falta nombrar a Hegel a este respecto. Una transformación a la que desde luego bien contribuyó la nueva circunstancia política de una Hélade unificada bajo el reinado alejandrino. A partir de ese momento—tal y como se extrae de la posición de Aristóteles—sólo queda reproducir esta nueva ideología historiográfica una y otra vez, limitándose a la compilación de materiales. Dicearco, Fanias de Éfeso, o Demetrio de Falero son un ejemplo de esta historiografía directamente posterior al estagirita.[446] Es en esta época cuando surgen las primeras obras históricas no destinadas a la lectura en público, ni al certamen o ἀγὼν, ni que buscan entretener o deleitar de manera artística, ni que pretenden—como sí había hecho ya Tucídides y 23 siglos más tarde retomará Nietzsche—servir de provecho y utilidad a generaciones futuras: es el comienzo de una *historiografía de eruditos para eruditos*. Dado que, como decía Aristóteles, no hay en la Historia un más allá, la exposición ordenada de los materiales es lo único que nos queda—a saber, como un fin en sí mismo:

> Es preciso en todo esto no olvidar la idea aristotélica fundamental: entre estos autores se cree haber llegado al fin de los tiempos, no se tiene confianza ninguna en el porvenir y se dirige la mirada hacia atrás. A través de esta forma de cultivar la historia nos está hablando el espíritu de la época de senectud de un gran período.[447]

En una nota al pie, Nietzsche describirá estos nuevos pensamientos como "[p]ensamientos y ciencia que abarcan el mundo entero—el final de todo desarrollo."[448] Pues todo lo que queda desde la muerte de Alejandro Magno hasta la época de los romanos es un proceso de *Vereinzelwissenschaftlichung* o pérdida del pensamiento orgánico futurible, cuyos peligros se extenderán a todas las ramas del saber hasta materializarse—ya en nuestros días—en la aporía de la ciencia que Nietzsche venía denunciando desde sus años de juventud.[449] Nietzsche llama a este periodo *in extenso* "el período erudito de la historiografía" (*die gelehrte Periode der Historie*), que él explica para el caso de la historia de la literatura griega hasta bien entrada la época de los romanos por medio de una abundante serie de autores y una serie de síntomas con los que se nos presenta a la vista, los cuales referiremos a continuación.

El primero de estos síntomas, recién mencionado, es lo que hoy conocemos como *Vereinzelwissenschaftlichung* o especialización de la historiografía y que Nietzsche describe como "división en disciplinas aisladas y subdisciplinas".[450] De donde la historiografía era hasta ahora concebida como la crónica de los hechos pasados en un relato unificado, ahora el género se abre en una ingente cantidad de ramas tales como la geografía, la cronología, los estudios monográficos, o la mera compilación de materiales carentes de elaboración, así como el arte de hacer resúmenes como preparación de estos materiales—el cual a su vez se especializa en el subgénero de la biblioteconomía y la bibliografía, y desde donde se desprenderán las famosas βίοι o *Vidas*. Nietzsche ofrece para cada nuevo subgénero varios ejemplos de autores que los practicaron,[451] destacando sin duda en el subgénero de los resúmenes el mismo Aristóteles o Teofrasto y sus manuales sobre filósofos anteriores. Acerca de la geografía, ella misma queda desglosada en γεωγραφούμενα [descripciones geográficas], περιηγήσει [descripciones de pueblos y sus costumbres al paso del viajero], o γῆς περίοδος o viajes por el mundo o por una zona en concreto. Todo ello acompañado, por supuesto, de grandes dotes de erudición.

El segundo de los aspectos sintomáticos refiere a la determinación por parte del nuevo contenido. La nueva concentración política imperante a partir de ese momento, con el fin de la era de las ciudades estado y el comienzo de la era de los grandes imperios en el Mediterráneo, implica necesariamente una ampliación universalista de los horizontes. A partir de ese momento, "[l]as dimensiones y los cometidos se extienden hasta alcanzar proporciones gigantescas". La nueva totalidad política conlleva la nueva totalidad de los contenidos del pensamiento. Donde antes "todo era más sencillo", ahora la escala de los hechos rebosa y supera la mirada, arrebatándole la posibilidad de un espíritu crítico.[452] Como consecuencia, y a falta de "grandes mentes organizadoras que hubieran podido utilizar en sentido propio esta polimatía", lo que aparecen son grandes cabezas enciclopédicas incapaces de salir de la encerrona, y con las que la historiografía acabará por hundirse del todo en la mera doctrina.[453] Existen por fortuna brillantes excepciones, aquellos a los que Nietzsche denomina bajo el signo del *Freigeist* "los más libres de todos ellos" (*am freiesten*): los que "dotados de enorme capacidad productora y facultades de exposición" consiguen sobreponerse a esta imposición del material a base de afirmar su personalidad superior. Se trata específicamente de Estrabón de Amasea;[454] Polibio de Megalópolis—el historiador universal que formula la idea universal de Roma;[455] Diodoro de Sicilia, cuya obra "presenta los acontecimientos del mundo entero 'como si se tratara de la historia de *un* Estado' ";[456] o Dioniso de Halicarnaso, Nicolas de Damasco, y sobre todo Plutarco, porque en sus biografías no gobierna el contenido sino el yo moral superior ("*weil da wirklich nicht der Stoff, sondern das höhere moralische Selbst regiert*").[457] En todos los demás historiadores de la época, "lo que hay de productivo … se muestra sólo como *copia de los antiguos maestros*; son los *inhibidos*, *los reconstructores*, los *arcaizantes*". Autores como Arriano, Pausanias, Cefalión, Uranio, Asinio, Quadrato o Herodiano de Alejandría sienten la presión de la época por seguir un modelo historiográfico determinado (con el que creían conseguirían elevar el nivel de la literatura) perdiendo así cualquier atisbo de originalidad y creatividad y convirtiéndose en imitadores de Heródoto, Ctesias o Tucídides. Entramos de lleno en la época de *reproducción* más que de la *producción*. Otros autores como Herenio Dexipo, con sus χρονικὴ ἱστορία, fueron por su lado precursores de la próxima historiografía bizantina como "suma de datos acerca del pasado".[458]

En definitiva, con esta última aproximación a lo que le sucede al género historiográfico con el advenimiento del imperio alejandrino y tras el *cierre aristotélico*, Nietzsche dibuja en estas últimas páginas de HLG I/II un horizonte Histórico en el que el género historiográfico, y la literatura y la Cultura en general, han perdido paulatinamente su fuerza constructiva para extraviarse en erudiciones y divagaciones especializadas que han olvidado su verdadera utilidad para la vida. Nos encontramos en un mundo en reajuste y transformación, en el que la historiografía, como acaba de exponer en este final de parágrafo y como había dicho también en HL,

> concebida como ciencia pura y convertida en soberana, sería para la humanidad un especie de cierre y balance. Sólo como corolario de una poderosa corriente nueva de vida, por ejemplo de una cultura naciente, la formación histórica es algo saludable y una promesa de futuro, es decir, únicamente si ella misma no domina y guía, sino que es dominada por una fuerza superior.[459]

La alternativa a esa "enfermedad histórica", incidía Nietzsche en HL, es hacer ver que la Historia, el devenir histórico, "pertenece ante todo al individuo activo y poderoso, a aquel que sostiene una magna lucha, necesita modelos, maestros confortadores, y no puede encontrarlos entre sus compañeros ni en el presente".[460] A lo que añadía un comentario precisamente sobre Polibio, cuando éste "define la historia política como la correcta preparación para el gobierno de un Estado y como la maestra más extraordinaria que haciéndonos recordar las calamidades ajenas exhorta a soportar con entereza las vicisitudes de la fortuna."[461] No es casual que ahora, en este parágrafo de HLG, regrese a las palabras de este historiador cuando el mismo afirmaba que "[n]ada favorece más el progreso de los hombres que el conocimiento del pasado", o que "[e]l historiador tiene que dirigir su atención no sólo a los *hechos* que ha de exponer, sino también a los anteriores, a los contemporáneos, y a los posteriores"—ya que lo que Polibio revela es que la historiografía es la mejor preparación para el gobierno de los Estados y las naciones. A mediados de los años 70, tres años después de su segunda intempestiva y a las puertas de *Humano, demasiado humano*, Nietzsche se reafirma en su convicción de ver en la ciencia historiográfica el aliento de fuerza pedagógica para la regeneración de la nación. En una amplia nota al pie a este § 12 de HLG, nuestro autor describe de manera sintética, a modo de diagnóstico y de prescripción, este proceso de transformación:

> [La historiografía erudita] sigue siendo, en general, algo para eruditos, algo viejo y senil, que en contraposición a su fuerza anterior se resiente de su amplitud, de su forma de hacer, acabando por ahogarse en sí misma. No obstante, sigue siendo un fenómeno muy tremendo, que hasta el último siglo no tuvo parangón. Se trataba del *impulso hacia una Cultura* como no ha existido hasta el día de hoy, y que probablemente sea considerada por muchos como algo imposible: hacia una Cultura que tiene como base el conocimiento y el acceso sin reservas a la tierra entera, dándose como posible el intercambio de la manera más sencilla así como la superación de los destinos anteriormente separados de los pueblos, de la mano de una sociedad grandiosa y unitaria la cual supera a través del *hecho* la multiplicidad anterior y la lucha de esta multiplicidad. Esto tendrá primero que suceder a través del *saber*—la más poderosa representación de todo el pasado y de

> su *desgracia* es una fuerza motriz a la hora de preparar para el pensamiento de lo universal. Estoy hablando aquí del más lejano futuro; si bien, en el caso de aquel período de erudición de la historiografía, de lo que se trataba era de los trabajos preliminares del *saber* para el hecho triunfal de los romanos. Entiendo aquí el imperio universal de los romanos como grandiosa caricatura del pensamiento de una sociedad única que abarca la tierra entera: se trataba del puro nacimiento del poder y de la idea de dominio; y uno de los que mejor le rinden tributo, Polibio, encuentra que el progreso está en el hecho de someterse a Roma. La historiografía no había siquiera imaginado todavía su mayor cometido: a través de la más profunda mirada a los perversos y violentos *motivos* de los actos de la historia, hacer desistir de la idea de hacer la historia a la manera en que se había venido haciendo hasta ese momento—algo que también hizo Polibio—, *aunque de una manera* en la que se incite a un espíritu noble y lleno de fuerza a actuar de una manera nueva y diferente. Una historiografía *continuadora* del espíritu de Tucídides, y empapada de una filosofía *más profunda* todavía que la suya, sigue figurando en el horizonte de mis esperanzas.

La exposición de Nietzsche en HLG es un intento de salida de la trampa aristotélica del fin de la historiografía. Es razonable, y bello al mismo tiempo, que la manera que tenga Nietzsche de concluir este extenso estudio sobre el devenir de la literatura griega sea esta reflexión sobre las formas y motivos de su propia exposición.

Notas

1. MAM I, § 1, KSA 2, 23–24.
2. KGW II.5, 29–30; OC II, 609. En sus conceptos preliminares a la lección, había dicho: "subrayaré si las obras artísticas del lenguaje se encuentran en relación necesaria con otras artes, con la música, o la danza, o la acción, o con todas a la vez, o si existen sólo por sí mismas." KGW II.5, 8; OC II, 592.
3. KGW II.5, 27 y ss.; OC II, 607. Las obras con las que discute son Georg Curtius, *Berichte der königlich sächsischen Gesellschaft der Wissenschaft*, 1866; y Georg Friedrich Creuzer, *Historische Kunst der Griechen in ihrer Entstehung und Fortbildung* (Leipzig, 1803).
4. KGW II.5, 273; OC II, 761.
5. GGL I/II, § 1, KGW II.5, 8; OC II, 592. Cfr. infra, parte 2, cap. 1, § "*Historia de la literatura griega* (1874/76)".
6. "Acerca de la poética en sí misma y sus especies, de la función de cada una de ellas, y de cómo hay que entramar los argumentos si es que se pretende que la composición poética resulte bien, y, aún más, de cuántas y de qué tipo de partes consta, e

igualmente acerca de todos los demás puntos que atañen a la misma línea de investigación, tratemos empezando, como es natural, primero por los primeros." Aristóteles, *Poética*, cap. 1, 1447a. trad. Antonio López Eire. Madrid: Istmo, 2002.

7. Cfr. infra. parte 2, cap. 1, § "*Historia de la literatura griega* (1874/76)," notas 195 y 196. En un fragmento póstumo de Otoño 1867-Primavera 1868, había dejado Nietzsche por escrito: "… En contraposición, hay escritos que tienen valor sólo por su ubicación histórica.
   La historia de la literatura tiene en cuenta tanto las obras de arte como las obras menores, en la medida en que estas últimas representan a su época …. El reconocimiento estético sólo prolonga la vida de pocos escritos; el histórico-literario, la de todos." NF Otoño 1867-Primavera 1868, frg. 56 [1], KGW I.4, 362.
8. KGW II.5, 9; OC II, 593.
9. KGW II.5, 9–10, nota al pie; OC II, 593.
10. "No se trata de ningún fenómeno arcaico, como desde siempre se ha creído." KGW II.5, 12; OC II, 495.
11. KGW II.5, 13; OC II, 596.
12. Sobre el caso de Píndaro, ver la confrontación con Ahrens, KGW II.5, 14; OC II, 596.
13. "Respecto del predominio de los dialectos en la literatura: Los épicos Paniasis y Pisandro, dorios de nacimiento, escriben en épico-jonio. Las tragedias de Ión están en ático, y sus hechos en prosa más memorables, en jonio. Teognis, un dorio entre dorios, escribe en jonio-elegíaco. Los médicos escriben en jonio, por la relación entre la medicina y la filosofía natural; ésta fue, sin embargo, desde Anaximandro hasta Demócrito, Jonia." KGW II.5, 13. OC II, 595–96.
14. KGW II.5, 14; OC II, 597.
15. KGW II.5, 14–15; OC II, 597.
16. KGW II.5, 15; OC II, 598.
17. KGW II.5, 17; OC II, 599.
18. KGW II.5, 16; OC II, 598.
19. KGW II.5, 16; OC II, 598.
20. KGW II.5, 17; OC II, 599.
21. KGW II.5, 17; OC II, 599.
22. Cfr. infra, parte 2, cap. 1, § "*Historia de la literatura griega* (1874/76)". Otra alusión al problema de la ante-Historia de la lengua se puede también ver *Vorlesung über lateinische Grammatik*, KGW II.2, 193.
23. Por eso hemos elegido para el concepto de *Vorgeschichte* la traducción "ante-historia", mejor que el de prehistoria (en alemán *Urgeschichte*) que sigue reproduciendo esa remisión a un origen único.
24. Ésta es también la opinión de Carlotta Santini. Cfr. Carlotta Santini, *Nietzsche e la Grecia. La riflessione sul mondo greco nelle Lezione di Basilea* (Paris: Università del Salento, 2012), 107.

25. En su *Contribución a la crítica de la economía política*, Marx había descrito por ejemplo las sociedades con antagonismos de base entre fuerzas de producción y relaciones de producción como la *Vorgeschichte* de la sociedad humana. Cfr. Karl Marx, *Zur Kritik der politischen Ökonomie*, MEW 13, 8 y ss.
26. Eduard v. Hartmann, *Philosophie des Unbewußten. Versuch einer Weltanschauung* (Berlin: Duncker, 1869); Johann Gottfried Herder, *Abhandlung über den Ursprung der Sprache*, Preisfrage der Königlichen Preussischen Akademie der Wissenschaften (Berlin, 1770); F. W. J Schelling, *Philosophie Der Offenbarung* (Vorlesung, 1854). En la *Vorlesung über lateinische Grammatik* se encuentra la única citación de Schelling en toda la obra de Nietzsche (KGW II.2, 185–88), extraída además de Hartmann. Sobre la influencia de Hartmann en Nietzsche, se puede ver Ernst Behler, "Nietzsches Sprachtheorie und dem Aussagecharakter seiner Schriften," *Nietzsche-Studien*, no. 25 (1996): 64–68; Federico Gerratana, "Der Wahnjenseits des Menschen. Zur frühen E.v. Hartmann-Rezeption Nietzsches (1869–1874)," *Nietzsche-Studien*, no. 17 (1988): 391–433; Claudia Crawford, *The Beginnings of Nietzsche´s Theory of Language* (Berlin/New York: Walter de Gruyter, 1988); y Santini, *Nietzsche e la Grecia. La riflessione sul mondo greco nelle Lezione di Basilea*, 108 y ss., quien recoge efectivamente la mencionada información.
27. Cfr. Hartmann, *Philosophie des Unbewußten. Versuch einer Weltanschauung*, 227 y ss.
28. *Vorlesung über lateinische Grammatik*, KGW II.2, 188. Traducción libre por parte de Nietzsche del pasaje de Hartmann. Cfr. Hartmann, *Philosophie des Unbewußten. Versuch einer Weltanschauung*, 230.
29. "No queremos sin embargo sostener con esto ninguna demostración filológica de la influencia de los estudios de gramática de los hermanos Grimm sobre Nietzsche. Al contrario que para el caso de Hartmann, de hecho, a quien Nietzsche había leído directamente, es muy probable que de la obra de los hermanos Grimm haya tenido él [Nietzsche] un conocimiento manualístico y de segunda mano." Santini, *Nietzsche e la Grecia. La riflessione sul mondo greco nelle Lezione di Basilea,* 109. También en Carlotta Santini, "Nicht der Anfang, sondern das Ende," en *Nietzsche Philosophie des Unbewussten*, ed. Jutta Georg y Claus Zittel (Berlin/Boston: Walter de Gruyter, 2012), 139–40,
30. *Vorlesung über lateinische Grammatik*, KGW II.2, 191, nota 1. La misma citación, con ligeras diferencias, se encuentra en EkP, KGW II.3, 396.
31. "Hugo malinterpreta al maestro Kant en el punto de que, puesto que no podemos saber lo *verdadero*, hacemos consecuentemente pasar lo no verdadero [*das Unwahre*] por plenamente válido sólo por el hecho de existir. Hugo es un *escéptico* frente a la *esencia necesaria de las cosas,* para ser un *cortesano* frente a sus *apariencias casuales* [zufällige Erscheinung]. No busca por ello en absoluto demostrar que lo positivo es racional [*vernünftig*]. Intenta demostrar que lo *positivo no es racional.* Con autocomplaciente empeño arrastra desde todas las regiones del mundo, para elevarlo al rango de evidente, el hecho de que ninguna necesidad racional insufla vida a las

instituciones positivas, por ejemplo la propiedad, la constitución del Estado, el matrimonio, etc., e incluso que *contradicen* a la Razón, que a lo sumo se puede *parlotear* a favor y en contra de las mismas. No se le puede reprochar en absoluto a este método su individualidad casual; es más bien *el método de su principio*, es el método *sincero*, *ingenuo* y *desconsiderado* de la Escuela histórica. Si *lo positivo es válido por ser positivo*, entonces debo *demostrar* que lo *positivo* no tiene validez *por ser racional:* ¿y cómo podría lograrlo de modo más evidente que a través de la demostración de que lo irracional es positivo y lo positivo no es racional? ¿de que lo positivo existe no *a través de* la razón sino *a pesar* de la Razón? Si la *Razón* fuese la *medida de lo positivo*, entonces lo positivo no sería la *medida de la Razón*." Karl Marx, *Das philosophische Manifest der historischen Rechtsschule,* MEW 1, 79 y ss. Este largo pasaje es interesante precisamente para constatar, por la vía de la crítica marxiana, el proceder del propio método genealógico nietzscheano.

32. Recordamos aquí de nuevo la razón por la que Humboldt consideraba que la reforma educativa había de incluir las lenguas antiguas en el curriculum de las enseñanzas medias: "Partiendo del principio de que la forma de una lengua ha de resultar visible en tanto que forma, y esto sucediendo mejor en una [lengua] muerta, ya sorprendente por su carácter extraño [*schon durch ihre Fremdheit frappirenden*], que en la lengua viva materna, el griego y el latín deberán entonces apoyarse mutuamente." Wilhelm v. Humboldt, *Werke in Fünf Bänden*, ed. Andreas Flitner and Klaus Giel (Darmstadt: Wissenschaftliche Buchgesellschaft, 2002), t. 4, 174.
33. NF Verano de 1875, frg 9 [1], KSA 8, 171–172; FP II, 154. Este extracto del largo fragmento 9 [1] en el que Nietzsche resume las ideas de Eugen Dühring (Eugen Karl Dühring, *Der Werth des Lebens* [Breslau: Eduard Trewendt, 1865]) es complementario de otro fragmento de Agosto-Septiembre de 1885, frg. 40 [20]: "Aparte de las institutrices [*Gouvernanten*], que aún hoy creen en la *gramática* como *veritas aeterna* y por lo tanto como sujeto, predicado y objeto, ya nadie es tan inocente de poner a la manera de Descartes el sujeto 'yo' como condición de 'pienso': más bien, y gracias al movimiento escéptico de la más reciente filosofía, nos resulta más verosímil la inversión de asumir pensamiento [*das Denken*] como causa y condición tanto del 'sujeto' como del 'objeto", como de la 'sustancia", como de la 'materia'; lo que quizás sólo sea la forma invertida del error."
34. "Aún en tiempos de Augusto υ Vvel ἅλις [bastante] Vἴλη [multitud]; el grupo αἴολος reduplica la forma, como παίπαλος *faífalos*, los apretujados, similar a ἀολλέες, los apiñados. Esa denominación proviene de los oligarcas, pues con ella nombraban a la masa." KGW II.5, 12; OC II, 595
35. "[P]or un lado, gramáticos que catalogan palabras verdaderamente áticas, tales como Moeris, Frínico o Thomas Magister; por otro, escritores que se proponen decididamente escribir en ático, tales como Aelio, Arriano, Luciano, Arístides, Heliodoro, Filóstrato y Longo." KGW II.5, 18; OC II, 599–600.
36. *Vorlesung über lateinische Grammatik*, KGW, II.2, 193.

37. KGW II.5, 237; OC II, 761.
38. KGW II.5, 7–8; OC II, 591–92.
39. KGW II.5, 7–8; OC II, 591–92.
40. "Sería posible articular el todo de tal manera que los temas mencionados sirvieran de título a otros tantos capítulos, tratando en cada uno de ellos los fenómenos correspondientes desde los orígenes hasta el final de la literatura griega. O bien, pasar a describir las obras de acuerdo a un orden histórico, llamando la atención en cada una de ellas acerca de dichos puntos de vista; en cuyo caso habríamos de apoyarnos en la historia política y cultural. Finalmente, en tercer lugar, podríamos considerar aisladamente los géneros principales, bien de modo histórico-cronológico, bien de modo general, y siempre bajo los puntos de vista mencionados. Es la primera vez que realizo esta tentativa, y no quisiera escoger el método más difícil." GGL I/II, § 1, KGW II.5, 8, OC II, 592.
41. Theodor Bergk, *Griechische Literaturgeschichte* (Berlin, 1872), t. 1.
42. GGL I/II, KGW II.5, 33; OC II, 611.
43. GGL I/II, KGW II.5, 33; OC II, 611.
44. GGL I/II, KGW II.5, 33; OC II, 611. Nietzsche remite aquí a Platón, *Menón*, 95.
45. GGL I/II, KGW II.5, 33; OC II, 611.
46. Cod. 239, 818, ed. Bekk. Cfr. KGW II.5, 49; OC II, 621.
47. KGW II.5, 34; OC II, 612.
48. KGW II.5, 35; OC II, 613.
49. KSA 1, 42; OC I, 352.
50. KGW II.5, 36; OC II, 613.
51. KGW II.5, 36, nota 2; OC II, 613, nota 53.
52. Por ejemplo cuando Lessing habla de Esquilo, quien "no habría estudiado el drama, sino que habría llegado a él por instinto". KGW II.5, 101; OC II, 653.
53. KGW II.5, 41–42; OC II, 617.
54. KGW II.5, 50; OC II, 622.
55. KGW II.5, 36; OC II, 613.
56. KGW II.5, 36; OC II, 613.
57. KGW II.5, 36; OC II, 613.
58. KGW II.5, 36; OC II, 613. La frase es una corrección al texto de HLG eliminada en un segundo momento, aunque en perfecta sintonía con la lógica de su argumentación.
59. KGW II.5, 37; OC II, 614.
60. KGW II.5, 36; OC II, 614.
61. KGW II.5, 36; OC II, 614.
62. KGW II.5, 294–95; OC II, 773.
63. KGW II.5, 36; OC II, 614.
64. KGW II.5, 37; OC II, 614.

65. "En estas distintas tonalidades de conjunto se pone de manifiesto *uno* como el autor del todo." KGW II.5, 39; OC II, 617.
66. KGW II.5, 39; OC II, 615–16.
67. "Este hecho es de importancia para la historia de la epopeya. F. A. Wolf fue el primero que captó la importancia del público cuando dijo: 'No había público alguno que pudiera aprehender como totalidad un poema tan extenso y planificado'." KGW II.5, 294; OC II, 772.
68. KGW II.5, 40.
69. KGW II.5, 42; OC II, 617.
70. "Los rapsodas no hubieran podido conservar la Ilíada y la Odisea como una totalidad, pues su preferencia se concentraba tan sólo en algunos trozos. Tiene por ello que haber existido una tradición escrita." KGW II.5, 42; OC II, 617.
71. Sobre la discusión con las teorías de la fragmentación, véase KGW II.5, 40–44. OC II, 616–18.
72. KGW II.5, 42; OC II, 617.
73. Frederik Nutzhorn, *Die Entstehungsweise der homerischen Gedichte. Untersuchungen über die Berechtigung der auflösenden Homerkritik. Von F. Nutzhorn Cand. Philo. Mit einem Vorwort von J. N. Madvig, Professor in Kopenhagen* (Leipzig: B. G. Teubner, 1869). Cfr. Santini, *Nietzsche e la Grecia. La riflessione sul mondo greco nelle Lezione di Basilea*, 34.
74. KGW II.5, 53 y ss.; OC II, 634 y ss. Véanse especialmente las páginas 56–57; OC II, 625, nota al pie, donde Nietzsche escribe que "[t]odos los poetas hesiódicos se diferencian de los homéricos por la *falta de composición superior* (por la falta de fluidez en la forma; v. Curt); así como por la tendencia a lo auténtico, y por los temas. [en tercer lugar] Y para acabar, por la *convicción* V V Curt."
75. Relatado en el códice florentino reeditado por el mismo Nietzsche: *Der Florentinische Tractat über Homer und Hesiod, ihr Geschlecht und ihren Wettkampf*, KGW II.1 271–337. Parte I y II aparecidas originalmente en: *Rheinisches Museum für Philologie*, nr. 15, 1870, 528–40; Parte III y IV, en: *Rheinisches Museum für Philologie*, nr. 28, 1873, 211–49.
76. KGW II.5, 36; OC II, 614.
77. Cfr. GGL I/II, § 1, Conceptos preliminares. Cfr. infra, parte 2, cap. 1, § "*Historia de la literatura griega* (1874/76)," notas 2, 210 y 211.
78. KGW II.5, 74; OC II, 635.
79. Nietzsche, según (geb. Paul Bötticher) Lagarde, P. A. de, *Arica Scripsit Paulus Boetticher, Art. Lib. Mag. Philos., Doct. In Academia Halensi Priv. Poc. Pociet. Orient. German. Sodalis. Glossae Veterum Aricae. II. Glossae Phyricae* (Halle: J. F. Lippert, 1851), 34.
80. KGW II.5, 74; OC II, 635.
81. KGW II.5, 74; OC II, 635.

82. Dídimo (*Schol. Aristofanes*, av. 217): οἱ πρὸς αὐλὸν ᾀδόμενοι ϑρῆνοι KGW II.5, 74; OC II, 635.
83. KGW II.5, 75; OC II, 636. "Camaleo (*Aten.*, 14, 620), de las elegías de Mimnermo y de Focílides dijo que eran μελῳδηϑῆναι, "cantadas" (no confundir con que fueran 'melodías', tal y como Müller traduce)." KGW II.5, 75; OC II, 636.
84. KGW II.5, 75; OC II, 636.
85. KGW II.5, 76; OC II, 637.
86. KGW II.5, 77; OC II, 637.
87. KGW II.5, 78; OC II, 638.
88. KGW II.5, 78; OC II, 638.
89. KGW II.5, 63; OC II, 629.
90. KGW II.5, 63; OC II, 629.
91. KGW II.5, 63; OC II, 629. "κυκλ significa 'trivial', 'para el pueblo'." KGW II.5, 63; OC II, 629.
92. KGW II.5, 54; OC II, 624. Frente a Homero, "Hesíodo y su escuela se propusieron como tema enseñar auténtica y verazmente las leyendas y preceptos, no inventarlos ni componerlos libremente". KGW II.5, 55; OC II, 625.
93. Cfr. infra, parte 2, cap 1, § "Un período decisivo para Nietzsche: los años de la crisis".
94. Cfr. por ejemplo GD, *Was ich den Alten verdanke*, 5, KSA 6, 160; AC, § 7, KSA 6, 174; y el fragmento póstumo "Was ist tragisch," NF Primavera 1888, frg. 15 [10], KSA 13, 409–11; FP IV, 626–27.
95. "Esos dos instintos [*Triebe*] tan diferentes marchan uno al lado del otro, casi siempre en abierta discordia entre sí e incitándose mutuamente a dar a luz frutos nuevos y cada vez más fuertes, para perpetuar en ellos la lucha de aquella antítesis, sobre la cual sólo en apariencia tiende un puente la palabra en común 'arte'; hasta que finalmente, por un milagro metafísico de la 'voluntad' [*Wille*] helénica, aparecen emparejados entre sí, y en ese emparejamiento acaban engendrando la obra de arte dionisíaca y apolínea de la tragedia ática." KSA 1, 25–26; OC I, 338 (trad. mod.).
96. GT 4, KSA 1, 38–42; OC I, 348–51.
97. Albert Heinrich ha observado, por ejemplo, que el uso de la expresión "lo dionisíaco" (*das Dyonisische*) es mucho más frecuente en Nietzsche que el nombre "Dioniso". A lo que añade además un aporte muy curioso, diciendo que Nietzsche "destruyó a Dioniso en tanto que dios tanto como lo preservó como concepto." Cfr. Albert Heinrich, "'He Has a God in Him': Human and Divine in the Modern Perception of Dionysus," en *Masks of Dionysus*, ed. Thomas H. Carpenter and Christopher Faraone (Ithaca: Cornell University Press, 1993), 23. Silk y Stern señalan por su parte que "lo 'dionisíaco' y 'apolíneo' en Nietzsche no son literalmente aplicables a las vastas áreas a las que las aplica. En gran parte … no son literales, sino paraliterales [*paraliteral*]…." Michael Stephen Silk and Joseph Peter Stern, *Nietzsche on Tragedy* (Cambridge: Cambridge University Press, 1981), 237.

98. "Hasta ahora hemos venido considerando lo apolíneo y su antítesis, lo dionisíaco, como poderes artísticos [*künstlerische Mächte*] que brotan [*hervorbrechen*] de la naturaleza misma, *sin mediación del artista humano*." KSA 1, 30; OC I, 342 (trad. mod.).
99. "[Nietzsche] define la tragedia en referencia a su origen y formula sus características *de acuerdo con* [in terms of] ese origen." Silk y Stern, *Nietzsche on Tragedy*, 237.
100. KSA 1, 52; OC I, 359 (trad. mod.).
101. NF 1871, KSA 7, 273–74; FP I, 248.
102. Jacob Bernays, *Grundzüge der verlorenen Abhandlung des Aristoteles über Wirkung der Tragödie* (Breslau, 1857); repr. Hildesheim 1970. Cit. por Barbara v. Reibnitz, "Vom 'Sprachkunstwerk' zur 'Leseliteratur'," en *"Centauren-Geburten". Wissenschaft, Kunst und Philosophie beim jungen Nietzsche*, ed. Tilman Borsche, Federico Gerratana, y Aldo Venturelli (Berlin/New York: Walter de Gruyter, 1994), 64.
103. Karl Ottfried Müller (ed.), *Aeschylos Eumeniden* (Göttingen: Dieterische Buchhandlung, 1833), vi. "Pues precisamente esto es lo esencial en la tragedia de acuerdo con su origen [*Ursprung*] y su formación [*Ausbildung*] entre los griegos: el hecho de que en ella despiertan sensaciones [*Empfindungen*] que por medio de su naturaleza y de su fuerza sacan al alma de su tranquilo equilibrio y la arrojan a la tempestad de tendencias opuestas, al tiempo que [aquéllas] se subrayan y acentúan gracias a su continuación y desarrollo, de modo que dejan al alma tranquila y serena en un estado de ánimo mejor y más refinado .... La tragedia en Grecia sólo pudo proceder [*hervorgehn*] de un culto cuya esencia era arrojar salvajemente al ánimo en júbilo y dolor ..., de lo báquico." Müller (ed.), *Aeschylos Eumeniden*, 191 y ss. Nótese aquí la remisión que hace Müller de la esencia de la tragedia a su origen (*Ursprung*), siendo éste a la creación de efectos en el espectador desde una procedencia (*hervorgehen*).
104. Karl Ottfried Müller, *Geschichte der griechischen Literatur bis auf das Zeitalter Alexanders* (Breslau, 1857), 2ª edición, t. 2, cap. 21 "Ursprünge der dramatischen Poesie," 23 y ss.
105. Julius Leopold Klein, *Geschichte des Dramas* (Leipzig: T. O. Weigel, 1865–76), 13 tomos; y Paul Yorck von Wartenburg, *Die Katharsis des Aristoteles und der Oedipus Coloneus des Sofokles* (Berlin: W. Hertz, 1866).
106. "Como antiguamente en la tragedia había solamente el coro, después Tespis introdujo un actor, a fin de que el coro descansase; y luego Esquilo introdujo dos actores, Sófocles tres, y de esta forma se fue perfeccionando la tragedia; así también la Filosofía." Diógenes Laercio, III, § 30.
107. "¿Puede por tanto la noble tragedia entrar en el teatro con los mismos requisitos, con coro y actores? ¿No nos sumaremos a la idea de Aristóteles [cuando dice] que primero entró el coro y cantó canciones a los dioses, que Tespis inventó el prólogo y el diálogo actoral (y que Esquilo el tercer actor y el andamiaje que, y todo lo demás, habríamos de agradecérselo a Sófocles?" Temistio, *Orationes*, 26, 316d.
108. "Toda la composición satírica antiguamente estaba compuesta por coros, igual que la tragedia en aquella época—y por eso no tenía actores." Ateneo, 14, 630c. Herodoto

también habla del coro trágico (V, 67), en una referencia que bien puede arrojar luz sobre la *Vorstufe* o estado anterior a la tragedia históricamente *überliefert*: "Entre otras honras que los de Sicion tributaban a Adrasto, una era la representación de sus desgracias [πάθεα] con coros trágicos, de modo que sin tener coros consagrados a Dioniso festejaban con ellos a Adrasto. Clístenes manda entonces que se conviertan [o restituyan] aquellos coros en cantos de Dioniso, y los demás sacrificios en honra de Menalippo." Citado también por Barbara von Reibnitz, *Ein Comentar zu Friedrich Nietzsche "Die Geburt der Tragödie aus dem Geiste der Musik, (Kap, 1–12)* (Stuttgart/Weimar, 1992), 185.

109. El lugar fundamental es *Poética*, cap. 4, 1449a, 9 y ss.: "Y el número de los actores Esquilo, el primero, lo elevó de uno a dos, rebajó la importancia del coro y estableció la preponderancia del diálogo [λόγον]. Sófocles aumentó el úmero de actores a tres, e introdujo la escenografía. Y además, su grandeza: abandonando los argumentos [μύθων] minúsculos y la dicción risible por ser resultado de una transformación del coro de sátiros [σατυρικοῦ μεταβαλεῖν], adquirió más tarde un tono solemne, y el metro de tetrámetro trocaico pasó a ser trímetro yámbico. Pues en un principio empleaban el tetrámetro trocaico por el hecho de ser esa poesía satírica y un tanto coreográfica [σατυρικὴν καὶ ορξηστικωτέραν], pero al surgir la conversación [λέξεως], la naturaleza misma encontró el metro apropiado, ya que el yambo es, de entre los versos, conversacional en la mayor medida."

110. "La relación con Aristóteles ofrece una cierta continuidad entre las diferentes fases en el pensamiento de Nietzsche sobre la tragedia." Silk y Stern, *Nietzsche on Tragedy*, 226.

111. Antígona de Sofocles es "de todo lo magnífico del mundo antiguo y moderno … la obra de arte más magnífica y satisfactoria [*vor allem Herrlichen der alten und modernen Welt … das vortrefflichste, befriedigendste Kunstwerk*]." Hegel, G. W. F., "Vorlesungen über die Ästhetik III," *Werke* (Frankfurt a. M.: Suhrkamp Verlag, 1979), t. 15, 550. Respecto a la interpretación hegeliana de la figura "Antígona" en la *Phänomenologie des Geistes*, se puede ver George Steiner: "Todo el discurso de Hegel representa una negativa a prestarle un carácter fijo, una definición formal. Esta negativa es esencial a su método y hace engañosos los conceptos de 'sistema' y de 'totalidad' que habitualmente se atribuyen al hegelianismo. En Hegel la reflexión y la expresión se mueven constantemente en tres niveles: el metafísico, el lógico y el psicológico, el último de los cuales abarca a los otros dos en la medida en que trata de hacer explícitos los procesos de conciencia que generan y estructuran operaciones metafísicas y lógicas." George Steiner, *Antigones—How the Antigone Legend Has Endured in Western Literature, Art, and Thought* (New Haven: Yale University Press, 1996). Ed. en castellano: George Steiner, *Antígonas. La travesía de un mito universal por la historia de Occidente* (Barcelona: Editorial Gedisa, 2000), 35–36.

112. Cfr. Aristóteles, *Poética*, cap. 13, 1453a. En Nietzsche: KGW II. 5, 111; OC II, 660.

113. Von Reibnitz, "Vom 'Sprachkunstwerk' zur 'Leseliteratur'," 62.

114. GD, KSA 6, 160. Como dice en el *Nachlass*: "el deseo de tener algo seguro en Estética condujo [*verführte*] a la adoración de Aristóteles; creo que poco a poco va a ir demostrándose que Aristóteles no entendía nada de arte, y que lo que admiramos en él sólo es el eco de los sabios discursos de los atenienses." NF Primavera-Verano 1875, KSA 8, frg. 5 [13]; FP II, 66. Como señala hoy por ejemplo Gherardo Ugolini, este rechazo a Aristóteles fue "el pecado originario de NT, su tacha, por la que la recepción y discusión de este escrito fue acallado del lado del mundo académico." Citado por Andrea Orsucci, "Antike, griechische," en *Nietzsche Handbuch, Leben-Werk-Wirkung*, ed. Henning Ottmann. Stuttgart: J. B. Metzler, 2000/2011, 377. Me permito citar aquí a Wilamowitz-Möllerdorf en su controvertida *Zukunftsphilologie*: "Pero: ¿con qué cara puede el señor Nietzsche sostener que Eurípides haya sido convertido en un dragón por todos los jueces del arte? ¿No son jueces del arte Aristóteles y Quintiliano, Lessing, Goethe y Tieck?" Cfr. OC I, 911.
115. KGW II.5, 79–80.
116. Temistio, *Orat.*, 27, 337: "los sicionios fueron los inventores de la tragedia, los atenienses los que las llevaron a la perfección."
117. KGW II.5, 80; OC II, 639.
118. KGW II.5, 80–81; OC II, 640.
119. "Así, por ejemplo, puede afirmarse que Esquilo dependía de Terpandro en la mélica trágica, que se servía de su ὄρθιος νόμος [canto alto]; y asimismo que los poetas trágicos habían aprendido de Arquíloco, en parte a cantar y, en parte, a recitar yambos con acompañamiento: aquí les había precedido, en todo caso, Arión, del que, a su vez, aprendió Epígenes de Sición. El mismo Arión es inventor del registro τραγικὸς τρόπος [modo musical o estilo propio de la tragedia], es decir, introdujo los tonos bajos para el héroe que entra en escena. Y es que, en la tragedia, éstos siempre cantaban en tonos bajos. Y, sobre todo, de la formación ditirámbica de Laso (en ese momento el pisistrátida) se adoptó el *tempo* ditirámbico de encendido entusiasmo, y los más grandes efectos orquestales para la tragedia." KGW II.5, 305; OC II, 779.
120. KGW II.5, 81; OC II, 640.
121. KGW II.5, 81; OC II, 640.
122. KGW II.5, 81; OC II, 640.
123. " 'Según la concepción de los antiguos, el arte no es para deleite privado: el arte tiene su lugar en el *agon* y está ahí para regocijo de muchos'." NF Otoño 1869, frg. 1 [62], KSA 7, 29; FP I, 77.
124. "Piénsese sólo en el teatro clásico francés, cuando las personas distinguidas tenían asiento en la misma escena, de tal suerte que a los actores apenas les quedaban 10 pasos para la acción: la escena se convierte en antesala; y el miedo al ridículo en voz de la conciencia para los trágicos franceses." KGW II.5, 82; OC II, 641.
125. KGW II.5, 81; OC II, 640. "Dolor, espanto, placer, complacencia en el dolor, irritación elemental, una especie de encanto, espantoso incluso en su dicha: un dios extraño que ha triunfado sobre la más dura resistencia." KGW II.5, 81; OC II, 640.

126. "En el ditirambo dionisíaco, el hombre es estimulado hasta la máxima intensificación de sus capacidades simbólicas." KSA 1, 33; OC I, 344.
127. Cfr. KSA 1, 70–71; OC I, 372–73.
128. KGW II.5, 81–82; OC II, 640.
129. KGW II.5, 82; OC II, 640–41.
130. MAM II, § 220, KSA 2, 473. Ver también GT, § 21, KSA 1, 134–35; OC I, 422–26.
131. KGW II.5, 82; OC II, 641.
132. En *El drama musical griego*, conferencia impartida en Basilea el 18 de Enero de 1870, había dicho: "cada uno de los dramas de los antiguos se parece, en su sencilla estructura, a *un solo* acto de nuestras tragedias, y, desde luego, casi siempre al quinto acto, el cual lleva a la catástrofe con pasos cortos y rápidos" GMD, KGW III.3, 3–22. Y en *El caso Wagner*, § 9, escribe Nietzsche en una nota: "Ha sido una verdadera desgracia para la estética el que siempre se haya traducido la palabra drama por 'acción'.... El drama antiguo tenía como mira *grandes escenas de pathos*—excluía toda acción (la colocaba *antes* del comienzo o *detrás* de la escena). La palabra drama es de origen dórico, y según el uso dórico significaba 'acontecimientos', 'historia', tomadas ambas en el sentido hierático. El drama más antiguo exponía la leyenda local, la 'historia sagrada' sobre la que reposaba la función del culto (... por tanto no un hacer sino un acontecer, en dórico dra`n) no significa en modo alguno 'hacer'." KSA 6, 32, nota al pie.
133. Cfr. Walter Raleigh, *Johnson on Shakespeare* (Oxford: Oxford University Press, 1968), 15. Ver también George Steiner, "Tragedy, Pure and Simple," en *Tragedy and the Tragic. Greek Theater and Beyond*, ed. Michael Stephen Silk (Oxford: Clarendon Press, 1996), 540.
134. KGW II.5, 82; OC II, 641.
135. KGW II.5, 83–84; OC II, 641–42.
136. KGW II.5, 84; OC II, 642. Se puede ver NF Invierno1869/70-Primavera 1870, frg 3 [2], KSA 7, 58; FP I, 98. Así como NF Otoño 1869, frg. 1 [56], KSA 7, 27; FP I, 76.
137. Aristóteles, *Poética*, cap. 6, 1450a. Para la teoría aristotélica de la tragedia como teoría de la acción, se puede ver Richard Kannicht, "Handlung als Grundbegriff der aristotelischen Theorie des Dramas," *Poetica. Zeitschrift Für Sprach- und Literaturwissenschaft*, no. 8, 1976, 326–33; Stephen Halliwell, *Aristotle's Poetics* (London: Duckworth, 1986), 138–67; Manfred Fuhrmann, *Einführung in die antike Dichtungstheorie* (Darmstadt, Wissenschaftliche Buchgesellschaft, 1973), 185–302.
138. "La acción [*Handlung*] es el todo [*das Ganze*]. Los hechos [*Begebenheiten*] son las partes de este todo." Gotthold Ephraim Lessing, "Acht und dreißigstes Stück," en *Ästhetische Schriften, Hamburgische Dramaturgie*, Werke. t. 4 (München 1970 y ss.), 405–09.
139. Aristóteles, *Poética*, cap. 8, 1451a.

140. KGW II.5, 86–87; OC II, 643; también en KGW II.5, 119; OC II, 665; y en KGW II.5, 148; OC II, 682. Sobre el prólogo en los dramas, se puede ver Aristóteles, *Retórica*, III, cap. 14, 1415a. Citado por el mismo Nietzsche en KGW II.5, 119; OC II, 665.
141. "De la mano del ciclo épico, de la mano de los líricos, se conocía ya todos los posibles argumentos, y todos los dramaturgos tratan los mismos asuntos. Esquilo, por ejemplo, decía de sus tragedias que eran migajas caídas de la mesa de Homero: su atención se concentraba en el núcleo y el tronco de los mitos, y sólo paulatinamente aparecen también las ramificaciones del mito—Alcmeón furioso, la heroína Antígona, Andrómaca son otras tantas derivaciones." KGW II.5, 84; OC II, 642.
142. KGW II.5, 84; OC II, 642.
143. KGW II.5, 80–81; OC II, 640.
144. Georg Curtius, *Berichte der Königlich sächsischen Gesellschaft der Wissenschaft*, 1866, 148; Georg Curtius, "Ueber die Bedeutung des Wortes ὑποκριτής," *Rheinisches Museum für Philologie*, no. 23 (1868), 255; Julius Sommerbrodt, "Ueber die Bedeutung des Wortes ὑποκριτής," *Rheinisches Museum für Philologie*, no. 22 (1867), 510–16.
145. KGW II.5, 148; OC II, 682.
146. KGW II.5, 149; OC II, 683.
147. KGW II.5, 87; OC II, 644.
148. Para esta falsa creencia Nietzsche cita a Polux, IV, 110. Cfr. KGW II.5, 89; OC II, 645.
149. Consejo compuesto de antiguos arcontes de fuerza tradicionalmente conservadora.
150. "En lo que respecta a su falta de éxito, en Ateneo (8, 347) se dice ἀδικως ἡττηθείς [vencido injustamente], habiendo dicho χρόνῳ τὰς τραγῳδίας ἀνατιθέναι [que confiaba sus tragedias al tiempo]. Que estaba en desacuerdo con el juicio artístico de los atenienses, eso se ve claro en Aristófanes, en Las ranas, 820. Los antiguos subrayaron la influencia que tuvieron en él sus estancias en Sicilia, y las particularidades de la φωνὴ Σικελκὴ [la lengua siciliana]." KGW II.5, 90; OC II, 645. Compárese con el juicio contrario que hace Nietzsche de su recepción por el público en el cap. 11 de *El nacimiento de la tragedia*, KSA 1, 79; OC II, 381–82.
151. KGW II.5, 91; OC II, 646.
152. KGW II.5, 80–81; OC II, 640.
153. KGW II.5, 81; OC II, 640.
154. "Por lo que a la composición se refiere, H. Schmidt hace las siguientes observaciones: 1. Sólo la primera obra de la trilogía tiene una verdadera obertura. 2. La última contiene siempre el final. Las otras obras carecen de él. Así, rasgos característicos de las obras iniciales son: al comienzo, anapestos. Hay obertura y falta el desenlace. Sólo hay un tema principal. La catástrofe, en el centro. Rasgos característicos de las obras intermedias: al comienzo, anapestos. No hay obertura ni desenlace. Se dan dos temas principales. Catástrofe en el centro o al final. Rasgos característicos de las

obras de conclusión: no hay anapestos introductorios, ni obertura, aunque sí desenlace. Sólo se da un tema principal, y la catástrofe aparece al comienzo." KGW II.5, 95; OC II, 649.

155. KGW II.5, 90; OC II, 646.
156. Anónimo del s. I., una de las principales fuentes de donde proceden sus datos biográficos y de la que Nietzsche hace uso.
157. KGW II.5, 102; OC II, 654.
158. KGW II.5, 102; OC II, 654.
159. Para la discusión con Lessing sobre este punto, ver KGW II.5, 103; OC II, 654.
160. Eso sí, "es su μικροφωνία [debilidad de voz] lo que le lleva a tomar distancia y no ninguna clase de despreció por la profesión." KGW II.5, 103; OC II, 655.
161. KGW II.5, 104; OC II, 655. Nietzsche cita aquí directamente el *Suidas*. Sobre esta cuestión, se puede ver Patricia E. Easterling y Bernard M. W. Knox (eds.). *The Cambridge History of Classical Literature: Volume 1, Greek Literature* (Cambridge: Cambridge University Press, 1985), 297. Ed. en castellano Patricia E. Easterling and Bernard M. W. Knox, eds. *Historia de la literatura clásica I. Literatura griega* (Madrid: Gredos, 1990), 329.
162. KGW II.5, 107; OC II, 658.
163. KGW II.5, 106–07; OC II, 657.
164. KGW II.5, 106–07; OC II, 657: "Edipo, inocente pero despeñado hasta las más profundas simas de la culpa (mientras que, en Esquilo, es consecuencia de un crimen anterior del padre); Antígona, enterrada viva; la muerte a fuego de Heracles; la horrible herida en el pie de Filoctetes; Electra con su δὶς παῖσον [doble golpe]."
165. KGW II.5, 106–07; OC II, 657. Compárese con la verdad de Sileno en el cap. 3 de NT, KSA 1, 35; OC I, 345–46.
166. KGW II.5, 103; OC II, 655.
167. KGW II.5, 103; OC II, 655.
168. KGW II.5, 103–04; OC II, 655.
169. KGW II.5, 110; OC II, 659–60: "Y es que *Las Coéforas* son anteriores a la Olimpiada 80, 2; *Electra* fue probablemente puesta en escena no mucho después de *Antígona*, en la Olimpiada 84, 3; Y Eurípides comienza en la Olimpiada 81, 1. De acuerdo con la estructura de los trímetros, [*Orestes*] *Electra* no puede formar parte de los últimos dramas. De hecho, contiene una crítica a Esquilo, mientras que en ningún lugar se refiere a Sófocles; para que una crítica así tenga sentido, la obra a criticar deber ser algo que forme parte de la memoria y no algo que haya sido representado hace demasiado tiempo. Quizás haya querido Sófocles dar a entender lo que puede hacerse cuando se presenta el personaje de Electra en primer plano, tal y como hizo Eurípides."
170. Cfr. por ejemplo el uso que hace Nietzsche del método de la hipótesis general con la tragedia *Reso*: "Reso se trata probablemente de una obra aparte. En las didascalias se la describía como propia de Eurípides. Aunque normalmente no se suele creer

que el autor fuera él, dado que no se pueden encontrar en ella ni el πάθος propio de Eurípides ni sus tendencias éticas … Se trata de un intento interesante de devolver a la vida al coro y devolverle a la acción: es tratado de forma extraordinariamente vivaz y variada. La lírica retorna de lleno. Hay mucha acción, ganas de que pasen cosas, ganas de una atmósfera de tensión, y no hay sentencia alguna." Cfr. KGW II.5, 124–25; OC II, 668–69.

171. KGW II.5, 117; OC II, 663; cfr. *Vita Euripidis*, 10, Méridier.
172. KGW II.5, 117; OC II, 663; cfr. Aristófanes, *Las ranas*, vv. 943 y 1409; también Ateneos, 1, 3a.
173. KGW II.5, 117; OC II, 663.
174. KGW II.5, 120; OC II, 665.
175. KGW II.5, 118; OC II, 664.
176. KGW II.5, 118; OC II, 664.
177. KGW II.5, 118; OC II, 664.
178. KGW II.5, 119; OC II, 665. En NT: "La tragedia esquileo-sofoclea empleaba los métodos más ingeniosos para proporcionarle al espectador en las primeras escenas, en cierto modo de una manera casual, todos los hilos necesarios para la comprensión." KSA 1, 86; OC I, 386.
179. KSA 1, 86; OC I, 386 (trad. mod.).
180. KGW II.5, 120; OC II, 665.
181. KSA 1, 86; OC I, 386. Esta idea formulada en NT complementa el añadido rápido de HLG I/II para su compresión.
182. KSA 1, 85; OC I, 385 (trad. mod.).
183. KSA 1, 86; OC I, 385–86 (trad. mod.).
184. Cfr. KGW II.5, 119; OC II, 665.
185. KGW II.5, 119; OC II, 665.
186. KSA 1, 86; OC I, 386.
187. Dice Nietzsche en NT: "Con frecuencia debe de haber pensado, con respecto a su creatividad crítico-productiva, que él debería traer a la vida para el drama el comienzo del escrito de Anaxágoras cuyas primeras frases dicen: 'al comienzo todo estaba mezclado, entonces vino el entendimiento y creó orden'." KSA 1, 87; OC I, 386 (trad. mod.). Cfr. Diógenes Laercio, II, 6.
188. KGW II.5, 120–21; OC II, 666.
189. KGW II.5, 120–21; OC II, 666.
190. La conciencia mejor, "donde lo particular se difumina, donde lo pesado es ligero, lo ligero ha devenido pesado, a partir de lo cual de la nada se aparece un mundo y lo enorme desaparece en la nada". Arthur Schopenhauer, *Der Handschriftliche Nachlass*, ed. A. Hübscher, vol. 5 Bände (Frankfurt a. M., 1966 y ss.), t. 1, 27. Sobre el tema de la conciencia mejor en la estética schopenhaueriana, me permito remitir a mi artículo Rafael Carrión Arias, "К обоснованию философских основ эстетики Шопенгауэра" *Вопросы культурологии*, nº 6 (2014): 40–44.

191. KGW II.5, 118; OC II, 664–65.
192. En NT se lee: "La mediocridad burguesa, sobre la que Eurípides edificó todas sus esperanzas políticas, tomó ahora la palabra, después de que, hasta ese momento, quienes habían determinado el carácter del lenguaje habían sido, para la tragedia, el semidios; y para la comedia, el sátiro borracho o semihombre." KSA 1, 77; OC I, 379 (trad. mod.).
193. KGW II.5, 121; OC II, 666.
194. KGW II.5, 122; OC II, 667. En NT se lee: "Lo que Eurípides se atribuye en *Las ranas* de Aristófanes como mérito especial, el haber liberado con sus remedios caseros al arte trágico de su pomposa obesidad, eso se puede detectar ante todo en sus héroes trágicos. En lo esencial, el espectador veía y oía ahora en el escenario euripideo a su doble, y se alegraba de que éste supiera hablar tan bien.
Pero no se conformó con tener esa alegría: incluso aprendió de Eurípides a hablar, y de eso se precia él mismo en el certamen con Esquilo: de que, gracias a él, el pueblo ha aprendido ahora a observar, actuar y a sacar conclusiones de manera artística y con las sofisticaciones más astutas." KSA 1, 76–77; OC I, 379. Cfr. Aristófanes, *Las ranas,* v. 940–41.
195. KGW II.5, 121; OC II, 666. Diógenes Laercio (II, 5, 2) narra la leyenda que circulaba en Atenas según la cual Sócrates ayudaba a Eurípides a escribir sus obras. En II, 5, 4, describe cómo Sócrates sólo asistía a representaciones trágicas cuando se representaban obras de Eurípides. Y el oráculo les asociaba como los dos hombres más sabios, Sócrates por delante de Eurípides (cfr Platón, *Apología*, 237b). Relatado por Nietzsche en NT, KSA 1, 88–89; OC I, 388–89.
196. KSA 1, 78; OC I, 381.
197. KSA 1, 80–81; OC I, 382.
198. KSA 1, 85; OC I, 385.
199. "Apartar de la tragedia aquel elemento dionisíaco originario [*ursprünglich*] y todo poderoso [*allmächtig*] y reconstruirla puramente sobre un arte, una moral, y una consideración del mundo no-dionisíacos … ésa es la tendencia de Eurípides, que ahora se nos descubre con toda claridad." KSA 1, 82; OC I, 383 (trad. mod.).
200. KSA 1, 75; OC I, 378.
201. Aristóteles, *Poética*, cap. 13, 1453a 28–30.
202. "Las condiciones intelectuales y políticas: la descomposición [*Zerfall*] de la Cultura homogénea de la polis ática, la aparición de la Cultura científica, el 'socratismo', y con ello la formación de una cultura lectora y un público crítico instruido en la recepción textual—en resumen, la 'modernidad' del horizonte de perspectiva aristotélico—le llevaron a una falsa descripción histórica de la tragedia 'clásica'." Von Reibnitz, "Vom 'Sprachkunstwerk' zur 'Leseliteratur'," 62.
203. Ésta es la tesis defendida por ejemplo por Else y por Golden. Cfr. Gerald Frank Else, *Aristotle's Poetics* (Cambridge: Harvard University Press, 1957), 224 y ss.; Aristotle, *Aristotle's Poetics: A Translation and Commentary for Students of Literature,*

Tallahassee, ed. Leon Golden and O. B. Hardison (Tallahassee: Florida State University Press, 1981), 133 y ss.; Leon Golden, *Aristotle on Tragic and Comic Mimesis*, (Scholar Press, Atlanta, 1992). Para una discusión sobre este punto, se puede ver Charles Segal, "Catharsis, Audience, and Closure," en *Tragedy and the Tragic: Greek Theater and Beyond*, ed. Michael Stephen Silk y Joseph Peter Stern (Oxford: Clarendon Press, 1996), 153–57.

204. Cfr. infra, parte 1, cap. 1, § "Nietzsche y la filología: entre la crítica y la hermenéutica".
205. "Las categorías de Aristóteles—argumento, personaje, giro—son directas. Son el epítome de la tradición analítica que ha sido predominante desde entonces en el pensamiento occidental. Con estas categorías, Aristóteles está haciendo lo mismo que muchos teóricos posteriores: reducir el todo a sus partes, especialmente a algunas de sus partes más manejables. Nietzsche persigue algo bastante diferente. Sus categorías no son reductivas .... Apenas puede decirse que categorías de este tipo hacen de la tragedia algo más manejable. Si acaso, la hacen más sorprendente, más misteriosa". Silk y Stern, *Nietzsche on Tragedy*, 238.
206. Cfr. sin ir más lejos el tratamiento de *Reso,* KGW II.5, 124–25; OC II, 668–69; ver infra, nota 170.
207. KGW II.5, 143; OC II, 679.
208. KGW II.5, 141 y ss.; OC II, 678 y ss.
209. KGW II.5, 142; OC II, 679.
210. "Existía para estas modificaciones una expresión artística, ἐπικαττύειν καὶ πτερνίζειν, remendar los zapatos, adornarlos con suelas y punteras." KGW II.5, 143; OC II, 679.
211. KGW II.5, 142; OC II, 679.
212. KGW II.5, 143; OC II, 679.
213. KGW II.5, 50; OC II, 622.
214. "Atenas era la que por aquel entonces establecía para su teatro la ley para el mundo entero, igual que el París de hace un siglo." KGW II.5, 144; OC II, 680.
215. KGW II.5, 145; OC II, 680.
216. KGW II.5, 145; OC II, 680.
217. KGW II.5, 144; OC II, 680.
218. KGW II.5, 146; OC II, 681.
219. Nietzsche cita aquí a Clem. Alex, V, 571, para aducir que "Alejandra se utilizaba de manera exegética." KGW II.5, 146; OC II, 681. Nietzsche remite además a la obra de Friedrich Gottlieb Welcker, *Die griechischen Tragödien mit Rücksicht auf den epischen Cyclus geordnet* (Bonn: Eduard Weber, 1839–41), tercer apartado.
220. KGW II.5, 289; OC II, 770.
221. KGW II.5, 147; OC II, 681.
222. KGW II.5, 147; OC II, 681.
223. KGW II.5, 147; OC II, 682. Cfr Aristóteles, *Retórica*, III, cap. 8.

224. KGW II.5, 150; OC II, 684.
225. En la *Vorlesung* sobre los líricos griegos completa Nietzsche la nota al pie de HLG: "*Nombres*: Mientras que melos, lírica y elegía muestran relación con la música, el nombre ἴαμβος nos acerca a la danza." KGW II.2, 389.
226. KGW II.5, 150; OC II, 684.
227. KGW II.5, 151–52; OC II, 685.
228. KGW II.5, 152; OC II, 685.
229. KGW II.5, 148; OC II, 683.
230. KGW II.5, 149; OC II, 683.
231. KGW II.5, 150; OC II, 683.
232. KGW II.5, 151; OC II, 684.
233. KGW II.5, 151; OC II, 684.
234. KGW II.5, 151; OC II, 685.
235. Aristóteles, *Poética*, cap. 5, 1449a-b.
236. Aristóteles, *Poética*, cap. 1, 1447a. Cfr. infra, parte 2, cap. 1, § "*Historia de la literatura griega* (1874/76)".
237. Aristóteles, *Poética*, cap. 2, 1448a.
238. KGW II.5, 154; OC II, 687.
239. Aristóteles, *Poética*, cap. 3, 1448 1-b. Citado por Nietzsche en KGW II.5, 154; OC II, 687: "Los dorios reivindican haber inventado la comedia y la tragedia, los megáricos la comedia (en parte autores residentes en Mégara misma—la [trag] comedia se introdujo allí cuando imperaba la constitución democrática—y en parte autores residentes en Sicilia, pues de Sicilia era el poeta Epicarmo, que vivió mucho antes que Quiónides y Magnes), y la tragedia, unos cuantos lacedemonios. Esto se pone de manifiesto, dicen ellos, en la forma de denominarla, pues entre ellos, en efecto, las localidades situadas en las cercanías son llamadas κῶμαι [aldeas], mientras que los atenienses las designan con el nombre de [municipios, demos], de donde viene —siguen afirmando— que los actores cómicos reciban su nombre, no por κωμάζειν [ir por las calles cantando y bailando al son de la flauta], no del hecho de vagar de un lado a otro, sino por las aldeas que iban recorriendo sin cesar menospreciados por los habitantes de las ciudades; ellos llaman además al actuar δρᾶν [hacer, obrar], mientras que los atenienses lo denominan πράττειν [realizar, hacer]."
240. KGW II.5, 154–55; OC II, 687.
241. "Pues habiéndose constituido [la tragedia] a partir de improvisaciones en un principio—igual que la comedia, ella a partir de quienes daban comienzo [ἐξαρχόντων] al ditirambo, la otra a partir de lo que hacían lo propio con los cantos fálicos [φαλλικὰ] que todavía siguen oficiándose en muchas ciudades." Aristóteles, *Poética*, cap. 4, 1449a. KGW II.5, 153; OC II, 686.
242. KGW II.5, 158; OC II, 689.
243. KGW II.5, 159; OC II, 689.
244. KGW II.5, 159; OC II, 689.

245. KGW II.5, 159; OC II, 689–90.
246. KGW II.5, 159; OC II, 690.
247. "Pero lo que era casi malévolo y criminal era la comedia contra Eurípides, y lo que yo no llego a entender es cómo éste aguantó y se mantuvo firme: pues no se trataba sólo de sus obras, sino de su madre por ser vendedora, de la infidelidad femenina, etc.: la comedia puede resultar una auténtica blasfemia. Y si esta comedia ha cargado tan exageradamente sobre su conciencia el juicio de Sócrates (de acuerdo con la *Apología*), no le ha importado en cambio demasiado el hecho de decir que Eurípides sólo escribió una línea … ¡cuando compuso 75 tragedias!" KGW II.5, 160–61; OC II, 690–91.
248. KGW II.5, 162; OC II, 691. Aristófanes, *Las nubes*, 936 y ss. Sobre este tema, se puede ver Wilhelm Nestle, *Griechische Geistesgeschichte von Homer bis Lukian: in ihrer Entfaltung vom mythischen zum rationalen Denken* (Stuttgart: Alfred Kröner, 1944), cap. 10.
249. Algunos estudios contemporáneos, como el de Katherine Lever, establecen incluso una cronología para la comedia arcaica *anterior* a Epicarmo, con el cuasi mítico Susarión y la farsa dórica primitiva, del 600 al 530 a.C. Cfr. Katherine Lever, *The Art of Greek Comedy* (London: Methuen, 1956), 1–87.
250. Cfr KGW II.5, 156; OC II, 687–88, nota al pie.
251. Hoy se especula que en torno al 487–86 a.C., cuando los atenienses—coincidiendo con la cima de poder de Temístocles, líder de los demócratas radicales—dieron una provisión administrativa para incluirla regularmente en las Dionisíacas urbanas. Cfr. George Derwent Thomson, *Aeschylus and Athens* (London: Lawrence and Wishart, 1946), 225.
252. KGW II.5, 155; OC II, 687.
253. Nietzsche cita aquí a Usener y el dato extraído del *Liber glossarum* de que sólo tenían unos 300 versos. Cfr. Hermann Usener, "Rheinisches Museum für Philologie," no. 28 (1873), 429.
254. Hoy sabemos que de la lista de los poetas cómicos puestos por orden cronológico de sus primeras victorias en las Dionisíacas urbanas, Cratino ocupa el lugar décimo segundo. Cfr. Kenneth James Dover, *Aristophanic Comedy* (London: Batsford, 1972), 211–212; cfr. también la cronología de Paul Geissler, *Chronologie der altattischen Komödie* (Berlin: Weidmann, 1925).
255. Aristóteles, *Poética*, cap. 3, 1449b.
256. Cfr. corrección de Nietzsche a su propio texto, KGW II.5, 153; OC II, 686.
257. KGW II.5, 163; OC II, 692.
258. KGW II.5, 163; OC II, 692; cfr. también Victor Ehrenberg, *L'Atene di Aristofane. Studio sociológico della commedia attica antica* (Firenze, 1958), 21 y ss.
259. KGW II.5, 153; OC II, 686.

260. Como advierte Nietzsche en una nota, "La diferencia entre la comedia media y la nueva surge más adelante; originariamente, sólo existe la contraposición entre la ἀρχαία [antigua] y la νέα [nueva]." KGW II.5, 172, nota 33.
261. "Según Quint. X, 1, 66, 'Aristophanes et Eupolis Cratinusque praecipui'." Citado por Nietzsche, KGW II.5, 163; OC II, 692.
262. "Atribuir, sin embargo, además a este adolescente propósitos reformadores, ideas pedagógicas, ciencia política, madurez en el juicio ético, es realmente algo ridículo" afirma Nietzsche aludiendo a la obra de Hermann Müller-Strübing, *Aristophanes und die historische Kritik: polemische Studien zur Geschichte von Athen im fünften Jahrhundert vor Ch.* (Leipzig, Teubner, 1873), 72; KGW II.5, 165; OC II, 693.
263. KGW II.5, 165; OC II, 693.
264. KGW II.5, 166; OC II, 693.
265. KGW II.5, 167; OC II, 694.
266. KGW II.5, 167–68; OC II, 694–95. Llama la atención el parecido con la asociación Eurípides/Sócrates que Nietzsche hacía en NT.
267. KGW II.5, 166; OC II, 694.
268. KGW II.5, 169; OC II, 695.
269. KGW II.5, 169; OC II, 695–96.
270. "Durante todo el tiempo que duraban los ensayos, como los coreutas o componentes del coro no podían dedicarse a otra cosa, el corego los alimentaba, ponía a su disposición un local donde ensayar (χορηγεῖον), les proporcionaba trajes, etc. (χορήγιον), y les obsequiaba después con grandes banquetes a costa del χορηγός." KGW II.5, 169; OC II, 696.
271. KGW II.5, 169; OC II, 696.
272. KGW II.5, 170; OC II, 696.
273. KGW II.5, 171; OC II, 696. Compárese el comentario de NT, donde dice Nietzsche: "La comedia nueva, de la cual Eurípides se convirtió en cierto medida en maestro del coro, podía ahora dirigirse a una masa así preparada e ilustrada; tan solo que esta vez era el coro de los espectadores el que tenía que ser instruido." KSA 1, 77; OC I, 381 (trad. mod.)
274. "La ocurrencia es algo diferente en el caso de las personas cultas y las incultas. Se puede constatar por comparación entre la vieja y la nueva comedia. En la primera, el punto gracioso se buscaba en la αἰσχρολογία [palabras o expresiones vergonzosas u obscenas], en la ὑπόνοια [sentido simbólico o alegórico]. La diferencia que hay entre estos dos modos para la εὐσχημοσύνη [conveniencia, decencia, decoro] no es poca." Aristóteles, *Ética a Nicómaco*, libro IV. Nota y traducción de Nietzsche, KGW II.5, 170, nota 30; OC II, 696, nota 150.
275. KGW II.5, 171; OC II, 697.
276. KGW II.5, 174; OC II, 698.

277. KGW II.5, 174; OC II, 699.
278. KGW II.5, 175; OC II, 699.
279. Aristóteles, *Poética*, cap. 1, 1447b.
280. Nietzsche cita a Diógenes Laercio, III, 8, aunque la referencia exacta es III, 18.
281. KGW II.5, 278; OC II, 763.
282. KGW II.5, 176; OC II, 700.
283. KGW II.5, 176; OC II, 700. Nietzsche cita a Ateneo, 197.
284. KGW II.5, 178; OC II, 701.
285. Ateneo, IX, 407. Citado por Nietzsche en KGW II.5, 177; OC II, 700.
286. KGW II.5, 177; OC II, 700.
287. KGW II.5, 180–81; OC II, 702.
288. KGW II.5, 181; OC II, 702.
289. KGW II.5, 181; OC II, 703.
290. KGW II.5, 182; OC II, 703.
291. KGW II.5, 182; OC II, 703.
292. Diógenes Laercio, I, 43. Nietzsche cita también Diógenes Laercio, I, 16, en donde se da una relación de filosófos que tampoco escribieron como Sócrates, Estilpón, Filipo (según Nietzsche y Diógenes Laercio II, 164 se trata de Aristipo), Menedemo, Pirrón, Teodoro, Carnéades, Brisón, Pitágoras y Aristón de Quíos.
293. Aristóteles, *Metafísica*, I, cap. 3, 980a–993a. Dice Nietzsche de la exposición de Aristóteles que "Aristóteles no conoce las razones del criterio de Tales respecto al agua, sino que habla a partir de conjeturas." KGW II.5, 183, OC II, 703–04. En *La filosofía en la época trágica de los griegos* de 1873 Nietzsche había estudiado este primer intento de ordenación como un distanciamiento tanto de lo mítico como de la violencia de los empírico (cfr. PHG, KSA 1, 813; OC I, 578) y como una "transposición … metafórica a una esfera diferente y a un lenguaje diferentes" (cfr. PHG, KSA 1, 816 y ss.; OC I, 580 y ss.).
294. KGW II.5, 183; OC II, 704.
295. Temistio, Orat., 26, 317. Ver también Platón, *Fedro*, 257d. Citado por Nietzsche en KGW II.5, 183; OC II, 704.
296. *Suidas*. Citado por Nietzsche en KGW II.5, 184; OC II, 704.
297. NF Verano de 1875, frg. 6 [50], KSA 8, 119; FP II, 119 (trad. mod.).
298. Nos referimos a *Die Philosophie im tragischen Zeitalter der Griechen* (KSA 1, 799–872; OC I, 571–607), *Die vorplatonischen Philosophen* (KGW II.4, 207–362; OC II, 327–428), así como al pequeño dictado a Gersdorff de 1874 *Die Diadochai der vorplatonischen Philosophen* de 1874 (KGW II.4, 613–32; OC II, 429–40).
299. "[Heráclito] cree como aquel [Anaximandro] en un fin del mundo que se repite periódicamente y en un resurgir siempre nuevo de otro mundo del incendio universal que todo lo destruye." PhtZ, nr. 6, KSA 1, 829; OC I, 589.
300. Aristóteles, *Retórica*, III, cap. 5.
301. Cfr. KGW II.5, 185; OC II, 705.

302. Cfr. KGW II.5, 186; OC II, 706.
303. Cfr. KGW II.5, 185–86; OC II, 705–06.
304. KGW II.5, 184; OC II, 704. Sobre este tema, se puede ver Erwin Schrödinger, *Nature and Greeks/Science and Humanism*, ed 1996 (Cambridge: Cambridge University Press, 1954), 55–58.
305. "La importancia del agua y del mar para los griegos."—en un fragmento póstumo de 1875, por ejemplo, Nietzsche vincula la explicación talesiana del principio de la naturaleza en el elemento agua con esas realidades socio-económicas. Cfr. NF Verano de 1875, frg. 6 [49], KSA 8, 119; FP II, pp.118–19.
306. KGW II.5, 186; OC II, 706.
307. KGW II.5, 186; OC II, 706.
308. Cfr. cuadernos 54 = Mp VIII 6 Julio a Septiembre 1867 [KGW I.4, 283–342]; 57 = P I 6 Otoño 1867 a Primavera 1868 [KGW I.4, 371–440]; 58 = P I 7 Otoño 1867 a Primavera 1868. En KGW I.4, 441–503; OC I, 241–92.
309. Cfr. Nietzsche también mencionará esta ordenación de Trasilo en otros lugares de su obra, por ejemplo en el § 16 de la lección del SS de 1872 *Die vorplatonische Philosophen*. KGW III.4, 189–362; OC II, 419.
310. KGW II.5, 187, OC II, 707.
311. KGW II.5, 187.
312. Subrayado por Nietzsche. KGW II.5, 188; OC II, 707.
313. KGW II.5, 188; OC II, 707.
314. KGW II.5, 191; OC II, 709.
315. Citado por Nietzsche en KGW II.5, 192; OC II, 710.
316. KGW II.5, 192; OC II, 710.
317. KGW II.5, 192; OC II, 710.
318. KGW II.5, 27 y ss.; OC II, 607–08.
319. Para el problema del diálogo socrático desde la crítica contemporánea, se puede ver la reciente antología de estudios de Livio Rossetti, *Le Dialogue socratique*, (Paris, Les Belles Lettres, 2011).
320. "Se sabe de los σίγραμμα [obras] de Zenón gracias al *Parménides* de Platón: se dividen en varios λόγοι [tratados], y éstos a su vez en ὑποθέσεις [suposiciones]. Se suceden ahí preguntas y respuestas. De ahí que Aristóteles dijera: ὁ ἀποκρινόμενος καὶ ὁ ἐρωτῶν Ζήνων [Zenón el que pregunta y el que responde]. Más adelante acabaría diciéndose de él que fue el primero en componer diálogos. Aristóteles le describe como inventor de la dialéctica, al igual que Empédocles lo sería de la retórica. Y para entrar a comprender la diferencia, hay que pensar en Heráclito: argumento y contraargumento, pregunta y respuesta; la filosofía hasta ese momento era monológica, mientras que ahora uno ejerce de uno mismo y de su contrario. ὑποθέσις significa aquí 'supuesto', por ejemplo: 'Si las cosas entes fueran una multiplicidad, entonces tendrían que ser al mismo tiempo iguales y diferentes' —además de otras formas demostrativas indirectas." KGW II.5, 191; OC II, 709–10.

321. KGW II.5, 195; OC II, 712.
322. Rossetti señala que el diálogo socrático "consistirá más en construir provocaciones intelectuales elaboradas *ad personam* que a consagrarse a la fijación dogmática de una doctrina bien identificada." Rossetti, *Le Dialogue socratique*, 275.
323. KGW II.5, 193; OC II, 711.
324. Aristóteles, frg. 72, ed. Rose. Nietzsche lo cita por Ateneo, 9, 505.
325. KGW II.5, 194–95; OC II, 711–12.
326. KGW II.5, 195; OC II, 712.
327. KGW II.5, 195–96; OC II, 712.
328. KGW II.5, 196; OC II, 713.
329. KGW II.5, 196; OC II, 713.
330. KGW II.5, 197; OC II, 713.
331. KGW II.5, 199.
332. KGW II.5, 199–200; OC II, 715.
333. "¡Quién se atreverá a fijar los límites donde termina lo característicamente platónico! La idea de que Platón sólo escribió obras de perfección formal se basa en diálogos escogidos de manera caprichosa, y no en aquellos de los que más seguro testimonio poseemos. En relación con Las cartas, y desde Karsten (1864), reina un exceso de escepticismo." KGW II.5, 203; OC II, 718.
334. KGW II.5, 197; OC II, 713.
335. KGW II.5, 197; OC II, 713.
336. Además de su formación retórica, en sus grandes viajes había tratado con los heraclíteos, con los parmenídeos, y también con los pitagóricos, de los que "el ser de las ideas reciba carácter ejemplar y el sistema platónico carácter concluso". KGW II.5, 196; OC II, 713. Véase el curso del WS 1871/72 *Einleitung in das Studium der platonischen Dialoge*, KGW II.4, 7–188; OC II, 441–562.
337. "Para completar la visión del Platón escritor, es preciso examinar también su relación con el 'escritor' por antonomasia de su época, con Isócrates, el padre de la prosa artística. Hubo un tiempo en que ambos mantuvieron amistad .... La enemistad debió de surgir paulatinamente a lo largo de los veinte años siguientes." KGW II.5, 203; OC II, 718.
338. Y como ejemplo, su sentir respecto la cuestión trágica, pues para él "la tragedia retrocede a un segundo plano, siendo Eurípides y Agatón, en todo caso, a los que más valora; dirigiéndose contra Esquilo; y sin mencionar nunca a Sófocles"; la comedia, en cambio, le despertaba grandes simpatías, y "Aristófanes le debía resultar sin duda, en vista de sus tendencias, un autor muy agradable." KGW II.5, 198; OC II, 714.
339. KGW II.5, 198; OC II, 714. Para un estudio sobre la valoración nietzscheana de Platón en estas lecciones, cfr. Phillippe Lacoue-Labarthe, "La Disimulation. Nietzsche, la question de l'art et la littérature, " *Nietzsche Aujourd'hui*, vol. II (Paris: UGE, 1975), 31 y ss.
340. KGW II.5, 198, nota 48; OC II, 714, nota 188.

341. KGW II.5, 204; OC II, 718.
342. Aristóteles, *Retórica*, III, cap. 14. 1415a.
343. KGW II.5, 206; OC II, 720.
344. KGW II.5, 206; OC II, 720.
345. KGW II.5, 206; OC II, 720.
346. Aristóteles, *Ética a Nicómaco*, libro IV. Cfr. KGW II.5, 170, nota 30; OC II, 696, nota 150.
347. KGW II.5, 206; OC II, 720.
348. KGW II.5, 208; OC II, 720.
349. Cfr. KGW II.5, 208 y ss.; OC II, 721 y ss.
350. Valentin Rose, *De Aristotelis librorum ordine et auctoritate commentatio* (Berlin: G. Reimer, 1854); Valentin Rose, *Aristoteles Pseudepigraphus* (Leipzig: BG Teubner, 1862). Cfr. Rafael Carrión Arias, "Los estudios Democritea de 1867–1868. Nietzsche descubriendo el nuevo método filológico," en *Nietzsche: Les premiers textes sur les grecs*, ed. Céline Denat and Patrick Wotling (Reims: Épure, 2016), 84–84 y 126–128.
351. Ernst Essen, *Der Keller zu Skepsis. Versuch über das Schicksal der Aristotelischen Schriften* (Stargard, 1866).
352. Gilles Ménage (1613–1692) poeta y erudito francés, fue autor de diversos estudios lingüísticos e históricos. Cfr. Gilles Ménage, *Casauboni notae atque aeg. Menagii observationes et enmendationes in Diogenem Laertium*, ed. H. G. Huebner and C.F. Koehler, vol. I (Leipzig, 1830). La *Vita* se encuentra en las páginas 608–10. Cfr. OC II, 721, nota 201.
353. KGW II.5, 209; OC II, 721.
354. KGW II.5, 212; OC II, 723.
355. KGW II.5, 209; OC II, 721.
356. KGW II.5, 210; OC II, 722.
357. KGW II.5, 211; OC II, 723.
358. La historia de este catálogo según Estrabón nos la relata Nietzsche en KGW II.5, 210–211; OC II, 722–23.
359. KGW II.5, 213; OC II, 724.
360. KGW II.5, 213; OC II, 724.
361. KGW II.5, 212; OC II, 724.
362. Ciceron, *De finibus bonorum et malorum*, V, 5, 12. Citado por Nietzsche en KGW II.5, 214; OC II, 725.
363. Cfr. infra, parte 2, cap. 1, § "El texto de *Historia de la literatura griega*".
364. KGW II.5, 213; OC II, 724.
365. KGW II.5, 214; OC II, 724–25.
366. KGW II.5, 213; OC II, 725.
367. "Los primeros peripatéticos que vivieron después de Teofrasto, como no poseían más que unos pocos libros y casi todos exotéricos, tuvieron, por falta de escritos, que

contentarse con ejercicios oratorios sobre lugares comunes, en lugar de proceder a una verdadera formación científica." KGW II.5, 210; OC II, 722.

368. KGW II.5, 215; OC II, 725.
369. KGW II.5, 215; OC II, 725.
370. KGW II.5, 215; OC II, 725.
371. KGW II.5, 215–16; OC II, 726.
372. Nietzsche resume este desarrollo en el § 5 de HLG III sobre "El influjo recíproco de los géneros": "Al principio, la filosofía aparece completamente dependiente de la poesía, aunque planteando una orientación contraria, la cual representa el progreso y parte de lo no poético y sobrio. Aquellos filósofos que se sirven del metro, y que poseen algo sacerdotal y adivinatorio, ésos son los anticuados y rezagados; los otros quieren en lo posible el pensamiento en su forma más severa y rigurosa. Pero también entre los que escriben en prosa se muestra la misma oposición: de un lado, Anaximandro y Heráclito como los retardatarios, y de otro, Zenón y Anaxágoras como los progresistas, y en un cierto término medio Demócrito, el primer clásico. La misma oposición aparece, más tarde, entre Platón y Aristóteles, mostrando este último la intención radical de apartar todo lo poético, situándosele en las antípodas; si bien esto sólo en sus escritos científicos. El desarrollo del diálogo *socrático* depende del influjo de los *oradores* y *sofistas*; no había, en efecto, otra posibilidad para aprender a escribir; y el criterio que se aplicaba *a los que* escribían era muy severo. Así, por ejemplo, Sócrates prefirió no escribir, evidentemente porque no había aprendido a hacerlo. Esquines y Antístenes, los dos maestros del diálogo socrático, dependen de Gorgias, y Jenofonte de Pródico. Muy influyente fue también el diálogo de la tragedia ática y de la comedia." KGW II.5, 308; OC II, 781.
373. KGW II.5, 216, nota 55; OC II, 726, nota 209.
374. "Entre los rasgos propios de todo sabio epicúreo se encuentra el siguiente: συγγράμματα καταλείψεῖν οὐ πανηγυρεῖν δὲ [dejar de lado los textos escritos, no pronunciar un elogio público durante una fiesta nacional .... Otro precepto es el de οὔτε ῥητορεύειν καλῶς [no pronunciar discursos con arte]." KGW II.5, 217; OC II, 727.
375. Cfr. Demetrio, *De elocutione*, pasaje 259. Citado por Nietzsche en KGW II.5, 219; OC II, 728.
376. KGW II.5, 306; OC II, 779.
377. KGW II.5, 318; OC II, 786–87.
378. Cfr. infra, parte 2, cap. 1, § "Historia de la literatura griega (1874/76)," final del parágrafo.
379. KGW II.5, 224; OC II, 731.
380. Aristóteles, *Poética*, cap. 1, 1447a.
381. KGW II.5, 224; OC II, 731.
382. KGW II.5, 224; OC II, 731.
383. KGW II.5, 225; OC II, 731.
384. KGW II.5, 225; OC II, 731.

385. KGW II.5, 225; OC II, 732.

386. "De los historiadores antiguos, dice Estrabón (I, 16) haber imitado el estilo de la poesía: λύσαντες τὸ μέτρον τἆλλα δὲ φυλάξαντες τὰ ποιητικά [habiendo abandonado el metro, pero respetando los demás elementos poéticos]." KGW II.5, 226; OC II, 732. La cita exacta de Estrabón es I, 2, 6.

387. KGW II.5, 226; OCII, 732.

388. Cfr. infra, § "La literatura filosófica y el nacimiento del género científico".

389. "Hecateo escribió γῆς περίοδος [Viaje (Periplo) alrededor de la tierra], Εὐρώπη [Europa], Ἀσία [Asia], aunque el párrafo sobre Egipto resultaba dudoso). También escribió γενεαλογίαι (La leyenda del origen de los helenos)." KGW II.5, 226; OC II, 732.

390. Nietzsche se basa en la inscripción publicada por Newton en 1867, KGW II.5, 230; OC II, 734.

391. KGW II.5, 232; OC II, 736. En el *Nachlass*: "La ilustración griega: por medio de los viajes. Heródoto: ¿cuánto no habrá visto?" NF Invierno de 1869/70-Primavera de 1870, KSA 7, 78; FP I, 112 (trad. mod.). Nietzsche nos da una relación de sus viajes: "Qué viajes hizo, y qué es lo que nos describe por haberlo visto él mismo, eso puede verse examinando su obra: de Asia (según las investigaciones de Matzat, Hermes, 6) conoce toda la costa jónica, el interior del país con Sardes, la parte este del interior de Caria, Frigia, y Lidia hasta Celenas. Este es el punto más oriental del interior del Asia Menor hasta el que llegó. Fue de Éfeso a Sardes, y desde aquí, de vuelta, a Esmirna. Igualmente conoce la otra mitad septentrional de la parte occidental del Asia Menor, Misia y Tróade con la costa eólica. Realizó un viaje marítimo por el Helesponto, el Proponto, el Bósforo, el Ponto hasta Cólquida. En dirección sudeste desde Halicarnaso conoce las otras cinco ciudades dóricas, las tres ródicas, la tierra firme enfrente, y Chipre. Es seguro también un viaje a Fenicia y a la Siria meridional. Además del gran viaje, que había de llevarlo hasta Babilonia, y quizás hasta Susa. Persia no la conoció, ni menos aún Bactria. En Egipto no pasó de Elefantina, y a los etíopes no los vio personalmente; a juzgar por una alusión, estuvo sólo después [de empezada] de terminada la insurrección de Ínaro, hacia los años 462–456. Conoce muy bien el Peloponeso, estuvo en la zona de Corinto, de Laconia y de Elis. Residió largo tiempo en Atenas como partidario de la política de Pericles, vio los campos de batalla de Salamina, de Platea, de las Termópilas, la península de Atos, Tebas, Delfos, Dodona y la isla de Tasos. En Samotracia, se hizo iniciar en los misterios de los Cabiros (habla como un conocedor del culto de Dionisio y de los secretos de las Tesmóforas, se revela conocedor de los misterios órficos y pitagóricos, encuentra las raíces de los cultos secretos helénicos en Egipto, es iniciado en el culto de Sais, presencia la historia de la vida y la muerte de Osiris representada allí de noche en el mar; por donde quiera que va es muy precavido; y por culpa de los egipcios se crea un cierto menosprecio por las historias de los dioses patrios)." KGW II.5, 231–32; OC II, 735–36.

392. KGW II.5, 232; OC II, 736.
393. KGW II.5, 232; OC II, 736. Nietzsche cita para reforzar esta tesis el libro VII, 152: "Tengo que contar lo que se dice; ello, sin embargo, no quiere decir que tenga que creerlo todo, y esta observación puede aplicarse a toda mi historia." La cita exacta es VII, 151, 3.
394. KGW II.5, 231; OC II, 735.
395. KGW II.5, 233; OC II, 736.
396. KGW II.5, 234; OC II, 737.
397. Nietzsche relata el plan general de la obra en KGW II.5, 234–35; OC II, 737–38.
398. KGW II.5, 234; OC II, 737.
399. KGW II.5, 234; OC II, 737.
400. KGW II.5, 235; OC II, 738.
401. KGW II.5, 235; OC II, 738.
402. KGW II.5, 235; OC II, 738.
403. Sobre la fecha de nacimiento, ver la consideración de Nietzsche en KGW II.5, 236; OC II, 738.
404. "Siendo niño, Tucídides le oye y se deshace en llantos, diciéndole Heródoto a su ὀργᾷ ἡ φύσις τοῦ υἱοῦ σου πρὸς μαθήματα [el carácter natural de tu hijo bulle en deseos de aprender]." KGW II.5, 231; OC II, 735.
405. KGW II.5, 236; OC II, 738.
406. "Se mantiene fiel al viejo dialecto ático, con su πράσσω ἐς ξὺν τετάχαται [realizo, hacia, con, han colocado en orden de batalla]." KGW II.5, 243; OC II, 742.
407. "De ahí que las características de su estilo sean, de acuerdo con Dionisio: 1) τὸ ποιητικὸν τῶν ὀνομάτων 2) τὸ πολυειδὲς τῶν σχημάτων 3) τὸ τραχὺ τῆς ἁρμονίας 4) τὸ ταχὺ τῆς σημασίας." KGW II.5, 242; OC II, 742. Y en la nota al pie de la misma página añade Nietzsche: "Dionisio, en la carta a La nodriza, dice: 'Ha pulido continuamente a lo largo de todo el tiempo que duró la guerra los ocho libros, ya fuese ampliando una palabra a una frase, ya fuese reduciendo una frase a una palabra, ya fuese sustituyendo un concepto sustantivado por un verbo'."
408. Esto imposibilita según Nietzsche la datación de cada parte. KGW II.5, 244; OC II, 743.
409. KGW II.5, 243–44; OC II, 743.
410. KGW II.5, 239; OC II, 740.
411. KGW II.5, 240; OC II, 741.
412. KGW II.5, 240–41; OC II, 741.
413. Carl Meyer, *Die Urkunden im Geschichtswerk des Thukydides* (München: C. H. Beck, 1955), 67.
414. KGW II.5, 241–42; OC II, 741.
415. KGW II.5, 240; OC II, 741.
416. "Como estadista y estratego estaba bien preparado; el destierro le proporcionó el tiempo preciso, podía recoger noticias de las dos partes combatientes, e incluso su

cambio de posición entre los partidos atenienses le permitió oír algunas cosas que uno no oye cuando permanece dentro de los límites de un solo partido. La irritación que hubo de producirle su desdicha lo hizo más imparcial frente a los atenienses, mientras que la antigua Atenas de Pericles, la Atenas de su juventud, cobró nuevas dimensiones a sus ojos." KGW II.5, 241; OC II, 741.

417. Cfr. Charles Norris Cochrane, *Thucydides and the Science of History* (Oxford: Oxford University Press, 1929), 179.
418. KGW II.5, 245; OC II, 744.
419. "Es probable que Jenofonte utilizara un breve proyecto para sus dos primeros libros, que continúan directamente el asunto." KGW II.5, 245; OC II, 744.
420. "Y es que posee las cualidades atenienses: impulso rápido, confianza en sí mismo incluso en circunstancias desesperadas, una palabra convincente para el público que asiste a la conferencia; todas ellas cualidades nada espartanas." KGW II.5, 246; OC II, 744.
421. KGW II.5, 247; OC II, 745.
422. KGW II.5, 249; OC II, 746.
423. KGW II.5, 243; OC II, 742.
424. KGW II.5, 248; OC II, 745.
425. KGW II.5, 249; OC II, 749; OC II, 746.
426. KGW II.5, 249; OC II, 749; OC II, 746.
427. Sobre las *Filípicas* de Teopompo, se puede ver Frances Anne Pownall, *Lessons from the Past. The Moral Use of History in Fourth Century Prose* (Chicago: The University of Michigan Press, 2004), cap. 5, 143–75.
428. KGW II.5, 250; OC II, 747.
429. KGW II.5, 251; OC II, 747.
430. KGW II.5, 250; OC II, 747.
431. KGW II.5, 251; OC II, 747.
432. "Mientras que Éforo necesitaba de acicate, él precisaba de freno: lo mismo parece que decía Platón de Aristóteles y Jenócrates, y Aristóteles de Teofasto y Calístenes." KGW II.5, 249; OC II, 746.
433. KGW II.5, 249; OC II, 746.
434. KGW II.5, 252; OC II, 748.
435. Bartold Georg Niebuhr, *Vorträge über Alte Geschichte an der Universität zu Bonn gehalten*, vol. II (Berlin: Reimer Verlag, 1848), 409–10. Citado por Nietzsche en KGW II.5, 252; OC II, 748. Sobre el método historiográfico de Éforo, se puede ver por ejemplo Guido Schepens, "Historiographical Problems in Ephorus," en *Historiographia Antiqua: Commentationes Lovanienses in Honorem W. Peremans Septuagenarii Editae* (Louvain: Leuven University Press, 1977), 95–118; también Pownall, *Lessons from the Past. The Moral Use of History in Fourth Century Prose*, cap. 4, 113–42; y monografías como Godfrey Loius Barber, *The Historian Ephorus* (Cambridge,

1935), o la reciente y detallada reevaluación como historiador de Giovanni Parmeggiani, *Eforo di Cuma. Studi di storiografia greca* (Bologna: Patròn editore, 2011).
436. KGW II.5, 253; OC II, 748.
437. Nietzsche no lo cita directamente, pero ésta es por ejemplo la manera en que Estrabón habla así de él en XIX, 648.
438. "Lo que relatan coincidentemente Ptolomeo y Aristobulo lo tengo como decididamente cierto; allí donde no coinciden, me inclino por el más fidedigno y, a la vez, el mejor narrador. Hay, desde luego, otros relatos diferentes; más aún, podría decirse que sobre ninguna otra personalidad hay más ni más diversos. De aquellos dos, sin embargo, es de los que más puede esperarse algo fiable: del uno, porque acompañó a Alejandro en sus campañas, y del otro, no sólo porque acompañó al monarca, sino porque él mismo era monarca y una mentira resultaba más deshonrosa en su caso; de ambos juntos, porque los dos escribieron después de la muerte de Alejandro, y ni la coacción ni la recompensa les empujaba a presentar las cosas distintas a como en realidad eran. He recogido también noticias aisladas de otros que parecían notables y no completamente increíbles, pero sólo como leyendas de Alejandro. El que se asombre de que después de tantos otros se me haya ocurrido también a mí escribir esta historia, que lea a aquéllos y me lea a mí, y que sólo después se asombre." Lucio Flavio Arriano, *Anábasis de Alejandro Magno*, Prefacio. Citado de forma traducida por Nietzsche en KGW II.5, 255–56; OC II, 750. Sobre los problemas de esta supuesta posición objetiva de Arriano como historiador, podemos retrotraernos al *Examen critique des anciens historiens d'Alexandre-le-Grand* del barón de Saint Croix (1775/1804) (2ª ed. Paris, Bachelier, 1810), obra que Nietzsche no menciona y que sus lecturas no demuestran haber estudiado. O en estudios contemporáneos: Paul Faure, *Alexandre* (Paris: Fayard, 1985); así como el cuestionamiento de la imagen de Alejandro por parte de Arriano debido a sus fuentes en Harold Lamb, *Alexander of Macedon: The Journey to World's End* (New York: Garden City, 1946), 372.
439. KGW II.5, 256; OC II, 750.
440. KGW II.5, 256; OC II, 750.
441. KGW II.5, 256; OC II, 751.
442. KGW II.5, 256; OC II, 750.
443. KGW II.5, 257; OC II, 751.
444. KGW II.5, 257; OC II, 751.
445. KGW II.5, 257; OC II, 751.
446. KGW II.5, 257; OC II, 751.
447. KGW II.5, 257; OC II, 751
448. KGW II.5, 257, nota 69; OC II, 751, nota 243.
449. Cfr. infra, parte 1, cap. 1, § "La filología en la encrucijada: entre positividad e ideal".
450. KGW II.5, 258; OC II, 752.
451. KGW II.5, 258–60; OC II, 752–53.

452. "Una *mirada infinita* [unermesslicher Freiblick] se hace paulatinamente posible a través de la concentración política, aunque quedando abarcada más de manera *panorámica* que entendida y contrastada de manera científica." KGW II.5, 260, nota 71; OC II, 753, nota 245.
453. KGW II.5, 260; OC II, 753
454. "Escribe de geografía universal en el mismo sentido que la obra anterior, destinada a lectores de cultura variada y elevada, presentando su libro como una 'colosal obra ilustrada' en la que sólo importa la totalidad general. Una polifonía de saber y de experiencia (hay ahí una muy buena geognóstica), de la que habla en la introducción, aunque abarcándolo todo, eso sí, como filósofo." KGW II.5, 261; OC II, 754.
455. "La idea fundamental de su *Historia universal* es de índole política: toda resistencia contra la irresistible dominación universal de Roma es pura locura. Roma debe sus éxitos no al ciego azar, sino a la perfección de su constitución estatal, al rigor de su instrucción bélica, a la consecución de su política. 'Nada favorece más el progreso de los hombres que el conocimiento del pasado', siendo la historia la mejor preparación para el gobierno de los Estados; desgraciadamente, con la reserva mental de que el sometimiento a Roma representa el progreso de la humanidad y el cometido de los políticos no romanos. Sin embargo, es leal y amante de la verdad: 'De igual manera que la pérdida de la vista hace incapaz a un animal, así también una historia de la que se ha sustraído la verdad no es otra cosa que un relato inútil'. Método: 'El historiador tiene que dirigir su atención no sólo a los *hechos* que ha de exponer, sino también a los anteriores, a los contemporáneos, y a los posteriores; la historia sólo se convierte en *lección* si se *conoce* la *causa*, el *medio* y la *finalidad*. En otro caso, entretiene en el momento, pero no *dice* nada para el futuro'." KGW II.5, 262–63; OC II, 755.
456. KGW II.5, 263; OC II, 755.
457. Merece la pena echar un vistazo al juicio nietzscheano sobre la obra de Plutarco: "Sus *Vidas paralelas* ofrecen una de las más grandiosas visiones de conjunto, entreverada, sin embargo, con la más profunda tristeza; es una excursión por los restos más colosales de la grandeza humana y de la polifonía de los antiguos. ¡Qué enorme suma de vigorosas y gigantescas personalidades tenía todavía su época ante los ojos! ¡Cuánto no se ha perdido! No ha habido libro en el mundo que haya ejercido más profunda influencia que estas βίοι [*Vidas*]; ello no es, en sentido propio, mérito de Plutarco, aunque sí en tanto que él fue uno de aquellos sobre los que aquel mundo antiguo ejerció su influjo de modo más potente. Plutarco es un testimonio de lo que, aun en muy diferentes circunstancias, puede seguir extrayéndose de observar a los antiguos, incluso sin poseer necesariamente facultades excepcionales: entre otras cosas, por ejemplo, una profunda mirada para lo individual y para el placer que se siente en ello. Todo se halla imbuido de espíritu, con anécdotas de la más alta especie, bromas o imágenes de gran significación; también así sus escritos morales, como si toda la Antigüedad, en cuanto *espíritu*, nos enviara su resonancia. Y a la vez, los antiguos

autores utilizados por él parece que nos miran, apenas velados." KGW II.5, 266; OC II, 755.

458. KGW II.5, 269; OC II, 759.
459. HL 1, KSA 1, 256; OC I, 702
460. HL 2, KSA 1, 258; OC I, 703.
461. HL 2, KSA 1, 258; OC I, 703. La cita es de Polibio, *Historia*, I, I, 4.

3

HLG y la cuestión de la *Leseliteratur*. Clasicidad y ritmo en el problema de la *Bildung*

La filología es el arte de aprender y enseñar a leer en una época en la que se lee demasiado.

- Nietzsche, F., NF 19 U II 5C. Octubre-Diciembre de 1876, frg. 19 [1]

Medios y fin.—En el arte, el fin no justifica [*heiligt*] los medios: Pero medios sagrados [*heilige*] pueden aquí justificar [*heiligen*] el fin.

- Nietzsche, F., MAM II, 136

Después de haber estudiado en nuestro capítulo anterior la exposición que Nietzsche hace en HLG I/II de la literatura griega a partir de una genealogía detallada de sus partes (dialectos, autores, obras, géneros), en este último capítulo estudiaremos las consecuencias que se extraen de ese análisis previo. Si HLG I/II se sumergía en el fondo de las formas visibles para estudiar las relaciones entre sus partes y la manera en que van constituyendo formas superiores por asimilación y confrontación (*Wille zur Macht*), ahora HLG III va a observar de nuevo esas primeras formas visibles, aunque desde la conciencia ya de su procedencia (*Herkunft*) y por tanto desde la perspectiva ganada de su próximo decurso y su papel en el cuerpo Cultural en su conjunto. Volvemos una vez más a las primeras palabras de este HLG III:

> Tras haber expuesto en los dos últimos semestres el nacimiento y destino de los principales géneros particulares de la literatura griega, podría parecer que ya hubiera acabado. Sin embargo, se ha quedado sin discutir lo importante, en general, y se ha quedado sin tratar el problema de en qué condiciones llegaron los griegos a una literatura clásica. Nacimiento y destino de los géneros no lo es todo; pues se puede preguntar todavía: ¿por qué surgen justamente estos géneros?
>
> Señores, la única advertencia preliminar que tengo que hacer es la siguiente: *El problema* planteado hace un año, y del que vamos a ocuparnos los jueves de este Invierno, es el de la génesis de la literatura clásica; o bien, formulado como pregunta: ¿cómo llegaron los griegos a su literatura clásica? Trataremos de resolver este problema mediante la acumulación de las diversas experiencias que hemos recogido observando los géneros literarios; pues la historia de los géneros particulares la he expuesto en los dos últimos semestres. Y no sólo de esa manera: hay mucho de lo que hasta ahora no se ha podido discutir por pertenecer al destino general de cada género, destino que, al repetirse en cada uno de ellos, queda habitualmente sin discutir. Sin embargo, esto es lo más importante, porque el problema de cómo los griegos llegaron a esta *literatura clásica* κατ' ἐξοχὴν [por excelencia] ha de ser considerado menos desde las condiciones particulares de cada género como desde las condiciones *generales*. Y sin perder más tiempo, enumero a continuación los temas de mis lecciones.[1]

HLG III va a tratar por tanto de "lo importante" en toda discusión que se precie acerca de la literatura clásica, a saber: las razones generales para la clasicidad de sus materiales ("la comprensión histórica [*historische Verständnis*] no es otra cosa que la comprensión de ciertos hechos bajo presuposiciones filosóficas" y "la presuposición filosófica de la filología clásica es la clasicidad de la antigüedad"),[2] así como las posibilidades presentes para hacer de ello un pasado infinitamente futurible.

1. La literatura clásica de los griegos como producto de una formación a-literaria. La *Leseliteratur* contra la cultura oral

En un apunte de la Primavera de 1867-Invierno de 1867/68, Nietzsche había hablado de las formas que ha de presentar una historia crítica de la literatura, para la que juega un papel determinante localizar "los filosofemas dominantes" con los que la historia literaria ha tendido hasta ahora a acercarse a ella:

> Una historia de los estudios literarios, con especial atención a la Antigüedad clásica, es tarea que un buen filólogo rico en ideas debiera plantearse algún día. Quiero decir una clara exposición de los puntos de vista que han resultado fructíferos desde los cuales ha sido considerada la Antigüedad, incluidos todos los absurdos, o sea, lo limítrofe entre los filosofemas y la historia literaria. Para ello se requiere un conocimiento acerca de la cadena de teoremas que se han formulado a propósito de la historia.[3]

Ya el mismo comienzo de HLG expone en sus "conceptos preliminares" el más grande de estos filosofemas, luego presentado en HLG III como reducción a una ley de los materiales históricos de HLG I/II.[4] Arranca por tanto HLG con la siguiente reflexión:

> La palabra literatura es una palabra peligrosa, y encierra un prejuicio. De igual manera que el viejo error de la gramática era partir de las letras y no de los sonidos, así también el viejo error de la historia de la literatura es pensar, en primer término, en el ámbito escrito de un pueblo y no en el ámbito oral artísticamente hablando, es decir, proceder a partir de una época en la que la obra de arte lingüística es gozada sólo por el *lector*.[5]

Se trata aquí de ese fuerte prejuicio arraigado en nuestra mirada a los griegos que el *Nachlass* describiría como "el sentido exagerado de la *literatura*" (*der übertriebene Sinn der* Litteratur).[6] Pues en realidad, y como ha expuesto Nietzsche a lo largo de todo HLG I/II: "respecto de las partes más valiosas de la literatura griega es preciso apartar todo lo posible del pensamiento las ideas de la escritura y la lectura; no en el sentido de que a éstas épocas le haya faltado la escritura, sino en el sentido de que ésta servía sólo al artista oral, el cual se presentaba ante el público como recitador o como rapsoda."[7] Como añade al caso una *Adnotatio* etimológica al § 1, el término literatura no es en sí mismo una palabra griega sino más bien un concepto latino posterior, extraño al fenómeno originario. De hecho, se puede decir incluso que la acuñación del concepto se debe a un error arrastrado:

> *Adnotatio* para § 1. La palabra literatura.
>
> Literatura: aparece una vez en Tácito, (*Annal.*, 11, 13), con el significado de "Alfabeto". Por lo demás, se trata del arte de leer y escribir, la traducción de γραμματική. Quint., 2, 1: *Grammatice, quam in latinum transferentes litteraturam vocaverunt* [La gramática, a la que los que tradujeron (el término) al latín llamaron literatura]. Senec., *ep.*, 88: *prima illa, ut antiqui vocabant, litteratura, per quam pueri elementa traduntur* [Aquella primera literatura, como la llamaban los

antiguos, por medio de la cual los niños se inician en los primeros rudimentos]. Es importante Cic., *Filip.*, acerca de C. César: *fuit in illo ingenium, ratio, memoria, litteratura, cogitatio, diligentia* [Aquel fue un hombre con talento, juicioso, con memoria, erudito, reflexivo y escrupuloso]. Aquí se entendía como "haber leído mucho", y "como saber escribir"; pero el cod. más valioso, el Vaticanus del siglo 8 y 9, tiene *littere cura*, es decir, *litterae, cura* [la ocupación de la escritura]. De este pasaje es del que surge probablemente el uso de la palabra como "saber escribir"; así como el uso de la palabra enciclopedia se remonta a un pasaje dañado, Quint., 1, 10, ἐγκύκλιος παιδεία [la educación general], pero escrito con tan mala letra que H. Stephanus entendió ἐγκύκλοπαιδεία, (palabra que no existe en absoluto, y menos aún como μονόλογος βιογραφία [monólogo, biografía].[8]

De *littera cura* o cuidado de la letra escrita, a *litteratura*, que comienza a significar la letra escrita en sí misma, y a definir por extensión su contenido mismo. Es así como el concepto "literatura" se refiere no ya sólo a lo que nace para ser libro, sino que empieza incluso a utilizarse para lo que no se ha concebido originariamente para la escritura.[9] Ésta es una deformación heredada por la tradición alejandrina cuando se empieza a desvincular la obra del público originario para el que fue concebida, y "sintomatiza" el nacimiento de una nueva época crítica inaugurada por la constitución de los cánones de autor.[10] Nietzsche intentará subsanar este vicio historiográfico con la restitución de la obra a su público originario ("el público existe primariamente y a él está dirigida la obra artística adecuada. Sin el público homérico no es posible Homero; sin la comunidad ateniense no es posible Sófocles")[11] de acuerdo con ciertas ideas del mismo Goethe.[12] Pues como deja Nietzsche señalado: "Es algo antinatural escribir para un público 'mixto', porque la idea del mismo es muy vaga y no suministra criterio alguno al autor."[13] Si el nacimiento del género científico, no necesariamente en sus formas originarias pero sí en sus formas definitivas, supone el establecimiento de este sentido de universalización en lógico detrimento de la calidad artística,[14] Nietzsche afirma sin embargo que la literatura griega en sentido laxo era una creación para un público particular y una ocasión determinada, compuesta por un artista "agonal" que competía por un premio o un reconocimiento, cosa que probablemente también "hubiera podido convertirse en causa de un rápido descenso de nivel, si el éxito hubiera sido decidido siempre por la mayoría, y ésta se hubiera compuesto de los incultos".[15] Pero no sucedió así; y durante toda la antigüedad hasta el cambio de paradigma los autores escribían para la representación ante un público presente de elevadas exigencias estéticas. Escribían, es cierto; y es gracias a ello que se han conservado sus obras.[16] Pero al contrario que otras civilizaciones de su alrededor,[17] para los griegos la escritura era sólo un *medio mnemotécnico* ("el estilo escrito era siempre *reflejo del estilo oral*"[18]) de cara a su puesta en escena *una sola vez*, en la representación *agonal*, ni siquiera por tanto para una recuperación práctica futura y menos aún para la posteridad.[19] Es sólo cuando esa "literatura" se convierte en "literatura de lectura", es decir pensada para un público universal que va a disfrutarla en privado, que puede por primera vez hablarse de un fenómeno de degeneración.[20] Desde ese momento, dice Nietzsche, "[n]osotros,... vivimos en una degeneración así, y aplicamos, por eso, muchos criterios y presupuestos erróneos a la historia griega; de la cual, *por desgracia*, sólo nos quedan obras destinadas a la lectura."[21]

El fondo de esta idea es que la literatura antigua debe su desarrollo a una estrecha vinculación con el oído, pues su fin está orientado a influir en el estado de ánimo. Es decir, está dirigida a los *afectos*. De ahí por tanto el empeño de Nietzsche por explicarla en relación con la música y la rítmica, y por mostrar su degeneración de acuerdo con la pérdida de dichos elemento, no sólo para el caso de la tragedia sino también para el resto de los géneros.[22] Hoy sabemos con certeza que incluso las primeras obras de la nueva época, es decir cuando el consumidor comienza a ser un lector universal y privado,[23] seguían todavía disfrutándose en voz alta, y así hasta bien entrada la Edad Media o incluso el s. XVII.[24] Este fenómeno de lectura pronunciada tiene que ver, entre otras cosas, con la necesidad de hacer comprensible al lector el sentido de una *scripto continua* o escritura sin separación de las palabras, imposible sin el sonido de la voz,[25] y sólo en ciertas ocasiones se daba el caso de una lectura silenciosa.[26] Hasta bien entrado el s. XVIII, además, se trataba de una lectura "intensiva", frente a la lectura "extensiva" que más adelante le sucedería.[27] Diferencias cualitativas entre la idea moderna de acercamiento al texto y la idea antigua, que marcan sin lugar a dudas nuestra percepción hacia esta última. Tal y como Nietzsche denuncia conclusivamente con toda claridad:

> Así pues, las obras artísticas griegas del lenguaje han sido mal comprendidas por la posteridad en un doble sentido: 1. Se las ha independizado de una ocasión determinada y de un público determinado, concibiéndolas como si hubiesen sido compuestas para un público indeterminado. 2. Se las ha separado de las artes correspondientes, viendo en ellas obras compuestas para *lectores*. Zenón, el estoico, pregunta al oráculo qué es lo que tiene que hacer para vivir mejor, y recibe esta respuesta: "aparearse con los muertos." Él entiende esto como que lo que se le pide es *la lectura de los antiguos*. Lo antinatural se expresa aquí con fuerza, e igualmente la mirada retrospectiva a una literatura reconocida ya como clásica y *formativa*. *Contra este* desconocimiento ha de orientarse una consideración que muestre la conexión entre composición, ocasión y público, haciendo ver la conexión con las otras artes—¡con las que le son más cercanas! *De aquí es de donde surge la noción de formación aliteraria.*

Esta propuesta de consideración es la razón, en definitiva, por la que a lo largo de HLG hable Nietzsche de *Sprachkunstwerk* o *Kunstwerk der Sprache* (i.e. la obra de arte del lenguaje) y no, en cambio, de "literatura" griega como tal. Y la razón también por la que hace un llamamiento a "volver a aprender a leer" (*wieder lesen lernen*), en una anticipación a ciertas ideas formuladas en lugares bastante más posteriores.[28]

> Dado que lo conservado [*Überlieferung*] normalmente es el escrito [*die Schrift*], por eso tenemos que volver a aprender a leer. Debemos volver a aprender a leer: lo que, con el exceso de poder de lo impreso, hemos olvidado. He aquí lo principal: reconocer que para la literatura antigua la lectura sólo es un sucedáneo [*Surrogat*] o un recordatorio. Las tragedias por ejemplo no son dramas para la lectura. ¡Cuánto esfuerzo no hay que hacer para considerar a Homero como algo diferente de un producto literario![29]

2. La *Leseliteratur* y la cuestión de la clasicidad

Una de las cuestiones más acuciantes de la "filología del futuro", la primera de todas ellas, es la recuperación del saber como ventaja para la vida. Hemos visto en profundidad en la primera parte de este trabajo cómo para el joven Nietzsche el problema de la Cultura moderna se explica precisamente por la completa desafección de su saber, o sea por su disociación entre la ciencia y la vida. Esto se manifiesta en dos tendencias superpuestas aparentemente irreconciliables, como son las del idealismo monumental y la del positivismo anticuario. El primero desfigura completamente el pasado en nombre de sus propios prejuicios, reproduciendo una y otra vez dichos prejuicios y ensanchando su distancia con la vida. El segundo, directamente considera que la ciencia, si quiere comprender el pasado, tiene que descontextualizarse "objetivamente" de la vida. En ambos casos se reproduce el cisma nihilista entre el saber y el hacer, o entre el presente y su capacidad para readecuarse a la vida. La Cultura (*Kultur*) moderna se ve entonces oscurecida por la falsa culturalidad (*Gebildtheit*) de un cuerpo de eruditos o intelectuales, además de por una reforma educativa de los *Gymnasien* y de las Universidades que vive de la autosatisfacción sin atreverse a fomentar una auténtica regeneración Cultural. Para Nietzsche, y ya desde su obra de juventud, toda esta Cultura de la decadencia viene a concentrarse en lo que él llama el *Bildungsphilister* o filisteo cultural, una palabra supuestamente inventada por él[30] para denominar a la clase de hombres que ha tenido que llegar a dominar Alemania a fin de que ésta viva "en la creencia de tener una verdadera Cultura" mientras se prohíben sentimientos más fuertes con los que la verdadera Cultura sí pudiera manifestarse.[31] Siguiendo directamente la reflexión de Goethe,[32] el filisteísmo sistemático es para Nietzsche una "barbarie continuamente justificada" (*dauerhaft begründete Barbarei*), un fanático "sistema de la no-Cultura" (*System der Nicht-Kultur*)[33] carente del verdadero estilo de una *aesthetische Bildung*. Se trata de la Cultura de la opinión pública (*öffentliche Meinung*) y del periodismo (*Journalistik*), el cual ahora "ocupa directamente el lugar de la educación".[34] El *Bildungsphilister* reflexiona sobre la Cultura, la administra y la reproduce, pero es incapaz de crearla. La *Bildung* o formación ya no consigue educar para el *Gran Estilo* que hacía de los griegos un modelo o un ejemplo ("algo de obra de arte") a seguir, pues en lugar de alentar la búsqueda "con el mismo espíritu y el mismo ánimo que ellos, sin cansarse nunca de buscar", prefiere "endosarles el dudoso rótulo de clásicos" y acomodarse para encontrar: "ya no hay por qué seguir buscando; éste es el lema del filisteo."[35]

Los términos en los que Nietzsche habla de la literatura griega en HLG explican por primera vez con profundidad genealógica las razones históricas de este problema. Cuando HLG III trata el asunto de la *Leseliteratur* o "literatura de lectura", subraya en efecto el hecho de que para el griego clásico—y al contrario que para nosotros—la formación no descansaba sobre la lectura y la escritura, sino que "[s]u fundamento está en el *culto religioso* y en las *festividades*, así como en el *simposion* y en la *competición*".[36] Dicho de otra manera, el éxito de los griegos y las razones para su clasicidad residen en el carácter *oral* y *público* de su Cultura, construida en torno a la unión de las artes y buscando los afectos compartidos de un público particular. La causa por la que hoy todavía son ejemplares los griegos es esta "relación natural entre lo hablado y lo escrito",[37] y el peligro de la escritura "se desarrolla en ellos de forma consciente, por ejemplo, en Platón".[38] "En este punto", añade Nietzsche, "están por encima de nosotros, los modernos. Se daban cuenta de que la escritura alfabética es un instrumento muy imperfecto para reproducir el lenguaje tan múltiplemente modulado, por ejemplo, en la interjección."[39]

Este peligro acaba tornándose realidad tras los diferentes acontecimientos evolucionarios que dieron lugar en el siglo IV a.C. a un cambio en los paradigmas. Con la "panhelenización" de la lengua helénica, con el desarrollo de una aristocracia educativa a la sombra de la sofística, y con las diferentes tendencias centralizadoras y universalizantes, surge paulatinamente un público lector, el cual propicia a su vez un nuevo tipo de poeta literato. La *Sprachkunstwerk* deviene *Leseliteratur*. Juega aquí además un papel fundamental el establecimiento del *canon* literario, pues la idea incluso en aquella época de un modelo de imitación marca por primera vez una línea entre lo que *es* clásico y lo que *debe ser* clásico. A partir de ese momento, los griegos, que hasta ahora producían desde la humildad del instante para una ocasión determinada, comienzan en su lugar a hacerlo para complacer una Cultura que se proyecta en el pasado. Finaliza la era de los "hombres productivos", y arranca la era de los "hombres reproductivos"—desde Roma hasta hoy[40]—y así también la era de la crítica. Pues la clasicidad de los griegos no se debe tanto, como hoy gustamos de creer, a la capacidad de ciertos autores de sobrevivir a la crítica gracias a su talento para alcanzar a espectadores universales,[41] sino que ella es en sí misma un *producto* de la crítica el cual precisamente *reclama* el juicio de valor de dicha crítica.[42] La diferencia por tanto entre lo que es clásico y lo que es crítico se fundamenta según Nietzsche en la originalidad (*Originalität*) de los primeros, entendida ésta como no-adecuación al dictamen del pasado, o lo que es lo mismo como satisfacción "agonal" de los gustos o necesidades del presente, como estar-en-el-presente:

> El nacimiento de las literaturas originales requiere una consideración comparativa que aún no se ha llevado a cabo. Parece una observación trivial, pero no lo es: una literatura original no puede crecer sobre la base de otra literatura, tiene que surgir de algún otro sitio, de otra necesidad que la necesidad literaria. En cualquier lugar en el que ha nacido una literatura clásica, ha surgido de algo nuevo, de algo que no era formación literaria ni tenía nada que ver con ella.[43]

Este estar-en-el-presente es por un lado, cabe decirlo, la causa de que los géneros literarios no se presenten herméticos los unos respecto de los otros en desarrollo lineal independiente sino en continua interacción, o sea "en una invasión recíproca en la que cada uno toma de *los otros* géneros lo que puede serle de utilidad en el suyo propio".[44] Es un escenario de potenciación de la *Wille zur Macht*.[45] Por otro lado, esta "originalidad"—y de manera cumplidamente contraria a la idea moderna—está basada en la perfección conforme a criterios muy estrictos, más que en la mera invención independiente.[46] "Homero", dice por ejemplo Nietzsche, "lo toma *todo* prestado de otros; pero es en las *variaciones menos perceptibles* de los motivos prestados más espléndidos y su *elección* donde radica su grandeza—y lo mismo en la *composición*: se puede deducir de forma análoga."[47] De ahí por tanto que cuando la pregunta por la regeneración de la *Bildung* queda formulada del modo "¿cómo podemos escribir hoy *clásicamente*?", Nietzsche no puede estar ya refiriéndose a la mera imitación del pasado (*Nachahmung*), sino a su *Nachbildung* productiva dentro de una originalidad reglada, es decir conforme a una perfección de la forma que escuche "agonalmente" a los gustos o necesidades de nuestro presente. Sólo así le devolveremos la literatura a la vida. La nuestra es una

Cultura erudito-alejandrina que, en su delirio por lo ahistórico-universal, pervive en la sola obsesión por el mero ajuste del presente a un pasado inmóvil, razón por la que el propio presente acaba por ende inmovilizado. Ésta es la verdadera naturaleza de una Cultura basada en la lectura, pues al no estar programada para una ocasión presente específica—en la que además debe sobresalir—pierde las referencias con su entorno, habiendo de buscarlas en formas trascendentes. Los autores clásicos sin embargo, aquellos que algún día se ganaron dicho adjetivo por alcanzar la grandeza histórica, son los que "se hallan a sí mismos"[48] en el presente, en eso que Nietzsche llama "sinceridad" (*Ehrlichkeit*) y que presagia su futura doctrina del *amor fati*. Dice Nietzsche señalando a Pope, el traductor al inglés de Homero, que "[u]n pueblo cuya formación es literaria, puede imaginar que puede superar a sus modelos; pero, en realidad, es imposible renegar del suelo del que se ha nacido."[49] Lejos de cualquier idealismo ascético ("En términos generales, habría que negar que la preocupación por la ganancia económica tuviera influjo pernicioso alguno en la literatura antigua: la necesidad, al contrario, actuó a veces provechosamente")[50] el concepto nietzscheano de "sinceridad" define la inmanencia materialista para la ciencia del poder, y perfila las formas en la que la Voluntad de Poder afirma su grandeza en el plano estético. Tal y como Nietzsche había por ejemplo descrito para el destino de la tragedia como género: "El camino por tales rutas [de la mera imitación] engaña al artista, el cual se cree productivo siendo, sin embargo, un mero eco. Sólo la máxima sinceridad artística mantiene el puro estilo, y es esta sinceridad la que se perdió: razón por la cual no hay que confundir la fecundidad de los grandes genios con la fecundidad de aquellos imitadores, ¡la cual es signo de decadencia!"[51]

Lo que hizo grandes a las figuras clásicas es, por tanto, esta idea de re-creación (*Nachschaffung*) como apropiación (*Aneignung*) y asimilación en cada particular (*Einverleibung*), pero siempre alejadas de la mera imitación (*Nachahmung*) trascendente, es decir encuadradas en su propio presente. Ésta es la misma idea que ya había presentado en sus *Consideraciones intempestivas* y desde sus *Conferencias sobre el futuro de las instituciones educativas* (i.e. la consecución de la Grandeza Histórica [*historische Grösse*] conforme a las formas del Gran Estilo) aunque ahora desde posiciones mucho menos idealistas que las de la "metafísica del genio" y más próximas en cambio a las genealogías de lo histórico-específico. Con este acercamiento de los productos de los "grandes genios" a las realidades particulares de los gustos y las necesidades del público presente, HLG limpia definitivamente todo resto metafísico en la filosofía del "genio" y define un nuevo espacio para lo clásico. Si la Cultura literaria está basada en una clasicidad mediada o ideal ("una formación literaria de una época determinada se basa en el reconocimiento de una literatura clásica"),[52] la formación no-literaria (*unliterarische Bildung*) está basada en la inmediatez del juicio estético.[53] Por eso la primera no consigue alcanzar la grandeza, mientras que la última en cambio la inventa y es capaz de vivir en ella.

3. Los clásicos y el problema de la *Bildung*: ¿cómo podemos escribir hoy clásicamente?

A partir de los acontecimientos que se van produciendo en Grecia a finales del siglo IV a.C., una formación mayoritariamente literaria comienza a establecerse en el espacio que antes ocupaba la formación aliteraria, aconteciendo un cambio de época en los términos que hemos estudiado en el primer capítulo de la segunda parte de este trabajo. No se trata de un simple "Europa antes de la patata y después de la patata",[54] sino de un cambio completo de paradigma organizado en torno al centro neurálgico de la nueva formación. Cambian las partes, y los sistemas se reestructuran, mutando como consecuencia la forma del cuerpo Cultural en su conjunto. A la vista de HLG, no extraña ahora ya más la importancia que el joven Nietzsche de las *Conferencias sobre el futuro de nuestras instituciones educativas* o de las *Consideraciones intempestivas* reserva a la educación (*Bildung*) como fuerza definitoria de una Cultura (*Kultur*), así como su consideración como primer frente para su transformación/regeneración. En el § 1 de HLG III de título "La literatura clásica de los griegos como fruto de una formación aliteraria", Nietzsche vincula directamente el problema de la clasicidad con el de la *Bildung* o educación/formación:

> Hay que fijar aquí varios conceptos: literatura clásica de los griegos en contraposición a literatura no clásica, formación aliteraria en contraposición a formación literaria. Partamos de esta última:
>
> La educación de la Edad Moderna es una educación literaria, se basa en la lectura y la escritura. El grado en el que se extiende esta capacidad—y no el grado en el que se extiende el hablar bien, ¡como parecería lo más natural!—es considerado la medida de la cultura de un pueblo. Esto presupone tácitamente que ya tiene que existir de antemano lo que merece ser leído, aquello a partir de lo que se desarrolla la formación, es decir: la existencia de libros formativos (clásicos). Pues no es la lectura en sí, y menos aún la lectura de cualquier clase de libros, lo que consigue formar: esta capacidad tendría que ser considerada como inútil o como perjudicial en relación especialmente con la gran masa de la población si no existiera ya, previamente, el criterio de lo que es digno de ser leído. O sea: la

> formación literaria de una época descansa en el reconocimiento de una literatura clásica como su fundamento. Sólo en relación con ésta tiene sentido la exigencia de la lectura. Si alguien pudiera probar que tal o cual literatura no es clásica sino nociva, es seguro que, desde esta posición, se exigiría también que no se leyera. De esta manera pensaba la Iglesia católica sobre la literatura griega, y lo mismo el califa Omar cuando, refiriéndose a los libros en griego de la biblioteca alejandrina, su general Amru le planteó: "Si estos libros coinciden con el Corán, la palabra de Dios, entonces son superfluos y no merecen ser conservados; y si no coinciden, entonces son peligrosos. Por tanto, hazlos quemar." Es decir, que los libros griegos no debían ser leídos.

La idea de una literatura clásica presupone, como expone aquí Nietzsche, la idea de lo que merece ser leído. Pero, como hemos visto más arriba, no tanto para tomarlo como modelo de imitación reproductiva (*Nachahmung*) como suele ser el caso, sino a modo de orientación para una creación creativa y "original".[55] Nietzsche ya había criticado en sus *Conferencias sobre el futuro de nuestras instituciones educativas* el desastre de una Cultura periodística ("ese viscoso tejido conjuntivo que se ha introducido hoy entre las ciencias").[56] Y esto a pesar de (o precisamente por) basar su formación en los meros clásicos por imitación:

> Un pueblo que posee una formación literaria (cuya cultura descansa en libros reconocidos como clásicos), ¿producirá una literatura clásica? Esto es improbable; y parece superfluo. Pero sí producirá mucha literatura por imitación, por emulación, por explicación de los libros clásicos, etc. Es lo que ocurre con la literatura cristiana, con la budista y con la literatura helenística. La literatura griega (y romana) tardía se basa en el canon de la antigua literatura clásica. Nuestra literatura alemana se basa primordialmente en la literatura de la Antigüedad, y, en parte, también en la francesa. En cambio, allí donde encontramos literaturas clásicas originales, ¿sobre qué se basan? Éste es justamente el problema. Porque ellas no son el producto de una época de formación literaria ni el producto de clases populares formadas literariamente; no son producidas conforme a modelos a los que imitar. Su carácter clásico es el fruto de una formación elevada, pero no de una formación basada en libros.[57]

Un error cardinal de la cultura moderna ha sido justamente el de trasladar nuestra situación al pasado. Ya que, partiendo de una supuesta "homogeneidad" entre la Cultura moderna y la griega antigua, "se olvidaba que la situación que da a luz a la regla es distinta de aquella a la que la regla da a luz."[58] Como luego escribiría Nietzsche en 1887 en *El crepúsculo de los ídolos*, en un capítulo titulado "Lo que he de agradecerle a los antiguos":

> A los griegos no les agradezco ninguna fuerte impresión asociada; y para ser exactos, no pueden ser para nosotros lo que son los romanos. Uno no aprende de los griegos—sus modos son demasiado extraños para nosotros [*fremd*], demasiado fluidos [*flüssig*] para funcionar imperativamente, "clásicamente". ¡Quién hubiera aprendido a escribir de un griego! ¡Quién hubiera aprendido sin los romanos![59]

La pregunta en todo esto reaparece por tanto reajustada: ¿cómo podemos escribir hoy clásicamente? ¿Cómo alcanzar la grandeza de los clásicos mientras reconocemos la distancia que nos separa? Ésta es, en general, la duda que mueve toda la obra del joven Nietzsche hasta HLG, que es el texto en donde se ocupa específicamente del problema en la literatura. Pero tampoco hay que olvidar que ésta sigue siendo la pregunta fundamental de su filosofar crítico ya incluso en sus años de madurez, una vez resuelto el problema de la creación estética en la grandeza aunque preocupado ahora por cómo alcanzar esa grandeza para la moral. Desde la perspectiva de HLG, la cuestión de madurez acerca de "cómo podemos obrar éticamente" igual que los griegos se revela complementaria a la cuestión de "cómo podemos crear estéticamente" como ellos, siendo coincidente y aplicable la estructura del análisis para ambas.

HLG es, por tanto, el colofón y punto y aparte a todas sus reflexiones estéticas, aunque luego la misma pregunta sobre nuestro potencial clásico se redirigiese a otros objetos. Si hasta el año 1875/76 la regeneración de la Cultura depende para Nietzsche de aprender a crear *como* los clásicos, la reflexión sobre los prejuicios del mundo clásico nos enseña tres elementos fundamentales que habremos de tener en cuenta: Primero, la mencionada heterogeneidad entre la Cultura moderna y la griega;[60] segundo, la inmanencia del encuentro entre la obra y la ocasión/público determinado; y tercero, la concurrencia de las artes correspondientes.[61] Fue precisamente la pretensión de hacer del mundo moderno un apéndice del mundo clásico (recordamos por ejemplo la paralelización de Wilamowitz entre los antiguos griegos y el estado bismarkiano)[62] la que proyectó sobre él todos nuestros prejuicios, entre ellos los derivados de la separación/especialización de las disciplinas científicas y estéticas, así como la creencia en un público ideal. Respecto a este problema del espectador ideal, Nietzsche ya se había mostrado desde *El nacimiento de la tragedia* muy crítico con esta idea tan típicamente moderna,[63] y *Humano, demasiado humano* extenderá el asunto del *Zuschauer* a otros espacios de la creación estética. Es sólo cuando surge una idea de universalidad, cuando por ejemplo "los grandes fundadores de la prosa destinada a la lectura, como Isócrates ... se percataba[n] de que no trabajaba ya para Atenas, para una polis, y en sus mismos escritos da expresión a la idea panhelénica", que "[l]a literatura destinada a la lectura pretende y crea una espiritualidad distinguida y fría, que crea y anhela esa auténtica literatura de lectura".[64] Esto suscita una actitud distanciada y reflexiva, y un cierto hartazgo de los efectos conseguidos por medio del arte escénico, de modo que al final la paulatina separación de las artes tal y como venía teniendo lugar acaba por instalarse. Ante este problema, Nietzsche ya había propuesto para la ciencia recuperar la unidad de la idea clásica como instancia superior de armonización, con la filosofía como guía.[65] Y para las artes, por su parte, un reencuentro de todas ellas en un ideal armónico del orden y la medida. Tomada como veremos a continuación con sumo cuidado, la idea wagneriana de la *Gesamtkunstwerk* u obra de arte que reúne en sí todas las artes (música, palabra e imagen) no deja nunca a Nietzsche de resultarle rica en posibilidades, pues ése es el lugar en el que volveremos a los griegos. Si la actual Cultura literaria basa su educación en la separación de las disciplinas, las artes y los géneros, nuestra tarea ahora será recuperar el encuentro de todas ellas, pues sólo así favoreceremos la interacción entre las partes con las que estimular los cambios orgánicos.

4. Para la recuperación del ritmo en el ideal de la *Bildung*

En definitiva, es imposible alcanzar la grandeza en una Cultura como la nuestra basada en la literaridad. Se trata de una Cultura necesariamente dogmática, instituida sobre la canonización del pasado tal y como lo recoge la tradición.[66] En tanto que se erige sobre el texto escrito y la lectura individual, no tiene posibilidad de salir de dicho encajonamiento, pues demarca con categórica claridad el ámbito de cada una de las fuerzas a fin de que no se salgan de los límites establecidos. Como consecuencia, se limita a reproducir una y otra vez lo que ya está escrito, pero es incapaz de crear nada nuevo. De ahí, por tanto, que reconquistar la grandeza pase ahora por dos condiciones: recuperar la interacción entre las fuerzas y las partes, y volver a la inmanencia de la creación para un público presente determinado. Debemos reconstruir, dicho de otra manera, una cultura aliteraria—si bien no necesariamente no-escrita—basada en la *oralidad* y en el oído, es decir, en el ritmo.

Todas las genealogías de HLG I/II, así como una parte importante del § 1 de HLG III, Nietzsche las ha dedicado a describir los procesos en que los griegos se convirtieron en un *pueblo de escritura*. El lenguaje, que según Nietzsche "no ha nacido para la comunicación de pensamientos y conocimientos" sino como consecuencia de la organización corporal,[67] se volvió paulatinamente un instrumento para ello; y en cierto momento, hasta produjo una gran satisfacción:

> La extraordinaria satisfacción sentida por los griegos cuando hubieron hecho de su lengua un instrumento severo, dúctil y lógico, penetra el pueblo entero, el pueblo lo siente lo mismo en Eurípides que en los filósofos. Con ello aumenta el valor de la *escritura*. Eurípides es el primer gran *lector* entre los poetas (posee una biblioteca propia); Aristóteles, el primer lógico, había recibido de Platón el sobrenombre de "ἀναγηώστης" [lector].[68]

Pero este desarrollo del lenguaje hasta llegar a un punto donde carece de afectos es, como decimos, un momento posterior de su desarrollo: "cuanto mayor se hace el gusto por lo lógico, por lo científico, tanto mayor respeto alcanza la escritura como su órgano más adecuado".[69] Antes de llegar ahí, los motivos del empleo del lenguaje en la literatura eran los mismos que los de la música y el ritmo, y así también compartían prácticamente las mismas ocasiones (acontecimientos religiosos, festivos, etc ...).[70] Siendo la lírica la poesía más antigua,[71] la poesía originaria es la unión de música y palabra. Y su objeto, como el de la música y el ritmo, es influir mágicamente sobre los dioses:

> 1. Se cree poder obligar a los dioses con la música, de la misma manera que el hombre se siente impelido por ella. 2. Se cree poder purificarlos y descargarlos de sus afectos demasiado violentos. 3. Se les graban más profundamente los ruegos de los hombres si éstos se les formulan rítmicamente: se trata de un medio mnemónico. 4. Se cree poder hablar con ellos con mayor claridad a través de las grandes distancias.[72]

Como es sabido, el interés de Nietzsche por el estudio del ritmo se remonta a sus años como estudiante, tanto en Leipzig como en Bonn. La segunda de sus publicaciones (de 1868) versaba sobre este problema;[73] y a partir de ahí, no cesan las incursiones en el tema, tanto en la planificación de sus cursos en Basilea (en 1869 y 1870/71 le dedicaría sendos cursos completos) como en sus notas (entre 1870 y 1872 se contabilizan cuatro cuadernos sobre el tema, con vistas a una posible publicación).[74] En discusión con autores como Apel, Hermann, o Westphal y Rossbach,[75] las investigaciones de Nietzsche durante aquellos años tienen un marcado carácter técnico y especializado, y es entonces cuando descubre la rítmica cuantitativa (*quantitierende Rhythmik*),[76] tristemente desoída por la filología hasta su recuperación por Paul Maas (alumno de Wilamowitz) en 1923[77] aunque hoy fuertemente reivindicada por la *Nietzscheforschung*.[78] Su argumento principal se dirige aquí contra la idea moderna de *ictus* o "golpe" aplicada a la sensibilidad antigua,[79] una ficción que ha llevado a entender la rítmica antigua basada en la acentuación de la sílaba y no en cambio, como era en realidad el caso, de manera temporal, es decir en torno a una práctica de duración de ἄρσις y θέσις.[80] Los trabajos en los que Nietzsche explora esto con profusión son sus *Apuntes en torno a la métrica y a la rítmica, Para la teoría de la rítmica cuantitativa*, e *Investigaciones rítmicas.*[81] El § 16 de la *Enciclopedia de la filología clásica* resume los logros durante estos años,[82] en un empeño que todavía resulta visible hasta mediados de 1877. El propósito nietzscheano, en definitiva, es acabar con la proyección y la equiparación al uso entre la rítmica moderna y la rítmica griega.[83]

Las lecciones sobre *Historia de la literatura griega* de 1874/76 están en todo punto igualmente imbuidas por este interés. El § 9 de HLG I/II, por ejemplo, explica las diferencias histórico-genealógicas entre el ritmo yámbico y el ritmo trocaico;[84] y el § 3 plantea cuestiones más generales cuando Nietzsche habla del ritmo en "Relación de la obra de arte del lenguaje con otras artes".[85] La sutil diferencia entre las exposiciones de HLG y el grueso sus investigaciones rítmicas en sentido preciso es, sin embargo, algo que ya debiéramos haber dejado suficientemente argumentado: su aplicación *práctica* para dilucidar de manera directa cuestiones culturalistas, el problema de la *Leseliteratur* y la *Bildung* por delante de todas ellas. Para la fecha de comunicación de HLG III, Nietzsche (inspirándose en su maestro en Leipzig Oskar Pescher[86] así como en Lubbock)[87] ya estaba explicando en *El culto griego a los dioses* (1875/76) los cultos religiosos como modo de imponer una ley a la naturaleza en una Cultura donde falta todo concepto de causalidad natural. Es en esa obra donde pone el ejemplo del *remo*, la misma imagen que luego también desarrollaría en el § 111 de la primera parte de *Humano, demasiado humano.*[88] La idea fundamental, para Nietzsche, es que los griegos pensaban poder pactar con los dioses, al tiempo que creían poder ejercer sobre ellos una coacción de fuerza a través de la magia. En ese sentido, el sentido del culto religioso es conjurar la naturaleza en beneficio propio, imprimiéndole una legalidad que no tiene previamente:[89]

> Cuando se rema no es el golpe del remo lo que mueve el barco, sino que remar es sólo una ceremonia mágica mediante la cual se fuerza u obliga [*zwingt*] a un *demon* a mover el barco.[90]

El ritmo juega en todo ello un papel determinante. Como Nietzsche apunta con agudeza, los griegos creen observar en los dioses los mismos efectos que experimentan en sí mismos.[91] Ellos, que ven en todo lo espiritual (*Geistiges*) una parte corporal (*Körperliches*), consideran el ritmo en sentido amplio ("por medio de súplicas y oraciones, de sometimientos, de entregas y regalos reglados [*regelmässig*]") como la mediación por la cual lo material somete a lo divino. El ritmo en la antigüedad tiene un sentido claramente utilitario. El aforismo 84 de *La gaya ciencia* "Sobre el origen de la poesía" será luego prolijo en este punto, cuando Nietzsche plantee por qué las citas mágicas y las oraciones religiosas tienen forma rítmica:

> Es gracias al *ritmo* que se le imprime a los dioses *una* petición humana, después de darse uno cuenta de que el hombre conserva mejor un verso en la memoria que un discurso deslavazado; por lo mismo, se pensaba que con el tacto rítmico uno se hacía oír mejor en la distancia: la plegaria rítmica les parecía acercarse más al oído de los dioses. Ante todo, se buscaban las ventajas [*Nutzen*] de ese sometimiento elemental [*elementare Ueberwältigung*] que el hombre experimenta en sí mismo cuando escucha la música; el ritmo es una constricción [*Zwang*]: produce a unas ganas insuperables de claudicar, de acomodarse a él; el compás [*Takt*] no lo sigue sólo el paso de los pies ... sino también el alma, y probablemente uno inferiría que también los dioses. Se les intentaría por tanto obligar a través del *ritmo* y ejercer un poder [*Gewalt*] sobre ellos: se les lanzaría la poesía igual que se lanza un lazo mágico.[92]

Esta idea ya figura de manera medular cuando Nietzsche estudia el origen de la poesía en HLG III. Y años antes, a comienzos de su actividad docente, como parte del desarrollo de sus lecciones sobre los "líricos griegos".[93] Hoy ya no hay lugar a duda de que en la antigua Grecia la ley era una distribución vocal, una recitación o lectura en voz alta: los pájaros de Alcmano cantaban sus νόμοι o melodías,[94] de la misma manera que los νόμοι de Charondas, uno de los grandes legisladores de la Grecia arcaica, se cantaban.[95] Ya Burckhardt, en su *Kulturgeschichte*, había llamado la atención sobre la polisemia de la palabra νόμος para referir tanto las melodías del canto como a las leyes. La idea subyacente era que la norma de la legalidad era un trabajo exterior distribuido públicamente para el oyente, el cual no comienza a interiorizarse hasta épocas más tardías (Herodoto y Protágoras, contemporáneos de Sócrates) con la aparición de la palabra δικαιοσύνε (i.e. "sentido de la justicia").[96] El resultado nos es de sobra conocido: la revolucionaria interiorización de la conciencia en la obra de Platón, donde el νόμος no viene ya de una voz pública exterior sino de una distribución individual dada por un δαίμων o voz interior. Pero incluso en esos primeros momentos de racionalidad se sigue dando una musicalidad ordenatoria. Como apunta Nietzsche en un añadido personal a HLG III: "El ritmo, sumergido bajo la palabra, no es sólo algo externo, sino que la palabra acontece junto a la música: una fuerza o poder [*Gewalt*] que reordena los átomos de la proposición, que llama a elegir las palabras y tiñe los pensamientos."[97]

La noción de ritmo en la antigua Grecia implica por tanto la idea de la soberanía, es decir del *poder*. También de la soberanía propia. Tiene un carácter *civilizatorio*. Como proclamaba *La gaya ciencia,* con el ritmo se pueden controlar los demonios exteriores, así como nuestra propia alma.[98] Esto nos devuelve de pleno a la cuestión de la educación en la *polis* y de cómo podemos hoy escribir (y educar) clásicamente. Pues el ritmo se presenta ahora como la manera de recuperar la excelencia en el crecimiento individual, como un sentido ético/estético de acontecer *en* el tiempo y *desde* el tiempo—que no a pesar de él:

> El ritmo es un *intento de individuación.* Para que el ritmo pueda darse, tienen que darse también la multiplicidad y el devenir. En este punto, la búsqueda de lo bello se presenta como motivo de individuación. El ritmo es la forma del devenir, la *forma del mundo de las apariencias* en general.[99]

La lectura del ritmo es aquí sin duda fisiológica, y tiene que ver, decimos, con las pulsiones de crecimiento en el devenir—es decir, con la Voluntad de Poder. El ritmo se instala en las regiones más fundamentales del individuo, y se aplica a todas las artes como expresión potencial del Gran Estilo. Éste surgía, como Nietzsche sigue recordando en HDM, "cuando lo bello obtiene su victoria sobre lo monstruoso [*das Ungeheure*]".[100] La célebre síntesis Apolo-Dioniso anunciada en NT era la conformación de este espacio de belleza como resultado de la imposición del *principium individuationis* sobre el caos,[101] igual que en HL había hablado de que "cualquier ser vivo sólo puede ser sano, fuerte y fecundo sólo dentro de un horizonte (*Horizont*)"[102] como triunfo de la forma sobre lo informe. El mismo Apolo rítmico, en definitiva, del que habla Nietzsche en *La gaya ciencia* como forma de ganarse para sí el futuro,[103] y que en HLG III aparece como la introducción originaria de la letra escrita en el mundo griego en tanto que forma de reforzar el efecto del ritmo sobre la palabra y el de la palabra sobre los acontecimientos:

> Originariamente el oráculo es, más bien, un *determinar*, un *forzar* el futuro: σημεῖα [señales (también signos escritos)] τέρατα [señales, portentos] ejercen un poder mágico sobre el futuro. Hacerse profetizar el destino es, originariamente, "hacerse *determinar* el futuro"; es decir, χραύω pronunciado por el dios. (Transformación del significado "tocar", "acercarse al cuerpo", "urgir", "instar", "obligar", χρὴ significa "se me insta a que yo", "Apolo obliga, determina, que esto y esto suceda"). En la mayoría de los casos, el dios exige algo del hombre, algo que éste *tiene que hacer*; y determina así su futuro: "Si Creso traspasa el Halis, destruirá un gran imperio".[104]

El ritmo, por tanto, se demuestra en Nietzsche como la manera de organizar la materia ("El ritmo es la sucesión ordenada de secciones de tiempo [*Rhythmus ist geordnete Auseinanderfolge von Zeitabteilungen*]"[105]) por medio de conferirle apariencia adecuada, sencilla (*leicht*) y simple (*schlicht*), es decir sintetizando afecto y expresión.[106] Un "bello caminar [*schönes Gehen*]"[107]. Éstas son sin duda las conquistas del arte clásico griego, a una gran distancia del arte romántico que en sus excesos pierde el control sobre la forma y ofrece, en lugar de simplificación y concentración, dispersión y ampulosidad.[108] Pues, en definitiva, éste último arte no es tanto un producto del control y de la fuerza, sino de la debilidad de lo que se deja vencer en la "ausencia de estilo o caótica confusión de todos los estilos",[109] o sea un subproducto del nihilismo síntoma de una degeneración vital patológica.[110] En un apunte de 1887 Nietzsche dirá que "todo lo que vive está movido por un ritmo"; y es conforme al tempo controlado de una rítmica que la vida se mueve en plenitud y que los individuos aprenden a transitar por el pasado y "profetizan" el futuro, imponiéndose así unos sobre otros en una lógica de crecimiento. La decadencia, del otro lado, es el declive del Gran Estilo: es el "empobrecimiento de las fuerzas organizativas", "la falta de tonalidad", "la falta de euritmia".[111] El compás (*Takt*), como decía ya un importante pasaje de principios de los años 70, es "la más originaria sensación del tiempo [*die ursprünglichste Zeitempfindung*], la *forma del tiempo* mismo."[112] La "melodía infinita" wagneriana, con su rechazo de la determinación, la regularidad y la simetría, y con sus continuos cambios de tonalidades/puntos de vista, es, en cambio, el paradigma del abandono, donde no hay ordenación porque no hay tiempo.[113] "¿Sabe caminar? ¿Sabe bailar?" se pregunta ante todo Nietzsche en el fragmento titulado "Para la fisiología del arte".[114] A lo que Nietzsche se responde: "Wagner se me ha vuelto insoportable de principio a fin, porque no sabe *caminar*, por no decir bailar."[115] Es precisamente dicha propensión de la Cultura actual lo que se esconde tras la consabida polémica entre Nietzsche y Wagner, tal y como puede observarse en los dos escritos de los años 80 *El caso Wagner* y *Nietzsche contra Wagner* en los que se critica la aspiración de una música inmediatamente dionisíaca más allá de la forma inmanente de nuestro lenguaje.[116] Y ello es también lo que explica en retrospectiva el uso que Nietzsche hace en las *Conferencias sobre el futuro de nuestras instituciones educativas*, y a partir de ahí a lo largo de toda su obra, del concepto *Zucht* o *Züchtung* (cría, disciplina) como contramedida a la *Zähmung/Ausgleichung* de la moral común, es decir como técnica de selección basada en el orden y la medida por medio de la obediencia y el hábito (*Gewöhnung*).

> Toda educación comienza con lo contrario de lo que hoy se celebra como libertad académica, con la obediencia, con la subordinación, con la cría, con la servidumbre. Y del mismo modo que los grandes guías necesitan de quienes son guiados, así también quienes deben ser guiados necesitan de los guías: domina en este sentido en el orden intelectual una recíproca predisposición, por no decir una especia de armonía preestablecida. Contra ese orden eterno, al que las cosas tenderán siempre con una fuerza de gravedad conforme a la naturaleza, es precisamente contra el que quiere interponerse, molestando y destruyendo, esa Cultura que hoy se sienta en el trono del presente. Ella quiere humillar a los guías sometiéndoles a servidumbre hacia ella, o bien hacerlas desfallecer; acecha a los que deben ser guiados cuando están buscando a su guía predestinado, y acalla con medios embriagadores su instinto de búsqueda.[117]

Pues en realidad, y como también ha demostrado Nietzsche en el análisis de los autores y obras en HLG, "sólo sobre la base de un cultivo [*Zucht*] y uso de la lengua que sea riguroso y artísticamente esmerado se hace más fuerte el sentimiento debido de la grandeza de nuestros clásicos", y "sólo mediante un cultivo [*Zucht*] semejante puede el joven experimentar disgusto ante la tan popular y apreciada 'elegancia' de estilo de nuestros operarios del periódico y nuestros novelistas, ante la dicción secreta de nuestros literatos"[118]. El adiestramiento, cría o cultivo [*Zucht*] está pensado para enseñar al soldado a *marchar*, para inculcar en el receptor una "segunda naturaleza".[119] La educación (*Bildung*) queda definida como ejercicio de formación (*bilden*) del individuo al ritmo de los tambores,[120] desde los que constreñir el temperamento e imprimir "obediencia y habituación a la cría del genio."[121] Como subraya hoy Carlota Santini,[122] contra aquella creencia tan extendida que quiere ver en Nietzsche un filósofo de la irracionalidad lo que aquí descubrimos, en cambio, es un filósofo del auto-control a través del dominio y la disciplina: "Bailar encadenados [*in Ketten tanzen*]",[123] "bailar entre espadas [*tanzen zwischen Schwertern*]"[124] escuchando "*libros que enseñen a bailar* [Bücher, welche tanzen lehren]"[125]—y llegando, algún día, a escribirlos.[126] Lejos de una domesticación (*Zähmung*) para el rebaño, la imposición rítmico-musical de lo externo sobre nosotros es el primer paso en la "formación" para el ideal de la autonomía estética y moral, y así de nuevo para crear y vivir en la salud y la Grandeza:

> "¿Oís el ritmo exacto de esa melodía que nos saluda? ¡Fijaos en ese ritmo, y repetidlo en una seria sucesiva de disparos!"
>
> Era aquella una tarea conforme a nuestro gusto y a nuestra capacidad; cargamos con la mayor rapidez posible, y, tras habernos puesto brevemente de acuerdo,

levantamos nuestras pistolas hacia la altura estrellada mientras aquella penetrante progresión de sonidos, después de una corta repetición, se extinguía en el vacío. El primero, el segundo y el tercer disparo resonaron cortantes en la noche ... Entonces gritó el filósofo: "¡Ritmo incorrecto!;" y es que le habíamos fallado en nuestra tarea rítmica. Inmediatamente después del tercer disparo había aparecido, rápida como una flecha, una estrella fugaz, y casi sin quererlo habíamos entonado el cuarto y el quinto disparo simultáneamente, en dirección a su caída.

"¡Ritmo incorrecto!," gritó el filósofo, "¿quién os ha ordenado apuntar a las estrellas fugaces? Ellas explotan por sí solas, sin vuestra ayuda; cuando uno maneja un arma, tiene que saber lo que quiere."[127]

Notas

1. KGW II.5, 273; OC II, 761.
2. EkP, KGW II.3, 344–45.
3. NF Primavera 1867-Invierno 1867–68, frg. 52 [30].
4. Cfr. su esquema para una historia de la literatura, NF Invierno de 1867-Primavera de 1868, frg. 61 [2], KGW, 532–34; OC I, 236: "Epílogo. No se puede hablar de comprensión mientras no hayamos reducido algo a una ley."
5. KGW II.5, 7; OC II, 591.
6. "Ya nuestra *terminología* muestra cuán inclinados estamos a medir a los antiguos con un falso rasero; el sentido exagerado de la *literatura*." NF Marzo de 1875, frg. 3 [5], KSA 8, 15–16; FP II, 46.
7. KGW II.5, 7; OC II, 591.
8. KGW II.5, 9; OC II, 592–93.
9. Para esto se puede ver por ejemplo Wolfgang Schadewaldt, "Der Umfang des Begriffs der Literatur in der Antike," en *Literatur und Dichtung*, ed. H. Rüdiger (Stuttgart: K. F. Köhler, 1973), 12–25. Normalmente las filologías que estudian las literaturas más recientes, tienden a reducir este campo, prescindiendo de las así llamadas "literaturas especializadas" (por ejemplo textos técnicos, manuales teóricos, jurídicos, etc.) y refiriendo el concepto de "literatura" a textos que no se agotan en su uso práctico. En el caso de la literatura antigua, en cambio, sí se considera toda la herencia escrita, tanto la composición artística como la literatura especializada (cfr. Ulrich v. Wilamowitz-Möllendorf, "Die Griechische Literatur des Altertums," en *Die Kultur der Gegenwart, I/8: Die griechische und lateinische Literatur und Sprache*, ed. Paul Hinneberg [Leipzig/ Berlin: B. G. Teubner, 1912], 6), elevando a las alturas cualquier producto de la antigüedad. Hay que añadir, por otro lado, que esta línea de consideración de la literatura

antigua como toda obra escrita a mano excluye inscripciones en barro, piedra, cerámica y demás.

10. Para un tratamiento de este problema, se puede ver Michael Giesecke, "Schriftsprache als Entwicklungsfaktor in Sprach- und Begriffsgeschichte," en *Historische Semantik und Begriffsgeschichte*, ed. Reinhardt Koselleck (Stuttgart: Klett-Cotta, 1979), 262–302.
11. KGW II.5, 289; OC II, 770.
12. Johann Wolfgang v. Goethe, "Briefwechsel zwischen Schiller und Goethe in den Jahren 1794 bis 1805," en *Goethes Sämtliche Werke* (Stuttgart/Berlin: J. G. Cotta, 1870), vol. 1, 104. Dice Nietzsche: "Según Goethe, se podían deducir todas las leyes de la epopeya y del drama con sólo representarse a los rapsodas y a su público silencioso, todo oídos, o al mimo con su público impaciente y tenso." KGW II.5, 290; OC II, 770.
13. KGW II.5, 290; OC II, 770.
14. "Pero incluso el criterio de escribir para lectores de una determinada cultura o de un determinado estamento social es también muy general. El autor que mejor escribe es normalmente el que sabe 'éste o aquel lector es mi medida, y con él quiero comunicarme'." KGW II.5, 290; OC II, 770.
15. KGW II.5, 291–92; OC II, 771. Cfr. también MAM I, KSA 2, 158: "La ambición del artista.–Los artistas griegos, por ejemplo los [autores] trágicos, componían para vencer: todo su arte es impensable sin la competición; la buena de Eris en Hesíodo, la ambición, le dio alas a su genio. Y entonces le exigió ante todo que su obra alcanzase la mayor excelencia ante sus propio ojos, a la manera en que entendían la excelencia, sin preocuparse por el gusto imperante."
16. "Cuando digo que las obras *no estaban destinadas al lector*, no quiero decir con ello que no estuvieran *escritas.* ¿Pues son posibles obras artísticas del lenguaje sin escritura? ¿Es concebible la *formación aliteraria* de un pueblo sin el uso del lenguaje escrito?" KGW II.5, 278–79; OC II, p. 763.
17. "En torno suyo tenían pueblos con literatura como, por ejemplo, la egipcia antiquísima, la fenicia, la judía, la asiria, la india." KGW II.5, 281; OC II, 765. Y en *Nosotros los filólogos*, había también dicho: "Los egipcios son un pueblo *literario* en mayor medida que los griegos. Dicho sea contra Wolf." NF Primavera-Verano de 1875, frg. 5 [66], KSA 8, 59; FP II, 77.
18. KGW II.5, 280; OC II, 764.
19. Cfr. KGW II.5, 291; OC II, 771. En KGW II.5, 278; OC II, 763, se lee: "la literatura clásica de los griegos está compuesta, como el mimo, *para el momento,* para los oyentes y espectadores actuales, sin pensar, o si acaso sólo de forma mediata, en la posteridad. Un himno homérico, un coro de Píndaro, una tragedia de Sófocles, un discurso de Demóstenes están destinados a satisfacer a un público perfectamente determinado y concreto: *éste* es el único efecto que persiguen. No se trata de un público idealmente determinado." En su estudio sobre el libro de Georg Gottfried Gervinus *Händel und*

Shakespeare, Nietzsche ya había dicho también: "Es importante el hecho de si una obra fue creada para una sola representación o para repetidas representaciones: los dramas de los griegos fueron en todo punto compuestas [*gedichtet und komponiert*] para su escucha una sola vez, siendo también valoradas inmediatamente." NF Otoño de 1869, frg. 1 [41], KSA 7, 21; FP I, 72 (trad. mod.).

20. "Tenemos que llegar a los tiempos de Aristóteles para encontrar ἀναγηωστικοὶ [capaces de leer, lectores] (en la tragedia y en el ditirambo, Queremón, Licimnio de Quíos; éste es el período de la transición. Hasta entonces el artista no piensa en el lector." KGW II.5, 279; OC II, 764. Sobre la variedad de los verbos utilizados por los griegos para el acto de leer, ver Pierre Chantraine, "Les Verbes Grecs Signifiant 'lire'," *Mélanges Henri Grégoire*, no. II (1950), 115–26. Se puede ver también Roger Chartier y Guglielmo Cavallo, "Introducción," en *Histoire de la lecture dans le monde occidental*, eds. Roger Chartier y Guglielmo Cavallo (Paris: Editions du Seuil, 1997). Ed. en castellano: *Historia de la lectura en el mundo occidental* (Madrid, Taurus, 2011), 34; y Jesper Svenbro, "La grecia arcaica y clásica. La invención de la escritura silenciosa," en *Histoire de la lecture dans le monde occidental*, eds. Chartier y Cavallo. Ed. en castellano, 68 y ss.
21. KGW II.5, 301; OC II, 591.
22. Esta idea es una constante en el pensamiento de Nietzsche: "Lo que mejor se comprende en el lenguaje no es la palabra misma, sino la tonalidad, la intensidad, la modulación, el ritmo con los que se pronuncian las palabras—dicho brevemente, la música que hay tras las palabras, la pasión que hay tras esa música, la personalidad que hay tras esa pasión: en suma, todo lo que no puede ser escrito. Por eso que no tenga nada que ver con el arte de la escritura." NF Verano-Otoño de 1882, frg. 3 [1], punto 296, KSA 10, 89; FP III, 77. Y en su *Vorlesung* sobre los líricos griegos, que debe también incluirse como parte constituyente de HLG, dice: "En el caso de los griegos, texto y música van de tal modo de la mano, que exactamente el mismo autor creaba los dos ... podemos pensar en los trovadores, en los cantos de amor, o incluso en los debidos maestros cantores." *Die griechischen Lyriker*, KGW, II.2, 108.
23. Cfr. Eric Gardner Turner, *Athenian Books in the Fifth and Fourth Centuries BC: An Inaugural Lecture Delivered at University College London 22 May 1951* (London: HK Lewis & Company Limited, 1951). Las figuras de los vasos áticos de dicha época documentan esta transición del uso de textos escritos con fines educativos a escena de lectura en sentido estricto (de varones y más adelante también de mujeres), aunque prácticamente siempre en contextos sociales, siendo por aquella época escasísimos los testimonios de lectura de un solo individuo. Cfr. Chartier y Cavallo (eds.), *Histoire de la lecture dans le monde occidental*. Ed. en castellano, 32.
24. Escribe Nietzsche que "[e]l lector de entonces era el ser de más delicado oído." KGW II.5, 7; OC II, 776. Y también que "[c]uando surge entre los griegos una prosa artística destinada a lectores (desde Isócrates), el lector es sólo el oyente sublimado, el que sabe oír con extraordinaria agudeza, el que no pasa nada por alto, el que examina todo

con sumo cuidado. Ante sus oídos *suena* verdaderamente el texto, no se trata sólo de símbolos para los conceptos y el aprendizaje; es decir, algo semejante a lo que ocurre ahora cuando un músico lee una partitura, ante el que también se halla presente el entero sonido modificado, y que, en determinadas ocasiones, puede juzgar una obra leyéndola, mejor que si realmente la escuchara." KGW II.5, 280; OC II, 764.

25. Jesper Svenbro mantiene que en griego antiguo "los verbos que significan 'leer' testimonian con insistencia la práctica de una lectura oralizada", subrayando además que el sentido fundamental de la forma ática ἀναγιγώσκειν para el verbo leer (atestiguado por primera vez en 474 a.C. por Píndaro [*Olímpicas*, 10, 1]) es precisamente el momento de reconocimiento "en que las letras, a primera vista opacas en cuanto a su sentido y, por tanto, siempre semejantes a letras elegidas al azar, se revelan portadoras de sentido gracias a la voz lectora". Cfr. Jesper Svenbro, *Phrasikleia, Anthropologie de la lecture en grèce ancienne* (Paris: Éditions La Découverte, 1988); también Jesper Svenbro, "La lecture à haute voix: le témoignage des verbes grecs signifiant 'lire'," Claude Baurain, Corinne Bonnet y Véronique Krings (eds.), *Phoinikeia grammata. Lire et écrire en méditerranée: Actes du colloque de liège, 15–18 nov. 1989*, (1991): 539–48.
26. Cfr. Bernard M. W Knox, "Silent Reading in Antiquity," *Greek, Roman and Byzantine Studies*, no. 9.4 (1968): 421–35. Afirma Nietzsche en *Más allá del bien y del mal*: "El hombre antiguo leía cuando leía—rara vez sucedía—para sí, y esto en voz alta. Uno se extrañaba cuando alguien leía en voz baja y se preguntaba en secreto por sus razones. En voz alta: esto quiere decir con todas las turgencias, curvaturas, golpes de sonido y cambio de tempo con las que el mundo antiguo público tanto disfrutaba por aquel entonces." JGB 247, KGW VI.2, 198; KSA 5, 190.
27. Cfr. Cavallo y Chartier, *Historia de la lectura en el mundo occidental*, 52.
28. "Por filología hay que entender, en un sentido muy general, *el arte de leer bien*—leer los hechos [*Thatsachen*] sin falsearlos con la interpretación:... ya se trate de libros, de noticias periodísticas, de destinos, o de hechos climatológicos." AC, KSA 6, 233. La cursiva es mía. Ver también M, Prólogo § 5, KSA 3, 17.
29. EkP, KGW II.3, 373.
30. "[L]a palabra *Bildungsphilister* es un resto que ha quedado en la lengua desde mi escrito." (EH, KSA 6, 317). En *Humano, demasiado humano* II, en el prólogo de 1886: "reivindico la paternidad de la ahora más que usada y mal usada palabra 'filisteo de la cultura' [*Bildungsphilister*]." MAM II, KSA 2, 370. Sobre la controversia acerca de la paternidad del concepto, ver Rafael Carrión Arias, "Hölderlin y el joven Nietzsche en la Kulturkritik y la reforma educativa en Alemania," *Endoxa: Series filosóficas* (2014): nota 7.
31. UB I, KSA 1, 164; OC I, 645.
32. " 'Nosotros los alemanes somos de ayer' dijo una vez Goethe a Eckermann, 'es cierto que desde hace un siglo nos hemos cultivado bastante, pero todavía pueden transcurrir un par de siglos antes de que entre la gente de nuestro país penetre y se generalice

el espíritu y la cultura superior suficientes como para que se pueda decir de ellos que ha pasado mucho tiempo desde que eran unos bárbaros'." KSA 1, 164; OC I, 644. Cfr. Carta de Goethe a Eckermann, 3 de Mayo de 1827. Ver también Frg. 19 [305], 19 [312] y 19[313], KSA 7, 512–14; FP I, 409–11.

33. UB I, KSA 1, 166; OC I, 646.
34. BA, Conf. I, KSA 1, 671; OC I, 499. Hegel había declarado: "La opinión pública contiene con ello en sí los eternos principio sustanciales de la justicia, el verdadero contenido y el resultado de la constitución en su totalidad, de la legislación y de la situación en general, en la forma del *sano entendimiento común*, que es el fundamento ético que atraviesa a todos en la figura de los prejuicios. Es ella también la que contiene las verdaderas necesidades y las tendencias correctas de la realidad [*Wirklichkeit*]." Georg Wilhelm Friedrich Hegel, *Grundlinien der Philosophie des Rechtes*, § 317, en: *Werke* (Frankfurt a. M: Suhrkamp Verlag, 1979), t. 7, 483 y ss.
35. UB I, en OC I, 647. Ver Carrión Arias, "Hölderlin y el joven Nietzsche en la Kulturkritik y la reforma educativa en Alemania," 198 y ss.
36. KGW II.5, 279; OC II, 764.
37. KGW II.5, 280; OC II, 764.
38. KGW II.5, 280; OC II, 764. El lugar clásico de este planteamiento platónico se encuentra en el diálogo *Fedro*.
39. KGW II.5, 280; OC II, 764.
40. "Hasta ahora sólo habíamos conocido *una* forma perfecta de Cultura, la Cultura griega de la polis, reposando en sus fundamentos míticos y sociales, y *una* forma imperfecta, la romana, entendida como mera decoración de la vida, que los tomaba en préstamo de los griegos. Hoy, todos los fundamentos, los míticos y los político-sociales, han cambiado, nuestra presunta Cultura carece de consistencia alguna, porque está edificada sobre circunstancias y opiniones insostenibles, ya casi extintas. Al comprender la Cultura griega en su integridad, advertimos que se ha esfumado. De ahí que el filólogo haya de ser el *mayor escéptico* ante nuestras circunstancias de formación y educación: ésa es su misión." NF Marzo 1875, frg. 3 [76], KSA 8, 38; FP II, 62. Cfr. también *Enciclopedia de la filología clásica*, § 7: La preparación filosófica para la filología, KGW II.3, 369–72.
41. Dice Gadamer por ejemplo: "No se trata para nada, como el pensamiento histórico quiso hacer creer, de que el juicio de valor, mediante el cual algo es denominado como clásico, se desintegrara verdaderamente por medio de la reflexión histórica y su crítica hacia todas las construcciones teleológicas del proceso histórico. El juicio de valor, implicado en el concepto de lo clásico, obtiene más bien con esa crítica una nueva y propia legitimación: *Clásico es lo que resiste a la crítica*, porque su dominio histórico, el poder vinculante de su validez legada y preservada, está expuesto a toda reflexión histórica y en ella misma la aguanta." Hans-Georg Gadamer, *Wahrheit und Methode: Grundzüge einer philosophischen Hermeneutik* (Tübingen: J.C.B. Nohr, 1972), 271. La cursiva es mía.

42. "Demóstenes no es para sus oyentes ningún clásico de la prosa. El canon es el resultado de la época crítica." KGW, II.5, 323; OC II, 790. Nota de Nietzsche.
43. KGW, II.5, 277; OC II, 763
44. Por ejemplo, "Esquilo derivaría su material al completo del ciclo [de Homero]." KGW II.5, 50; OC II, 622. Sobre este tema en particular, ver GGL III, § 5. Influjo recíproco de los géneros. KGW, II.5, 302 y ss.; OC II, 777 y ss.
45. A esto hay que añadir: "Los géneros mixtos en las artes ofrecen testimonio acerca de la desconfianza que sus autores sentían respecto a sus propias fuerzas: buscaron medios auxiliares, abogados, escondites,… y así el poeta que recurría a la filosofía, el músico que recurría al drama, el pensador que recurría a la retórica." MAM II, 139, KSA 2, 436.
46. "Como es sabido, los griegos no eran excesivamente escrupulosos en lo que a originalidad se refiere; tomaban lo bueno allí donde se encontraba, y valoraban, en general, más la perfección que la invención. Les gustaba imitar cien veces el mismo motivo plástico (δὶς καὶ τρὶς τὸ καλόν) [dos y tres veces la hermosura (la perfección formal)]), revistiéndolo de finísimas modificaciones; y todo lo bueno parecía propiedad común" KGW, II.5, 302; OC II, 777. Este concepto de "originalidad" griega es controvertido [cfr. por ejemplo las reflexiones de J. Burckhardt en su Cicerone al respecto, en: Burckhardt, *Der Cicerone*, Verlag von E. A. Seemann, Leipzig, 1869, vol 2, 615].
47. KGW II.5, 303; OC II, 778.
48. KGW II.5, 314; OC II, 784.
49. KGW II.5, 277; OC II, 762.
50. KGW II.5, 335; OC II, 797.
51. KGW II.5, 314; OC II, 784.
52. KGW II.5, 275; OC II, 762.
53. Cfr. Christian Benne, *Nietzsche und die historisch-kritische Philologie* (Berlin/New York: Walter de Gruyter, 2005), 301.
54. Cfr. Niklas Luhmann, "Das Problem der Epochenbildung und die Evolutionstheorie," en *Epochenschwellen und Epochenstrukturen im Diskurs der Literatur- und Sprachgeschichte*, ed. Hans Ulrich Gumbrecht y Ursula Link-Heer (Frankfurt a. M: Suhrkamp, 1984), 11. Ver infra, parte 2, cap. 1, § "Los problemas de una historización de la literatura".
55. "La Antigüedad griega como compendio clásico de ejemplos para la explicación de toda nuestra cultura y su desarrollo. Es un medio *para comprendernos*, para orientar nuestra época y de ese modo superarla." NF Verano de 1875, frg. 6 [2], KSA 8, 97; FP II, 105.
56. BA, Conf. I, KSA 1, 671; OC I, 499.
57. KGW II.5, 276; OC II, 762.
58. KGW II.5, 277; OC II, 762. "Como es sabido, los prolegómenos de Wolf a Homero fueron la primera obra que obligó a percatarse de una diferencia fundamental entre los antiguos y los modernos. Hasta entonces se había considerado posible superar las

obras clásicas de los griegos; se pensaba que las condiciones de las que surgieron eran las mismas que las nuestras." KGW II.5, 277; OC II, 762.

59. GD 10, KGW VI.3, 149; KSA 6, 155.
60. "Mi meta es: provocar una total enemistad entre nuestra actual 'Cultura' y la Antigüedad." NF Marzo de 1875, frg. 3 [68], KSA 8, 33; FP II, 59.
61. "Así pues, las obras artísticas griegas del lenguaje han sido mal comprendidas por la posteridad en un doble sentido: 1. Se las ha independizado de una ocasión determinada y de un público determinado, concibiéndolas como si hubiesen sido compuestas para un público indeterminado. 2. Se las ha separado de las artes correspondientes, viendo en ellas obras compuestas para *lectores*. Zenón, el estoico, pregunta al oráculo qué es lo que tiene que hacer para vivir mejor, y recibe esta respuesta: 'aparearse con los muertos'. Él entiende esto como que lo que se le pide es *la lectura de los antiguos*. Lo antinatural se expresa aquí con fuerza, e igualmente la mirada retrospectiva a una literatura reconocida ya como clásica y *formativa*. *Contra este* desconocimiento ha de orientarse una consideración que muestre la conexión entre composición, ocasión y público, haciendo ver la conexión con las otras artes—¡con las que le son más cercanas! *De aquí es de donde surge la noción de formación aliteraria*." KGW II.5, 278; OC II, 763.
62. Cfr. infra, parte 1, cap. 3, nota 105.
63. Me refiero aquí a la famosa confrontación con la idea de A. W. Schlegel de considerar el coro trágico un "espectador ideal", a lo que Nietzsche argumentaba: "el coro en sí, sin escenario, esto es, la forma primitiva de la tragedia, y aquel coro de espectadores ideales no son compatibles entre sí. ¿Qué género artístico sería ese, extraído del concepto de espectador, y para el cual 'espectador en sí' tendría que ser considerado como su auténtica forma? El espectador sin espectáculo es un concepto absurdo." GT, KSA 1, 54; OC I, 360.
64. KGW II.5, 301; OC II, 776.
65. De nuevo, cfr. *Homer und die klassische Philologie*, y *Enzyklopädie der klassischen Philologie*.
66. Sobre la canonización decía por ejemplo Franz Overbeck: "Está en la esencia de toda canonización hacer de sus objetos un objeto desconocido, de modo que pueda decirse de todos los escritos de nuestro nuevo testamento que en el momento de su canonización han dejado de ser comprendidos. Han sido sustituidos por la alta esfera de una norma eterna para la Iglesia, no sin correr primero un tupido velo acerca de su origen [*Entstehung*], de sus relaciones originarias y de su sentido originario." Franz Overbeck, *Zur Geschichte des Kanons, Zwei Abhandlungen* (Chemitz: E. Schmeitzner, 1880), 1; también en Franz Overbeck, *Werke und Nachlass, Schriften bis 1880* (Stuttgart/Weimar: Metzler, 1994), t. 2, 393. Sobre el canon como guardián de la identidad literaria, dice Werner Becker: "El canon de la tradición como complemento preservador de la identidad [*identitätsbewahrenden Ersatz*] en la escasez de disponibilidad de manuales en una época en la que tampoco los especialistas podían ya acapararlo

todo." Werner Becker, "Philosophische Editionen. Erwartungen an sie–Wirkungen durch sie," en *Philosophische Editionen. Erwartungen an sie–Wirkungen durch sie, Beiträge zur VI. Internationalen Fachtagung der Arbeitsgemeinschaft philosophischer Editionen (11.–13. Juni 1992 in Berlin)*, ed. Hans Gerhard Senger (Tübingen: Niemeyer, 1994), 16. Para el tema del canon en general, se puede ver Renate v. Heydebrand, *Kanon-Macht-Kultur. Theoretische, historische und soziale Aspekte ästhetischer Kanonbildungen* (Stuttgart/Weimar: Metzler, 1998).

67. Cfr. *Vom Ursprung der Sprache*, KGW II.2, 185–88; OC II, 819–21.
68. KGW II.5, 283; OC II, 766.
69. KGW II.5, 283; OC II, 766.
70. "Su literatura clásica con el canto del coro, la tragedia, y la comedia, ha crecido, en buena parte, sobre el suelo del culto o como un apéndice de éste." GDG, Introducción, KGW II.5, 355; OC II, 935. Ver también GT, KSA 1, cap. 7, 52–57.
71. "Razón para la unión de palabra y música [poesía]. La lírica es la poesía más antigua: su determinación más antigua es religiosa. [¿Dónde acaban poesía y música en estrecha conexión? En el culto. ¿Y por qué?] *Aquí* música y baile acaban unidos con ella; *aquí* el ritmo queda intencionadamente encuadrado *en* el orden de las palabras y las sílabas. *¿Por qué?* Parece ser que se emplean discursos rítmicos y discursos cantados con los mismos fines para los que se emplean ritmo y música." KGW II.5, 283, nota al pie; OC II, 766, nota 7; los corchetes deben de ser eliminaciones del propio Nietzsche.
72. KGW II.5, 284; OC II, 767.
73. *Beiträge zur Kritik der griechischen Lyriker I: Der Danae Klage*, KGW, II.1, 59–74.
74. KGW II.3, 99–338. Cfr. James I. Porter, *Nietzsche and the Philology of the Future* (Stanford: Stanford University Press, 2000), 128, y nota 7.
75. August von Apel, *Metrik* (Leipzig: Weygand'schen Buchhandlung, 1814); Gottfried Hermann, *Handbuch der Metrik* (Leipzig: Gerhard Fleischer Verlag, 1799); August Rossbach y Rudolf Westphal, *Metrik der Griechen im Vereine mit den übrigen musische Künsten* (Leipzig: Teubner, 1867).
76. En una carta a Rohde del 23 de Noviembre escribió: "El día de mi cumpleaños [es decir el 15 de Octubre de 1870] tuve la mejor ocurrencia filológica que he tenido hasta ahora … Si quieres creerme, entonces puedo contarte que hay una nueva métrica que he descubierto." KGB II.1, nr. 110, 159. En dicha carta, Nietzsche asegura contradecir las teorías desde Hermann hasta Westphal. Viktor Pöschl describe aquello como un descubrimiento epocal [*epochemachende Entdeckung*], al que más tarde otros académicos llegarían sin conocer los textos de Nietzsche, por ejemplo: Maksymillian Kawczynski, *Essai comparatif sur l'origine et l'histoire des rythmes* (Paris: É. Bouillon, 1889); Charles Edwin Bennett, "What was ictus in Latin prosody?" *The American Journal of Philology*, 19, Baltimore 1898: 361–83; Gerhard Schultz, "Beiträge zur Theorie der antiken Metrik," *Hermes* 35 (1900), 308–25. Cfr. Viktor Pöschl, "Nietzsche und die klassische Philologie," en *Philologie und Hermeneutik im 19. Jahrhundert.*

Zur Geschichte und Methodologie der Geisteswissenschaften, ed. Hellmut Flashar, Gründer Karlfried, Axel E. A. Horstmann. (Göttingen: Vandenhoeck & Ruprecht, 1979), 154–55.

77. Paul Maas, *Griechische Metrik* (Leipzig: B. G. Teubner, 1923).
78. Para el tema de la rítmica en Nietzsche, se puede ver ante todo Friederike Felicitas Günther, *Rhythmus beim frühen Nietzsche* (Berlin/New York: Walter de Gruyter, 2008); Friederike Felicitas Günther, "Am Leitfaden des Rhythmus. Kritische Wissenschaft und Wissenschaftskritik in Nietzsches Frühwerk," en *Der Tod Gottes und die Wissenschaft. Zur Wissenschaftskritik Nietzsches* (Berlin/New York, Walter de Gruyter, 2010); Porter, *Nietzsche and the Philology of the Future*, cap. 3, "Being on time," 127–66; Fritz Bornmann, "Nietzsches metrische Studien," *Nietzsche-Studien* 18, (1989): 472–89; Christian J. Emden, "Sprache, Musik und Rhythmus. Nietzsche über die Ursprünge von Literatur, 1869–1879," *Zeitschrift für deutsche Philologie* 121 (2): 203–30; Gert Mattenklott, "Der Taktschlag des langsamen Geistes. Tempi in der 'Fröhlichen Wissenschaft'," *Nietzsche-Studien* 26 (1997): 226–38; Christian Benne, "Good cop, bad cop: Von der Wissenschaft des Rhythmus zum Rhythmus der Wissenschaft," en *Nietzsches Wissenschaftphilosophie. Hintergründe, Wirkungen und Aktualität*, ed. Helmut Heit, Günther Abel y Marco Brusotti (Berlin/New York, Walter de Gruyter, 2012), 189–212.
79. "Lo que yo mantenía era que un griego en la recitación de un verso homérico no utilizaba *otro* acento que el acento sobre la palabra—que el estímulo [*Reiz*] rítmico descansaba exactamente en las *cantidades de tiempo* [Zeitquantitäten] y en sus relaciones, y no como en el hexámetro alemán, en el ¡aúpa! del ictus." Carta a Carl Fuchs de Abril de 1886, KGW III.3, nr. 688, 178. KGB III.3, 178.
80. *Zur Theorie der quantitierenden Rhythmik*, KGW II.3, 274.
81. *Aufzeichnungen zur Metrik und Rhythmik*, KGW II.3, 203–62; *Zur Theorie der quantitierenden Rhythmik*, KGW II.3, 263–80; *Rhythmische Untersuchungen*, KGW II.3, 281–338.
82. KGW II.3, 397–401.
83. "Nuestro sentido del ritmo lo tomamos como el único y 'eterno' [*ewige*], como el ritmo en sí [*an sich*]" (Carta a Fuchs de mediados de Abril de 1886, KGB III.3, nr. 688, 178) cuando "ambos tipos de rítmica son contrarias en su intención originaria y en su procedencia [*Herkunft*]." (Carta a Carl Fuchs de Agosto de 1888, KGB III.5, nr. 1097, 404).
84. KGW II.5, 145–52; OC II, 681–86.
85. "Me refiero al ritmo, a la música en el canto y en el acompañamiento, a la música orquestal como marcha y danza.

    Para empezar, el *ritmo*, que aparece en una sucesión artísticamente ordenada de sílabas largas y breves, domina naturalmente toda la poesía, pero también—y esto hay que subrayarlo—la mayor y mejor parte de la prosa." KGW II.5, 18; OC II, 600.
86. Oskar Peschel, *Völkerkunde* (Berlin: Duncker u. Humboldt, 1874).

87. John Lubbock, *Die Entstehung der Civilisation and der Urzustand des Menschengeschlechtes* (Jena: Costenoble, 1875), 236; cfr. David S. Thatcher, "Nietzsche's Debt to Lubbock," *Journal of the History of Ideas* 44 (1983): 293–309; Marco Brusotti, "Beiträge zur Quellenforschung," *Nietzsche-Studien* 21 (1992): 396.
88. MAM I, 111, KSA 112.
89. MAM I, 3, KSA 2, 115.
90. GDG, § 2, KGW II.5, 355–520; OC II, 937. También en MAM I, 3, KSA 2, 112.
91. Cfr. GGL III, KGW II.5, 284, añadido; ver también MAM I, 3, KSA 2, 114.
92. FW, § 84, KSA 3, 440.
93. GGL, KGW II.5, 133 y ss., y 139–45; *Griechische Lyriker*, KGW II.2, 373–441. Cfr. Andrea Orsucci, *Orient-Okzident* (Berlin/New York: Walter de Gruyter, 1996), 77. Orsucci señala la influencia de la *Geschichte der Rhythmenschöpfung* de Hartung en las formulaciones de Nietzsche, especialmente del tomo V "Die griechischen Lyriker" (1856).
94. Cfr. Alcman, frg. 40, Page.
95. Cfr. Hermippo, frg. 88, Wehrli.
96. Eric A. Havelock, "Dikaiosúne: An Essay in Greek Intellectual History," *Phoenix* 23 (1969): 49–70. Citado en Svenbro, "La grecia arcaica y clásica. La invención de la escritura silenciosa," 83.
97. KGW II.5, 284, añadido. Esta idea es una constante en el pensamiento de Nietzsche. Como se puede leer más adelante en un fragmento póstumo: "Lo que mejor se comprende en el lenguaje no es la palabra misma, sino la tonalidad, el volumen, la modulación, el tempo con los que se pronuncian las palabras—dicho brevemente, la música que hay tras las palabras, la pasión que hay tras esa música, la persona que se esconde tras esa pasión: en suma, todo lo que no puede ser *escrito*. Por eso que no tenga nada que ver con la práctica de la escritura [*Schriftstellerei*]." NF Verano-Otoño 1882, frg. 3 [1], KSA 10, 89.
98. "Visto y planteado con perspectiva: ¿existía para los supersticiosos hombres de la antigüedad algo más útil que el *ritmo*? Con él uno podía hacerlo todo: exigir una tarea mágica; forzar a un dios;... arreglarse para sí el futuro a voluntad; descargar [*entladen*] el alma propia de un exceso cualquiera (miedo, obsesión, compasión, sed de venganza)—y no sólo el propio alma sino la de los peores demonios ... Sin el verso, uno no era nada, mediante el verso uno casi se convertía en un dios." FW, § 84, KSA 3, 442.
99. *Rhythmische Untersuchungen*, KGW II.3, 338.
100. MAM II, § 96, KSA 2, 596.
101. NT, KSA 1, 28; ver también *Die dionysische Weltanschauung* I, KSA 1, 554.
102. KSA 1, 251; OC I, 699. Cfr. M, aforismo 117.
103. "Si el verso también era empleado en el oráculo—los griegos decían que el hexámetro fue inventado en Delfos—también aquí el *ritmo* ejerce una coacción [*Zwang*]. Buscar la profecía—esto significa originariamente (según la derivación más probable

para mí de la palabra griega) hacerse determinar algo. Uno cree obligar [*erzwingen*] al futuro ganándose a Apolo para sí; él, que según la representación más antigua *es* más que *un* dios de la predicción. El futuro sucederá con la misma exactitud rítmica y de la manera tan literal con la que se pronuncia la fórmula; la fórmula, empero, *es* la invención de Apolo, quien como dios del ritmo puede también supeditar a las diosas del destino." FW, § 84, KSA 3, 441–42.

104. KGW II.5, 281; OC II, 765.
105. *Griechische Rhythmik*, KGW II.3, 104.
106. "Nuestro ritmo es un *medio de expresión del afecto*; el ritmo antiguo, el ritmo–temporal, tiene al contrario la tarea de dominar el afecto y hasta cierto punto eliminarlo." Carta a Carl Fuchs, Agosto de 1888, KGB III.5, nr. 1097, 404–05.
107. *Zur Theorie der quantitierenden Rhythmik*, KGW II.3, 270.
108. MAM II, Vorrede 3, KSA 2, 373.
109. DS, KSA 1, 163; OC I, 644.
110. "Lo aparente *reaccionario-romántico*. Lo opuesto a la *civilización*." NF Verano-finales de 1875, frg 12 [28] 6, KSA 8, 266.
111. NF Primavera-Verano de 1888, frg. 16 [77], KSA 13, 512–13.
112. NF 1871, frg. 9 [116], KSA 7, 318. Ver también *Griechische Rhythmik*, KGW, II.3, 104.
113. "La denominación wagneriana "melodía infinita" expresa el peligro de echar a perder el instinto y la buena fe, y con ello la buena conciencia. La ambigüedad rítmica, de manera que uno ya no sabe ni puede saber si algo está del derecho o del revés, es sin lugar a dudas un artificio con el que se pueden alcanzar efectos maravillosos; el 'Tristan' sabe de esto ..., y como síntoma de todo un arte, es y será signo de disolución [*Auflösung*]." Carta a Fuchs de Abril de 1886, KGB III.3, nr. 688, 176–77. En los apuntes póstumos, Nietzsche abunda en este tema: "La importancia del compás reside en limitar la música oponiéndose a su efecto máximo. En Wagner uno siente a veces cómo actúa la música sin este límite; también en esto es él *idílico*. El compás no tiene en absoluto ningún modelo en la naturaleza: ¿qué fuerza [*Gewalt*] sería aquella que cortase en partes iguales de tiempo las conmociones [*Regungen*] de la Voluntad?—en otras palabras, [el compás] es una imagen [*Abbild*] del oleaje. Es un discurso alegórico [*Gleichnissrede*] de la Voluntad: algo externo, comparable a los dos actores de la tragedia; es lo que se retiene [*festhalten wird*]." NF frg. 9 [116], KSA 7, 317; FP I, 277 (trad. mod.). La imagen del mar es de cuño típicamente schopenhaueriano, y Nietzsche hace uso de ella para definir la idea del ritmo como cadencia por la supervivencia (tanzen=schwimmen), allí cuando Wagner proponía en cambio flotar (*Schweben*) sin bracear (MAM II, § 134, KSA 2, 434). Para la confrontación con Wagner a este respecto, se puede ver Jonathan R. Cohen, "Nietzsche's Musical Conception of Time," en *Nietzsche on Time and History*, ed. Manuel Dries (Berlin/New York: Walter de Gruyter, 2008), 291–305; Diego Sánchez Meca, "Nietzsche-Wagner: del drama-musical a la música absoluta," en Eugenio Fernández

García (ed.), *Nietzsche y lo trágico* (Madrid: Trotta, 2012), 189–202; Enrico Fubini, "Música absoluta y Wort-Ton-Drama en el pensamiento de Nietzsche," *Estudios Nietzsche* 2 (2002): 33–48.

114. NF frg. 7 [7] de finales de 1886-Primavera 1887, KSA 12, 285.
115. NF finales de 1886-Primavera de 1887, frg. 7 [7], KSA 12, 285; FP IV, 206 (trad. mod.).
116. "Recordemos que Wagner era un joven en la época en que Schelling y Hegel extraviaban los espíritus. Que él adivinó, tocó con las manos la única cosa que el alemán toma en serio … la Idea, esto es, un algo oscuro, incierto, lleno de misterio, pues la claridad entre los alemanes es una objeción y la lógica una refutación … Hegel es un sabor [*Geschmack*]… ¡y no solo un sabor alemán, sino europeo!—¡un sabor que Wagner comprendió! ¡para el cual se sintió hecho! ¡un gusto que él eternizó! Él llevó a cabo simplemente su aplicación a la música—encontró un estilo que significa el infinito, fue el *heredero de Hegel* … la música como idea." *Der Fall Wagner*, KSA 6, 36.
117. BA V, KSA 3, 750; OC I, 541. En el *Nachlass* de 1885, cuando habla del *mediodía* y la *eternidad* se puede leer: "Los legisladores: Cría [*Züchtung*] de una nueva clase dominante." NF 1885, frg. 35 [39], KSA 11, 528.
118. KSA 1, 684; OC I, 506.
119. KSA 1, 684; OC I, 506. "Que nadie crea que es fácil educar el sentimiento propio hasta llevarle a ese disgusto; pero que nadie espere tampoco llegar a un juicio estético por otro camino que no sea el espinoso sendero de la lengua, y no precisamente de la investigación lingüística, sino de la autodisciplina lingüística." KSA 1, 684; OC I, 506.
120. *Griechische Rhythmik*, KGW II.3, 134.
121. BA, Conf. IV, KSA 3, 730; OC I, 530.
122. Carlota Santini, *Nietzsche e la Grecia. La riflessione sul mondo greco nelle Lezione di Basilea*, Tesi sostenuta a Parigi il 5 Settembre 2012, Università del Salento, Paris IV (Sorbonne), 377–417.
123. MAM II, § 140, KSA 2, 612.
124. KGW II.5, 293; OC II, 772.
125. MAM I, § 296, KSA 2, 170.
126. En *La gaya ciencia*, escribe el filósofo: "Nuestras primeras preguntas de valor, en relación a los libros, los hombres y la música, dice así: '¿sabe caminar? Más aún, ¿sabe bailar?'." FW, § 366, KSA 3, 614. Como expresa Christian Benne con puntería, en Nietzsche "[l]a ciencia del ritmo transforma el ritmo de la ciencia." Benne, "Von der Wissenschaft des Rhythmus zum Rhythmus der Wissenschaft," 206. La misma obra de Nietzsche busca ser en definitiva un ejemplo de esta puesta en práctica. Cfr. "Warum ich so gute Bücher schreibe," EH, 4, KSA 6, 304.
127. BA V, KSA 1, 734; OC I, 532.

ANEXOS

1.

Actividad docente durante los años de Basilea[1]

SEMESTRE [SS = *Sommersemester* o Semestre de Verano; WS = *Wintersemester* o Semestre de Invierno]	UNIVERSIDAD [por tipo (V = *Vorlesung* o lección magistral; S= Seminario) y número de horas]	PÄDAGOGIUM
1869 SS	• Aeschilus *Choephoren* (V, 3) • Die griechischen Lyriker (V,3) • "Übungen" (S, 1)	Platon *Phaedo*; Bioi des Sokrates und Platons; Homer *Ilias* XVIII; Entwicklung des griechischen Dramas, Rhytmik und Metrik (Aeschylos *Prometheus*); Grammatik: Infinitiv, Participium und Negationen.

1869/70 WS	• Lateinische Grammatik (V, 3) • Vorplatonischen Philosophen (V, 3) • Aeschylus, *Choephoren* (S, 1)	Hesiod, *Erga*; Platon, *Apologie* und *Protagoras*; Homer, *Ilias* XII und Teile XIII; Sophokles, *Elektra*; Privatlektüre: Herodot, Platon, Demosthenes.
1870 SS	• Sophokles, *Oedipus rex* (V, 3) • Hesiod, *Erga* [no hay *Beleg*] (V, 3) • Cicero *Academica* (S, 1)	Literarhistorische Übersicht zum griechischen Drama: Aeschylos *Agamemnon* und *Choeforen*; Sophokles *Elektra*; Euripides Bacchen und *Medea*.
1870/71 WS	• Hesiod *Erga* (v, 3) • Griechische Metrik (V, 3) • Cicero *Academica* (S, 3)	Platon *Phaedo*
1871 SS	• Einleitung in das Studium der klassische Philologie (V, 3) • Hesiod *Erga* (S, 1)	Hauptformen der Poesie: Epos (Hesiod *Erga*); Elegiker (Tyrtaios, Solon, Simonides, Pindar *Ol.* I und VI, *Pyth.* I); Bukolik (Theocrit *Idyllen* I, III, X; Drama (Aeschylos *Prometheus*)
1871/72 WS	• Einführung in das Studium der platonischen Dialoge (V, 3) • Dialogus de oratoribus [no hay *Beleg*] (V, 3) • Lateinische Epigraphik (V, 1) • Übungen (S, 1)	Hauptformen der griechischen Prosa: Platon *Phaedon*, Demosthenes *Philippika* I und II; "Privatlektüre": Herodot, Thukydides, Platon, Demosthenes, Plutarch, Lucian, Homer, Aeschylos, Euripides, Aristofanes
1872 SS	• Aeschylos Choephoren (V, 3) • Die Vorplatonische Philosophen (V, 3) • Seminar Theognis (S, 1)	Aeschylos *Eumeniden*; Platon *Protagoras*; Grammatik: Infinitiv und Participium

1872/73 WS	• Griechische und römische Rhetorik (V, 3)	Homer *Ilias* X; Aeschylos *Eumeniden*; Sophokles *Oedipus rex*; Platon *Protagoras*; Demosthenes *Philippika* I und II; "Privatlektüre": Aeschylos, Sophokles, Homer, Hesiod, Anakreon, Aristophanes, Isokrates, Platon, Lukian, Plutarch
1873 SS	• Die ältern griechische Philosophen bis Platon (V, 3) • Hesiod *Erga* [no hay Beleg] (V, 3) • Griechische Elegiker (Solon); evtl auch Aristoteles (S, 1)	Platon *Phaedon*; Homer *Ilias* IX
1873/74 WS	• Über Platons Leben und Schriften (V, 1) • Βίος Σοπηοκλέους (S,?)	Sophokles *Oedipus rex*; Thukydides I und aus II cap. 34–46
1874 SS	• Darstellung der Antike Rhetorik (V, 3)[a] • Aeschylus Choeforen (V, 3) • Sappho (?) (S, 1)	"Griechische Prosa": Platon *Gorgias* (teilweise); Aristoteles *Rhetorik* (teilweise); Grammatik: Infinitiv und Participium.
1874/75 WS	• Vorlesung zur Geschichte der griechischen Literatur I (V, 3) • Erklärung von Aristoteles´ *Rhetorik* (V, 3) • Sophokles *Oedipux rex* (?) (S, 1)	Geschichte der griechischen Poesie (Hauptgattungen) an Beispielen: Hesiod *Erga*; Aeschylos *Prometheus*; Lyriker-Fragmente; Pindar.
1875 SS	• Vorlesung zur Geschichte der griechischen Literatur II (V, 3) • Aristoteles´ *Rhetorik* (Fortsetzung) (V, 3) • Kritische Übungen in Bezug auf die Geschichte der griechischen Literatur (S, 1)	Stücke aus Thukydides; Euripides *Alkestis*.

1875/76 WS	• Vorlesung zur Geschichte der griechischen Literatur III (V, 3) • Altertümer der religiösen Cultur der Griechen (V, 3) • Diogenes Laertius *Democrit* (S, 1) [Interrumpidas todas ellas a finales de Febrero por enfermedad]	Platon *Phaedon, Protagoras, Symposium, Phaedrus, Politeia* [a elegir]
1876 SS	• Die vorplatonische Philosophen (V, 3) • Über Platons Leben und Lehre (V, 2) • Hesiod (*Erga*?) (S, 1)	"Quellen über die Persönlichkeit des Sokrates": Teile aus Xenophon *Memorabilien*, Platon *Symposion* und *Phaedon*, die ganze *Apologie*; Euripides *Alkestis*.
1876/77 WS	[Permiso vacacional]	[Permiso vacacional]
1877 SS	[Permiso vacacional]	[Permiso vacacional]
1877/78 WS	• Religiöse Altertümer der Griechen • *Rhetorik* des Aristoteles [no hay *Beleg*] (S, 2) • Aeschylos *Choephoren* (S, 1)	[Permiso vacacional]
1878 SS	• Hesiod *Erga* (V, 3) • Platon *Apologie* (V, 2) • Aeschylos *Choephoren* (S, 1)	[Baja]
1878/79 WS	• Ausgewählte Fragmente der griechischen Lyriker (V, 3) • Einleitung in das Studium Platons (V, 2) • Seminar Thukydides (S, 1)	[Baja]
1879 SS	• [Imposibles de realizar a pesar de las *Ankündigungen*]	[Baja]

[a] Posiblemente no impartida. Cfr Janz, "Friedrich Nietzsches Akademische Lehrtätigkeit in Basel 1869–1879": 199.

Nota

1. Reconstruida conforme a los documentos aportados por Curt Paul Janz, "Friedrich Nietzsches Akademische Lehrtätigkeit in Basel 1869–1879," *Nietzsche-Studien*, no. 3 (1974): 192–203, a partir de Johannes Stroux, *Nietzsches Professur in Basel* (Jena: Frohmann, 1925) y Hellmut Gutzwiller, "Friedrich Nietzsches Lerhrtätigkeit am Basler Paedagogium 1869–1876," *Basler Zeitschrift*, no. 50 (1951): 148–224, así como otras fuentes (cfr. Janz, "Friedrich Nietzsches Akademische Lehrtätigkeit in Basel 1869–1879,": 192–95). Reflejada también por Carlotta Santini, *Nietzsche e la Grecia. La riflessione sul mondo grecon nelle lezione di Basilea* (Paris: Università del Salento, 2012), 430–32. Es importante hacer notar que Janz publica también la lista de las *Ankündigungen* de las horas universitarias y no siempre son plenamente coincidentes con las clases finales, lo que para Janz demuestra "lo flexible y autónomo que podía [Nietzsche] adaptarse a las necesidades del auditorio." (Janz, "Friedrich Nietzsches Akademische Lehrtätigkeit in Basel 1869–1879": 195).

2

Las lecciones de Basilea y otros escritos filológicos (según su publicación)

- *Prolegomena zu den Choephoren des Aeschilus mit Kommentar* (SS 1869; WS 1869/70; SS 1870; SS 1872; SS 1874; WS 1877/78; SS 1878), en: KGW II.2, 1–104.
- *Vorlesungen über die griechischen Lyriker* (SS 1869; SS 1871; SS 1873; SS 1874; WS 1874/75; WS 1878/79), en: KGW II.2, 105–82.
- *Vorlesungen über lateinische Grammatik* (WS 1869/70), en: KGW II.2, 311–442.
- *Anhang. Nachschriften von Vorlesungen Nietzsches*, en: KGW II.2, 311–442.
- *Einleitung in die Tragödie des Sophokles.* 20 Vorlesungen (SS 1870), en: KGW II.3, 3–57; OC II, 569–90.
- *Vorlesungen über Ciceros Academica* (SS 1870, WS 1870/71), en: KGW II.3, 59–97.
- *Griechische Rhythmik* (WS 1870/71) mit Aufzeichnungen zur *Metrik und Rhythmik*, en: KGW II.3, 99–261.
- *Vorlesungen zur Theorie der quantitierenden Rhythmik*; *Rhythmische Untersuchungen*, en: KGW II.3, 263–80.
- *Rhytmische Untersuchungen*, en: KGW II.3, 281–338.
- *Encyclopädie der klassischen Philologie und Einleitung in das Studium derselben.* (SS 1871; WS 1873/74), en: KGW II.3, 339–437; OC II, 297–312.

- *Einführung in das Studium der platonischen Dialoge* (WS 1871/72); *Über Platons Leben und Schriften* (WS 1873/74); *Über Platons Leben und Lehre* (SS 1876); *Einleitung in das Studium Platons* (WS 1878/79), en: KGW II.4, 7–188; OC II, 441–562.
- *Einleitung in die lateinische Epigraphik* (WS 1871/72), en: KGW II.4, 189–206.
- *Vorlesungen über die vorplatonischen Philosophen* (WS 1869/70; SS 1872; WS 1875/76; SS 1876), en: KGW II.4, 207–362; OC II, 327–428.
- *Vorlesungen über die Geschichte der griechischen Beredsamkeit* (WS 1872/73), en: KGW II.4, 363–411; OC II, 897–924.
- *Darstellung der antiken Rhetorik* (SS 1874), en: KGW II.4, 412–502; OC II, 823–83.
- *Anhang. Abriss der Geschichte der Beredsamkeit*, en: KGW II.4, 502–20; OC II, 885–96.
- *Einleitung zur Rhetorik des Aristoteles* (WS 1874/75; SS 1875; WS 1877/78) mit einer Übersetzung aus Aristoteles Rhetorik, I, 1354a–1374b cap. (1–13); III, 1403b–1407a, en: KGW II.4, 521–611; OC II, 925.
- *Die Διαδοχαί der vorplatonischen Philosophen*, en: KGW II.4, 613–32; OC II, 429–40.
- *Vorlesungen über die Geschichte der griechischen Literatur* I, II (WS 1874/75; SS 1875), en: KGW II.5, 1–269; OC II, 591–759.
- *Vorlesungen über die Geschichte der griechischen Literatur III* (WS 1875/76), en: KGW II.5, 271–353. OC II, 761–806.
- *Vorlesungen über den Gottesdienst der Griechen* (WS 1875/76; WS 1877/78), en: KGW II.5, 359–520; OC II, 935–1033.
- *Plato: Apologie* (SS 1878), en: KGW II.5, 521–27.

Bibliografía

Fuentes y modo de citar

El presente trabajo hace uso del corpus de la obra de Friedrich Nietzsche como referencia para su argumentación y coherencia científica. Este corpus es lo que compone su bibliografía principal.

Las obras de Nietzsche se citan a partir del texto original conforme la *Kritische Gesamtausgabe* (KGW) establecida por G. Colli y M. Montinati y ss., Walter de Gruyter Berlin y Berlin/New York, 1967 y ss., o en su caso conforme la *Kritische Studienausgabe* (KSA) editada por G. Colli y M. Montinati (Berlin/New York: Walter de Gruyter, 1980) una vez introducidas las correcciones oportunas a esta edición de la mano de los *Nachberichte* de la KGW y del tomo 14 de la KSA, así como de la edición digital de la KGW (eKGWB) con las correcciones incorporadas disponible en la web habilitada por el grupo de investigación internacional *Hipernietzsche* dirigido por el prof. Paolo D'Iorio (http: //www.nietzschesource.org/). Como señala Sánchez Meca: "En realidad, la gran mayoría de estas correcciones no suponen modificaciones significativas del sentido de los textos originales establecidos por Colli y Montinari, pues se refieren básicamente a minucias sin importancia: pequeños errores tipográficos del texto alemán, cuestiones de puntuación, interlineado, entrecomillado, confusión de mayúsculas y minúsculas, subrayados, etc". Diego Sánchez Meca, "Prólogo a la segunda edición del volumen 1," en *Friedrich Nietzsche. Fragmentos Póstumos. Vol. 1* (Madrid: Tecnos, 2010), 12.

La forma de citación se atiene al método de citación estándar: sigla de la edición crítica KGW, <sección>.<tomo>, <número de página>; o en su caso KSA <tomo>, <número de página>. A ambas citaciones les suele preceder el título original de la obra o su abreviatura (ver infra, *Siglas y abreviaturas*), o bien fecha y año del *Nachlass* y el fragmento en cuestión (por ejemplo: NF Primavera de 1888, frg. 14 [123]).

El texto que reproducimos pertenece de la edición de las *Obras Completas* de F. Nietzsche (OC; 4 volúmenes) dirigida por el profesor Diego Sánchez Meca (Madrid: Tecnos, 2011 y ss.), bajo los auspicios de la Sociedad Española de Estudios sobre Nietzsche, y en la que yo mismo he trabajado como traductor y corrector de la traducción. Lo mismo se puede decir para los Fragmentos póstumos (FP; 4 volúmenes), citados normalmente por la edición en castellano *Fragmentos Póstumos* de F. Nietzsche, dirigida asimismo por el profesor Diego Sánchez Meca, ed. Tecnos, Madrid, y en la que también he trabajado como corrector de la traducción. La forma de citación se atiene asimismo al método estándar: siglas de la edición, seguidas del número del tomo y de la página. En los casos en los que el hilo de la argumentación requería subrayar ciertas sutilidades del texto en alemán no presentes en la edición en castellano, se ha modificado la traducción bajo indicación. En los casos en los que el texto de la edición en castellano no estaba todavía disponible a fecha de composición de este estudio, o allí donde se ha considerado preferible, se ha optado por una traducción propia. En el caso específico del texto de mayor importancia para nuestra argumentación (i.e. las *Vorlesungen über Geschichte der griechischen Literatur I/II y III o Lecciones sobre la historia de la literatura griega I/II y III* de 1874/1876) hemos reproducido la traducción realizada directamente del alemán por mí junto con el profesor Sánchez Meca a partir del texto de la KGW y editada en castellano en el volumen 2 de las Obras Completas (Tecnos, Madrid, 2012).

Las cartas de Nietzsche o a Nietzsche se citan por la edición del *Briefwechsel* de G. Colli y M. Montinari. Berlin/New York: Walter de Gruyter, 1975 y ss., con las siglas KGB seguidas del número de volumen, el tomo, el número de la carta y la página.

Bibliografía primaria

Nietzsche, Friedrich. *Digitale Kritische Gesammtausgabe Werke und Briefe* (eKGWB), ed. Paolo D'Iorio. En: http: //www.nietzschesource.org/.

Nietzsche, Friedrich. *Sämmtliche Werke. Kritische Studienausgabe* (KSA), ed. Giorgio Colli, Mazzino Montinari, 15 vol. Berlin/New York: Walter de Gruyter, 1967–77 y 1988.

Nietzsche, Friedrich. *Werke, Kritische Gesamtausgabe* (KGW), ed. Giorgio Colli, Mazzino Montinari, y continuadores, ca. 40 vol. en 9 secciones. Berlin/New York: Walter de Gruyter, 1974 y ss.

Nietzsche, Friedrich. *Briefwechsel. Kritische Gesammtausgabe* (KGB), ed. Giorgio Colli y Mazzino Montinari. Berlin/New York: Walter de Gruyter, 1975.

Nietzsche, Friedrich. *Großoktavausgabe* (GA), 19 vols. (reed. Alfred Kröner Verlag), con un *Registerband* añadido en 1926. Leipzig: C.G. Naumann, 1894–1913.

Nietzsche, Friedrich. *Musarionausgabe* (MusA), ed. por Richard Oehler, Max Oehler y Friedrich W. A. Würzbach, 23 volúmenes [los dos últimos de índices]. München: Musarion Verlag, 1920–29.

Nietzsche, Friedrich. *Fragmentos póstumos* (FP), ed. Diego Sánchez Meca, 4 vol. Madrid: Tecnos, 2007–11.

Nietzsche, Friedrich. *Obras Completas* (OC), ed. Diego Sánchez Meca, 4 vol. Madrid: Tecnos, 2011–16.

Bibliografía secundaria

Alberti, Ed. "Die Sprachphilosophie vor Platon." *Philologus*, 1856 (XI).

Ansell-Pearson, Keith. "The significance of Michel Foucault's Reading of Nietzsche: Power, the subject, and political Theory." *Nietzsche-Studien* 20 (1991): 267–83.

Apel, August von. *Metrik* (Leipzig: Weygand'schen Buchhandlung, 1814).

Arenas-Dolz, Francisco. "Nachweise." *Nietzsche-Studien* 39 (2010): 488 y ss.

Ast, Friedich. *Grundlinien der Grammmatik, Hermeneutik und Kritik*, Landshut, 1808.

Bachmann-Medick, Doris. ed. *Kultur als Text: die anthropologische Wende in der Literaturwissenschaft*. Frankfurt a. M.: Fischer Taschenbuch, 1996.

Barber, Godfrey Loius. *The Historian Ephorus*, Cambridge, 1935 (repr. Chicago: Ares, 1993).

Barnes, Jonathan. "Nietzsche and Diogenes Laertius." *Nietzsche-Studien* 15 (1986): 16–40.

---, *The presocratic Philosophers*, London, 1982.

Barón de Saint Croix. *Examen critique des anciens historiens d'Alexandre-le-Grand* (1775/1804) (2ª ed. Paris, Bachelier, 1810).

Barrios, Manuel. "¿Expulsar de nuevo al poeta? De arte y política en Nietzsche." *Estudios Nietzsche* 7 (2007): 11–36.

---, *Hölderlin y Nietzsche, dos paradigmas intempestivos de la modernidad en contacto*. Sevilla: Reflexión, 1992.

---, "Introducción al volumen II." En *Friedrich Nietzsche. Obras completas*, ed. Diego Sánchez Meca, vol. I. Madrid: Tecnos, 2008. 11–30.

---, "Jünger y la deriva de la interpretación heideggeriana de Nietzsche." *Estudios Nietzsche* 10 (2010): 33–52.

---, *Narrar el abismo. Ensayos sobre Nietzsche, Hölderlin y la disolución del clasicismo*. Valencia: Pre-textos, 2001.

---, "Nietzsche: de la Ateodicea a la genealogía." *Ideas y valores* 114, no. 49 (diciembre de 2000): 20–34.

---, "Nietzsche, la crítica de la metafísica como curvatura de la Ilustración." Prólogo a *Humano, demasiado humano*. Madrid: Akal, 1996.

---, "Nietzsche y el retorno romántico a la naturaleza." *Estudios Nietzsche* 5 (2005): 35–66.

---, "Prefacio." En *Friedrich Nietzsche. Obras completas*, ed. Diego Sánchez Meca, vol. I, 315–26. Madrid: Tecnos, 2013.

---, *Voluntad de lo trágico. El concepto nietzscheano de voluntad a partir de "El nacimiento de la tragedia."* Madrid: Biblioteca Nueva, 2002.

Bartscherer, Thomas. "An Untimely Interlocutor: Plato as Precedent in Nietzsche´s Critique of Education and Classical Studies." *Disciplining Classics. Altertumswissenschaft als Beruf*, ed. Glen W. Most, Aporemata 6. Vandenhoeck & Ruprecht: Göttingen, 2002.

Bauer, Stefan. *Polisbild und Demokratieverständnis in Jacob Burckhardts "Griechischer Kulturgeschichte."* München: Basel, 2001.

Baumann, Johann Julius. *Handbuch der Moral nebst Abriss der Rechtsphilosophie*. Leipzig, 1879.

Baumbach, Manuel. "Altertumswissenschaft im preussischen Schulprogramm." En *Altertumswissenschaften in Berlin um 1800 an Akademie, Schule und Universität*, ed. Seidensticker Bernd y Felix Mundt, 107–30. Hannover-Laatzen: Wehrhahn Verlag, 2006.

Becker, Werner. "Philosophische Editionen. Erwartungen an sie–Wirkungen durch sie," en *Philosophische Editionen. Erwartungen an sie–Wirkungen durch sie, Beiträge zur VI. Internationalen Fachtagung der Arbeitsgemeinschaft philosophischer Editionen (11.–13. Juni 1992 in Berlin)*, ed. Hans Gerhard Senger (Tübingen: Niemeyer, 1994)

Beeckman, Tinneke. "Nietzsche´s Timely Genealogy." En *Nietzsche on Time and History*, ed. Manuel Dries, 63–74. Berlin/New York: Walter de Gruyter, 2008.

Behler, Ernst. "Nietzsches Sprachtheorie und dem Aussagecharakter seiner Schriften." *Nietzsche-Studien* 25 (1996): 64–86.

Bekker, August Immanuel. *Anecdota Graeca*, Berlin, III, 1814–1821.

Benne, Christian. *Nietzsche und die historische-kritische Philologie*. Berlin/New York: Walter de Gruyter, 2005.

---, "Good cop, bad cop: Von der Wissenschaft des Rhythmus zum Rhythmus der Wissenschaft," en *Nietzsches Wissenschaftphilosophie. Hintergründe, Wirkungen und Aktualität*, ed. Helmut Heit, Günther Abel y Marco Brusotti, 189–212. Berlin/New York, Walter de Gruyter, 2012.

Bennett, Charles Edwin. "What was ictus in Latin prosody?" *The American Journal of Philology*, 19 (1898): 361–83.

Bergk, Theodor. *Griechische Literaturgeschichte*, Berlin, 1872.

---, *Griechische Literaturgeschichte*, Berlin, 1872.

---, "Ueber die Kritik in Theognis." *Rheinisches Museum für Philologie* N. F., 1845.

Bernays, Jacob. *Grundzüge der verlorenen Abhandlung des Aristoteles über Wirkung der Tragödie*. Breslau, 1857; repr. Hildesheim 1970.

Bernhardy, Gottfired. *Grundlinien zur Enzyklopädie der Philologie*. Halle, 1832.

---, *Grundriss der griechischen Litteratur mit einem vergleichenden Überblick der römischen*. Halle, 1852–56.

Blondel, Éric. *Nietzsche. Le corps et la culture: La philosophie comme généalogie philologique*. Paris: PUF, 1986.

---, "Nietzsche's Metaphors of Genealogy." En *Nietzsche as Affirmative Thinker*, ed. Yirmiyahu Yovel, 136–46. The Hague: Martinus Nijhoff, 1986.

Boeckh, August. *Encyklopädie und Methodologie der philologischen Wissenschaften*. Leipzig: Bratuscheck, 1877.

Boetticher, Karl. *Der Baumkultus der Hellenen*. Berlin: Weidmann, 1856.

---, *Die Tektonik der Hellenen*. Potsdam: Riegel, 1843–52.

Boetticher, Paulus. *Arica*. Halle: J. F. Lippert, 1851.

Bollack, Jean. *La Gréce de personne: les mots sous le mythe*. Paris: Seuil, 1997.

Borchmeyer, Dieter y Jörg Salaquarda, ed. *Nietzsche und Wagner, Stationen eine Epochalen Begegnung*. Frankfurt a. M.: Insel, 1994.

Bornmann, Fritz."Nietzsches metrische Studien," *Nietzsche-Studien* 18 (1989): 472–89.

Bowra, Cecil Maurice. *Höhepunkt griechischer Literatur—Von Homer zu Theokrit*. Stuttgart: Kohlhammer Verlag, 1968.

Brier, Bob. *Ancient Egyptian Magic*. New York: William Morrow, 1980.

Brobjer, Thomas H. *Nietzsche's Philosophical Context. An Intellectual Biography*. Urbana and Chicago: University of Illinois Press, 2008.

---, "Nietzsche's Relation to Historical Methods and Nineteenth Century German Historiography." *History and Theory* 46, nr. 2, 155–79. Hoboken, NJ: Blackwell Publishing, Mayo 2007.

---, "Nietzsche's View of the Value of Historical Studies and Methods." *Journal of the History of Ideas* 65, nr. 2 (Abril 2004): 301–22.

---, "Source's and Influences of Nietzsche's The birth of Tragedy." *Nietzsche-Studien* 34 (2005): 277–98.

---, "Nietzsche's Forgotten Book. The Index to the Rheinisches Museum für Philologie." *New Nietzsche Studies* 4 (Verano/Otoño 2000): 157–61.

Brocke, Bernhard von. "Die Entstehung der deutschen Forschungsuniversität, ihre Blüte und Krise um 1900." En *Humboldt International. Der Export des deutschen Universtitätsmodells im 19. und 20. Jh.*, ed. Rainer. C. Schwinges, 367–401. Basel: Schwabe, 2001.

Brusotti, Marco. "Beiträge zur Quellenforschung," *Nietzsche-Studien* 21 (1992): 390–97.

Burckhardt, Jacob. *Gesamtausgabe*. Basel: Schwabe, 1929–34.

---, *Gesammelte Werke*. Stuttgart: Schwabe, 1978.

Burckhardt, Max. "Politische, soziale und kirchliche Spannungen in Basel um 1870." En *Franz Overbecks unerledigte Anfragen an das Christentum*, ed. Rudolf Brändle y Ekkehard W. Stegemann, 47–66. München: Kaiser, 1988.

Campioni, Giuliano. " 'Die Kunst, gut zu lesen'. Mazzino Montinari und das Handwerk des Philologen", *Nietzsche-Studien* 18 (1989): 15–74.

Campioni, Giuliano, Paolo D'Iorio, Maria Cristina Fornari M, Francesco Fronterotta, Andrea Orsucci. *Nietzsches persönliche Bibliothek* (BN), dir. Renate Müller-Buck. Berlin/New York: Walter de Gruyter, 2002.

Cancik, Herbert. *Nietzsches Antike. Vorlesung*. Stuttgart/Weimar: J. B. Metzler Verlag, 1995.

Carrión Arias, Rafael. "Nietzsche y el método crítico genealógico." *Estudios Nietzsche* 13 (2013): 79–136.

---, "Hölderlin y el joven Nietzsche en la Kulturkritik y la reforma educativa en Alemania." *Endoxa: Series filosóficas* (2014): 185–206.

---, "К обоснованию философских основ эстетики Шопенгауэра." *Вопросы культурологии*, nº 6. (Junio 2014): 40–44.

--, "Los estudios Democritea de 1867–1868. Nietzsche descubriendo el nuevo método filológico." En *Nietzsche: Les premiers textes sur les Grecs*, ed. Céline Denat y Patrick Wotling, 79–136. Reims: Épure, 2016.

Caspari, Otto. *Die Urgeschichte der Menschheit mit Rücksicht auf die natürliche Entwicklung des frühesten Geisteslebens*. Leipzig: Brockhaus, 1873.

Cavallo, Guglielmo, Roger Chartier y Roberto Bonfil. *Histoire de la lecture dans le monde occidental*, Editions du Seuil, 1997. Ed. en castellano *Historia de la lectura en el mundo occidental*. Madrid: Taurus, 2011.

Chantraine, Pierre. "Les verbes grecs signifiant 'lire'." *Mélanges Henri Grégoire*, II, Bruselas, 1950.

Christ, Karl. "Jacob Burckhardts Weg zur 'Griechischen Kulturgeschichte'." *Historia*, 49 (2000): 101–25.

Cochrane, Charles Norris. *Thucydides and the science of History*. Oxford: Oxford University Press, 1929.

Cohen, Jonathan R. "Nietzsche's Musical Conception of Time," en *Nietzsche on Time and History*, ed. Manuel Dries, 291–305. Berlin/New York: Walter de Gruyter, 2008.

Conill, Jesús. "Hermenéutica genealógica desde el cuerpo." *Estudios Nietzsche* 9 (2009): 15–24.

Connolly, William E. *Political Theory and Modernity*. Ithaca, NY: Cornell University Press, 1988.

Crawford, Claudia. *The Beginnings of Nietzsche's Theory of Language*. Berlin/New York: Walter de Gruyter, 1988.

Crescenzi, Lucca. "Verzeichnis der von Nietzsche aus der Universitätsbibliothek in Basel entliehenen Bücher (1869–79)." *Nietzsche-Studien* 23 (1994): 388–442.

Creuzer, Georg Friedrich. *Historische Kunst der Griechen in ihrer Entstehung und Fortbildung*. Leipzig, 1803.

---, *Symbolik und Mythologie der alten Völker der Griechen*, Leipzig und Darmstadt: Leske, 1837.

Crusius, Otto. "Vorwort." En Nietzsche, Friedrich. *Großoktavausgabe* (GA), vol 2. Philologica, vol. 2 (reed. Alfred Kröner Verlag). Leipzig: C.G. Naumann, 1912. VII-XIV.

Curtius, Ernst. "Die griechische Götterlehre vom geschichtlichen Standpunkt." *Preussische Jahrbücher* 37, cuaderno 1. 1875.

Curtius, Georg. *Berichte der königlich sächsischen Gesellschaft der Wissenschaft*, 1866.

---, "Ueber die Bedeutung des Wortes ὑποκριτής." *Rheinisches Museum für Philologie*, nr. 23 (1868).

De Santiago Guervós, Luis Enrique. "Arte y filosofía: los centauros del joven Nietzsche." *Anales del Seminario de Historia de la Filosofía* 15, (1998): 149–66.

---, "Arte e historia en Nietzsche: ¿una estética de la historia?" *Contrastes: revista internacional de filosofía* 10 (2005): 99–118.

---, *Arte y poder. Aproximación a la estética de Nietzsche*. Madrid: Trotta, 2004.

---, "El 'giro retórico' en la obra de Nietzsche." *Er, Revista de Filosofía*, nr. 27 (2000): 11–34.

---, *F. Nietzsche. Escritos sobre retórica.* Madrid: Trotta, 2000.

---, "F. Nietzsche y la quiebra del ideal artístico wagneriano." *Nietzsche. 100 años después*, ed. Joan B. Llinares, 113–33. Pre-Textos, Valencia, 2002.

---, "La apolinización de Dioniso: la estética del último Nietzsche." *Universitas Philosofica* 34–35 (2000): 133–58.

---, "Los ideales estético-musicales de F. Nietzsche." *Nietzsche bifronte*, ed. Enrique López Castellón y Julio Quesada Martín, 143–69. Madrid: Biblioteca Nueva, 2006.

---, "Nietzsche y los ideales estéticos del Sur: la necesidad de mediterraneizar la música." *Analecta Malacitana*, nº 23/1 (2000): 131–50.

---, "Prefacio." En *Friedrich Nietzsche. Obras completas*, ed. Diego Sánchez Meca, vol. I, 861–81. Madrid: Tecnos, 2011.

---, "Prefacio." En *Friedrich Nietzsche. Obras completas*, ed. Diego Sánchez Meca, vol. I, 479–81. Madrid: Tecnos, 2011.

---, "Prefacio." En *Friedrich Nietzsche. Obras completas*, ed. Diego Sánchez Meca, vol. I, 809–18. Madrid: Tecnos, 2011.

D´Iorio, Paolo. "La naissance de la philosophie enfanteé par l´esprit scientifique." En Friedrich Nietzsche, *Les philosophes préplatoniciens*, 11–49. Paris: Combat, L´Éclat, 1994.

---, "L´image des philosophes préplatoniciens chez le jeune Nietzsche." En *"Centauren-Geburten." Wissenschaft, Kunst und Philosophie beim jungen Nietzsche*, ed. Tilman Borsche/Federico Gerratana/Aldo Venturelli, 383–417. Berlin/New York: Walter de Gruyter, 1994.

Darwin, Charles. *On the Origin of Species by means of Natural Selection.* London, 1859.

Deleuze, Gilles. *Nietzsche et la philosophie.* Paris: PUF, 1962. Ed. en castellano: Deleuze, G., *Nietzsche y la filosofía.* Anagrama: Barcelona, 1993.

Céline Denat, y Patrick Wotling (eds.). *Nietzsche: Les premiers textes sur les Grecs.* Reims: Épure, 2016.

Diels, Hermann Alexander. *Die Fragmente der Vorsokratiker*, ed. por Walter Kranz, 5ª y última edición. Berlin, 1934–54.

Dilthey, Wilhelm. "Die drei Epochen der modernen Ästhetik und ihre heutige Aufgabe." En Wilhelm Dilthey *Gesammelte Schriften*, t. VI: Die geistige Welt. Einleitung in die Philosophie des Lebens. Zweite Hälfte: Abhandlungen zur Poetik, Ethik und Pädagogik, ed. Georg Misch. Leipzig/Berlin, 1924.

Disselkamp, Martin. "Altertumskunde als kulturelle Handeln." En *Altertumswissenschaften in Berlin um 1800 an Akademie, Schule und Universität*, ed. Seidensticker Bernd y Felix Mundt, 39–66. Hannover-Laatzen: Wehrhahn Verlag, 2006.

Dover, Kenneth James. *Aristophanic Comedy.* London: Batsford, 1972.

Ducat, Philippe. *Friedrich Nietzsche: Sur Démocrite.* Paris: Métailié, 1990.

Dühring, Eugen Karl. *Der Werth des Lebens.* Breslau: Eduard Trewendt, 1865.

Easterling, Patricia E. y Knox, Bernard M. W. (eds.). *The Cambridge History of Classical Literature.* Vol. 1: Greek Literature. Cambridge: Cambridge University Press, 1985. Ed. en castellano: *Historia de la literatura clásica.* Vol. I. Literatura griega. Madrid: Gredos, 1990.

Ehrenberg, Victor. *L'Atene di Aristofane. Studio sociológico della commedia attica antíca.* Firenze, 1958.

Else, Gerald Frank. *Aristotle´s Poetics.* Cambridge: Harvard University Press, 1957.

Emden, Christian J. "Sprache, Musik und Rhythmus. Nietzsche über die Ursprünge von Literatur, 1869–1879," *Zeitschrift für deutsche Philologie* 121, nr. 2 (2002): 203–30.

Erler, Michael. *Die Philosophie der Antike*. Vol. 2.2: Platon. Basel: Schwabe Verlag, 2007.

Essen, Ernst. *Der Keller zu Skepsis. Versuch über das Schicksal der aristotelischen Schriften*. Stargard, 1866.

Faure, Paul. *Alexandre*. Paris: Fayard, 1985.

Festugière, André-Jean. *La révélation d'Hermès Trismégiste*. Paris: Belles Lettres, 1989.

Fichte, Johann Gotlieb. *Johann Gottlieb Fichtes sämmtliche Werke*. 11 vol. Berlin: Walter de Gruyter, 1971.

Fink, Eugen. *Nietzsches Philosophie*. Kohlhammer: Stuttgart, 1960 (2ª ed. 1968).

Flashar, Hellmut. "Die methodisch-hermeneutischen Ansätze von F.A. Wolf y F. Ast." En *Philologie und Hermeneutik im 19. Jahrhundert. Zur Geschichte und Methodologie der Geisteswissenschaften*, ed. Hellmut Flashar, Gründer Karlfried y Axel E. A. Horstmann, 21–31. Göttingen: Vandenhoeck & Ruprecht, 1979.

Fornaro, Sotera. *Glaukos von Rhegion, DNP* 4, 1998.

---, "Wilhelm von Humboldt und die Altertumswissenschaft." En *Altertumswissenschaften in Berlin um 1800 an Akademie, Schule und Universität*, ed. Seidensticker Bernd y Felix Mundt, 85–106. Hannover-Laatzen: Wehrhahn Verlag, 2006.

Förster-Nietzsche, Elisabeth, Curt Wachsmuth y Peter Gast (eds.). *Friedrich Nietzsche gesammelte Briefe* 3, 2ª ed., Berlin/Leipzig, 1905.

Foucault, Michel. "Nietzsche, la genealogie, l'histoire." En *Hommage à Jean Hyppolite*, ed. Suzanne Bachelard, 136–56. Paris: PUF, 1971.

Fraser, Peter Marshall. M., *Ptolemaic Alexandria*, 3 vols. Oxford: Clarendon Press, 1972.

Fuhrmann, Manfred. "Die Epochen der griechischen und der romischen Literatur." En *Der Diskurs der Literatur- und Sprachhistorie. Wissenschaftsgeschichte als Innovationsvorgabe*, ed. Bernard Cerquiglini y Hans Ulrich Gumbrecht, 537–55. Frankfurt a. M.: Suhrkamp, 1983.

---, "Die Geschichte der Literaturgeschichtsschreibung von Anfängen bis zum 19. Jahrhundert." En *Der Diskurs der Literatur- und Sprachhistorie. Wissenschaftsgeschichte als Innovationsvorgabe*, ed. Bernard Cerquiglini y Hans Ulrich Gumbrecht, 49–72. Frankfurt a. M.: Suhrkamp, 1983.

---, "Die lateinische Literatur der Spätantike." *Antike und Abendland*, 13 (1967): 56–79.

---, *Einführung in die antike Dichtungstheorie*, Darmstadt: Wissenschaftliche Buchgesellschaft, 1973.

Furley, David. *The Greek Cosmologist*, vol 1, *The Formation of the Atomic Theory and its Earliest Critics*. Cambridge: Cambridge University Press, 1987.

Gadamer, Hans-Georg. *Wahrheit und Methode: Grundzüge einer philosophischen Hermeneutik*. Tübingen: J.C.B. Nohr, 1972.

Geertz, Clifford. *The Interpretation of Cultures*. Hutschison: London, 1975.

Geissler, Paul. *Chronologie der altattischen Komödie*. Berlin: Weidmann, 1925.

Gentili, Carlo. *Nietzsche*. Bologna: Società editrice Il Mulino, 2001. Ed. en castellano: *Nietzsche*, Editorial Biblioteca Nueva, Madrid, 2004.

Gentili, Carlo, Volker Gerhardt y Aldo Venturelli. *Nietzsche, Illuminismo, Modernitá*. Firenze: Olschkie, 2003.

Gerhardt, Volker. "Wille zur Macht." En *Nietzsche Handbuch, Leben-Werk-Wirkung*, ed. Henning Ottmann, 351–54. Stuttgart: J. B. Metzler, 2000/2011.

Gerratana, Federico. "Der Wahnjenseits des Menschen. Zur frühen E.v. Hartmann-Rezeption Nietzsches (1869–1874)." *Nietzsche-Studien* 17 (1988): 391–433.

--. " 'Jetzt zieht mich das Allgemein-Menschliche an'. Ein Streifzug durch Nietzsches Aufzeichnungen zu einer 'Geschichte der literarischen Studien'." En *"Centauren-Geburten". Wissenschaft, Kunst und Philosophie beim jungen Nietzsche,* eds. Tilman Borsche, Federico Gerratana y Aldo Venturelli, 326–50. Berlin/New York: Walter de Gruyter, 1994.

Geuss, Raymond. *"Thucydides, Nietzsche, and Williams."* En *Nietzsche on Time and History,* ed. Manuel Dries, 35–50. Berlin/New York: Walter de Gruyter, 2008.

Giesecke, Michael. "Schriftsprache als Entwicklungsfaktor in Sprach- und Begriffsgeschichte." En *Historische Semantik und Begriffsgeschichte,* ed. Reinhardt Koselleck, 262–302. Stuttgart: Klett-Cotta, 1979.

Gigante, Marcello. "Friedrich Nietzsche und Diogenes Laertius." En *"Centauren-Geburten". Wissenschaft, Kunst und Philosophie beim jungen Nietzsche,* eds. Tilman Borsche, Federico Gerratana, Aldo Venturelli, 3–15. Berlin/New York: Walter de Gruyter, 1994.

---, *La bibliothéque de Philodème et l'Épicureisme romain.* Paris: Les Belles Lettres, 1987.

Gilman, Sander L., Ingeborg Reichenbach (ed.). *Begegnungen mit Nietzsche.* Bonn: Bouvier, 1981.

Goethe, Johann Wolfgang von. *Goethes Sämtliche Werke,* Jubiläums-Ausgabe, 40 vols. Stuttgart/Berlin: J. G. Cotta 1902–07.

Golden, Leon. *Aristotle on Tragic and Comic Mimesis.* Atlanta: Scholar Press, 1992.

Golden, Leon, y Owen B. Hardison. *Aristotle's Poetics: A Translation and Commentary for Students of Literature.* Tallahassee: Florida State University Press, 1981.

Gossman, Lionel. *Basel in the Age of Burckhardt: A Study in Unseasonable Ideas.* Chicago: University of Chicago Press, 2000.

Götz, Karl August. *Nietzsche als Ausnahme.* Freiburg im Breisgau: Alber, 1949.

Grafton, Anthony. *Forgers and Critics. Creativity and Duplicity in Western Scholarship,* Princeton, 1990.

---, "Prolegomena to Friedich August Wolf." *Journal of the Warburg and Courtault Institutes* 44 (1981): 101–29.

Gray, Richard T. "Skeptische Philologie." *Nietzsche-Studien* 38 (2009): 39–64.

Gründer Karlfried. *Der Streit um Nietzsches „Geburt der Tragödie": Die Schriften von E. Rohde, R. Wagner, U. v. Wilamowitz-Möllendorf.* Hildesheim: Georg Olms Verlag, 1969.

Gumbrecht, Hans Ulrich. "Literaturgeschichte—Fragment einer geschwundenen Totalität?" En *Fragment und Totalität,* ed. Lucien Dällenbach, Christiaan Hart Nibbrig, 30–45. Frankfurt a. M.: Suhrkamp, 1984.

---, "Rhythmus und Sinn," en *Materialität und Kommunikation,* ed. Hans Ulrich Gumbrecht y K. Ludwig Pfeiffer, 714–29. Frankfurt a. M.: Suhrkamp, 1988.

Günther, Friederike Felicitas. *Rhythmus beim frühen Nietzsche.* Berlin/New York: Walter de Gruyter, 2008.

---, "Am Leitfaden des Rhythmus. Kritische Wissenschaft und Wissenschaftskritik in Nietzsches Frühwerk," en *Der Tod Gottes und die Wissenschaft. Zur Wissenschaftskritik Nietzsches.* Berlin/New York, Walter de Gruyter, 2010.

Guthrie, William Keith Chambers. *A History of Greek Philosophy,* vol, 2, *The Presocratic Tradition from Parmenides to Democritus.* Cambridge: Cambridge University Press, 1965.

Gutiérrez Girardot, Rafael. *Nietzsche y la filología clásica.* Buenos Aires: Editorial universitaria de Buenos Aires, 1966.

Gutzwiller, Hellmut. "Friedrich Nietzsches Lehrtätigkeit am Basler Pädagogium." *Basler Zeitschrift für Geschichte und Altertumskunde* 50 (1951):

Halliwell, Stephen. *Aristotle's Poetics*. London: Duckworth, 1986.

Hartmann, Eduard von. *Philosophie des Unbewußten. Versuch einer Weltanschauung*, Berlin: Duncker, 1869.

Hartung, Johann Adam. "Geschichte der Rhythmenschöpfung." En *Die griechischen Lyriker.* Leipzig: 1856.

Havelock, Eric A. "Dikaiosúne: An Essay in Greek Intellectual History," *Phoenix* 23 (1969): 49–70.

Hecker, Hellmut. "Nietzsches Staatsangehörigkeit als Rechtsfrage." *Neue Juristische Wochenschrift* 23, Jg. 40 (1987): 1388–91.

Hegel, Georg Wilhelm Friedrich. *Hegel Werke*, 20 vol. Frankfurt a. M.: Suhrkamp Verlag, 1979 y ss.

Heidegger, Martin. *Nietzsche*. 2 vol. Pfullingen: Günther Neske Verlag, 1961. Ed en castellano: Martin Heidegger, *Nietzsche*, trad. Juan Luis Vermal. Barcelona: Destino, 2000.

---, *Sein und Zeit*. Tübingen: Max Niemeyer Verlag, 1979.

---, "Wer ist Nietzsches Zarathustra." En *Gesammtausgabe*, vol. 7, I. Abteilung: Veröffentlichte Schriften 1910–1976. Frankfurt a. M.: Vittorio Klosterman, 1975 y ss.

Heinrich, Albert. " 'He has a God in Him': Human and Divine in the Modern Perception of Dionysus." En *Masks of Dionysus*, ed. Thomas H. Carpenter y Christopher Faraone, 13–43. Ithaca: Cornell University Press, 1993.

Henke, Dieter. "Nietzsches Darwinismuskritik aus der Sicht gegenwärtiger Evolutionsforschung." *Nietzsche-Studien* 13 (1984): 189–210.

Herder, Johann Gottfried. *Abhandlung über den Ursprung der Sprache*, Preisfrage der Königlichen Preussischen Akademie der Wissenschaften. Berlin: 1770.

Hermann, Gottfried. *Handbuch der Metrik* (Leipzig: Gerhard Fleischer Verlag, 1799).

---, *Ueber Herrn Professor Böckhs Behandlung der griechischen Inschriften*. Leipzig: Fleischer, 1826.

Hermann, Martin Gottfried. *Handbuch der Mythologie aus Homer und Hesiod, als Grundlage zu einer richtigen Fabellehre des Alterthums*. Berlin: F. Nicolai, 1787.

Hershbell, Jackson P. *Democritus and the Beginnings of Greek Alchemy*, Ambix, 34(i), (1987): 5–20.

Heydebrand, Renate von. *Kanon-Macht-Kultur. Theoretische, historische und soziale Aspekte ästhetischer Kanonbildungen* (Stuttgart/Weimar: Metzler, 1998).

Hindrichs, Gunnar. "Das Problem des Historismus." *Philosophisches Jahrbuch*, 109.2. (2002): 283–305.

His, Eduard. "Friedrich Nietzsches Heimatlosigkeit." *Basler Zeitschrift für Geschichte und Altertumskunde* 40 (1941): 159–86.

Hödl, Hans Gerald. *Der letzte Jünger des Philosophen Dyonisos. Studien zur systematischen Bedeutung von Nietzsches Selbstthematisierungen im Kontext seiner Religionskritik*. Vol. 54. Berlin/New York: Walter de Gruyter, 2009.

Hoffmann, David. M. *Zur Geschichte des Nietzsche-Archivs. Elisabeth Förster-Nietzsche, Fritz Koegel, Rudolf Steiner, Gustav Naumann, Josef Hofmiller. Chronik, Studien und Dokumente*. Vol. 2. Berlin/New York: Walter de Gruyter, 1991.

Horn, Anette. *Nietzsches Begriff der décadence: Kritik und Analyse der Moderne*. Frankfurt a. M.: Peter Lang, 2000.

Howald, Ernst. *Der Kampf um Creuzers Symbolik*. Tübingen: Mohr, 1926.

---, *F. Nietzsche und die klassische Philologie*, Gotha, 1920.

Hoy, David Couzens. "Nietzsche, Hume, and the Genealogical Method." En *Nietzsche, Genealogy, Morality. Essays on Nietzsche's "On the Genealogy of Moral"*, ed. Richard Schacht, 251–68. Berkeley: University of California Press, 1994.

Humboldt, Wilhelm von. *Werke in fünf Bänden*. Flitner Andreas y Klaus Giel, K. (ed.). Darmstadt: Wissenschaftliche Buchgesellschaft, 2002.

---, *Wilhelm von Humboldts Briefe an Karl Gustav Brinkmann*, Leitzmann A., (ed.), Leipzig, 1939.

---, *Über den Charakter der Griechen, die idealistische und historische Ansicht desselben* (1807). En *Bildung und Sprache*. Padeborn: Schöninghausen, 1979.

Huxley, George. "Glaukos of Rhegion." *Greek, Roman and Byzantine Studies* 9.1, 1968.

Jacoby, Felix. *Das Marmor Parium*. Berlin: Weidmann, 1904.

Janko, Richard. "The Iliad and its editors: Dictation and Redaction." *Classical antiquity*, 9.2 (1990): 326–34.

Janz, Curt Paul. *Friedrich Nietzsche: Biographie in drei Bänden*. München, 1978–79 (reed. Wien, 1993).

---, "Friedrich Nietzsches akademische Lehrtätigkeit in Basel 1869–1879." *Nietzsche-Studien* 3 (1974): 192–204.

Janz, Oliver. "Zwischen Amt und Profession. Die evangelische Pfarrschaft im 19. Jhd." En *Bürgerliche Berufe. Zur sozialgeschichte der freien und akademischen Berufe im internationalen Vergleich*, ed. Hannes Sigrist, 174–99. Göttingen, 1988.

Jaspers, Karl. *Nietzsche. Eine Einführung in das Verständnis seines Philosophierens*. Berlin/New York, 1936/81.

Jecht, Dorothea. *Die Aporie Wilhelm von Humboldts. Sein Studien—und Sprachprojekt zwischen Empirie und Reflexion*. Zürich/New York: Georg Olms Verlag, 2003.

Jensen, Anthony K. "*Geschichte* or *Historie*? Nietzsche's Second *Untimely Meditation* in the Context of Nineteenth-Century Philological Studies." En *Nietzsche on Time and History*, ed. Manuel Dries, 231–74. Berlin/New York: Walter de Gruyter, 2008.

Jensen, Antony K., y Helmut Heit, H. (eds). *Nietzsche as a scholar of Antiquity*. London/New York: Bloombury, 2014.

Kaegi, Werner. *Jacob Buckhardt. Eine Biographie ... von Werner Kaegi ...*.Basel: Schwabe, 1967 (reed. 1973).

Kannicht, Richard. "Handlung als Grundbegriff der aristotelischen Theorie des Dramas." *Poetica. Zeitschrift für Sprach- und Literaturwissenschaft* (1976): 326–33.

Kant, Immanuel. *Werke*. Ausgabe der Preußischen Akademie der Wissenschaften. Berlin, 1900 y ss.

Kaufmann, Walter. *Nietzsche Philosoph-Psychologe-Antichrist*. Darmstadt: Wissenschaftliche Buchgesellschaft, 1982.

Kawczynski, Maksymillian. *Essai comparatif sur l'origine et l'histoire des rythmes* (Paris: É. Bouillon, 1889).

Klein, Julius Leopold. *Geschichte des Dramas*. Leipzig: T. O. Weigel, 1865–76.

Knox, Bernard M. W. "Silent reading in antiquity." *Greek, Roman and Byzantine Studies* 9.4, 1968.

Köpke, Rudolf. *Die Gründung der Friedrich-Wilhelms-Universität zu Berlin*. Berlin: 1860.

Kremer-Marietti, Angèle. "Menschliches-allzumenschliches: Nietzsches Positivismus?" *Nietzsche-Studien* 26 (1997): 260–75.

Kroll, Wilhelm. "Bolos und Demokritos." *Hermes* 69.H.2, 1934. 228–32.

Krummel, Richard Frank. *Nietzsche und der deutsche Geist.* Berlin/New York: Walter de Gruyter, 1998.

Lacoue-Labarthe, Phillippe. "La disimulation. Nietzsche, la question de l'art et la littérature." *Nietzsche aujourd'hui*, vol. II, 9–36. Paris: UGE, 1975.

Lagarde, P. A. de, (geb. Paul Bötticher), *Arica scripsit Paulus Boetticher, art. lib. mag. philos., doct. In Academia Halensi priv. poc. pociet. orient. german. sodalis. Glossae veterum Aricae. II. Glossae Phyricae.* J. F. Lippert: Halle, 1851.

Laland, Kevin, y Gillian Brown, G. *Sense and Nonsense. Evolutionary Perspectives on Human Behaviour.* Oxford: Oxford University Press, 2011.

Lamb, Harold. *Alexander of Macedon: The Journey to World's End.* New York: Garden City, 1946.

Lanata, Guiliana. *Poetica pre-platonica, testimoianze e frammenti: testo.* Florencia: La Nuuova Italia, 1963.

Landfester, Manfred. "Die Altertumswissenschaft in Berlin um 1800." En *Altertumswissenschaften in Berlin um 1800 an Akademie, Schule und Universität*, ed. Seidensticker Bernd y Felix Mundt, 11–38. Hannover-Laatzen: Wehrhahn Verlag, 2006.

---, "U. von Wilamowitz-Moellendorf und die hermeneutische Tradition des 19. Jahrhunderts." En *Philologie und Hermeneutik im 19. Jahrhundert. Zur Geschichte und Methodologie der Geisteswissenschaften*, ed. Hellmut Flashar, Karlfried Gründer y Axel Horstmann, 156–80. Göttingen: Vandenhoeck & Ruprecht, 1979.

Lange, Friedrich Albert. *Geschichte des Materialismus und Kritik seiner Bedeutung in der Gegenwart.* Baedecker: Iserlohn, 1866.

Lehrs, Karl. "Über Wahrheit und Dichtung in der griechischen Litteraturgeschichte, Eine populäre Vorlesung." *Rheinisches Museum für Philologie* 6 (1848): 58–81.

Lenk, Carsten. "Kultur als Text: Überlegungen zu einer Interpretationsfigur." En *Literaturwissenschaft-Kulturwissenschaft: Positionen, Themen, Perspektiven*, eds. Renate Glaser y Matthias Luserke, 116–28. Opladen: Westdeutsche Verlag, 1996.

Lesky, Albin. *Geschichte der griechischen Literatur.* Bern: Francke, 1957.

Lessing, Gotthold Ephraim. *Werke.* München, 1970–79.

Lever, Katherine. *The Art of Greek Comedy.* London: Methuen, 1956.

Lewes, George Henry. *Geschichte der Philosophie von Thales bis Comte*, Berlin, 1871.

Llinares, Joan B. "¿Es el arte sólo cosa del pasado? Sobre la muerte del arte y su indomable vitalidad en el joven Nietzsche." *Logos: Anales del Seminario de Metafísica* 2 (2000): 119–51.

---, "La filosofía del joven Nietzsche." En *Saber y conciencia: Homenaje a Otto Saame: = Wissen und Gewissen: Gedenkschrift für Otto Saame*, 197–214. Comares: Granada, 1995.

---, "Nietzsche y Brahms." *Estudios Nietzsche* 2, (2002): 49–72.

---, "Prefacio." En *Friedrich Nietzsche. Obras completas*, ed. Diego Sánchez Meca, vol. I, 323–28. Madrid: Tecnos, 2011.

---, "Sócrates en el 'Nacimiento de la tragedia' de F. Nietzsche. Notas para la revisión de un tópico." *Studium* 4 (1988): 159–77.

Lobeck, Christian August. *Aglaophamus, sive de theologiae mysticae Graecorum causis libri tres.* Regiomontii Prussorum: Borntraeger, 1829.

Long, Thomas A. "Nietzsches Philosophy of Medicine." *Nietzsche-Studien* 19 (1990): 112–28.

Löwith, Karl. "*Jacob Burckhardt, Der Mensch inmitten der Geschichte.*" *Sämtliche Schriften*, 39–361. Stuttgart: J. B. Metzler, 1984.

Lubbock, John. *Die Entwicklung der Civilisation und der Urzustand des Menschengeschlechtes*. Jena: Costenoble, 1875.

Lucio Flavio Arriano, *Anábasis de Alejandro Magno*.

Luhmann, Niklas. "Das Problem der Epochenbildung und die Evolutionstheorie." En *Epochenschwellen und Epochenstrukturen im Diskurs der Literatur- und Sprachgeschichte*, eds. Hans Ulrich Gumbrecht, H. U., y Ursula Link-Heer, 11–33. Frankfurt a. M.: Suhrkamp, 1984.

Lukács, Georg. *Geschichte und Klassenbewusstsein*. Berlin: Malik Verlag, 1923.

Maas, Paul. *Griechische Metrik*. Leipzig: B. G. Teubner, 1923.

Mannhardt, Wilhelm. *Der Baumkultus der Germanen und ihrer Nachbarstämme. Mythologische Untersuchungen*. Berlin: Borntraeger, 1875.

Martin, Alfred Wilhelm Otto. *Nietzsche und Burckhardt. Zwei geistige Welten im Dialog*. München, 1940.

Martin, Nochilas. *Nietzsche and Schiller. Untimely Aethetics*. Oxford: Oxford University Press, 1996.

Marx, Karl, y Friedrich Engels. *Marx-Engels-Gesamtausgabe* (MEGA II). Hrsg. Internationale Marx-Engels Stiftung. Berlin: Akademie Verlag, 1998 y ss.

---, *Marx und Engels Werke* (MEW). Berlin: Dietz Verlag, 1956–1990.

Mattenklott, Gert. "Der Taktschlag des langsamen Geistes. Tempi in der 'Fröhlichen Wissenschaft'," *Nietzsche-Studien* 26 (1997): 226–38.

Ménage, Gilles. *Casauboni notae atque Aeg. Menagii observationes et enmendationes in Diogenem Laertium*, ed. H. G. Huebner y C.F. Koehler, Leipzig, vol. I, 1830.

Meyer, Carl. *Die Urkunden im Geschichtswerk des Thukydides*. München: C. H. Beck, 1955.

Meyer, Kathrin. *Ästhethik der Historie, Friedrich Nietzssches „Vom Nutzen und Nachteile der Historie für das Leben"*. Würzburg: Könighausen und Neumann, 1998.

Montinari, Mazzino. "Aufgaben der Nietzsche-Forschung heute. Nietzsches Auseinandersetzung mit der französischen Literatur des 19. Jahrhundert." En *Nietzsche heute. Die Rezeption seines Werkes nach 1968*, eds. Sigrid Bauschinger, Susan L. Cocalis, y Sara Lennox, 137–48. Bern: Stuttgart, 1988.

--- *Nietzsche lesen*. Berlin/New York: Walter de Gruyter, 1982.

---, *Nota introduttiva a F. Nietzsche, Umano, troppo umano*. Milano: Adelphi, 1998.

Muhlack, Ulrich. "Zum Verhältnis von klassische Philologie und Geschichtswissenschaft im 19. Jahrhundert." En *Philologie und Hermeneutik im 19. Jahrhundert. Zur Geschichte und Methodologie der Geisteswissenschaften*, ed. Hellmut Flashar, Gründer Karlfried, Axel E. A. Horstmann, 225–39. Göttingen: Vandenhoeck & Ruprecht, 1979.

Mullach, Friedrich Wilhelm August. *Fragmenta philosophorum graecorum*, 1860.

Müller, Carl Werner. "Otto Jahn." En *Classical Scholarship: A Biographical Encyclopedia*, ed. Ward W. Briggs y William M. Calder III, 227–38. New York: Garland, 1990.

Müller, Enrico. *Die Griechen im Denken Nietzsches*. Berlin/New York: Walter de Gruyter, 2005.

---, "Von der 'Umwerthung' zur Autogenealogie. Die Götzen-Dämmerung im Kontext des Spätwerks." *Nietzscheforschung* 16. Berlin: Akademie Verlag, 2009.

Müller, Heinrich Dietrich. *Mythologie der griechischen Stämme*. Göttingen: Vandenhoeck, 1857.

Müller, Karl Ottfried (ed.). *Aeschylos Eumeniden*, Göttingen: Dieterische Buchhandlung, 1833.

--. *Geschichte der griechischen Literatur bis auf das Zeitalter Alexanders*, nach der Handschrift des Verfassers hrsg. von E. Müller. Breslau, 1841.

---. *Prolegomena zu einer wissenschaftlichen Mythologie*, Göttingen, 1825.

Müller-Lauter, Wolfgang. *Nietzsche-Interpretationen I. Über Werden und Wille zur Macht*. Berlin/ New York: Walter de Gruyter, 1999.

Müller-Strübing, Hermann. *Aristophanes und die historische Kritik: polemische Studien zur Geschichte von Athen im fünften Jahrhundert vor Ch.*, Leipzig: Teubner, 1873.

Musgrave Calder III, William. "The Wilamowitz-Nietzsche Struggle." *Nietzsche-Studien* 12 (1983): 214–54.

Nancy, Jean-Luc, "La Thèse de Nietzsche sur la téléologie (I)." En *Nietzsche aujourd'hui?*, 10/18, vol. 1, 57–80. Paris: UGE, 1973.

Nestle, Wilhelm. *Griechische Geistesgeschichte von Homer bis Lukian: in ihrer Entfaltung vom mythischen zum rationalen Denken*. Stuttgart: Alfred Kröner, 1944.

Nestle, W./Liebich, W. *Geschichte der griechischen Literatur*, 2 vol. Berlin: Walter de Gruyter, 1961–1963.

Nicolai, Rudolf. *Geschichte der gesammten griechische Literatur: ein Versuch*. Magdeburg: Heinrichshofe, 1867.

Niebuhr, Bartold Georg. *Vorträge über alte Geschichte an der Universität zu Bonn gehalten*, vol. II. Berlin: Reimer Verlag, 1848.

Nissen, Heinrich. *Das Templum. Antiquarische Untersuchungen*. Berlin: Weidmann, 1869.

Nutzhorn, Frederik. *Die Entstehungsweise der homerischen Gedichte. Untersuchungen über die Berechtigung der Auflösenden Homerkritik. Von F. Nutzhorn Cand. Philo. mit einem Vorwort von J. N. Madvig, Professor in Kopenhagen*. Leipzig: B. G. Teubner, 1869.

Oehler, Max. "Nietzsche und Pforta." En *Schulpforte und das Deutsche Geisteslebens*, ed. Hans Gehrig, 96–104. Darmstadt: Buske, 1943.

---, *Nietzsches Bibliothek*. Weimar: Gesellschaft der Freunde des Nietzsche-Archivs, 1942.

Orsucci, Andrea. "Antike, griechische." En *Nietzsche Handbuch, Leben-Werk-Wirkung*, ed. Henning Ottmann, 379–81. Stuttgart: J. B. Metzler, 2000/2011.

---, "Nietzsche´s Culture Criticism and his Historical Methodology." En *Nietzsche on Time and History*, ed. Manuel Dries, 23–34. Berlin/New York: Walter de Gruyter, 2008.

---, *Orient-Okzident. Nietzsches Versuch einer Lösung vom europäischen Weltbild*, Berlin/New York: Walter de Gruyter, 1996.

Overbeck, Franz. *Zur Geschichte des Kanons, Zwei Abhandlungen*. Chemitz: E. Schmeitzner, 1880.

---, *Werke und Nachlass, Schriften bis 1880*, Stuttgart/Weimar: Metzler, 1994.

Parmeggiani, Giovanni. *Eforo di Cuma. Studi di storiografia greca*, Studi di Storia, 14. Bologna: Patròn editore, 2011.

Parsons, Talcott. *Sociological Theory and Modern Society*. New York: Free Press, 1967.

Paulsen, Friedrich. *Geschichte des gelehrten Unterrichts auf den deutschen Schulen und Universitäten vom Ausgang des Mittelalters bis zur Gegenwart. Mit besonderer Berücksichtigung des Klassischen Unterrichts*, 3. Aufl. Berlin, 1921.

Peschel, Oskar. *Völkerkunde*, Berlin: Duncker u. Humboldt, 1874.

Pfeiffer, Rudolf. *Die klassische Philologie von Petrarca bis Mommsen*. München: C. H. Beck, 1982.

---, *History of Classical Scholarship from 1300 to 1850*, Oxford, Clarendon Press, 1976.

Pizer, John. "The Use and Abuse of 'Ursprung': On Foucault Reading on Nietzsche." *Nietzsche-Studien* 19 (1990): 462–78.

Porter, James I. *Nietzsche and the Philology of the Future,* Stanford: Stanford University Press, 2000.

---, *The Invention of Dionysus.* Stanford: Stanford University Press, 2000.

Pöschl, Viktor. "Nietzsche und die klassische Philologie." En *Philologie und Hermeneutik im 19. Jahrhundert. Zur Geschichte und Methodologie der Geisteswissenschaften,* eds. Hellmut Flashar, Gründer Karlfried, Axel E. A. Horstmann, 141–55. Göttingen: Vandenhoeck & Ruprecht, 1979.

Pownall, Frances Anne. *Lessons from the Past. The Moral Use of History in Fourth Century Prose.* Chicago: The University of Michigan Press, 2004.

Preller, Ludwig. "Griechische Mythologie." Besprechung von E. Gerhard. *Jahrbücher für classische Philologie* 1. Berlin, 1855.

---, *Demeter und Persephone. Ein Cyclus mythologischer Untersuchungen.* Hamburg: Perthes-Besser & Mauke, 1837.

---, *Griechische Mythologie.* Berlin: Weidmann, 1872.

Raleigh, Walter. *Johnson on Shakespeare.* Oxford: Oxford University Press, 1968.

Reibnitz, Barbara von. *Ein Komentar zu Friedrich Nietzsche "Die Geburt der Tragödie aus dem Geiste der Musik, (Kap, 1–12).* Stuttgart/Weimar: Metzler, 1992.

---, "Vom 'Sprachkunstwerk' zur 'Leseliteratur'." En *"Centauren-Geburten". Wissenschaft, Kunst und Philosophie beim jungen Nietzsche,* eds. Tilman Borsche/Federico Gerratana/Aldo Venturelli, 47–66. Berlin/New York: Walter de Gruyter, 1994.

Reschke, Renate (ed.). *Nietzsche: Radikalaufklärer oder radikaler Gegenaufklärer?* Berlin: Akademie Verlag, 2004.

Ribbeck, Otto. *Friedrich Wilhelm Ritschl. Ein Beitrag zur Geschichte der Philologie,* 2 vols. Leipzig: B.G. Teubner, 1879–81.

Riedel, Manfred. "*Epoche, Epochenbewusstsein.*" En *Historisches Wörterbuch der Philosophie,* ed. Joachim Ritter, vol. 2, 596–99. Basel: Schwabe Verlag, 1972.

Ritschl, Friedrich Wilhelm. *Opuscula philologica.* Leipzig: Teubner, 1866–79.

---, *Tagesbuch.* Goethe-Schiller Archiv 72/2827.

Rodi, Frithjof. "Erkenntnis des Erkannten. August Boeckhs Grundformel der hermeneutischen Wissenschaften." En *Philologie und Hermeneutik im 19. Jahrhundert. Zur Geschichte und Methodologie der Geisteswissenschaften,* ed. Hellmut Flashar, Gründer Karlfried, Axel E. A. Horstmann, 68–73. Göttingen: Vandenhoeck & Ruprecht, 1979.

Rohde, Erwin. "Anzeige für das Litterarische Centralblatt hrsg. von Zarnke." En *F. Nietzsche. Historisch-Kritische Gesamtausgabe, Werke und Briefe,* ed. Karl Schlechta. München: Beck, 1938–42.

Rolph, William Henry. *Biologische Probleme, zugleich als Versuch einer rationellen Ethik.* Leipzig: Wilhelm Engelman, 1882.

Rose, Valentin. *Aristoteles pseudepigraphus.* Leipzig: BG Teubner, 1862.

---, *De Aristotelis librorum ordine et auctoritate commentatio.* Berlin: G. Reimer, 1854.

Rossbach August y Rudolf Westphal. *Metrik der Griechen im Vereine mit den übrigen musische Künsten* (Leipzig: Teubner, 1867).

Rossetti, Livio. *Le Dialogue socratique.* Paris: Les Belles Lettres, 2011.

Roux, Wilhelm. *Der Kampf der Theile im Organismus: Ein Beitrag zur Vervollständigung der Mechanischen Zweckmässigkeitlehre.* Leipzig: Englemann, 1881.

Ruehl, Martin A. "Basel und Nietzsche." *Nietzsche-Studien* 30 (2001): 499–503.

Salaquarda, Jörg. "Nietzsche und Lange." *Nietzsche-Studien* 7 (1978): 236–60.

---, "Studien zur zweiten Unzeitgemässen Betrachtung." *Nietzsche-Studien* 13 (1984): 1–45.

Salin, Edgar. *Jacob Burckhardt und Nietzsche.* Basel, 1937.

Sánchez Meca, Diego. "Introducción al volumen I: La evolución del pensamiento de Nietzsche en sus escritos de juventud." En *Friedrich Nietzsche. Obras completas,* ed. Diego Sánchez Meca, vol. I, 13–53. Madrid: Tecnos, 2011.

---, "Introducción al volumen II: Nietzsche y la filología clásica." En *Friedrich Nietzsche. Obras completas,* ed. Diego Sánchez Meca, vol. II, 15–81. Madrid: Tecnos, 2013.

---, "Prefacio." En *Friedrich Nietzsche. Obras completas,* ed. Diego Sánchez Meca, vol. I, 63–65. Madrid: Tecnos, 2011.

---, "Prefacio." En *Friedrich Nietzsche. Obras completas,* ed. Diego Sánchez Meca, vol. I, 85–88. Madrid: Tecnos, 2011.

---, "Prefacio." En *Friedrich Nietzsche. Obras completas,* ed. Diego Sánchez Meca, vol. I, 565–67. Madrid: Tecnos, 2011.

---, "Prefacio." En *Friedrich Nietzsche. Obras completas,* ed. Diego Sánchez Meca, vol. I, 931–33. Madrid: Tecnos, 2011.

---, *Nietzsche. La experiencia dionisíaca del mundo.* Madrid: Tecnos, 2009.

---, "Nietzsche-Wagner: del drama musical a la música absoluta" En *Nietzsche y lo trágico,* ed. Eugenio Férnandez García, 189–202. Madrid: Trotta, 2012.

---, "Voluntad de poder e interpretación como supuestos de todo proceso orgánico." *Estudios Nietzsche* 9 (2009): 105–22.

Sandys, John Edwin. *History of Classical Scholarship,* 3 vol. Cambridge: Cambridge University Press, 1903–1908.

Santini, Carlotta. "Nicht der Anfang, sondern das Ende." En *Nietzsche Philosophie des Unbewussten,* ed. Jutta Georg, Claus Zittel, 137–45. Berlin/Boston: Walter de Gruyter, 2012.

--, *Nietzsche e la Grecia. La riflessione sul mondo greco nelle Lezione di Basilea,* Tesi sostenuta a Parigi il 5 Settembre 2012, Università del Salento, Paris IV (Sorbonne).

--, "Friedrich Nietzsches Basler Vorlesungen über die Geschichte der griechischen Literatur." *Geschichte der Germanistik. Mitteilungen,* Doppelheft 41/42 (2012): 141–43.

--, "Die Methode der Quellenforschung am Beispiel der Basler Vorlesungen." *Frauen: Ein Nietzschethema? Nietzsche: Ein Frauenthema?,* ed. Renate Reschke, *Nietzsche Forschung* 19, 269–77. Berlin: Akademie Verlag, 2012.

--, "The History of Literature as an Issue. Nietzsche's Attempt to Represent Antiquity." En *Nietzsche's value as a scholar of antiquity,* ed. Helmut Heit y Anthony Jensen, 159–81. New York: Bloomsbury, 2014.

Schacht, Richard (ed.). *Nietzsche, Genealogy, Morality. Essays on Nietzsche's "On the Genealogy of Moral".* Berkeley: University of California Press, 1994.

Schadewaldt, Wolfgang. "Der Umfang des Begriffs der Literatur in der Antike." En *Literatur und Dichtung,* ed. Horst Rüdiger, 12–25. Stuttgart: K. F. Köhler, 1973.

Schelling, Friedrich Wilhelm Joseph. *Sämmtliche Werke.* München, 1927.

Schepens, Guido. "Historiographical Problems in Ephorus." En *Historiographia Antiqua: Commentationes Lovanienses in honorem W. Peremans septuagenarii editae*, 95–119. Louvain: Leuven University Press, 1977.

Schiller, Friedrich. *Sämtliche Werke in fünf Einzelbänden*, ed. Peter-André Alt, Albert Meier y Wolfgang Riedel. München: Wickler Verlag, 1978.

Schipperges, Heinrich. *Am Leitfaden des Leibes. Zur Anthropologik und Therapeutik Friedrich Nietzsches*. Stuttgart: Klett, 1975.

Schlechta, Karl. *Nietzsche-Chronik*. München: dtv, 1984.

Schlegel, Friedrich. *Kritische Friedrich-Schlegel-Ausgabe*. Paderborn: Schöningh, 1975 y ss.

Schleiermacher, Friedrich Daniel Ernst. *Sämmtliche Werke*. Berlin: Reimer, 1834–64.

---, *Werke*, Auswahl in vier Bänden, vol. IV. Aalen: Scientia, 1967.

Schnapp, Alain. "Vergessen und Wiederentdeckung Olympias von den Anfängen bis zur Expedition de Morée." En *Mythos Olympia, Kult und Spiele*, ed. Wolf-Dieter Heilmeyer et al., 159–65. München: Prestel Verlag, 2012.

Schopenhauer, Arthur. *Der handschriftliche Nachlass*. 5 Bände. Ed. A. Hübscher. Frankfurt a. M. 1966 y ss. (reedición 1985, Deutscher Taschenbuch Verlag).

--, *Sämtliche Werke*, ed. A. Hubscher. Jubiläumausgabe, 7 vols. Mannheim: Brockhaus, 1988.

Schrödinger, Erwin. *Nature and Greeks/Science and Humanism*. Cambridge: Cambridge University Press, 1954 (ed. 1996).

Schröter, Harmut. *Historische Theorie und geschichtliches Handeln. Zur Wissenschaftskritik Nietzsches*. Mäander: Mittenwald, 1982.

Schultz, Gerhard. "Beiträge zur Theorie der antiken Metrik," *Hermes* 35 (1900): 308–25.

Schützа, Ole. "Nietzsche und Thukydides. Thukydides′ Herleitung des "Allgemein-Menschlichen" aus dem Besonderen seiner Geschichtsschreibung und deren Rezeption durch Nietzsche." En *Antike und Romantik bei Nietzsche, Nietzscheforschung* 11, *Jahrbuch der Nietzsche Gesellschaft*, ed. Renate Reschke, y Volker Gerhardt, 223–29. Berlin: Akademie Verlag, 2004.

Segal, Charles. "Catharsis, Audience, and Closure." En *Tragedy and the Tragic: Greek Theater and Beyond*, ed. Michael Stephen Silk, 149–72. Oxford: Clarendon Press, 1996.

Silk, Michael Stephen, y Joseph Peter Stern. *Nietzsche on Tragedy*, Cambridge: Cambridge University Press, 1981.

Solies, Dirk. "Das organische und der Zweck. Zwei Grundkategorien bei Nietzsche und ihre ideengeschichtlichen Voraussetzungen." En *Kant und Nietzsche im Widerstreit*, ed. Beatrix Himmelmann, 324–34. Berlin/New York: Walter de Gruyter, 2005.

Sommer, Andreas Urs. *Der Geist der Historie und das Ende des Christentums. Zur "Waffengenossenschaft" von Friedrich Nietzsche und Franz Overbeck*. Berlin: Akademie Verlag, 1997.

---, *"Vom Nutzen und Nachteil kritischer Quellenforschung. Einige Überlegungen zum Fall Nietzsches" Nietzsche-Studien* 29 (2000): 302–16.

Sommerbrodt, Julius. "Ueber die Bedeutung des Wortes ὑποκριτής." *Rheinisches Museum für Philologie*, nr. 22, 1867.

Stack, George J. *Lange and Nietzsche*. Berlin/New York: Walter de Gruyter, 1983.

Stadler, Peter Bruno. *Wilhelm von Humboldts Bild der Antike*. Zürich: Artemis-Verlag, 1959.

Stegmaier, Werner. "Darwin, Darwinismus, Nietzsche. Zum Problem der Evolution." *Nietzsche-Studien* 16 (1987): 264–87.

---, *Nietzsches "Genealogie der Moral"*. Darmstadt: Wissenschaftliche Buchgesellschaft, 1994.

Stegmaier, Werner, et. al. "Ausbreitung und Wirkung des nietzscheschen Werkes im deutschen Sprachraum bis zum Todesjahr des Philosophen: Ein Schrifttumsverzeichnis der Jahre 1867–1900." *Monographien und Texte zur Nietzsche-Forschung*, 3. Berlin/New York: Walter de Gruyter, 1974.

Steiner, George. *Antigones—How the Antigone Legend Has Endured in Western Literature, Art, and Thought.* New Haven: Yale University Press, 1996. Ed. en castellano: *Antígonas. La travesía de un mito universal por la historia de Occidente.* Barcelona: Editorial Gedisa, 2000.

---, "Tragedy, Pure and Simple." En *Tragedy and the Tragic. Greek Theater and Beyond*, ed. Michael Stephen Silk, 535–36. Oxford: Clarendon Press, 1996.

Steinwachs, Burkhardt. "Was leisten (literarische) Epochenbegriffe? Forderungen und Folgerungen." En *Epochenschwellen und Epochenstrukturen im Diskurs der Literatur- und Sprachgeschichte*, eds. Hans Ulrich Gumbrecht, H. U., y Ursula Link-Heer, 312–23. Frankfurt a. M.: Suhrkamp, 1984.

Stern, Joseph Peter. *Nietzsche*. Glasgow: Collins, 1978.

Strong, Tracy B. "Deconstruction of Tradition: the Greeks and Nietzsche." En *Nietzsche and the Rhetoric of Nihilism: Essays on Interpretation, Language and Politics*, ed. Tom Darby, 55–70. Montreal/Quebec/Ontario: McGill-Queen's Press, 1989.

Stroux, Johannes. *Nietzsches Professur in Basel.* Jena: Frommann, 1925.

Svenbro, Jesper. *Phrasikleia, Anthropologie de la lecture en Grèce ancienne.* Paris: Éditions La Découverte, 1988.

--, "La grecia arcaica y clásica. La invención de la escritura silenciosa." En *Histoire de la lecture dans le monde occidental*, eds. Roger Chartier y Guglielmo Cavallo, Paris: Editions du Seuil, 1997. Ed. en castellano: *Historia de la lectura en el mundo occidental*, 67–97. Madrid, Taurus, 2011.

--, "La lecture à haute voix: le témoignage des verbes grecs signifiant 'lire'." En *Phoinikeia grammata. Lire et écrire en Méditerranée: actes du Colloque de Liège 1989*, eds. Claude Baurain, Corinne Bonnet y Véronique Krings, Namur: Société des études classiques, no. 6 (1991): 539–48.

Szondi, Peter. *Einführung in die literarische Hermeneutik*. Frankfurt a. M.: Suhrkamp, 1975.

Thatcher, David S. "Nietzsche´s Debt to Lubbock," *Journal of the History of Ideas* 44 (1983): 293–309.

Thomson, George Derwent. *Aeschylus and Athens*. London: Lawrence and Wishart, 1946.

Turner, Eric Gardner. *Athenian Books in the Fifth and Fourth Centuries BC: An Inaugural Lecture Delivered at University College London 22 May 1951*. London: HK Lewis & Company Limited, 1951.

Tylor, Eduard Burnett. *Die Anfänge der Cultur. Untersuchungen über die Entwicklung der Mythologie, Philosophie, Religion, Kunst und Sitte*. Leipzig, 1873.

Ueberweg, Friedrich. *Aristoteles. Über die Dichtkunst. Ins Deutsche übersetzt und mit erläuternden Anmerkungen und einem die Textkritik betreffenden Anhang versehen von Dr. Friedrich Ueberweg ord. Prof. der Philosophie an der Universität zu Königsberg*. Berlin: L. Heimann, 1869 (BN).

Ugolini, Gherardo. *Philologica*, En *Nietzsche Handbuch, Leben-Werk-Wirkung*, ed. Henning Ottmann, 157–68. Stuttgart: J. B. Metzler, 2000–11.

Ulrice, Hermann. *Geschichte der hellenischen Dichtkunst*. Berlin: Duncker und Humboldt, 1835.

Usener, Hermann. *Philologie und Geschichtswissenschaft*. Leipzig: Teubner, 1914.

---,*Rheinisches Museum für Philologie*, nr. 28 (1873).

Vattimo, Gianni. *Introduzione a Nietzsche*. Roma-Bari: Laterza, 1985. Ed. en castellano: *Introducción a Nietzsche*. Barcelona: Península, 1987.

Vogt, Ernst. "Der Methodenstreit zwischen Hermann und Böckh und Seine Bedeutung für die Geschichte der Philologie." En *Philologie und Hermeneutik im 19. Jahrhundert. Zur Geschichte und Methodologie der Geisteswissenschaften*, ed. Hellmut Flashar, Gründer Karlfried y Axel E. A. Horstmann, 103–21. Göttingen: Vandenhoeck & Ruprecht, 1979.

Volkmann, Richard Emil. *Geschichte und Kritik der Wolfschen Prolegomena zu Homer. Ein Beitrag zur Geschichte der Homerischen Frage von Richard Volkmann, Gymnasial-Director in Jauer*. Leipzig: B. G. Teubner, 1874.

Wagner, Richard. *Gesammelte Schriften und Dichtungen*, 10 vols. Leipzig: F. W. Fritzsch, 1871 y ss.

Waitz, Theodor. *Anthropologie der Naturvölker*. Leipzig: Flescher, 1859.

Walter, Gerrit. "Altertumskunde". *Der neue Pauly. Enzyklopädie der Antike* 13, *Rezeptions- und Wissenschaftsgeschichte. A-Fo*, ed. Hubert Cancik, Helmuth Schneider, y Manfred Landfeste, 86–101. Stuttgart/Weimar: J. B. Metzler, 1999.

Welcker, Friedrich Gottlieb. *Alte Denkmäler. Erster Theil: Die Giebelgruppen und andre Griechische Gruppe und Statuen*. Göttingen: Verlag der Dieterischen Buchhandlung, 1849.

---, "Der epysche Cyclus oder die homerischen Dichter. Zweiter Theil. Die Gedichte nach Inhalt und Composition." *Rheinisches Museum für Philologie*, Ersten Supplement Bandes zweite Abteilung. Bonn: Eduard Weber, 1849.

---, *Die griechischen Tragödien mit Rücksicht auf den epischen Cyclus geordnet*, Bonn: bei Eduard Weber, 1839–41.

---, (ed.). *Die Hesiodische Theogonie mit einem Versuch über die Hesiodische Poesie überhaupt*. Elberfeld, 1865.

---, "Über die Bedeutung der Philologie." En *Kleine Schriften zur griechischen Literatur*. Bonn, 1861.

Wellmann, Max. *Die Physiká des Bolos Demokritos und der Magier Anaxilaos aus Larissa*. Abhang der Akademie der preussischen Akademie der Wissenschaften 7. Berlin: Akademie der Wissenschaften, 1928.

Westphal, Rudolf. *Prolegomena zu Aeschylus Tragödien*. Leipzig: B. G. Teubner, 1869.

Wienand, Isabelle. "Nietzsche in Basel." *New Nietzsche Studies* 6 (2005): 257–59.

Wilamowitz-Möllendorf, Ulrich von. "Die Geltung des klassischen Altertums im Waldel der Zeiten." *Montatshefte 36* (1921–1922). *Kleine Schriften*, ed. Wolfgang Buchwald, t. 6, 145–57. Berlin/Amsterdam: Akademie-Verlag/Adolf M. Hakkert, 1972.

---, "Die griechische Literatur des Altertums." *Die Kultur der Gegenwart*, I/8: *Die griechische und lateinische Literatur und Sprache*, ed. Paul Hinneberg. Leipzig/Berlin: B. G. Teubner, 1912.

---, "Geschichte der Philologie." *Geschichte der Philologie*. Berlin/Leipzig: Vieweg/ B. G. Teubner Verlag (1998): 1–80.

---, *Reden und Vorträge*, 3. Auflage. Berlin: Weidmann, 1913.

---, "Zukunftsphilologie!" En *Der Streit um Nietzsches "Geburt der Tragödie". Die Schriften von E. Rohde, R. Wagner, U. v. Wilamowitz-Möllendorff* [sic], ed. Karlfried Gründer, 27–55. Hildesheim: Georg Olms Verlag, 1969.

---, *Griechisches Lesebuch*, Berlin: Weidmann, 1902.

Winckelmann, Johann Joachim. *Werke*. Stuttgart: Hoffmann, 1847.

Winter, Georg. *Die Reorganisation des Preussischen Staates unter Stein und Hardenberg*, t. I/1, Publikationen aus den Preussischen Staatsarchiven 93. Leipzig, Hirzel, 1931.

Wismann, Heinz. "Nietzsche et la philologie." *Nietzsche aujourd'hui?* 2, 325–44. Paris: Union Generate D'Éditions, 1973.

Wolf, Friedrich August. "Darstellung der Altertumswissenschaft nach Begriff, Umfang, Zweck und Wert." Berlin, 1807.

---, *Prolegomena ad Homerum, sive, De operum Homericorum prisca et genuina forma variisque mutatuinibus et probabili ratione emendandi*, vol. 1. Halle, 1795.

---, "Über die Bedeutung der Philologie" (1841). En *Kleine Schiften zur griechischen Literatur*. Bonn: Weber, 1861.

Wotling, Patrick. *Dictionnaire Nietzsche*. Paris: Ellipses, 2008.

---, *La pensée du sous-sol*. Paris: Allia, 1999.

---, *La philosophie de l'esprit libre: Introduction à Nietzsche*. Paris: Flammarion, 2008.

---, *Nietzsche et le problème de la civilisation*. Paris: PUF, 1995.

Yorck von Wartenburg, Paul. *Die Katharsis des Aristoteles und der Oedipus Coloneus des Sofokles*. Berlin: W. Hertz, 1866.

Zeller, Eduard. *Die Philosophie der Griechen in ihrer geschichtlichen Entwicklung*, 1856–68. 3ª edic. Leipzig: R. Reisland, 1876–1882 (reimpr. de la 6ª edic. de 1919, Darmstadt, 2006).

Ziller, Ernst. "Das Theater des Dionysos zu Athen. Aufgenommen und gezeichnet von Ernst Ziller." *Zeitschrift für Bildende Kunst* 13 (1878).

Zoega, Georg. *Georg Zoegas Abhandlungen*, ed. Friedrich Gottlieb Welcker. Göttingen: Dieterich Buchhandlung, 1817.

www.ingramcontent.com/pod-product-compliance
Ingram Content Group UK Ltd.
Pitfield, Milton Keynes, MK11 3LW, UK
UKHW021819290926
8980IPUK00003B/167